KANDALE · RUGENSTEIN

Das Repetitorium

für die Abschlussprüfungen zum Psychologischen Psychotherapeuten und zum Kinder- und Jugendlichenpsychotherapeuten

D1619619

Bibliografische Information der Deutschen Nationalbibliothek

Die Deutsche Nationalbibliothek verzeichnet diese Publikation in der Deutschen Nationalbibliografie; detaillierte bibliografische Daten sind im Internet über **http://dnb.ddb.de** abrufbar.

ISBN 978-3-942761-30-7

Alle in diesem Buch enthaltenen Angaben und Daten wurden von den Autoren nach bestem Wissen erstellt und von ihm und dem Verlag mit größtmöglicher Sorgfalt überprüft. Dennoch sind inhaltliche Fehler nicht völlig auszuschließen. Daher erfolgen die Angaben usw. ohne jegliche Verpflichtung oder Garantie des Verlages oder der Autoren. Autoren und Verlag übernehmen keinerlei Verantwortung und Haftung für etwa vorhandene inhaltliche Unrichtigkeiten.

Verlag:

Deutscher Psychologen Verlag GmbH, Berlin

Umschlaggestaltung:

Oliver Kandale, Berlin

Satz:

Tanja Bregulla, Aachen

Illustrationen:

Christine Böhme, Düsseldorf

Bildnachweise:

S. 263 © LIFE Photo Archive / Wikimedia Commons; S. 37 © Sigmund Freud / Wikimedia Commons; S. 274 © Hermann Rorschach / Wikimedia Commons; S. 274 © Tanja Bregulla in Anlehnung an Wartegg (1939) und Rosenzweig (1948); weitere Abbildungen © Deutscher Psychologen Verlag. Wir haben uns bemüht, sämtliche Rechteinhaber von Abbildungen zu ermitteln. Sollte dem Verlag gegenüber dennoch der Nachweis der Rechtsinhaberschaft geführt werden, bitten wir um Kontaktaufnahme.

Druck:

druckhaus köthen GmbH, Köthen

Durchgesehener Nachdruck der 1. Auflage 2014
© 2014 Deutscher Psychologen Verlag GmbH
Printed in Germany

Besuchen Sie uns im Internet: www.psychologenverlag.de

ISBN 978-3-942761-30-7

KANDALE · RUGENSTEIN

Das Repetitorium

für die Abschlussprüfungen zum Psychologischen Psychotherapeuten und zum Kinder- und Jugendlichenpsychotherapeuten

Deutscher Psychologen
Verlag GmbH

Berlin 2014

Inhalt

Erster Teil: Anleitung zur Prüfungsvorbereitung und zum Umgang mit diesem Buch **11**

1   96 Prozent Vertrauen **12**

2   Was ist wichtig? **12**

3   Wie bereite ich mich effektiv vor? **14**

3.1   Allgemeines zur Vorbereitung 14

3.2   Die Strategie der tiefen Verarbeitung 15

3.3   PQ4R 16

4   Wie verhalte ich mich erfolgreich in der Prüfungssituation? **17**

4.1   Umgang mit Störungen 17

4.2   In zehn Schritten zum Erfolg 17

Zweiter Teil: Psychologische Grundlagen **20**

5   Methodische Grundlagen **21**

5.1   Deskriptive Statistik 21

5.2   Analytische Statistik (Hypothesen prüfen) 21

5.3   Experimentieren! 23

5.4   Epidemiologie 25

5.5   Psychotherapieforschung 27

6   Allgemein-, sozial- und persönlichkeitspsychologische Grundlagen ... **30**

6.1   Denken: Kognition und Gedächtnis 30

6.2   Fühlen: Emotionen 31

6.3   Wollen: Motivation 31

6.4   Kommunikation 32

6.5   Persönlichkeit 33

7   Diagnostische Grundlagen **35**

7.1   Gesundheit und Krankheit 35

7.2   Krankheitsmodelle 37

7.3   Grundbegriffe der Diagnostik 38

7.4   Testverfahren 42

7.5   ICD und DSM 43

7.6   Psychischer Befund 44

8   Prävention und Rehabilitation **48**

8.1   Prävention 48

8.2   Rehabilitation.. 49

Dritter Teil: Rahmenbedingungen.. **53**

9   Medizinethik, Berufsrecht und psychosoziale Versorgungssysteme.... **54**

9.1   Medizinethik... 54

9.2   Recht 54

9.3   Psychosoziale Versorgungsstrukturen 72

10   Dokumentation und Evaluation psychotherapeutischer Behandlungsverläufe.. **76**

10.1   Dokumentation 76

10.2   Evaluation von Psychotherapie 76

10.3   Qualitätssicherung 79

Vierter Teil: Medizinische Grundlagen **81**

11   Aufbau und Funktion des Nervensystems.. **82**

11.1   Aufbau des Nervensystems 82

11.2   Gliederung des Nervensystems.. 84

11.3   Aufbau und Funktion einzelner Gehirnstrukturen................................... 86

11.4   Biochemische und hirnorganische Grundlagen einiger psychischer Störungen.. 92

11.5   Neurologische Erkrankungen.. 93

12   Neuro- und Sinnesphysiologie.. **102**

12.1   Neuropsychologie und neuropsychologische Therapie 102

12.2   Grundprinzipien der Sinnesfunktionen... 103

12.3   Psychophysiologische Reaktionen 105

12.4   Registriermethoden der Psychophysiologie 106

13   Ausgewählte Organsysteme und deren Erkrankungen....................... **110**

13.1   Muskulatur 110

13.2   Blut und Blutgefäßsystem 111

13.3   Herz 112

13.4   Immunsystem... 116

13.5   Atmungsorgane 117

13.6   Haut 118

13.7   Nieren 119

13.8   Ernährung... 121

13.9 Magen-Darm-Trakt 123

13.10 Leber und Gallenblase 125

13.11 Bauchspeicheldrüse 128

13.12 Endokrines System und Hormone 129

13.13 Sexualorgane und Fortpflanzung 134

13.14 Genetik 136

Fünfter Teil: Pharmakologische Grundlagen **139**

14 Psychopharmakologie **140**

14.1 Grundlagen der Pharmakotherapie 140

14.2 Antidepressiva 143

14.3 Substanzen zur Phasenprophylaxe affektiver Störungen und
 Behandlung manischer Episoden 147

14.4 Neuroleptika 149

14.5 Tranquilizer 154

14.6 Hypnotika 157

14.7 Psychostimulanzien (Amphetamine) 158

14.8 Weitere Substanzklassen 159

15 Psychotrope Substanzen **160**

15.1 Störungen durch Alkohol 161

15.2 Störungen durch andere psychotrope Substanzen 163

Sechster Teil: Systematischer Lernkommentar zur ICD-10 .... **166**

16 Vorbemerkung **167**

17 Kommentar **169**

17.1 Organische Störungen, einschließlich symptomatischer
 psychischer Störungen 169

17.2 Psychische und Verhaltensstörungen durch psychotrope Substanzen 170

17.3 Schizophrenie, schizotype und wahnhafte Störungen 171

17.4 Affektive Störungen 174

17.5 Neurotische, Belastungs- und somatoforme Störungen 176

17.6 Verhaltensauffälligkeiten in Verbindung mit körperlichen
 Störungen und Faktoren 180

17.7 Persönlichkeits- und Verhaltensstörungen 185

17.8 Intelligenzminderung 188

17.9 Entwicklungsstörungen 189

17.10 Verhaltens- und emotionale Störungen mit Beginn in der Kindheit und Jugend . 191

Siebter Teil: Verhaltenstherapie 199

18 Grundbegriffe 200

19 Psychische Entwicklung 201

20 Modelle der Symptomentstehung 201

20.1 Klassische Konditionierung – respondentes Lernen 202

20.2 Operante Konditionierung – operantes Lernen 204

20.3 Soziales Lernen – Modelllernen 207

20.4 Kognitives Lernen 208

21 Diagnostik und Indikation 208

21.1 Problemanalyse 208

21.2 Verhaltensanalyse 209

21.3 Informationsgewinnung im diagnostischen Prozess 212

21.4 Zielanalyse und Zielplanung 213

21.5 Therapieplanung 213

22 Behandlungstheorie und Technik 215

22.1 Grundsätze der Gesprächsführung 215

22.2 Operante Verfahren – Techniken der Reaktionskontrolle 216

22.3 Expositionsverfahren – Techniken der Stimuluskontrolle 219

22.4 Kognitive Verfahren 223

22.5 Selbstkontrollverfahren (Selbstmanagement) 230

22.6 Apparative Verfahren 232

22.7 Entspannungsverfahren 234

22.8 Weitere Interventionsmethoden 237

23 Störungsspezifische Modelle und Interventionen 242

23.1 Sucht: Abhängigkeit von Alkohol 242

23.2 Schizophrenie 244

23.3 Depression 245

23.4 Neurotische-, Belastungs- und somatoforme Störungen 246

23.5 Verhaltensauffälligkeiten mit körperlichen Störungen oder Faktoren 253

23.6 Sexuelle Störungen 255

23.7 Persönlichkeitsstörungen 257

23.8 Aktuelle (verhaltens)therapeutische Entwicklungen 258

Achter Teil: Psychoanalytisch begründete Verfahren
(analytische und tiefenpsychologisch fundierte Psychotherapie).......... **261**

24 Grundbegriffe.. **262**

25 Psychische Entwicklung.............................. **265**

26 Modelle der Symptomentstehung..................... **268**

    26.1 Konfliktmodell (Konfliktpathologie)........................ 268

    26.2 Defizitmodell (Strukturpathologie)......................... 272

    26.3 Traumamodell (Traumapathologie) 272

27 Diagnostik und Indikation........................... **273**

    27.1 Projektive Testdiagnostik................................. 273

    27.2 Diagnostisches Erstgespräch und Interview................ 273

    27.3 Beziehungsdiagnostik 275

    27.4 Operationalisierte Psychodynamische Diagnostik (OPD) ... 275

    27.5 Formen psychoanalytisch begründeter Therapieverfahren... 277

    27.6 Indikation... 281

28 Behandlungstheorie und Technik..................... **282**

    28.1 Übertragung, Widerstand und verwandte Begriffe 282

    28.2 Behandlungstechnik 284

    28.3 Besonderheiten tiefenpsychologischer Behandlungstechnik... 286

29 Störungsspezifische Modelle und Interventionen..... **287**

    29.1 Sucht... 287

    29.2 Schizophrenie... 288

    29.3 Depression 288

    29.4 Angst... 288

    29.5 Zwang 289

    29.6 Persönlichkeitsstörungen 289

Neunter Teil: Weitere Verfahren **290**

30 Gruppentherapie.................................... **291**

    30.1 Formen 291

    30.2 Psychoanalytisch orientierte Gruppen..................... 292

    30.3 Verhaltenstherapeutische Gruppen 293

31 Paar- und Familientherapie **293**

    31.1 Psychoanalytisch orientierte Konzepte und Methoden....... 293

    31.2 Verhaltenstherapeutisch orientierte Konzepte und Methoden... 294

31.3 Systemische Konzepte und Methoden................................... 295

32 Gesprächspsychotherapie.. 297

33 Besondere Problemfelder.. 297

33.1 Krisenintervention... 297

33.2 Psychotherapie mit Menschen im höheren Alter 299

Zehnter Teil: Kinder- und Jugendlichenpsychotherapie................. 301

34 Entwicklungspsychologie.. 302

34.1 Kognitive Entwicklung 302

34.2 Bindungsentwicklung 304

34.3 Noch mehr Entwicklung 306

34.4 Entwicklungsaufgaben 310

35 Entwicklungspsychopathologie... 311

35.1 Risikofaktoren... 311

35.2 Schutzfaktoren 313

36 Diagnostik und Indikation.. 314

36.1 Epidemiologie 314

36.2 Informationsgewinnung im psychodiagnostischen Prozess 315

36.3 Klassifikationssysteme 325

36.4 Indikation... 327

37 Behandlungstheorie und Technik... 328

37.1 Besonderheiten psychoanalytisch begründeter Therapie bei
Kindern und Jugendlichen 328

37.2 Besonderheiten der Verhaltenstherapie bei Kindern und Jugendlichen........... 330

38 Störungsspezifische Modelle und Interventionen 333

38.1 Störungen des Säuglingsalters 333

38.2 Störungen des Kindesalters 335

38.3 Störungen des Jugendalters 341

38.4 Störungen des Kindes- und Jugendalters............................. 343

Literaturverzeichnis... 352

Konkordanz... 361

Stichwortverzeichnis.. 366

Erster Teil: Anleitung zur Prüfungsvorbereitung und zum Umgang mit diesem Buch

Dieser Teil möchte Sie auf die Arbeit mit diesem Buch vorbereiten, dessen Aufgabe es ist, Sie auf die Prüfung vorzubereiten. Die Arbeit mit diesem Buch bedeutet, auf weite Strecken lesend zu lernen. Lesen ist – im Gegensatz zum Anwenden oder Hören – eine relativ anstrengende Lernmethode und kann sich manchmal anfühlen wie das Zusammensetzen eines Puzzles mit vielen Teilen. Insbesondere dann, wenn der lesend zu lernende Stoff so unterschiedlich und kleinteilig ist wie in diesem Lernbuch. Vielleicht erinnern Sie sich aber auch, wie Sie früher einmal gepuzzelt haben und es Ihnen wirklich großen Spaß gemacht hat. Wie die ganzen kleinen Teile da so unverbunden vor Ihnen herumlagen – einige sahen seltsam vertraut aus, wie Dinge, die Sie bereits gut kannten. Andere ließen sich schwerer einordnen. So oder so hatten Sie jedoch den Eindruck und die Überzeugung, dass alles irgendwie zusammenpassen würde. Vielleicht entdeckten Sie auf einmal zwei Teile mit einem ganz ähnlich aussehenden Muster und setzten sie einfach zusammen: **Klack!** Sie passten. Und Sie machten weiter, und es passte und klackte. Und relativ bald begann das Bild des ganzen Puzzles, einen Sinn zu ergeben.

1   96 Prozent Vertrauen

Über die Grundhaltung des lösungsorientierten Puzzlens hinausgehend sollte Ihre emotionale Einstellung zur Abschlussprüfung eine psychologisch fundierte, evidenzbasierte Grundlage haben (vgl. „Evidenzbasierte Medizin", S. 28). Für den Prüfungszeitraum Herbst 2004 bis Frühjahr 2013 findet sich über alle 18 Prüfungsjahrgänge (PP und KJP) eine aggregierte Misserfolgsquote von 3,74 % (Siegel, 2013, S. 257). Dies bedeutet, dass 96,26 % der Prüfungsteilnehmer die Prüfung bestehen. Bei durchschnittlich guter Prüfungsvorbereitung bewegt sich die Wahrscheinlichkeit durchzufallen somit in einer ähnlichen Größenordnung wie die Wahrscheinlichkeit, beim Werfen einer Münze fünfmal hintereinander Zahl zu werfen. Nehmen Sie sich eine Münze, und werfen Sie mal! Und? – Sehen Sie: Sie fallen nicht durch!

Und was ist mit den 4 %? Auch die helfen Ihnen beim Lernen. Optimale Lernerfolge werden nämlich nicht bei vollständiger Entspannung, sondern bei mittlerem Erregungsniveau erzielt (Yerkes & Dodson, 1908). Neben einem nicht zu bequemen und behaglichen Arbeitsplatz helfen Ihnen die 4 %, jenes Niveau von Anspannung für sich zu finden, welches Ihnen ein Maximum an Lernleistung ermöglicht.

2   Was ist wichtig?

Eine effiziente Prüfungsvorbereitung hängt in entscheidendem Maße davon ab, inwieweit Sie in der Lage sind, die nicht unproblematische Frage **Was ist wichtig?** zufriedenstellend zu beantworten. Es geht dabei um eine erste grobe Orientierung (Preview) innerhalb der verwirrenden Vielfalt potenzieller Frageinhalte.

Prinzipiell ist natürlich alles wichtig, was als ein möglicher Inhalt den Überschriften der vom Institut für medizinische und pharmazeutische Prüfungsfragen (2004a, 2004b) vorgegebenen Gegenstandskatalogen zuzuordnen ist. Dies sind angesichts der oft relativ offen gehaltenen Überschriften der Gegenstandskataloge so ziemlich alle Inhalte des Psychologiestudiums und der Psychotherapieausbildung. Es hilft hier eher weiter, vom sehr speziellen Format der Klausur her zu denken. Dies bedeutet: **Wichtig sind alle Inhalte, bei denen es möglich ist, sie in dem relativ künstlichen Format einer Multiple-Choice-Aufgabe mit eindeutig als richtig und falsch zu klassifizierenden Alternativen abzufragen.** Dies grenzt mögliche Prüfungsinhalte bereits relativ stark ein und macht deutlich, warum gerade Kriterienkataloge, Phasenmodelle und jegliche listenartigen Gebilde ein so beliebtes Thema in den Klausuren sind.

Alle besonders wichtigen Inhalte, die gut abfragbar sind und in der Regel deutlich mehr als einmal abgefragt wurden, sind in diesem Buch am äußeren Seitenrand mit einem **Pfeil** markiert. Wer diese Inhalte lernt, macht nichts falsch.

Dennoch gilt, dass die Anzahl der **Wiederholungs-Items** aus alten, bereits bekannten Klausuren in einer neuen Klausur relativ gering ist. Dies bedeutet, dass das für die Klausurinhalte verantwortliche Institut für medizinische und pharmazeutische Prüfungsfragen (IMPP) für jede Klausur neue Aufgaben finden muss, was zwei wichtige Konsequenzen nach sich zieht: Erstens besitzt damit die Tatsache, dass nach einem Inhalt bereits genau einmal gefragt wurde, keinerlei prädiktive Validität (vgl „Gütekriterien", S. 40) für Vorhersagen über die Wahrscheinlichkeit einer erneuten Frage zu diesem Inhalt. Unabhängig davon gibt es offensichtlich bestimmte „Lieblingsthemen" oder Cluster, nach denen das IMPP besonders gerne fragt (z.B. gibt es keine Klausur, in der nicht nach dem Thema der Suizidalität gefragt wurde). Für diese Themen will das vorliegende Buch den Blick schulen. Zweitens führt die Notwendigkeit, von Jahr zu Jahr jeweils neue Items zu konstruieren, bei gegebener Endlichkeit der Menge sinnvoller Fragen mit der Zeit dazu, dass sich die Aufgaben tendenziell immer weiter von der unmittelbaren Erfahrungsrealität eines angehenden Psychotherapeuten entfernen.

Im Gegensatz zu einer verbreiteten Vorstellung unterscheiden sich die Klausuren für **Psychologische Psychotherapeuten** und für **Kinder- und Jugendlichenpsychotherapeuten** nur minimal. Eine Betrachtung der jeweilig vom IMPP vorgegebenen Prüfungsinhalte verdeutlicht, dass die Prüfungsthemen für beide Ausbildungsgänge nahezu identisch sind (vgl. „Konkordanz", S. 361). Die Inhalte des zehnten Teils dieses Buches zu psychischen Störungen im Kindes- und Jugendalter sind somit für die angehenden Psychologischen Psychotherapeuten ebenso von Prüfungsrelevanz, wie es die Inhalte der anderen Teile für die angehenden Kinder- und Jugendlichenpsychotherapeuten sind. Kinder- und Jugendlichenpsychotherapeuten sollten sich etwas ausführlicher mit entwicklungspsychologischen und -pathologischen Inhalten beschäftigen (vgl. „Entwicklungspsychologie", S. 302ff.).

Der durch die für die Abschlussprüfung verbindlichen Gegenstandskataloge vorgegebene Stoffumfang ist alles andere als eindeutig und klar begrenzt. Dieses Buch orientiert sich an den Inhalten, jedoch explizit nicht am Aufbau des Gegenstandskataloges des IMPP. Alle relevanten Inhalte werden abgehandelt, dabei wird jedoch auf eine Vermeidung von Redundanzen ebenso Wert gelegt wie auf eine Anordnung des Stoffes, die sich so weit als möglich der Struktur des klinisch-praktischen Alltags nähert. Dieses Buch gliedert sich in **zehn Teile**. Diese sind so angeordnet, dass ihre klinische Relevanz von den Grundlagenteilen (zweiter bis fünfter Teil) hin zu den verfahrensspezifischen Teilen (siebter bis zehnter Teil) zunimmt. Um eine Kompatibilität zu den Gegenstandskatalogen des IMPP zu gewährleisten, findet sich am Ende des Buches neben dem zum systematischen Lernen sicherlich relevanteren **Stichwortverzeichnis** eine **Konkordanz** zwischen den Kapiteln der beiden Gegenstandskataloge und jenen dieses Buches.

Das vorliegende Buch verfolgt das heikle Ziel, die entsprechenden Prüfungsinhalte in einem Kompromiss aus notwendiger Ausführlichkeit und möglicher Prägnanz darzustellen. Es stellt damit weder einen Ersatz für die entsprechenden Seminare während der Ausbildung dar, noch hat es sich zur Aufgabe gemacht, auf alle potenziell möglichen Fragen vorzubereiten.

Neben der Vermittlung einer sinnvollen Prioritätensetzung haben sich einige weitere Strategien des Lernens bewährt, und wir empfehlen, sie bei der Prüfungsvorbereitung, welche spätestens mit dem Lesen dieses Buch beginnt, einzusetzen.

3   Wie bereite ich mich effektiv vor?

3.1   Allgemeines zur Vorbereitung

Alte **Klausuren unter Wettkampfbedingungen** durchzukreuzen, sollte einen wesentlichen Teil der Prüfungsvorbereitung ausmachen. Stellen Sie zeitweise eine Lernsituation her, die der Prüfungssituation, in welcher Sie Ihr gelerntes Wissen aktivieren und reproduzieren wollen, möglichst ähnlich ist: unbequemer Stuhl, Tisch, ein altes Aufgabenheft, ein Bleistift, ein Radiergummi, Wasser, Snickers, Uhr, 120 Minuten Zeit, keine Ablenkungen. Es geht hierbei um ein Doppeltes: Zum einen spielt natürlich eine inhaltliche Beschäftigung mit dem abgefragten Stoff eine wichtige Rolle. Zum anderen ist aus unserer Erfahrung aber die methodische Auseinandersetzung mit dem Frageformat und den Rahmenbedingungen der Klausur eine mindestens gleich wichtige Aufgabe der Vorbereitung, die oft in ihrer Wichtigkeit unterschätzt wird. Es geht darum, bereits in der Vorbereitungsphase eine Vertrautheit mit dem Aufbau der Klausuren (Freitextaufgaben, Mehrfach- und Einfachwahlaufgaben, Negationen) zu gewinnen, ein Gefühl für die zur Verfügung stehende Zeit (zwei Stunden für 80 Fragen) zu bekommen und sich bereits vorab so weit mit den Antwortmodalitäten (kleine Kästchen im Antwortbogen mit Bleistift ausmalen, Cave: Nicht übermalen!) anzufreunden, sodass diese in der Prüfungssituation keine Verwirrung oder Reaktanz mehr auslösen. In der Prüfungssituation ist keine Zeit, sich über Freitextaufgaben zu wundern oder sich über Kästchen zu empören.

Es empfiehlt sich bei begrenzter Vorbereitungszeit sehr, auf die Konsultation von **Lehrbüchern oder gar von Primärliteratur zu verzichten**. Zur Vorbereitung reichen in der Regel aus:
- dieses Buch,
- die ICD-10,
- eine durchschnittliche Lernmotivation,
- die Bearbeitung alter Klausuren und
- ggf. die Teilnahme an einem in Seminarform angebotenen Repetitorium.

Die hier vorgeschlagene **Minimalstrategie einer tragfähigen Vorbereitung** hat erklärtermaßen nicht das Ziel, von allen Frageinhalten, denen Sie in Ihrer eigenen Klausur gegenübersitzen werden, schon einmal etwas gehört zu haben oder gar auf alle Fragen eine definitiv richtige Antwort zu wissen. Es geht hier vielmehr darum, den Rahmen dessen abzustecken, was notwendig ist, um die Klausur angstfrei, sicher und ohne die Aufgabe eines Privatlebens innerhalb der Zeit der Vorbereitung zu bestehen. Wenn sie mehr machen wollen und können, so ist dies – zumindest dem Prüfungsergebnis – in der Regel nicht abträglich.

Unabhängig von dieser Lernempfehlung werden in diesem Buch natürlich dennoch Quellenangaben gemacht. Wenn Sie zu einer weitergehenden Auseinandersetzung mit dem Prüfungsstoff motiviert sind (und dies zeitlich einrichten können), dann besteht dort die Möglichkeit, eventuell unklar gebliebene Inhalte aus einer anderen Perspektive erörtert zu bekommen oder zu vertiefen.

Neben diesem Buch ist das mit großem Abstand wichtigste Buch zur Prüfungsvorbereitung die **ICD-10, Kapitel V(F)**. Das in der ICD zusammengefasste diagnostisch-klassifikatorische Wissen nimmt in der Regel einen signifikanten Teil des Klausurstoffes ein. Da wir ohnehin zur Vorbereitung empfehlen, das gesamte Kapitel V(F) der ICD-10 zumindest einmal aufmerksam komplett gelesen zu haben – im Gegensatz zu einer gewissen Menge anderer Prüfungsinhalte besitzt ein fundiertes Wissen um die ICD-Klassifikationen in der Tat auch eine erkennbare Verbindung zur späteren Berufsausübung –, wiederholen wir die entsprechenden ICD-Kriterien der einzelnen Störungen in diesem Buch nicht, sondern stellen Ihnen im sechsten Teil dieses Buches vielmehr einen systematischen Kommentar zum Kapitel V(F) der ICD-10 zur Verfügung, der *in Verbindung mit der ICD* die Orientierung für die Prüfung erleichtert und Sie systematisch auf Prioritäten hinweist und, wo nötig, klausurrelevante Ergänzungen zur ICD liefert.

Man kann Prüfungsvorbereitung mit verschiedenen Ansprüchen betreiben. Im Falle der Abschlussklausur empfiehlt es sich nachdrücklich, in einen inneren Dialog mit eigenen strengen Über-Ich-Anteilen (s. S. 264, 289) zu treten und diesen mit unmissverständlicher Realitätsorientierung klarzumachen: **Du kannst nicht auf jede Frage vorbereitet sein!** Es wird in jeder Klausur Fragen geben, die abwegig kleinteilig erscheinen, die nach etwas fragen, wovon man noch nie gehört hat und das weder in der ICD noch in diesem Buch zu finden ist. Es ist nicht essenzieller Bestandteil der Prüfungsvorbereitung zu versuchen, das Ideal absoluten Wissens in der Realität zu verwirklichen. Vielmehr geht es darum zu üben, mit effektiver Prioritätensetzung und begrenztem, aber tragfähigem Wissen maximal gute Prüfungsresultate zu erzielen. Dabei ist es wichtig, sich vor Augen zu halten, dass es in der Klausur nicht um die aktive Reproduktion oder gar ausführliche Erörterung gelernter Inhalte geht, sondern lediglich darum, gelernte Inhalte wiederzuerkennen (eine Ausnahme bildet lediglich die Kategorie der Freitextaufgaben).

3.2   Die Strategie der tiefen Verarbeitung

Es ist ein gut abgesichertes Ergebnis der kognitiven Lernforschung, dass **nicht die Absicht zu lernen, sondern die Verarbeitungstiefe des Gelernten den Umfang des Erinnerns bestimmt** (Anderson, 1996, S. 190). Es ist also wenig effektiv, mit eisernem Willen acht Stunden täglich vor diesem Buch zu verbringen und damit dem eigenen Über-Ich vor allem den Willen zu lernen zu versichern. Die beharrliche Aufnahme sehr vieler sehr ähnlicher Lerninhalte am selben Tag erzeugt nicht mehr Wissen, sondern in der Regel eher Interferenzen zwischen den Inhalten, die das Erinnern erschweren. Das tagsüber Gelernte muss sich erst über Nacht im Schlaf konsolidieren, Sie träumen davon. Damit dies möglich ist, brauchen Sie Lernstoff in verdaubaren Portionen. Also: Lieber regelmäßig täglich eine Stunde Lernzeit als sechs Tage Lernpause und dann einen Tag lang sieben Stunden durchlernen. **Tiefe Verarbeitung** bedeutet, sich mit dem Lernstoff so auseinanderzusetzen, dass dieser als sinnvoll erkannt, mit zusätzlichen Informationen angereichert und als persönlich bedeutsam erlebt wird. Mit Blick auf die Prüfungsinhalte heißt dies:

Bedeutungsarme Inhalte wie Phasenmodelle, Listen, Namen pharmazeutischer Erzeugnisse, Diagnosekriterien (nach denen eben besonders gerne gefragt wird) müssen zum Lernen mit Sinn und persönlicher Bedeutsamkeit angereichert werden. Deswegen ist dieses Buch nicht wie für Lehrbücher üblich zweispaltig gesetzt, sondern hat einen **breiten äußeren Rand**. Dieser ist für Ihre persönlichen Ausarbeitungen des Lernstoffes gedacht und sollte nicht leer bleiben. Anmerkungen, die den Stoff durcharbeiten und in eine für Sie persönlich optimale Form bringen, können sich an den folgenden Anregungen orientieren (nach Metzig & Schuster, 2010, S. 135 ff.):

- Wie kann man das in der therapeutischen Praxis anwenden?
- Wie könnte eine mögliche Klausurfrage hierzu aussehen?
- Welcher meiner Patienten kommt mir dazu in Erinnerung?
- Was fallen mir für Analogien zu einem anderen Stoff auf?
- Wie zentral ist das im Vergleich zum Gesamtstoff?
- Wie verhält sich das zu dem, was ich vorher über das Thema wusste?
- Welche (freien) Assoziationen kommen mir hierzu?
- Was ist unterstreichenswert?
- Welche eigene Überschrift kann ich dem geben?
- Welche Gegenargumente lassen sich finden?
- Welchen persönlichen Nutzen könnte ich daraus ziehen?
- Wie könnte ich davon in meiner eigenen Lebensführung profitieren?
- Wie könnte man damit Geld verdienen?
- Was könnte meine Liebste/meinen Liebsten daran interessieren?
- Wie könnte man diesen Inhalt effektvoll karikieren?

3.3 PQ4R

Eine gut erprobte und besonders effektive Methode zur Beförderung der tiefen Verarbeitung von Texten ist die von Ellen Thomas und Alan Robinson entwickelte PQ4R-Methode, deren zentrales Merkmal darin besteht, Fragen an den Text zu generieren und zu beantworten (die Darstellung folgt Anderson, 1996, S. 191 ff.). **Diese Methode können Sie beim Studium dieses Buches erfolgreich anwenden.** Der etwas nach *Star Wars* klingende Name PQ4R leitet sich aus den Anfangsbuchstaben der englischen Bezeichnungen für die sechs Phasen ab, welche zum Durcharbeiten einzelner Buchkapitel empfohlen werden. Diese sind:

1. **Preview** (Vorprüfung): Überfliegen Sie das Kapitel, und identifizieren Sie Abschnitte, die eine sinnvolle Einheit bilden. Auf jeden der identifizierten Abschnitte werden dann die folgenden Schritte 2 bis 5 angewendet.
2. **Questions** (Fragen): Formulieren Sie Fragen zu den Abschnitten. Oft genügt eine Umformulierung der Überschriften in Frageform. Notieren Sie diese Fragen auf einem separaten Blatt Papier.
3. **Read** (Lesen): Lesen Sie den Abschnitt nun sorgfältig mit dem Ziel der Beantwortung der gestellten Fragen.
4. **Reflect** (Nachdenken): Reflektieren Sie den Text während des Lesens. Hierzu können die als Hilfsmittel für die tiefe Verarbeitung genannten Fragen nützlich sein (s. oben).
5. **Recite** (Wiedergeben): Legen Sie nach abgeschlossener Bearbeitung eines Abschnittes den Text beiseite, und versuchen Sie, die im bearbeiteten Abschnitt enthaltene Information zu erinnern, indem Sie die von Ihnen formulierten Fragen beantworten. Lesen Sie ggf. Passagen, die schwer zu erinnern waren, erneut.

6. **Review** (Rückblick): Gehen Sie das gesamte Kapitel nach Beendigung der Bearbeitung noch einmal in Gedanken durch. Was waren die wichtigsten Punkte? Versuchen Sie erneut, sich die Fragen, die Sie an die betreffenden Abschnitte des Kapitels gestellt haben, zu beantworten.

Neben einer methodisch geleiteten Prüfungsvorbereitung lassen sich aus der Erfahrung der vergangenen Jahre auch einige konkrete, über die Empfehlungen des IMPP hinausgehende Ratschläge für den Umgang mit den Klausurfragen in der Prüfungssituation selbst geben.

4   Wie verhalte ich mich erfolgreich in der Prüfungssituation?

4.1   Umgang mit Störungen

Angst, Aufregung, Reaktanz, Krach, mangelnde Selbstwirksamkeitserwartung, das **Lustprinzip**, negative Selbstverbalisationen, versagendes Deodorant, Hunger, mit offenkundig böswilliger Absicht erdachte Fragen, irrationale Überzeugungen, eine schwierige Beziehung zum Vater – die Liste möglicher Störungen, die einen daran hindern können, das zweifelsohne in der kompetenten Prüfungsvorbereitung mit diesem Buch erworbene Wissen und Können in der Prüfungssituation zu aktivieren und zu nutzen, ist lang.

Im Training der Klausurbeantwortung unter Wettkampfbedingungen haben Sie den Umgang mit den äußeren Erfordernissen der Prüfungssituation so weit automatisiert, dass Sie sich darüber in der Prüfung selbst keine Gedanken mehr machen müssen. Ihre Vaterbeziehung und ihre irrationalen Überzeugungen haben Sie in der Selbsterfahrung so weit aufgearbeitet, dass sie Ihnen vielleicht noch in Ihrer Paarbeziehung, jedoch auf keinen Fall in der Approbationsprüfung in die Quere kommen. Sie wissen, dass es keine Fragen mit böser Absicht in der Klausur gibt. Sie sind nicht überrascht, auch vor schweren, unlösbar wirkenden, ja fast schon unsinnig erscheinenden Fragen zu sitzen. Sie sind darauf vorbereitet, dass es einen Prozentsatz schwerer und sehr schwerer Fragen gibt. Sie haben keinen Hunger, denn Sie haben gesund und ausreichend gefrühstückt. Das **Lustprinzip** hilft Ihnen, durch die Klausur zu kommen, denn Sie haben eine ganz klar lustvoll besetzte Vorstellung davon, wie es nach der Klausur weitergeht: Eigene Praxis, eigene Couch, eigenes Flipchart, und alle Probleme in Ihrer Beziehung werden sich dann automatisch in Luft auflösen.

4.2   In zehn Schritten zum Erfolg

Zeit ist ein wesentlicher Faktor in der Klausursituation. Entgegen subjektiven Befürchtungen sind die im Durchschnitt pro Frage zur Verfügung stehenden **90 Sekunden jedoch relativ viel Zeit**. 90 Sekunden bedeuten aber auch, dass es in der Regel wenig sinnvoll ist, über eine schwierige oder unklare Aufgabe lange zu grübeln. Es empfiehlt sich, zunächst alle hinreichend gut lösbaren Aufgaben zu bearbeiten, um dann am Ende erneut auf die noch ungelösten Aufgaben zurückzukommen.

Um die pro Aufgabe zur Verfügung stehende Zeit effektiv zu nutzen, empfehlen wir Ihnen ein systematisches Vorgehen, welches Schritt für Schritt zum Erfolg führt:

1. **Atmen!** Durch eine ruhige und regelmäßige Atmung gelingt es Ihnen, Ihr vegetatives Nervensystem anzusprechen, Ihre Aufregung zu managen und einen Zustand konzentrativer Leistungsbereitschaft herbeizuführen.

2. **Frage aufmerksam lesen.** Sich die Zeit zu nehmen, den – manchmal relativ langen – Aufgabentext ruhig und aufmerksam zu lesen, erspart oft Zeit bei der Lösungsfindung.

3. **Wichtiges unterstreichen.** Viele Fragen enthalten Zusatzinformationen, die oft verwirrend, jedoch zur Lösung der Aufgabe irrelevant sind.

4. **Wie viele Antworten sind möglich?** Handelt es sich um eine Einfach- oder um eine Mehrfachwahlaufgabe? Werden mehrere Lösungen verlangt, so ist dies immer deutlich sichtbar am Ende der Aufgabe angegeben (z. B. „Wählen Sie zwei Antworten!"), ist dort nichts Explizites erwähnt, dann handelt es sich um eine Einfachwahlaufgabe.

5. **Negation?** Handelt es sich um eine Aufgabe, mit negiert formulierter Fragestellung? Dies ist im Aufgabentext ebenfalls explizit erwähnt (z. B. „Welche der folgenden Maßnahmen zählt *nicht* dazu?").

6. **Antworten markieren.** Gerade für diejenigen Aufgaben, die schwierig und nicht im ersten Durchgang zufriedenstellend zu lösen sind, empfiehlt es sich, im ersten Durchgang bereits im Aufgabenheft Antworten zu markieren (welche Alternativen sind aussichtsreiche Lösungskandidaten, welche sind unter Umständen möglich, welche können ausgeschlossen werden). Dies bedeutet, dass man am Ende auf eine bereits vorstrukturierte Aufgabe zurückkommen kann, weniger Einarbeitungszeit benötigt und sich in der Regel nicht mehr mit fünf, sondern nur noch mit zwei oder drei Alternativen auseinandersetzen muss.

7. **Ausschlussverfahren!** Die Klausuren sind mit relativ großem testtheoretischen Aufwand konstruiert. Dies bedeutet, es gibt in jeder Klausur leichte, mittelschwere und schwere Items bzw. Aufgaben. Bei den leichten Aufgaben stellt sich in der Regel das angenehme Gefühl ein, die Lösung zu „wissen". Man muss nicht lange überlegen, kreuzt die richtige Alternative an, geht zur nächsten Aufgabe über und freut sich, 60 Sekunden Lösungszeit für schwierige Aufgaben gutgemacht zu haben. Bei den schweren Aufgaben hingegen entsteht rasch das tendenziell unangenehme Gefühl, keine Ahnung zu haben. Dies ist Bestandteil der Klausur und sollte Sie nicht weiter verunsichern. Bei den Fragen, deren richtige Lösung man nicht positiv, also durch Wissen, finden kann, ist nicht Resignation, sondern der Rückgriff auf das Ausschlussverfahren indiziert: Von welchen Lösungen kann ich mit zufriedenstellender Sicherheit sagen, dass sie *nicht* die richtige Lösung sein werden (z. B. weil ich sie anderen Themenbereichen oder Fragestellungen zuordnen kann)? Das Ausschlussverfahren ist kein sicherer Weg, sondern eine häufig erfolgreiche Heuristik. Mit dem Ausschlussverfahren lässt sich die Vielfalt möglicher Antworten erfahrungsgemäß oft auf zwei reduzieren.

8. **Nicht zu kompliziert denken!** Eine durchaus auch im Alltag bewährte Strategie ist ebenfalls für die Klausur von Relevanz. Sie empfiehlt, sich bei der Lösungsfindung auf seine Lebenserfahrung und sein implizites Wissen durch Studium und Ausbildung zu verlassen. Die Fragen verfolgen manchmal das Ziel, durch irrelevante Zusatzinformation zu verwirren, sie haben es aber nicht darauf abgesehen, den angehenden Psychologischen

Psychotherapeuten oder Kinder- und Jugendlichenpsychotherapeuten systematisch zu täuschen. „Zu leicht" erscheinende Aufgaben sind leichte Aufgaben und in der Regel keine Fallen.

9. **Raten heißt eine Chance ergreifen!** Eine der wichtigsten und mitunter gar prüfungsentscheidenden Maximen besagt: Raten ist kein Zeichen von Inkompetenz, sondern im Rahmen einer Multiple-Choice-Klausur – und solange es nicht die dominante Lösungsstrategie darstellt – ein weises methodisches Vorgehen. Bei einer Vielzahl von schwierigen Aufgaben ist die Kombination von Möglichkeitsreduktion durch Ausschlussverfahren und Lösungsgewinnung durch Raten eine effektive Strategie.

10. **Antwort übertragen.** Bezüglich des Antwortbogens empfiehlt es sich, Antworten sofort zu übertragen und nicht erst im Aufgabenheft zu markieren und am Ende en bloc auf den Antwortbogen zu übertragen.

Ein Grund für innere Widerstände gegen das Raten ist die Angst, etwas falsch zu machen. Hier ist es wichtig, sich zu vergegenwärtigen, dass es in der Klausur pro Aufgabe nur einen Punkt oder keinen Punkt gibt. Weitere Optionen der Bepunktung gibt es nicht. **Es gibt keine halben Punkte und keine Strafpunkte** oder Punktabzug für falsche Lösungen. Dies bedeutet: Keine Lösung anzukreuzen, wird genauso bewertet, wie eine falsche Lösung anzukreuzen (nämlich mit keinem Punkt). Kreuzen Sie keine Lösung an, haben Sie mit einer Wahrscheinlichkeit von 100 % keinen Punkt, kreuzen Sie hingegen, ohne die Aufgabe gelesen zu haben, irgendeine Lösung an, dann haben Sie nur mit 80 % Wahrscheinlichkeit keinen Punkt. Dies bedeutet, dass am Ende der Klausur auf Ihrem Antwortbogen auf jeden Fall 80 Antworten markiert sein sollten. Sind von diesen 48 oder mehr richtig beantwortet, dann haben Sie bestanden.

Zweiter Teil:
Psychologische Grundlagen

5   Methodische Grundlagen

5.1   Deskriptive Statistik

Die deskriptive Statistik beschäftigt sich mit der Zusammenfassung und Darstellung empirisch gewonnener Daten.

Normalverteilung: Die Messwerte bei der Untersuchung vieler natur-, wirtschafts- und ingenieurwissenschaftlicher Phänomene lassen sich durch eine Normalverteilung beschreiben. Diese Wahrscheinlichkeitsverteilung hat einen glockenförmigen Verlauf, ist symmetrisch und nähert sich asymptotisch der x-Achse. Eine Normalverteilung wird durch die Parameter **Mittelwert** und **Standardabweichung** eindeutig festgelegt. Normalverteilungen mit unterschiedlichen Mittelwerten und Streuungen können ineinander überführt werden (Tabelle 5.1).
- **Mittelwert (µ oder m):** Maß zur Kennzeichnung der zentralen Tendenz einer Verteilung, im Falle der Normalverteilung zugleich der Wert, der von den meisten Merkmalsträgern besetzt wird.
- **Standardabweichung (σ oder s):** Maß für die Streuung einer Verteilung, welches die Variationsbreite der Messwerte beschreibt.

Für eine Normalverteilung gilt:
- 68,27 % aller Messwerte haben eine Abweichung von höchstens 1 σ vom Mittelwert.
- 95,45 % aller Messwerte haben eine Abweichung von höchstens 2 σ vom Mittelwert.
- 99,73 % aller Messwerte haben eine Abweichung von höchstens 3 σ vom Mittelwert.

Tabelle 5.1: Skalentransformationen

Skala	Mittelwert	Standardabweichung
z-Werte	0	1
IQ	100	15
T-Werte	50	10
Stanine	5	2

Stichprobe und Grundgesamtheit: Bei der Stichprobengewinnung wird mit Hilfe mathematischer Methoden eine Teilmenge aus einer Grundgesamtheit (Population) erzeugt. Die Stichprobe besteht aus einer Menge von Elementen, die hinsichtlich eines Merkmals übereinstimmen.
- **Repräsentative Stichproben** entsprechen in ihrer Zusammensetzung der Population, der sie entnommen sind, und ermöglichen Rückschlüsse auf die Population.
- **Klinische Stichproben** rekrutieren sich aus dem Personenkreis, der sich in Behandlung befindet.

5.2   Analytische Statistik (Hypothesen prüfen)

In der analytischen Statistik geht es im Gegensatz zur deskriptiven darum, aus einer Theorie abgeleitete Aussagen **(Hypothesen)** anhand der empirischen Realität zu überprüfen. Die grundlegende Frage dabei ist, inwieweit die Theorie durch stichprobenartig gewonnene Daten bestätigt werden kann.

- Eine zu prüfende Hypothese, die über den bisherigen Erkenntnisstand einer Wissenschaft hinausgeht, zu diesem in Widerspruch steht oder ihn ergänzt, wird als **Alternativhypothese (H_1)** bezeichnet. Alternativhypothesen sind innovativ und beinhalten einen Erkenntnisgewinn.
- In Abhängigkeit von der zu überprüfenden Alternativhypothese wird eine konkurrierende **Nullhypothese (H_0)** formuliert. Die Nullhypothese beinhaltet keine eigenständige inhaltliche Aussage, sondern postuliert lediglich, dass das Gegenteil der Alternativhypothese der Fall ist, dass der in dieser formulierte Inhalt null und nichtig ist.

Beispiele für Hypothesen:

H_1: Ein innovatives, aus einer um ihre wissenschaftliche Anerkennung noch ringenden Theorie abgeleitetes Therapieverfahren ist bei der Behandlung einer hartnäckigen psychischen Störung erfolgreicher als ein bewährtes Verfahren, welches sich auf gut etablierte Theorien beruft.

H_0: Das neue Therapieverfahren ist nicht erfolgreicher (also entweder genauso gut oder schlechter).

Auch im Rahmen der Psychodiagnostik werden Hypothesen getestet:

H_1: Herr Beck ist depressiv.

H_0: Herr Beck ist nicht depressiv (also entweder gesund oder an einer anderen Störung leidend).

Das Testen von Hypothesen stellt also – in der Forschung, aber auch in der Diagnostik – ein **Entscheidungsproblem** dar, dessen mögliche Optionen sich in einer Kreuztabelle veranschaulichen lassen (Tabelle 5.2).

Tabelle 5.2: Die statistische Entscheidungssituation am Beispiel eines Diagnostikers

		In der **empirischen Realität** gilt	
		H_0 ist der Fall	H_1 ist der Fall
Ein **Test** entscheidet zugunsten von	H_0	**Richtig** negativ: Gesunde Gesunde (Spezifität)	**Falsch** negativ: „Gesunde" Kranke (β-Fehler)
	H_1	**Falsch** positiv: „Kranke" Gesunde (α-Fehler)	**Richtig** positiv: Kranke Kranke (Sensitivität)

Hierbei sind zwei richtige Entscheidungen möglich:
- **Sensitivität** (Empfindlichkeit) bezeichnet die Richtig-positiv-Rate eines Tests, also den Anteil der aufgrund des Tests als „krank" diagnostizierten Personen unter allen tatsächlich Erkrankten der untersuchten Stichprobe. Ein besonders sensitives Testverfahren ist in der Lage, eine Erkrankung mit hoher Sicherheit auszuschließen.
- **Spezifität** (Treffsicherheit) bezeichnet die Richtig-negativ-Rate eines Tests, also den Anteil der aufgrund des Tests als „gesund" diagnostizierten Personen unter allen tatsächlich Nicht-Erkrankten der untersuchten Stichprobe. Ein besonders spezifisches Testverfahren ist in der Lage, eine Erkrankung mit hoher Sicherheit zu bestätigen.

Neben den beiden richtigen Entscheidungen können zwei mögliche Fehler auftreten:
- **α-Fehler (oder auch Fehler 1. Art):** Eine empirisch zutreffende Nullhypothese wird aufgrund von Testresultaten zugunsten der Alternativhypothese verworfen (Herr Beck wird als „krank" gelabelt, obgleich er gesund ist).

- **β-Fehler (oder auch Fehler 2. Art):** Eine Nullhypothese wird aufgrund von Testresultaten akzeptiert, obwohl sie in der Realität nicht zutrifft (Herr Beck wird als „gesund" gelabelt, obwohl er doch krank ist).

Randomisierung: zufällige Zuordnung zu Ex- + Kogruppe

5.3 Experimentieren!

Das **Experiment (Randomized Controlled Trial, RCT)** gilt als das methodische Ideal der empirischen Kausalforschung. Die Logik des Experimentierens besteht darin, die beobachtete Variation einer **abhängigen Variablen (aV)** auf die systematische Manipulation einer **unabhängigen Variablen (uV)** zurückzuführen. Ein Experiment ist durch drei Charakteristika gekennzeichnet:

- **Treatment:** planmäßig definierte, aktive Bedingungsvariation,
- **Kontrolle:** Vergleich von Experimental- und Kontrollgruppe(n),
- **Randomisierung:** zufällige Zuweisung von Personen zu Experimental- und Kontrollgruppe(n).

Quasiexperimentelle Studien unterscheiden sich von echten Experimenten dadurch, dass sie zwar eine willkürliche Manipulation der uV realisieren, jedoch keine Randomisierung vorliegt.

Verschiedenen Studientypen (vgl. Tabelle 5.3) lassen sich unterscheiden im Hinblick auf die beiden wesentliche Aspekte:

- **Interne Validität** liegt vor, wenn Veränderungen in der aV eindeutig auf den Einfluss der uV zurückgeführt und Alternativerklärungen für das Vorliegen der gefundenen Effekte ausgeschlossen werden können. Interne Validität bezeichnet in einem Versuchsdesign somit die Präzision der Bedingungskontrolle.
- **Externe Validität** liegt vor, wenn das Ergebnis einer Stichprobenuntersuchung auf andere Personen, Situationen und Zeitpunkte generalisiert werden kann.

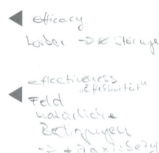

Tabelle 5.3: Vergleich von Laborexperiment und Feldstudie

	Laborexperiment	Feldstudie
Vorgehen	• Untersuchung unter optimalen Rahmenbedingungen	• Untersuchung in natürlicher Situation
Vorteile	• Hohe interne Validität • Situation, inklusive Störvariablen, gut kontrollierbar	• Hohe externe Validität • Lebensnähe • Praxisbezug
Nachteile	• Geringe externe Validität • Künstlichkeit der Untersuchungsbedingungen	• Geringe interne Validität • Multiple, in ihrer Komplexität schwer kontrollierbare Effekte

Versuchspläne: Zur systematischen Überprüfung von Hypothesen können je nach Fragestellung und nach äußeren Gegebenheiten verschiedene Versuchspläne verwendet werden (vgl. Tabelle 5.4).

Tabelle 5.4: Überblick über verschiedene Versuchspläne

	Querschnitterhebung	Längsschnitterhebung	retrospektive Untersuchung	Einzelfallstudie	Gruppenstudie
Vorgehen	• Untersuchung mehrerer unabhängiger Stichproben zu einem bestimmten Zeitpunkt	• mehrere Untersuchungen (Follow-up) der gleichen abhängigen Stichprobe, z. B. einer Geburtenkohorte, über einen längeren Zeitraum	• retrospektive Untersuchung des Einflusses eines Risikofaktors, ausgehend vom Ist-Zustand • Werden dabei Erkrankte (Fälle) mit Gesunden (Kontrollen) verglichen, spricht man von einer Fall-Kontroll-Studie	• Untersuchung eines einzelnen Probanden	• Untersuchung möglichst großer Stichproben
Vorteile	• geringer Aufwand • kurze Durchführungsdauer	• intraindividuelle und interindividuelle Unterschiede messbar	• hohe Wirtschaftlichkeit	• detaillierte Beschreibung eines Phänomens	• statistische Signifikanzprüfung möglich • Möglichkeit der Generalisierung bei repräsentativen Stichprobe
Nachteile	• keine Aussagen über intraindividuelle Unterschiede möglich	• Drop-outs • Carry-over-Effekte (Lern-, Sättigungseffekte, reaktive Effekte, externes zwischenzeitliches Geschehen)	• kein Schluss auf Kausalzusammenhänge möglich	• Zusammenfassung von Ergebnissen und Generalisierung problematisch	• keine Sensibilität für das Einzigartige und Individuelle

5.4 Epidemiologie

Die Epidemiologie ist jene wissenschaftliche Disziplin, die sich mit den Ursachen und Folgen sowie der Verbreitung von gesundheitsbezogenen Zuständen und Ereignissen in Populationen beschäftigt.

5.4.1 Begriffe und Methoden

Deskriptive Epidemiologie: Erfassung der räumlichen und zeitlichen Verteilung psychischer Störungen in einer bestimmten Bevölkerungsgruppe.

Analytische Epidemiologie: erfasst Risikofaktoren und weitere Determinanten von Gesundheit und Krankheit.

Prävalenz: entspricht der Häufigkeit, mit der ein bestimmtes Merkmal (z. B. eine Diagnose) in einer Population vorkommt. Man unterscheidet dabei:

- Punktprävalenz: Prävalenz zu einem bestimmten Zeitpunkt/Stichtag,
- Periodenprävalenz: Prävalenz in einer bestimmten Zeitperiode (z. B. Jahresprävalenz),
- Lebenszeitprävalenz: Prävalenz während des gesamten Lebens,
- wahre Prävalenz: erhoben in repräsentativen Bevölkerungsstudien,
- administrative Prävalenz: Erhebung über klinische Stichproben.

[handschriftliche Randnotiz: $\frac{\text{Erkrankte zu Zeit } x}{\text{Gesamtbevölkerg}} \cdot 100$ *]*

Inzidenz: Anteil der Neuerkrankten im Verhältnis zur Anzahl der Untersuchten.

Lebenszeitrisiko: Wahrscheinlichkeit, im Laufe seines Lebens an einer Störung zu erkranken.

[handschriftliche Randnotiz: ∑ Lebenszeitprävalenz als tatsächlicher Prozentteil während Leben]

Risikofaktoren: Faktoren, die die Wahrscheinlichkeit einer Erkrankung erhöhen:

- variabler Risikofaktor: ändert sich von selbst (z. B. Alter) oder ist experimentell beeinflussbar,
- fester Marker: Risikofaktor, der nicht verändert werden kann (z. B. Geschlecht).

Schutzfaktoren (protektive Faktoren): Faktoren, die das Risiko für eine Erkrankung senken.

5.4.2 Maßzahlen

Im Folgenden werden drei epidemiologisch relevante Maße vorgestellt, die allesamt das Ziel verfolgen, den **Einfluss eines Risikofaktors auf das Vorhandensein einer Erkrankung** zu quantifizieren. Alle folgenden Überlegungen beziehen sich auf die Tabelle 5.5.

[handschriftliche Randnotiz: 1000 Personen über 15 Jahre 20 Tod $\rightarrow \frac{20}{1000} = 0{,}02 \cdot 100 = 2\%$ Letalitätsrisiko]

Tabelle 5.5: Einfluss eines Risikofaktors auf eine Erkrankung

		Risikofaktor (z. B. Rauchen)		Σ
		Vorhanden	**Nicht vorhanden**	
Erkrankung (z. B. Myokardinfarkt)	**Vorhanden**	**a** = 20	**b** = 10	30
	Nicht vorhanden	**c** = 2880	**d** = 7090	9970
Σ		2900	7100	10000

▶ Das **relative Risiko (RR)** ist ein Maß dafür, wie sehr sich das Risiko einer Erkrankung in zwei Gruppen unterscheidet, von denen eine einem Risikofaktor ausgesetzt ist, die andere jedoch nicht. Das relative Risiko ist somit ein **Quotient von Inzidenzen**. Die Bedeutung eines Risikofaktors wird als das Verhältnis der Wahrscheinlichkeiten für ein Ereignis oder Merkmal dargestellt.

- Berechnung des relativen Risikos:

Mit Risiko tatsächlich öfter k.aus?

$$RR = \frac{a : (a + c)}{b : (b + d)}$$

Oder anders ausgedrückt mit Hilfe der bedingten Wahrscheinlichkeit:

$$RR = \frac{P(\text{Erkrankung} \mid \text{Risikofaktor})}{P(\text{Erkrankung} \mid \text{kein Risikofaktor})}$$

> **Beispiel:** In Bezug auf die konkreten Daten aus Tabelle 5.6 ergibt sich somit ein RR von 4,90 für den Faktor „Rauchen" in Bezug auf das Auftreten eines Myokardinfarkts. Interpretation: Als Raucher ist es 4,90-mal so wahrscheinlich, an Herzinfarkt zu erkranken, wie als Nichtraucher.

▶ Das relative Risiko ist verwandt mit dem **Odds Ratio (Quotenverhältnis, R(a:b))**. Im Gegensatz zum relativen Risiko ist das Odds Ratio ein **Quotient aus Quoten**. Es ist ein Maß dafür, um wie viel größer die Quote der Erkrankten in der Gruppe mit Risikofaktor ist, verglichen mit der Gruppe ohne Risikofaktor.

- Berechnung des Odds Ratio:

$$R(a{:}b) = \frac{a : c}{b : d}$$

Oder wiederum in Wahrscheinlichkeiten ausgedrückt:

$$R(a{:}b) = \frac{P(a) : P(1 - a)}{P(b) : P(1 - b)}$$

> **Beispiel:** In Bezug auf die konkreten Daten aus Tabelle 5.6 ergibt sich somit ein R(Raucher:Nichtraucher) von 4,92 in Bezug auf das Auftreten eines Myokardinfarkts. Interpretation: In der Gruppe der Raucher gibt es 4,92-mal so viele an Herzinfarkt Erkrankte wie in der Gruppe der Nichtraucher.

Bei **relativem Risiko und Odds Ratio** handelt sich um **multiplikative Faktoren**, die jeweils Werte zwischen 0 und ∞ annehmen können. Ein relatives Risiko bzw. Odds Ratio von

1 => RR = OR
>1 => RR < OR
<1 => RR > OR

- genau 1 bedeutet, dass es keinen Unterschied in den Risiken bzw. Quoten gibt,
- > 1 bedeutet, dass das Risiko bzw. die Quote einer Erkrankung in der Gruppe der Risiko-Exponierten größer ist,
- < 1 bedeutet, dass das Risiko bzw. die Quote einer Erkrankung in der Gruppe der Risiko-Exponierten kleiner ist.

Ist die Wahrscheinlichkeit zu erkranken gering, sind Odds Ratio und relatives Risiko annähernd gleich. Im Gegensatz zum Odds Ratio ist das relative Risiko kein symmetrisches Maß, d.h., der Umkehrschluss, dass an Myokardinfarkt erkrankte Patienten mit 4,90-fach höherer Wahrscheinlichkeit rauchen als diejenigen, die nicht erkrankt sind, ist nicht zulässig.

▶ Das **attributable Risiko (AR)** ist jenes spezifische Erkrankungsrisiko, welches allein der Tatsache zuzuschreiben ist, dass eine Person einem bestimmten Risikofaktor ausgesetzt war.

Kausalität → wie stark trägt Rauchen zu Krebs bei?

Es gibt den Anteil der Erkrankungen an, der auf den Risikofaktor zurückgeführt werden kann bzw. der verhindert werden könnte, würde man den Risikofaktor eliminieren. Das attributable Risiko ergibt sich aus der **Differenz des Erkrankungsrisikos** der Exponierten und des Erkrankungsrisikos der Nicht-Exponierten.

- Berechnung des attributablen Risikos:

$$AR = \frac{a}{a+c} - \frac{b}{b+d}$$

> **Beispiele:** In Bezug auf die konkreten Daten aus Tabelle 5.6 ergibt sich somit ein dem Faktor „Rauchen" zuzuschreibendes attributables Risiko von 0,0055 in Bezug auf das Auftreten eines Myokardinfarkts. Interpretation: Das Risiko, einen Myokardinfarkt zu erleiden, lässt sich um 0,55 Prozentpunkte – nämlich von 0,69 % auf 0,14 % – senken, wenn man aufhört zu rauchen.

5.4.3 Einige konkrete Zahlen

Die Lebenszeitprävalenz für die Erkrankung an mindestens einer psychischen Störung beträgt in Deutschland gegenwärtig 43 %, die Jahresprävalenz 31 %, die Monatsprävalenz 20 % (Jacoby et al., 2004, S. 6).

Geschlechtsspezifische Unterschiede in der Häufigkeit psychischer Störungen:

- Höhere Prävalenzen bei **Frauen**: insgesamt höhere Lebenszeitprävalenz für psychische Störungen; Depressionen, Ess- und Angststörungen, dissoziative und funktionelle Störungen, PTSD, Borderline-Persönlichkeitsstörung, Suizidversuche.
- Höhere Prävalenzen bei **Männern**: Alkoholismus, Suchterkrankungen allgemein (außer Sedativa), Dissozialität, Störungen der Sexualpräferenz und des Sozialverhaltens, zwanghafte Persönlichkeitsstörungen, Herzangstneurose, vollzogener Suizid.

5.5 Psychotherapieforschung

Psychotherapieforschung beschäftigt sich mit den Fragen sowohl nach der Wirksamkeit **(Outcome-Forschung)** als auch nach der spezifischen Wirkungsweise **(Prozessforschung)** von Psychotherapien.

5.5.1 Outcome-Forschung

Die **Wirksamkeit** psychotherapeutischer Verfahren kann unter verschiedenen Gesichtspunkten beurteilt werden:

- **Efficacy:** Wirksamkeit einer Therapiemethode unter standardisierten Idealbedingungen (Labor), also unter dem Gesichtspunkt interner Validität.
- **Effectiveness:** Wirksamkeit einer Therapiemethode unter naturalistischen Realbedingungen (klinische Praxis), also unter dem Gesichtspunkt externer Validität.
- **Efficiency:** Wirksamkeit unter dem Gesichtspunkt der Wirtschaftlichkeit (Kosten-Nutzen-Relation).

Effektstärke ist ein statistisches Maß, das die (relative) Größe eines Effektes angibt. Zentraler Vorteil der Effektstärke ist, dass sie einen einheitlichen Maßstab zur Verfügung stellt, mit dem Unterschiede oder Zusammenhänge aus verschiedenen Untersuchungen mit heterogenen Stichproben und Messinstrumenten vergleichbar gemacht werden können. Es gibt verschiedene Maße der Berechnung von Effektstärken. Das gebräuchlichste Maß ist **Cohens d**, welches sich berechnet aus dem Mittelwertunterschied eines Merkmals vor und nach der Therapie, dividiert durch die Standardabweichung des Merkmals vor der Behandlung:

$$d = \frac{x_1 - x_2}{s_1}$$

- Nach Cohen indiziert ein d von 0,2 einen **kleinen**, ein d von 0,5 einen **mittleren** und ein d von 0,8 einen **starken Effekt**.
- Weitere Effektstärkenmaße sind Bravais-Pearson-Korrelationskoeffizient, Glass's Delta, Hedges g, Cramers V.

▶ **Metaanalysen** sind eine Methode zur Zusammenfassung von Primäruntersuchungen, in denen quantitative Daten statistisch ausgewertet und Ergebnisse verschiedener Studien quantitativ – z.B. über die Berechnung von Effektstärken – vergleichbar gemacht werden. Die Güte einer Metaanalyse ist abhängig von der Güte der eingeschlossenen Studien.

▶ **Evidenzbasierte Medizin** ist definiert als der gewissenhafte, ausdrückliche und vernünftige Gebrauch der gegenwärtig besten externen wissenschaftlichen Evidenz für Entscheidungen in der medizinischen Versorgung individueller Patienten. Mit Hilfe von Evidenzklassen wird versucht, die wissenschaftliche Aussagefähigkeit klinischer Studien zu objektivieren. Studien der Klasse Ia haben die höchste Evidenz und liefern somit die stichhaltigste wissenschaftliche Grundlage für eine Therapieempfehlung (Tabelle 5.6).

Tabelle 5.6: Cochrane-Klassifikation der Evidenzstufen

Stufe	Evidenztyp
Ia	wenigstens ein systematischer Review auf der Basis methodisch hochwertiger kontrollierter, randomisierter Studien (RCTs)
Ib	wenigstens ein ausreichend großer, methodisch hochwertiger RCT
IIa	wenigstens eine hochwertige Studie ohne Randomisierung
IIb	wenigstens eine hochwertige Studie eines anderen Typs quasiexperimenteller Studien
III	mehr als eine methodisch hochwertige nicht experimentelle Studie
IV	Meinungen und Überzeugungen von angesehenen Autoritäten (aus klinischer Erfahrung); Expertenkommissionen; beschreibende Studien

Äquivalenzparadoxon: Obgleich sich verschiedene Therapieformen hinsichtlich ihrer Prozessmerkmale grundlegend unterscheiden, scheinen sie paradoxerweise in vergleichenden Outcome-Studien oft zu äquivalenten Effektstärken zu führen. Es ist umstritten, ob es sich bei diesem erstmals von Luborsky 1975 beschriebenen Befund um ein reales Phänomen oder um ein methodisches Artefakt (ungeeignete Datenzusammenfassung, Herausmittelung tatsächlicher Unterschiede etc.) handelt.

Allegiance beschreibt die persönliche Präferenz eines Therapeuten für eine von ihm praktizierte und zu untersuchende Therapiemethode und stellt eine mögliche Verzerrung der Objektivität von Wirksamkeitsstudien dar.

Treatment Integrity oder **Adherence** beschreibt den Grad der Übereinstimmung des in einer Untersuchung geplanten mit dem tatsächlich durchgeführten Treatment.

Intent-to-treat-Analysen: Analyseprinzip, bei dem auch die Daten jener Patienten, die während der laufenden Studie ausscheiden, in die statistische Auswertung einbezogen werden.

5.5.2   Prozessforschung

In **Prozessanalysen** werden Abläufe zwischen Therapeut und Patient untersucht. Dabei lassen sich **Makroprozesse** (gesamter Therapieverlauf) und **Mikroprozesse** (einzelne Sequenzen innerhalb einer Sitzung) voneinander unterscheiden.

Wirkfaktoren sind jene Faktoren, die als ausschlaggebende Elemente für das Zustandekommen und Fortschreiten des therapeutischen Veränderungsprozesses angesehen werden. Hierbei lassen sich verschiedene Arten von Wirkfaktoren unterscheiden:

- **Spezifische Wirkfaktoren** sind jene Wirkfaktoren, welche von den Therapietheorien der einzelnen Schulen als einzigartige und diese Schulen von anderen Therapierichtungen unterscheidende Mechanismen angesehen werden, also z. B. Einsicht oder korrigierende emotionale Erfahrung im Rahmen psychodynamischer Therapien und reziproke Hemmung oder Lernen durch Wissenserwerb im Rahmen kognitiv-behavioraler Therapien.
- Als **unspezifische Wirkfaktoren** hingegen gelten jene wirksamen Komponenten des therapeutischen Prozesses, die allen Formen von Psychotherapie immanent sind, wie z. B. die Induktion einer positiven Wirksamkeitserwartung.

Allgemeine Psychotherapie: empiriegeleiteter Versuch, die verschiedenen Therapierichtungen in einem schulenübergreifenden Modell zu integrieren. Klaus Grawe postulierte aufgrund der Auswertung zahlreicher Metaanalysen **fünf allgemeine Wirkfaktoren**, welche in den verschiedenen Therapieschulen auf unterschiedliche Weise und mit unterschiedlicher Akzentsetzung realisiert werden:

1. **Problemaktualisierung** (Prinzip der unmittelbaren Erfahrung): Die therapeutisch zu verändernden Probleme müssen im Hier und Jetzt erlebbar werden, z. B. Exposition (s. S. 219), Übertragung – Gegenübertragung (s. S. 282), Altersregression in Trance.
2. **Ressourcenaktivierung:** Vorhandene Ressourcen des Patienten werden im therapeutischen Vorgehen genutzt, z. B. Utilisation, „solution-talk".
3. **Problembewältigung** (konkrete Handlungsorientierung): aktive Unterstützung des Patienten dabei, positive Bewältigungserfahrungen im Umgang mit seinen Problemen zu machen, z. B. Reparenting, Begleitung durch den Therapeuten in der Exposition, korrigierende emotionale Erfahrungen (s. S. 286).
4. **Motivationale Klärung:** alle Vorgehensweisen, bei denen der Therapeut dem Patienten dabei hilft, sich über die Bedeutung seines Erlebens und Verhaltens im Hinblick auf seine bewussten und unbewussten Ziele, Bedürfnisse und Ängste klarer zu werden, z. B. Sokratischer Dialog (s. S. 215), Deutung (s. S. 284).
5. **Therapiebeziehung:** Die Qualität der Therapiebeziehung liefert einen signifikanten Beitrag zum Therapieergebnis.

Ein weiteres schulenübergreifendes Modell ist das **Allgemeine Modell der Psychotherapie** (Generic Model of Psychotherapy) von Orlinsky und Howard (1988). Die Autoren unterscheiden dabei vier Faktoren, die den therapeutischen Prozess und sein Ergebnis wesentlich mitbestimmen:

- das **Behandlungsmodell des Therapeuten**,
- die Erkrankung bzw. **Störung des Patienten**,
- die **Person des Patienten** mit ihren personalen und therapiebezogenen Merkmalen,
- die **Person des Therapeuten** mit ihren personalen und therapiebezogenen Merkmalen.

Eine Passung dieser vier Faktoren stellt einen validen Indikator für eine günstige Prognose dar.

6 Allgemein-, sozial- und persönlichkeits- psychologische Grundlagen

Psychotherapeutische Theorien können nicht anders, als in ihrer Grundlegung auf allgemein-psychologische Modellannahmen zurückzugreifen. Hierbei erfahren die drei klassischen Bereiche des Denkens (Kognition), Fühlens (Emotion) und Wollens (Konation) je nach theoretischer Ausrichtung eine verschiedene Akzentuierung: Der Mensch erscheint entweder als von primär irrationalen Motiven geleiteter Lustsucher, der nicht Herr im eigenen Haus ist (freudsche Triebtheorie), als aufgeklärter Wissenschaftler, der sein Handeln prüfend an den Kriterien normativer Rationalität ausrichtet (kognitive Verhaltenstherapie), oder als eine wunderbare Pflanze, die sich selbst entfaltet und aufblüht, wenn sie gegossen und liebevoll umhegt wird (humanistische Ansätze). Darüber hinaus werden in diesem Kapitel auch kurz prüfungs-relevante Modelle aus der Sozialpsychologie und der differenziellen Psychologie dargestellt.

6.1 Denken: Kognition und Gedächtnis

Information bezeichnet eine Teilmenge an neuen Wissensinhalten, welche beim Empfänger der Information durch die Aufnahme und Verarbeitung derselben zu einer Veränderung – klassischerweise einem Zuwachs – seines bisherigen Wissensbestandes führt.

▶ **Gedächtnis:** in der Struktur des Nervensystems begründete Fähigkeit, Informationen aufzunehmen, zu ordnen, zu speichern und wieder abzurufen. Die Speicherung von Information im Gedächtnis ist das Ergebnis von Lernprozessen, die bewusst und unbewusst verlaufen können. Man kann zwei Grundtypen des Gedächtnisses nach der spezifischen Struktur des in ihnen gespeicherten Wissens unterscheiden:

1. Das **deklarative Gedächtnis** ist ein Wissensgedächtnis und enthält **explizites Wissen**, welches bewusst versprachlicht und wiedergegeben werden kann. Es unterteilt sich in
   - **semantisches Gedächtnis**, welches das allgemeine Weltwissen enthält („die Innenwinkelsumme in einem Dreieck beträgt 180 Grad", „Reykjavík ist die Hauptstadt von Island") und
   - **episodisches Gedächtnis**, welches Ereignisse und Episoden der eigenen Lebensgeschichte enthält, die bewusst erinnert werden können („mein Mathelehrer war echt eine fiese Sau", „wie großartig war es, als ich meine Frau in Reykjavík kennenlernte").
2. Das **prozedurale Gedächtnis** ist ein Verhaltensgedächtnis und enthält **implizites Wissen**, welches in Form von automatisierten Handlungsabläufen in Fleisch und Blut übergegangen ist und somit nicht sprachlich explizierbar ist (Tanzen, Küssen, Blockflötespielen etc.). Das implizite Gedächtnis ist auch mit für psychotherapeutisches Handeln zentralen Strukturen wie Priming und klassischer Konditionierung assoziiert.

Wissenserwerb: Aufnahme neuer Informationen in das Langzeitgedächtnis. Mechanisches Wiederholen ist dabei lediglich für eine Aufrechterhaltung des Aktivationsniveaus der betreffenden Inhalte verantwortlich. Tiefe Verarbeitung (**Elaboration**, s. S. 15 f.) hingegen bewirkt eine langfristige Speicherung.

6.2   Fühlen: Emotionen

Emotionen zeigen sich in subjektiven Erlebnisweisen (Gefühlen), über die erwachsene Personen in der Regel mehr oder weniger kompetent verbal Auskunft geben können, in motorischen Verhaltensweisen (Mimik, Gestik etc.) und in physiologischen Veränderungen aufgrund des autonomen Nervensystems (s. S. 84). Paul Ekman postulierte **sechs Basisemotionen**: Freude, Ärger, Ekel, Furcht, Traurigkeit und Überraschung.

Nach der **Zwei-Faktoren-Theorie der Emotionen** von Schachter und Singer (1962) bedürfen unspezifische innere Erregungszustände einer kognitiven Interpretation, um überhaupt als spezifische Emotionen einer bestimmten Qualität wahrgenommen zu werden.

6.3   Wollen: Motivation

Attributionstheorien beschäftigen sich damit, wie Menschen sich Sachverhalte erklären. Eine besondere Rolle spielen dabei jene Prozesse, mittels deren Personen dem eigenen Verhalten und dem anderer Menschen bestimmte Ursachen zuschreiben. Der psychologische Nutzen einer Ursachenzuschreibung besteht darin, Verhalten versteh- und vorhersagbar zu machen. Ursachen lassen sich in drei Dimensionen zuschreiben:

- **Intern vs. extern:** Die Ursache für ein Verhalten liegt in mir oder in den äußeren Umständen.
- **Stabil vs. variabel:** Die Ursache für ein Verhalten ist unveränderlich über die Zeit oder besteht nur vorübergehend.
- **Global vs. spezifisch:** Die Ursache für ein Verhalten ist allgegenwärtig oder auf bestimmte Situationen begrenzt.

Insbesondere im Leistungshandeln ist dieses Modell relevant. Es macht einen grundlegenden Unterschied, ob ich Erfolg bzw. Misserfolg über meine Fähigkeiten (intern, stabil), über meine Anstrengung (intern, variabel), über die Aufgabenschwierigkeit (extern, stabil) oder über das Walten eines Zufalls (extern, variabel) erkläre. Eine therapeutisch herausgehobene Bedeutung kommt der Attributionstheorie im Modell der **erlernten Hilflosigkeit** (s. S. 207) zu.

Mit dem Konzept der **Kontrollüberzeugung (Locus Of Control)** stellte Rotter (1954) unter der Perspektive der Kontrollierbarkeit des Handlungsergebnisses interne und externe Ursachen gegenüber. Eine internale Kontrollüberzeugung geht einher mit dem Glauben, dass die Ereignisse des eigenen Lebens Konsequenzen des eigenen Verhaltens und somit prinzipiell kontrollierbar sind. Unter einer externalen Kontrollüberzeugung hingegen begreift man die Ereignisse seines Lebens als durch andere persönliche oder unpersönliche Mächte bestimmt und damit als außerhalb der eigenen Kontrolle liegend.

Ein relativ ähnliches Konzept ist das der **Selbstwirksamkeitserwartung** nach Bandura (1977). Um eine hohe Selbstwirksamkeitserwartung zu haben, muss zu der Erwartung, durch eigenes Verhalten ein bestimmtes Ergebnis erzielen zu können (vgl. interne Kontrollüberzeugung), noch die Überzeugung hinzukommen, hierzu auch über die notwendigen Kompetenz zu verfügen (ich gehe nicht nur davon aus, dass es wesentlich in meiner Hand liegt, ob ich die Klausur gut meistere, sondern bin darüber hinaus noch überzeugt, über die nötigen Fähigkeiten zu verfügen, dies konsequent in die Tat umzusetzen). Selbstwirksamkeitserwartungen spielen insbesondere im Bezug auf Verhaltensänderungen eine herausgehobene Rolle.

Leistungsmotivation bezeichnet die zeitlich überdauernde Tendenz, als wichtig erlebte Aufgaben konsequent bis zum Abschluss zu bearbeiten. Nach dem **Risiko-Wahl-Modell** (Atkinson, 1957) ist die Wahl bestimmter Aufgaben ein Ergebnis der Variablen „Erfolgsanreiz", „Erfolgswahrscheinlichkeit" und „Erfolgsmotiv". Neben den beiden situativen Variablen „Anreiz" und „Wahrscheinlichkeit" spielt die Persönlichkeitsvariable „Motiv" eine zentrale Rolle: Erfolgsmotivierte tendieren stark dazu, Stolz nach Erfolg zu empfinden, Misserfolgsmotivierte hingegen dazu, Scham nach Misserfolgen zu empfinden. Ist das Erfolgsmotiv stärker ausgeprägt als das Misserfolgsmotiv, so werden nach diesem Modell vor allem Aufgaben mittleren Schwierigkeitsgrades als motivierend erlebt. Im entgegengesetzten Fall werden, sofern Aufgaben nicht generell ausgewichen wird, sehr schwere und sehr leichte Aufgaben bevorzugt.

Zwei für die therapeutische Arbeit besonders wichtige Motivationsformen sind Therapie- und Änderungsmotivation. **Therapiemotivation** bezeichnet die Motivation, eine Therapie zu beginnen und fortzuführen. **Änderungsmotivation** hingegen meint die Bereitschaft, aktiv an den eigenen Symptomen und Problemen zu arbeiten und hierfür auch kurzfristig unangenehme emotionale Zustände in Kauf zu nehmen. Der Aufbau von Änderungsmotivation ist ein wichtiges Therapieziel (vgl. „Das Sieben-Phasen-Modell des therapeutischen Prozesses", S. 214).

6.4 Kommunikation

Kommunikation: Austausch von Informationen durch Verwendung von Zeichensystemen.

Drei **Elemente des Kommunikationsprozesses**: Sender (Kommunikator, Initiator) → Botschaft → Empfänger (Rezipient, Adressat).

Kommunikationsmodi:
* **Verbale Kommunikation** kann vom Empfänger auch gelesen werden und bezeichnet den sprachlich fixierten inhaltlichen Aspekt einer Botschaft.
* **Nonverbale Kommunikation** kann vom Empfänger gesehen werden und bezeichnet das Ausdrucksverhalten des Sprechers in Mimik, Gestik, Körperhaltung etc.
* **Paraverbale Kommunikation** kann vom Empfänger gehört werden und bezeichnet das Ausdrucksverhalten des Sprechers in Tonfall, Stimmlage, Sprechtempo etc.

Vier Ebenen einer Botschaft (Vier-Ohren-Modell, Schulz von Thun): Eine Nachricht lässt sich unter vier Aspekten beschreiben, die von Sender und Empfänger unterschiedlich gewichtet werden können:

1. Sachebene: Worüber spricht der Sender?
2. Selbstoffenbarungsebene: Was offenbart der Sender dabei über sich?
3. Beziehungsebene: Wie steht der Sender zum Empfänger?
4. Appellebene: Was will der Sender vom Empfänger?

Kommunikationsregeln: Watzlawik, Beavin und Jackson (1969/2003, S. 50 ff.) formulierten fünf pragmatische Axiome der zwischenmenschlichen Kommunikation, auf die sich die Kommunikationsregeln systemischer Familientherapie (s. S. 295 f.) gründen:

1. Man kann nicht nicht kommunizieren. In einer zwischenmenschlichen Situation hat jedes Verhalten Mitteilungscharakter.
2. Jede Kommunikation hat neben dem offensichtlichen Inhalts- noch einen Beziehungsaspekt, welcher einen Hinweis darauf gibt, wie der Sender die kommunizierte Botschaft vom Empfänger verstanden wissen möchte.

3. Der Austausch von Mitteilungen erfolgt zirkulär. Jedes Verhalten in einer Interaktion ist sowohl Ursache als auch Wirkung eines Verhaltens beim Kommunikationspartner. Von beiden Partnern wird diese zirkuläre Struktur in eine lineare Ereignisabfolge aufgelöst. Diesen Vorgang bezeichnet man als **Interpunktion**. Skinner z. B. interpunktiert die Ereignisabfolge seiner Experimente, indem er das wiederholte Drücken der Ratte auf einen Hebel als Reaktion auf den von ihm gesetzten Verstärkerreiz der Futtergabe interpretierte. Eine andere Interpunktionsmöglichkeit zeigt Abbildung 6.1.

4. Inhaltsaspekte werden digital (in Form des gesprochenen Wortes), Beziehungsaspekte analog (in Form para- und nonverbaler Signale) kommuniziert.

5. Kommunikation ist entweder symmetrisch oder komplementär. Sie beruht entweder auf der Gleichheit oder der sich ergänzenden Unterschiedlichkeit der Kommunikationspartner.

Abbildung 6.1: Interpunktion

Double Bind bzw. Doppelbindungen sind in sich widersprüchliche kommunikative Botschaften, die eine paradoxe Handlungsaufforderung enthalten.

> **Beispiel:** Schenken Sie ihrem Liebsten zwei Krawatten. Wenn er das erste Mal eine von beiden trägt, schauen Sie ihn möglichst enttäuscht an und sagen: „Ach, und die andere gefällt dir nicht?"

Doppelbindungen können Menschen jedoch nicht nur in den Wahnsinn hinein, sondern auch aus diesem heraustreiben. Dann spricht man im Gegensatz zu den pathologischen von therapeutischen Doppelbindungen. Diese stellen den Patienten vor eine verlustlose Situation, indem sie ihn mit der paradoxen Aufforderung konfrontieren, sich durch Nichtändern zu ändern (vgl. „Paradoxe Interventionen", S. 296).

6.5   Persönlichkeit

Big Five: International etabliertes Standardmodell der Persönlichkeitsforschung, welches fünf stabile, von einander unabhängige und kulturübergreifend auffindbare Persönlichkeitsfaktoren postuliert (vgl. Tabelle 6.1). Erfassbar sind diese Faktoren bei Erwachsenen und Jugendlichen mit dem von Paul Costa und Robert McCrae konstruierten NEO-Fünf-Faktoren-Inventar (NEO-FFI).

Hr. Nielson erschmidt
u kleine Artel mit dem
Geräusch vom
Ventilator"

Tabelle 6.1: Das Fünf-Faktoren-Modell der Persönlichkeit

	Faktor	Dazugehörige Eigenschaften (bei hoher Ausprägung des Faktors)	Lebensbereich
1	**Neurotizismus**	Nervosität, Emotionalität, Ängstlichkeit, Erregbarkeit, Anspannung	Affekt
2	**Extraversion**	Geselligkeit, Impulsivität, Begeisterungsfähigkeit, Selbstbewusstsein	Macht
3	**Offenheit** für Erfahrung	Bildung, Kreativität, Gefühl für Kunst und Kultur, Experimentierfreudigkeit, Fantasie	Intellekt
4	**Gewissenhaftigkeit**	Ordentlichkeit, Beharrlichkeit, Zuverlässigkeit, Verantwortlichkeit, Organisiertheit	Arbeit
5	**Verträglichkeit**	Liebenswürdigkeit, Wärme, Hilfsbereitschaft, Toleranz, Altruismus	Liebe

Resilienz

▶ **Hardiness** (Kobasa, 1979) bezeichnet einen Persönlichkeitsfaktor, der dafür verantwortlich gemacht wird, dass Personen mit Stressoren sachlich und problemorientiert umgehen. Damit kommt diesem Faktor eine besondere Schutzfunktion zu (vgl. das auch emotionale Komponente berücksichtigende und damit umfassendere Resilienzkonzept, „Salutogenese-Modell", S. 38)

Intelligenz ist die Fähigkeit zu hoher Bildung. Es gibt keine allgemeingültige Definition von Intelligenz. Relevant ist an dieser Stelle vor allem die Unterscheidung von fluider und kristalliner Intelligenz:

- **Fluide Intelligenz** meint die Fähigkeit, unbekannte Probleme zu lösen, welche nicht verlangen, dass zu ihrer Lösung auf besondere Wissensbestände zurückgegriffen werden muss.
- **Kristalline Intelligenz** hingegen bezeichnet die Fähigkeit, erworbene Wissensbestände bei der Lösung eines Problems einzusetzen.

Hinsichtlich beider Intelligenzarten zeigen sich spezifische **Veränderungen im Alter**: Die fluide Intelligenz nimmt in höherem Alter ab, die kristalline jedoch zu. Mangelnde Flexibilität kann durch umfängliches Wissen teils ausgeglichen werden (s. S. 299).

In der Konzeptualisierung intellektueller Fähigkeiten geht man sowohl von einem übergeordneten Faktor, welcher allgemeine Intelligenz beschreibt, als auch von spezifischen Intelligenzfaktoren aus. Am bekanntesten ist das auf Louis Thurstone zurückgehende **Faktorenmodell der Intelligenz**, welches auch dem Intelligenz-Struktur-Test (I-S-T) zugrunde liegt. Die entsprechenden sieben Primärfaktoren sind:

1. Sprachverständnis,
2. Wortflüssigkeit,
3. rechnerische Fähigkeiten,
4. Gedächtnisleistung,
5. Auffassungsvermögen,
6. räumlich-visuelles Vorstellungsvermögen
7. logisches Schlussfolgern.

HAWIK

7   Diagnostische Grundlagen

7.1   Gesundheit und Krankheit

Gesundheit und Krankheit sind zwei Dimensionen menschlicher Existenz. **Krankheit** ist eine Störung in der Funktion eines Organs, der Psyche oder des Gesamtorganismus. Die meisten Definitionen einer **psychischen Störung** beinhalten eines oder mehrere der folgenden Merkmale: Devianz, subjektiver Leidensdruck, Beeinträchtigung (z. B. in der Alltagsbewältigung oder der Liebes- und Arbeitsfähigkeit) und Gefährdung (Selbst- und/oder Fremdgefährdung). Im Gegensatz zu Krankheit fällt **Gesundheit** nicht auf, sondern wird als psychische und somatische Grundlage menschlichen Erlebens und Verhaltens vorausgesetzt. Dies stellt vor definitorische Probleme. Nach der immer wieder zitierten Definition aus der Präambel der Verfassung der Weltgesundheitsorganisation ist Gesundheit „ein Zustand des vollständigen körperlichen, geistigen und sozialen Wohlergehens und nicht nur das Fehlen von Krankheit oder Gebrechen".

Krankheitsverhalten: umfasst z. B. Symptomwahrnehmung, Selbstmedikation, Selbsthilfe, und die Inanspruchnahme des Laien- und des professionellen Versorgungssystems (**Inanspruchnahmeverhalten**). Von abnormem Krankheitsverhalten spricht man, wenn das subjektive Verhalten des Erkrankten in keinem angemessenen Verhältnis zu den objektiven Erkrankungsbefunden steht.

Subjektive Krankheitstheorien beinhalten alle – oft nicht mit objektiven Befunden übereinstimmenden – persönlichen Ansichten des Patienten über Diagnose, Ätiologie, Verlauf und Therapiemöglichkeiten seiner Erkrankung. Subjektive Krankheitstheorien können z. B. über den Patiententheorienfragebogen (PATEF) erfasst werden.

Compliance bezeichnet die Befolgung ärztlicher Anordnungen durch den Patienten. Patienten, die nicht tun, was ihnen ihr Arzt rät, sind noncompliant. Patienten, die so tun, als ob sie das tun, was ihr Arzt ihnen rät, in Wirklichkeit jedoch etwas anderes tun, sind pseudocompliant.

Krankheitseinsicht: Bereitschaft des Patienten, die eigenen Beschwerden als Bestandteil einer (psychischen) Störung mit Krankheitswert zu verstehen. Zu unterscheiden davon ist die nicht notwendigerweise mit vorhandener Krankheitseinsicht gegebene **Behandlungsbereitschaft**.

Simulation bezeichnet das absichtliche Hervorrufen oder die Vortäuschung von Symptomen in Belastungssituationen oder aus äußeren Gründen. **Aggravation** nennt man die übertriebene Darstellung des Schweregrades von tatsächlich vorhandenen Krankheitssymptomen. Das Verbergen oder Herunterspielen von vorhandenen Symptomen mit dem Ziel, trotz Vorliegens einer Erkrankung für gesund befunden zu werden, heißt **Dissimulation**. Herunterspielen

Stress und Coping: Das **Transaktionale Stressmodell von Lazarus** (Lazarus und Folkman, 1984) begreift Stress als eine Wechselwirkung zwischen den Anforderungen einer Situation und den Charakteristika der in dieser Situation handelnden Person. Der Clou des Modells liegt darin, die Stressreaktion nicht ausschließlich oder primär in den Charakteristika äußerer Reize begründet zu sehen, sondern vielmehr die subjektive Verarbeitung durch die Person als ausschlaggebende Determinante herauszuarbeiten: Zwischen Stressor und Stressreaktion ist eine subjektive Bewertungskomponente zwischengeschaltet, hinsichtlich welcher drei Stufen unterschieden werden können:

1. **Primäre Bewertung** (Primary Appraisal): Einschätzung der Situation hinsichtlich ihres Ausmaßes an Bedrohlichkeit (positiv – irrelevant – herausfordernd – bedrohlich – schädigend).

2. **Sekundäre Bewertung** (Secondary Appraisal): Einschätzung der Bewältigbarkeit der Situation mit den persönlichen Ressourcen. Erst wenn diese als nicht ausreichend bewertet werden, kommt es zur Stressreaktion. In der Folge werden situations- und personabhängige Stressbewältigungsstrategien im Umgang mit der belastenden Situation entworfen (**Coping**), bei denen wiederum drei Formen unterschieden werden können:
   - **Problemorientiertes Coping:** Durch aktives Handeln wird versucht, sich der Situation anzupassen oder diese umzugestalten (ich erlebe die Abschlussklausur als potenziell bedrohlich, bin mir hinsichtlich meiner Ressourcen unsicher und entscheide mich deshalb zu systematischem Wissenserwerb mit diesem Buch).
   - **Emotionsorientiertes Coping:** Durch vorwiegend intrapsychische ablaufende Prozesse wird versucht, die durch die Stresssituation entstandene emotionale Erregung zu lindern (ich klage über die Ungerechtigkeit und Praxisferne der Klausur, anstatt zu lernen).
   - **Bewertungsorientiertes Coping:** Auf kognitiver Ebene ansetzende Coping-Strategie, welche die Repräsentation des Problems verändert (ich denke, die Abschlussklausur ist für mich gar nicht bedrohlich, sondern stellt vielmehr eine interessante Herausforderung dar).

3. **Neubewertung** (Reappraisal): Bewertung des Erfolges der Bewältigungsstrategien.

Entstehung und Verlauf psychischer Störungen: Den Organismus schädigende Einflüsse können in allen **ontogenetischen Entwicklungsphasen** auftreten:

1. pränatale Phase (pränatale Noxen sind z. B. genetische Schädigungen, Infektionen während der Schwangerschaft, wie Toxoplasmose, bestimmte Medikamente, Drogen),
2. perinatale Phase (perinatale Noxen sind z. B. Nabelschnurumwicklung, Sauerstoffmangel während der Geburt),
3. postnatale Phase (postnatale Noxen können alle medizinischen, sozioökonomischen und psychologischen Faktoren sein).

Darüber hinaus können kulturspezifisch verschiedene Sozialisationsphasen unterschieden werden, in denen kulturelle Normen, Werte, Rollenbilder und -erwartungen vermittelt werden oder spezifische Störungen des Sozialisationsprozesses auftreten können:

1. primäre Sozialisationsphase: Erwerb von Sprache und grundlegender sozialer Umgangsformen, herausgehobene Bedeutung der Primärfamilie,
2. sekundäre Sozialisationsphase: professionelle, staatlich verantwortete Erziehung (Schule) und steigender Einfluss des erweiterten sozialen Umfeldes (Sportvereine, Diskotheken, Motorradgangs etc.),
3. tertiäre Sozialisationsphase: Erwachsenenalter, Bedeutung des beruflichen Umfelds, Lebenspartner etc.

Mit Blick auf das Auftreten von Erkrankungen lassen sich unabhängig von der zeitlichen Verortung noxischer Einflüsse fünf **Krankheitsphasen** im engeren Sinne unterscheiden:

1. **Prodromalphase:** Vorläuferstadium der ausgeprägten Erkrankung (z. B. bei Schizophrenie).
2. **Erkrankungsphase:** Innerhalb dieser lassen sich **Phasen** im engeren Sinne (Abschnitte einer stetigen Entwicklung, z. B. manisch-depressive oder schizoaffektive Störungen) von **Schüben** (akute, zu dauerhafter Veränderung führende Prozesse, z. B. bei multipler Sklerose) und **Episoden** (bei einer völlig rückbildungsfähigen Erkrankung, z. B. depressive Episode) abgrenzen.
3. **Remission:** vorübergehendes Nachlassen von Krankheitssymptomen ohne vollkommene Genesung.

4. **Rezidiv:** Rückfall.
5. **Chronifizierung:** lang anhaltende oder häufig wiederkehrende Symptome. Wichtige Chronifizierungsfaktoren sind biologische Faktoren (z. B. Fehlhaltungen bei chronischen Schmerzen), psychologische Faktoren (z. B. Vermeidungsverhalten bei Angststörungen) und soziale Faktoren (niedriger sozialer Status, sekundärer Krankheitsgewinn).

7.2   Krankheitsmodelle

Neben den allgemeinen und speziellen Ätiologiemodellen der einzelnen Therapieschulen (vgl. Kapitel 20 und 26) existieren eine Reihe weiterer Modelle, welche versuchen, die Entstehung bestimmter Erkrankungen zu erklären. Die wichtigsten werden im Folgenden erläutert.

Das **medizinische Risikofaktorenkonzept** expliziert Charakteristika von Personen oder Bevölkerungsgruppen, deren Vorhandensein die Wahrscheinlichkeit, dass diese in einem definierten Zeitraum an einer bestimmten Störung erkranken, signifikant erhöht. Ausschlaggebende Risikofaktoren für die wichtigsten Zivilisationskrankheiten sind z. B. Alkoholkonsum, Rauchen, erhöhte Blutfett- und Blutzuckerwerte, Übergewicht und reduzierte Stressbewältigung. Das Risikofaktorenmodell folgt lediglich einer korrelativen Logik, sodass es keine Kausalaussagen ermöglicht und die gefundenen Zusammenhänge auch auf vorhandene Moderatorvariblen (z. B. sozioökonomischer Status) zurückgehen können.

Psychosomatische Stressmodelle postulieren einen Zusammenhang zwischen emotionalen Prozessen und Erkrankungen mit und ohne Organbefund. **Klassische Psychosomatosen** (nach Alexander, 1951) sind die „Holy Seven":
- **R**heumatoide Arthritis,
- **A**sthma bronchiale,
- **U**lcus pepticum ventriculi et duodeni,
- **C**olitis ulcerosa,
- **H**yperthyreose,
- **E**ssenzielle Hypertonie,
- **N**eurodermitis (atopisches Ekzem).

In einer biopsychosozialen Betrachtungsweise von Krankheit erscheint die Unterscheidung in klassische Psychosomatosen und genuin organische Erkrankungen als wenig hilfreich.

Life-Event-Modell: psychosoziales Stressmodell, welches den Zusammenhang zwischen kritischen Lebensereignissen und dem Ausbruch von Erkrankungen untersucht.

Biopsychosoziales Krankheitsmodell: multifaktorielles Modell, welches in Abgrenzung zum klassischen biomedizinischen Krankheitsmodell entwickelt wurde und postuliert, dass für die Erklärung der Entstehung und Aufrechterhaltung von Krankheiten biologische, psychologische und soziale Faktoren in ihrer dynamischen Interaktion zu berücksichtigen sind.

Diathese-Stress-Modell (oder Vulnerabilitäts-Stress-Modell): multifaktorielles Krankheitsmodell, welches die Entstehung von Krankheit aus dem Zusammenwirken biologischer und lerngeschichtlicher Dispositionen (Diathesen) auf der einen und umweltbedingter Stressoren auf der anderen Seite erklärt. Überschreitet das Produkt aus Dispositionen und Stressoren unter Berücksichtigung vorhandener Risiko- und Schutzfaktoren einen bestimmten Schwellenwert, kommt es zur Symptombildung.

Das **Giving-up-given-up-Model** (Engel & Schmale, 1967) postuliert, dass körperliche Erkrankungen gehäuft infolge von fantasierten oder realen Verlusterlebnissen und der daraus resultierenden Hoffnungslosigkeit der Betroffenen entstehen. Die Phase des Aufgebens (giving up) markiert dabei ein Versagen der zur Verfügung stehenden Abwehr-, Coping- und Befriedigungsmechanismen. Die darauf folgende Phase des Aufgegebenseins und -habens (given up) ist charakterisiert durch die Einsicht in die Unwiderruflichkeit des Befriedigungsverlustes für eine längere Zeitspanne.

Das **Social-Drift-Modell** postuliert, dass psychisch Erkrankte infolge ihrer Erkrankung sozial absteigen. Das entgegengesetzte **soziogene Modell** geht davon aus, dass vielmehr die soziale Schichtzugehörigkeit für die Entstehung von psychischen Erkrankungen wesentlich mitverantwortlich ist.

▶ **Salutogenese-Modell:** von Aaron Antonovsky in Abgrenzung zu traditionellen Pathogenese-Modellen entwickeltes Modell, welches nicht nach der Entstehung von Krankheit, sondern nach der Entstehung von Erhaltung von Gesundheit fragt. Als eine wesentliche Determinante von Gesundheit und Widerstandsfähigkeit gegen krisenhafte Ereignisse **(Resilienz)** benennt Antonovsky den **„sense of coherence" (Kohärenzsinn bzw. -gefühl)**. Das Kohärenzgefühl hat drei Komponenten:

1. Verstehbarkeit (sense of comprehensibility): Vertrauen darin, dass die Stimuli, die sich im Verlauf des Lebens aus der Um- und Innenwelt ergeben, erklärbar sind,
2. Handhabbarkeit (sense of manageability): Vertrauen darin, dass Ressourcen zur Verfügung stehen, um den Anforderungen erfolgreich begegnen zu können, die diese Stimuli stellen,
3. Bedeutsamkeit bzw. Sinnhaftigkeit (sense of meaningfulness): Vertrauen darin, dass diese Anforderungen Herausforderungen sind, die letztendlich Anstrengung und Engagement lohnen.

7.3   Grundbegriffe der Diagnostik

Diagnose: unterscheidende Bestimmung einer Erkrankung durch die sie kennzeichnenden Merkmale.

Klassifikation: Aufteilung von Elementen in Klassen anhand gemeinsamer Merkmale. Sich mit einer Klassifikation ergebende Probleme sind Informationsverlust, Etikettierung (Labeling) und die mögliche Verwechslung von Deskription mit Erklärung.

Selektion: Auswahl einer Zahl von Personen aus einer Grundgesamtheit, Spezialfall der Klassifikation mit den Alternativen „Aufnahme/Ablehnung".

Screening: „Siebtest", Verfahren zur groben Selektion von Personen zwecks weiterer Analyse.

Diagnostik kann die Hintergründe und Kontexte symptomatischen Erlebens und Verhaltens mitberücksichtigen, z. B. in Form funktionaler Bedingungsanalysen wie der SORKC-Analyse **(funktionale Diagnostik)** oder in Form des Einbezugs der lebensgeschichtlichen Entstehungsbedingungen wie im psychodynamischen Modell **(ätiologische Diagnostik)**. Diagnostik kann sich aber auch allein an beobachtbaren Symptomen unabhängig von deren funktionalen oder ätiologischen Hintergründen orientieren **(deskriptive Diagnostik)**.

Klassifikatorische Diagnostik: Zuweisung von Diagnosen zu Symptomkomplexen entsprechen der Regel „vom Symptom zum Syndrom zur Diagnose".

Kategoriale Diagnostik: Schubladenbildung im Sinne der eindeutigen Zuordnung von Personen mit einem bestimmten Merkmal zu den Klassen eines möglichst erschöpfenden, logischen und überlappungsfreien Diagnosesystems.

Dimensionale Diagnostik: Mehr-oder-weniger-Modell im Sinne der Einordnung von Symptomkomplexen auf einem zweipoligen Kontinuum (z. B. Extraversion/Introversion). Störung wird hier nicht als ein qualitativer Unterschied zu Gesundheit verstanden, sondern als eine quantitative Extremposition, deren Übergang in den Bereich des Unauffälligen fließend ist.

Diagnoseformen:
- Lebenszeitdiagnose: berücksichtigt die gesamte Vorgeschichte mit allen Störungsepisoden.
- Querschnittsdiagnose: berücksichtigt nur die akute Episode einer Störung und vernachlässigt den Verlauf.
- Differenzialdiagnose: Zuordnung von Symptomen zu einem Störungsbild bei gleichzeitiger Abgrenzung gegenüber einem anderen, in der Regel eine ähnliche Symptomatik aufweisenden Störungsbild.
- Verdachts- oder Aufnahmediagnose: vorläufige, im Behandlungsverlauf veränderbare Diagnose (im Gegensatz zur gesicherten Diagnose).

Indikation: regelgeleitete Zuordnung zwischen Therapeut, Patient und Therapiemethode mit dem Ziel der Optimierung der Therapieergebnisse:
- **differenzielle Indikation:** Zuordnung vor Therapiebeginn,
- **adaptive Indikation:** Anpassung der getroffenen Indikationsentscheidungen an Veränderungen des Patienten während des laufenden Therapieprozesses.

Prognose: Voraussage des zu erwartenden Therapieergebnisses. Indikatoren für eine gute Prognose sind: Leidensdruck, Veränderungsbereitschaft, Introspektionsfähigkeit, Frustrationstoleranz, erhaltene Ich-Grenzen, vorhandene Ressourcen, fehlende Chronifizierung, präziser Auftrag.

Therapiebeendigung: wenn das Therapieziel erreicht oder als nicht erreichbar anerkannt wurde.

Leitlinien: von verschiedenen Fachgesellschaften wie beispielsweise der Arbeitsgemeinschaft der Wissenschaftlichen Medizinischen Fachgesellschaften (AWMF) erarbeitete, wissenschaftlich fundierte, störungsspezifische Empfehlungen für das hinsichtlich Diagnostik und Therapie Notwendige, Nützliche und Obsolete (eine Übersicht über aktuelle Leitlinien finden Sie unter www.awmf.org/leitlinien).

Tabelle 7.1: Diagnostische Methoden und deren Güte

Methode	Ziel/Anwendungsbereich
Eigen- und Fremdanamnese	Gewinnung eines differenzierten Bildes von Lebensgeschichte und aktueller Situation des Patienten
Testverfahren	• Leistungs- und Persönlichkeitstests • psychometrische und projektive Tests • standardisierte und nicht standardisierte Tests
Fragebögen	• Selbst- oder Fremdeinschätzung • störungsspezifisch oder störungsübergreifend
Interviewverfahren	• standardisiert: Reihenfolge der Fragen, Wortlaut, Antwortmöglichkeiten, Interviewerverhalten festgelegt _EDI_ • strukturiert oder halb standardisiert: Wortlaut veränderbar, Zusatzfragen möglich _SET_ • unstandardisiert oder offen: lediglich Vorgabe einiger Themengruppen
Verhaltensbeobachtung	Einteilung des zu beobachtenden Verhaltens in weitestgehend erschöpfende und überschneidungsfreie Kategorien • Selbst- vs. Fremdbeobachtung • systematische (standardisiert, kontrolliert) vs. unsystematische Beobachtung (Gelegenheitsbeobachtung), • teilnehmende vs. nicht teilnehmende Beobachtung • quantitative vs. qualitative Beobachtung
Apparative Verfahren	weitestgehend objektive Erhebung diagnostischer Maße, z. B. psychophysiologischer Daten wie EMG

Gütekriterien diagnostischer Verfahren: Die Qualität psychodiagnostischer Instrumente wird im Wesentlichen an drei sogenannten **Hauptgütekriterien** gemessen:

- **Objektivität:** Grad der Unabhängigkeit der Untersuchungsergebnisse von den Rahmenbedingungen der Untersuchung und von der Person des Untersuchers. Objektivität umfasst die drei Dimensionen der Durchführungs-, Auswertungs- und Interpretationsobjektivität. Objektivität lässt sich durch konsequente Standardisierung der Durchführung, Auswertung und Interpretation von Testverfahren erhöhen.

> **Beispiel:** Wenn ich eine Tafel Schokolade auf eine Waage lege und diese eine „100" anzeigt, sollten sowohl ein Psychoanalytiker als auch ein Verhaltenstherapeut übereinstimmend zu dem Schluss gelangen, dass die Tafel 100 Gramm wiegt (Interpretationsobjektivität).

- **Reliabilität:** Grad der Genauigkeit und Zuverlässigkeit einer Messung. Man unterscheidet z. B. Retest-Reliabilität (wiederholte Messung sollte bei Konstanz des zu messenden Merkmals zu gleichen Messwerten führen) und Interrater-Reliabilität (verschiedene Beurteiler sollten in Bezug auf dasselbe zu messende Phänomen zu übereinstimmenden Messwerten kommen). Reliabilität lässt sich durch systematische Minimierung von Messfehlern erhöhen.

> **Beispiel:** Wenn ich meine Tafel Schokolade zweimal hintereinander auf die Waage lege, sollte diese nicht einmal 100 und einmal 90 Gramm anzeigen, wenn meine Waage eine gute ist und ich nicht genascht habe (Retest-Reliabilität).

- **Validität:** Grad der Gültigkeit einer Messung in dem Sinne, dass die mit der Messung erzeugten Messdaten tatsächlich die zu messende Größe repräsentieren. Es lassen sich drei Arten der Validität unterscheiden:
  - **Inhaltsvalidität** liegt vor, wenn der Test die bestmögliche Operationalisierung des zu messenden Merkmals darstellt und dieses in all seinen Facetten abbildet und erfasst. Inhaltsvalidität lässt sich nicht objektiv messen, sondern wird durch Expertenrating ermittelt.
  - **Konstruktvalidität:** Messdaten von Verfahren, die dasselbe Konstrukt (z. B. Depressivität) erfassen, müssen hoch miteinander korrelieren **(konvergente Validität).** Messdaten von Verfahren, die verschiedene Konstrukte erfassen (z. B. Depressivität und Intelligenz), sollten nur niedrig miteinander korrelieren **(diskriminante Validität).**
  - **Kriteriumsvalidität:** Grad der Übereinstimmung von Messergebnissen mit einem empirischen, praxisrelevanten Außenkriterium (z. B. Übereinstimmung des Ergebnisses eines Assessment-Centers mit späterem beruflichen Erfolg). Wird dieses Kriterium zeitgleich erhoben, spricht man von **konkurrenter Validität**, liegt es in der Zukunft (wie beim Assessment-Center-Beispiel), hingegen von **prognostischer Validität**.

> **Beispiel:** Selbst wenn meine Waage objektiv und zuverlässig eine „100" anzeigt, wenn ich die Schokoladentafel darauflege, ist dies kein valides Verfahren, um das theoretische Konstrukt „Geschmack" zu erfassen (Inhaltsvalidität).

Es gilt die Regel: Ohne Objektivität keine Reliabilität, ohne Reliabilität keine Validität. Neben Objektivität, Reliabilität und Validität existiert noch eine Reihe von **Nebengütekriterien**, wie z. B. Testfairness, Zumutbarkeit, Testökonomie, Normierung und Nützlichkeit im Sinne der praktischen Relevanz des gemessenen Merkmals.

Diagnostische Einschätzungen können aufgrund bestimmter **Wahrnehmungs- und Beurteilungsfehler** systematisch verfälscht oder verzerrt werden. Die hier diskutierten Fehler liegen im Gegensatz zu den Gütekriterien nicht im diagnostischen Instrumentarium, sondern können sich auf Seiten des Diagnostikers als auch auf Seiten des Diagnostizierten entfalten. Die wichtigsten dieser Fehler sind:

- **Halo-Effekt:** beschreibt das Ausstrahlen bestimmter hervorstechender Merkmale auf andere Merkmale, welche von diesen jedoch unabhängig sind. Aufgrund dieses Effektes wird von bekannten Eigenschaften auf unbekannte geschlossen und generalisiert.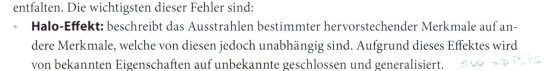

> **Beispiel:** Ein Kliniker schließt vom Vorliegen einer Selbstverletzung unmittelbar auf das Vorliegen einer Borderline-Persönlichkeitsstörung. Ein Proband wird durch eine hinterhältige Frage in einer Klausur so sehr unter Stress gesetzt, dass er die folgende Frage ebenfalls nicht korrekt beantwortet.

- **Primacy-Effekt:** Die ersten aufgenommenen und verarbeiteten Informationen (z. B. während einer probatorischen Sitzung) werden stärker gewichtet als die nachfolgenden und dominieren somit den Gesamteindruck.
- **Recency-Effekt:** Die letzten aufgenommenen und verarbeiteten Informationen werden stärker gewichtet als die vorhergehenden und dominieren somit den Gesamteindruck.
- **Soziale Erwünschtheit:** Fragen werden nicht aufgrund der persönlichen Präferenz, sondern aufgrund vermuteter sozial akzeptabler und erwünschter Normen beantwortet.
- **Tendenz zur Mitte:** Tendenz, bei mehrstufigen Antwortmöglichkeiten mittlere Werte zu wählen.

- **Tendenz zur Milde bzw. zur Härte:** Tendenz, bei mehrstufigen Antwortmöglichkeiten auf Extremwerte zurückzugreifen.
- **Akquieszenz:** beschreibt eine inhaltsunabhängige Zustimmungstendenz.
- **Recall-Effekt:** In der Erinnerung erscheinen Dinge oftmals deutlich positiver oder negativer, als sie es während des Erlebens waren.
- **Rosenthal-Effekt** oder **Versuchsleiter-Effekt:** Erwartungen des Versuchsleiters wirken sich in Form sich selbst erfüllender Prophezeiungen auf die Untersuchungsergebnisse aus.
- **Ähnlichkeitsfehler:** Eigene Eigenschaften werden automatisch auch anderen zugeschrieben.

7.4 Testverfahren

Psychologen lieben Tests. In der Folge dieser Liebesbeziehung entsteht Jahr für Jahr eine Vielzahl neuer Testverfahren. Diese lassen sich schwer überblicken – und unmöglich alle lernen. Der Gegenstandskatalog des IMPP gibt nur Symptom- bzw. Anwendungsbereiche vor, zu denen Testverfahren bekannt sein sollten, macht jedoch keine Aussagen darüber, welche spezifischen Verfahren hiermit genau gemeint sind. Es ist sicher wenig ratsam, einen erheblichen Teil der Prüfungsvorbereitung darauf zu verwenden, Testverfahren auswendig zu lernen. Eine durchschnittliche Klausur enthält eine Frage zu Testverfahren. Vertrauen Sie darauf, die gängigsten Verfahren aus der Praxis/Klinik zu kennen. Als Gedächtnisstütze geben wir eine kurze Aufzählung unserer persönlichen Klassiker (vgl. Tabelle 7.2). Eine Übersicht über gängige Testverfahren für Kinder und Jugendliche finden Sie in Kapitel 36.2.4.

Tabelle 7.2: Tests, geordnet nach (Symptom-)Bereichen (nach Brähler, Schumacher & Herzberg, 2012)

Bereich	Verfahren	Datenebene (S = Selbstbeurteilung, F = Fremdbeurteilung)	Abkürzung
Gesamtpsychopathologie	Brief Symptom Inventory	S	BSI
	Symptom-Checkliste von Derogatis	S	SCL-90-R
	Strukturiertes Klinisches Interview für DSM-IV Achse I	F (Interview)	SKID-I
	Diagnostisches Interview für psychische Störungen	F (Interview)	DIPS
	Internationale Diagnosen-Checkliste	F	IDCL
Depression	Beck Depressions-Inventar	S	BDI-II
	Allgemeine Depressionsskala	S	ADS
	Hamilton Depressions-Skala	F	HAMD
Angst	State-Trait-Angstinventar	S	STAI
	Fragebogen zu körperbezogenen Ängsten, Kognitionen und Vermeidung	S	AKV
	Beck Angst-Inventar	S	BAI
	Hamilton Angst-Skala	F	HAMA

Bereich	Verfahren	Datenebene	Abkürzung
Zwang	Hamburger Zwangsinventar	S	HZI
	Yale-Brown Obsessive Compulsive Scale	F	Y-BOCS
PTSD	Impact of Event Scale	S	IES-R
Persönlichkeits-störungen	Borderline-Persönlichkeitsinventar	S	BPI
	Narzissmusinventar	S	NI
	Strukturiertes klinisches Interview für DSM-IV Achse II	F (Interview)	SKID-II
Alkohol	Münchener Alkoholismustest	S	MALT
Sexualität	Fragebogen zur sexuellen Zufriedenheit	S	FSZ
Essen	Fragebogen zum Essverhalten	S	FEV
Somatoforme Störungen	Screening für somatoforme Störungen	S	SOMS
Schmerz	Kieler Schmerz-Inventar	S	KSI
Befindlichkeit	Befindlichkeits-Skala	S	BF-S
Lebensqualität	Fragebogen zum Gesundheitszustand	S	SF-36
Interpersonelle Probleme	Fragebogen zur Erfassung interpersoneller Probleme	S	IIP-D

7.5   ICD und DSM

Die „Internationale statistische Klassifikation der Krankheiten und verwandter Gesund-heitsprobleme" wird von der Weltgesundheitsorganisation (WHO) herausgegeben, liegt aktuell in ihrer zehnten Version vor **(ICD-10)** und erfasst sämtliche Krankheiten. Sie stellt damit das weltweit wichtigste medizinische Diagnoseklassifikationssystem dar. Für die vertragsärztli-che Versorgung im deutschen Raum ist die modifizierte Version ICD-10-GM (GM = german modification) verbindlich. Psychische Störungen werden im Kapitel V (F) der ICD-10 kodiert. Das aktuell in fünfter Version vorliegende „Diagnostische und Statistische Handbuch psy-chischer Störungen" (**DSM-5**, Vorgängerversion: **DSM-IV-TR**) hingegen erfasst lediglich alle psychischen und einige neurologische Erkrankungen und wird von der American Psychiatric Association (APA) herausgegeben.

Kennzeichen von DSM-IV, DSM-5 und ICD-10:
- wissenschaftlich fundiert und therapieschulenunabhängig („atheoretisch"; Dilling, Mombour & Schmidt, S. 9),
- kriteriumsbezogene und operationalisierte Diagnose,
- deskriptiv-phänomenologische Störungsbeschreibung,
- keine ätiologischen Annahmen (bis auf wenige Ausnahmen, z.B. posttraumatische Be-lastungsstörung),
- Aufgabe des analytischen Neurosekonzepts und des Endogenitätsbegriffs.

Multiaxialität: Sowohl ICD-10 als auch DSM-IV ermöglichen eine umfassende diagnostische Beurteilung des Patienten auf verschiedenen, sich ergänzenden Achsen (vgl. Tabelle 7.3).

Tabelle 7.3: Achsenstruktur von ICD-10 bzw. DSM-IV

ICD-10		DSM-IV	
Achse	Benennung	Achse	Benennung
Ia	Klinisch psychiatrisches Syndrom	I	Klinische Störung und andere klinisch relevante Probleme
Ib	Somatische Diagnose nach anderen Kapiteln der ICD-10	II	Persönlichkeitsstörungen und geistige Behinderung
II	Ausmaß der psychosozialen Einschränkung gemäß der WHO	III	Körperliche Probleme
III	Faktoren der sozialen Umgebung und individuellen Lebensbewältigung gemäß dem Kapitel XXI der ICD-10 (Z-Diagnosen)	IV	Psychosoziale oder umgebungsbedingte Belastung
		V	Globale Beurteilung des Funktionsniveaus (GAF)

Neuerungen im DSM-5: Die im Mai 2013 erschienene und bereits vor Erscheinen heftig kritisierte fünfte Version des DSM enthält auf weiten Strecken keine grundlegenden Änderungen im Vergleich zur Vorgängerversion DSM-IV-TR. Die wohl wichtigsten Änderungen sind nicht inhaltlicher, sondern konzeptueller Art. Das DSM-5 verzichtet auf das aus dem DSM-IV bekannte Achsensystem zugunsten einer nicht axialen Dokumentation von Diagnosen und Kontextfaktoren. Des Weiteren verfolgt das DSM-5 stärker als bisher den Ansatz einer dimensionalen Diagnostik: Sämtliche Störungskategorien können vom Kliniker auf einem Kontinuum hinsichtlich der Ausprägung ihres Schweregrades eingeschätzt werden.

▶ 7.6 Psychischer Befund

Im **psychischen Befund** (auch defizitorientiert psychopathologischer Befund genannt) werden die Ergebnisse einer psychiatrischen Untersuchung systematisch zusammengefasst. Die Beurteilung des Diagnostikers erfolgt dabei hinsichtlich verschiedener relevanter Merkmale (vgl. Tabelle 7.4). Die Arbeitsgemeinschaft für Methodik und Dokumentation in der Psychiatrie (AMDP, 2007) legte eines der gebräuchlichsten Manuale zur Dokumentation des psychischen Befundes vor.

Tabelle 7.4: Übersicht über die Merkmale des psychischen Befundes

Merkmal	Ohne Befund	Befund
Äußere Erscheinung		Gepflegt – verwahrlost – sportlich – adipös – Kleidung – Haartracht – Körperhaltung – Händedruck
Kontakt	Sicher, vertrauensvoll, kooperativ	Befangen – unsicher – verschlossen – zurückweisend – skeptisch – misstrauisch – ablehnend – distanziert – brüchig – unterwürfig – herablassend – entwertend – idealisierend – anklammernd – ambivalent
Bewusstsein	Wach, bewusstseinsklar	Quantitative Bewusstseinsstörungen bzw. Vigilanzstörungen (Störungen der Wachheit): • Benommenheit: herabgesetzte Aufmerksamkeit und Verlangsamung • Somnolenz: schläfrig, jedoch leicht zu wecken • Sopor: tiefschlafähnlicher Zustand, Patient ist nur durch starke (Schmerz-)Reize zu wecken • Koma: Bewusstlosigkeit, Patient ist nicht weckbar Qualitative Bewusstseinsstörungen (Störungen des inhaltlichen Bewusstseins): • Bewusstseinstrübung: Delir, Dämmerzustände • Bewusstseinseinengung: Einengung des Wahrnehmungsfeldes (z.B. durch Hypnose) • Bewusstseinsverschiebung: z.B. durch LSD
Orientierung	Zu allen Qualitäten voll orientiert	Störung des Bescheidwissens über Zeit, Ort, Situation und Person
Auffassung	Intakt	Kognitive Verarbeitung erhaltener Informationen: erschwert – verzögert – bruchstückhaft – aufgehoben
Konzentration	Erhalten	Fähigkeit, die Aufmerksamkeit über einen längeren Zeitraum einer bestimmten Aufgabe zuzuwenden: leicht vermindert – stark vermindert
Merkfähigkeit und Gedächtnis	Erhalten	Leicht gestört – mittelgradig gestört – schwer gestört • Amnesien: zeitlich oder inhaltlich begrenzte Erinnerungslücken • Zeitgitterstörung: Unfähigkeit, Gedächtnisinhalte zeitlich korrekt zu ordnen • Paramnesien: Erinnerungsverfälschungen und -täuschungen (z.B. Déjà-vu, Jamais-vu, Flashbacks, Intrusionen) • Konfabulationen: Füllen von Erinnerungslücken mit frei erfundenen und wechselnden Einfällen
Formales Denken	Geordnet, konzentriert	Störungen im Ablauf des Denkens, die sich in Form sprachlicher Äußerungen zeigen. Gedankenablauf: beschleunigt – verlangsamt – stockend – umständlich – perseverierend (haftenbleibend) – gehemmt – ideenflüchtig – eingeengt – inkohärent – zerfahren – gesperrt • Grübeln: unablässiges Beschäftigtsein mit einem Thema (im Gegensatz zu Zwangsgedanken) • Vorbeireden: trotz Verständnis einer Frage mit der Antwort das Thema der Frage verfehlen • Neologismen: Wortneubildungen oder der sprachlichen Konvention nicht entsprechende, nicht unmittelbar verständliche Wortverwendungen

Merkmal	Ohne Befund	Befund
Inhaltliches Denken	Intakt	In Abgrenzung zu den formalen Denkstörungen, die das Wie des Denkens betreffen, wird oftmals auch von inhaltlichen Denkstörungen, die das Was des Denkens betreffen, gesprochen. Hierhin gehören alle Störungen, bei denen das Denken bestimmt ist von wenig nachvollziehbaren Interpretationen, falschen Vorstellungen oder Fehlauslegungen bei an sich intakter Wahrnehmung (in Abgrenzung zu Wahrnehmungsstörungen wie z.B. Halluzinationen). Es lassen hier sich Zwangsgedanken, überwertige Ideen und Wahn (in seinen inhaltlichen Themen, siehe unten) unterscheiden. Das AMDP verwendet die Kategorie der inhaltlichen Denkstörungen nicht mehr explizit.
Befürchtungen und Zwänge	Nicht vorhanden	Ängstliche Befürchtungen, Einstellungen oder Verhaltensweisen: Hypochondrie – Phobien – Zwangsgedanken – Zwangsimpulse – Zwangshandlungen
Wahn	Nicht vorhanden	Fehlbeurteilung der Realität, die mit erfahrungsunabhängiger Gewissheit auftritt und an der festgehalten wird, auch wenn sie im Widerspruch zur Wirklichkeit und zum kollektiven Meinen und Glauben der Mitmenschen steht. Formale Wahnmerkmale (Wahnformen): • Wahngedanken – Wahnstimmung – Wahnwahrnehmung – Wahneinfall – systematischer Wahn – Wahndynamik Inhaltliche Wahnmerkmale (Wahnthemen): • Beziehungs-, Größen-, Verfolgungs-, Eifersuchts-, Schuld-, Verarmungs-, Größenwahn, hypochondrischer Wahn
Wahrnehmung	Ungestört	Sinnestäuschungen: • Illusionen/illusionäre Verkennung: Verfälschte Wahrnehmung von real vorhandenen Gegenständen, Geräuschen, Personen • Pareidolien: Gesichter in Wolken sehen (Nichtvorhandenes in Vorhandenes hineinsehen) • Pseudohalluzinationen: Sinnestäuschung ohne Reizquelle, deren Trugcharakter jedoch vom Betroffenen erkannt wird • Halluzinationen: optische, akustische, taktile, olfaktorische oder gustatorische Wahrnehmung ohne entsprechende Reizquelle, die für den Betroffenen Realitätscharakter hat. Akustische Halluzinationen werden in Stimmenhören (Hören von Stimmen, ohne dass tatsächlich jemand spricht) und Akoasmen (Hören von Geräuschen, ohne dass solche vorhanden sind) unterteilt.
Ich-Erleben	Erhalten	Störungen der Ich-Umwelt-Grenzen und des personalen Einheitserlebens: • Depersonalisation: Entfremdungserleben mit dem Gefühl, nicht mehr man selbst zu sein • Derealisation: Die Umgebung wirkt fremd und irgendwie recht unwirklich • Fremdbeeinflussungserlebnisse wie Gedankeneingebung, Gedankenentzug, Gedankenausbreitung

Merkmal	Ohne Befund	Befund
Stimmungs-lage	Ausgeglichen	Störungen der Affektivität: deprimiert – Gefühl der Gefühl-losigkeit – hoffnungslos – Insuffizienzgefühle – Schuldgefüh-le – ratlos – affektarm – euphorisch – dysphorisch – gereizt – innerlich unruhig – klagsam/jammrig – gesteigertes Selbst-wertgefühl • Affektlabil: schneller Wechsel der Affekte (spontan oder auf Anstoß von außen) • Affektinkontinent: mangelnde Affektkontrolle • Affektstarr: Verminderung der affektiven Modulations- bzw. Schwingungsfähigkeit • Parathym: Der Gefühlsausdruck stimmt nicht mit dem be-richteten Erlebnisinhalt überein
Antrieb	Erhalten	Störungen von Tempo, Intensität und Ausdauer der psychi-schen Funktionen: antriebsarm – antriebsgehemmt – an-triebsgesteigert
Psychomotorik	Sicher, gewandt, adäquat	Psychisch bedingte Störungen des spontanen Bewegungs-spiels: motorisch unruhig – maniriert/bizarr – mutistisch - theatralisch • Parakinesen: qualitativ abnorme, komplexe Bewegungen • Stereotypien: Echolalie (automatisches Nachsprechen), Echopraxie (automatisches Nachahmen), Katalepsie (Hal-tungsstereotypien) • Akinese (vgl. „Übersicht neurologischer Symptome", S. 100) • Negativismus: Patienten tun genau das, was man von ih-nen verlangt, nicht (passiver Negativismus) oder tun das Gegenteil davon (aktiver Negativismus) • Logorrhoe: übermäßiger verbaler Mitteilungsdrang und verstärkter Redefluss
Suizidalität	Nicht erkennbar	Suizidfantasien („Ich könnte irgendwann …") – Suizid-gedanken („Ich werde, wenn …") – Suizidimpulse („Ich habe vor …") – suizidale Handlungen

8 Prävention und Rehabilitation

8.1 Prävention

Unter **Prävention** versteht man alle gesundheitsbezogenen Maßnahmen der vorausschauenden Problemvermeidung mit dem Ziel der Verhinderung einer schädlichen oder ungünstigen Entwicklung. Es geht damit also sowohl um die Reduktion von Risikofaktoren (klassische Prävention) als auch um den Auf- und Ausbau protektiver Faktoren (Gesundheitsförderung). Je nachdem, in welchem Erkrankungsstadium Präventionsstrategien ansetzen, lassen sich drei Ebenen der Prävention unterscheiden (vgl. Tabelle 8.1).

▶ Tabelle 8.1: Präventionsbereiche nach Caplan (1964)

Primäre Prävention

- Setzt ein, bevor eine Krankheit zum Ausbruch kommt; dies ist der normale Fall der Prävention
- Ziel: Senkung der Inzidenzrate
- Zielgruppe: Gesunde und Personen ohne Krankheitssymptome
- Beispiel: Impfungen, Schulungen zur Ernährung, Stressbewältigung

Sekundäre Prävention

- Setzt beim Frühstadium einer Krankheit an, welches der Patient noch nicht in Form einer Gesundheitsstörung erlebt
- Ziel: Senkung der Prävalenzrate durch frühestmögliche Diagnose und Therapie, Eindämmung des Fortschreitens und Verhinderung einer Chronifizierung von Erkrankungen
- Zielgruppe: Personen, die zwar als Gesunde oder Symptomlose an der Präventionsmaßnahme teilnehmen, durch die diagnostische Maßnahme aber zu Patienten werden
- Beispiel: Massenscreening Brustkrebs

Tertiäre Prävention

- Setzt ein nach der Manifestation einer Erkrankung
- Ziel: alle wichtigen Kompetenzen und Fertigkeiten zu vermitteln, um eine optimale Anpassung an den gegebenen Zustand zu fördern und Folgeschäden zu vermeiden
- Zielgruppe: Patienten mit chronischen Beeinträchtigungen
- Beispiel: Verhinderung von Suizid bei chronisch Schizophrenen

Darüber hinaus wird mit dem Begriff der **quartären Prävention** eine Verhinderung unnötiger Medikation und iatrogener Schädigung von medizinisch Gesunden bei bestehendem Krankheitsgefühl beschrieben.

Präventive Maßnahmen lassen sich des Weiteren hinsichtlich dreier Dimensionen unterscheiden (vgl. Tabelle 8.2).

▶ Tabelle 8.2: Dimensionen der Prävention nach Perrez (1992)

Spezifität
Spezifische vs. unspezifische Prävention

- Spezifische Prävention: umfasst krankheitstypische Maßnahmen (z. B. Impfungen, Aids-Aufklärung)
- Unspezifische Prävention: umfasst die allgemeine Förderung der Gesundheit des Einzelnen oder der Bevölkerung (Verbesserung der Ernährung, Gesundheitserziehung)

Zielgruppe

Populationsorientierte vs. zielgruppenorientierte Prävention

- Populationsorientiert **(universelle Prävention)**: Breitbandstreuung von Informationen, welche sich an die Allgemeinbevölkerung richten, wie die Aids-Kampagne der BzgA, Drogenaufklärung
- Zielgruppenorientiert **(selektive Prävention)**: Angebote für bestimmte Risikogruppen, z.B. in Fixerstuben HIV-Aufklärung bei Drogenabhängigen. Richtet sich die Präventionsmaßnahme an eine Zielgruppe, die ein manifestes symptomatisches Problemverhalten bereits etabliert hat, so spricht man von **indizierter Prävention**, z.B. bei betrieblichen Programmen für Mitarbeiter mit offenkundigen Alkoholproblemen.

Interventionsebene

Personenorientierte vs. systemorientierte Prävention

- Personenorientiert **(Verhaltensprävention)**: individueller Ansatz am Erleben und Verhalten des Einzelnen mit dem Ziel der Veränderung individuellen Verhaltens
- Systemorientiert **(Verhältnisprävention)**: Setting-Ansatz mit dem Ziel der Veränderung von Systembedingungen (räumlich, sozial, ökologisch etc.) zur Verminderung des Störungsrisikos

Methoden der Prävention sind u.a. Aufklärung, Wissensvermittlung, Beratung und Training, die Steuer-und Abgabenpolitik des Bundes, der Abbau von Barrieren, die Kontrolle von Werbung, Kriseninterventionen.

Beispiele:
- Universelle Prävention: Ein partnerschaftliches Lernprogramm (EPL, Thurmaier et al., 1995): christlich orientiertes Kommunikationstraining für (christliche) Paare zur Förderung der Gesprächskultur und der Problemlösefertigkeiten.
- Selektive Prävention: Perspektive getrennt (Grützner et al., 1997): Kurzzeitintervention, die sich an geschiedene oder getrennt lebende Erwachsene und deren Kinder richtet.
- Indizierte Prävention: Therapieprogramm für Kinder mit hyperkinetischem und oppositionellem Trotzverhalten (THOP, Döpfner et al., 2007; s. S. 354 in diesem Buch).

8.2   Rehabilitation

Rehabilitation umfasst alle Maßnahmen, die das Ziel haben, den Einfluss von Bedingungen, die zu Einschränkungen oder Benachteiligungen führen, abzuschwächen und die eingeschränkten und benachteiligten Personen zu befähigen, eine soziale Integration zu erreichen. Das Konzept der Rehabilitation ist somit nahezu deckungsgleich mit dem der tertiären Prävention.

Krankheitsfolgen sind nach der **International Classification of Impairments, Disabilities and Handicaps (ICIDH)** der WHO auf drei Ebenen klassifizierbar (vgl. Tabelle 8.3).

Tabelle 8.3: Systematisierung der Krankheitsfolgen nach der ICIDH

Ebene des Gesundheitsschadens – Impairment

Darunter wird die Krankheit selbst verstanden, welche als Verlust oder dysfunktionale Abweichung einer psychologischen, physiologischen oder anatomischen Struktur bzw. Funktion begriffen wird, z.B. eine Zwangsstörung.

Ebene der Funktionseinschränkungen – Disability

Diese Ebene beschreibt die funktionelle Folge eines Gesundheitsschadens, welche mit einer Einschränkung der täglichen Belastbarkeit einhergeht und zu Funktionsbeeinträchtigungen bei Tätigkeiten des alltäglichen Lebens führt, z. B. Waschzwang bei Zwangsstörung.

Ebene der sozialen Beeinträchtigung – Handicap

Hiermit sind die sozialen Folgen von Schädigungen und Funktionsbeeinträchtigungen gemeint, welche sich z. B. in den Bereichen Familie und Beruf zeigen, z. B. Trennung des Partners und Berentung infolge der Zwangsstörung und der Einschränkungen durch den Waschzwang.

Die **Internationale Klassifikation der Funktionsfähigkeit, Behinderung und Gesundheit (ICF)** ist die Nachfolgerin der ICIDH und versucht, alle stigmatisierenden Begriffe zu vermeiden und neue, positiv gefasste Konzepte zur Charakterisierung der gesundheitlichen Integrität einzuführen. Hierzu benennt sie **fünf Dimensionen**:

1. **Körperstrukturen** und deren Schädigung,
2. **Körperfunktionen** und deren Störungen,
3. **Aktivitäten** der Person und deren Störungen,
4. **Teilhabe** in der Gesellschaft und deren Beeinträchtigungen,
5. **Kontextfaktoren**: Umgebungsstrukturen und persönliche Faktoren.

Ziel der ICF ist die Einführung einer salutogenetischen Sichtweise (s. S. 38). Dies schlägt sich im Begriff der an den fünf Dimensionen orientierten **funktionalen Gesundheit** nieder. Eine Person gilt als funktional gesund, wenn sie in ihren körperlichen Funktionen und Strukturen normal funktioniert (1./2. Körperfunktionen und -strukturen), sie alles tun kann, was von einem Menschen ohne Gesundheitsprobleme erwartet wird (3. Aktivitätskonzept), und sich somit in allen Lebensbereichen entfalten kann (4. Konzept der Teilhabe), wobei bei Beurteilung der ersten vier Dimensionen der gesamte Lebenshintergrund der Person zu berücksichtigen ist (5. Kontextfaktoren). Dementsprechend wird Behinderung gemäß der Schäden und Einschränkungen bezüglich der beschriebenen Dimensionen definiert.

8.2.1 Organisation des Rehabilitationssystems in Deutschland

Die für das deutsche Rehabilitationssystem relevanten juristischen Grundlagen sind in den Sozialgesetzbüchern, insbesondere im SGB IX, niedergelegt (s. S. 72 f.). Der Gesetzestext verwendet dabei anstelle der Begriffe „Leistungen zur *Rehabilitation*" bzw. „berufliche Rehabilitation" die der salutogenetischen Sichtweise der ICF entsprechenderen Termini „Leistungen zur *Teilhabe*" bzw. „Leistungen zur Teilhabe am Arbeitsleben".

Begriff der Behinderung: § 2 SGB IX definiert: „Menschen sind behindert, wenn ihre körperliche Funktion, geistige Fähigkeit oder seelische Gesundheit mit hoher Wahrscheinlichkeit länger als sechs Monate von dem für das Lebensalter typischen Zustand abweichen und daher ihre Teilhabe am Leben in der Gesellschaft beeinträchtigt ist. Sie sind von Behinderung bedroht, wenn die Beeinträchtigung zu erwarten ist."

Recht auf Rehabilitation: Nach § 10 des SGB I hat jeder Mensch, der körperlich, geistig oder seelisch behindert ist (oder dem eine Behinderung droht), unabhängig von der Ursache ein Recht darauf, dass:

- die Behinderung abgewendet, beseitigt, gebessert, ihre Verschlimmerung verhindert oder ihre Folgen gemildert werden

· und ihm ein seinen Neigungen und Fähigkeiten entsprechender Platz in der Gesellschaft, insbesondere ein entsprechender Arbeitsplatz, gesichert wird.

Leistungen zur Teilhabe haben Vorrang vor Rentenleistungen und umfassen:
· Leistungen zur medizinische Rehabilitation,
· Leistungen zur Teilhabe am Arbeitsleben,
· Leistungen zur Teilhabe am Leben in der Gemeinschaft,
· unterhaltssichernde und andere ergänzende Leistungen.

Medizinische Rehabilitation: Jeder Behinderte hat ein Recht auf Maßnahmen, mit denen erreicht werden soll, dass er gesundheitlich wiederhergestellt wird. Diese Maßnahmen umfassen Heilmittel, Medikamente, Behandlung durch Ärzte und andere Heilberufe, Belastungserprobung, Arbeitstherapie und Körperersatzstücke.

Berufliche Rehabilitation: Wiederherstellung von Arbeitsfähigkeit, Ausbildung, Umschulung durch Leistungen zur Erhaltung oder Erlangung eines Arbeitsplatzes, Berufsvorbereitung, berufliche Anpassung, Fortbildung, Ausbildung, Umschulung.

Soziale Rehabilitation: soziale Integration, Verbesserung der sozialen Teilhabe.

Schulische oder pädagogische Rehabilitation: schulvorbereitende, schulische oder sonderschulische Betreuung mittels Hilfen zur Fähigkeitsentwicklung vor Beginn der Schulpflicht; angemessene Schulbildung.

Stationäre und ambulante Rehabilitation erbringen gleich gute Ergebnisse. Die ambulante Rehabilitation ist jedoch kostengünstige. Deshalb gilt der Grundsatz: „Stationär wo nötig, ambulant wo möglich."

Träger der Rehabilitation: Für die Leistungen zur Teilhabe sind verschiedenste Träger verantwortlich, sodass die genaue Zuständigkeit im Einzelfall geklärt werden muss. Bei dieser Klärung hilft das **Prinzip der risikobezogenen Leistungszuständigkeit**: Derjenige Träger ist für die Erbringung der Rehabilitationsleistung zuständig, der im Falle ihres Scheiterns die Folgelasten zu tragen hätte.

Zuständigkeiten in der Rehabilitation:
· Für „normale" berufliche Rehabilitation ist die Arbeitsverwaltung zuständig.
· Besteht Rehabilitationsbedarf infolge eines Arbeitsunfalls oder einer Berufskrankheit, so ist die gesetzliche Unfallversicherung für alle beruflichen, medizinischen und sozialen Rehabilitationsmaßnahmen zuständig **(Schadenersatzprinzip)**.
· Wenn Rehabilitationsbedarf besteht und der Betreffende in seiner Erwerbsfähigkeit bedroht ist, dann ist die gesetzliche Rentenversicherung für alle medizinischen und zum Teil auch für berufliche Rehabilitationsmaßnahmen zuständig **(Prinzip „Reha vor Rente")**.
· Wenn für eine notwendige Rehabilitation weder die Unfall- noch die Rentenversicherung verantwortlich gemacht werden kann, ist behelfsweise die gesetzliche Krankenversicherung zuständig **(Prinzip „Reha vor Pflege")**, welche allerdings nur für medizinische Rehabilitationsmaßnahmen leistet.
· Wenn auch gegenüber der Krankenversicherung keine Ansprüche geltend gemacht werden können – häufig ist dies bei chronisch psychisch Kranken und Suchtkranken gegeben –, dann übernimmt behelfsweise die Sozialhilfe die Leistungen zur Rehabilitation.

Rehabilitation bei Abhängigkeitserkrankungen verfolgt das Ziel einer Verlängerung der suchtmittelfreien Intervalle. Als langfristiges Ziel kann eine lebenslange Abstinenz angestrebt werden. Stationäre und ambulante Konzepte unterscheiden die Entgiftungsphase, welche eine Leistung der gesetzlichen Krankenversicherung ist, von der Entwöhnungsphase. Diese dient der Stabilisierung der temporären Abstinenz und wird als eine rehabilitative Maßnahme angesehen. Die Entwöhnungsphase ist somit eine Leistung der gesetzlichen Rentenversicherung. Voraussetzungen dafür sind die Vorlage eines sozialmedizinischen Gutachtens und eines Sozialberichtes einer Suchtberatungsstelle.

Integration bedeutet im Kontext der Rehabilitation die Einbeziehung von behinderten Menschen in Kommunikations- und Arbeitsgemeinschaften mit nicht behinderten Menschen. Das Integrationskonzept ist im vorschulischen, schulischen und beruflichen Kontext von Bedeutung. Eine Weiterentwicklung des Integrationskonzeptes ist die Idee der **Inklusion**: Geht es bei der Integration um die Wiedereingliederung von zuvor Ausgeschlossenen, so wendet sich der Inklusionsgedanke gegen eine Unterteilung in Gruppen (behindert/nicht behindert etc.) und betont dezidiert die Verschiedenheit im Gemeinsamen.

Integrationsämter und Integrationsfachdienste sind zuständig für die Umsetzung der besonderen Eingliederungshilfen und Leistungen zur Teilhabe für anerkannt Schwerbehinderte (Grad der Behinderung über 50).

Frühförderung: Maßnahmen für behinderte oder von Behinderung bedrohte Kinder im Zeitraum bis zum Schuleintritt mit dem Ziel der Weiterentwicklung der motorischen, sensorischen und kognitiven Fähigkeiten. Im SGB IX ist die Erstattung nicht ärztlicher, therapeutischer, psychosozialer, heil- und sonderpädagogischer Leistungen für diesen Zweck geregelt.

Sozialpsychiatrische Ansätze fokussieren auf die sozialen Bedingungen für die Entstehung und Aufrechterhaltung psychischer Störungen, sehen diese als gleichberechtigt zu medizinischen Störungsursachen an und verfolgen das Ziel einer Verbesserung der lebenspraktischen Kompetenzen der Patienten in ihrem familiären und gesellschaftlichen Kontext. Beispiele für sozialpsychiatrische Interventionsformen sind betreutes Wohnen, Kontakt- und Beratungsstellen von freien Trägern, der sozialpsychiatrische Dienst der Landkreise und Städte, Tagesstätten, Werkstätten für Behinderte und psychiatrische Wohn- und Pflegeheime.

Dritter Teil:
Rahmenbedingungen

9 Medizinethik, Berufsrecht und psychosoziale Versorgungssysteme

9.1 Medizinethik

In der Medizinethik werden als Standard immer wieder vier Prinzipien genannt, welche für die Behandlung von Patienten als verbindlich angesehen werden (vgl. Tabelle 9.1).

Tabelle 9.1: Die vier Prinzipien der Medizinethik nach Beauchamp & Childress (1989)

„Niemals Fische aus Gläsern essen"

Nichtschädigung

Das zentralste der Prinzipien, welches das „primum non nocere" („zunächst einmal nicht schaden") des hippokratischen Eides enthält, besagt: Unterlasse alles, was dem Patienten an Leib, Leben, Eigentum und Psyche schaden könnte, z. B. unvorsichtige Deutungen, überhöhte Rechnungen etc.

Fürsorge

Dieses Prinzip geht über das der Nichtschädigung weit hinaus. Wir sollen nicht nur nicht schaden, sondern eigentlich helfen, Schäden zu verhindern, eingetretene Schäden zu lindern und den Zustand des Patienten zu verbessern.

(Respekt der) Autonomie

Dieses Prinzip betont die Achtung vor der Selbstbestimmung von Patienten: Respektieren Sie grundsätzlich, dass ein Patient über sein Leben selbst entscheiden kann und soll, auch wenn das manchmal abwegig erscheinen mag. Gerade diese Autonomie soll ja in der Psychotherapie gefördert werden.

Gleichheit

Psychotherapie soll allen Menschen unabhängig von Nationalität, kultureller Herkunft, politischer, religiöser, sexueller Orientierung oder finanziellen Möglichkeiten zukommen. Dieses Prinzip verbietet damit eigentlich eine Selektion der Patienten, z. B. hinsichtlich ihrer Differenziertheit oder Störungsbelastung.

Im therapeutischen Handeln sind zwischen den einzelnen Prinzipien Konflikte möglich: Entscheiden Sie sich beispielsweise bei einer Konfrontationstherapie für die Methode des Flooding (s. S. 221), so erzeugen Sie absichtlich große Angst und verletzen damit das Prinzip der Nichtschädigung. Sie handeln jedoch bewusst so, um dem Patienten das Erlernen einer Bewältigung zu ermöglichen. Das entspricht dem Prinzip der Fürsorge. Therapeutische Entscheidungen sollten stets hinsichtlich einer Güterabwägung bezüglich dieser vier Prinzipien erfolgen. Bei gravierendem selbstschädlichen Verhalten tritt das Prinzip der Autonomie gegenüber dem Prinzip der Nichtschädigung zurück.

9.2 Recht

Alle Gesetzestexte, auf die im folgenden Bezug genommen wird, werden nach der Internetquelle www.juris.de zitiert. Eine Kenntnis des Wortlautes dieser Gesetze ist für die Prüfung jedoch ausdrücklich nicht notwendig, es reicht ein Verständnis des Sinnes der Gesetze, so wie er hier in diesem Kapitel erläutert ist. Lediglich Paragrafen, die fett markiert sind, sollten Ihnen bekannt sein. Das komplette Psychotherapeutengesetz – häufig finden Sie bei Recherchen nur Artikel 1 des Gesetzes – ist abrufbar auf der Homepage des Berufsverbandes Deutscher

Psychologinnen und Psychologen (BDP) unter www.bdp-verband.de/bdp/politik/psychthg/ PTG-Gesetz.rtf.

Der Gegenstandskatalog des IMPP unterscheidet die Rechtsbeziehungen zwischen dem Psychotherapeuten auf der einen und Staat und Gesellschaft sowie Patient auf der anderen Seite. Trotz einer nicht optimalen Trennschärfe dieser Systematik wird sie im Folgenden der Strukturierung des Stoffes zugrunde gelegt. Die folgende Übersicht verwendet zwangsweise einige juristische Begriffe und kommt auch um das Zitieren entsprechender Originalquellen nicht herum. Doch seien Sie unbesorgt: Das, was hier so trocken anmutet, ist spätestens in der eigenen Praxis von großer Relevanz. Sie benötigen zunächst Kenntnisse zu bestimmten Institutionen in der Gesundheitspolitik.

Ausgangslage: Es muss geklärt werden: **Wer spielt mit?**

- **Psychotherapeut:** Das sind Sie!
- **Patient:** Das ist der andere!
- **Staat:** Das sind wir alle (und ein paar gewählte Bestimmer)!
- **Gesetzliche Krankenkassen bzw. gesetzliche Krankenversicherung (GKV):** Krankenkassen sind Teil der gesetzlichen Krankenversicherung und damit Teil des Sozialversicherungssystems. Die Unterscheidung zwischen Primär- und Ersatzkassen (ursprünglich unterschiedliche Versichertengruppen) hat seit 1996 mit dem Beginn der freien Kassenwählbarkeit eher nur noch eine historische Bedeutung.
- **Spitzenverband Bund der Krankenkassen:** gesetzlich verfügte Interessenvertretung aller gesetzlichen Krankenkassen mit der Hauptaufgabe der Bündelung der Interessen der Krankenkassen, v. a. in Bezug auf bundeseinheitliche Regelungen.
- **Kassenärztliche Vereinigungen (KV)** sind als Körperschaften öffentlichen Rechts Selbstverwaltungsorgane der Vertragsärzte und -psychotherapeuten. Der jeweiligen KV gehören alle zugelassenen Ärzte und Therapeuten an, sobald sie für eine ambulante Behandlung gesetzlich versicherter Patienten zugelassen sind. Über die KV werden die ärztlichen und therapeutischen Leistungen abgerechnet. Ihre Hauptaufgabe liegt sowohl in der Sicherstellung der ambulanten kassenärztlichen Versorgung als auch in der Interessenvertretung ihrer Mitglieder.
- **Kassenärztliche Bundesvereinigung (KBV):** Organisation der kassenärztlichen Vereinigungen auf Bundesebene unter Aufsicht des Bundesministeriums für Gesundheit.
- **Gemeinsamer Bundesausschuss (G-BA)** ist das oberste Beschlussgremium der gemeinsamen Selbstverwaltung der Ärzte, Zahnärzte, Psychotherapeuten, Krankenhäuser und Krankenkassen unter der Rechtsaufsicht des Bundesministeriums für Gesundheit. Der G-BA wird von vier Spitzenorganisationen gebildet: der Kassenärztlichen und der Kassenzahnärztlichen Bundesvereinigung, der Deutschen Krankenhausgesellschaft und dem GKV-Spitzenverband. Außerdem sind Patientenvertreter antrags-, jedoch nicht stimmberechtigt an allen Beratungen beteiligt. Der G-BA bestimmt in Form von Richtlinien den Leistungskatalog der gesetzlichen Krankenversicherung für mehr als 70 Millionen Versicherte und legt damit fest, welche Leistungen von der GKV bezahlt werden.
- **Medizinische Dienste der Krankenkassen (MDK)** beraten die gesetzlichen Krankenkassen und Pflegekassen in Grundsatzfragen und führen Einzelfallbegutachtungen (entsprechend § 275 SGB V) z. B. zu folgenden Fragestellungen durch: Arbeitsunfähigkeitszeiten, Notwendigkeit, Art, Umfang und Dauer von Rehabilitationsmaßnahmen, Verordnung von Arznei-, Verband-, Heil- und Hilfsmitteln, Notwendigkeit von Krankenhausliegezeiten, Notwendigkeit und Dauer von häuslicher Pflegebedürftigkeit. Der MDK überprüft nicht alle Anträge auf Psychotherapie gemäß

den Psychotherapierichtlinien, das machen die entsprechend bestellten Gutachter der gesetzlichen Krankenkassen.

- **Private Krankenversicherungen (PKV)** bieten neben der GKV eine weitere Möglichkeit der Absicherung von Krankheitskosten. In der PKV kommt die Krankenversicherung durch einen privatrechtlichen Vertrag zustande. In Deutschland sind ca. neun Millionen Bürger privat krankenversichert, v. a. Selbstständige, Angestellte ab einem bestimmten Jahreseinkommen und Beamte (meist keine Vollversicherung).

- **Beihilfe** ist die eigenständige beamtenrechtliche Krankenfürsorge und neben der GKV und der PKV das dritte große Krankenversorgungssystem in Deutschland. Der Dienstherr ist verpflichtet, für das Wohl seiner Beamten und ihrer Familien zu sorgen, auch nach deren Ausscheiden aus dem Dienst. Der Dienstherr übernimmt zwischen 50–80 % der entsprechenden Aufwendungen. Die Beihilfe ist somit Teil des Alimentationsprinzips des Berufsbeamtentums.

9.2.1 Sie und der Staat

9.2.1.1 Das Psychotherapeutengesetz – das Grobe

▶ Das **Psychotherapeutengesetz (PsychThG)** ist am 1. Januar 1999 in Kraft getreten. Damit wurden zwei neue akademische Heilberufe, der des Psychologischen Psychotherapeuten (PP) und der des Kinder- und Jugendlichenpsychotherapeuten (KJP) etabliert. Dem PsychThG ging ein über 20 Jahre dauerndes Bemühen voraus, die psychotherapeutische Versorgung in Deutschland zu verbessern und zu strukturieren. Geregelt sind in diesem Gesetz bundesweit der Zugang zum Beruf und die Befugnis, Psychotherapie auszuüben. Wichtig sind v. a. die Artikel 1 und 2 des PsychThG. In weiteren Artikeln des PsychThG wurden die Strafprozessordnung (StPO), das Strafgesetzbuch und die Zulassungsverordnung für Ärzte geändert.

 Der **Artikel 1** des Psychotherapeutengesetzes ist das eigentliche Psychotherapeutengesetz. Im Sprachgebrauch, so auch in der Klausur des IMPP, ist in der Regel der Artikel 1 gemeint, wenn vom Psychotherapeutengesetz gesprochen wird. In diesem *berufsrechtlichen* Teil werden die Berufsausübung und die mit der Ausübung verbundenen Pflichten geregelt. Wichtige Inhalte des Artikels 1 sind:

Berufsausübung: Die Voraussetzung für die Ausübung heilkundlicher Psychotherapie unter der Berufsbezeichnung „Psychologischer Psychotherapeut" oder „Kinder- und Jugendlichenpsychotherapeut" ist das Vorliegen einer Approbation. Diese Berufsbezeichnungen dürfen nur von jemandem geführt werden, der, wie Sie bald, seine Qualifikation mit dem Bestehen einer staatlichen Prüfung unter Beweis gestellt hat. Das bedeutet, dass unsere Berufsbezeichnungen gesetzlich geschützt wurden **(Titelschutz)**.

Es wird zudem eine Definition für Psychotherapie gegeben, welche als „jede mittels wissenschaftlich anerkannter Verfahren vorgenommene Tätigkeit zur Feststellung, Heilung oder Linderung von Störungen mit Krankheitswert" definiert wird. Das Gesetz grenzt andere psychologische Tätigkeiten außerhalb der Heilkunde (z. B. Beratung) ausdrücklich aus.

Außerdem wird hier festgelegt, dass sich die Behandlung durch Kinder- und Jugendlichenpsychotherapeuten auf Patienten, die das 21. Lebensjahr noch nicht vollendet haben, zu erstrecken hat, wobei Ausnahmen möglich sind, um eine bereits begonnene Behandlung erfolgreich abzuschließen.

Es wird die Verpflichtung formuliert, eine **somatische Abklärung** herbeizuführen.

Approbation: Die Approbation zum Psychologischen Psychotherapeuten setzt den Nachweis über ein Diplom in Psychologie, bei Kinder- und Jugendlichenpsychotherapeuten kann es auch ein abgeschlossenes Studium der Pädagogik oder Sozialpädagogik sein, und den erfolgreichen Abschluss einer Ausbildung (Vollzeit: drei Jahre, Teilzeit: fünf Jahre) an einem staatlich anerkannten Ausbildungsinstitut mit staatlicher Prüfung voraus.

Die Approbation kann *nicht erteilt* bzw. *entzogen* werden, wenn der Antragsteller sich eines Verhaltens schuldig gemacht hat, aus dem sich eine Unwürdigkeit und Unzuverlässigkeit zur Ausübung des Berufes ergeben kann, oder er wegen körperlicher Gebrechen oder wegen Schwäche seiner geistigen und körperlichen Kräfte oder wegen einer Sucht zur Ausübung des Berufs unfähig oder ungeeignet erscheint. Die Approbation kann auch entzogen werden bei einem eingeleiteten Strafverfahren, aus dem sich die Unwürdigkeit und Unzuverlässigkeit des Therapeuten ergeben kann.

Außerdem wird festgelegt, dass eine **Gebührenordnung** zu erlassen ist.

Das Gesetz bestimmt zudem eine Verpflichtung auf wissenschaftlich anerkannte Verfahren und ermächtigt den Gemeinsamen Bundesausschuss, die zur Krankenbehandlung geeigneten Verfahren in Richtlinien (den Psychotherapierichtlinien) festzulegen. Darüber hinaus wird bestimmt, dass ein wissenschaftlicher Beirat gebildet werden muss, welcher genau jene geforderte wissenschaftliche Anerkennung von Psychotherapieverfahren prüfen soll. Der **Wissenschaftliche Beirat Psychotherapie** setzt sich zusammen aus je sechs Vertretern der Bundesärztekammer und der Bundespsychotherapeutenkammer. Derzeit als wissenschaftlich anerkannt gelten:
- die Richtlinienverfahren,
- die Systemische Therapie und
- die Gesprächspsychotherapie.

Außerdem enthält der Artikel 1 Übergangsvorschriften und Hinweise zu Zuständigkeiten und dem Erlass von Rechtsverordnungen.

Der **Artikel 2** des Psychotherapeutengesetzes regelt die *sozialrechtliche* Einbindung der Psychotherapeuten als den Ärzten gleichgestellte Berufsgruppe durch eine Vielzahl von Änderungen des **SGB V**, welches die Verfahrensweise der gesetzlichen Krankenkassen regelt. Die wichtigsten Bestimmungen sind: die Definition der ärztlichen Behandlung, die Verpflichtung zum Konsiliarverfahren, der Einbezug der Psychotherapeuten in den Sicherstellungsauftrag zur Sicherstellung der vertragsärztlichen Versorgung, die Bestimmung eingeschränkter Rechte der PP und KJP gegenüber Ärzten (z. B. keine Befugnis, Arzneimittel oder Leistungen zur Rehabilitation zu verschreiben, usw.) und die Bildung eines beratenden Fachausschusses Psychotherapie.

In § 92 des SGB V wird bestimmt, dass der Gemeinsame Bundesausschuss „Richtlinien über die Gewährung für eine ausreichende, zweckmäßige und wirtschaftliche Versorgung der Versicherten" zu beschließen hat. Daraus ergeben sich die **Psychotherapierichtlinien**.

9.2.1.2 Psychotherapierichtlinien – die Feinheiten

gemeinsamer Bundesausschuss

Die wichtigsten Bestimmungen dieser vom G-BA erlassenen Richtlinien sind:

- Psychotherapie ist eine Krankenbehandlung und damit abgegrenzt gegenüber allgemeinen Maßnahmen der Lebensberatung.
- Es werden die Voraussetzungen für ein **Richtlinienverfahren** – das sind Verfahren, „denen ein umfassendes Theoriesystem der Krankheitsentstehung zugrunde liegt und deren spezifische Behandlungsmethoden in ihrer therapeutischen Wirksamkeit belegt sind" – definiert. Nach dieser Definition erfüllen diese Kriterien zurzeit
  - die Verhaltenstherapie,
  - die analytische Psychotherapie und
  - die tiefenpsychologisch fundierte Psychotherapie.
- Es wird die Verfahrensweise der psychosomatischen Grundversorgung als Ergänzung zu den psychotherapeutischen Verfahren festgelegt (Abrechnung nur durch Ärzte, außer bei übenden und suggestiven Verfahren).
- Es werden die **Anwendungsbereiche** der **Psychotherapie** im Sinne der Indikation festgelegt. (Bei welchen psychischen Störungen darf eine Therapie zulasten der gesetzlichen Krankenkasse erfolgen?) Zudem werden Bedingungen für den **Ausschluss von Psychotherapie als Leistung** der gesetzlichen Krankenkassen benannt: nämlich wenn zwar seelische Krankheit vorliegt, aber ein Behandlungserfolg nicht erwartet werden kann, weil dafür beim Patienten die Voraussetzung hinsichtlich seiner
  - Motivationslage,
  - seiner Motivierbarkeit oder
  - seiner Umstellungsfähigkeit nicht gegeben sind oder weil
  - die Eigenart der neurotischen Persönlichkeitsstruktur (ggf. seine Lebensumstände) dem Behandlungserfolg entgegensteht.
- Es wird der Leistungsumfang im Sinne der Sitzungskontingente bestimmt.
- Zudem wird das Konsiliar-, Antrags- und Gutachterverfahren beschrieben. Zur Abgabe des **Konsiliarberichts** sind alle Vertragsärzte mit Ausnahme der folgenden berechtigt: Laborärzte, Mikrobiologen, Nuklearmediziner, Pathologen, Radiologen, Strahlentherapeuten, Transfusionsmediziner und Humangenetiker. Bei Kindern und Jugendlichen gelten nur Kinderärzte, Kinder- und Jugendpsychiater, Allgemeinärzte, praktische Ärzte und Internisten als berechtigt, den Bericht auszustellen.

In den Psychotherapierichtlinien wird dann im Hinblick auf die Durchführung der psychotherapeutischen Versorgung auf die nachgeordneten **Psychotherapievereinbarungen** verwiesen.

9.2.1.3 Die Psychotherapievereinbarungen – das Kleinteilige

Bereits vor dem PsychThG existierte in Deutschland der **Bundesmantelvertrag Ärzte (BMV)**. In diesem öffentlich-rechtlichen Vertrag zwischen der Kassenärztlichen Bundesvereinigung (s.o.) und dem Spitzenverband Bund der Krankenkassen (s.o.) wurden Inhalt, Art, Umfang, Qualität, Abrechnungsmodalitäten, gegenseitige Pflichten etc. der vertragsärztlichen Versorgung festgelegt. Aufgrund des PsychThG haben PP und KJP eine Mitwirkung an der vertragsärztlichen Versorgung zugesprochen bekommen. Wegen dieser neuen Berufsgruppen musste der BMV u.a. durch folgende Festlegungen angepasst werden:

- Behandler sind ärztliche Psychotherapeuten sowie Psychologische Psychotherapeuten und Kinder- und Jugendlichenpsychotherapeuten,
- keine Verordnung von Vorsorge und rehabilitativen Leistungen durch PP und KJP,

- keine Berechtigung zum Ausstellen bestimmter Bescheinigungen für die Kassen und den MDK,
- keine Vertretung bei genehmigungspflichtigen psychotherapeutischen Leistungen einschließlich der Probatorik.

Teil des BMV sind die **Psychotherapievereinbarungen**. In diesen werden die Psychotherapierichtlinien nun noch weiter präzisiert, z. B. das Antrags- und Genehmigungsverfahren, die fachlichen Voraussetzungen der Behandler, die konkrete Durchführung der Behandlung bis hin zur Verwendung und Benennung der gängigen Formulare (z. B. PTV1 usw.).

9.2.1.4 Die Psychotherapeutenkammern

Die Psychotherapeutenkammern sind Selbstverwaltungsorgane der PP und KJP, die der Dezentralisierung und Staatsentlastung dienen. Die Voraussetzungen für die Einrichtung der Kammern sind in den Heilberufs- und Kammergesetzen der jeweiligen Länder geregelt. Es besteht eine **Pflichtmitgliedschaft** für alle PP und KJP, die ihrer Tätigkeit in dem jeweiligen Bundesland nachgehen, dafür dürfen sie aber auch die Vertreter in der jeweiligen Kammer wählen. Die zwölf Landespsychotherapeutenkammern und die Bundespsychotherapeutenkammer auf Bundesebene vertreten die Interessen der PP und KJP gegenüber Staat, Politik und Gesellschaft. Zu den wichtigsten Aufgaben zählen:

- die Überwachung der Rechte und Pflichten der Mitglieder,
- disziplinarische Maßnahmen bei Verletzung der Berufspflichten,
- die Regelung der Weiterbildung,
- das Auftreten für die Wahrung des Ansehens des Berufsstandes,
- die Beratung staatlicher Organe und
- die Ausformulierung des Berufsrechts durch den Erlass der Berufsordnung.

Die **Berufsordnung** beschreibt die Rechte, Pflichten und ethischen Verpflichtungen der Psychotherapeuten. Die Berufsordnung ist *rechtsverbindlich*. Zuwiderhandlungen können berufsrechtliche Verfahren nach den entsprechenden Heilberufsgesetzen nach sich ziehen. Jedes Bundesland hat seine eigene Länderberufsordnung. Es gibt Bestrebungen, diese anhand der von der Bundespsychotherapeutenkammer erarbeiteten Musterberufsordnung zu harmonisieren (Stellpflug, 2013). Wichtige Inhalte der Musterberufsordnung sind:

- Die Festlegung der Grundsätze der Berufsausübung.
- Die **Sorgfaltspflicht**: Hier wird u. a. formuliert, dass Psychotherapie im persönlichen Kontakt erbracht werden muss, eine diagnostische Abklärung inklusive der Klärung des somatischen und psychosozialen Befundes zu erfolgen hat, der Patient zu informieren ist, falls erkennbar ist, dass die Psychotherapie zu keinem weiteren Fortschritt mehr führt, und ggf. alternative Angebote gemacht werden sollen.
- Die **Abstinenzpflicht**: Gefordert wird die Gestaltung einer professionellen Beziehung, d. h. keine persönlichen, geschäftlichen, familiären Beziehungen, keine Befriedigung eigener Bedürfnisse und Interessen, keine Annahme von Geschenken, keine sexuellen Beziehungen. Die Pflicht zur Abstinenz bleibt auch nach Abschluss der Behandlung bestehen (bzw. der Abstand zwischen Beendigung der Therapie und Aufnahme des Kontaktes soll mindestens ein Jahr betragen), und es wird auch eine abstinente Haltung gegenüber den Patienten nahestehenden Personen gefordert.
- Werbungsgebote (Verpflichtung zum Praxisschild, Werbung nur in Form sachlicher Vermittlung des Inhalts des beruflichen Angebots, Internetpräsenz muss den Vorschriften des Teledienstgesetzes entsprechen).
- Fortbildungsverpflichtung.

- Vorschriften über Praxisräume (u. a. Trennung von Privaträumen).
- Regelungen zu Honorierung und Abrechnung:
  - Verpflichtung zu wahrheitsgemäßen Abrechnungen.
  - Für die Abrechnung ist die Gebührenordnung für Psychotherapeuten (GOP) verpflichtend, soweit das nicht gesetzlich anders bestimmt wird (wie z. B. die verpflichtende Abrechnung nach dem EBM bei einer Einbindung in das gesetzliche Krankenkassensystem).
- Verhaltensgrundsätze gegenüber Patienten: **Dokumentationspflicht, Aufklärungspflicht, Schweigepflicht, Einsichtnahmerecht** des Patienten in die Behandlungsdokumentation (vgl. Kap. 9.2.2). Professioneller Umgang mit minderjährigen und mit eingeschränkt einwilligungsfähigen Patienten (vgl. Kap. 9.2.3).
- Formen der Berufsausübung (Niederlassung, Zusammenschlüsse z. B. in Berufsausübungsgemeinschaften).

Zwischenstand: Fein! Bis hierhin haben Sie Ihre Approbation nach dem PsychThG erhalten, Sie sind Pflichtmitglied in der Psychotherapeutenkammer Ihres jeweiligen Bundeslandes geworden und haben sich zumindest mit der Berufsordnung einmal auseinandergesetzt. Dann geht es im idealtypischen Fall jetzt ab in die Praxis. Doch um sich niederlassen zu können, benötigen Sie eine Zulassung zur vertragsärztlichen Versorgung:

Zulassungsverordnung: Die Zulassungsverordnung für Ärzte (Ärzte-ZV) gilt seit 1999 gleichermaßen für PP und KJP. Wichtige Inhalte dieser Verordnung sind:
- Für jeden Zulassungsbezirk hat die KV ein **Arztregister** zu führen, in welchem die PP und KJP erfasst werden, die zugelassen sind oder die erstens approbiert sind, zweitens über den Fachkundenachweis in einem der Richtlinienverfahren verfügen und drittens die Eintragung beantragt haben.
- Über den Zulassungsantrag befindet der **Zulassungsausschuss**.
- **Präsenzpflicht:** Vom Antragsteller wird gefordert, dass er für die Versorgung der Versicherten in erforderlichem Maß zur Verfügung stehen muss. „Zusammengefasst gehört es also zu den vertragsärztlichen Pflichten, entsprechend den Umständen ‚genügend' Sprechstunden, […] mindestens aber 20 Stunden [bei einem vollen Versorgungsauftrag] anzubieten." (Stellpflug, 2013, S. 85)
- **Residenzpflicht:** Die Zulassung erfolgt für den Ort der Niederlassung (Vertragsarztsitz). Der Therapeut muss seine Sprechstunde am Vertragsarztsitz abhalten und hat seine Wohnung entsprechend zu wählen. Diese Verordnung ist mit dem Versorgungsstrukturgesetz (VstG) vom 1. Januar 2012 weggefallen.
- Entzug der kassenärztlichen Zulassung bei Verletzung der Verpflichtung zu persönlicher Leistungserbringung, des Wirtschaftlichkeitsgebots, der korrekten Honorargestaltung.

Wirtschaftlich – **a**usreichend – **n**otwendig – **z**weckmäßig **(WANZ):**
Als nun (hoffentlich) kassenzugelassener Psychotherapeut haben Sie sich an viele Gesetze (die kennen Sie jetzt schon zu einem großen Teil) und Gebote zu halten. Eines der Gebote („Wirtschaftlichkeitsgebot") lautet WANZ und entspricht der Definition des Leistungskatalogs der GKV (§ 12 SGB V): „Die Leistungen müssen ausreichend, zweckmäßig und wirtschaftlich sein; sie dürfen das Maß des Notwendigen nicht überschreiten." Die Forderung nach Wirtschaftlichkeit und Zweckmäßigkeit wird im Bereich der Psychotherapie in einem unabhängigen Gutachterverfahren überprüft. Das hat zur Folge, dass eine bewilligte Therapie im Nachhinein keiner Wirtschaftlichkeitsprüfung mehr unterzogen wird, wie das bei anderen (ärztlichen) Leistungen der Fall sein kann.

- Wirtschaftlichkeit: Stehen mehrere Heilmethoden, die eben auch zweckmäßig usw. sind, zur Auswahl, fällt die Wahl auf die wirtschaftlichste.
- Ausreichend: Die Leistungen der Kasse müssen ausreichend sein, dürfen also nicht ungenügend sein.
- Notwendigkeit: Es darf nur so viel Leistung erfolgen, wie zum Erreichen eines Heilerfolges notwendig ist, mehr jedoch nicht. D.h., ist Ihr Patient bereits nach 38 Stunden bewilligter Langzeittherapie gesund, muss die Therapie beendet werden.
- Zweckmäßigkeit: Es dürfen nur Leistungen erbracht werden, welche auf die Behandlung der gegebenen Störung objektiv ausgerichtet sind und deren Wirksamkeit belegt ist.

Psychotherapie ist im Rahmen der GKV keine Regelleistung. Gewährt wird eine Therapie von der Krankenkasse nur auf Antrag des Patienten mittels seiner Unterschrift auf dem Formular PTV 1 (**Antragsverfahren**). Zudem muss ein somatisches Konsil vorliegen und ein unabhängiger Gutachter die Behandlung für indiziert halten (Bericht an den Gutachter). Es erfolgt ausschließlich eine Genehmigung für eine Behandlung in einem der Richtlinienverfahren, wenn sie von einem zugelassenen Therapeuten durchgeführt werden. Ihr Honorar erhalten Sie entsprechend nach dem **EBM** (Einheitlicher Bewertungsmaßstab). In diesem Regelwerk sind die Inhalte der abrechnungsfähigen psychotherapeutischen Leistungen bei einer Behandlung im Rahmen der GKV sowie das wertmäßige, in Punkten ausgedrückte Verhältnis der Leistungen zueinander enthalten.

Zwischenstand 2: Bravo! Bis hierhin haben Sie alle Hürden genommen. Sie warten in Ihrer Praxis auf Patienten. Sie wissen, wie viel Ihnen die GKV für Ihre wirtschaftliche, ausreichende, notwendige und zweckmäßige Behandlung zu zahlen bereit ist. Es wird ernst. Es klingelt. Wer wird Ihnen da begegnen? Und was müssen Sie jetzt noch alles beachten?

9.2.2   Sie und Ihr Patient

Mit dem Vorlegen seiner Chipkarte weist der Patient seine Berechtigung auf eine psychotherapeutische Behandlung nach. Der Beantragung der eigentlichen Psychotherapie geht eine probatorische Phase von bis zu fünf (bei analytischer Psychotherapie bis zu acht) Sitzungen voraus. Die Probatorik dient der Diagnostik und der Überprüfung der in den Psychotherapierichtlinien geforderten Voraussetzungen auf Patientenseite. Es ist ein Konsiliarverfahren einzuleiten. Dann wird der Antrag auf Genehmigung der Psychotherapie bei der Kasse gestellt (über die Ihnen bekannten Antragsformulare und den Bericht an den Gutachter). PP und KJP können von der Antragspflicht auf Kurzzeittherapie befreit werden, wenn sie 35 positiv befürwortete Psychotherapieanträge nachweisen können. Erst wenn Sie den Positivbescheid des Gutachters und die Bewilligung der Krankenkasse vorliegen haben, dürfen Sie mit der eigentlichen Behandlung beginnen.

Wenn Ihr Patient, egal, ob gesetzlich oder privat versichert, Ihre Praxis betritt, kommt zivilrechtlich gesehen ein **Behandlungsvertrag** zustande. Der Behandlungsvertrag wird zumeist mit Beginn der Behandlung, also mit dem Beginn des Gespräches zwischen Arzt und Patient, stillschweigend und durch schlüssiges Handeln (konkludentes Handeln) geschlossen. Beim Behandlungsvertrag handelt es sich um einen **wirksamen Dienstvertrag** nach § 611 des Bürgerlichen Gesetzbuches (BGB). Hiermit schulden Sie dem Patienten eine sorgfältige, dem gegenwärtigen Kenntnisstand entsprechende Leistung, jedoch keinen Behandlungserfolg. Der Patient schuldet Ihnen damit eine Vergütung. Dieses ist v.a. für den Fall einer Tätigkeit in privater Praxis relevant. Es empfiehlt sich dennoch, sich noch in der Probatorik zusätzlich einen formellen Behandlungsvertrag vom Patienten unterschreiben zu lassen. In diesem sollten mindestens Regelungen zum Umgang mit Terminabsagen, ggf. zum Honorar und zur Ausfallhonorarregelung getroffen werden.

9.2.2.1 Aufklärungspflicht und Einwilligung

Da Sie Ihrem Patienten stets das Beste wünschen und das Ziel verfolgen, dass dieser mit maximal positiven Erwartungen in Ihre Behandlung einwilligt, ist es immens wichtig, eine gründliche Aufklärung vorzunehmen. Die Aufklärung hat so zu erfolgen, dass der Patient nach diesem Gespräch in der Lage ist, eigenständig zu entscheiden, ob er eine Behandlung wünscht oder nicht. Er sollte sich nach der erfolgten Aufklärung darüber im Klaren sein, was mit welchen Mitteln und welchen Folgen therapeutisch mit ihm geschehen wird. (Orientieren Sie sich an Ihrem eigenen Wunsch nach Aufklärung vor Ihrer letzten Blinddarmentfernung!)

Sie sind grundsätzlich verpflichtet, den Patienten über Folgendes aufzuklären (dabei darf laut Musterberufsordnung die Aufklärung jedoch auf die Befindlichkeit und Aufnahmefähigkeit des Patienten abgestimmt werden):

- Mitteilung von Diagnose, Indikation und den daraus folgenden Therapieplan,
- mögliche Behandlungsrisiken,
- ggf. Behandlungsalternativen (z. B. systematische Desensibilisierung statt Flooding oder analytische Psychotherapie statt tiefenpsychologisch fundierter Psychotherapie) und
- Informationen über Rahmenbedingungen und das Setting (Stundenfrequenz, -dauer Ausfallhonorar etc.) sowie die voraussichtliche Dauer der Therapie.

▶ Daraus kann bestenfalls eine **informierte Zustimmung (informed consent)** Ihres Patienten resultieren, denn jeder Patient hat das Recht, frei und selbstbestimmt über seine Behandlung zu entscheiden (vgl. das dritte Prinzip der Medizinethik nach Beauchamp und Childress, S. 54). Bei dieser Zustimmung handelt es sich um eine qualifizierte Form der Zustimmung bzw. der Einwilligung nach einer detaillierten Aufklärung. Wenn Sie auf Nummer sicher gehen wollen, lassen Sie sich die Einwilligung zur Behandlung z. B. im Rahmen des Behandlungsvertrags (s. u.) unterzeichnen. Ggf. muss die **Einwilligungsfähigkeit des Patienten** vom Therapeuten geprüft werden. Einwilligungsfähigkeit bedeutet, dass der Patient über die Fähigkeit verfügt, die Tragweite der ärztlichen Versorgung abzuschätzen, und dass der Patient in der Lage ist, selbstverantwortlich Entschlüsse für sich zu treffen. Anderenfalls ist die Einwilligung des rechtlichen Vertreters einzuholen.

9.2.2.2 Dokumentationspflicht

Die Pflicht zur Dokumentation Ihrer Gespräche mit dem Patienten ergibt sich aus der Berufsordnung, der Psychotherapievereinbarung, dem BMV und als Nebenpflicht auch aus dem Dienstvertrag des BGB. Die Musterberufsordnung der Bundespsychotherapeutenkammer besagt: „Diese Dokumentation muss mindestens Datum, anamnestische Daten, Diagnosen, Fallkonzeptualisierungen, psychotherapeutische Maßnahmen sowie ggf. Ergebnisse psychometrischer Erhebungen enthalten." Die weitere Spezifizierung dieser Minimalanforderungen können Sie Kapitel 10.1 entnehmen. Ihre Angaben über den Patienten sind technisch und organisatorisch vor Zerstörung, Änderung und unbefugtem Zugriff zu schützen. Das gilt auch für elektronisch gespeicherte Daten. Die Daten sind nach Ende der Aufbewahrungsfrist (zehn Jahre für die ambulante Praxis bzw. 30 Jahre für Krankenhäuser) zu vernichten.

So war es bisher. Und hiermit kommen wir zu einem Aspekt therapeutischen Handelns, der Ihnen immer wieder begegnen wird. Nicht nur Patienten (ver)ändern sich, auch die Ihre Arbeit betreffenden Dinge ändern sich stetig, so z. B. in Form neuer Gesetzeswerke. Das im Februar 2013 erlassene **Patientenrechtegesetz** hat die bisher auf unterschiedliche Gesetze verteilten Patientenrechte in einem Werk gebündelt mit dem Ziel, Patienten zu mündigen Patienten zu machen, die auf Augenhöhe mit ihren Behandlern kommunizieren und entscheiden können. Insgesamt wurden die Patientenrechte gestärkt. Die durch das Patientenrechtegesetz vorangetriebenen Novellierungen wirken sich dabei v. a. auf die Bereiche Dokumentation und Einsichtnahmerecht aus.

Patientenrechtegesetz und Dokumentation: Sie sind als Psychotherapeut verpflichtet, die elektronische Akte oder die Akte in Papierform in „unmittelbarem zeitlichen Zusammenhang mit der Behandlung" zu führen (§ 630f, Abs. 1 BGB). D. h., noch am Tag der Behandlung hat die Dokumentation zu erfolgen. Außerdem muss die Dokumentation veränderungsfest sein, d. h., Änderungen in der Akte sind nur zulässig, wenn klar erkenntlich ist, wann sie vorgenommen wurden.

9.2.2.3 Einsichtnahmerecht

Grundsätzlich hat Ihr Patient ein Einsichtsrecht in die Dokumentations- und Evaluationsunterlagen. Die Musterberufsordnung besagt: „Patienten ist auch nach Abschluss der Behandlung auf ihr Verlangen hin Einsicht in die sie betreffenden Dokumentationen zu gewähren."

Umfang des Einsichtnahmerechts: Hier gilt, dass dieses Recht des Patienten auf jeden Fall alle objektiven Daten betrifft (z. B. anamnestische Daten, Testbefunde). Darüber hinaus zeigte sich in der Rechtsprechung der letzten 30 Jahre die Tendenz, unter Berücksichtigung des Selbstbestimmungsrechts des Patienten das Einsichtsrecht verstärkt auch auf subjektive Daten zu erstrecken (z. B. erste Verdachtsdiagnosen, persönliche Eindrücke, Bewertungen des Therapeuten).

Ausnahmen vom Einsichtnahmerecht: Entsprechend der Musterberufsordnung gilt aber auch, dass die Einsicht aus drei Gründen ganz oder teilweise verweigert werden kann, nämlich
1. wenn dies den Patienten gesundheitlich gefährden würde,
2. wenn Rechte Dritter betroffen sind oder
3. wenn es sich bei den Aufzeichnungen um Aufzeichnungen des Therapeuten über seine emotionalen Erlebnisweisen im Rahmen des therapeutischen Geschehens (subjektive Daten) handelt.

Die dritte mögliche Begründung zur Verweigerung des Einsichtnahmerechts, welche die Persönlichkeitsrechte des Therapeuten gegen die Interessen des Patienten abwägt, ist juristisch besonders umstritten.

Patientenrechtegesetz und Einsichtnahmerecht: Für den Bereich des Einsichtnahmerechts ergibt sich nach § 630g BGB:
1. Dem Patienten ist auf Verlangen unverzüglich Einsicht in die *vollständige*, ihn betreffende Patientenakte zu gewähren, soweit der Einsichtnahme nicht *erhebliche* therapeutische Gründe oder sonstige erhebliche Rechte Dritter entgegenstehen. Die Ablehnung der Einsichtnahme ist zu begründen.
2. Im Fall des Todes des Patienten stehen die oben genannten Rechte zur Wahrnehmung der *vermögensrechtlichen* Interessen seinen Erben zu. Gleiches gilt für die nächsten Angehörigen des Patienten, soweit sie *immaterielle* Interessen geltend machen. Die Rechte

sind ausgeschlossen, soweit der Einsichtnahme der ausdrückliche oder mutmaßliche Wille des Patienten entgegensteht.

- Nach dieser Rechtsprechung ist das Einsichtnahmerecht des Patienten nur noch einschränkbar, wenn die Einsichtnahme dem Patienten *erheblich* schaden könnte. Eine Verweigerung der Einsichtnahme zum Schutze des Therapeuten erlaubt diese Formulierung kaum noch – hier bleibt die Rechtsprechung abzuwarten.
- Wenn Erben sich bezüglich der Einsichtnahme auf die Wahrnehmung ihrer vermögensrechtlichen Interessen berufen: Lassen Sie sich vor dem Bruch der Schweigepflicht ggf. einen Erbschein zeigen.
- Bestehen Zweifel am mutmaßlichen Willen des Patienten, so dürfen Sie annehmen, dass der *mutmaßliche Wille* des Verstorbenen *gegen eine Weitergabe von Patienteninformationen* spricht. Das heißt, auch nach der neuen Reglung gelten die Grundsätze der ärztlichen Schweigepflicht (s. u.) weiter.

▶ **Zusammenfassung:** Grundsätzlich machen Sie im Hinblick auf die Prüfung nichts falsch, wenn Sie sich folgende Punkte bezüglich des Einsichtnahmerechts merken:

- Der Patient muss keinen Grund für sein Begehren angeben.
- Der Patient kann eine Person seines Vertrauens mit der Einsichtnahme beauftragen.
- Der Patient hat kein Recht auf Herausgabe der Unterlagen, aber auf Kopien.
- Das Besitzrecht bleibt grundsätzlich beim Therapeuten.
- An die Krankenkassen und andere therapiefinanzierende Stellen sind nur die für Anträge, Nachfolgeanträge, Berichte und deren Bearbeitung notwendigen Daten weiterzuleiten (nicht die Gesamtdokumentation). Bezüglich des Therapieverlaufs besteht Auskunftspflicht im Hinblick auf die Verlaufs- und Veränderungsdaten, jedoch nicht für Durchführungs- und Prozessdaten.

Wir hoffen, dass es Ihnen gelungen ist, ein anregendes und erkenntnisreiches Gespräch mit Ihrem Patienten zu führen, dass Sie ihn angemessen aufgeklärt haben und die Inhalte dieses Gesprächs in der Antizipation dessen, dass Ihr Patient oder seine Angehörigen irgendwann einmal eine Einsichtnahme verlangen könnten, sorgfältig dokumentiert haben. Dann fehlt nur noch die Berücksichtigung eines Grundsatzes: „Reden ist Silber, Schweigen ist Gold."

9.2.2.4 Schweigepflicht

Die Schweigepflicht ergibt sich aus der Berufsordnung, als Nebenpflicht aus dem Behandlungsvertrag und aus dem Strafgesetzbuch (StGB). Für Psychotherapeuten *gilt grundsätzlich die Schweigepflicht*. Die Schweigepflicht umfasst Tatsachen und Umstände, die nur einem beschränkten Personenkreis bekannt sind und an deren Geheimhaltung der Patient ein sachlich begründetes Interesse hat. Das wird beispielsweise auch schon für die Tatsache, dass jemand überhaupt einen Therapeuten aufsucht, oder den Namen des Patienten angenommen. Die Schweigepflicht ist grundsätzlich auch gegenüber anderen Therapeuten und Ärzten zu wahren, gegenüber Familienangehörigen des Patienten, aber auch gegenüber Ihren eigenen Familienangehörigen. Die Schweigepflicht dauert *über den Tod hinaus*. Sie können beispielsweise nicht durch nahe Angehörige Ihres jetzt verstorbenen Patienten von Ihrer Schweigepflicht entbunden werden. Doch was sagt der Gesetzestext genau?

§ 203 Abs. 1 StGB besagt: „Wer *unbefugt* ein fremdes Geheimnis, namentlich ein zum persönlichen Lebensbereich gehörendes Geheimnis oder ein Betriebs- oder Geschäftsgeheimnis, *offenbart*, das ihm als Arzt, [...] Berufspsychologe [...] anvertraut worden oder sonst bekannt geworden ist, wird mit Freiheitsstrafe bis zu einem Jahr oder mit Geldstrafe bestraft."

Die Frage, ob eine Verletzung der Schweigepflicht vorliegt, bemisst sich an dem Wörtchen „unbefugt", denn verboten ist nur das unbefugte Brechen der Schweigepflicht. Nicht bestraft werden Sie bei einem Bruch der Schweigepflicht, welcher befugt war. Dabei können **drei Offenbarungsbefugnisse** unterschieden werden:

1. Eine Offenbarungsbefugnis existiert, wenn der Patient ausdrücklich (z.B. Einverständnis per Unterschrift auf Formblatt PTV 1, formelle Schweigepflichtsentbindung) oder auch stillschweigend (konkludent) seine **Einwilligung** zur Weitergabe des Patientengeheimnisses gegeben hat. Ebenfalls von einer Offenbarungsbefugnis können Sie aufgrund gesetzlicher Bestimmungen des SGB V ausgehen: Sie dürfen (und müssen ja sogar) personenbezogene Daten an die KV zum Zweck der Abrechnung weiterleiten, ebenso ist die Datenübermittlung an die gesetzliche Krankenkasse und den MDK sozialrechtlich festgelegt.

2. Eine Offenbarungsbefugnis liegt vor, wenn eine **mutmaßliche Einwilligung** zur Offenbarung unterstellt werden kann, d.h. wenn der Bruch der Schweigepflicht im (mutmaßlichen) Interesse Ihres Patienten liegt, dieser aber beispielsweise nicht gefragt werden kann, so etwa im Fall der Information der Angehörigen eines bewusstlosen Patienten.

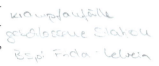

3. Schließlich ergibt sich eine Offenbarungsbefugnis im Rahmen des **rechtfertigenden Notstandes** gemäß § 34 StGB. Hier müssen Sie letztlich eine Güterabwägung vornehmen: Sie dürfen ein Patientengeheimnis dann offenbaren, wenn das zum Schutz eines höheren Rechtsgutes notwendig ist. Dies gilt jedoch nur, soweit die Tat (Bruch der Schweigepflicht) ein angemessenes Mittel ist, um eine Gefahr von sich oder einem anderen abzuwenden.

> **Beispiele** hierfür wären die Informationsweitergabe an die Straßenverkehrsbehörde, weil Ihr an Epilepsie erkrankter Patient weiterhin als Kraftfahrer am Straßenverkehr teilnimmt, die Meldung von körperlicher oder seelischer Misshandlung von Kindern oder die Warnung von Angehörigen oder Kontaktpersonen vor einer von dem Patienten ausgehenden Ansteckungsgefahr, wenn nicht die Gewähr besteht, dass dieser selbst für die notwendige Aufklärung sorgt.

Offenbarungspflicht: Zudem besteht aufgrund besonderer Gesetze auch eine Offenbarungspflicht. Gemäß **§ 138 StGB (Nichtanzeige geplanter Straftaten)** besteht Anzeigepflicht, wenn Sie von dem Vorhaben oder der Ausführung bestimmter Straftaten wie Hochverrat, Raub, räuberische Erpressung, Mord, Totschlag, eines Verbrechens gegen die Menschlichkeit und weiterer erfahren, und zwar – jetzt folgt die für das Verständnis entscheidende Passage – **zu einer Zeit, zu der die Ausführung oder der Erfolg noch abgewendet werden kann**. Unterlassen Sie es hingegen, der Behörde oder dem Bedrohten rechtzeitig Anzeige zu machen, dann droht eine Freiheitsstrafe von bis zu fünf Jahren oder eine Geldstrafe. Das entscheidende Kriterium ist hier der Zeitbezug: Erfahren Sie von einer geplanten derartigen Straftat müssen Sie die Schweigepflicht brechen. Das gilt also nicht für Straftaten, die bereits erfolgt sind. § 139 Abs. 3 StGB entlastet Sie jedoch insoweit, als Sie mit Straffreiheit davonkommen können, wenn Sie sich ernsthaft bemüht haben, den Täter von seiner Tat abzuhalten. Zudem besteht eine Offenbarungspflicht im Rahmen der prozessualen Zeugnispflicht, des Erziehungsrechts der Eltern aus dem BGB und der Meldepflicht im Rahmen des Infektionsschutzgesetz und Geschlechtskrankheitengesetz.

Zeugnisverweigerungsrecht: Im gerichtlichen Zivilverfahren und im Strafprozess sind PP und KJP genauso wie die Ärzte gemäß § 383 Zivilprozessordnung (ZPO) und § 53 StPO zur Zeugnisverweigerung berechtigt. Das verpflichtet Sie nicht zum Schweigen, berechtigt Sie jedoch unter Abwägung der bestehenden Schweigepflicht zur Verweigerung von Zeugenaussagen in entsprechenden Prozessen.

Über kurz oder lang werden Ihnen in Ihrer Praxis privat versicherte und beihilfeberechtigte Patienten begegnen. Die rechtlichen Spezifika bei der Behandlung dieser Patienten wollen wir Ihnen ebenso mit auf den Weg geben.

▶ **Psychotherapie im Rahmen der privaten Krankenversicherung:** Hier sind natürlich alle GKV-spezifischen Merkmale irrelevant. Als klar definierter Rechtsrahmen verbleiben das PsychThG und die Berufsordnung. Auch wenn die unterschiedlichen privaten Krankenversicherungsgesellschaften zur Regelung und Einleitung einer Psychotherapie äußerst heterogene Formalitäten vorweisen: Sie sind immer verpflichtet, ein **somatisches Konsil** einzuholen.
Allein schon dadurch, dass jemand Sie aufsucht, kommt ein Dienstvertrag zustande. Ihr privat versicherter Patient schuldet Ihnen damit ein Honorar, und Sie sind verpflichtet, eins zu berechnen. Dabei gilt: **Vertragspartner ist der Patient**, d.h., er erhält die Rechnung.
Die Abrechnung erfolgt hier nach der **Gebührenordnung für Psychotherapeuten** (GOP). In der GOP werden sogenannte Sätze formuliert, und Sie haben einen gewissen Entscheidungsspielraum, Ihr Honorar festzulegen. Der Mindestsatz ist das Einfache der festgelegten Gebühr, der 2,3-fache Satz ist die sogenannte Begründungsschwelle, der Höchstsatz ist das 3,5-Fache der Gebühr. Die Anwendung der GOP ist verbindlich bei Selbstzahlern, privat Versicherten und Beihilfeberechtigten. Auch wenn es etwas unliebsam ist, schreiben Sie Ihre Rechnungen in einigermaßen überschaubaren Zeitabständen (vgl. „Selbstkontrollverfahren (Selbstmanagement)", S. 230), denn Honorarforderungen verjähren nach zwei Jahren.

▶ **Psychotherapie im Rahmen der Beihilfe:** Die Beihilfe hat die Verfahrensweise bezüglich der Psychotherapie in den sogenannten **Beihilfevorschriften** festgeschrieben, welche im Wesentlichen den Psychotherapierichtlinien des GBA für den Bereich der GKV entsprechen. Als beihilfefähig werden die analytische Psychotherapie, die tiefenpsychologisch fundierte Psychotherapie und die Verhaltenstherapie bewertet. Voraussetzungen auf Behandlerseite sind das Vorliegen der Approbation und der Fachkundenachweis. Analog zu den Prinzipien in der GKV gilt, dass Psychotherapie genehmigungspflichtig und begutachtungspflichtig ist (mit Ausnahme der Kurzzeit-VT von zehn Behandlungsstunden). Auch hier besteht die Verpflichtung zum **somatischen Konsil** und zur **Abrechnung gemäß der GOP**. Vertragspartner ist wie in der PKV der Patient selbst.

Wir wünschen es Ihnen nicht, doch wie läuft das eigentlich, wenn Patienten Sie wegen Behandlungsfehlern verklagen?

Behandlungsfehler sind definiert als ein objektiver Verstoß gegen psychotherapeutisches Wissen und liegen vor, wenn das therapeutische *Handeln* des Therapeuten bei *geltendem Wissensstand nicht mehr verantwortbar* ist, Sorgfalt vermissen lässt oder unsachgemäß ist. Zur Erinnerung: Sie sind gemäß Berufsordnung dazu verpflichtet, dass Ihr Handeln fachlichen und ethischen Standards entspricht und die von Ihnen angewandten Behandlungsmethoden aktuellen wissenschaftlichen Erkenntnissen entsprechen. Behandlungsfehler müssen schuldhaft, d.h. vorsätzlich oder fahrlässig zustande gekommen sein. Beispiele für Behandlungsfehler sind ein Verstoß gegen die Abstinenzregel, das Nichterkennen von Suizidalität, die Übernahme eines Patienten, obwohl der Therapeut aufgrund seiner Kenntnisse und Fähigkeiten nicht in der Lage ist, eine erfolgversprechende Behandlung durchzuführen (Unterlassung einer Überweisung oder Unterlassung der Hinzuziehung eines anderen Kollegen). In diesem Fall spricht man vom **Übernahme-** 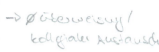 **verschulden** des Therapeuten. Therapeuten können zivilrechtlich und/oder strafrechtlich in Regress genommen werden. Liegt ein haftungsbegründeter Tatbestand durch einen schuldhaften Behandlungsfehler vor, kann der Patient eine Zivilrechtsklage anstreben. Der Patient trägt auch nach dem Erlass des Patientenrechtegesetzes die Beweislast. Fehlt jedoch der Beleg über die Patientenaufklärung oder die Dokumentation, kann sich die Beweispflicht umkehren.

9.2.3   Sie und Ihre kleinen Patienten

Stopp! Falsch! Liebe angehende Psychologische Psychotherapeuten, auch für Sie ist dieses Kapitel relevant. Rein berufsrechtlich gelten Sie nach der Approbation auch als befähigt, Kinder und Jugendliche zu behandeln. Lediglich die Einbindung in das Sozialrecht, sprich die Tätigkeit innerhalb des gesetzlichen Krankenversicherungssystems, formuliert als Bedingung für die Behandlung von Kindern und Jugendlichen eine entsprechende Ausbildung in Kinder- und Jugendlichenpsychotherapie bzw. für Psychologische Psychotherapeuten das Vorliegen einer Zusatzqualifikation in Kinder- und Jugendlichenpsychotherapie, welche dann zur entsprechenden Abrechnungsgenehmigung führt.

Einsichts- und Urteilsfähigkeit von Kindern und Jugendlichen. Diese ist zunächst beschränkt und nimmt mit dem Alter und der Entwicklung kognitiver Funktionen zu. Ab dem 15. Lebensjahr gelten aufgrund der nötigen Reife eine fortgeschrittene Einsichts- und Urteilsfähigkeit sowie eine relative Strafmündigkeit. Das bedeutet, sobald ein Jugendlicher die umfassende Bedeutung einer Behandlung einsehen kann, kann er über eine Therapie selbst entscheiden, sprich: in diese einwilligen.

Geschäftsfähigkeit von Kindern (§ 104–113 BGB): Geschäftsfähigkeit meint die Fähigkeit einer natürlichen Person, Rechtsgeschäfte selbst oder durch einen Vertreter wirksam vorzunehmen. Die Geschäftsfähigkeit ist eine besondere Form der Handlungsfähigkeit im Zivilrecht und von der Deliktfähigkeit zu unterscheiden (s. u.).

Tabelle 9.2: Stadien der Geschäftsfähigkeit

Alter	Stadien der Geschäftsfähigkeit
Minderjährige unter 7 Jahren	**„Geschäftsunfähig"**
Geschäftsunfähige Personen können keine wirksamen Willenserklärungen abgeben oder selbstständig Rechtsgeschäfte tätigen (z. B. Verträge schließen). Sie benötigen einen gesetzlichen Vertreter. Alle Entscheidungen werden von Erziehungsberechtigten getroffen. Laut § 104 BGB sind zudem auch Personen geschäftsunfähig (gleich, welchen Alters), die sich in einem Zustand krankhafter Störung der Geistestätigkeit befinden, der die freie Willensbestimmung ausschließt und seiner Natur nach nicht nur vorübergehend ist. Willenserklärungen geschäftsunfähiger Personen sind nichtig und rechtlich unwirksam, z.B. bei Demenz, geistiger Behinderung, Schizophrenie, Manie.	
Kinder 7–13 Jahre	**„Beschränkt geschäftsfähig"**
Unmündige Minderjährige haben Rechte, aber keine Pflichten. Die meisten Rechtsgeschäfte sind schwebend unwirksam, wenn sie nicht mit Einwilligung des gesetzlichen Vertreters geschlossen werden. Patient und Erziehungsberechtigte müssen bei einer Therapie zustimmen.	

Jugendliche 14–17 Jahre	„Erweitert geschäftsfähig"

Mündige Minderjährige verfügen über eine Teilgeschäftsfähigkeit. Sie sind ab dem vollendeten 15. Lebensjahr im Bereich des Sozialrechts handlungsfähig, d. h., sie können bei gegebener notwendiger geistiger Reife über leichtere Eingriffe selbst entscheiden.

Vollendung des 18. Lebensjahres	„Volle Geschäftsfähigkeit"

▶ **Besonderheiten der Schweigepflicht in der Kinder- und Jugendlichenpsychotherapie:** Grundsätzlich gelten die Bestimmungen des Datenschutzes und der Schweigepflicht. Es ergibt sich jedoch insofern ein besonderes Spannungsfeld, als sich aus dem Grundgesetz sowohl das Erziehungsrecht der Eltern als auch das Selbstbestimmungsrecht des Kindes ableiten. Beide gilt es bei Erwägungen hinsichtlich der Schweigepflicht zu berücksichtigen und gegeneinander abzuwägen. Aufgrund des **Erziehungsrechts** der Eltern haben Psychotherapeuten bei der Behandlung Minderjähriger grundsätzlich eine **Offenbarungspflicht** gegenüber den Eltern. Ab dem 14. Lebensjahr geht man von einer einsetzenden Selbstbestimmung aus, und gewisse Teile des **Selbstbestimmungsrechts** können von den Jugendlichen selbst und somit unabhängig von den Eltern wahrgenommen werden. Grundsätzlich wird juristisch davon ausgegangen, dass die Einwilligungsfähigkeit von Heranwachsenden mit zunehmendem Alter wächst und Eltern die Pflicht obliegt, diese zunehmenden Selbstbestimmungsfähigkeiten und -bedürfnisse ihrer Kinder in der Ausübung ihres Erziehungsrechts zu berücksichtigen. Für die Schweigepflicht bedeutet die Tatsache, dass die notwendige Einsichts- und Urteilsfähigkeit mit dem 14. Lebensjahr in der Regel vorliegt, dass die Weitergabe von Informationen und Geheimnissen an Eltern oder dritte Personen dann nur noch mit der ausdrücklichen oder konkludenten Einwilligung der Jugendlichen zulässig ist. In Ausnahmefällen wird man die Fähigkeit von Kindern und Jugendlichen, über die sie betreffenden Angelegenheiten selbstständig entscheiden zu können, auch schon für jüngere Kinder annehmen können. Auch im Sozialgesetzbuch ist geregelt, dass Minderjährige rechtserhebliche Erklärungen abgeben dürfen, soweit sie über die notwendige Einsichts- und Urteilsfähigkeit verfügen. Hier wird als Altersgrenze dafür das vollendete 15. Lebensjahr angesetzt. Damit ergibt sich für den Behandlungsvertrag mit Jugendlichen folgende Situation:

Behandlungsvertrag mit Jugendlichen: Sobald Minderjährige sozialversichert und *über 15 Jahre* alt sind, ist keine Behandlungseinwilligung der Sorgeberechtigten notwendig. Juristisch gesehen bleiben jedoch Ihre Vertragspartner die Eltern, d. h., das Rechtsgeschäft an sich, also der Behandlungsvertrag, kann nur mit den Eltern abgeschlossen werden.

Einwilligung in die Behandlung: Verweigern Eltern die Einwilligung zu einer Behandlung kann nach § 1666 BGB das Familiengericht die erforderlichen Maßnahmen anordnen. Nach § 1687 BGB müssen getrennt lebende Elternteile, denen die elterliche Sorge gemeinsam zusteht, in Angelegenheiten von erheblicher Bedeutung für das Kind das *gegenseitige Einvernehmen* herbeiführen. Daraus folgt, dass der Therapeut eine schriftliche Behandlungseinwilligung beider Elternteile einholen muss. Sollte ein Elternteil diese verweigern, muss die Behandlung ausgesetzt werden. In akuten Fällen jedoch reicht die Einwilligung eines Elternteils aus (Notvertretungsrecht).

▶ **Gefährdung des Kindeswohls:** „Pflege und Erziehung sind das natürliche Recht der Eltern und die zuvörderst ihnen obliegende Pflicht." (Art. 6 Abs. 2 Satz 1 des Grundgesetzes). D. h., die *Erziehungsaufgabe* ist damit zunächst ein *Recht der Eltern*. Gleichzeitig haben sie damit aber auch die *Pflicht*, im Rahmen ihrer elterlichen Sorge das Kind vor Gefahren zu schützen. Es wird im Grundgesetz auch festgestellt, dass „die staatliche Gemeinschaft" (Art. 6 Abs. 2 Satz 2 GG) über die Betätigung des Elternrechts wacht. Obwohl das Kindeswohl ein zentraler Begriff im Rahmen des Familienrechts ist, ist er gleichzeitig ein unscharfer Begriff (juristisch gesprochen: ein unbestimmter Rechtsbegriff), denn es steht nirgendwo geschrieben, was unter Kindeswohl zu verstehen ist. Esser (2002, S. 567) weist darauf hin, dass das Kindeswohl „als Summe der Kinderrechte und der Kindesinteressen unter angemessener Berücksichtigung des jeweiligen Kindeswillen" angesehen werden kann. Gefährden Eltern das Kindeswohl, können aufgrund der beschriebenen Wächterfunktion des Staates gerichtliche Maßnahmen eingeleitet werden. **§ 1666 BGB** besagt dazu: „Wird das körperliche, geistige oder seelische Wohl des Kindes oder sein Vermögen durch missbräuchliche Ausübung der elterlichen Sorge, durch Vernachlässigung des Kindes, durch unverschuldetes Versagen der Eltern oder durch das Verhalten eines Dritten gefährdet, so hat das Familiengericht, wenn die Eltern nicht gewillt oder in der Lage sind, die Gefahr abzuwenden, die zur Abwendung der Gefahr erforderlichen Maßnahmen zu treffen."

Gefährdungen für das Kindeswohl können vorliegen bei körperlicher Misshandlung, Vernachlässigung, seelischer Misshandlung, sexuellem Missbrauch, Suchtabhängigkeit eines Elternteils, schwerer psychischer Erkrankung eines Elternteils, hoch konflikthafter Trennung der Eltern, Münchhausen-Stellvertreter-Syndrom und (häuslicher) Gewalt zwischen den Eltern.

Ist das Kindeswohl gefährdet, kann das **Familiengericht** verschiedene Formen der Hilfen anordnen, Kinder vorübergehend aus der Familie nehmen und Weiteres. Den stärksten Eingriff aber stellt der **Entzug der Personensorge** dar, durch welche den Eltern das Aufenthaltsbestimmungsrecht und das Sorgerecht entzogen werden kann.

Jugendschutzgesetz (JuschG): Die Abwendung von Gefahren für das Kind oder den Jugendlichen muss laut Jugendschutzgesetz auch im öffentlichen Raum und bezüglich der Nutzung von Medien gesichert sein. Der Fokus liegt hier also wieder auf der Gefährdung des Kindeswohls. Das JuschG regelt aus diesem Grund z. B. den Aufenthalt an öffentlichen Orten wie Gaststätten und Diskotheken, die Abgabe von Alkohol und Zigaretten an Jugendliche, die Zuständigkeit der Freiwilligen Selbstkontrolle der Filmwirtschaft und dergleichen. Zuständige Behörden oder Stellen müssen aktiv werden, sobald sich Kinder oder Jugendliche an Orten aufhalten, an denen ihnen unmittelbare Gefahr drohen könnte, auch wenn sie sich dort mit Aufsichtspersonen aufhalten, denn Eltern haben das Recht, die gesetzlichen Bestimmungen aufgrund ihrer erzieherischen Überzeugungen enger zu fassen und den Kindern etwas zu verbieten, sie haben jedoch nicht das Recht, die gesetzlichen Bestimmungen zu erweitern.

Im Zusammenhang mit der Geschäftsfähigkeit wurde schon auf den Begriff der **Deliktsfähigkeit** verwiesen. Eine deliktsfähige Person muss für einen von ihr angerichteten Schaden Ersatz leisten. Es gilt:

- Kinder bis zum vollendeten siebenten Lebensjahr sind nicht deliktsfähig, sind also für einen fahrlässig oder vorsätzlich herbeigeführten Schaden nicht verantwortlich und können nicht haftbar gemacht werden.
- Wer das siebte, aber noch nicht das 18. Lebensjahr vollendet hat, ist für den Schaden, den er einem anderen zufügt, nicht verantwortlich, wenn er bei der Begehung der schädigenden Handlung nicht die zur Erkenntnis der Verantwortlichkeit erforderliche Einsicht hatte.

Diese Einsichtsfähigkeit ist ggf. in entsprechenden psychologischen Gutachten unter Beachtung entwicklungspsychologischer Aspekte, der moralischen Entwicklung und der Persönlichkeitsentwicklung zu überprüfen. Von der Deliktsfähigkeit noch einmal abzugrenzen ist die Schuldfähigkeit. Die Deliktsfähigkeit entstammt dem Zivilrecht, der Begriff der Schuldfähigkeit hingegen dem Strafrecht.

▶ **Schuldunfähigkeit aufgrund mangelnder Reife** – die strafrechtliche Verantwortung von Jugendlichen und das Jugendgerichtsgesetz (JGG): Die Schuldfähigkeit ist die Voraussetzung dafür, dass eine Person für die Begehung einer Straftat entsprechend bestraft werden kann. Ohne das Vorliegen von Schuldausschließungsgründen wird im Gesetz grundsätzlich von schuldhaftem Handeln ausgegangen. Tabelle 9.3 illustriert altersbezogene Stadien der Schuldfähigkeit.

Tabelle 9.3: Strafrechtliche Verantwortung entsprechend des Alters

Alter des Betreffenden	Schuldfähigkeit/strafrechtliche Verantwortung
Bis zum vollendeten 14. Lebensjahr „Kind"	• absolut schuldunfähig - keine Bestrafung möglich
14 Jahre bis 18 Jahre „Jugendlicher"	• Beginn der strafrechtlichen Verantwortung • bedingte Schuldfähigkeit - Jugendliche sind nur strafrechtlich verantwortlich, wenn der Täter „zur Zeit der Tat nach seiner sittlichen und geistigen Entwicklung reif genug ist, das Unrecht der Tat einzusehen und nach dieser Einsicht zu handeln" - Die Schuldfähigkeit wird nicht per se unterstellt, sondern muss in jedem positiven Fall überprüft werden
Ab vollendetem 18. Lebensjahr „Heranwachsender" bzw. „Erwachsener"	• Schuldfähigkeit wird unterstellt, wenn kein Schuldausschließungsgrund nach § 20 StgB vorliegt - Ggf. bis zum 21. Lebensjahr bei entsprechendem geistigem/sittlichem Entwicklungsstand findet das Jugendstrafrecht Anwendung

Das **JGG** regelt das **Jugendstrafrecht** und ist vom Erziehungsgedanken geprägt und nicht von Strafe an sich. Das JGG ist im Alter von **14 bis 17 Jahren** anwendbar (strafmündige Jugendliche). Nach § 3 JGG ist bei Jugendlichen nicht die Schuldunfähigkeit nachzuweisen, sondern die strafrechtliche Verantwortlichkeit. Jugendliche sind gemäß § 3 JGG strafrechtlich verantwortlich, wenn sie zur Zeit der Tat nach ihrer sittlichen und geistigen Entwicklung reif genug sind, das Unrecht der Tat einzusehen und nach dieser Einsicht zu handeln. Das ist in jedem Einzelfall zu prüfen.

Nach § 105 JGG kann das JGG bei Heranwachsenden bei eingeschränkter Einsichts- oder Handlungsfähigkeit **ggf. auch bis zum 21. Lebensjahr** angewendet werden. Bei Heranwachsenden wird nach ihrem Entwicklungsstand bestimmt, inwieweit sie als Jugendliche oder als Erwachsene strafrechtlich behandelt werden. Eine Anwendung des JGG kann erhebliche Auswirkungen auf das Strafmaß haben, denn das Höchstmaß der Jugendstrafe für einen Heranwachsenden beträgt zehn Jahre. Maßgebend ist die „geistige und sittliche Reife" in dem Sinne, dass sich der Täter zum Zeitpunkt der Tat diesbezüglich noch auf dem Stand eines Jugendlichen befunden haben muss. Dieses Kriterium wird durch entsprechende Gutachten überprüft. Reifekriterien sind z. B. in den Marburger Richtlinien von 1954 formuliert; Esser (1991) hat eine Reifeskala, bestehend aus zehn Kriterien, vorgelegt.

9.2.4   Sie und der Staat – weitere relevante Gesetze

Schuldunfähigkeit aufgrund psychischer Störungen: Sie haben gerade die Schuldunfähigkeit aufgrund mangelnder Reife kennengelernt. Eine Schuldunfähigkeit kann aber auch aufgrund einer psychischen Störung gegeben sein. Im deutschen Strafrecht gilt: Keine Strafe ohne Schuld. Der Gegenstand des Schuldvorwurfs lautet, dass der Täter anders hätte handeln können. Diese Frage ist bei manchen psychischen Zuständen nicht pauschal zu beantworten und muss ggf. begutachtet werden.

§ 20 StGB (Schuldunfähigkeit wegen seelischer Störungen) besagt dazu: *„Ohne Schuld handelt*, wer bei Begehung der Tat

- wegen einer krankhaften seelischen Störung [z. B. Psychosen, Rauschzustände],
- wegen einer tiefgreifenden Bewusstseinsstörung [affektive Ausnahmezustände] oder
- wegen Schwachsinns [Gesamt-IQ < 70] oder einer
- schweren anderen seelischen Abartigkeit [z. B. gravierende neurotische Fehlentwicklungen, Persönlichkeitsstörungen, abweichende sexuelle Entwicklung]

unfähig ist, das *Unrecht der Tat einzusehen* oder *nach dieser Einsicht zu handeln.“* Der Schuldausschluss setzt also voraus, dass der Betreffende entweder das Unrecht seiner Tat nicht erkennen kann oder nicht nach dieser Einsicht handeln kann. Juristen unterscheiden entsprechend zwischen mangelnder Einsichts- und mangelnder Steuerungsfähigkeit.

§ 21 StGB (verminderte Schuldfähigkeit) ergänzt: „Ist die Fähigkeit des Täters, das Unrecht der Tat einzusehen oder nach dieser Einsicht zu handeln, aus einem der in § 20 bezeichneten Gründe bei Begehung der Tat erheblich vermindert, so kann die Strafe […] *gemildert* werden.“

Wird psychisch Erkrankten Schuldunfähigkeit bzw. verminderte Schuldfähigkeit zugestanden, können die entsprechenden Personen zur Besserung und Sicherung im Maßregelvollzug untergebracht werden. Näheres hierzu regeln die §§ 63 und 64 StGB.

Betreuungsgesetz (BtG): Das deutsche Betreuungsrecht wurde 1992 komplett reformiert. Es geht von der Idee her vorrangig um Betreuung als Hilfe für ein selbstbestimmtes Leben und eben nicht um eine Form der Entmündigung. Das BtG beschreibt die Bedingungen, unter denen eine Person für einen bestimmten Lebensbereich einen Betreuer erhält, und wird über das **Vormundschaftsgericht** geregelt.

§ 1896 (1) BGB besagt: „Kann ein Volljähriger aufgrund einer psychischen Krankheit oder einer körperlichen, geistigen oder seelischen Behinderung seine Angelegenheiten ganz oder teilweise nicht besorgen, so bestellt das Betreuungsgericht auf seinen Antrag oder von Amts wegen für ihn einen Betreuer.“

Dabei erhalten die Betroffenen nicht pauschal einen Betreuer, sondern dieser wird für verschiedene, umrissene Aufgabenkreise bestimmt, während die zu Betreuenden für alle anderen Lebensbereiche eigenständig entscheiden dürfen. Das bedeutet, die Bestellung eines Betreuers wirkt sich nicht auf die **Geschäftsfähigkeit** des zu Betreuenden aus (s. o.). Entsprechende Aufgabenbereiche können sein: die Gesundheitsfürsorge, Vermögensfragen, die Vertretung vor Behörden und das Aufenthaltsbestimmungsrecht. Das Recht auf freie, eigenständige Entscheidung kann jedoch, soweit dies zur Abwendung einer Gefahr für den Betroffenen oder das Vermögen des Betreffenden erforderlich ist, entsprechend § 1903 BGB durch einen **„Einwilligungsvorbehalt“** eingeschränkt werden. Das bedeutet, dass der gesetzlich bestimmte Betreuer seine Einwilligung für bestimmte Entscheidungen, die den Bereich einer gesetzlichen Betreuung betreffen, geben muss.

Das bloße Vorliegen einer Behinderung oder Krankheit alleine ist kein Grund für die Anordnung einer Betreuung, sondern es müssen Angelegenheiten vorhanden sein, die die betroffene Person als Folge der körperlichen, seelischen oder geistigen Behinderung oder schweren psychiatrischen Krankheit nicht eigenständig besorgen kann. Ein Betreuer kann auf Antrag des Betroffenen oder von Amts wegen bestellt werden, jedoch sagt der Gesetzestext (§ 1896 [1a] BGB): „Gegen den freien Willen des Volljährigen darf ein Betreuer nicht bestellt werden." Das Kriterium des freien Willens erweist sich hier insofern als schwierig, als nicht klar ist, ob z. B. ein Patient in einer manischen Phase bzw. in einer produktiven Phase einer Schizophrenie in der Lage ist, seinen Willen frei zu bestimmen. Insofern muss dem Vormundschaftsgericht für die Entscheidung über die Betreuung wegen einer psychischen Störung ein psychiatrisches Gutachten vorgelegt werden. Eine Betreuung ist aufzuheben, wenn die Gründe für diese wegfallen, d. h., normalerweise wird sie für einen begrenzten Zeitraum eingerichtet und dann erneut überprüft.

▶ **Unterbringung:** In Artikel 2 des Grundgesetzes ist die Freiheit der Person garantiert, d. h., für eine Einschränkung dieser Freiheit bedarf es einer richterlichen Entscheidung. In Deutschland gibt es verschiedene Arten der Unterbringung. Neben einer Unterbringung in Anstalten des Maßregelvollzugs aufgrund eines strafrechtlichen Sicherungsverfahrens existiert die Möglichkeit der Unterbringung von Betreuten durch Veranlassung eines Betreuers bei Eigengefährdung des Ersteren (läuft über das Vormundschaftsgericht) und die Unterbringung von Minderjährigen, veranlasst durch die Eltern oder einen Vormund (läuft über das Familiengericht), wobei die Unterbringung wegen einer Gefährdung der öffentlichen Sicherheit nach den **Gesetzen für Psychisch Kranke** (PsychKG) der einzelnen Bundesländer (in einigen Bundesländern heißen diese Gesetze auch Unterbringungsgesetze) die für praktisch tätige Psychotherapeuten vermutlich größte Relevanz besitzt.

Z. B. im Zusammenhang mit akuter Suizidalität und florider psychotischer Symptomatik kann eine **Einweisung** in ein psychiatrisches Krankenhaus notwendig werden, ggf. auch *gegen den freien Willen* des Betroffenen. Eine Voraussetzung für eine Einweisung ist neben dem *Vorhandensein einer psychischen Störung* das *Vorhandensein einer akuten Selbst- oder Fremdgefährdung*. Eine Unterbringung erfolgt aufgrund eines Beschlusses des zuständigen Amtsgerichtes. Die Amtsgerichte werden je nach Bundesland, Wochentag und Uhrzeit in der Regel vom Gesundheitsamt informiert. Kann eine richterliche Entscheidung nicht schnell genug herbeigeführt werden, ist zunächst eine vorläufige Unterbringung (wegen „Gefahr in Verzug") längstens bis zum Ablauf des auf die Unterbringung folgenden Tages möglich (diese Zeitangabe gilt in den meisten Bundesländern, zum Teil sind jedoch auch längere Zeiträume möglich). Im Laufe dieses Tages muss der Betreffende durch einen Arzt begutachtet werden und das Amtsgericht eine Entscheidung fällen. Anderenfalls ist der Betreffende zu entlassen.

Im Falle eines **psychiatrischen Notfalls in der eigenen Praxis** sollten Sie zunächst versuchen, den Patienten zu überzeugen, sich freiwillig in ein Fachkrankenhaus zu begeben. Willigt Ihr Patient nicht ein, müssen Sie die zuständigen Behörden informieren und Amtshilfe anfordern. Sie sollten versuchen, den Patienten zum Verbleib am Behandlungsort zu bewegen. Falls dies nicht möglich ist, dürfen sie gegenüber der Polizei Angaben zum möglichen Aufenthaltsort und Zustand des Patienten machen. Sie dürfen die Schweigepflicht brechen.

9.3   Psychosoziale Versorgungsstrukturen

Die Sozialgesetzbücher: Das Sozialrecht ist ein öffentliches Recht, in dem das Verhältnis des Bürgers zur öffentlichen Verwaltung geregelt wird. Nach § 1 SGB I soll das Sozialrecht „zur

Verwirklichung sozialer Gerechtigkeit und sozialer Sicherheit Sozialleistungen einschließlich sozialer und erzieherischer Hilfen gestalten".

Tabelle 9.4 gibt einen Überblick über wesentliche Inhalte der entsprechenden Sozialgesetzbücher.

Tabelle 9.4: Überblick über die Sozialgesetzbücher

Gesetzbuch	Titel	In Kraft seit
SGB I	**Allgemeiner Teil**	1976
SGB II	**Grundsicherung für Arbeitssuchende**	2005
Umgangssprachlich „Hartz-IV-Gesetze": V. a. relevant ist die Ersetzung der früheren Arbeitslosenhilfe, welche zeitlich unbegrenzt bewilligt wurde, durch das Arbeitslosengeld II, welches prinzipiell auch unbegrenzt bewilligt, jedoch regelmäßig überprüft wird.		
SGB III	**Arbeitsförderung (AFG)**	1998
Aufgaben und Leistungen der Bundesagentur für Arbeit: Arbeitsförderung, Ausbildungs- und Arbeitsvermittlung, Berufsberatung und Arbeitsmarktberatung, Arbeitgeberberatung, Förderung der beruflichen Bildung, Gewährung von Entgeltersatzleistungen, Führung der Arbeitsmarktstatistiken und Bekämpfung illegaler Beschäftigung, Rehabilitation, wenn Vermittlungschancen eines Arbeitslosen auf Arbeitsmarkt verbessert werden können. Finanzierung: aus Beiträgen der Arbeitnehmer und Arbeitgeber.		
SGB IV	**Gemeinsame Vorschriften**	1977
SGB V	**Gesetzliche Krankenversicherung (GKV)**	1989
Leistungen zur Verhütung von Krankheiten und deren Verschlimmerung, Leistungen zur Früherkennung und ambulanten sowie stationären Behandlung von Krankheiten, Leistungen zur medizinischen Rehabilitation, unterhaltssichernde und andere ergänzende Leistungen, um eine Behinderung oder Pflegebedürftigkeit abzuwenden, zu beseitigen, zu mindern oder auszugleichen. Prinzip: **„Reha vor Pflege".** Finanzierung: über Beiträge des Arbeitgebers und Arbeitnehmers; Ehepartner und Kinder sind kostenlos mitversichert (Familienversicherung). **Solidarprinzip:** Beiträge der Versicherten richten sich allein nach ihrem Einkommen und nicht wie in der PKV nach ihrem Gesundheitszustand. **Sach- und Dienstleistungsprinzip:** Versicherte erhalten die Leistungen als Sach- und Dienstleistungen, also nicht in Geldwerten (im Gegensatz zum Kostenerstattungsprinzip).		
SGB VI	**Gesetzliche Rentenversicherung (GRV)**	1992
Aufgaben und Leistungen: Altersrente, Erhaltung, Besserung und Wiederherstellung der Erwerbsfähigkeit, der Gewährung von Renten bei Erwerbsminderung, Altersruhegeld und Renten an Hinterbliebene, Rehabilitationsleistungen. Prinzip: **„Reha vor Rente".** Finanzierung: **Umlageprinzip** (eingezahlte Beiträge werden nicht angespart, sondern sofort wieder ausgegeben); eine Generation finanziert die Rentenzahlungen für die ältere Generation („Generationenvertrag") → Problematik des demografischen Wandels.		
SGB VII	**Gesetzliche Unfallversicherung (GUV)**	1997
Pflichtversicherung für alle Betriebe und Institutionen; Aufgaben und Leistungen bei Berufskrankheiten und bei Unfällen bei der Arbeit oder auf dem Arbeitsweg; die Berufsgenossenschaften übernehmen die Haftung für Risiken der Betriebe, haben den Auftrag, arbeitsbedingte Gesundheitsgefahren zu verhüten und nach Eintritt eines Versicherungsfalls den Betroffenen, sofern eine vollständige Wiederherstellung nicht möglich ist, und ggf. seine Angehörigen zu entschädigen (Rente). Spezielle Ärzte: „Durchgangsärzte", welche im Schadensfall den Unfall aufnehmen und die weitere Behandlung koordinieren. Finanzierung: Beiträge der Mitgliedsunternehmen. **Schadenersatzprinzip.**		

▶ | **SGB VIII** | **Kinder- und Jugendhilfegesetz (KJHG)** | 1991 |

Formuliert den rechtlichen Anspruch von Erziehungsberechtigten auf Hilfe, wenn ein entsprechender Bedarf festgestellt wurde.

Leistungen und Aufgaben der Kinder- und Jugendhilfe: Jugendarbeit, Jugendsozialarbeit, erzieherischer Kinder- und Jugendschutz, Kindertagesbetreuung; Hilfen zur Erziehung: z. B. Erziehungsberatung, Betreuungshelfer, Familienhilfe, Tagesgruppen, Heimerziehung; Eingliederungshilfe für seelisch behinderte Kinder und Jugendliche, Hilfen für junge Volljährige, zudem Inobhutnahme von Kindern, Vormundschaft, Beistandschaft; Rehabilitation, wenn dadurch eine bessere Eingliederung bei bestehender seelischer Behinderung eines Kindes oder Jugendlichen erreicht werden kann; Anrufung des Familiengerichts durch das Jugendamt bei Gefährdung des Kindeswohls.

Finanzierung: öffentliche Mittel.

SGB IX	**Rehabilitation und Teilhabe behinderter Menschen**	2001
SGB X	**Verwaltungsverfahren, Schutz der Sozialdaten, Zusammen-arbeit der Leistungsträger und ihre Beziehungen zu Dritten**	1981 und 1983
SGB XI	**Soziale Pflegeversicherung**	1995

Die Pflegekassen sind bei den Krankenkassen angesiedelt. Gewährung von Pflegesachleistungen, Pflegegeld für selbst beschaffte Pflegehilfen, häusliche Pflege bei Verhinderung der Pflegeperson, Pflegehilfsmittel, Pflegekurse, Leistungen zur sozialen Sicherung der Pflegeperson, Leistungen des persönlichen Budgets, Einstufungen der Pflegebedürftigkeit durch den MDK (Stufe I: erhebliche Pflegebedürftigkeit, Stufe II: Schwerpflegebedürftigkeit, Stufe III: Rund-um-die-Uhr-Pflege).

Finanzierung: über Beiträge des Arbeitgebers und Arbeitnehmers; Kinderlose zahlen einen Beitragszuschlag.

| **SGB XII** | **Sozialhilfe (bisher BSHG)** | 2005 |

Unterste Ebene des sozialen Sicherungssystems. Sind Sozialleistungen notwendig und es ist kein anderer Leistungsträger zuständig und der Betreffende (oder ein Angehöriger ersten Grades) ist persönlich nicht in der Lage, die Kosten zu tragen, sind die Sozialämter zuständig (Subsidiarität der Sozialhilfe → „Nachrangigkeit").

Aufgaben und Leistungen: Hilfen zum Lebensunterhalt, Hilfen in besonderen Lebenslagen; bei psychisch Kranken: Eingliederungshilfe, Pflege in Einrichtungen, teilstationäre Betreuung, Krankenhilfekosten; trägt auch den größten Teil der Kosten für rehabilitative Leistungen bei psychisch Kranken.

Finanzierung (und Träger): Landkreise, kreisfreie Städte (Sozialamt).

9.3.1 Psychotherapeutische Versorgungsstrukturen

Stationäre Psychotherapie erfolgt in:

- Fachkliniken für psychotherapeutische Medizin (Psychosomatik oder Psychosomatik und Psychotherapie),
- Abteilungen für psychotherapeutische Medizin an Allgemeinkrankenhäusern,
- Liaison- und Konsiliarabteilungen an Allgemeinkrankenhäusern,
- Abteilungen für Psychotherapie an psychiatrischen Fachkliniken und
- Fachkliniken für psychosomatische Rehabilitation mit unterschiedlichen Schwerpunktsetzungen.

Kostenträger sind die GRV, welche die Psychotherapie als Rehabilitationsleistung bezahlt – die meisten Psychotherapie-Betten in Deutschland finden sich im Bereich der psychosomatischen Rehabilitationskliniken –, und die GKV, welche Psychotherapie als Akutbehandlung (Patientenzugang über Krankenhauseinweisung), aber auch als Reha-Behandlung zahlt.

Indikationen für stationäre Psychotherapie bestehen bei der Notwendigkeit eines schnellen Hilfeangebots, v. a. bei schweren (Lebens-)Krisen, Essstörungen, Selbstverletzungen, Suizidgefahr, Süchten, Komorbidität, Schizophrenie. Eine stationäre Behandlung kann auch indiziert sein bei mangelnder Krankheitseinsicht, erheblicher somatischer Beeinträchtigung, Gefahr der Chronifizierung, mangelnden Ressourcen, fehlender ambulanter Versorgungsmöglichkeit.

Konsiliarpsychotherapie: Ein psychotherapeutischer Mitarbeiter wird bei Bedarf fallweise hinzugezogen, oft für eine einschätzende Untersuchung, ggf. jedoch auch für eine weitere Behandlung, und erbringt der anfordernden Station, von der der Mitarbeiter unabhängig ist, eine Dienstleistung. Der Mitarbeiter informiert seinen Auftraggeber durch einen schriftlichen Bericht. Er hat keine Entscheidungsgewalt darüber, wer psychotherapeutisch begutachtet wird.

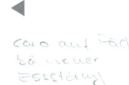

Liaisonpsychotherapie: Ein psychotherapeutischer Mitarbeiter gehört unmittelbar auf der somatischen Station zum behandelnden Team und nimmt regelmäßig an Visiten und dergleichen teil. Der Mitarbeiter ist involviert und kann mit entscheiden, welche Patienten psychotherapeutisch diagnostiziert und behandelt werden.

Bezugspsychotherapie: Der Bezugstherapeut ist für die Behandlung des Patienten nahezu vollständig autonom verantwortlich, alle relevanten Informationen laufen bei ihm zusammen.

Ambulante Psychotherapie erfolgt in:
- Allgemeinarztpraxen (über die psychosomatische Grundversorgung),
- Facharztpraxen (synonym: Gebietsarztpraxen, nach mindestens fünfjähriger Weiterbildungszeit der Ärzte und Facharztprüfung),
- fachpsychotherapeutischen Praxen (approbierte PP und KJP),
- psychiatrischen Ambulanzen,
- Weiterbildungsinstituten.

Seit dem PsychThG gilt das sogenannte **Erstzugangsrecht** des Patienten, d. h., Patienten können sich ohne Überweisung eines Delegationsarztes in Psychotherapie begeben.

Kostenerstattungsverfahren: Können die gesetzlichen Kassen eine notwendige ambulante Leitung nicht gewähren (Sicherstellungsauftrag), ist der Versicherte nach §13 Absatz (3) SGB V berechtigt, sich die Leistung privat zu beschaffen und sich die entsprechenden Kosten erstatten zu lassen.

Sozialpsychiatrische Dienste sind für die Betreuung chronisch psychisch kranker Menschen zuständig und meist in den Gesundheitsämtern angesiedelt.

Wer darf Psychotherapie anbieten?
- Psychologische Psychotherapeuten (Psychologen) und Kinder- und Jugendlichenpsychotherapeuten (Psychologen, Sozialpädagogen und Pädagogen): 4.200 Stunden Ausbildung. (Sie erinnern sich?)
- Ärztliche Psychotherapeuten: Weiterbildung im Rahmen der Facharztausbildung bzw. psychotherapeutischen Weiterbildung (Berechtigung zum Tragen der Zusatzbezeichnung „Psychotherapie" oder „Psychoanalyse").
- Andere Ärzte: nach Besuch von Curricula der psychosomatischen Grundversorgung.

10 Dokumentation und Evaluation psychotherapeutischer Behandlungsverläufe

10.1 Dokumentation

Dokumentation bezeichnet das systematische Sammeln, Ordnen und Speichern von Daten als gesetzlich geforderter Teil der Krankenbehandlung, zur Gedächtnisstütze des Therapeuten und zur Wahrung seiner Rechenschaftspflicht gegenüber dem Patienten. Der Psychotherapeut hat Diagnostik, Therapie und Beratung in erforderlichem Umfang und in nachvollziehbarer Weise zu dokumentieren und vertraulich für einen Zeitraum von zehn Jahren (Krankenhaus: 30 Jahre) aufzubewahren.

▶ **Dokumentationspflicht** besteht insbesondere hinsichtlich folgender Daten:
- Rahmenbedingungen: Patientenname, Diagnose, weitere erhebliche Befunde, Überweisungskontext, Datum, Uhrzeit, Dauer der Sitzungen, Behandlungsform, Kostenträger, abgerechnete EBM- bzw. GOP-Ziffer, Ausfallhonorarregelung,
- Patientenaufklärung (informed consent),
- Berichte an den Gutachter und Bewilligungsbescheide,
- thematische Inhalte der Sitzungen,
- Therapietechniken und Methoden,
- besondere Vorkommnisse, wie z. B. Umgang mit Suizidalität,
- Schweigepflichtentbindung durch den Patienten und
- formale Bilanzierung, Evaluation, vereinbarte Folgemaßnahmen, Prognosen, Katamneseerhebung.

Dokumentationsumfang: Stichworte reichen aus. Die Dokumentation muss nicht zwingend für den Patienten verständlich sein, maßgeblich hingegen ist die Nachvollziehbarkeit des Therapieverlaufes für einen sachkundigen Fachkollegen.

▶ Abhängig vom Inhalt der zu dokumentierenden Daten wird zwischen der **Struktur- oder Basisdokumentation** auf der einen und der **Behandlungs- oder Verlaufsdokumentation** auf der anderen Seite unterschieden:
- In der **Basisdokumentation** werden alle feststehenden Daten zu Rahmenbedingungen, Therapiebeginn, -ende und den Ergebnissen einer Therapie möglichst schulenübergreifend erfasst. Es existieren standardisierte Systeme zur Erleichterung der Basisdokumentation (z. B. Psy-Ba-Do, PSYCHODOK und BADO).
- Die **Verlaufsdokumentation** hingegen stellt eine Handlungsdokumentation dar und bildet den Therapieprozess im Sinne der einzelnen Sitzungsverläufe ab. Der Fokus liegt hier also auf den therapeutischen Interventionen und den durch sie erzielten Veränderungen. Die Verlaufsdokumentation erfolgt somit in der Regel eher schulenorientiert. Eine geläufige Form sind z. B. Stundenbögen oder standardisierte Sitzungsprotokolle.

10.2 Evaluation von Psychotherapie

Evaluation beschreibt die systematische, wissenschaftlich fundierte Bewertung (therapeutischer) Maßnahmen aufgrund einer empirisch gewonnenen Datenbasis. Evaluation kann durch eigene Mitarbeiter **(interne Evaluation)** oder fremde Mitarbeiter **(externe Evaluation)** erfolgen. Evaluation kann während eines noch laufenden Programms zur Verbesserung desselben **(formative Evaluation)** oder nach Ende eines Programms **(summative Evaluation)** erfolgen.

Therapieerfolg im Sinne der Evaluationsforschung lässt sich dabei in unterschiedlicher Weise auffassen, z. B. als

- das Ausmaß der Veränderung von Symptomen und der Reduktion von Störungen,
- das Ausmaß der Erreichung therapeutischer Ziele,
- das Ausmaß der subjektiven Zufriedenheit von Patient und Therapeut mit den Ergebnissen der Behandlung.

Hinsichtlich der Inhalte der Evaluation werden die beiden Perspektiven der **Ergebnis- und** der **Prozessevaluation** unterschieden (Abbildung 10.1).

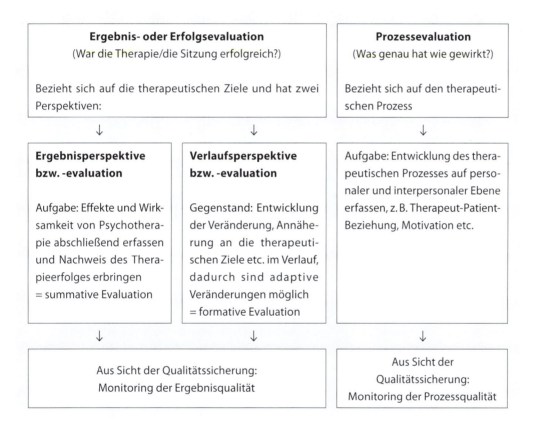

Abbildung 10.1: Inhalte der Evaluation

10.2.1 Ergebnisevaluation

Ergebnisevaluation kann entweder im Hinblick auf eine abgeschlossene Therapie (Ergebnisperspektive) erfolgen oder therapiebezogene, ergebnisorientierte Parameter, wie aktuelle Stimmung oder Ausmaß der erlebten Belastung durch Therapeut und Patient, im Rahmen der Sitzungen während einer noch laufenden Therapie (Verlaufsperspektive) erfassen. Die Evaluation kann dabei sowohl störungsübergeordnet (z. B. SCL90-R) als auch störungsspezifisch (z. B. BDI) sein. Es können auch andere Maße wie Schwere der Störung (Kriterienbeurteilung z. B. beim BDI), Lebensqualität, sozialmedizinische Daten (Krankenhausaufenthalte, Medikamentengebrauch) etc. herangezogen werden.

Zudem wurden eine Reihe spezieller **Veränderungsfragebögen** entwickelt:

• Fragebogen zu erlebten gesundheitlichen Veränderungen (FGV),
• Veränderungsfragebogen des Erlebens und Verhaltens (VEV),
• Veränderungsprozessbogen (VPB),
• Veränderungsfragebogen für Lebensbereiche (VLB),
• Kieler Änderungssensitive Symptomliste (KASSL).

Es existieren verschiedene Methoden zur Erfassung therapeutischer Veränderungen:

• **Direkte Veränderungsmessung:** Hier wird der Patient lediglich zu einem einzigen Messzeitpunkt nach einer subjektiven Einschätzung seiner Veränderung befragt.
• **Indirekte Veränderungsmessung:** Hier wird die Differenz aus der Einschätzung des Patienten über seinen Zustand zu mindestens zwei Messzeitpunkten als ein Maß für seine Veränderung genommen (Differenz Post – Prä).
• **Pseudoindirekte Veränderungsmessung:** Hier wird die Differenz aus aktuellem und erinnertem Zustand vor der Intervention als ein Maß der Veränderung genommen.

Zur Evaluation von Langzeiteffekten von Psychotherapien ist die Durchführung von **Katamnesen** in einem größeren Abstand nach Behandlungsende erforderlich.

▶ Eine gefundene Veränderung hat dann **klinische Signifikanz** wenn sie – unabhängig von ihrer statistischen Signifikanz – von einem dysfunktionalen, pathologischen Bereich hin in einen funktionalen, unauffälligen erfolgt ist.

▶ Eine individualisierte Art der Zielerfassung stellt die **Zielerreichungsskalierung (Goal Attainment Scaling)** dar. Sie dient dazu, die individuellen Therapieziele eines Patienten festzuhalten und zu überprüfen, inwieweit diese Ziele erreicht wurden:

> **Beispiel** für eine ausformulierte GAS:
> Ziel 1: Ich will die Abschlussklausur bewältigen.
> *Ausgangszustand:* Bei Klausuren habe ich Angst zu versagen, schwitze, erleide Blackouts, was dazu führt, dass ich mich schon oft vor Klausuren krankgemeldet habe.
> *Gewünschter Endzustand:* Ich werde mich nicht krankmelden, sondern zum nächstmöglichen Zeitpunkt für die Klausur anmelden. Durch den Besuch eines Repetitoriums werde ich eine effektive Vorbereitung betreiben, dadurch kann ich zu 96 % auf meine Fähigkeiten vertrauen. In der Prüfungssituation werde ich meine Aufregung durch gezielte Entspannungsübungen dämpfen.
> *Grad der Zielerreichung:* Einschätzung auf einer Skala von beispielsweise -3 bis + 3 durch die Klientin und den Therapeuten.

Eine weitere Methode zur Messung von subjektiven Einstellungen stellt die **visuelle Analogskala** dar. Sie ist nichts anderes als eine Strecke, deren beiden Endpunkte extreme Zustände symbolisieren. Der Proband nimmt einfach irgendwo auf der Geraden eine Markierung vor, die seinem gegenwärtigen Zustand entspricht (vgl. Abbildung 10.2).

| Kein Schmerz | Stärkster vorstellbarer Schmerz |

Abbildung 10.2: Visuelle Analogskala

Alternativ dazu kann auch eine unterteilte **numerische Rating-Skala** verwendet werden (vgl. Abbildung 10.3).

1	2	3	4	5	6	7	8	9	10

Kein Schmerz   Stärkster vorstellbarer Schmerz

Abbildung 10.3: Numerische Rating-Skala

10.2.2 Prozessevaluation

Die **Prozessevaluation** dient der Therapiekontrolle und der Sicherung der Prozessqualität. Sie beinhaltet eine kritische Beurteilung des eigenen therapeutischen Handelns und eine Reflexion über die Mikroprozesse in der Therapie (z. B. komplementäre Beziehungsgestaltung, Übertragungsgeschehen).

10.3 Qualitätssicherung

Unter **Qualitätssicherung** werden alle Maßnahmen verstanden, die das Ziel verfolgen, die Güte einer Leistung sicherzustellen und zu verbessern. Auf das Gesundheitssystem bezogen meint Qualität die Güte all jener Leistungen, die Einzelne (Behandlungsqualität) oder das Versorgungssystem (Versorgungsqualität) mit dem Ziel erbringen, die Gesundheit der Bevölkerung zu erhalten oder zu verbessern. Evaluation ist somit eine Form der Qualitätssicherung.

Es wird zwischen **Struktur-, Prozess- und Ergebnisqualität** unterschieden (vgl. Tabelle 10.1).

Tabelle 10.1: Schwerpunkte der Qualitätssicherung in der Praxis

Strukturqualität (Qualität der zur Verfügung stehenden Rahmenbedingungen)
• Ausbildungsstand des Personals
• Technische Ausstattung einer Institution
• Räumliche Gegebenheiten
• Ablauforganisation
Prozessqualität (Umsetzung des aufgrund der Rahmenbedingungen Möglichen)
• Tatsächlicher Ablauf des Diagnostik- und Behandlungsprozesses
• Sämtliche durchgeführten therapeutischen, diagnostischen etc. Maßnahmen
Ergebnisqualität
• Erreichung des Behandlungszieles
• Patientenzufriedenheit in Bezug auf das Behandlungsergebnis

Maßnahmen zur Erhöhung der Strukturqualität sind z. B. Qualifizierung des Personals, Vereinbarung von Normen und Standards, Manualisierung des therapeutischen Vorgehens etc. **Maßnahmen zur Erhöhung der Prozessqualität** sind die Nutzung von Supervision oder Intervision. Die Verbesserung der Struktur- und/oder Prozessqualität sollte zu einer Verbesserung der Ergebnisqualität beitragen.

Qualitätszirkel sind ein Instrument zur internen Sicherung der Prozessqualität. Es handelt sich dabei um regelmäßige freiwillige Treffen von Mitarbeitern meist aus verschiedenen Berufsgruppen der unteren Hierarchieebenen, welche zur Besprechung von Problemen und zur Entwicklung von Lösungen mit einem Moderator zusammenkommen.

Rechtliche Aspekte der Qualitätssicherung: In Deutschland finden sich Regelungen hierzu im PsychThG und im SGB V, welches z. B. das Gutachterverfahren als eine Form externer Qualitätssicherung vorschreibt.

Vierter Teil:
Medizinische Grundlagen

11 Aufbau und Funktion des Nervensystems

Das Zusammenwirken der Sinnesorgane und des Nervensystems ermöglicht Menschen die Orientierung in ihrer Umwelt und erlaubt ihnen, auf Reize aus der Umwelt und aus dem Körperinneren mit bestimmten Reaktionen zu antworten.

11.1 Aufbau des Nervensystems

Das Nervensystem des Menschen besteht aus Gehirn, Rückenmark, Hirn- und Rückenmarksnerven. Nervengewebe ist wie anderes Körpergewebe aus spezialisierten Zellen, Nervenzellen, und Gliazellen (einer Art Stütz- und Bindegewebe) aufgebaut.

▶ Als **Neuron** wird die Nervenzelle mit dem Zellkörper und all ihren Fortsätzen bezeichnet. Das Neuron gliedert sich in drei Teilstrukturen:

- Der **Zellkörper** (Soma) enthält den Zellkern und stellt u. a. die Stoffe her, die für die Weitergabe der elektrochemischen Impulse an den Synapsen benötigt werden.
- Die **Dendriten** sind die kurzen, baumartig stark verzweigten Fortsätze, durch die das Neuron mit unzähligen anderen Nerven- und Sinneszellen in Verbindung steht und Signale empfängt (rezeptive Struktur).
- Der **Neurit** (Axon) ist der bis zu einem Meter lange, nur wenig verzweigte Fortsatz, welcher der Erregungsleitung und -übertragung auf andere Nervenzellen oder Erfolgsorgane dient (effektorische Struktur).

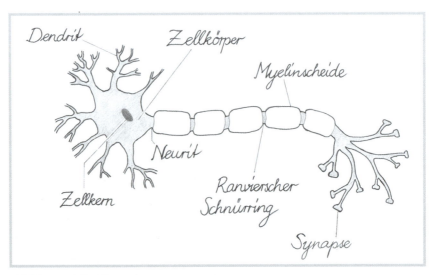

Abbildung 11.1: Das Neuron

Die Neuriten sind von **markhaltigen Hüllen (Myelinscheide)** umgeben und bilden die Nervenfasern. Sie weisen in bestimmten Abständen Einschnürungen **(Ranviersche Schnürringe)** auf. Dadurch erfolgt eine schnellere Erregungsleitung. Die Nervenfasern vereinigen sich zu Bündeln, die als **Nerv** bezeichnet werden.

▶ **Synapsen** sind die Kontaktstellen zwischen dem Ende des Neuriten (Axons) einer Nervenzelle und dem Dendriten einer anderen Nervenzelle, eines Muskels oder einer Drüsenzelle. Zwischen der präsynaptischen Zelle (Sender) und der postsynaptische Zelle (Empfänger) liegt der synaptische Spalt. Die Erregungsübertragung erfolgt bei einer Vielzahl von Synapsen in folgender Weise:

- An der präsynaptischen Zelle kommt ein Signal als elektrische Erregung (Aktionspotenzial, s. u.) an. Dieses durchwandert die Zelle, und es werden dadurch biochemische Botenstoffe (Neurotransmitter) in den synaptischen Spalt entleert.
- Die Neurotransmitter docken an der anderen Seite des Spaltes an exakt auf sie zugeschnittene Membranrezeptoren der empfangenden Zelle an.
- Die Wechselwirkung von Neurotransmitter und Rezeptor führt dann erneut zu einem elektrischen Signal in der postsynaptischen Zelle.

Die Überführung eines elektrischen Signals in ein chemisches oder umgekehrt wird **Transduktion** genannt.

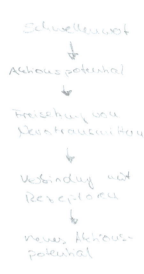

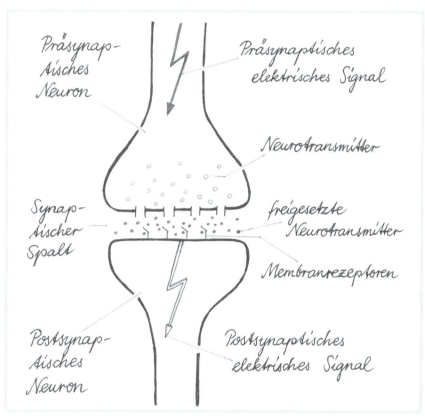

Abbildung 11.2: Schema einer Synapse

Der Neurotransmitter kann je nach Beschaffenheit eine erregende oder eine hemmende Wirkung erzielen. Dementsprechend spricht man von hemmenden (inhbitorischen) und erregenden (exzitatorischen) Synapsen. Aus den vielfältigen Verknüpfungen der Neuronen untereinander ergibt sich, dass eine Nervenzelle von vielen verschiedenen anderen Neuronen Signale empfängt, welche jeweils erregend oder hemmend sein können. Alle so eintreffenden Signale werden von der Nervenzelle miteinander verrechnet. Erst wenn ein bestimmter Schwellenwert überschritten wird, wird ein Aktionspotenzial ausgelöst und weitergeleitet.

Aktionspotenzial: Innerhalb und außerhalb der Zelle sind Ionen (v. a. Natrium- und Kaliumionen) unterschiedlich verteilt. Dadurch liegen an der Zellmembran elektrochemische Potenzialunterschiede vor, wobei das Innere der Zelle eine negative Ladung aufweist **(Ruhepotenzial)**. Bei einer Erregung der Zelle kommt es durch den Einstrom von Natriumionen zu einer Veränderung der elektrischen Spannung. Die Verminderung des Ruhepotenzials durch Einstrom von Natriumionen wird **Depolarisation** genannt. Die Wiederherstellung des Ruhepotenzials nennt man **Repolarisation**. Sie entspricht der Erregungsrückbildung.

11.1.1 Neurotransmitter

Mögliche Einteilungen der Neurotransmitter sind die hinsichtlich ihrer Wirkung oder hinsichtlich ihrer Zugehörigkeit zu einer bestimmten Stoffklasse. Einige Überträgerstoffe lassen sich nicht eindeutig der hemmenden oder erregenden Gruppe zuordnen; dazu gehören beispielsweise Noradrenalin, Serotonin und die endogenen Opioide. Eine Einteilung der Neurotransmitter hinsichtlich ihrer Zugehörigkeit zu bestimmten Stoffklassen und ihrer Wirkung findet sich in Tabelle 11.1.

Tabelle 11.1: Einteilung der wichtigsten Neurotransmitter nach Stoffklassen und Wirkung

Stoffklasse	Neurotransmitter	Wirkung
Biogene Amine oder Monoamine	• **Acethylcholin** (ACh) *überträgt Nerv-Muskel, para-* - Arten von Rezeptoren: muskarinartige, nikotinerge *Sympath. Ganglion* • **Katecholamine** - Noradrenalin, Adrenalin, Dopamin *→ Belohnungssucht, Stress* • **Indolamine** *Motorik, Sucht, Psychose* - Serotonin	Erregend
Neuropeptide	• **Endogene Opioide** - Endorphine, Enkephaline, Dynorphine	
Aminosäuren	- Glutamat *↑↑ ZNS* - Glyzin *↑↑ peripher* - Gamma-Aminobuttersäure (GABA) *ZNS*	Erregend Hemmend Hemmend

11.2 Gliederung des Nervensystems

Das Nervensystem lässt sich topografisch in zentrales und peripheres Nervensystem und funktional in animales und autonomes Nervensystem einteilen. Man unterscheidet im Nervensystem afferente (sensible) und efferente (motorische) Erregungen.

- **Afferenzen:** Impulse werden aus der Peripherie zum Zentrum geleitet (z. B. Empfindungen der Haut).
- **Efferenzen:** Erregungen werden vom Zentrum zur Peripherie geleitet (z. B. Skelettmuskulatur, Drüsenzellen).

Sensorische Nerven sind somit Rezeptoren des Körpers und leiten Impulse zum zentralen Nervensystem (ZNS), wohingegen motorische Nerven Signale des ZNS zum Erfolgsorgan leiten.

11.2.1 Topografische Einteilung des Nervensystems

Tabelle 11.2: Aufgabe und Bestandteile des ZNS und PNS

	Zentrales Nervensystem (ZNS)	Peripheres Nervensystem (PNS)
Aufgabe	Informationsverarbeitung	Informationsvermittlung
Bestandteile	• Gehirn • Rückenmark	• periphere Nerven und Ganglien (Nervenansammlungen) • 12 Hirnnervenpaare und 31 Rückenmarksnervenpaare (Spinalnerven)

Das zentrale Nervensystem und das periphere Nervensystem stimmen die Leistungen der Organe direkt (über Nerven) oder indirekt (über Hormondrüsen) aufeinander ab. Während im ZNS Integration und Auswertung einlaufender Erregungen erfolgen, vermittelt das PNS einerseits die im ZNS entstandenen Erregungen an die Körperperipherie, andererseits leitet es Erregungen aus der Peripherie zum ZNS. Der Nervus vagus, der zehnte Hirnnerv, hat eine herausragende Bedeutung für den Parasympathikus.

11.2.2 Funktionale Einteilung des Nervensystems

Animales oder somatisches Nervensystem:
- Verbindung des Organismus mit seiner Umwelt,
- zuständig für bewusste Wahrnehmung, willkürliche Bewegungen und schnelle Informationsverarbeitung.

Autonomes oder vegetatives Nervensystem:
- Verbindung des Organismus mit seinen Eingeweiden,
- zuständig für Konstanthaltung des inneren Milieus und Regulation der Organfunktionen.

Das **autonome Nervensystem** stimuliert und kontrolliert Organfunktionen, die unwillkürlich und unbewusst ablaufen, und unterliegt nicht der willkürlichen Kontrolle. Es besteht aus drei Teilen:
- dem sympathischen Nervensystem (Sympathikus),
- dem parasympathischen Nervensystem (Parasympathikus) und
- dem Darmwandnervensystem (enterisches Nervensystem, auch: intramurales Nervensystem).

In der Regel werden Organe sowohl vom Sympathikus als auch vom Parasympathikus innerviert. Dabei wirken beide Systeme als Gegenspieler (Antagonisten). Das Gleichgewicht zwischen Sympathikus und Parasympathikus ist Voraussetzung für eine optimale Organfunktion. Tabelle 11.3 gibt einen Überblick über die Wirkung des Sympathikus und des Parasympathikus an den verschiedenen Organen.

Tabelle 11.3: Wirkung des Sympathikus und des Parasympathikus an den verschiedenen Organen

Sympathikus	Parasympathikus
- ergotrope (anregende) Wirkung	- trophotrope (hemmende) Wirkung
- dient der Leistungssteigerung	- dient der Regeneration und dem Aufbau körperlicher Reserven
- dominiert in psychischen oder physischen Stresssituationen	- dominiert bei Entspannung
- Blutdruckanstieg	- Blutdrucksenkung
- Steigerung des Pulses	- Verlangsamung des Pulses
- Steigerung der Atemfrequenz	- Verlangsamung der Atemfrequenz
- Pupillenerweiterung	- Pupillenverengung
- Herabsetzung von Magen- und Darm-Tätigkeit	- Steigerung der Magen-Darm-Tätigkeit
- Erweiterung der Bronchien	- Kontraktion der Bronchien
- Steigerung des Herzschlages	- Verlangsamung des Herzschlages

Afferenzen und Efferenzen im autonomen Nervensystem: Sympathikus und Parasympathikus besitzen zwei Leitungsbahnen, eine efferente und eine afferente Leitungsbahn.
- **Efferenzen** bestehen aus zwei hintereinandergeschalteten Neuronen. Das erste Neuron leitet Erregungen vom ZNS zu einer synaptischen Umschaltstelle (dem vegetativen Ganglion),

wo die Nervenzellen des zweiten Neurons liegen. Diese ziehen weiter zum Erfolgsorgan. Man spricht auch von prä- und postganglionärem Neuron.

- **Afferenzen** bestehen aus einem Neuron, dessen Zellkörper im Wirbelkanal (sensibles Spinalganglion) liegt, d. h., auf dem Weg vom Rezeptor (z. B. in den Eingeweiden) bis ins ZNS wird nicht umgeschaltet.

Sympathikus und Parasympathikus unterscheiden sich hinsichtlich der Ursprünge der präganglionären Neurone im ZNS, der Lage der vegetativen Ganglien sowie der chemischen Überträgerstoffe. Die Neurotransmitter im autonomen Nervensystem sind in der Tabelle 11.4 dargestellt.

▶ Tabelle 11.4: Neurotransmitter im autonomen Nervensystem

	Präganglionär (zentrales Nervensystem)	**Postganglionär (peripheres Nervensystem)**
Sympathikus	Acetylcholin	(meist) Noradrenalin
Parasympathikus	Acetylcholin	Acetylcholin

11.3   Aufbau und Funktion einzelner Gehirnstrukturen

Das ZNS gliedert sich in Gehirn und Rückenmark. Die sich aus den drei primären embryonalen Hirnbläschen herausbildenden Hirnteile (Vorderhirn, Mittelhirn und Rautenhirn) sind die Basis der späteren Einteilung des Gehirns in Großhirn, Zwischenhirn, Mittelhirn, Hinterhirn und Nachhirn. Diese fünf Hirnteile sind in den Abbildungen 11.3 und 11.4 dargestellt und in der Tabelle 11.5 hinsichtlich ihrer Lage und Funktion aufgeschlüsselt.

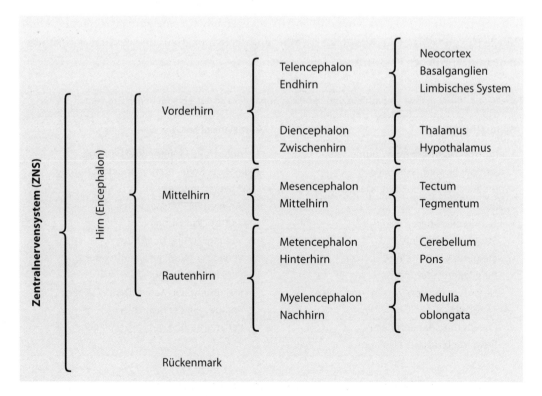

Abbildung 11.3: Entwicklung der fünf Hirnabschnitte (nach Birbaumer & Schmidt, 1996, S. 457)

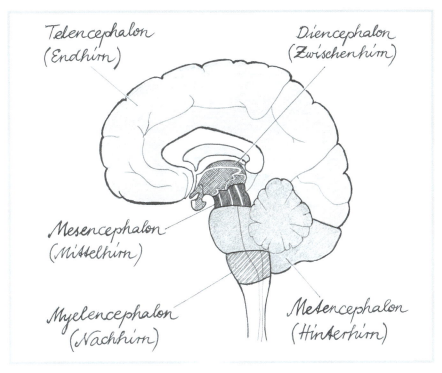

Abbildung 11.4: Lage der fünf Hirnabschnitte (nach Birbaumer & Schmidt, 1996, S. 457)

11.3.1 Hirnstrukturen

Tabelle 11.5: Lage und Funktion wichtiger Hirnstrukturen

GROSSHIRN (Telencephalon)

Das Großhirn ist der am weitesten entwickelte Gehirnteil. Zum Großhirn werden die beiden Groß-
hirnhemisphären, die Basalganglien sowie das limbische System gezählt.

Hemisphären und Großhirnrinde (zerebraler Kortex)	Die zwei Großhirn-Hemisphären sind durch den **Balken** (Corpus callosum) miteinander verbunden. Die Großhirnhemisphären bestehen aus einer äuße-ren, grauen Rindenschicht (vorwiegend Zellkörper), der **Großhirnrinde**, und einer inneren, weißen **Markschicht** (vorwiegend markhaltige Nervenfasern und -fortsätze).

- Oberflächenvergrößerung der Hirnrinde durch Windungen (Gyri), Furchen (Sulci) und tiefe Einschnitte (Fissuren)
- Kommissurenfasern: Verbindung beider Hemisphären; die größte Kommis-
  sur ist der Balken
- Assoziationsfasern: Verbindungen innerhalb einer Hemisphäre
- Projektionsfasern: Fasern, die von der Großhirnrinde in andere Bereiche des
  ZNS ziehen
- Primärgebiete: Endigungsorte der Sinnesbahnen und Ausgangsorte für
  motorische Impulse
- Assoziationsgebiete: zuständig für Interpretation der Sinneswahrnehmung,
  sowohl afferent als auch efferent mit zahlreichen Primärgebieten verbun-
  den

Vier Lappen (Lobi) pro Hemisphäre:
- **Stirnlappen** (Frontallappen, Lobus frontalis) mit motorischem Kortex; Zentren für Bewegung, Kontrolle und Koordination vegetativer, affektiver und geistiger Funktionen, Sprache; links: **Broca-Areal**

→ Frontallappen

- **Scheitellappen** (Parietallappen, Lobus parietalis) mit somatosensorischem Kortex, Zentren für Körpergefühle, Raumsinn und Sprache, Homunkulus
- **Schläfenlappen** (Temporallappen, Lobus temporalis) mit auditorischem Kortex; Zentren für Hören und Sprache; links: **Wernicke-Areal**
- **Hinterhauptslappen** (Occipitallappen, Lobus occipitalis) mit visuellem Kortex; Zentren für Sehen und Erinnerungsbilder

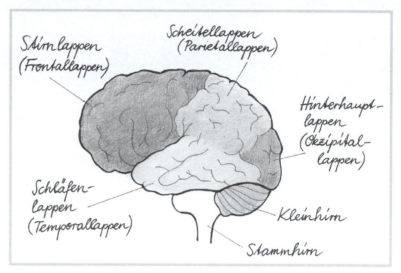

Abbildung 11.5: Die Gehirnlappen

Basalganglien	Die Basalganglien sind paarig angelegt und umfassen mehrere Kerngebiete. Sie haben eine wichtige Funktion innerhalb des extrapyramidal-motorischen Systems (Modulation des motorischen Systems, Auslösung von Bewegungen). • Man unterscheidet: **Pallidum** (bleicher Körper), **Putamen** (Schalenkern) und **Nucleus caudatus** (Schwanzkern). • Pallidum und Putamen bezeichnet man als Linsenkern. • Linsenkern und Nucleus caudatus bezeichnet man als **Striatum** (Streifen-körper). • Wichtigster Transmitter: **Dopamin**. • Störung der Basalganglien: Parkinson-Syndrom.
Limbisches System	Das limbische System ist eine funktionelle Einheit mit zahlreichen Anteilen aus Hirnstamm, Mittelhirn und Neocortex. Es umgibt die Basalganglien und den Thalamus wie ein Saum (Limbus) und ist beteiligt an vegetativer Steuerung, Denk-, Gedächtnisprozessen, Emotions- und Motivationsregulation. • **Hippocampus:** Gedächtnis und Lernvorgänge, Aggressions- und Moti-vationsverhalten • **Amygdala:** Emotionen • **Nucleus accumbens:** Teil des mesotelenzephalen Belohnungssystems, Suchtentwicklung Die Verbindungen zum Hypothalamus, dem Hauptkoordinationszentrum für Empfindungen, aber auch vegetative Steuerung, machen erklärbar, dass emotionale Erregung zu vegetativen Störungen und umgekehrt vegetative Störungen zu emotionalen Korrelaten bzw. Psychosomatosen führen können.

ZWISCHENHIRN
Zum Zwischenhirn werden Thalamus, Hypothalamus und Hypophyse gezählt.

Thalamus	Der Thalamus ist die vor dem Kortex liegende Schalt- und Sammelstelle für alle sensorischen Erregungen (außer der olfaktorischen). Er ist also die Umschaltstelle zum Großhirn („Tor zum Bewusstsein") und wird auch als „Hirnschrittmacher" bezeichnet.

Hypothalamus	Der Hypothalamus ist die • zentrale Regulationsstelle der vegetativen Funktionen, wie Nahrungs- und Wasseraufnahme, Körpertemperatur, Kreislauf, Sexualität, Schlaf, Körpertemperatur und hat eine • Steuerungs- und Rückkopplungsfunktion für die Hormonausschüttung der Hypophyse.
Hypophyse (Hirnanhangsdrüse)	Die Hypophyse besteht aus der Adenohypophyse (Vorderlappen) und der Neurohypophyse (Hinterlappen). Sie • produziert Hormone (vgl. Kap. 13.12.2, S. 131) die periphere endokrine Drüsen steuern (Schilddrüse, Nebennierenrinde, Sexualorgane), und • steuert den Kohlenhydrat- und Fettstoffwechsel.

MITTELHIRN

Das Mittelhirn besteht aus dem Tectum (Mittelhirndach). Unter dem Mittelhirndach liegt das Tegmentum (Haube). Durch das Tegmentum ziehen verschiedene wichtige Faserbündel.

Substantia nigra	Die Substantia nigra (schwarze Substanz) ist ein Kernkomplex mit u.a. Afferenzen vom Motokortex und Fasern zum Striatum und Thalamus. • Produktion des **Dopamin** • wichtige Funktion für Planung und Beginn einer Bewegung („Starterfunktion") • Ein Untergang der Zellen der Substantia nigra führt zur Parkinson-Erkrankung Es gibt zwei wichtige dopaminerge Bahnen bzw. Systeme, die vom Mittelhirn ausgehen: **Mesostriatales System** (synonym nigrostriatales System): nimmt seinen Ursprung in der Substantia nigra und projiziert zu den Basalganglien. Diese Bahn ist bedeutsam für die Willkürmotorik und komplexe Bewegungsabläufe und steht mit dem Wechsel motorischer Programme in Verbindung. Dopaminmangel in diesem System spielt eine wesentliche Rolle bei Morbus Parkinson sowie den häufig auftretenden extrapyramidalen Störungen als Nebenwirkung von Neuroleptika. **Mesolimbisches System:** stellt eine Verbindung zwischen Mittelhirn und limbischen System dar. Es hat eine positive Verstärkerfunktion (Belohnungssystem) mit wichtigen Auswirkungen auf Motivation und Antrieb. Dieser Pfad trägt sehr wahrscheinlich wesentlich zu den positiven Symptomen bei schizophrenen Störungen bei.

HINTERHIRN

Cerebellum (Kleinhirn)	Das Kleinhirn, welches mit den Basalganglien kooperiert, ist verantwortlich für: • die Koordination der willkürlichen Muskelaktivität, • die Aufrechterhaltung des Gleichgewichts und • die Regulation des Muskeltonus.
Pons (Brücke)	Hier befindet sich u.a. der Locus coeruleus mit noradrenerger Aktivität und der Funktion der neuronalen Erregung und Aktivierung (Zusammenhang mit Panikattacken, Alkoholentzugssymptomen, stressbezogenen Erkrankungen).

NACHHIRN

Medulla oblongata (verlängertes Mark)	Die Medulla bildet den Übergang vom Gehirn zum Rückenmark und enthält das Atmungs- und Kreislaufzentrum.

Der **Hirnstamm** ist der pylogenetisch älteste Teil des Gehirns und besteht aus:

- Mittelhirn,
- Brücke,
- Medulla oblongata.

Er ist das Steuerungszentren für alle essenziellen Lebensfunktion (Herz, Kreislauf, Atmung), enthält die Kerngebiete der Hirnnerven und die **Formatio reticularis**, welche eine Schaltzentrale aus verstreut liegenden Kerngebieten und auf- bzw. absteigenden Bahnen ist. Die Formatio reticularis verfügt über eine Vielzahl von afferenten Verbindungen aus praktisch allen Sinnesorganen und hat vielfältige und zum Teil noch unklare Aufgaben, u. a. die Steuerung der Bewusstseinslage und eine Teilnahme an der Steuerung des Schlaf-wach-Rhythmus.

Zum Schutz vor äußeren Einflüssen werden Gehirn und Rückenmark von knöchernen Strukturen umgeben (Schädel, Wirbelkanal). Einen weiteren Schutz stellen die **Hirn- und Rückenmarkshäute** dar. Von innen nach außen findet man die:

- **Pia mater** (dünne, empfindliche, weiche Hirnhaut, die dem Gehirn direkt aufliegt und fest mit ihm verbunden ist),
- **Arachnoidea** (dünne, zarte Spinnengewebshaut) und die
- **Dura mater** (außen, straff und dick).

Das Gehirn wird von **Liquor cerebrospinalis** umspült. Die Arachnoidea und die Pia mater werden durch einen relativ großen Spalt getrennt, den Subarachnoidalraum, der mit Liquor gefüllt ist. Dieser wirkt wie ein schützendes Flüssigkeitskissen, um das Gehirn und das Rückenmark vor Erschütterungen zu schützen.

▶ **Blut-Hirn-Schranke:** ist eine physiologische Barriere, die das ZNS vom Blutkreislauf trennt und es somit vor schädlichen Substanzen schützt (selektive Durchlässigkeit). „Liquorgängig" heißen Stoffe, die die Blut-Hirn-Schranke überwinden können. Diese Eigenschaft des ZNS erschwert die medikamentöse Behandlung vieler psychischer Störungen; Monoamine beispielsweise sind nicht liquorgängig. Deshalb kann z. B. bei Morbus Parkinson nicht einfach Dopamin verabreicht werden, sondern es muss eine liquorgängige Vorstufe davon, das L-Dopa, appliziert werden.

11.3.2 Rückenmark

Lage: Das Rückenmark verläuft als Teil des ZNS außerhalb des Schädels im knöchernen Wirbelkanal. Es schließt an das Nachhirn an und endet an den unteren Lendenwirbelkörpern. Im Rückenmark verlaufen alle auf- und absteigenden Nervenfaserbündel, über die das Gehirn mit dem peripheren Nervensystem kommuniziert. Die peripheren Nerven sind dem Rückenmark in Form der 31 Spinalnervenpaare zugeordnet.

Aufbau: Das Rückenmark besteht innen aus im Querschnitt schmetterlingsförmiger grauer Substanz, welche nicht markhaltig ist, also aus Zellkernen besteht, und wird außen von weißer Substanz umgeben, welche aus myelinisierten Axonen (daher die weiße Farbe) und Dendriten besteht. Im Querschnitt sieht man vorne und hinten charakteristische Ausbuchtungen (vgl. Abbildung 11.6):

- In den **Vorderhörnern** liegen die Zellkörper motorischer Neurone, deren Efferenzen vom Rückenmark zur Muskulatur ziehen.
- In den **Hinterhörnern** findet man sensible Nervenzellen, an denen ein Teil der afferenten Nervenfasern aus der Peripherie synaptisch endet und umgeschaltet wird.

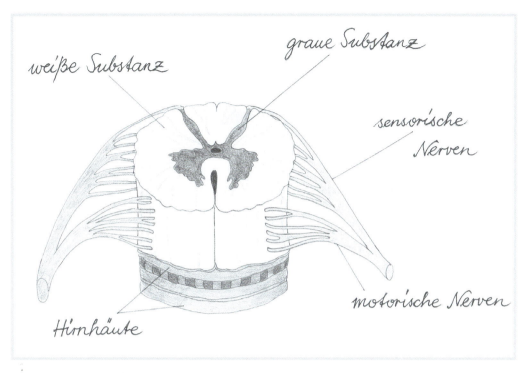

Abbildung 11.6: Das Rückenmark

Man unterscheidet zwei Leitungsbahnen:

1. **Aufsteigende Bahnen:**
   - die **Vorderstrangbahn:** afferente Bahnen für gröbere taktile Empfindungen, Temperatur- und Schmerzsinn (protopathische Sensibilität, s. u.),
   - die **Hinterstrangbahn:** afferente Bahnen für Tiefensensibilität, feinere taktile Empfindungen (epikritische Sensibilität, s. u.).
2. **Absteigende Bahnen:**
   - **Pyramidenbahn:** efferente Bahn für die Willkür- und Feinmotorik des Rumpfes und der Extremitäten,
   - **extrapyramidale Bahnen:** efferente Bahnen für die unwillkürliche Motorik, v. a. Stellung, Haltung, automatisierte Bewegungsabläufe.

Reflexe werden als unbewusste, stets gleichbleibende Reaktionen des Organismus auf Reize bezeichnet. Es werden **Eigenreflexe**, bei denen Rezeptor und Effektor im selben Organ liegen und zwischen afferentem und efferentem Neuron nur eine Synapse dazwischengeschaltet ist (monosynaptische Reflexe), z. B. Kniesehnenreflex, und **Fremdreflexe**, bei denen Rezeptor und Effektor nicht im selben Organ liegen (der auslösende Rezeptor liegt beispielsweise in der Haut) und mehrere Synapsen in den Reflexbogen eingeschaltet sind (polysynaptische Reflexe), z. B. Blinzeln, Brechreiz, unterschieden. Bei den verschiedenen Reflexen werden Neurone des Rückenmarks aktiviert. Dadurch wird eine Reaktion ermöglicht, noch bevor der Reiz das Gehirn erreicht hat.

11.4 Biochemische und hirnorganische Grundlagen einiger psychischer Störungen

▶ Beim **Parkinson-Syndrom** liegt eine Störung der mesostrialen Bahn vor. In der Folge entsteht eine Symptomtrias aus:

1. **Rigor** (Muskelsteife, erhöhter Muskeltonus),
2. **Tremor** (Zittern v. a. im Ruhezustand),
3. **Akinese** (Bewegungsarmut: Starre der Mimik, der Bewegungsabläufe)

und außerdem vegetativen Symptomen (wie z. B. Schweißausbrüchen).
Mögliche Ursachen des Parkinson-Syndroms sind:

• ein Zelluntergang in der Substantia nigra mit der Folge eines Dopaminmangels (die eigentliche Parkinson-Erkrankung),
• Entzündungen des Gehirns,
• eine Therapie mit klassischen Neuroleptika (Blockade bestimmter Dopaminrezeptoren [D2-Rezeptoren] im Striatum).

Bei der **Schizophrenie** wird die Entstehung der Wahnsymptomatik durch eine Störung der mesolimbischen Bahn folgendermaßen erklärt (Dopaminhypothese): Durch zu viele postsynaptische dopaminerge Rezeptoren kommt es zu einer Überaktivierung dieser Bahn. Klassische Neuroleptika blockieren diese Dopaminrezeptoren und vermindern dadurch die Positivsymptomatik. Sie blockieren aber auch die Dopaminrezeptoren im Striatum mit der möglichen Folge eines Parkinson-Syndroms und von Spätdyskinisien (vgl. Kap. 14.4 „Neuroleptika", S. 149).

Bezüglich der **Suchtentstehung** ist bekannt, dass bestimmte Substanzen (Heroin, Nikotin, Kokain, Amphetamine, indirekt auch Opioide und Alkohol) das mesotelenzephale Belohnungssystem, also die Verbindung vom Mittelhirn zum Nucleus accumbens, im limbischen System aktivieren. Es kommt zu einer Dopaminausschüttung und zu einer Anregung des Nucleus accumbens, was erklärt, warum die Einnahme dieser Substanzen mit Lustgefühl verbunden ist. Um den Suchtdruck zu verringern, kann medikamentös in das Belohnungssystem eingegriffen werden (z. B. mit Acamprosat beim Alkoholentzug).

Für das Verständnis von **Angsterkrankungen** wird ein GABA-Mangel bzw. eine geringere Empfindlichkeit der GABA-Rezeptoren diskutiert. Daher kommt es zu einer weniger hemmenden Funktion des GABA-ergen Systems. Außerdem herrscht wohl während einer Panikattacke eine noradrenerge Überaktivität. Zudem werden Dysfunktionen im serotonergen System sowie eine Störung der Benzodiazepinrezeptoren diskutiert.

Eine Überaktivität des noradrenergen Systems liegt vermutlich auch bei der **Manie** vor. Dysregulationen des serotonergen Systems scheinen bei **Zwangsstörungen** eine Rolle zu spielen. Eine verminderte Aktivität des noradrenergen und serotonergen Systems spielt eine Rolle bei der Entstehung von **Depressionen**.

11.5 Neurologische Erkrankungen

11.5.1 Multiple Sklerose

Multiple Sklerose ist eine durch einen noch nicht vollständig geklärten autoimmunologischen Prozess hervorgerufene **Entmarkungserkrankung** (Auflösung der Myelinscheiden) vor allem der sensiblen und motorischen Nervenfasern im zentralen Nervensystem, von der insbesondere junge Frauen (20. bis 40. Lebensjahr) betroffen sind.

- **Verlauf:** multipel in Lokalisation und Zeit; schubweise (80 % der Fälle) oder chronisch progredient stellen sich in unterschiedlichen neurologischen Funktionssystemen Störungen ein.
- **Frühzeichen:** Sehnerventzündung, Sehstörungen.
- **Weitere Folgen:** Empfindungsstörungen, Kleinhirnsymptome (Tremor, ataktischer Gang, abgehackte Sprache), spinale Syndrome (Blasen- und Sexualfunktionsstörungen) bis zum kompletten Querschnitt, vielfältige Hirnnervenstörungen.
- **Diagnostik:** sicher nur postmortal; klinische Diagnostik anhand der Symptomatologie.
- **Therapie:** nicht heilbar, Kortikosteroide zur Verkürzung der Schübe.

11.5.2 Demenzielle Syndrome

Unter diesem Begriff subsumiert man Krankheiten, die durch einen Verlust ehemals vorhandener kognitiver Fähigkeiten charakterisiert sind und mit Persönlichkeitsveränderungen und neuropsychologischen Auffälligkeiten einhergehen (vgl. ICD-10-Kommentar, S. 169). Beim Vorliegen einer **Bewusstseinsstörung** kann eine Demenz nicht diagnostiziert werden. Auch Alkohol und andere Drogen können Demenzen auslösen. Außerdem kann bei Aids, bei Morbus Parkinson und vielen weiteren Erkrankungen ein Demenzkomplex auftreten.

Es werden **primäre Demenzen** (ca. 90 % der Betroffenen) – dazu zählen Morbus Alzheimer und die vaskulären Demenzen – von den **sekundären Demenzen** (ca. 10 % der Patienten), etwa im Rahmen von endokrinen Störungen, Stoffwechselerkrankungen und Entzündungen (z. B. Borreliose), unterschieden.

Diagnostik demenzieller Syndrome: Bildgebung des Gehirns und ausführliche neuropsychologische Diagnostik (z. B. Mini Mental State Test [Screening], CERAD-Testbatterie). Differenzialdiagnostisch ist neben normalen altersbedingten Gedächtnisstörungen und Schizophrenien v. a. an Pseudodemenzen im Rahmen affektiver Erkrankungen zu denken.

Morbus Alzheimer (75 % aller Demenzen), ICD-10: F00*, ist eine degenerative Hirnerkrankung mit schleichendem Beginn und progredientem Verlauf, welche rasch zu schwerer Demenz führt. Hierbei stehen die kognitiven Veränderungen im Vordergrund, wohingegen die Persönlichkeit nicht so stark in Mitleidenschaft gezogen ist. Es werden zwei Typen unterschieden: Die präsenile Demenz (Typ 2) mit einem (frühen) Beginn vor dem 65. Lebensjahr und die senile Demenz (Typ 1) mit einem Beginn nach dem 65. Lebensjahr.

- **Symptomatik:** Störungen der Mnestik, Desorientiertheit, Aphasien, Apraxien, Agnosie, daneben jedoch auch Antriebs- und Schlafstörungen, psychomotorische Unruhe, ängstlich-depressive Verstimmungen, Aggressivität.
- **Diagnose:** nach dem Ausschluss anderer Demenzursachen, durch typischen Verlauf, keine neurologischen Herdzeichen, sichere Diagnose nur post mortem durch Nachweis von Alzheimer-Fibrillen (Plaques).

- **Ursache:** Veränderungen im cholinergen Transmittersystem (Acethylcholinhypothese).
- **Therapie:** Behandlung der Begleitsymptome, Cholinesterasehemmer (können nur die Progredienz beeinflussen), Trainieren von Fähigkeiten zur Alltagsbewältigung.

Vaskuläre Demenzen (ca. 15 % aller Demenzen), ICD-10: F01, sind Demenzen, die infolge verminderter Gehirndurchblutung nach vielen kleinen Schlaganfällen, Arteriosklerose oder einer Schädigung des Hirns durch Blutungen entstehen. Die vaskulären Demenzen beginnen plötzlicher und verlaufen rascher als beim Morbus Alzheimer. Aufgrund der unterschiedlichen Ursachen sind die Verläufe sehr variabel. In der Anamnese leiden die Patienten meist unter einer zerebrovaskulären Erkrankung oder weisen ein entsprechendes Risikoprofil auf.

Die häufigste Form der vaskulären Demenz ist **Morbus Binswanger**, eine zerebrale Gefäßerkrankung infolge lange bestehender arterieller Hypertonie. Hier betreffen die Schädigungen nicht v. a. die Hirnrinde, sondern darunterliegende Strukturen, deshalb spricht man auch von einer subkortikalen Demenz. Außerdem gibt es **Multi-Infarkt-Demenzen**.

- **Symptomatik:** Die allgemeinen Kriterien für eine Demenz müssen erfüllt sein, zusätzlich neurologische Symptome und psychopathologische Symptome wie Persönlichkeitsänderungen mit auffälliger Affektdurchlässigkeit bei emotionaler Verflachung und in späteren Stadien depressiv-mürrischer Grundstimmung sowie die Zuspitzung bestimmter prämorbider Charakterzüge (Geiz, Reizbarkeit etc.), Verwirrtheitszustände.
- **Diagnose:** neurologische Herdzeichen wie Lähmungen, Gesichtsfeldausfälle, Arteriosklerose; Bildgebung (Ischämie).
- **Ursache:** Arteriosklerose, meist mehrere kleinere Schlaganfälle.
- **Therapie:** Behandlung der Begleitsymptome, Sekundärprophylaxe weiterer Ischämien, Blutdruckeinstellung.

Morbus Pick, ICD-10: F02.0

Diese sehr seltene Erkrankung setzt meist zwischen dem 50. und dem 60. Lebensjahr allmählich ein, wobei sich hier anfangs ein Nachlassen der Leistungsfähigkeit und eine sich bald entwickelnde Persönlichkeitsveränderung zeigen.

- **Symptomatik:** Die allgemeinen Kriterien für eine Demenz müssen erfüllt sein. Erstes Symptom ist ein allgemeines Nachlassen bei Routineleistungen, und es setzt eine Persönlichkeitsveränderung ein: bei läppisch-euphorischer oder mürrisch-verdrossener Stimmung Verflachung der emotionalen Regungen, Persönlichkeitsvergröberung, Vernachlässigung der Familie und der eigenen Person.
- **Diagnose:** Frontal- und Temporallappenatrophie (Bildgebung).
- **Therapie:** Behandeln der Begleitsymptome, sedierende Psychopharmaka.

Realitätsorientierungstraining (ROT): geriatrischer, von Folsom und Taulbee (1966) entwickelter Therapieansatz zur Betreuung Dementer. Ziele des ROT sind:

- Verbesserung von Orientierung und Gedächtnis,
- Erhaltung der persönlichen Identität,
- Ermutigung von Kommunikation,
- Unterstützung sozialer Interaktion.

Unterscheidung von drei Komponenten des ROT:

- Training des Pflegepersonals
- 24-Stunden-ROT: Das Personal vermittelt bei möglichst jeder Interaktion Informationen über aktuelle Zeit, den Ort, die eigene Person und gerade stattfindende Ereignisse auf der Station.

• Strukturierte Sitzungen in Gruppen (auch „classroom ROT"): Anregung sich mit der Umgebung auseinanderzusetzen, zu malen, zu basteln, zu singen; im Idealfall mehrmals pro Woche.

11.5.3 Epilepsien

Unter epileptischen Anfällen wird eine heterogene Gruppe anfallsartig auftretender klinischer Syndrome subsumiert, deren pathophysiologische Gemeinsamkeit eine **fokale** (umschriebene) oder **generalisierte** (das gesamte Gehirn ergreifende) **synchrone elektrische Entladung von Neuronenverbänden** darstellt. Von einer Epilepsie spricht man, wenn sich epileptische Anfälle wiederholen und ohne spezifische Provokation (z. B. intermittierende Lichtblitze, Schlafentzug, Hyperventilation) manifestieren. Man unterscheidet symptomatische Epilepsien (Epilepsie als Symptom einer anderen Erkrankung, z. B. Tumore, Entzündungen) und idiopathische bzw. genuine Epilepsien (Epilepsie als eigenständige Erkrankung).

Im Laufe der Erforschung der Epilepsien wechselnde Klassifikationssysteme machen eine prägnante Definition schwierig. Die übergreifendste Einteilung (vgl. Tabelle 11.6) unterscheidet zwischen primär generalisierten und fokal beginnenden Epilepsien.

Tabelle 11.6: Einteilung der Epilepsien

Primär generalisierte Anfälle	
• Bilaterale synchronisierte Entladung im EEG • Immer Bewusstseinsverlust (Amnesie für das Ereignis) • Motorische Symptome sind bilateral • Durch ein altersspezifisches Erscheinungsbild charakterisiert	
Säuglingsalter: **Blitz-Nick-Salaam-Krämpfe** (BNS-Krämpfe, auch West-Syndrom)	Mit ruckartigen Bewegungen v. a. des Oberkörpers, bis zu 100 Mal pro Stunde, meist ungünstige Prognose (schwere Behinderung, Versterben)
Kleinkind- und Schulalter: **Absencen**	Kurze Bewusstseinsstörungen ohne Reaktion auf Außenreize, meist ohne Ohnmacht und Krämpfe, eventuell motorische Phänomene wie Blinzeln, Lidzucken; Dauer: wenige Sekunden, jedoch bis zu mehrere hundert Mal am Tag
Adoleszenzalter: **Impulsiv-Petit-Mal**	Kurze, ruckartige Zuckungen besonders von Nacken, Schultern, Arm; häufig nach Schlafentzug oder nach dem Erwachen; Auslösung zum Teil durch Emotionen
Erwachsenenalter: **Grand-Mal-Anfälle**	Oft vorher Aura-Phänomene, plötzliche Muskelstarre und Bewusstlosigkeit dadurch Hinstürzen (tonische Phase), dann rhythmisches Zucken (klonische Phase), oft mit Schaum vor dem Mund und Zungenbiss, dann schlafähnlicher Zustand, meist mit allmählicher Reorientierung
Fokale Anfälle	
• EEG-Veränderungen sind herdförmig und nicht über beide Hemisphären abzuleiten • In der Regel kein Bewusstseinsverlust und keine Amnesie für das Ereignis • Motorische Symptome meist unilateral und auf bestimmte Körperregion beschränkt	

Einfach fokale Anfälle	Mit erhaltenem qualitativen und quantitativen Bewusstsein, motorische Symptome (klonische oder tonische Krämpfe einer Hand, einer Gesichtshälfte etc.), sensible Symptome (Missempfindungen, Kribbelprästhesien), optische Symptome (Lichtblitze), aphasische Symptome (Sprachhemmung), vegetative Symptome (Schwitzen, Rötung etc.)
Komplex fokale Anfälle	Gestörtes qualitatives Bewusstsein, aber keine Bewusstlosigkeit, anfangs oft Aura-Phänomene (optisch, gustatorisch etc.), dann Bewusstseinstrübung und Ausführung stereotyper Handlungsabläufe (oft orale Automatismen wie Schmatzen, Lecken, Rülpsen)

Beide Anfallsformen können in einen **sekundär-generalisierten Anfall** übergehen mit quantitativer Bewusstseinsstörung und tonisch-klonischen Krämpfen.

- **Diagnostik:** Neben der Diagnose des klinischen Bildes sieht man im EEG neben den normalen Mustern als typische Anfallsmuster (meistens, aber nicht immer) große Wellen und scharfe Spitzen (spikes and waves).

Ein Teil der primär generalisierten Epilepsien kann genetisch erklärt werden. Bei den fokalen Epilepsien liegen überwiegend strukturelle Läsionen der Hirnsubstanz zugrunde. Der **Status epilepticus** beschreibt einen andauernden epileptischen Anfall oder das Aufeinanderfolgen mehrerer Anfälle, wobei dazwischen das Bewusstsein nicht voll zurückerlangt wird, und stellt einen lebensbedrohlichen Zustand dar. Der **psychogene Anfall** in Abgrenzung zum epileptischen Anfall erfolgt oft in Anwesenheit von Zuschauern, oft mit geschlossenen Augen, und ist häufig verbunden mit Ausdrucksbewegungen (arc de cercle). Die Patienten sind nach dem Anfall sofort voll ansprechbar. Urinabgang und Zungenbiss fehlen meist (wenn vorhanden, dann mittig).

11.5.4 Zerebrovaskuläre Erkrankungen und traumatische Schäden des Gehirns

Ischämischer Schlaganfall (Apoplex)

Durchblutungsstörungen verursachen das schlagartig (apoplektiform) oder in Minuten einsetzende Bild des Schlaganfalls mit **Halbseitenlähmung** (Hemiparese), **Sprach- und Sehstörungen** und eventueller Vigilanzminderung. Je nach betroffenem Hirngebiet können entsprechende Funktionsausfälle auftreten (Doppelbilder, Schluckstörungen etc.). Kommt es nicht innerhalb kürzester Zeit zu entsprechender Therapie, treten Nekrosen des Hirngewebes auf, welche zu irreversiblen neurologischen Störungen führen.

Nach dem **zeitlichen Verlauf** unterscheidet man:

- die transitorische ischämische Attacke (TIA), bei der sich neurologische Ausfälle innerhalb von Minuten bis 24 Stunden zurückbilden, trotz Reversibilität besteht ein stark erhöhtes Risiko für komplette Schlaganfälle,
- den progredienten Insult (progressive stroke), welcher diskontinuierlich fortschreitet (Ausfälle nehmen an Schwere und Ausmaß zu), und
- den vollendeten Infarkt (complete stroke), der weder fortschreitet noch reversibel ist und bei dem sich die neurologischen Ausfälle stabilisiert haben und persistieren.

Jeder zweite bis dritte Patient ist von einer **Post-stroke-Depression** betroffen, wobei ein Zusammenhang eher mit dem Ausmaß der funktionellen Einschränkung und weniger mit der anatomischen Schädigung angenommen wird.

Schädelhirntrauma

Als Schädelhirntrauma (SHT) bezeichnet man Verletzungen des Schädels mit Hirnbeteiligung. Wegen auftretender Komplikationen (z. B. Hirnblutungen) wird auch bei leichten Schädelhirntraumen, wie einer Gehirnerschütterung, eine ärztliche Überwachung empfohlen.

- **Symptome:** Kopfschmerzen, Schielen, Schwindel, Erbrechen, Übelkeit, Krämpfe; Pupillendifferenz und Bewusstseinsstörung gelten als besondere Warnzeichen, da sie auf Blutungen hinweisen können.

- **Einteilung:** Die frühere Einteilung in drei Schweregrade (Gehirnerschütterung, -prellung, -quetschung), die die Bewertung von Beschwerden und Verlaufskriterien einschloss, hat sich als nicht brauchbar erwiesen. Man bewertet ein Schädelhirntrauma aktuell über die **Glasgow-Koma-Skala** (Glasgow Coma Scale, GCS), welche eine einfache, allgemeine Skala zur Abschätzung einer Bewusstseinsstörung ist und in der Notfallmedizin und in der Neurologie Verwendung findet. Wie in Tabelle 11.7 dargestellt vergibt der Untersucher bezüglich dreier Rubriken Punkte (3 Punkte [= tiefes Koma] bis 15 Punkte [= volles Bewusstsein]). Die Schädelhirntraumen werden entsprechend der GCS in
  - **leicht** (GCS 13–15 Punkte),
  - **mittelschwer** (GCS 9–12 Punkte) und
  - **schwer** (GCS 3–8 Punkte) eingeteilt.

Tabelle 11.7: Glasgow-Koma-Skala

Punkte	Motorische Antwort	Verbale Reaktion	Öffnen der Augen
6	Folgt Aufforderungen		
5	Gezielte Abwehrbewegung	Orientiert, klar	
4	Massenbewegungen	Verwirrt	Spontan
3	Auf Schmerzreiz Beugesynergien	Einzelne Wörter	Auf Ansprache
2	Auf Schmerzreiz Strecksynergien	Einzelne Laute	Auf Schmerzreiz
1	Fehlt	Fehlt	Fehlt

11.5.5 Kopfschmerzen

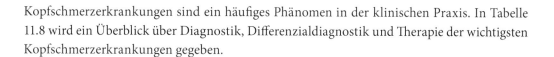

Kopfschmerzerkrankungen sind ein häufiges Phänomen in der klinischen Praxis. In Tabelle 11.8 wird ein Überblick über Diagnostik, Differenzialdiagnostik und Therapie der wichtigsten Kopfschmerzerkrankungen gegeben.

Tabelle 11.8: Differenzialdiagnose von Kopfschmerzen

	Migräne	Cluster-Kopfschmerz	Spannungskopfschmerz	Medikamenteninduzierter Kopfschmerz
Alter und Geschlecht	Pubertät Frauen > Männer	4. Dekade vorwiegend Männer	Erwachsene Frauen > Männer	Erwachsene überwiegend Frauen
Dynamik	Eher morgendlicher Beginn Dauer: 24–72 Stunden	Nachts Dauer: 20–120 Minuten täglich, und das für einige Wochen, dann wieder Monate ohne Schmerzen; 1–2 Cluster pro Jahr	Dauerkopfschmerz, tagsüber zunehmend Dauer: bis zu Wochen	Ganztägig über Monate, bereits beim morgendlichen Erwachen
Begleitsymptomatik	Lichtscheue, Geräuschempfindlichkeit, Übelkeit, Erbrechen; teilweise vorausgehend: Auraphänomene (z. B. Flimmerskotome und neurologische Symptome wie Aphasien)	Tränendes, gerötetes Auge, Nase-laufen, eventuell Miosis, Ptosis (Herabhängen des Oberlides) auf der entsprechenden Seite	Anspannung, Schlafstörungen, Ängstlichkeit	Blässe, Appetitlosigkeit, Niereninsuffizienz
Lokalisation und Charakter	**Meist einseitig** fronto-temporal pulsierend, bohrend Stärke: 6–8/10 (numerische Rating-Skala, NRS) **Drang zu liegen**	**Streng einseitig** im Bereich des Auges stechend („glühender Dolch") Stärke: 10/10 (NRS) **Bewegungsdrang**	Eher **holozephal** diffus, helmartig, drückend nicht pulsierend Stärke: 2–4/10 (NRS)	**Holozephal** diffuser, dumpfer Druck in Stärke und Frequenz fluktuierend, je nach Einnahmefrequenz der Medikamente, jedoch deutlich stärker als Spannungskopfschmerzen

	Migräne	Cluster-Kopfschmerz	Spannungskopfschmerz	Medikamenteninduzierter Kopfschmerz
Auslöser	Schlafmangel, Nikotin, Rotwein, Käse, hormonelle Umstellungen, Wetterwechsel		Stress	Analgetika, Entzug
Ursache	Konkurrierende Hypothesen; die **vaskuläre Hypothese** besagt, dass es zunächst zu einer Verengung der Hirnarterien kommt. Die anschließende Gefäßerweiterung ist Grund für den pochenden Kopfschmerz. Aus diesem Grund **Kontraindikation für Entspannungsverfahren während des Anfalls.**	Familiäre Häufung	Eventuell Verspannungen im Schulter-Nacken-Bereich unklare Pathogenese	Regelmäßiger Gebrauch von Kopfschmerzmitteln (v. a. Kombinationspräparate) führt regelhaft zu medikamenteninduziertem Kopfschmerz. Nach chronischem Gebrauch kommt es beim Absetzen zu einem starken Kopfschmerz (Rebound), der durch Wiedereinnahme von Medikamenten sofort gebessert wird. Die Pathophysiologie ist unbekannt.
Therapie	Antiemetika (Medikamente gegen Übelkeit), entzündungshemmende Analgetika wie Aspirin, Ibuprofen, Diclofenac, **Triptane** (Cave: **keine Kombination mit SSRIs**, da Gefahr des lebensgefährlichen Serotoninsyndroms), Psychotherapie, Biofeedback, früher: Mutterkorn (Ergotaminpräparate)	Anfallskupierung durch Inhalation von reinem Sauerstoff	Kurzfristig: lokale Kälte, Medikation mit entzündungshemmenden Analgetika wie Aspirin, Ibuprofen, Diclofenac; langfristig: Amitriptylin, Psychotherapie, Entspannungsverfahren, Biofeedback	Entzug Entwöhnungsbehandlung (Rückfallquote ca. 1/3)

▶ 11.5.6 Übersicht neurologischer Symptome

Gegenstand wird beschrieben aber nicht benannt

Agnosie: Beeinträchtigung des Erkennens von akustischen, optischen oder taktilen Reizen bei Intaktheit der Sinnesorgane. Z. B. visuelle Agnosie: Gegenstände werden beim Betrachten nicht identifiziert, wohl aber beim Betasten.

Akathisie: quälende Sitzunruhe und Bewegungsdrang, z. B. bei der Therapie mit Antipsychotika.

Akinese: pathologische Bewegungsarmut mit einer Störung der Spontan- und Mitbewegung der Skelettmuskulatur aufgrund extrapyramidaler Schädigungen.

Aphasie: Störung im kommunikativen Gebrauch der Sprache, also Störungen des Sprechvermögens und Sprachverständnisses (im Gegensatz zu motorischen Sprechstörungen). Es sind verschiedene Einteilungen möglich:

- **Broca-Aphasie:** Sprachproduktion erheblich verlangsamt, Sprachverstehen leicht gestört (Sprachanstrengung, zögernd, mühsam) und Agrammatismus (auf einzelne kommunikativ wichtige Worte beschränkt, Telegrammstil, bei relativ ungestörtem Sprachverständnis).
- **Wernicke-Aphasie:** Sprachproduktion flüssig, Sprachverstehen erheblich gestört (gut erhaltener Sprachfluss, meist überschießende Sprachproduktion mit reichlich Paraphasien [Fehlbenennungen] und Neologismen; das Sprachverständnis ist erheblich eingeschränkt).
- **Amnestische Aphasie:** Sprachproduktion meist flüssig, Sprachverstehen leicht gestört (in erster Linie Wortfindungsstörungen, durch Ersatzstrategien kompensiert, deshalb v. a. Benennungsprobleme; Sprachverständnis nur gering gestört).
- **Globale Aphasie:** Alle rezeptiven und expressiven sprachlichen Funktionen sind etwa gleich schwer beeinträchtigt.

Apraxie: gestörte Fähigkeit zu gezielten Handlungsausführungen, komplexen Bewegungen oder der zweckmäßigen Verwendung von Gegenständen bei Intaktheit der motorischen und sensorischen Werkzeuge. Auftreten bei umschriebenen Läsionen der Hirnrinde oder allgemeinen Hirnabbauprozessen.

Ataxie: Bewegungskoordinationsstörung, die Bewegungsabläufe in ihrer Harmonie und Glätte beeinträchtigt. Rumpfataxie: freies Sitzen unmöglich; Standataxie: der Erkrankte kommt im freien Stand aus dem Gleichgewicht; Gangataxie: breitbeiniges, torkeliges Gangbild.

Dysarthrie (Dysarthrophonie): Sammelbegriff für Sprechstörungen, bei denen die motorische Ausführung der Sprechbewegung aufgrund einer Beeinträchtigung der Sprechwerkzeuge (Nerven, Muskeln) gestört ist. Auftreten z. B. nach Hirnschädigungen.

Delir: reversible, akute, organische Psychose mit Verwirrtheit, Wahnvorstellungen, ängstlicher psychomotorischer Unruhe, Übererregbarkeit, Desorientiertheit, Suggestibilität, Kreislaufstörungen, vegetativen Entgleisungen. Es besteht potenziell eine vitale Bedrohung für den Betroffenen, intensivmedizinische Betreuung ist nötig.

Dyskinesie: Verzerrung willkürlicher Bewegungen durch unwillkürliche Muskelaktivitäten, v. a. nach der Anwendung von Antipsychotika.

Erregungszustand: Unruhe, Agitiertheit, aggressive Durchbrüche aufgrund von Konflikten, schweren Kränkungen, aber auch Schizophrenien, Manien, Substanzmissbrauch, organischen Ursachen.

Hemiparese: Lähmung einer Körperseite (Halbseitenlähmung), oft nach zentralen Schädigungen und auf der kontralateralen Körperseite.

Katatonie: Störung der Willkürmotorik als katatone Sperrung mit Erstarrung des Betroffenen oder katatoner Erregungszustand mit starker psychomotorischer Erregung.

Klonisch: krampfhaft zuckend.

Miosis: Pupillenverengung.

Neglect: halbseitige Vernachlässigung des eigenen Körpers oder der Umgebung nach Hirnschädigung in einer oder mehreren Sinnesqualitäten, oft kontralateral (z. B. Gesichtsfeldausfall).

Nystagmus: „Augenzittern", unwillkürliches Zittern des Augapfels.

Organisches Psychosyndrom: meint psychische Veränderungen als Folge einer organischen Erkrankung des Gehirns, z. B. bei Demenzen (veraltet: hirnorganisches Psychosyndrom, HOPS).

Parästhesie: anormale Körperempfindung, z. B. Kribbeln.

Parkinsonoid: Parkinson-Syndrom aufgrund von Medikamentengaben.

Prosopagnosie: Unfähigkeit, Gesichter zu erkennen.

Ptosis: Herabhängen des Augenlides.

Rigor: Muskelstarre, die sich als eine gleichzeitige Aktivierung von Muskeln und ihrer Gegenspieler zeigt und einer passiven Bewegung einen anhaltenden, wachsartigen Widerstand entgegensetzt.

Stupor: Starrezustand des ganzen Körpers bei wachem Bewusstsein mit Fehlen der Spontansprache (Mutismus), Sperrung der Motorik und Reglosigkeit.

Tonisch: lang dauernde, schmerzhafte Muskelkontraktion.

Tremor: unwillkürliches Muskelzittern.

Verwirrtheit: akute, subakute oder chronisch progrediente Denkstörung, die von einer Bewusstseinsstörung begleitet sein kann. Die Patienten zeigen inadäquates Verhalten bei verschiedenen Gelegenheiten. Die Gründe sind meist organischer Natur, z. B. Demenz, Intoxikation, Hirninfarkt.

Wachkoma: Nach schweren Hirnschädigungen bleiben Funktionen von Zwischenhirn, Hirnstamm und Rückenmark erhalten, während der Kortex nicht zur Verfügung steht. Die Patienten wirken wach, sind aber ohne Bewusstsein.

12 Neuro- und Sinnesphysiologie

Grundlage der **neuronalen Reifung**, insbesondere des ZNS, sind Sinneseindrücke. In den ersten Lebensmonaten kommt es zu einer schnellen Reifung und Gewichtszunahme des Gehirns durch Myelinisierung der Nervenbahnen und Vernetzung der Nervenzellen.

Die Fähigkeit von Nervenzellen, sich gemäß ihrer Verwendung zu verändern, indem es zu Veränderungen an den Synapsen kommt, nennt man **neuronale Plastizität**. In Abhängigkeit von der Aktivität der Synapsen wird dazu die Signalübertragung optimiert (z. B. Erhöhung von Rezeptoren, Variation der Menge an ausgeschütteten Botenstoffen etc.). Eine Verstärkung der synaptischen Übertragung durch synaptische Plastizität nennt man Potenzierung, die Abschwächung nennt man Depression (≠ F32). Neuronale Plastizität gewährleistet die Lernfähigkeit des Gehirns und ist Voraussetzung von Lernen und Gedächtnisfunktion.

Die Verknüpfung zweier oder mehrerer Gedächtnisinhalte als Ausdruck der Plastizität wird **Assoziationsbildung** genannt. Die neuronale Plastizität ist Grundlage der **multiplen Kontrolle**, da sie ermöglicht, dass eine Funktion von verschiedenen Hirnregionen kontrolliert werden kann und es im Falle einer Hirnschädigung nicht notwendigerweise zu einem Funktionsausfall kommt. Dieses Prinzip macht man sich bei der neuropsychologischen Rehabilitation zunutze.

12.1 Neuropsychologie und neuropsychologische Therapie

Neuropsychologie versucht, **Hirnstruktur-Funktionszusammenhänge** zu beschreiben. Erleben, Verhalten und Denkprozesse werden dazu im Kontext neuronaler Prozesse erklärt. Sie verwendet Erkenntnisse der kognitiven Psychologie. Für ihre Analyse nutzt sie Erkenntnisse aus den Untersuchungen von Patienten mit klar definierten Hirnschädigungen (z. B. nach einem Schlaganfall, Schädelhirntrauma), bildgebende Verfahren und auch molekulargenetische Untersuchungen.

Neuropsychologische Diagnostik dient der Feststellung von hirnorganisch verursachten Störungen kognitiver Funktionen, des emotionalen Erlebens, des Verhaltens und der Krankheitsverarbeitung sowie der daraus resultierenden psychosozialen Beeinträchtigungen. Eine wichtige Rolle spielt sie in der **Diagnostik** von **Demenzen**.

Neuropsychologische Therapie versucht, die vorhandenen Störungen sowie die daraus resultierenden Beeinträchtigungen im alltäglichen Leben zu beseitigen oder zu verringern (vgl. Orientierung an der „Internationalen Klassifikation der Funktionsfähigkeit, Behinderung und Gesundheit, ICF", S. 50). Sie vereint verschiedene therapeutische Maßnahmen, die sich zwei Strategien zuordnen lassen:

- **Methoden zur Funktionsrestitution:** Verbesserung der Wiederherstellung beeinträchtigter Funktionen durch intensive und sich wiederholende Stimulation. Die biologische Grundlage der Restitution ist die Plastizität des Gehirns.
- **Methoden zur Funktionskompensation:** Ausgleich von Funktionsdefiziten durch noch intakte Funktionen oder Fähigkeiten. Gleichzeitig ist damit ein Anpassungsprozess der eigenen Ziele und Erwartungen im Sinne einer erfolgreichen Entwicklung gemeint (vgl. „Modell der Selektiven Optimierung mit Kompensation", S. 299)

2011 ist die neuropsychologische Therapie in den Leistungskatalog der gesetzlichen Krankenkassen aufgenommen worden.

12.2 Grundprinzipien der Sinnesfunktionen

Alle Organismen reagieren auf Reize. Die Aufnahme spezifischer Reize erfolgt durch spezialisierte **Sinneszellen**, welche einzeln oder konzentriert auftreten können.

Sinnesorgane sind spezialisierte Organe (z. B. Auge, Nase, Ohr) zur Aufnahme von bestimmten Reizen und bestehen aus zahlreichen Sinneszellen. Sie wandeln die jeweils für sie adäquaten Reize in Erregungen um (z. B. ein optischer Reiz erregt Lichtsinneszellen, nicht aber Sinneszellen der Haut) und übertragen diese Impulse über Nervenzellen letztlich zum Gehirn und zum Rückenmark. Dort wird die Erregung verarbeitet und gespeichert. Motorische Nerven leiten dann die Erregung zu den Erfolgsorganen (z. B. Muskeln) und lösen dort eine Reaktion aus.

Je nach der Art der von den Sinneszellen aufgenommenen Reize werden verschiedene Sinnesorgane und Sinne voneinander unterschieden.

Es werden fünf **Sinne** unterschieden:

1. **Sehen** (Gesichtssinn) über Sinneszellen in der Netzhaut des Auges, welche optische Reize aufnehmen,
2. **Riechen** (Geruchssinn) über Sinneszellen im Riechfeld der Nasenschleimhaut, welche auf chemische Reize reagieren,
3. **Hören** (Gehörsinn) über Sinneszellen im Innenohr, welche auf akustische Reize (Schallwellen) reagieren,
4. **Schmecken** (Geschmackssinn) über Sinneszellen in den Geschmacksknospen der Zunge und des Gaumens, welche auf chemische Reize reagieren,
5. **Tasten** bzw. **Sensibilität** (Tast- und Berührungssinn) über Sinneszellen und freie Nervenendigungen in der Haut, welche auf mechanische Reize reagieren.
   - Unter **protopathischer Sensibilität** versteht man die diffuse Empfindung für Schmerz, Druck und Temperatur.
   - **Epikritische Sensibilität** hingegen meint die fein diskriminierende Wahrnehmung von Reizen.

In der Physiologie werden weitere Sinne wie der Temperatursinn (über Thermorezeptoren), der Schmerzsinn (über Nozizeptoren) und der Gleichgewichtssinn (über Sinneszellen im Innenohr) unterschieden.Alle Sinnesorgane können Funktionsstörungen und Erkrankungen aufweisen, wovon exemplarisch einige genannt werden sollen.

Störungen des Ohres

- **Tinnitus:** aufgrund von Durchblutungsstörungen, geschädigten Hörzellen, Stress oder psychischen Faktoren vorübergehende oder chronische, ein- oder beidseitige Hörempfindung von Geräuschen oder Tönen ohne äußere Schalleinwirkung (Ohrensausen), die zu Konzentrations- und Schlafstörungen führen kann.

- **Psychogene Hörstörung:** ein aufgrund meist traumatischer Ereignisse oder einer akuten psychischen Belastungssituation auftretender subjektiver Hörverlust bei normalen Befunden in objektiven Messungen des Gehörs.

Störungen des Auges

- **Psychogene Blindheit:** subjektiver Verlust des Sehens; durch visuell evozierte Potenziale lässt sich die Reizantwort des ZNS auf eine optische Reizung der Augen im EEG ableiten.

Störungen des Gleichgewichtsorgans

- **Schwindel:** hervorgerufen durch ungefährliche Kalkablagerungen im Bogengang, Entzündungen und Tumore.
  - Morbus Menière mit der Symptomtrias Drehschwindel, Tinnitus, einseitiger Hörverlust.
- **Vestibuläre Halluzinationen:** z. B. Empfindung des Schwebens oder Schwankens infolge von Intoxikationspsychosen, Schizophrenien und hinrorganischen Psychosyndromen.

12.2.1 Schmerz

Der Schmerzsinn wird teilweise als eigene Sinnesfunktion verstanden. Es gibt spezielle Schmerzrezeptoren, die **Nozizeptoren**. Das sind Axonendigungen, welche in fast allen Körperregionen vorhanden sind. Sie leiten den Impuls an die aufsteigenden Schmerzbahnen weiter und können auf verschiedene (polymodal) oder nur auf eine bestimmte Reizqualität (unimodal) reagieren.

▶ Es werden folgende **Komponenten der Schmerzempfindung** unterschieden:
- sensorisch (Stärke, Lokalisation),
- affektiv (Qual, Leid),
- motorisch (Muskelspannung),
- vegetativ (Schweißausbruch),
- kognitiv (Bewertung als quälend, unaushaltbar usw.).

▶ Das **sensorisch- diskriminative Schmerzsystem** bestimmt
- die Intensität und Qualität des Reizes (mechanisch, thermisch, chemisch),
- den Ort und die Ausbreitung und
- den Beginn und das Ende des Schmerzes.

Schmerzweiterleitung erfolgt über die aufsteigende Schmerzbahn (Vorderstränge) über verschiedene Arten von Nervenfasern. Der **helle Schmerz** (Erstschmerz) ist gut lokalisierbar und schnell abklingend. Seine Weiterleitung erfolgt über schnelle A-Delta-Fasern (20 m/s). Der **dumpfe Schmerz** ist später einsetzend und länger anhaltend. Es ist ein Schmerz, der durch chemische Stoffe aus dem verletzten Gewebe hervorgerufen wird. Seine Weiterleitung erfolgt über langsame C-Fasern (2 m/s). Die aufsteigende Schmerzbahn endet im Thalamus mit Verbindungen zum limbischen System und zum Kortex. Hier erfolgt zunächst die kognitive und affektive Bewertung des Schmerzes. Dann kommt es zur Veranlassung der motorischen und vegetativen Folgen. Dementsprechend kann das Schmerzempfinden auf verschiedenen Niveaus beeinflusst werden.

Schmerzhemmung: Zur medikamentösen Schmerzlinderung stehen Nicht-Opioid-Analgetika und Opioid-Analgetika zur Verfügung.

- **Peripher wirkende Medikamente**, welche die Nozizeptoren beeinflussen sind z. B. Aspirin, Paracetamol, Ibuprofen etc. Sie werden auch antipyretische Analgetika genannt, da sie zugleich fiebersenkend sind.
- **Zentral wirkende Medikamente** (Opioide, z. B. Morphin, Codein) hemmen die Übertragung zwischen den Neuronen der aufsteigenden Schmerzbahnen. Opioide besitzen ein Abhängigkeitspotenzial.
- Zudem existieren verschiedene adjuvante Medikamente. So werden beispielsweise **trizyklische Antidepressiva** (vgl. Tabelle 14.2, S. 145) bei chronischen Schmerzen eingesetzt und sollen die emotionale Bewertung des Schmerzes verändern.

Des Weiteren werden verschiedene Schmerztypen voneinander abgegrenzt:
- **Somatischer Schmerz:** betrifft Muskeln, Haut, Bindegewebe.
- **Viszeraler Schmerz:** betrifft die inneren Organe, schwer ortbar, z. B. Blinddarm.
- **Nozizeptorenschmerz:** Schmerz durch Reizung der Nozizeptoren; Schmerzimpulse werden ans ZNS geleitet, ermöglichen durch örtliche Zuordnung entsprechende Reaktionen (Warnfunktion).
- **Neuropathischer Schmerz:** Schmerz durch Schädigung des Nervensystems, keine Warnfunktion, (z. B. Amputationen, Herpes Zoster).
- **Psychogener Schmerz:** somatische Ursache fehlt.
- **Chronischer Schmerz** (in Abgrenzung zu akutem Schmerz):
  - Dauer: länger als sechs Monate.
  - Die Warnfunktion ist verloren gegangen.
  - Die Entstehung chronischer Schmerzen steht im Zusammenhang mit der Ausbildung des Schmerzgedächtnisses.

12.3   Psychophysiologische Reaktionen

Orientierung ist die Fähigkeit, sich in einer Umgebung örtlich, zeitlich und persönlich zurechtzufinden.

Orientierungsreaktion: wird bei jeder Abweichung von inneren gespeicherten Modellen ausgelöst und hat folgenden Charakter:
- Hinwendung in Richtung des unerwarteten Reizes zur Erhöhung der Wirksamkeit dieses Reizes, einhergehend mit einem Zustand gesteigerter Aufmerksamkeit und typischen physiologischen Reaktionen:
  - erhöhte Sensibilität, Absinken der Wahrnehmungsschwellen, Pupillenerweiterung, Steigerung des Muskeltonus, Konstriktion peripherer Blutgefäße und Dilatation der Blutgefäße in Kopf und Gehirn,
  - Vertiefung und Verlangsamung von Atmung und *Herabsetzen der Herzfrequenz*,
  - Vergleich mit Gedächtnisinhalten.
- Durch wiederholte Darbietung des Reizes kommt es Löschung der Orientierungsreaktion (Habituation, s. u.).

Schreck ist eine physiologisch messbare Reaktion auf einen unerwarteten, meist bedrohlichen Reiz. Vermittelt über das vegetative Nervensystem kommt es zu Zusammenfahren, Erblassen, Schweißausbruch und einer *Steigerung der Herzfrequenz*. Die „Schrecksekunde" mit Erstarrung ist individuell verschieden und situationsabhängig.

Aktivierung meint eine Erregung, hervorgerufen durch äußere oder innere Reize mit den typischen körperlichen Reaktionen:
- zentralnervös: Anpassung der EEG-Frequenz,
- sensorisch: Verschärfung der Sinneswahrnehmung,
- vegetativ: Aktivierung des Sympathikus.

▶ **Habituation:** Die Wirkung eines Reizes und die damit ausgelöste psychophysiologische Reaktion nimmt bei *wiederholter Reizdarbietung* ab und dient der Verhinderung der Beachtung bekannter Reize. Genauer handelt es sich um die Verringerung der Intensität einer Orientierungsreaktion nach wiederholter Darbietung eines Reizes.

▶ Die **Adaptation** beschreibt ebenfalls die Abnahme einer psychophysiologischen Reaktion. Sie meint jedoch die Erhöhung der Reizschwelle eines Sinnesorgans bei *kontinuierlicher Reizung*.

▶ **Extinktion** wird die Abnahme der Reaktionsintensität einer klassisch oder instrumentell gelernten Reaktion genannt.

▶ **Aufmerksamkeit** ist die auf die Beachtung eines Objekts gerichtete Bewusstseinshaltung. Man unterscheidet:
- Daueraufmerksamkeit (Vigilanz, Wachsamkeit): Bereitschaft zur schnellen Reaktion auf äußere Reize, Steuerung über das aufsteigende retikuläre Aktivierungssystem (ARAS) der Formatio reticularis.
- Geteilte Aufmerksamkeit: Das Bewusstsein wird gleichzeitig auf mehrere Gegenstände bzw. Handlungen gerichtet.
- Selektive Aufmerksamkeit: Das Bewusstsein wird auf einzelne Gegenstände bzw. Handlungen gerichtet, andere werden ausgeblendet.

[handschriftliche Notiz am Rand:]
Vigilanzstufen:
Benommenheit
Schläfrigkeit
Somnolenz (Amnesie)
Stupor
Sopor
Koma

12.4 Registriermethoden der Psychophysiologie

Das Elektroenzephalogramm – EEG: erlaubt die Ableitung und Registrierung der elektrischen Aktivität des Gehirns. Gemessen werden die elektrischen Spannungsschwankungen der Großhirnrinde. Diese sind Folge postsynaptischer Potenziale, die mit einer bestimmten Synchronizität in den Zellverbänden auftreten. Die Rhythmik wird vom Thalamus erzeugt. Für EEG-Untersuchungen, welche unschädlich und schmerzlos sind, werden an der Schädeloberfläche 16 oder mehr Elektroden an standardisierten Ableitpunkten befestigt, und die Spannungsschwankungen zwischen den Elektroden werden gemessen. Die Wellen, welche bei der Ableitung entstehen, unterscheiden sich nach Frequenz, Amplitude, Form, Verteilung und Häufigkeit. Die wichtigsten Wellenformen sind in Tabelle 12.1 dargestellt.

EEG-Untersuchung:
- In der Routine-EEG-Untersuchung wird die **spontane hirnelektrische Aktivität** (Spontanaktivität, Ruhe-EEG) dargestellt.
- Ergänzend kann die **evozierte hirnelektrische Aktivität** dargestellt werden, indem die Untersuchung durch Provokationsmaßnahmen wie Lichtblitze und Hyperventilation, z. B. in der Epilepsiediagnostik, ergänzt wird.
- Außerdem können **evozierte Potenziale** abgeleitet werden. Das sind Spannungsänderungen, die durch die Reizung eines Sinnesorgans oder der peripheren Nerven entstehen.

Visuell evozierte Potenziale beispielsweise ermöglichen die Beurteilung des Sehnervs und der Sehbahn (z. B. zur Abgrenzung von organischer und psychogener Blindheit).

Tabelle 12.1: Typische Wellen im EEG

Wellen	Frequenz in Hertz (Hz)	Amplitude in Mikro-Volt (μV)	Bedeutung
Delta	0,5–3	5–250	Typisch für meist traumlose Tiefschlafphase, bei Koma, Narkose
Anmerkung: bei wachen Menschen Hinweis auf Hirnschädigung, bei jungen Kindern auch im Wachzustand physiologisch			
Theta	4–7	20–100	Erwachsene: bei Schläfrigkeit und in den leichten Schlafphasen
Anmerkung: bei Kindern auch im Wachzustand physiologisch			
Alpha	8–13	20–120	Physiologischer Grundrhythmus des ruhenden Gehirns, typisch für Wachzustand bei geringer visueller Aufmerksamkeit (wach und Augen geschlossen), bei Konzentration oder Aufmerksamkeit Übergang in den Beta-Rhythmus („Alpha-Block")
Bemerkung: an allen Ableitungen gleich synchronisiertes EEG, assoziiert mit Entspannung			
Beta	14–30	5–50	Auftreten unter geistiger Anspannung und bei Sinnesreizen im Wachzustand mit geöffneten Augen
Anmerkung: an den unterschiedlichen Ableitungen unterschiedlich (desynchronisiertes EEG), verstärkt unter Benzodiazepin- und Barbiturateinfluss, typisch für REM-Schlaf			
Gamma	31–60	bis 10	Auftreten bei starker Konzentration oder Lernprozessen

Anwendungsbereiche des EEG:
- Epilepsiediagnostik: In diesen Untersuchungen ist v. a. das Auftreten verschiedener epilepsietypischer Potenzialkombinationen **(spikes and waves)** von Interesse.
- Diagnostik von Herdbefunden (Auffälligkeiten in einem bestimmten Hirnareal),
- Feststellung des Hirntodes (keine Hirnströme mehr messbar).

Ein positiver EEG-Befund kann wertvolle diagnostische Hinweise liefern, ein negativer Befund schließt jedoch keine Erkrankung aus. Im Kindes- und Jugendalter ist das EEG langsamer und unregelmäßiger als bei Erwachsenen, was seine Beurteilung deutlich schwieriger macht.

Schlaf und EEG: Da der Schlaf das EEG in besonderem Maße modifiziert, spielt es auch eine wichtige Rolle bei schlafmedizinischen Untersuchungen zur Bestimmung der Schlafstadien, welche mit unterschiedlicher Schlaftiefe assoziiert sind. Der Zusammenhang zwischen EEG-Befund und Schlaftiefe wird in Tabelle 12.2 illustriert.

▶ Tabelle 12.2: Schlafstadien und dazugehörige EEG-Aktivität

Stadium	EEG-Aktivität	Bemerkung
Einschlafstadium		
Aufmerksamkeit, entspannt mit geschlossenen Augen	Beta-Wellen Alpha-Wellen	
Stadium I (leichter Schlaf, kurz nach dem Einschlafen)	Übergang von Alpha- zu Theta-Wellen	Reduktion der Muskelspannung, Nachlassen des bewussten Wahrnehmens der Umgebung
Stadium II	Weiterhin Theta-Wellen sowie Schlafspindeln und K-Komplexe	Wird im Laufe des Schlafes zunehmend länger, mehr als 50 % des Gesamtschlafes
Stadium III (Übergang in den Tiefschlaf)	Delta-Wellen (zu 20–50 %)	Weitere Abnahme der Muskelspannung
Stadium IV (Tiefschlaf oder auch Slow-wave-Sleep)	Delta-Wellen (zu mehr als 50 %)	Tiefste Schlafphase, desorientiert bei Wecken, Schlafwandeln, Sprechen im Schlaf Tiefschlaf wird in der zweiten Schlafhälfte meist nicht mehr erreicht

- Trennung zwischen III und IV ist nicht eindeutig festgelegt, oft gemeinsame Betrachtung
- Stadien I-IV: heißen auch NON-REM oder orthodoxer Schlaf

REM-Schlaf (auch paradoxer Schlaf, Traumschlaf)	Ähnlich wie Stadium I, vorwiegend Theta-Wellen und langsame Alpha-Wellen, aber auch eine rege Beta-Aktivität, wie sonst eigentlich nur im Wachzustand	Lebendige Traumberichte, maximale Muskelrelaxation; lediglich die Augäpfel führen rasche Bewegungen mit einer Frequenz von 5–10/s aus (Rapid Eye Movement) Aktivierung der meisten vegetativen Funktionen (Blutdruck, Atmung, Hirn- und Genitaldurchblutung) zu Beginn der Nacht ca. 20 Minuten, im Laufe der Nacht zunehmend länger bis zu 35 Minuten

Pro Nacht werden diese Phasen zyklisch drei- bis fünfmal durchlaufen, wobei der Tiefschlaf abnimmt und der REM-Schlaf zunimmt.

Magnetenzephalografie – MEG: Jeder elektrische Strom geht mit einem Magnetfeld einher. Beim MEG werden die Magnetfelder, die durch elektrische Signale der Nervenzellen erzeugt werden, erfasst. Auch mit dem MEG kann man spontane und ereigniskorrelierte Aktivität erfassen, und es spielt v. a. in der Aufdeckung und Lokalisierung von Epilepsieherden eine Rolle.

Elektromyogramm – EMG: Die Elektromyografie untersucht die elektrische Aktivität der Muskulatur mittels Nadelelektroden. Das Verfahren wird für die Diagnostik von Muskel- und Nervenerkrankungen genutzt.

Elektrodermale Aktivität: Der Hautwiderstand als Maß für die elektrische Leitfähigkeit der Haut wird in erster Linie von der Aktivität der Schweißdrüsen beeinflusst. Bei sympathischer Aktivierung kommt es zu erhöhter Schweißsekretion, der Hautwiderstand fällt ab, und dessen Kehrwert, die Hautleitfähigkeit, steigt an (veraltet: psychogalvanische Hautreaktion).

Die elektrodermale Aktivität wird durch Elektroden an der Handinnenfläche gemessen und ist z. B. im Rahmen von Biofeedback-Verfahren oder psychophysiologischen Experimenten von Interesse.

Bildgebende Verfahren: Eine Übersicht über gängige bildgebende Verfahren liefert Tabelle 12.3.

Tabelle 12.3: Bildgebende Verfahren

Name	Funktionsweise
Statische Bilder	
CT Computertomografie	Röntgenaufnahmen werden beim Durchdringen von Gewebe abgeschwächt. Der Grad dieser Abschwächung wird beim CT gemessen, und daraus wird rechnerbasiert ein dreidimensionales Bild aufgebaut, welches eine im Gegensatz zum normalen Röntgen feinere Differenzierung der Gewebsdichte ermöglicht (Weichteilkontrast). Das CT eignet sich insbesondere zur Darstellung von Tumoren, Infarkten und Blutungen.
MRT Magnetresonanztomografie	Hier werden die Bilder aus der Energie gewonnen, die nach erzwungener Ausrichtung der Wasserstoffatome bei deren Rückkehr in die Ausgangslage frei wird. Der Patient wird dazu sehr starken Magnetfeldern ausgesetzt. Die dann eingestrahlten Hochfrequenzimpulse bewirken unterschiedliche Energiezustände der Wasserstoffatome. Nach Abschalten wird die eingestrahlte Energie abgegeben und daraus ein Bild aufgebaut. Grundlage für den Bildkontrast sind unterschiedliche Relaxationszeiten verschiedener Gewebearten sowie der unterschiedliche Gehalt an Wasserstoffatomen in verschiedenen Geweben (z. B. Muskeln, Knochen). Die MRT liefert einen dem CT weit überlegenen Weichteilkontrast, und der Patient wird keiner belastenden Strahlung ausgesetzt.
Variable Bilder	
fMRT funktionale Magnetresonanztomografie bzw. **fMRI** funktionales Magnetresonanz-Imaging	Diese Weiterentwicklung des MRT ermöglicht Aufnahmen, die Durchblutungsänderungen von Hirnarealen sichtbar machen. Im Zusammenhang mit neuronaler Aktivität kommt es lokal zu Veränderungen der Oxygerierung (Sauerstoffsättigung), des Blutflusses und des Blutvolumens in umschriebenen Hirnregionen. Die fMRT liefert ein Bild der aktiven Hirnareale bzw. Aktivitätsveränderungen (z. B. Aktivität beim Lösen bestimmter Aufgaben), ohne dass der Patient wie bei der PET (s. u.) Strahlung ausgesetzt wird.
PET Positronen-Emissionstomografie und **SPECT** Single-Photon-Emissionscomputertomografie	Es handelt sich um eine computergestützte, schichtweise Abbildung der Radioaktivitätsverteilung in Organen nach Injektion oder Inhalation schwach radioaktiver Substanzen (Tracer), um Stoffwechselvorgänge im Körper sichtbar zu machen. Die Berechnung der Bilder erfolgt aus der Strahlung, die der Körper wieder abgibt, denn wie stark sich der Tracer (beispielsweise radioaktiv markierter Traubenzucker) in der zu untersuchenden Körperregion anreichert, hängt von deren Stoffwechselaktivität ab (Tumore beispielsweise haben oft einen anderen Energiestoffwechsel als gesundes Gewebe). Das Verfahren findet seinen Einsatz in der Neurologie, Onkologie und Kardiologie.

13 Ausgewählte Organsysteme und deren Erkrankungen

Im Folgenden werden, soweit dies für die Prüfung von Relevanz ist, grundlegende Informationen über Aufbau und Funktionsweise der verschiedenen Organsysteme gegeben. Auf mögliche Erkrankungen der entsprechenden Systeme sollten Sie sich bei der Prüfungsvorbereitung besonders konzentrieren.

Um die Regionen und die Lageverhältnisse von Organen im menschlichen Körper zu beschreiben, lassen sich durch den menschlichen Körper beliebig viele Achsen als Hilfslinien legen. Es werden drei **Körperachsen** definiert:

1. **Longitudinalachse:** vertikale Achse bzw. Längsachse; bei aufrechtem Stand senkrecht zur Unterlage (kraniokaudale Achse),
2. **Transversalachse** horizontale Achse bzw. Querachse; senkrecht auf die Längsachse, von rechts nach links,
3. **Saggitalachse:** senkrecht zur Quer- und Längsachse; von der Hinter- zur Vorderfläche des Körpers (dorsoventrale Achse).

 Außerdem sollten bestimmte **Lage- und Richtungsangaben** bekannt sein:
- dorsal: rückenwärts,
- ventral: bauchwärts,
- kranial: kopfwärts,
- kaudal: steißwärts,
- medial: zur Mitte hin,
- lateral: zur Seite hin bzw. von der Mitte weg,
- zentral: zum Inneren des Körpers hin,
- peripher: zur Oberfläche des Körpers hin.

13.1 Muskulatur

13.1.1 Aufbau und Funktion:

Muskelzellen gleichen im Aufbau den übrigen Körperzellen, sie zeigen jedoch einige Besonderheiten:
- Muskelzellen sind Fasern von bis zu 20 Zentimetern Länge.
- Bestimmte Eiweißstrukturen (Myofibrillen) verleihen dem Muskel die Fähigkeit zur Verkürzung, diese sind in der Längsachse der Muskelfaser angeordnet.

Wird einem Muskel ein Reiz vermittelt, erfolgt eine Kontraktion. Währenddessen wird Glykogen über Traubenzucker zu Kohlendioxid und Wasser abgebaut. Die dabei freigesetzte Energie wird für die Muskelbewegung und zum Teil für die Erhaltung der Körpertemperatur genutzt.

Nach dem Feinbau und der Funktion werden zwei Arten von Muskelgewebe unterschieden:
- **Glatte Muskulatur:** kommt vorwiegend in den inneren Organen vor, langsame aber ausdauernde Arbeitsweise, nicht willkürlich beeinflussbar, makroskopisch: blassrosa Farbe.

- **Quer gestreifte Muskulatur:** kommt vorwiegend im Skelettmuskel- und Herzmuskel-gewebe vor, schnelle Kontraktion, aber auch schnelle Ermüdung, willentlich beeinflussbar, makroskopisch: kräftige rote Farbe.

Ein Beispiel für das Zusammenwirken beider Arten von Muskulatur ist die **Physiologie der Miktion:** Die Speicherfunktion der Blase wird über zwei Schließmuskeln gewährleistet: den inneren Sphinktermuskel (glatte Muskulatur) und den äußeren Sphinktermuskel (quer gestreifte Muskulatur). Außerdem ist der Detrusor (als „Austreibermuskel", der die gesam-te Harnblase umgibt) beteiligt. Bei zunehmender Füllung der Blase muss sich der Detrusor den Druckverhältnissen anpassen (Entspannung). Ist ein Schwellenwert überschritten, wird der Miktionsreflex ausgelöst. Damit kommt es zur Kontraktion des Detrusors, einer passiven Dehnung des inneren Schließmuskels und einer willkürlich gesteuerten Erschlaffung des äu-ßeren Schließmuskels mit der Harnentleerung (s. S. 196).

13.1.2 Erkrankungen

Inkontinenz: unwillkürlicher Urinabgang oft im Zusammenhang mit einer Störung der Sphinktermuskulatur am Blasenausgang, durch die Degeneration der Muskulatur im Alter, nach (mehreren) Geburten.

Enuresis: meint eine normale Miktion zum falschen Zeitpunkt bzw. am falschen Ort (vgl. S. 195 f. und Kap. 38.2.3 „Ausscheidungsstörungen", S. 337).

13.2 Blut und Blutgefäßsystem

13.2.1 Aufbau und Funktion

Blut ist eine lebensnotwendige Flüssigkeit. Es besteht aus dem **Blutplasma** (Blutflüssigkeit: 90 % Wasser, ca. 10 % gelöste Substanzen, v. a. Eiweiß) und den **Blutzellen:**
- Erythrozyten (rote Blutkörperchen): transportieren Sauerstoff über Bindung an den roten Blutfarbstoff (Hämoglobin, Hb),
- Leukozyten (weiße Blutkörperchen): Teil des Immunsystems mit komplexem Aufbau und multiplen Funktionen,
- Thrombozyten (Blutplättchen): spielen wichtige Rolle bei der Blutgerinnung und -stillung.

Blut ist das wichtigste Transportmittel im Körper, u. a. für Sauerstoff, Kohlendioxid, Stickstoff, Vitamine, Hormone, Eiweiße, Kohlenhydrate, Fette, Stoffe zur Immunabwehr.

Das Blut fließt in einem geschlossenen **Gefäßsystem** durch den Körper. Bei den Blutgefäßen werden Herz, Arterien (Schlagadern), Venen und Kapillaren unterschieden.
- **Arterien:** alle Gefäße, die vom Herzen wegführen; mit elastischen Wänden, die durch das vom Herzen stoßweise abgegebene Blut gedehnt werden (Druckwelle ist als Puls spürbar). „abgang"
- **Venen:** alle Gefäße, die zum Herzen hinführen; wenig elastische Wände, jedoch Klappen, die ein Zurückfließen des Blutes verhindern. „vorwärts"
- **Kapillaren:** haarfeine, netzartig verzweigte Gefäße, die den Übergang zwischen Venen und Arterien bilden und dem Stoffaustausch dienen.

13.2.2 Erkrankungen

Leukämie: bösartige Systemerkrankung, hervorgerufen durch eine starke Vermehrung von unreifen Vorläuferzellen der Leukozyten mit der Folge der Verdrängung gesunder Zellen in Blut und Knochenmark sowie im Verlauf Infiltration weiterer Organe.

Eisenmangelanämie (häufigste Anämie): Durch einen Eisenmangel wird die Produktion des Hämoglobins gestört mit der Folge von Müdigkeit, Schlappheit, Blässe.

13.3 Herz

13.3.1 Aufbau und Funktion

Das Herz ist ein etwa faustgroßer, kräftiger Hohlmuskel. Die **Herzscheidewand** (Septum) unterteilt das Herz in zwei Hälften mit je einem **Vorhof** (Atrium) und einer **Kammer** (Ventrikel). Die Verhinderung des Rückstromes des Blutes erfolgt durch vier Klappen: die **Segelklappen** zwischen Vorhof und Kammern und die **Taschenklappen** zwischen Kammern und Blutgefäßen. Der Herzmuskel selbst wird durch Herzkranzgefäße (Koronargefäße) mit Blut versorgt.

Die **Herztätigkeit** ist die Folge regelmäßiger Kontraktionen der Herzmuskulatur. Dadurch entsteht eine Pumpwirkung, bei der das Blut in die Arterien gedrückt wird und gleichzeitig vom Herzen Blut aus den Venen angesaugt wird. Die Herztätigkeit vollzieht sich in zwei Phasen:

1. Die Muskulatur der beiden Vorhöfe zieht sich zusammen. Dabei wird das Blut in die erschlafften Herzkammern gedrückt.
2. Die Muskulatur der Herzkammern zieht sich zusammen. Dadurch wird das Blut aus den Herzkammern in die Arterien gedrückt. Aus der linken Herzkammer gelangt das Blut in die Körperarterie, aus der rechten in die Lungenarterien. Während dieser Zeit sind die Vorkammern erschlafft und werden wieder mit Blut aus den Venen gefüllt. In die rechte Vorkammer strömt Blut aus den Körpervenen, in die linke Blut aus den Lungenvenen.

Die wichtigste Struktur für die Regulation der Herztätigkeit ist der **Sinusknoten** (auch als Taktgeber des Herzens bezeichnet). In ihm entstehen im Normalfall die elektrischen Erregungen, die für die rhythmischen Kontraktionen des Herzens notwendig sind. Die Herztätigkeit an sich ist weitestgehend autonom **(Autorhythmie)**, es besteht aber eine Möglichkeit der Einflussnahme über das vegetative Nervensystem.

Das **Gefäßsystem** des Herzens ist eine in sich geschlossene Folge von hintereinander und parallel geschalteten Blutgefäßen. Der Mensch hat einen doppelten, geschlossenen Blutkreislauf, bei dem ein Körperkreislauf und ein Lungenkreislauf unterschieden werden:

- Der **Körperkreislauf (großer Kreislauf)** beginnt in der linken Herzkammer, führt über die Körperarterien und die Körperkapillaren zu den Körpervenen und von dort wieder in die rechte Vorkammer. In den Kapillaren findet der Stoffaustausch zwischen Blut und Körperzellen statt.
- Der **Lungenkreislauf (kleiner Kreislauf)** beginnt in der rechten Herzkammer und führt über die Lungenarterien zu den Lungenkapillaren. Dort wird Kohlendioxid an die Lungenbläschen abgegeben und Sauerstoff in das Blut aufgenommen. Das sauerstoffreiche Blut gelangt durch die Lungenvenen in die linke Vorkammer und von dort in die linke Herzkammer.

Innerhalb des Körperkreislaufes gibt es ein spezielles Ver- und Entsorgungssystem der Verdauungsorgane, das **Pfortadersystem**.

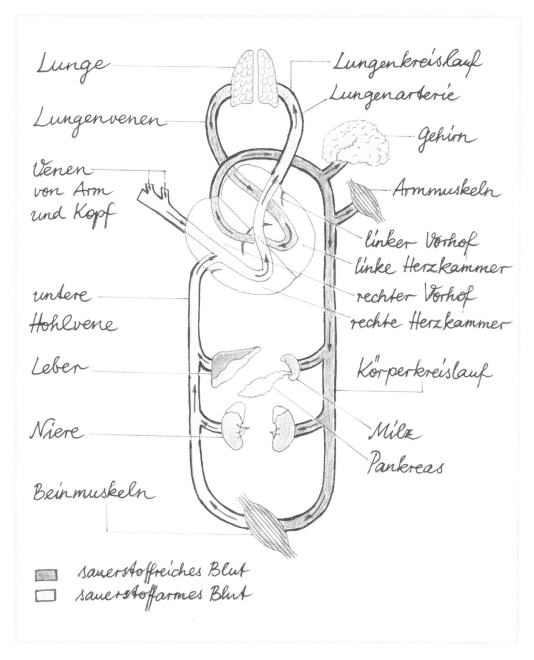

Abbildung 13.1: Der Blutkreislauf des Menschen

13.3.2 Grundzüge kardiovaskulärer Diagnostik

Die Herzfunktion ist mit Hilfsmitteln nachweisbar (z. B. Abhören mit dem Stethoskop, EKG). Parameter der Herztätigkeit sind u. a.

- das **Schlagvolumen**: das während der Systole in die Arterien ausgeworfene Blutvolumen (in Ruhe ca. 70 ml),
- das **Herzminutenvolumen**: die pro Minute vom Herzen geförderte Blutmenge (in Ruhe ca. 5 L),
- die **Herzfrequenz**: Anzahl der Schläge pro Minute (in Ruhe ca. 70),

- der **Gefäßwiderstand**: Strömungswiderstand, den das Gefäßsystem dem Herzen entgegensetzt, abhängig vom Gefäßdurchmesser und Gefäßverhärtung (hoher Gefäßwiderstand erzeugt hohen Blutdruck).

Von besonderer Bedeutung sind Kenntnisse zum Blutdruck und zur EKG-Diagnostik.

▶ **Das Elektrokardiogramm (EKG):** Elektrische Spannungsänderungen am Herzen kann man an der Körperoberfläche messen und im Zeitverlauf aufzeichnen. Das EKG misst über Elektroden am Herzen und den Extremitäten Herzfrequenz und -rhythmus, die Vorgänge der Erregungsbildung, -ausbreitung und -rückbildung und ermöglicht die Diagnostik vielfältiger Störungen. Es ergibt sich ein immer wiederkehrendes Bild der elektrischen Herzaktion:

- Die **P-Welle**: entspricht der Vorhoferregung (durch den Sinusknoten).
- Der **QRS-Komplex** entspricht der Kammererregung.
- Die **T-Welle** entspricht der Erregungsrückbildung der Kammer.

Kardiologen werten das EKG hinsichtlich bestimmter Strecken und Wellen dann gezielt aus.

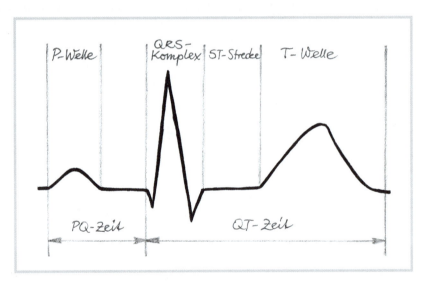

Abbildung 13.2: Das EKG

Messung des Blutdruckes: Der Blutdruck (auch Gefäßdruck) ist die Kraft, also der Druck pro Fläche, den das Blut auf die Gefäßwände ausübt, und wird üblicherweise in mm Hg (Millimeter Quecksilbersäule) angegeben. Dabei steht der

- **systolische arterielle Druck** für die maximale Kontraktion des Herzmuskels, ist also ein Indikator für die Auswurfleistung des Herzens. Sobald sich der Herzmuskel entspannt, sinkt der arterielle Druck auf den zweiten Wert, den
- **diastolischen arteriellen Druck**, ab. Dieser entspricht dem Dauerdruck im arteriellen Gefäßsystem. Durch Gefäßablagerungen ändern sich die Widerstandsverhältnisse, und der arterielle Druck steigt an.

▶ **Blutdruckmessung nach Riva-Rocci:** Über eine Manschette wird die Oberarmarterie abgedrückt (der Druck ist also höher als der systolische Druck). Dann erfolgt ein langsames Absenken des Manschettendrucks. Mit dem Stethoskop kann gehört werden, wann der systolische Druck den Manschettendruck überwindet und etwas Blut wieder in den Unterarm gelangt (Strömungsgeräusch). Das ist der systolische Wert. Wenn kein Strömungsgeräusch mehr zu hören ist, ist der Druck unter den diastolischen Druck gefallen (Ermittlung des diastolischen Wertes). Als **normal** gilt ein **Blutdruck** von **120/80 mm Hg**.

13.3.3 Erkrankungen

Häufige Herz-Kreislauf-Erkrankungen sind Durchblutungsstörungen des Herzens, Entzündungen und Wandveränderungen der Blutgefäße, Störungen des Herzrhythmus, Störungen des Blutdrucks.

Metabolisches Syndrom (auch: „das tödliche Quartett") ist eine allgemeine Risikokonstellation für die Entwicklung einer koronaren Herzkrankheit aus:

1. Hypertonie,
2. Diabetes mellitus Typ II,
3. Adipositas (insbesondere Bauchfett),
4. Fettstoffwechselstörung.

Bluthochdruck (Hypertonie): Druck **> 140/90** mm Hg (wiederholt und in Ruhe gemessene Werte), erhöhtes Risiko für Schlaganfälle und Herzinfarkte, Entstehung aufgrund von Veranlagung und ungünstigem Lebensstil.

Koronare Herzkrankheit (KHK, auch ischämische Herzerkrankung): eine über Jahre fortschreitende Erkrankung der Herzkranzgefäße (Koronararterien) aufgrund meist arteriosklerotischer Veränderungen, häufigste Todesursache in den Industrienationen.

Arteriosklerose (Arterienverkalkung): zunehmende krankhafte Veränderung der Arterien mit Verhärtung, Verdickung, Elastizitätsmangel, in der Folge kleine Gerinnsel und Thrombosen, welche entsprechende Erkrankungen wie Herzinfarkt, Schlaganfall etc. auslösen können.
- **Risikofaktoren:** Hypertonie, Diabetes, Nikotin, Alkohol, Stress, Bewegungsmangel, Alter und weitere.

Angina pectoris: Hauptsymptom der koronaren Herzerkrankung und häufig Vorbote des Herzinfarktes.
- **Symptome:** Schmerzen in der Herzgegend oft mit Ausstrahlung in den Arm, Engegefühl, Atemnot insbesondere bei körperlichen Belastungen (Cave: bei Frauen oft unspezifische Symptome) aufgrund der Einengung einer oder mehrerer Koronararterien.

Herzinfarkt: Nekrose in einem umschriebenen Herzmuskelbereich, ausgelöst durch einen plötzlichen Verschluss einer oder mehrerer Koronararterien.
- **Symptome:** Vernichtungsschmerz hinter dem Brustbein, Schwächegefühl, Angst, Unruhe, Übelkeit.

Schock: medizinisch das globale Kreislaufversagen, welches gekennzeichnet ist durch ein Missverhältnis zwischen der Pumpleistung des Herzens und dem Bedarf der Organe, wodurch es zur akuten Minderdurchblutung lebenswichtiger Organe kommen kann.
- **Symptome:** rascher Puls bei einem niedrigen Blutdruck.
- **Ursachen:** z. B. Blutverlust, allergische Reaktion, Herzerkrankung, Diabetes.

Herzrhythmusstörungen: auffällige Veränderungen des Herzschlages, welche vollkommen ungefährlich, aber auch akut lebensbedrohlich sein können. Je nachdem, ob die Störungen in den Kammern oder den Vorhöfen entstehen, gibt es zahlreiche Herzrhythmusstörungen mit komplizierten Bezeichnungen wie z. B. „paroxysmale supraventrikuläre Tachykardie".

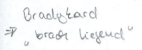

Bradykard
=> „brady liegend"

- **Symptome:** Tachykardie (> 100 Schläge/Min.), Bradykardie (< 50 Schläge/Min.), Arrhythmie (Unregelmäßigkeiten).

Herzinsuffizienz: zu geringe Herzleistung.
- **Symptome:** v. a. Atemnot und Leistungsminderung, wobei die Symptomatik weiter darüber differenziert wird, ob das linke, das rechte oder das komplette Herz betroffen ist.
- **Ursachen:** z. B. Arteriosklerose, Hypertonie, Herzmuskelentzündung, angeborene Herzklappenfehler, Lungenerkrankungen, Hyperthyreose.

P
H
O
B
I
E
N

▶ **Vasovagale Synkope** (auch neurokardiogene Synkope): biphasische psychosomatische Reaktion, bei der es in der ersten Phase durch sympathische Aktivierung (z. B. bei Erregung, Angst) zu beschleunigtem Puls und gesteigertem Blutdruck kommt. Zur Verhinderung einer zu starken Arbeit des Herzens wird in der Folge durch einen Reflex, vermittelt über den Vagus-Nerv, eine überschießende Gegenreaktion ausgelöst. Dadurch kommt es in der zweiten Phase zu einer Abnahme der Herzfrequenz oder zu einer Erweiterung der Blutgefäße (Vasodilatation) oder zu beidem. Daraus resultieren ein Blutdruckabfall und eine nachfolgende Bewusstlosigkeit.

Differenzialdiganostik von Panikattacken und hypochondrischen Herzängsten: Bei Angina Pectoris sind die Herzschmerzen meist mittig, bei Angsterkrankungen eher linksseitig; bei Herzerkrankungen sind die Symptome eher an körperliche Aktivitäten gebunden.

13.4   Immunsystem

13.4.1   Aufbau und Funktion

Das Immunsystem ist ein äußerst komplexes System, an dem viele andere Organe beteiligt sind, z. B. Knochenmark, Lymphsystem, Lunge etc. Unter **Immunität** versteht man die Unempfindlichkeit des Organismus gegenüber Krankheitserregern. Der gesunde Körper wehrt von außen eindringende Erreger ab, bekämpft aber auch eigene erkrankte Zellen, z. B. bei Tumoren.
Dabei wird zwischen
- **humoraler Abwehr**, vermittelt über Körperflüssigkeiten (z. B. Interferone, bestimmte Proteine) und
- **zellulärer Abwehr** (über z. B. verschiedene Typen von Leukozyten) unterschieden.

Man differenziert weiterhin in unspezifische und spezifische Abwehr:
- Die **unspezifische Abwehr** ist angeboren und tötet schnell körperfremde Organismen ab (Magensäure, Husten, Niesen, Säure im Schweiß etc.).
- Die **spezifische Abwehr** ist erworben (entweder durch Überstehen einer Krankheit oder Immunisierung über Impfen) und entspricht einer spezifisch angepassten Immunantwort auf körperfremde Strukturen. Sie erkennt Antigene und bildet Antikörper und Gedächtniszellen, um bei einem erneuten Kontakt mit dem Erreger eine angemessene Immunantwort zu ermöglichen (immunologisches Langzeitgedächtnis).

Künstlich kann Immunität gegen bestimmte Erreger durch Impfen erworben werden.
- Bei der **aktiven Immunisierung** erfolgt eine Impfung mit Antigenen (in unschädlichen Mengen oder abgeschwächt), und die natürliche Immunreaktion des Körpers setzt ein.

Hier bilden sich Antikörper erst nach Tagen, sind dafür aber lang anhaltend verfügbar, z. B. Masernimpfung.

- Bei der **passiven Immunisierung** erfolgt die Impfung mit Antikörpern gegen ein bestimmtes Antigen. Es kommt zu einer sofortigen, aber kurz anhaltenden Immunreaktion, z. B. Impfung gegen Wundstarrkrampf.

Psychoneuroimmunologie: Das Immunsystem ist beeinflussbar durch psychische Vorgänge. Die Psychoneuroimmunologie hat gezeigt, dass die Immunreaktion klassisch konditionierbar ist (Schwächung oder Stärkung der Immunreaktion durch einen konditionierten Stimulus, der mit einem immunsupressiven bzw. immunaktivierenden, unkonditionierten Stimulus kombiniert wird).

13.4.2 Erkrankungen

Allergie: pathologische Immunreaktion des Körpers gegen eigentlich unschädliche Stoffe (Allergene), bei der Histamin, ein biogenes Amin, eine Mediatorrolle spielt. Im Sprachgebrauch wird unter einer Allergie meist die Typ-I-Allergie (auch Allergie vom Soforttyp) verstanden, bei der die immunologische Überreaktion beim Kontakt innerhalb von Sekunden oder Minuten erfolgt, z. B. bei Heuschnupfen oder allergischem Asthma.

- **Therapie:** Allergenkarenz, Antihistaminika, Glukokortikoide (immunsupressive Wirkung) und Hyposensibilisierung.

Autoimmunerkrankungen: überschießende Reaktion des Immunsystems auf körpereigenes Gewebe, was zur Zerstörung betroffener anatomischer Systeme führt, z. B. bei multipler Sklerose, rheumatoider Arthritis, Hashimoto-Thyreoditis.

Aids: Immunschwächekrankheit, welche durch den HI-Virus ausgelöst wird. Dieser vermindert die Zahl bestimmter T-Helferzellen, was das Eindringen von Bakterien, Pilzen und Viren begünstigt.

- **Symptome:** nach oft langer Symptomfreiheit im Endstadium bestimmte Erkrankungen wie Lungenentzündungen, Pilzinfektionen, Karposi-Sarkom (eine besondere Krebserkrankung mit Tumoren im Bereich des Darms und der Mundschleimhaut), Demenz und weitere.

13.5 Atmungsorgane

13.5.1 Aufbau und Funktion

Zum Atmungssystem gehören Nase, Rachenhöhle, Kehlkopf, Luftröhre, Bronchien und Lunge. Die Lunge besteht aus zwei Lungenflügeln und liegt in der Brusthöhle, die nach unten durch das Zwerchfell, welches Brust- und Bauchhöhle trennt, abgeschlossen wird.

In der Lunge erfolgt der Gasaustausch. Unter **Lungenatmung** (äußere Atmung) versteht man den in den Lungenbläschen erfolgenden Austausch von Sauerstoff und Kohlendioxid zwischen dem Lungengewebe und dem Kapillarnetz infolge von Konzentrationsunterschieden. Durch das Blut wird der Sauerstoff zu allen Zellen des Körpers transportiert, und Kohlendioxid gelangt von dort in die Lunge **(Gewebeatmung)**. Unter **Zellatmung** versteht man die enzymatisch gesteuerte Oxidation von organischen Stoffen zu Kohlendioxid und Wasser. Dabei wird Sauerstoff verbraucht und Energie freigesetzt. Die Regulation der Atmung erfolgt über das vegetative Atemzentrum in der Medulla oblongata. Sie ist aber auch willkürlich beeinflussbar.

13.5.2 Erkrankungen:

▶ **Asthma bronchiale:** anfallsartige, reversible Verengung der Atemwege in einem hyperreagiblen Bronchialsystem auf entzündlicher Basis mit der Folge von Behinderung der Ausatmung (Atemwegsobstruktion); häufigste chronische Erkrankung des Kindesalters mit zunehmender Inzidenz; Unterscheidung infekt-, analgetika-, anstrengungs-, berufsbedingter und allergischer Formen.

- **Symptome:** Luftnot, Heuchen, Husten, Engegefühl in der Brust, Schleimauswurf, eine (entzündliche) Schwellung der Schleimhaut (extrem: Erstickungstod).
- **Diagnose:** u. a. durch Lungenfunktionsprüfung mit dem Peak-Flow-Meter (Messung des Luftflussvolumens beim Ausatmen).
- **Therapie:** Meidung von Auslösern und Atemschulung, Sympathikomimetika (Stimulierung des Sympathikus und in der Folge Erweiterung der Atemwege) und Kortikosteroide (entzündungshemmend).

Bronchitis:

- Akute Form: eine Entzündung der Bronchialschleimhaut durch Infektion.
- Chronische Form: eine dauerhafte Reizung der Schleimhaut mit der Folge vermehrter Schleimproduktion und Husten.

COPD (chronisch obstruktive Lungenerkrankung): andauernde Verengung der unteren Atemwege mit Progredienz, sodass die Lungenkapazität stark beeinträchtigt werden kann.

▶ **Hyperventilationssysndrom:** anfallsweise auftretende beschleunigte und vertiefte Atmung, bei der zu viel Kohlendioxid abgeatmet wird mit der Folge typischer Symptome wie Kribbelparästhesien im Mund-, Hand- und Fußbereich, Pelzigkeit, Taubheitsgefühlen, Druck- oder Engegefühlen in Brust und Hals, Zusammenziehen der Finger („Pfötchenstellung"), z. B. bei Panikattacken

Differenzialdiagnostisch lässt sich ein **Asthmaanfall** von einer Panikattacke mit **Hyperventilationssyndrom** dadurch abgrenzen, dass bei Ersterem keine Kribbelparästhesien, Muskelkrämpfe (bis zur Pfötchenstellung), Kopfschmerzen und Schwindel bis hin zu Bewusstseinsstörungen auftreten sowie Tütenatmung keine Linderung verschafft. Bei Hyperventilation treten üblicherweise kein Husten und keine Atemgeräusche auf.

13.6 Haut

13.6.1 Aufbau und Funktion

Die äußere Haut besteht aus **Oberhaut** (Epidermis) zum Schutz vor mechanischen sowie chemischen Reizen und UV-Strahlung, **Lederhaut** (Corium) und **Unterhaut** (Subcutis), welche als Fettspeicher dient. In der Haut finden sich Mechano- und Thermorezeptoren, Nozizeptoren und Schweißdrüsen. Die Haut hat eine Schutz-, Regulations-, Ausscheidungs- und Speicherfunktion und stellt das größte Sinnesorgan des Menschen dar.

13.6.2 Erkrankungen

Pruritus meint einen Juckreiz mit zwanghaftem Kratzen und ist ein Symptom vieler dermatologischer und anderer Krankheiten, z. B. innerer Erkrankungen (endokrine Störungen), Infektionskrankheiten (z. B. Windpocken).

- Man unterscheidet Pruritus cum materia, den Juckreiz als Begleiterscheinung dermatologischer Erkrankungen, z. B. Mykosen der Haut, atopisches Exzem, und
- Pruritus sine materia, den Juckreiz ohne primäre sichtbare Hautveränderungen.

Neurodermitis ist eine Hauterkrankung mit multifaktorieller Ätiopathogenese, bei der psychische Faktoren neben genetischen und immunologischen Faktoren verantwortlich gemacht werden.

- **Symptome:** extrem schuppige, trockene, juckende, entzündete Haut.
- **Therapie:** ursächlich nicht möglich, symptomatisch helfen entzündungshemmende Medikamente, konsequente Hautpflege sowie eine Vermeidung potenzieller Auslöser.

13.7   Nieren

13.7.1   Aufbau und Funktion

Zu den Harnorganen gehören die Nieren, die Harnleiter, die Harnblase und die Harnröhre. Die paarigen **Nieren** liegen beidseits der Wirbelsäule in der Lendenregion. Die Nieren sind stark durchblutet und eng mit dem Blutkreislauf verbunden. Die äußere Schicht der Niere heißt **Nierenrinde**. Das innen liegende **Nierenmark** ist pyramidenförmig angeordnet. Die kleinste funktionelle Einheit der Niere heißt **Nephron**. Nephrone bestehen aus den Nierenkörperchen (Glomerulum), welche in der Nierenrinde liegen und Knäuel aus Blutgefäßkapillaren sind, und den Nierenkanälchen (Tubulus), welche geschlängelt durch Nierenrinde und -mark verlaufen.

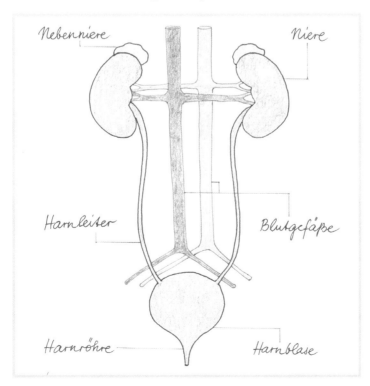

Abbildung 13.3: Die Harnorgane

Bei der **Harnbildung** scheiden in einem ersten Schritt die Nierenkörperchen als Filtereinrichtung aus dem Blutplasma Wasser sowie einen Teil der darin gelösten Stoffe, z. B. Traubenzucker, Harnstoff, Elektrolyte, ab (Primärharn). Das Filtrat der Nierenkörperchen wird von den Nierenkanälchen aufgenommen. Stoffe, die der Organismus noch benötigt, werden auf dem Weg der Nierenkanälchen ins Nierenbecken und dann ins Blut zurückgegeben (Resorption). Die sich langsam bildende Substanz konzentriert den Primärharn zum Endharn, welcher hauptsächlich Wasser, Mineralsalze, Farbstoffe und Harnstoff enthält, sammelt sich letztlich im Nierenbecken und fließt über die Harnleiter zur Harnblase, welche über die Harnröhre entleert wird.

Die Niere hat vielfältige **Funktionen**:

- Aufrechterhaltung der Elektrolytkonzentration (Säure-Basen-Haushalt), des Wasserhaushaltes und des osmotischen Drucks der Körperflüssigkeiten,
- Ausscheidung von Stoffwechselprodukten (Harnstoff [Abbauprodukt des Eiweißstoffwechsels], Kreatinin [Abbauprodukt des Muskelstoffwechsels], Harnsäure [Abbauprodukt des Zellkernabbaus], körperfremde Stoffe [Medikamente]),
- Beteiligung an der Kreislaufregulation und Blutbildung (endokrine Funktion: Bildung des Hormons Renin zur Regelung des Blutdruckes, Stimulation des Erythropoetin für die Erythrozytenbildung).

Die **Nebennieren** sind sichelförmige Organe mit der Aufgabe der Hormonproduktion und -ausschüttung und liegen den Nieren an deren oberem Pol auf.

13.7.2 Erkrankungen

Niereninsuffizienz liegt vor, wenn weniger als 30 % der Nephrone noch funktionstüchtig sind. Nahezu alle Erkrankungen der Niere können zur Niereninsuffizienz führen. Weitere wichtige Ursachen sind Diabetes mellitus, Hypertonie (Arteriosklerose in den Nieren).

- **Psychische Störungen** wie Analgetikamissbrauch und Essstörungen können zur terminalen Niereninsuffizienz führen.
- **Symptome:** beispielsweise Polyurie (krankhaft erhöhte Harnausscheidung) oder fehlende Urinproduktion, Leistungsschwäche, Pruritus, neurologische Symptome, Elektrolytstörungen, Azidose und weitere mit der Folge der Urämie (Harnvergiftung bis zum Tod).
- **Therapie:** Beeinflussung der Grunderkrankung; bei chronischen Formen kann der Patient dialysepflichtig werden, bzw. es entsteht eine Indikation zur Transplantation.

Nierenbeckenentzündung: entzündliche, meist bakteriell bedingte Erkrankung der Niere, von der Frauen häufiger betroffen sind.

Blasenentzündung (Zystitis): entzündliche Erkrankung der Harnwege, von der ebenfalls (v. a. sexuell aktive) Frauen häufiger betroffen sind. Oft liegt hier eine Infektion mit Darmbakterien vor, die durch die Harnröhre in die Blase gelangen, mit der Folge häufigen Harndrangs mit kleinen Urinmengen.

Somatoforme Störungen des Urogenitaltraktes sind die psychogene Dysurie (erschwerte gewollte Blasenentleerung) und die überaktive Blase (Reizblase), eine Erkrankung mit Pollakisurie (Steigerung der Miktionshäufigkeit) ohne Organbefund.

13.8   Ernährung

Die Zusammensetzung der täglichen Nahrung sollte ca. zu 50 % aus Kohlenhydraten (Glukose), 20 % aus Eiweißen (Aminosäuren) und 30 % aus Fetten (Lipiden) bestehen, wobei sich die benötigte Menge aus einem Grundumsatz und einem Leistungsumsatz zusammensetzt. Substanzen, die der Organismus benötigt, aber nicht selber herstellen kann, werden als essenzielle Nährstoffe bezeichnet.

Die **Regulation des Essverhaltens** erfolgt durch die Medulla oblongata mit dem Transmitter Serotonin und den Hypothalamus, welcher Beginn und Beendigung der Mahlzeiten steuert.

Body-Mass-Index: Zur Einschätzung des Körpergewichts wird der Body-Mass-Index (BMI) verwendet, welcher sich für Erwachsene als Quotient aus Gewicht in Kilogramm und dem Quadrat der Körpergröße in Metern berechnet. Wie die BMI-Werte interpretiert werden, zeigt Tabelle 13.1.

Für Kinder und Jugendliche werden alters- und geschlechtsspezifische Perzentilwerte für den BMI herangezogen, welche etwas unter denen Erwachsener liegen (s. S. 350).

Tabelle 13.1: Interpretation des Body-Mass-Index

BMI-Wert	Einschätzung
Unter 16	Kritisches Untergewicht
Unter 18,5	Untergewicht
18,5–24,9	Normalgewicht
25–29,9	Übergewicht (Grad I)
30–34,9	Adipositas (Grad I)
35–39,9	Adipositas (Grad II)
Über 40	Schwere Adipositas (Grad III)

Set-Point-Theorien: Zur Erklärung der Regulation des Körpergewichts werden **Sollwerttheorien** herangezogen, nach denen der Organismus einen genetisch festgelegten Sollwert des Körpergewichts besitzt, welchen er immer wieder herzustellen versucht (Prinzip der Homöostase). Die modifizierte Set-Point-Theorie geht davon aus, dass der Körper gravierende Gewichtsverschiebungen zwar begrenzen will, sich der Set-Point nach lang anhaltenden Gewichtsveränderungen aber leicht verschieben kann.

13.8.1   Ernährungsassoziierte Erkrankungen

Adipositas (Fettleibigkeit; ICD-10: E66) ist ein chronisches Übergewicht mit erhöhtem Risiko für Diabetes mellitus Typ II, Hypertonie, Herz- und Hirninfarkt und ein Schlafapnoe-Syndrom (vgl. „Schlafapnoe-Syndrom", S. 182). Als Ursachen für Adipositas gelten genetische Faktoren, falsche Ernährung, Bewegungsmangel.

Anorexia nervosa (ICD10: F50.0, F50.1) zeigt sich durch das Leitsymptom eines deutlichen, selbst herbeigeführten Untergewichts. Für die Vergabe der Diagnose nach ICD-10 müssen mindestens ein BMI < 17,5 sowie Amenorrhoe, außer bei hormoneller Kontrazeption, vorliegen. Die schädlichen Folgen der Anorexie sind vielfältig (vgl. Tabelle 13.2).

Tabelle 13.2: Folgen der Anorexie an den verschiedenen Organen

Organ	Schädliche Folgen
Herz	Bradykardie, Hypotonie, Herzrhythmusstörungen mit dem Risiko eines plötzlichen Herztodes
Blut	Elektrolytstörungen, Anämien
Hormone	Abnahme der Sexualhormone (Verlust der Libido, Amenorrhoe, Potenzstörungen), niedrige Konzentration der Schilddrüsenhormone, erhöhte Wachstumshormon- und Kortisolwerte
Knochen	Osteoporose
Organe	Verstopfung, Nierenversagen, Magenkrämpfe
Zähne	Falls Erbrechen vorliegt: Karies

▶ Außerdem findet man als **weitere Folgen** Hirnatrophien, Hypercholesterinämie und aufgrund der fehlenden wärmenden subkutanen Fettschicht Kälteempfindlichkeit und Lanugo-Behaarung. Bei einem Beginn der Erkrankung vor der Pubertät wird das Größenwachstum vorzeitig eingestellt, und das Eintreten der Geschlechtsreife kann ausbleiben. Die Erkrankung ist lebensbedrohlich und endet bei ca. 5 % der Erkrankten tödlich (Zehn-Jahres-Letalität). Ursächlich geht man von einer Störung des serotonergen Systems und hypothalamischer Funktionen aus. Aufgrund der serotonergen Dysbalance werden medikamentös selektive Serotonin-Wiederaufnahmehemmer eingesetzt (vgl. Kap. 14.2).

▶ **Bulimia nervosa** (ICD-10: F50.2): Die Erkrankten haben meist ein normales Körpergewicht. Sie zeigen jedoch Heißhungeranfälle und Versuche, den dick machenden Effekt der Nahrung auszugleichen, sowie eine übermäßige Beschäftigung mit dem eigenen Körpergewicht. In der Folge werden bei lang anhaltender Symptomatik die Zähne (Karies) und der Mund-Rachen-Raum geschädigt. Es kann zu gastrointestinalen Störungen (Magenerweiterungen, Rupturen) und Pankreatistis kommen. Bei wiederholtem Erbrechen kann ein lebensbedrohlicher Zustand aufgrund von Störungen des Elektrolythaushaltes auftreten, welcher zu Herzrhythmusstörungen und Nierenversagen führen kann. Die Erkrankten zeigen meist im Gegensatz zu Anorexiepatienten *keine Menstruationsstörungen* und keine Osteoporose. Auch hier wird eine Dysfunktion des serotonergen Systems als ursächlich angenommen, weshalb selektive Serotonin-Wiederaufnahmehemmer erfolgreich eingesetzt werden.

Binge Eating Disorder (ICD-10: F50.4): Bei dieser Störung kommt es zu psychogen bedingten Fressattacken, oft mit der Folge von Übergewicht. Die Betroffenen zeigen jedoch kein Kompensationsverhalten wie beispielsweise Erbrechen. Frauen sind häufiger betroffen.

13.9 Magen-Darm-Trakt

13.9.1 Aufbau und Funktion

Die folgende Abbildung 13.4 liefert einen Überblick über die Lage der Abdominalorgane.

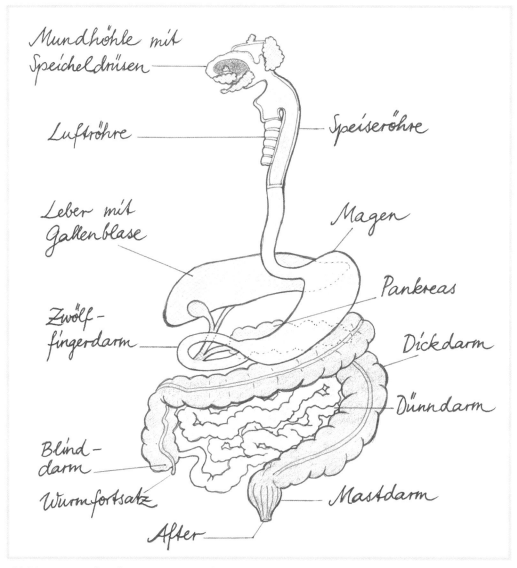

Abbildung 13.4: Aufbau des Magen-Darm-Trakts

Die Funktionen der einzelnen Abschnitte des Magen-Darm-Trakts sind in Tabelle 13.3 wiedergegeben.

Tabelle 13.3: Einteilung und Funktion des Magen-Darm-Trakts

Oberer Abschnitt	• Mundhöhle, Rachen, Schlund • Speiseröhre • Magen	Aufnahme von Kohlenhydraten, Fetten und Eiweißen, mechanische Zerkleinerung und chemische Verarbeitung der Nahrung
Mittlerer Abschnitt	Dünndarm aus • Zwölffingerdarm (Duodenum) • Leerdarm (Jejunum) • Krummdarm (Ileum)	Aufspaltung der Nährstoffe in lösliche Formen durch Enzyme (teilweise bereits auch schon im Mund und Magen) und Resorption durch die Darmwand

Unterer Abschnitt	Dickdarm aus • Blinddarm (Zökum) • Wurmfortsatz (Appendix) • aufsteigendem Dickdarm (Colon ascendens) • Querdarm (Colon transversum) • absteigendem Dickdarm (Colon descendens) • Mastdarm • After (Anus)	Eindicken des Darminhaltes, Sammlung und Ausscheidung von Schlackstoffen

Im Magen-Darm-Trakt befindet sich ein eigenständiger, hoch entwickelter Teil des vegetativen Nervensystems, welches im Bauchraum ausgedehnte Geflechte (Plexus) bildet. Außerdem verfügt der Gastrointestinaltrakt über eine immunologische Barriere zur Abwehr von Antigenen (darmassoziiertes Immunsystem).

13.9.2 Erkrankungen

Gastritis: Entzündung der Magenschleimhaut, bei der die Schleimbarriere beschädigt ist, sodass die Magenschleimhaut vom Magensaft angegriffen wird, mit der möglichen Folge der Entwicklung von Magengeschwüren. Unterscheidung einer akuten Form, durch schleimhautschädigende Substanzen (Alkohol, Medikamente) hervorgerufen, und einer chronischen Form (wochen- bis jahrelange Entzündung), welche autoimmun, bakteriell **(Helicobacter-pylori-Infektion)** oder chemisch (Folge des Rückflusses von Gallensaft und Duodenalflüssigkeit, z. B. bei Alkoholmissbrauch) bedingt sein kann.

- **Symptome:** Völlegefühl, Schmerzen, Brechreiz, blutiges Erbrechen, schwarzer Stuhlgang, Mundgeruch.
- **Diagnostik:** Magenspiegelung (Gastritis kann nicht aufgrund klinischer Symptome diagnostiziert werden).
- **Therapie:** Säureblocker, Antibiotika, Veränderung der Ernährung.

Refluxkrankheit (Refluxösophagitis): Entzündung der Schleimhaut der Speiseröhre meist durch Reflux (Rückfluss) von Magensäure in die Speiseröhre. Bei chronischer Ösophagitis besteht ein erhöhtes Risiko für Ösophaguskarzinome.

- **Symptome:** häufiges Sodbrennen (Sodbrennen ≠ Refluxkrankheit), saures Aufstoßen, Schmerzen im Oberbauch, Übelkeit, Erbrechen, salziger und seifiger Geschmack im Mund.
- **Diagnostik:** Endoskopie der Speiseröhre, Messen des pH-Wertes der Speiseröhre.
- **Therapie:** Nahrungsveränderung (weniger fett, allgemein weniger), Gewichtsreduktion.

Ulcus ventriculi (Magengeschwür): gutartige, entzündliche Läsion der Magenschleimhaut.

- **Symptome:** unspezifischer, stechender, bohrender Schmerz im Oberbauch häufig nach der Nahrungsaufnahme, Übelkeit, Druckgefühl, Appetitlosigkeit, Blutungen, Erbrechen, Gewichtsverlust.
- **Ursache:** Ungleichgewicht zwischen aggressiven Säuren und defensiven Schleimhautfaktoren durch z. B. Alkoholmissbrauch, Stress, Medikamente, Helicobacter-pylori-Infektion.
- **Therapie:** säurehemmende Medikamente, Verzicht auf auslösende Substanzen, eventuell Operation.

Ulcus duodeni (Zwölffingerdarmgeschwür): gutartige Entzündung und tief reichender Defekt in der Duodenumwand
- **Symptome:** unspezifisch, Schmerzen im Oberbauch vornehmlich nüchtern und nachts, Erbrechen, Blähungen.
- **Ursache:** Dysbalance zwischen aggressiven Säuren und defensiven Mechanismen im Zwölffingerdarm, z. B. durch Alkohol, Nikotin, Medikamente, Helicobacter-pylori-Infektion, Stress.
- **Therapie:** säurehemmende Medikamente, Verzicht auf auslösende Substanzen, Antibiose, eventuell Operation.

Morbus Crohn: chronische, schubweise verlaufende Entzündung aller Schichten der Darmwand; bevorzugt im *Dünndarm*, jedoch können alle Abschnitte des Magen-Darm-Trakts befallen sein
- **Symptome:** flüssiger, wässriger Stuhl mit krampfartigen Schmerzen, Fieber, Müdigkeit, Gewichtsverlust; Beginn v. a. bei 15- bis 30-Jährigen mit den mögliche Folgen Darmverschluss, Darmdurchbruch, Fisteln, Abszesse, Stenosen.
- **Ursache:** multifaktorielle Ätiologie aus Genetik, Ernährung, Bakterien, Störungen des Immunsystems.
- **Therapie:** Diät, Nikotinverzicht, entzündungshemmende Medikamente, im Notfall Operation.

Colitis ulcerosa: chronische, mit Geschwürbildung einhergehende, meist schubweise verlaufende Entzündung der Schleimhaut des *Dickdarms* oder Rektums, Ausbreitung auf Dickdarm beschränkt.
- **Symptome:** schleimig-blutige Durchfälle bis zu 30 Mal pro Tag, Bauchschmerzen, Fieber, Gewichtsverlust, Gelenkschmerzen und -entzündungen (Achtung: Austrocknungsgefahr) mit der möglichen Folge von Darmkrebs.
- **Ursache:** multifaktorielle Ätiologie aus Genetik, Ernährung, Bakterien, Störungen des Immunsystems.
- **Therapie:** Diät, entzündungshemmende Medikamente, eventuell Operation (künstlicher Darmausgang).

Voraussetzungen für die Diagnose einer **somatoformen Störung des Gastrointestinaltraktes** (z. B. Reizdarm) sind die fehlende morphologische oder biochemische Erklärung der Beschwerden und eine Beschwerdedauer von mindestens zwölf Monaten.

13.10 Leber und Gallenblase

13.10.1 Aufbau und Funktion

Die **Leber** liegt im rechten Oberbauch unmittelbar unter dem Zwerchfell, mit dem sie teilweise verwachsen ist, und wird durch die unteren Rippen gestützt. Sie gliedert sich in zwei große Leberlappen und zwei kleinere Leberlappen. An der Unterseite des rechten Leberlappens liegt die **Leberpforte**, an der folgende Gefäße ein- bzw. austreten:
- Die Pfortader, welche Blut mit im Darm resorbierten Nährstoffen, Hormonen der Bauchspeicheldrüse und Abbauprodukten der Milz führt, tritt ein.
- Die Leberarterie, welche sauerstoffreiches Blut vom Herzen transportiert, tritt ein.
- Der Gallengang tritt aus.

Alle Stoffe, die der Organismus über den Darm ins Blut aufnimmt, werden über die große Pfortader auf direktem Wege sofort zur Leber transportiert. Somit ist die Leber das größte Stoffwechsel- und Entgiftungsorgan des Menschen. Als größte Drüse des menschlichen Körpers produziert sie die Galle. Die Durchblutung der Leber erfolgt sowohl über das arteriovenöse Gefäßnetz als auch über das das Pfortadersystem. Die Leber hat im Vergleich zu anderen Organen des Körpers eine relativ ausgeprägte Fähigkeit zur Regeneration (Voraussetzung: > 50 % des Organs sind geschädigt).

Funktionen der Leber sind
- die **Stoffwechselfunktion** (Speicherung von Kohlenhydraten in Form von Glykogen und bedarfsabhängige Abgabe, ständiger Um- und Abbau von Fetten und Proteinen) und
- die **Entgiftungsfunktion** (Inaktivierung körperfremder Stoffe wie Medikamente und Giftstoffe).

Zudem ist die Leber an der Bildung zahlreicher Bestandteile des Blutes beteiligt.

Gallenblase: An der Unterseite der Leber liegt die Gallenblase, eine ca. 40 Milliliter fassende, birnenförmige Tasche mit sehr dehnbaren Wänden. Diese nimmt die in der Leber gebildete Gallenflüssigkeit auf, welche in der Gallenblase eingedickt und gespeichert wird. Die Gallenflüssigkeit, welche v. a. aus Gallensäuren besteht, emulgiert Fette und wird bei der Nahrungsaufnahme ins Duodenum abgegeben.

▶ **Leberenzyme:** Für ihre Stoffwechselleistungen verwendet die Leber verschiedene Enzyme, die ins Blut abgegeben werden und dort gemessen werden können. Wichtige Parameter sind
- die **GOT** (Glutamat-Oxalacetat-Transaminase) bzw. nach neuer Nomenklatur ASAT (Aspartat-Aminotranferase),
- die **GPT** (Glutamat-Pyruvat-Transaminase) bzw. nach neuer Nomenklatur ALAT (Alanin-Aminotransferase) und
- die **Gamma-GT** (Gamma-Glutamyltransferase).

Die beiden Transaminasen zeigen v. a. entzündliche Leberprozesse an. Ein erhöhter Gamma-GT-Wert deutet ebenfalls auf Entzündungen sowie auf Fettleber und Gallenstau hin. Bei chronischem Alkoholismus findet eine sukzessive Schädigung des Lebergewebes statt, wodurch entsprechend je nach Art der Schädigung die Leberenzyme Abweichungen aufweisen. Folgende Parameter werden klassischerweise zur **Diagnose von Alkoholkonsum** herangezogen:
- **Gamma-GT:** Ein erhöhter Wert verweist allgemein auf pathologische Leberprozesse.
- **CDT** (Carbohydrat-defizientes Transferin): gilt als bester Marker für chronischen Alkoholismus.
- **ETG** (Ethyglucuronid) ist ein Kurzzeitmarker, der noch bis zu 78 Stunden nach dem Alkoholkonsum im Blut oder Urin nachgewiesen werden kann und somit v. a. für strafrechtliche Fragestellungen interessant ist.

Als weitere Hinweise für Alkoholismus gelten ein erhöhter HDL-Cholesterin-Wert sowie eine Erhöhung des MCV (mittleres Erythrozytenvolumen).

13.10.2 Erkrankungen

▶ **Hepatitis:** meint allgemein eine Leberentzündung aufgrund einer Schädigung oder Zerstörung von Leberzellen.
- **Symptome der akuten Hepatitis:** Allgemeinsymptome wie Fieber und Krankheitsgefühl, Schmerzen im rechten Oberbauch, Störung der Leberfunktion mit einem Anstieg von Bilirubin, einem Abbauprodukt des Hämoglobins, was mit einer Gelbfärbung von Haut

und Augenweiß (Ikterus), einer Dunkelfärbung des Urins und einer Entfärbung des Stuhls einhergeht. Die akute Form kann folgenlos ausheilen oder in eine chronische Form übergehen.

- **Symptome der chronischen Hepatitis:** langfristig Umbau des Bindegewebes (Fibrose) bzw. Schrumpfleber (Leberzirrhose), im Endstadium weitgehende Funktionseinbußen der Leber mit Rückstau des Blutes vor der Leber zurück in den Kreislauf und dadurch Bildung von inneren Krampfadern und Austritt von Körperwasser in den Bauchraum (Aszites), zudem zahlreiche andere Symptome wie Störungen des Stoffwechsels, Mangelernährung, Infektanfälligkeit, Verwirrtheitszustände (hepatische Enzephalopathie).
- **Ursachen:** Infektionen (z. B. Virusinfektionen, Borrelien, Salmonellen), Vergiftungen (z. B. medikamenteninduzierte Hepatitis), physikalische Schädigung (Bestrahlung, Quetschung), autoimmun bedingte Formen und viele weitere. Am häufigsten lösen Viren eine Hepatitis aus, wobei sich anfangs häufig keine spezifischen Symptome bzw. lediglich die oben beschriebenen Allgemeinsymptome finden. Es werden fünf **Typen von Virushepatiden** unterschieden:
  1. **Hepatitis A**; Übertragung: Schmierinfektion (fäkal-oral); Impfung möglich; nie chronischer Verlauf,
  2. **Hepatitis B**; Übertragung: sexuell und auf dem Blutweg (z. B. Transfusionen); Impfung möglich; Ausheilung in bis zu 90 % der Fälle,
  3. **Hepatitis C**; Übertragung: Blutweg; keine Impfung möglich; chronischer Verlauf: 70–80 %, Hepatitis C ist die häufigste Virushepatitis in Deutschland,
  4. **Hepatitis D**; kann nur bei Patienten auftreten, die bereits mit dem Hepatitis-B-Virus infiziert sind,
  5. **Hepatitis E**; Übertragung: Schmierinfektion, keine Impfung möglich; kein chronischer Verlauf.

Alkoholtoxische Fettleber und **Fettleberhepatitis**: Beide Erkrankungen entstehen infolge von chronischem Alkoholkonsum. Bei der Fettleber sind die Betroffenen beschwerdefrei. Bei der Fetteleberhepatitis sind bis zu 50 % der Betroffenen ebenfalls beschwerdefrei, andere zeigen typische Hepatitiszeichen. Die Diagnose erfolgt bei beiden durch die objektiven Befunde „erhöhtes Gamma-GT" und „vergrößerte Leber". Bei Alkoholkarenz sind die Schäden reversibel.

Leberzirrhose ist die Spätfolge vieler verschiedener Lebererkrankungen. Es handelt sich 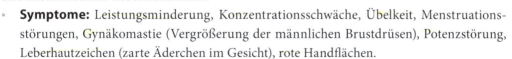 um eine diffuse, chronische Lebererkrankung mit progredienter, irreversibler narbig-bindegewebiger Umwandlung der Leber mit der Folge der Erhöhung des Druckes im Pfortadersystem und anschließender Leberinsuffizienz.

- **Symptome:** Leistungsminderung, Konzentrationsschwäche, Übelkeit, Menstruationsstörungen, Gynäkomastie (Vergrößerung der männlichen Brustdrüsen), Potenzstörung, Leberhautzeichen (zarte Äderchen im Gesicht), rote Handflächen.
- **Ursachen:** Alkohol (80 %), Virushepatiden B und C, Autoimmunerkrankungen.
- **Therapie:** kein ursächliche Therapie möglich, Weglassen der Noxen, eventuell Transplantation.

Cholezystitis: Entzündung der Gallenblasenwand.
- **Symptome:** oft kollikartige Schmerzen im rechten Oberbauch, Fieber, Ikterus.
- **Ursache:** Gallenblasensteine (in 90 % der Fälle).
- **Therapie:** krampflösende Medikamente, endoskopische Erweiterung des verstopften Ausführganges mit dem Ziel des Abgangs der Steine in den Darm, ggf. Entfernung der Gallenblase.

13.11 Bauchspeicheldrüse

13.11.1 Aufbau und Funktion

Das **Pankreas** (Bauchspeicheldrüse) liegt als Drüsenorgan im Oberbauch hinter dem Magen. Man unterscheidet einen exokrinen Teil (exokrin: nach außen abgebend), welcher Pankreassaft, ein wässriges Sekret mit Verdauungsenzymen für die Eiweiß-, Kohlenhydrat- und Fettverdauung, produziert und ins Duodenum abgibt. Dadurch werden die Nahrungsbestandteile in eine resorbierbare Größe aufgespalten. Der endokrine Teil (endokrin: nach innen abgebend) produziert Hormone, welche direkt an das Blut überführt werden. Bildungsort der Hormone sind die **Langerhans-Inseln** (vgl. Tabelle 13.4, S. 131 f.). Dort werden nochmals verschiedene Zelltypen unterschieden:

- **Alpha-Zellen:** Produktion von **Glukagon** mit der Funktion der Blutzuckerspiegelerhöhung,
- **Beta-Zellen:** Produktion von **Insulin** mit der Funktion der Blutzuckerspiegelsenkung,
- **Gamma-Zellen:** Produktion eines Polypeptids,
- **Delta-Zellen:** Produktion von Somatostatin (hemmt die Ausschüttung von Insulin und Glukagon aus den Alpha- und Beta-Zellen und ist das Inhibiting-Hormon des Wachstumshormons).

13.11.2 Erkrankungen

Diabetes mellitus (Zuckerkrankheit) bezeichnet eine heterogene Gruppe von Stoffwechselerkrankungen, deren Leitsymptom eine Überzuckerung (Hyperglykämie) des Blutes aufgrund eines Insulinmangels ist. Es werden verschiedene Typen unterschieden:

Diabetes mellitus Typ I: Es besteht ein *absoluter Insulinmangel.*
- **Symptome:** ausgeprägte Gewichtsabnahme, verbunden mit Austrocknung und ständigem Durst, häufiges Wasserlassen, Müdigkeit, Schwächegefühle, Infektanfälligkeit.
- **Ursache:** Autoimmunerkrankung, welche einen entzündlichen Untergang der B-Zellen der Bauchspeicheldrüse bewirkt.
- **Therapie:** kontinuierliche Insulingabe, ausgewogene Ernährung.

Diabetes mellitus Typ II: Es besteht ein *relativer Insulinmangel.*
- **Symptome:** oft unspezifisch, Müdigkeit, Schwäche, Infektneigung, infolge des erhöhten Insulinspiegels Unterzuckerung mit Heißhunger, Schwitzen, Kopfschmerzen.
- **Ursache:** Die Bauchspeicheldrüse schüttet zwar meist ausreichend Insulin aus, welches aber an den Zielzellen aufgrund einer angeborenen oder erworbenen Unempfindlichkeit gegenüber Insulin (Insulinresistenz) nicht ausreichend wirken kann. Die Bauchspeicheldrüse gleicht den Glukoseüberschuss zunächst durch eine erhöhte Insulinproduktion aus, was jedoch zur Erschöpfung der Inselzellen führt, sodass sich letztlich der Diabetes einstellt.
- **Therapie:** Gewichtsabnahme, ggf. Insulingabe.

Spätfolgen des Diabetes: koronare Herzerkrankung (55 % der Diabetiker sterben am Herzinfarkt), Bluthochdruck, diabetische Retinopathie (Erkrankung der Netzhaut) mit Sehbehinderungen bis zur Erblindung, Arteriosklerose der Hirnarterien mit Schlaganfällen und Demenzen, Polyneuropathien (Nervenschädigungen), periphere arterielle Verschlusskrankheit oft mit Folge der Amputationen, Niereninsuffizienz.

Komplikationen sind das diabetische Koma (Insulinmangel), bei dem es aufgrund von Überzuckerung zur Bewusstlosigkeit kommen kann; typisch ist der Geruch des Atems nach Aceton. Der hypoglykämische Schock (Insulinüberschuss) ist gekennzeichnet durch Unruhe, Heißhunger, Schwäche, Angst, leicht verminderte Hirnleistung und Aggressivität bis hin zu Krampfanfällen.

Pankreatitis bezeichnet eine Entzündung der Bauchspeicheldrüse, wobei eine akute und eine chronische Form unterschieden werden.

- **Symptome der akuten Pankreatitis** sind heftige um den Oberbauch ziehende Schmerzen, Erbrechen, Übelkeit und Fieber.
- **Symptome der chronischen Form** sind wiederkehrende Oberbauchschmerzen, Verdauungsprobleme, Gewichtsabnahme, Diabetes.
- **Ursache:** Alkoholabusus (80 % der Fälle), Gallenerkrankungen (v. a. bei der akuten Form).
- **Therapie:** Bei der akuten Pankreatitis besteht Intensivpflicht und Nulldiät; bei der chronischen Form spielen v. a. Alkoholabstinenz und die Behandlung eines eventuellen Diabetes eine Rolle.

13.12 Endokrines System und Hormone

13.12.1 Grundlagen der hormonellen Steuerung

Hormone sind vom Körper gebildete chemische Signalsubstanzen, die wichtige Lebensvorgänge steuern. Sie koordinieren ähnlich wie das vegetative Nervensystem, jedoch viel langsamer, und dafür langfristiger die Funktionen weit entfernter Organe. Hormone können bereits in geringen Mengen anregend oder hemmend auf die organismischen Vorgänge wirken.

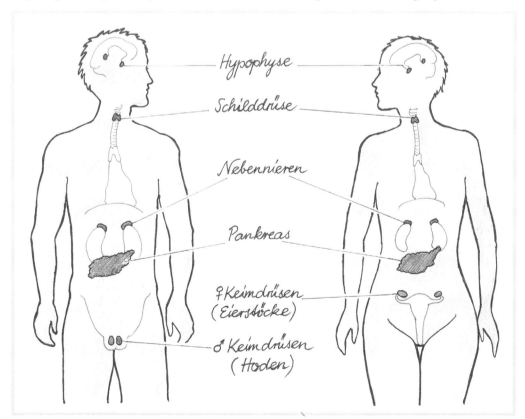

Abbildung 13.5: Bildungsorte der Hormone im menschlichen Körper

Bildungsorte: Hormone werden im Körper in Hormondrüsen gebildet (vgl. Abbildung 13.5 und Tabelle 13.4), welche von einem dichten Netz von Blutkapillaren umgeben sind. Als Sekrete endokriner Drüsen gelangen die meisten Hormone somit direkt über das Blut zu ihrem Wirkungsort. Wichtige Hormondrüsen sind die Hirnanhangsdrüse, die Schilddrüse, die Bauchspeicheldrüse, die Nebennieren und die Keimdrüsen. Neben den klassischen Hormondrüsen gibt es im menschlichen Körper auch hormonproduzierendes Gewebe und hormonproduzierende Einzelzellen, z. B. im Magen-Darm-Trakt.

Hormonsekretion: Diese erfolgt nach dem Prinzip des **biologischen Regelkreises** und wird über Rückkopplungsmechanismen mit dem Ziel der Homöostase koordiniert. Biologische Regelkreise nutzen Rezeptoren (Messfühler), in diesem Fall Chemorezeptoren, um Ist-Werte bestimmter Körpervorgänge (Regelgrößen) zu erfassen. Als Führungsgrößen wirken oft Großhirnzentren, welche einen Sollwert an das Regelzentrum, z. B. den Hypothalamus, weitergeben. Die Steuersignale (Stellgrößen) des Regelzentrums werden über Nervenimpulse oder Hormone übertragen. Die Stellglieder, welche aufgrund der Steuersignale ihre Aktivität verändern (z. B. Hormondrüse), beeinflussen dann die Regelgröße (z. B. den Blutzuckergehalt), deren Wert wieder über die Rezeptoren zurückgemeldet wird.

Von besonderer Bedeutung im endokrinen System ist der **Hypothalamus**, welcher als Teil des Zwischenhirns die übergeordnete Zentrale des Hormonsystems ist. In Abhängigkeit vom Hormonspiegel im Blut produziert er sieben Steuerhormone, die hemmend (Release-Inhibiting-Hormone, synonym: Statine) oder steigernd (Releasing-Hormone, synonym: Liberine) auf die Hormonfreisetzung (im Vorderlappen) der Hypophyse wirken. Diese wiederum produziert daraufhin Hormone, welche dann auf ihren Zielort wirken. Aufgrund dieser Eigenschaft entstehen sogenannte „Achsen", z. B. die Hypothalamus-Hypophysen-Nebennierenrinden-Achse. Man spricht auch vom **Hypothalamus-Hypophysen-Rückkopplungssystem**.

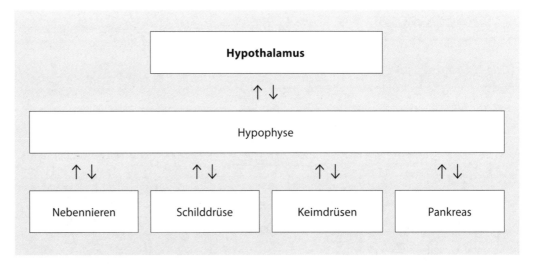

Abbildung 13.6: Das Hypothalamus-Hypophysen-Rückkopplungssystem

Die folgende Tabelle 13.4 gibt einen Überblick über die Wirkweise der wichtigsten Hormone, unterschieden nach dem Ort ihrer Bildung.

13.12.2 Bildungsorte von Hormonen und ihre Wirkungen

Tabelle 13.4: Bildungsorte von Hormonen und ihre Wirkung

Hauptbildungsort	Hormon		Wirkung
Hypophyse			
Adenohypophyse (Hypophysenvorderlappen)	**STH**	Somatotropin, synonym auch GH für „growth hormone"	Wachstumshormon, vor der Pubertät, Regulierung des Längenwachstums, Förderung des Wachstums der inneren Organe
	MSH	Melanotropin, melanozyten-stimulierendes Hormon	Steuerung u. a. der Hautpigmentierung
	PRL	Prolaktin	Wachstum der Brustdrüsen, angeregt über das kindliche Saugen beim Stillen, Stimulierung der Bildung von Muttermilch in der Stillzeit
	FSH	Follitropin, follikelstimulierendes Hormon	Wirkung auf die Gonaden ♀: Anregung der Bildung von Östrogen und Stimulierung der Reifung der Eizellen im Eierstock, ♂: Spermatogenese
	LH	Lutropin, luteinisierendes Hormon	Wirkung auf die Gonaden ♀: Anregung der Eireifung, des Eisprungs und der Bildung des Gelbkörpers, ♂: Förderung der Spermienreifung und Steigerung der Testosteronproduktion des Hodens
	ACTH	Adrenokortikotropes Hormon, Kortikotropin	Stimulierung der Hormonproduktion in der Nebennierenrinde
	TSH	Thyrotropin, thyreoidstimulierendes Hormon	Anregung der Hormonproduktion und Freisetzung der Schilddrüsenhormone T3 und T4
Neurohypophyse (Hypophysenhinterlappen)	**ADH**	Adiuretin, Vasopressin	Fördert Wasserresorption in den Sammelrohren der Niere und steigert auf diese Weise den Blutdruck
Die Neurohypophyse bildet selber keine Hormone, sondern schüttet die aus, die im Hypothalamus gebildet werden.	**Oxytozin**		Während der Schwangerschaft Auslösung der Wehentätigkeit, während der Stillzeit Steuerung des Milcheinschusses, fördert Bindungsverhalten
Nebennierenrinde	**Aldosteron**		Steuert den Kalium-Natrium-Haushalt im Körper und damit den Wasserhauhalt, Einfluss auf die Regulation des Blutvolumens und des Blutdrucks

Hauptbildungsort	Hormon		Wirkung
	Glukokortikoide **Kortisol** **Kortison**		Erhöhung des Blutzuckerspiegels, Regulation des Kohlenhydrat-, Fett- und Eiweißstoffwechsels, Hemmung der weißen Blutkörperchen und damit entzündungshemmende Wirkung, jedoch dadurch auch Hemmung des Immunsystems (immunsuppressiver Effekt), antiallergischer Effekt durch die Hemmung der Entzündungsreaktionen, die bei einer Allergie auftreten
	Androgene aber auch in geringem Anteil Östrogene (und zwar bei beiden Geschlechtern gleichermaßen)		Sammelbegriff für männliche Sexualhormon; das wichtigste Androgen ist Testosteron, Förderung der Geschlechtsdifferenzierung der männlichen Fortpflanzungsorgane und der Ausbildung der sekundären Geschlechtsmerkmale, wie z. B. Bartwuchs, anaboler Effekt, d. h. Förderung des Knochen- und Muskelwachstums
Nebennierenmark	**Katecholamine** **Adrenalin** **Noradrenalin**		Ausschüttung der Katecholamine ins Blut v. a. unter Stressbedingungen mit einer Wirkung auf den gesamten Organismus im Sinne einer erhöhten Energiebereitstellung und Leistungssteigerung (Freisetzung von Fettsäuren aus den Depots, Erhöhung des Blutzuckerspiegels, Steigerung des Blutdrucks und Schlagvolumen des Herzens)
Schilddrüse	**T4** **T3**	Tetrajodthyronin, Thyroxin Trijodthyronin	Die beiden jodhaltigen Hormone sind Wachstumshormone und stimulieren den Zellstoffwechsel; Eingriff in fundamentale Stoffwechselprozesse, z. B. Aktivierung der Freisetzung körpereigener Fettbestände, Beschleunigung der Kohlenhydrataufnahme, Mobilisation des Leberglykogens etc.
Pankreas Langerhans-Inseln	**Insulin** (B-Zellen)		Senkung des Blutzuckerspiegels durch die Förderung der Glykogensysnthese
	Glukagon (A-Zellen)		Antagonist des Insulins, Erhöhung des Blutzuckerspiegels durch Glykogenabbau
	Somatostatin (D-Zellen)		Ist ein „bremsendes" Hormon und hemmt die Ausschüttung vieler anderer Hormone, hemmt z. B. Insulin und Glukagon, Gegenspieler (Inhibiting-Hormon) des Wachstumshormons

Hauptbildungsort	Hormon	Wirkung
Zirbeldrüse	**Melatonin**	Regulation des Tag-Nacht-Rhythmus
Eierstock (Ovar)	**Östrogene** und **Gestagene**	Geschlechtshormone dienen der Ausbildung der männlichen und weiblichen Geschlechtsmerkmale, dem Wachstum, der Fortpflanzung und dem körperlichen und seelischen Gleichgewicht; sie werden von beiden Geschlechtern allerdings in unterschiedlichen Mengen gebildet
Plazenta	**Progesteron**	
Hoden (Testis)	**Androgene**	

13.12.3 Endokrinologische Erkrankungen

Adenohypophyse: Eine **Unterfunktion** der Adenohyophyse kann zu Fehlfunktionen der abhängigen peripheren Drüsen führen (ein Mangel an ACTH z. B. verursacht Nebennierenrindeninsuffizienz). Eine Unterproduktion der auf die Keimdrüsen wirkenden Hormone (gonadotrope Hormone) führt zu unterschiedlichen Störungen: Bei Frauen kommt es zum Ausbleiben des Eisprungs und somit der Menstruation, bei Männern finden sich eine Verkleinerung der Hoden sowie ein Potenz- und Libidoverlust. Ein Mangel an Somatotropin (STH) führt im Kindesalter zu Zwergenwuchs. Eine **Überfunktion** der Adenohyhpophyse, meist aufgrund von Tumoren, führt zu einer Überproduktion von STH und Riesenwuchs.

Nebennierenrinde: Bei einem **Ausfall** beider Nebennierenrinden spricht man von Nebennierenrindeninsuffizienz, dem sogenannten **Morbus Addison**, mit der Folge von Störungen des Mineralstoffwechsels und damit des Wasserhaushaltes, Müdigkeit, Schwäche und Herzrhythmusstörungen. Bei einer **Überfunktion** kommt es zu einer erhöhten ACTH-Freigabe und dadurch zu vermehrter Sekretion von Glukokortikoiden. Das führt zum sogenannten **Cushing-Syndrom** mit Vollmondgesicht und vermehrter Fettablagerung (Stammfettsucht). Eine erhöhte Freigabe von Androgenen führt zu frühzeitiger Geschlechtsreife und bei Frauen zur Vermännlichung der sekundären Geschlechtsmerkmale (z. B. männliche Behaarung).

Schilddrüse:
Bei einer **Hyperthyreose (Schilddrüsenüberfunktion)** nehmen die Verbrennungsvorgänge in den Zellen zu (erhöhter Grundumsatz), was typische Symptome zur Folge hat:
- Tachykardie, Herzrhythmusstörungen, erhöhter Blutdruck,
- Unruhe, Tremor (nervöse Übererregbarkeit),
- Gewichtsabnahme bei gesteigertem Appetit,
- Durchfälle,
- Hitzesymptome (Schwitzen, warme, feuchte Haut, eventuell sogar leichtes Fieber),
- Zyklusstörungen.
  - Eine Sonderform ist der **Morbus Basedow**, eine Autoimmunerkrankung mit der Folge der „Merseburger Trias": Schilddrüsenvergrößerung, Hervortreten des Augapfels und Herzrasen.

Bei einer **Hypothyreose (Schilddrüsenunterfunktion)**, oft aufgrund einer Jodmangelernährung, kommt es insgesamt zu einer Verlangsamung von Stoffwechsel und Wachstum mit den typischen Symptomen:
- niedriger Puls, niedriger Blutdruck,
- geistige Verlangsamung, Leistungsschwäche, Lethargie,

- Gewichtszunahme,
- Verstopfung,
- leichtes Frieren,
- depressive Symptomatik und Desinteresse,
- Schilddrüsenvergrößerung (Struma).
  - Eine Sonderform ist der **Kretinismus** (angeborene Hypothyreose in der frühen Kindheit) aufgrund eines Jodmangels oder eines seltenen genetischen Defektes, welcher zur Retardierung von Wachstum und geistiger Entwicklung sowie Taubheit führt.

Eine **Unterfunktion** des **Pankreas** führt zum Diabetes mellitus (vgl. Kap. 13.11).

▶ Die **Nebennieren** sind ein stressadaptives System. **Kurzfristiger Stress** führt zu einer Ausschüttung von Adrenalin und Noradrenalin und bewirkt eine Leistungssteigerung. Die Ausschüttung von Kortisol führt aufgrund der entzündungshemmenden Wirkung der Glukokortikoide in solchen Phasen zu einer geringen Infektanfälligkeit. Bei **langfristigem Stress** kommt es aufgrund der Eigenschaften der Glukokortikoide zu einer Hemmung des Immunsystems, einer Verminderung der Leistungsfähigkeit und depressiogenen Effekten.

13.13 Sexualorgane und Fortpflanzung

13.13.1 Die Frau

Zu den äußeren **Geschlechtsorganen** zählen die großen und kleinen Schamlippen, die Klitoris und der Scheideneingang mit dem Jungfernhäutchen. Zu den inneren Geschlechtsorganen gehören die Scheide (Vagina), die Gebärmutter (Uterus), die paarigen Eierstöcke und die paarigen Eileiter (Tuben).

Menstruationszyklus: In den Eierstöcken (weibliche Keimdrüsen) entwickeln sich nach der Geschlechtsreife befruchtungsfähige Eizellen. Beim Reifungsvorgang entsteht im Bindegewebe um die Eizelle ein mit Flüssigkeit gefülltes Bläschen (Follikel). In einem Zyklus von ca. 28 Tagen platzt in einem der Eierstöcke ein herangereifter Follikel (Eisprung, Ovulation), dabei wird die Eizelle aus dem Eierstock ausgeschwemmt, der Follikelrest wird zum Gelbkörper. Parallel wird hormonell gesteuert ein starkes Wachstum der Gebärmutterschleimhaut bewirkt. Wird die bereitgestellte Eizelle nicht befruchtet, stirbt sie ab. Der Gelbkörper geht zugrunde, es wird kein Gelbkörperhormon mehr gebildet, die Gebärmutterschleimhaut zerfällt und wird abgestoßen. Es kommt zu einer Blutung. Man unterscheidet zwei Phasen: **follikuläre Phase:** 1.–14. Tag, und **luteale Phase:** 15.–28. Tag.
Am Menstruationszyklus sind unterschiedliche **Hormone** beteiligt: ein follikelstimulierendes Hormon (FSH) zur Reifung von Eifollikeln und ein luteinisierendes Hormon (LH) zur Auslösung der Ovulation sowie als weibliche Geschlechtshormone Östradiol und Progesteron
▶ mit Wirkung auf die Gebärmutterschleimhaut. Die erstmalige Regelblutung wird **Menarche** genannt, signalisiert jedoch noch nicht eindeutig die Reproduktionsfähigkeit. Erst nach 1,5 bis zwei Jahren etabliert sich ein regelmäßiger Ovulationszyklus.
Bei Anorexie kommt es als Folge der Mangelernährung zu hormonellen Störungen und zum
▶ Ausbleiben der Menstruation **(sekundäre Amenorrhoe)**.

Klimakterium: Über Jahre hinweg geht im mittleren Alter (zw. 45.–55. Lebensjahr) die Produktion von Östrogen und Gestagen zurück („Wechseljahre"). Durch das Sinken des

Gestagenspiegels kommt es zu Hitzewallungen, Schweißausbrüchen, Schlafstörungen, Schwindel, Herzjagen, Brustspannen und vermehrter Wassereinlagerung. Das Sinken des Östrogenspiegels bewirkt v. a. Nervosität, Antriebsmangel, trockene Haut, Rückbildung der Brüste etc. Das Ausmaß der subjektiven Beeinträchtigung durch diese Symptome hängt stark von der kognitiven Einstellung der betroffenen Frauen ab. Danach folgt medizinisch-terminologisch die Phase des **Seniums. Involution** meint allgemein die Rückbildung von Organen.

Sterilität besteht, wenn es trotz regelmäßigen ungeschützten Geschlechtsverkehrs innerhalb von zwei Jahren nicht zur Befruchtung kommt.

Infertilität (Empfängnisunfähigkeit) beschreibt die Unfähigkeit der Frau, aufgrund beispielsweise hormoneller Störungen, biologischer Störungen (Eierstockverschluss, zu kleiner Uterus) oder psychischer Faktoren ein Kind bis zur Lebensfähigkeit auszutragen.

13.13.2 Der Mann

Zu den männlichen **Sexualorganen** zählt man außen Glied (Penis) und Hodensack (Skrotum), innen Hoden (Testis), Nebenhoden, Samenleiter und Geschlechtsdrüsen (Prostata, Samenbläschen, Cowper-Drüse).

Impotenz ist der Überbegriff für Erektionsstörungen des Mannes, mit vielfältigen Ursachen, z. B. Arteriosklerose der Blutgefäße, Nebenwirkungen von Medikamenten, hormonelle Störungen, psychische Faktoren etc. Entsprechend groß ist die Anzahl von therapeutischen Möglichkeiten, wie Vakuumpumpen, Penisprothesen, Psychotherapie.

Sterilität (Zeugungsfähigkeit) des Mannes beruht auf verschiedensten organischen Ursachen, die meist in Zusammenhang mit der Qualität des Spermas stehen.

13.13.3 Frau und Mann zusammen

Treffen Samenfäden nach der Begattung im Eileiter auf eine befruchtungsfähige Eizelle, kann die Befruchtung erfolgen. Bei der **Konjugation** (Befruchtung) verschmelzen die Zellkerne einer weiblichen und einer männlichen Keimzelle miteinander, und es entsteht eine Zygote, welche sich während des Transportes im Eileiter mehrfach teilt. Der Keim nistet sich dann in der Gebärmutterschleimhaut ein, und ein Teil der Zellen entwickelt sich zum Embryo. Aus einem Teil bildet sich die Plazenta, welche die Austauschvorgänge zwischen Embryo und mütterlichem Organismus reguliert. Eine Schwangerschaft kann über ein Hormon, das **HCG** (betahumane Choriongonadotropin), bereits 14 Tage nach der Befruchtung (also am ersten Tag der ausbleibenden Menstruation) im Blut und im Urin nachgewiesen werden. Tabelle 13.5 verdeutlicht die weitere Keimesentwicklung.

Tabelle 13.5: Keimesentwicklung

Keimesentwicklung	
1. bis 15. Tag	**Blastozyste** Einnistung der Keimblase in der Uterusschleimhaut; „Alles-oder-nichts-Prinzip": Bei irreparablen Schäden stirbt der Keim ab
3. bis 12. Woche	**Embryonalphase** Anlage und Differenzierung aller Organe, Wachstum auf 10 cm
Ab der 12. Woche	**Fötale Phase** Wachstum; ab 6. Monat ist die Entwicklung so weit fortgeschritten, dass das Kind überlebensfähig ist

Teratogene sind äußere Einflüsse, die fruchtschädigend wirken können. Es besteht eine besondere Anfälligkeit des Keimlings gegen Gifte in den ersten drei Schwangerschaftsmonaten. Teratogene sind beispielsweise Alkohol, bestimmte Medikamente, Nikotin, Drogen, Röntgenstrahlen, Rötelviren, Toxoplasmose-Infektionen etc.

Nach ca. 280 Tagen kommt es zur hormongesteuerten Trennung von Mutter und Kind. Den Geburtsvorgang unterteilt man in drei Perioden, dargestellt in Tabelle 13.6.

Tabelle 13.6: Geburtsverlauf

Geburtsverlauf	
Eröffnungsperiode	Östrogenproduktion in der Plazenta steigt an, dadurch Freisetzung von Prostaglandinen, dadurch Steigerung der Empfindlichkeit des Uterus gegenüber Oxytozin, was die Wehen auslöst: Steigerung der Wehenfrequenz von einer pro Viertelstunde auf eine pro Minute, Öffnung des Muttermundes auf 10 cm, Springen der Fruchtblase
Austreibungsphase	Muttermund ist vollständig geöffnet, Kind wird tiefer in das Becken getrieben, Presswehen, im Normalfall: Kopf wird geboren, der Rumpf folgt (Gefahr für Sauerstoffunterversorgung des Kindes)
Nachgeburt	Ablösung und Ausstoßung der Plazenta (Gefahr für Mutter: Blutungen) nachgeburtliche Rückbildung: Stillen regt Hormone an, die die Gebärmutterrückbildung fördern

13.14 Genetik

Die Erbanlagen des Menschen sind in Form von Genen in den Chromosomen jeder Zelle gespeichert. Chromosomen und die auf ihnen lokalisierten Gene werden von Generation zu Generation weitergegeben. Kommt es jedoch zu spontanen Veränderungen im Genbestand, spricht man von **Mutationen**. Diese können sowohl in Körperzellen (somatische Mutationen; nicht vererbbar) als auch in Keimzellen (germinale Mutation, Keimbahnmutation; vererbbar) auftreten. Mutationen können spontan auftreten, aber auch durch **Mutagene** (Einflüsse, die zu einer Mutation führen können), z. B. Zytostatika, UV-Strahlung, chemische Stoffe, induziert ausgelöst werden. Man unterscheidet Gen-, Chromosomen- und Genommutationen.

* **Genmutationen** entstehen durch Fehler bei der identischen Verdopplung der Gene.

- Bei der **Chromosomenmutation** (strukturelle Chromosomenaberration) sind die Form und die Struktur *eines* Chromosoms verändert durch Deletation (Verlust eines Chromosomenstückes), Duplikation (Wiederholung eines Abschnitts auf dem gleichen Chromosom), Translokation (Chromosomenfragment verlagert sich auf ein anderes Chromosom) und Inversion (umgekehrter Einbau eines Chromosomensegments).
- Bei der **Genommutation** (numerische Chromosomenaberration) ist die *Chromosomenanzahl* verändert.

13.14.1 Genetische Erkrankungen

Trisomie 21: Durch eine fehlerhafte Teilung liegt das 21. Chromosom dreifach vor. Die Auftretenswahrscheinlichkeit korreliert mit dem Alter der Mutter. Pränatal diagnostisch findet sich u. a. eine vergrößerte Nackenfalte. Typische Merkmale der Betroffenen sind eine unterdurchschnittliche Körpergröße, ein flaches Gesichtsprofil und eine sichelförmige Augenfalte (Epikanthus) sowie das Vorliegen einer Vierfingerfurche. Die Erkrankten sind in ihren kognitiven Fähigkeiten oft bis zur geistigen Behinderung beeinträchtigt und haben eine geringere Lebenserwartung.

Phenylketonurie ist die häufigste angeborene Stoffwechselstörung. Die Erkrankten können die Aminosäure Phenylalanin nicht abbauen, wodurch sich diese im Körper anreichert, was zu einer schweren geistigen Behinderung führen kann. Präventiv wird ein Screening auf Phenylketonurie bei Neugeborenen in den ersten Lebenstagen durchgeführt, da bei Vorliegen einer Phenylketonurie durch eine eiweißarme Diät einer drohenden Intelligenzminderung vorgebeugt werden kann.

Mukoviszidose (zystische Fibrose) ist ein Beispiel für ein monogenes Erbleiden. Die Erkrankung bewirkt eine Störung der Zusammensetzung aller Sekrete, welche eingedickt werden. Es kommt zu zähflüssigem Schleim in den Bronchien, im Pankreas und im Gastrointestinaltrakt und dadurch vielfältigen Funktionseinbußen der betroffenen Organe. Symptomatisch zeigen die Betroffenen dauernden Husten, Lungenentzündungen, Verdauungs- und Wachstumsstörungen. Es handelt sich um eine unheilbare Erkrankung. Die Behandlung erfolgt medikamentös (Antibiose), krankengymnastisch und durch eine konstante Zufuhr hochkalorischer Nahrung.

Die **Chorea Huntington** ist ein Beispiel für eine erbliche Hirnerkrankung (Zerstörung des Striatums), deren Symptome wie regellose, plötzlich einschießende unwillkürliche Bewegungen der Extremitäten („Veitstanz") sich meistens zwischen dem 30. bis 40. Lebensjahr zeigen. Die Erkrankung nimmt immer einen schweren Verlauf mit den Spätfolgen Demenz und früher Tod.

Beim **Wilson-Syndrom** kommt es genetisch bedingt zu einer Störung des Kupferstoffwechsels und der toxischen Ansammlung von Kupfer in den inneren Organen und dadurch zu geistiger und motorischer Retardierung und zerebralen Krampfanfällen.

Das **Klinefelter-Syndrom**, von welchem nur *Männer* betroffen sind, ist eine gonosomale Trisomie. Die Betroffenen haben ein Chromosom mehr als andere Männer. Statt des regulären Chromosomensatzes 46 XY ergibt sich der Satz 47 XXY. Das führt zu kleinen, unterentwickelten Hoden, wodurch zu wenig Testosteron gebildet wird, und zu Zeugungsunfähigkeit. Es muss keine Intelligenzminderung vorliegen.

Das **Turner-Syndrom** ist eine gonosomale Monosomie (X0). *Frauen* mit dieser Besonderheit haben nur ein X-Chromosom statt der üblichen zwei XX- oder XY-Chromosomen. Am Turner-Syndrom leidende Frauen sind u. a. gekennzeichnet durch Minderwuchs, Fehlentwicklungen innerer Organe und mangelnde Fortpflanzungsfähigkeit. Es besteht keine Intelligenzminderung.

13.14.2 Genetische Studien

Bei den meisten psychischen Störungen wird eine multifaktorielle Verursachung angenommen, bei der eine genetisch bedingt erhöhte Vulnerabilität eine Rolle zu spielen scheint. Für affektive Störungen (v. a. bei schweren depressiven Episoden und bipolaren Störungen) ist ein genetischer Einfluss gut gesichert. Eine genetische Determinierung wird auch für Anorexia nervosa, Angsterkrankungen und Zwangsstörungen diskutiert.

▶ Die **Schizophrenie** ist ein populäres Beispiel für eine **multifaktoriell verursachte Erkrankung**, denn Auslöser ist die Kombination mehrerer Faktoren, die für sich allein nicht hinreichend für die Entwicklung der Krankheit sind (biopsychosoziales Krankheitsmodell, vgl. Kap. 7.2, S. 37). Das Erkrankungsrisiko beträgt bei einem erkrankten Elternteil ca. 12 %, bei zwei erkrankten Elternteilen ca. 40 %, bei Adoptivkindern hingegen 1 %.

Fünfter Teil: Pharmakologische Grundlagen

14 Psychopharmakologie

14.1 Grundlagen der Pharmakotherapie

Psychopharmaka entfalten ihre Wirkung an den Synapsen des ZNS und wirken sich hemmend oder fördernd auf die Ausschüttung oder die Wirkmöglichkeiten der dortigen Neurotransmitter aus. Eine Behandlung mit Psychopharmaka sollte nach genauer Diagnosestellung erfolgen. Patienten sollten vor der Einnahme von Psychopharmaka über deren Wirkweise und Nebenwirkungen – man spricht gängiger von unerwünschten Arzneimittelwirkungen (UAW) – informiert werden. Jedem Medikament liegt dazu ein Beipackzettel bei. Das Lesen dieses Zettels kann verunsichernd auf Patienten wirken und die Mediakmentencompliance senken.

Psychotherapie und Pharmakotherapie: Manchmal ist eine psychopharmakologische Behandlung unumgänglich, da sie zum Teil überhaupt erst die Voraussetzungen für eine Psychotherapie schafft. Das trifft z. B. bei schwerer Depression, zum Teil bei Zwangs- und psychotischen Erkrankungen zu. Allgemein ist bekannt, dass bei Psychotherapie die Abbruch- und Rückfallquote geringer ist als bei alleiniger medikamentöser Behandlung. Im psychodynamischen Kontext wird bei einer Kombinationsbehandlung kritisch darauf hingewiesen, dass Medikamente eine Übertragungs- und Gegenübertragungsbedeutung erhalten (das Medikament als „Dritter im Bunde"). Unter verhaltenstherapeutischem Gesichtspunkt reduzieren Psychopharmaka die Selbstwirksamkeitserfahrung der Patienten, da bei Kombinationsbehandlung die Attribuierung des Therapieerfolges nicht eindeutig möglich ist. Die Kombinationstherapie ist *kontraindiziert* bei gleichzeitiger *Anwendung von Exposition* und der *Einnahme von Benzodiazepinen*. Die Wirkung von Medikamenten ist auch bei der Interpretation von Konzentrations- und Leistungstests zu beachten.

Medikamentenanamnese: Im Rahmen einer Psychotherapie sollte immer eine Medikamentenanamnese erhoben werden, da sich zahlreiche Wirkstoffe auch auf psychische Funktionen auswirken können, weshalb grundlegende Kenntnisse der Pharmakotherapie auch für Psychotherapeuten von wichtiger Bedeutung sind. Neben den eigentlichen Psychopharmaka können Medikamente, die eigentlich zur Behandlung körperlicher Erkrankungen eingesetzt werden, teilweise **psychotrope Effekte** aufweisen, z. B.:

- Malariaprophylaxe kann depressive Reaktionen und Ängste fördern.
- Parkinson-Mittel können zu Unruhe, Verwirrtheit, Schlaflosigkeit, Depression führen.
- Corticoide bewirken manchmal eine Veränderung der Stimmungslage (Euphorie, Depression), Schlafstörungen und paranoides Denken.
- Interferontherapie fördert depressives Erleben und Suizidalität.
- Antihistaminika können Müdigkeit, Schlafstörungen und Delir erzeugen.
- Antiepileptika begünstigen Depressionen, Müdigkeit, Benommenheit, Gereiztheit, Aggressivität.
- Betablocker führen unerwünscht auch zu Müdigkeit, Schlafstörungen und Depression.

14.1.1 Pharmakokinetik und Pharmakodynamik

14.1.1.1 Pharmakokinetik

Damit ein Psychopharmakon an seinem Zielort wirken kann, muss es in den Körper aufgenommen werden (meist orale Gabe) und über den Blutkreislauf zum Gehirn transportiert werden. Dazu muss die Blut-Hirn-Schranke überwunden werden. Mit dem Begriff der **Pharmakokinetik** werden die Abläufe bei

- der Aufnahme (dem zeitlichem Ablauf und dem Ort der Resorption),
- der Verteilung (auf verschiedene Verteilungsräume, z.B. Gehirn, Fettgewebe usw.),
- der Metabolisierung (Verstoffwechselung) und
- der Ausscheidung über Leber, Galle, Darm, Niere, Blase von Wirkstoffen im Körper beschrieben.
- Die zentrale Frage lautet: **Was macht der Körper mit dem Medikament?**

Halbwertszeit: Unter der Halbwertszeit versteht man die Zeit, in der die Plasmakonzentration eines Stoffes auf die Hällte des anfänglichen Wertes gefallen ist. Sie ist beispielsweise wichtig für Dosierungsintervalle.

Kinder, Jugendliche und ältere Patienten: Die Pharmakokinetik kann aufgrund des Lebensalters oder bestimmter Erkrankungen interindividuell unterschiedlich sein. Kinder und Jugendliche unterscheiden sich hinsichtlich der Körperzusammensetzung von Erwachsenen. Das beeinflusst z.B. den Säuregehalt des Magens, den Blutfluss in den Nieren, den Lebermetabolismus und die Dauer der Magen-Darm-Passage. Aufgrund fehlender Studien besitzen viele Psychopharmaka keine Zulassung nach dem Arzneimittelgesetz für den Einsatz im Kindes- und Jugendalter. Eine individuelle Verordnung außerhalb des Zulassungsbereichs nennt man **off-label**. Auch bei älteren Menschen muss die Medikamentierung an die körperlichen Gegebenheiten (z.B. eingeschränkte Nierenfunktion) angepasst werden Zudem finden sich paradoxe Reaktionen bei Multimorbidität, Wechselwirkungen mit anderen Medikamenten und ein häufig verzögerter Wirkeintritt der Medikamente. Deshalb sind bei vielen Medikamenten deutliche Dosisänderungen bei der Anwendung sowohl bei Kindern als auch bei Älteren erforderlich.

14.1.1.2 Pharmakodynamik

Im Gegensatz zur Pharmakokinetik beschreibt die Pharmakodynamik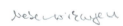
- die unmittelbaren Wirkungen von Substanzen am Wirkort und
- die Beziehungen zwischen Konzentration und Wirkung.
- Hier lautet die zentrale Frage demnach: **Was macht das Medikament mit dem Körper?**

Wirkung: Dabei entspricht die Wirkung in Abhängigkeit von Dosis und chemischer Zusammensetzung der ausgelösten Wirkung. Positiv ist die erwünschte Wirkung, negativ hingegen sind die unerwünschten Arzneimittelwirkungen. Die größte Wirkung, die mit einem Medikament erreicht werden kann, nennt man maximale Wirkung.

Wirksamkeit hingegen meint die therapeutische Nützlichkeit (Achtung: Wirksamkeit ≠ Wirkung!). Es können beispielsweise unerwünschte Arzneimittelwirkungen bei fehlender Wirksamkeit eines Medikaments bei einer entsprechenden Person auftreten.

> **Beispiel:** Frau Freud verhütet mit der Antibabypille. Sie nimmt an Gewicht zu und wird trotzdem schwanger. Dann war die Pille bei ihr nicht wirksam, hatte aber dennoch eine Wirkung (nur leider eine unerwünschte).

Dosis und Wirkung: Die **Dosis** entspricht der verabreichten Menge. Die **Wirkdosis** (Effektdosis) ist die Dosis, mit der in einer bestimmten Zeit eine Wirkung erzielt wird (abhängig von der Konzentration der Substanz am Wirkort). Der Zusammenhang der **Dosis-Wirkungs-Beziehung** muss nicht linear sein.

Therapeutische Breite bezeichnet den Abstand zwischen der therapeutischen Dosis eines Medikaments und einer Dosis, die zu einer toxischen Wirkung führt. Ein Arzneimittel ist umso sicherer, je größer die therapeutische Breite ist.

Toleranz: Bei einigen Psychopharmaka kann es wie bei psychotropen Substanzen zu einer Toleranzentwicklung mit einem verminderten Ansprechen auf die Substanz mit der Folge der Dosissteigerung kommen. Eine besondere Form der Toleranzentwicklung ist die Tachyphylaxie, welche die abgeschwächte Wirkung eines Medikaments bei wiederholter Gabe in kurzen Zeitabständen beschreibt und auf der Entleerung intrazellulärer präsynaptischer Speicher beruht (s. S. 158).

14.1.2 Pharmakologische Beeinflussung der synaptischen Übertragung

Um die Wirkweise der einzelnen Psychopharmaka zu verstehen, ist es nötig, die Mechanismen der synaptischen Übertragung (vgl. Kap. 11.1, S. 82) noch genauer zu beschreiben.

Präsynapse: Neben den postsynaptischen Bindungsstellen für einen bestimmten Transmitter gibt es für die Registrierung der Konzentration des Botenstoffes im synaptischen Spalt sogenannte **Autorezeptoren**, welche an der präsynaptischen Membran sitzen. Diese sprechen ebenfalls auf den ausgeschütteten Transmitter an. Die Anzahl der augenblicklich besetzten Autorezeptoren gibt der Nervenzelle Rückmeldung über die im Spalt befindliche Menge des Botenstoffes. Ist diese beispielsweise groß, vermindert sich im Sinne eines Rückkopplungsprozesses die Ausschüttung des Transmitters.

Synaptischer Spalt: Die in den synaptischen Spalt entleerten Neurotransmitter müssen dort jedoch auch zügig wieder inaktiviert werden, was auf unterschiedlichem Weg geschehen kann. **Abbauenzyme** bauen die Transmitter im synaptischen Spalt direkt ab, **Transportproteine** (Carrier-Proteine) hingegen bringen die Transmitter zurück in die präsynaptischen Vesikel **(Reuptake)**.

Postsynapse: Bekannt ist des Weiteren, dass sich die Transmitterkonzentration auf die postsynaptischen Rezeptoren auswirkt. Das **Prinzip der Up- und Down-Regulation** besagt, dass es bei einer zu hohen Konzentration des Botenstoffes zur Verringerung der Anzahl und Empfindlichkeit aktiver Rezeptoren (Down-Regulation) und bei einer zu niedrigen Konzentration zu einer Erhöhung der Anzahl und Empfindlichkeit aktiver Rezeptoren an der postsynaptischen Membran kommt (Up-Regulation). Die genannten Mechanismen spielen bei den Wirkmechanismen der im Folgenden aufgeführten Psychopharmaka eine wichtige Rolle.

Für die Behandlung mancher psychischer Erkrankungen ist es wichtig, dass der betreffende Neurotransmitter in vermehrtem Maße im synaptischen Spalt zur Verfügung steht. Für die **Steigerung der synaptischen Übertragung** stehen damit prinzipiell die in Tabelle 14.1 genannten Möglichkeiten zur Verfügung.

Tabelle 14.1: Möglichkeiten der Steigerung der synaptischen Übertragung (modifiziert nach Köhler, 2010, S. 89–90)

Ziel	Wirkmechanismus	Beispiel
Stimulation der Produktion	Verabreichung von Vorstufen	Vergabe der Dopaminvorstufe L-Dopa
Förderung der Transmitterausschüttung	Direkte Stimulation der Ausschüttung	Amphetamine: erhöhte Dopamin und Noradrenalinausschüttung (nur wenige Medikamente wirken auf dieses Weise)
	Blockade der präsynaptischen Autorezeptoren mit Stoffen, die dort keine Wirkung erzielen, dadurch kommt es zur Fehlermeldung über ein angeblich zu geringes Transmitterangebot	Tetrazyklische Antidepressiva
Hemmung der Inaktivierung des Transmitters	Verhinderung der Wiederaufnahme in die präsynaptische Zelle durch Blockade der Transportproteine (Reuptake-Hemmung)	Trizyklische und tetrazyklische Antidepressiva, SSRI
	Hemmung der Abbauenzyme	MAO-Hemmer
Direkte Stimulation postsynaptischer Rezeptoren	Aktivierung durch ähnlich wirkende Stoffe (Wirkmechanismus vieler Drogen)	Nikotin aktiviert bestimmte Acetylcholinrezeptoren
Erhöhung der Empfindlichkeit postsynaptischer Rezeptoren		Benzodiazepine verstärken die Wirkung von GABA-Transmittern am Rezeptor

Natürlich kann es auch von Interesse sein, die **synaptische Übertragung zu verringern**. Hier spielt v.a. die Blockade postsynaptischer Rezeptoren durch ähnliche Stoffe eine wichtige Rolle. Bei dieser Form der Blockade können sich die eigentlichen Neurotransmitter nicht mehr in entsprechender Zahl anlagern und wirken. Ein populäres Beispiel ist die Blockade von Dopaminrezeptoren (D2-Rezeptoren) bei der Therapie mit klassischen Neuroleptika.

14.2 Antidepressiva

Antidepressiva gehören zu den am häufigsten verschriebenen Psychopharmaka. Alle Antidepressiva wirken stimmungsaufhellend und haben je nach Wirkstoff weitere Effekte, z. B. Angstlösung, Schmerzstillung, Aktivierung. Sie machen nicht abhängig. Ihr Anwendungsbereich ist sehr breit. Die Gabe eines Antidepressivums sollte immer in einen Gesamtbehandlungsplan eingebettet sein.

Indikationen:
- depressive Störungen,
- Angststörungen,
- Zwangsstörungen,

- chronische Schmerzerkrankungen,
- Essstörungen, v. a. Bulimie (SSRIs),
- Schlafstörungen,
- somatoforme Störungen,
- PTSD und weitere, wie z. B. Chronic Fatigue Syndrome, prämenstruelles Syndrom.

Wirkmechanismen: Antidepressiva unterscheiden sich im Hinblick darauf, auf welche(n) Neurotransmitter sie Einfluss nehmen. Je nachdem, welche Rezeptoren angesprochen werden, unterscheiden sie sich hinsichtlich ihrer Wirkung (und der unerwünschten Arzneimittelwirkungen). In der Behandlung zeigt sich, dass der antidepressive Effekt der Medikamente mit einer **Verzögerung von ca. zwei bis drei Wochen** eintritt. Das wird über die mit Latenz einsetzende Down-Regulation postsynaptischer Rezeptoren erklärt.

Substanzgruppen: Antidepressiva werden nach unterschiedlichen Kriterien eingeteilt. Nach historischen Gesichtspunkten kann die **alte Generation** mit den MAO-Hemmern und den trizyklischen Antidepressiva von einer **neueren Generation** mit den tetrazyklischen Antidepressiva, SSRIs (selektive Serotonin-Reuptake-Inhibitoren), SNRIs (selektive Noradrenalin-Reuptake-Inhibitoren) und SSNRIs (selektive Serotonin- und Noradrenalin-Reuptake-Inhibitoren) sowie den selektiven MAO-Hemmern unterschieden werden. Eine Einteilung der Antidepressiva nach dem Wirkstoff findet sich in Tabelle 14.2.

Tabelle 14.2: Antidepressiva.

Substanzgruppe	Wirkweise, pharmakologischer Ansatzpunkt	Wirkung	Unerwünschte Arzneimittelwirkungen (UAW)	Beispielhafte Wirkstoffe und Handelsname	Bemerkungen
Trizyklische Antidepressiva **TZA**	Erhöhung des Transmitterangebotes durch Hemmung des Reuptakes, langfristig Down-Regulation postsynaptischer Rezeptoren • Noradrenalin • Serotonin • muskarinerge Acetylcholinrezeptoren • Histamin	Stimmungsaufhellend; sedierende und angstlösende Wirkung setzt früher ein Nach ihrer Wirkung auf den Antrieb Unterscheidung von drei Gruppen: • Desipramin-Typ: deutliche Antriebssteigerung • Imipramin-Typ: leicht aktivierender Effekt • Amitriptylin-Typ: sedierend-dämpfende Wirkung	• **Anticholinerge Wirkungen:** Mundtrockenheit, Akkomodationsstörungen und Veränderung des Augeninnendrucks (Glaukom), Blasenentleerungsstörung und Obstipation, kardiale Störungen, wie Tachykardie, EKG-Veränderungen • **Histaminerge Wirkungen:** Sedierung, Müdigkeit, Gewichtszunahme • **Kardiovaskuläre Wirkungen:** Erregungsleitungsstörungen, Arrhythmien • **Sonstige UAW** orthostatische Hypotonie, sexuelle Funktionsstörungen, Senkung der Krampfschwelle	Amitriptylin (Saroten®) Doxepin (Aponal®) Trimipramin (Stangyl®) Imipramin (Tofranil®) Desipramin (Petylyl®) Clomipramin (Anafranil®) Dibenzepin (Noveril®)	• Kontraindikation bei Patienten mit kardialer Vorschädigung (bereits bei Herzgesunden doppelt so hohes Risiko für Herzinfarkt) und bekannter Krampfneigung • Achtung: Suizid mit TZA möglich (kardiale Arhythmien) • TZA können Manien provozieren.
Tetrazyklische Antidepressiva	Ähnlich wie TZA	• Stimmungsaufhellend • Unterschiedliche Wirkung auf den Antrieb	• Kaum anticholinerge • v.a. Sedierung, Gewichtszunahme	Mirtazapin (Remergil®) Mianserin (Tolvil®)	
Selektive Serotonin-Wiederaufnahmehemmer **SSRI**	Hemmung des Reuptakes, langfristig Down-Regulation postsynaptischer Rezeptoren • Serotonin	• Stimmungsaufhellend • Nicht sedierend, dadurch wenig leistungsmindernd • Zu Beginn: agitierend	• Unruhe • Übelkeit, Erbrechen, Diarrhoe, Appetitlosigkeit • Schlafstörungen • Sexuelle Funktionsstörungen, jedoch meist vorübergehend	Fluoxetin (Fluctin®) Citalopram (Cipramil®) Escitalopram (Cipralex®) Sertalin (Gladem®) Paroxetin (Seroxat®)	• Keine anticholinergen und histaminergen UAW, jedoch teurer als TZA • Cave: selten **zentrales Serotonin-Syndrom**: Fieber, psychopathologische Auffälligkeiten (Delir, Erregung), gastrointestinale Symptome, Bewusstseinsstörungen und diverse Komplikationen (Krampfanfälle, Koma, Organversagen), deshalb lebensbedrohlich, selten sogar tödlich

Substanzgruppe	Wirkweise, pharmakologischer Ansatzpunkt	Wirkung	Unerwünschte Arzneimittelwirkungen (UAW)	Beispielhafte Wirkstoffe und Handelsname	Bemerkungen
Selektive Noradrenalin-Wiederaufnahmehemmer **SNRI**, auch NARI	Hemmung des Reuptakes, langfristig Down-Regulation postsynaptischer Rezeptoren • Noradrenalin	• Stimmungsaufhellend • Entängstigend • Psychomotorisch enthemmend oder dämpfend • Schmerzstillend • Schlafanstoßend	• Übelkeit, Erbrechen, Diarrhöe • Schlafstörungen, Erregung • Sexuelle Funktionsstörungen • Miktionsstörungen • Schwitzen, Kältegefühl	Reboxetin (Edronax®)	Zur Behandlung von ADHS zugelassen: Atomoxetin (Strattera®)
Selektive Serotonin- und Noradrenalin-Wiederaufnahmehemmer **SSNRI**, auch SNRI	Hemmung des Reuptakes, langfristig wohl Down-Regulation postsynaptischer Rezeptoren • Serotonin • Noradrenalin	• Stimmungsaufhellend	• Übelkeit, Erbrechen, Diarrhöe • Schlafstörungen, Erregung • Sexuelle Funktionsstörungen	Venlafaxin (Trevilor®) Duloxetin (Cymbalta®)	
Monoaminoxidase-Hemmer **MAO-Hemmer**	Hemmung des Abbauenzyms der Monoamine, langfristig Down-Regulation postsynaptischer Rezeptoren MAO-A: Abbau von • Serotonin • Noradrenalin • Adrenalin MAO-B: Abbau von • Dopamin • Tyramin	• Antriebssteigernd • Stimmungsaufhellend • Entängstigend • Schmerzstillend • Schlafanstoßend	• **Alte Generation:** irreversible, **nicht selektive** Hemmung von **MAO-A und MAO-B** → dadurch jedoch Ansammlung von Tyramin im synaptischen Spalt, in der Folge Blutdruckerhöhung und kardiovaskuläre Probleme bis hin zur **Tyraminkrise,** welche lebensbedrohlich ist → deswegen wenig verordnet • **Neue Generation (MAO-A-Hemmer):** reversible, **selektive** Hemmung von **MAO-A** → gut verträglich, keine anticholinergen UAW	Tranylcypromin (Jatrosom N®) Moclobemid (Aurorix®)	• Alte Generation: Notwendigkeit thyraminarmer Diät (Verzicht auf Käse, Rotwein) • Dürfen nicht mit TZA oder SSRI kombiniert werden • Vor Beginn eines neuen Antidepressivums mindestens zwei Wochen Pause • Hoher Preis • Eingeschränkte Fahrtüchtigkeit
Johanniskraut	Unklar	• Schwach antidepressiv • Nicht sedierend	• Fotosensibilisierung		

Antidepressiva und Suizidalität: Gelegentlich setzt die antriebssteigernde Wirkung eines Antidepressivums vor der stimmungsaufhellenden ein, weshalb das Suizidrisiko kurzfristig erhöht sein kann. Deshalb wird bei bei **suizidalen Patienten** eine Monotherapie mit einem **sedierenden Antidepressivum** empfohlen bzw. in der Initialphase begleitend ein **Benzodiazepin** zusätzlich verordnet. Die Diskussion um die Erhöhung der Suizidrate unter SSRIs ist nach wie vor kontrovers, für Paroxetin besteht eine Warnung. TZA können, in suizidaler Absicht überdosiert eingenommen, tödlich wirken, SSRIs eher nicht. Durch Mittel zur **Malariaprophylaxe** (z. B. Lariam) kann es zu suizidalen Halluzinationen und Suizidimpulsen kommen.

Anwendung: Empfehlungen lauten, Antidepressiva zur Akuttherapie sechs bis acht Wochen, zur Erhaltungstherapie bis zu zwölf Monate und zur Rezidivprophylaxe bis zu drei Jahre anzuwenden. Die Forschung zeigt, dass bei leichten Depressionen zunächst Psychotherapie allein indiziert ist (kognitiv-behaviorale Verhaltenstherapie), da die Kombination aus Psycho- und Pharmakotherapie der alleinigen Psychotherapie nicht überlegen ist.

14.3 Substanzen zur Phasenprophylaxe affektiver Störungen und Behandlung manischer Episoden

Phasenprophylaktika sind Substanzen, welche bei affektiven Störungen das Auftreten weiterer manischer oder depressiver Phasen verhindern bzw. abschwächen sollen. Die Behandlung bipolarer Störungen ist eine Herausforderung, da die Medikamente in verschiedenen Krankheitsphasen mit sehr unterschiedlicher Phänomenologie (Depression, Hypomanie, Manie, gemischte Episode, Rapid Cycling) gleichermaßen wirken sollen. Dementsprechend unterscheidet man

- **Stimmungsstabilisierer**, welche über die gesamte Erkrankungsdauer unabhängig von der aktuellen Symptomatik als Basismedikation eingenommen werden sollen, wie z. B. Lithium, Antikonvulsiva und einige atypische Neuroleptika, und
- **adjuvante Medikamente**, welche einer akuten Exazerbation einer bipolaren affektiven Störung begegnen sollen, wie z. B. einige Neuroleptika, Antidepressiva und beispielsweise Benzodiazepine.

Einige Autoren vertreten die Ansicht, dass bereits nach einer ersten manischen Phase ein Phasenprophylaktikum gegeben werden sollte, da das Lebenszeitrückfallrisiko mit 95 % äußerst hoch ist (vgl. Benkert & Hippius, 2007).

14.3.1 Lithium

Lithium ist ein gut erforschtes Psychopharmakon, welches seit Mitte des letzten Jahrhunderts zur Verfügung steht und Mittel der ersten Wahl ist zur Behandlung von Manien und zur Phasenprophylaxe affektiver Störungen. Lithium ist ein Metall und kommt als Salz in Mineralien, Pflanzen und Wasser vor. Lithiumsalze machen nicht körperlich abhängig und werden in Tablettenform verabreicht.

Indikation: zur Phasenprophylaxe bei
- bipolaren Störungen,
- schizoaffektiven Störungen (keine Zulassung in Deutschland),
- unipolaren (depressiven) Störungen,
- Manien,

• oft auch bei therapieresistenten Depressionen, da Lithiumsalze die Wirkung der Anti-depressiva zu verstärken scheinen (Lithiumaugmentation).

Wirkstoffe und Handelsnamen: Lithiumacetat – Quilonum®; Lithiumaspartat – Lithium-Aspartat®; Lithiumcarbonat – Hypnorex retard®, Quilonum retard®.

Wirkmechanismen: Generell scheint Lithium vielfache Wirkungen auf das zentrale Nervensystem zu besitzen, wobei noch nicht vollständig geklärt ist, welcher Mechanismus für die Wirksamkeit verantwortlich ist. Der Wirkungseintritt erfolgt erst nach bis zu mehreren Monaten, wobei auch die Ursache dessen unklar ist. Eine Lithiumtherapie sollte langfristig, eventuell sogar lebenslang durchgeführt werden.

Wirksamkeit: Die Wirksamkeit des Lithiums ist bei Patienten mit Rapid Cycling eher schwach, hier sollte eher mit Antikonvulsiva behandelt werden. Auch bei schweren Manien ist die Wirksamkeit weniger stark; in diesem Fall sollte eine Kombination mit einem Neuroleptikum bzw. die Monotherapie mit einem atypischen Neuroleptikum erwogen werden.

▶ **Anwendung:** Damit das Lithium wirken kann, muss ein bestimmter **Blutplasmaspiegel** (phasenprophylaktische Wirkung: 0,6–0,8 mmol/l) erreicht werden. Jedoch bei nur geringer therapeutischer Überschreitung drohen toxische Wirkungen. D. h., die **therapeutische Breite des Lithiums ist äußerst gering**. Daraus ergibt sich die Notwendigkeit von *regelmäßigen Kontrolluntersuchungen*, v. a. die Kontrolle des Blutplasmaspiegels (im ersten Monat wöchentlich, im ersten halben Jahr monatlich, dann vierteljährlich), die Kontrolle des Körpergewichts und des Halsumfangs (Abklärung eines Struma) sowie des Kreatinins (zur Bestimmung der Nierenfunktion) und der Schilddrüsenhormone. Eine Lithiumtherapie sollte idealerweise unter stationären Bedingungen langsam einschleichend begonnen werden. Das Absetzen von Lithium sollte ausschleichend erfolgen, da sonst psychotische Zustände provoziert werden können.

▶ **Unerwünschte Arzneimittelwirkungen:** Viele Patienten nehmen über lange Zeiträume Lithium ein ohne relevante unerwünschte Wirkungen. Die meisten Nebenwirkungen erscheinen initial und verschwinden dann wieder spontan. Lithium wird **nicht metabolisiert**, die Ausscheidung erfolgt fast vollständig über die Nieren. Patienten müssen deshalb regelmäßig und viel trinken. Die **UAWs** sind:
• **feinschlägiger Tremor,**
• **Gewichtszunahme,**
• **Nieren:** vermehrtes Wasserlassen (Polyurie) durch verminderte Konzentrationsfähigkeit der Niere, krankhaft gesteigertes Durstgefühl (Polydipsie), Nierenfunktionsstörungen,
• **Schilddrüse:** Vergrößerung mit Kropfbildung (Struma), TSH-Anstieg, Hypothyreose,
• **ZNS:** Müdigkeit, kognitive Störungen (Gedächtnis- und Konzentrationsprobleme),
• gastrointestinal: Diarrhöen, Übelkeit, Völlegefühl, Appetitverlust,
• Muskelschwäche, Blutbildveränderungen, EKG-Veränderungen.
Bei Überdosierung (z. B. in suizidaler Absicht), bei Nierenfunktionsstörungen und Kalium-oder Kochsalzmangel beispielsweise infolge einer natriumarmen Diät, bei starkem Schwitzen oder bei Durchfällen kann es zu einer Lithiumintoxikation kommen. Die Schwelle für Intoxikationserscheinungen ist interindividuell sehr verschieden.

▶ Die **Symptome der Lithiumintoxikation** sind:
• **grobschlägiger Tremor** in den Händen,
• Übelkeit, Erbrechen, Durchfall,

- Abgeschlagenheit, Vigilanzminderung, psychomotorische Verlangsamung,
- Schwindel, Ataxie, Zuckungen der Gesichtsmuskeln,
- später: Rigor, Krampfanfälle, Bewusstseinsstörungen bis zum Koma, Herz-Kreislauf-Versagen.

Kontraindikationen ergeben sich entsprechend der Wirkungen des Lithiums folgende:
- Herz-Kreislauf-Erkrankungen,
- Nierenerkrankungen,
- zerebrale Krampfbereitschaft,
- Parkinson,
- Hypothyreose.

Das teratogene Risiko des Lithiums ist hoch, sodass Frauen unter Lithium grundsätzlich verhüten sollten. Unter Lithiumtherapie wird auch vom Stillen abgeraten.

14.3.2 Antikonvulsiva

Die Alternativpräparate Carbamazepin und Valproat sind bewährte Antiepileptika. Sie werden jedoch auch zur Behandlung affektiver Störungen eingesetzt, wenn Lithium nicht vertragen wird, Kontraindikationen vorliegen oder eine Lithiumtherapie abgelehnt wird. Bei *Rapid Cycling* sind diese Medikamente *besser wirksam* als Lithium.

Carbamazepin ist Mittel der zweiten Wahl zur Phasenprophylaxe. Es wirkt antikonvulsiv und antimanisch (für diese Indikation jedoch keine Zulassung in Deutschland). Es ist besser verträglich als Lithium und sollte ebenfalls einschleichend dosiert werden. Carbamazepin hat aber auch zahlreiche UAWs, welche meist initial auftreten bzw. dosisabhängig wieder verschwinden, wie Somnolenz und Sedierung, Schwindel, Ataxie, zudem allergische Hautreaktionen, Appetitlosigkeit, Blutbildveränderungen. Sehr selten kommt es zu Leberschäden und Herzrhythmusstörungen. Kontraindikationen sind Herz- und Lebererkrankungen, Knochenmarkschäden, eine bekannte Unverträglichkeit von Trizyklika. Carbamazepin wird auch zur Behandlung neuropathischer Schmerzen und des Alkoholentzugsyndroms eingesetzt.

Valproinsäure hat ebenfalls eine antimanische und phasenprophylaktische Wirkung mit z. B. Schläfrigkeit, Tremor, Kopfschmerzen, Verwirrtheit, gostrointestinalen Symptomen, Blutbildungsstörungen und Leberfunktionsstörungen (im seltenen Einzelfall tödlich verlaufend) als unerwünschten Wirkungen.

Wie bereits angemerkt sind auch einige atypische Neuroleptika, wie z. B. Olanzapin (Zyprexa®) und Quetiapin (Seroquel®), zur Phasenprophylaxe zugelassen (vgl. Tabelle 14.3).

14.4 Neuroleptika Thioridazin, Haloperidol

Neuroleptika sind Psychopharmaka von sehr unterschiedlicher chemischer Struktur mit einem antipsychotischen Wirkungsschwerpunkt. Deshalb werden sie auch **Antipsychotika** genannt. Sie wirken sich dämpfend auf die psychotische Symptomatik und die Emotionalität aus. Außerdem wirken sie gegen psychomotorische Symptome wie Erregtheit, katatone Verhaltensweisen und Aggressivität.

▶ **Indikationen** für Antipsychotika sind:
- schizophrene Störungen,
- schizoaffektive Störungen,
- bipolare Störungen (Akutbehandlung der Manie, Phasenprophylaxe),
- Depressionen mit psychotischer Symptomatik.

Sie werden außerdem als Begleittherapie bei Persönlichkeitsstörungen, Zwangs- und Angststörungen, Demenzen, organisch bedingten Psychosen, nicht psychotischer Depression und Schmerzsyndromen eingesetzt.

Substanzgruppen: Prinzipiell sind hier drei Einteilungen gängig.

1. Man kann Antipsychotika eindeutig hinsichtlich ihrer chemischen Struktur differenzieren.
2. Eine andere Unterteilung differenziert Antipsychotika hinsichtlich ihrer atypischen Eigenschaften – diese sind: gute antipsychotische Wirksamkeit, weniger extrapyramidale Störungen, Wirksamkeit bei Negativsymptomatik, Wirksamkeit bei Therapieresistenz, geringe Prolaktinerhöhungen – und differenziert nach **typischen** (synonym: konventionellen, klassischen) und **atypischen Neuroleptika**.
3. Eine weitere Einteilung unterscheidet diese Medikamente hinsichtlich ihrer antipsychotischen Wirksamkeit, der sogenannten **neuroleptischen Potenz**. Dabei ist die neuroleptische Potenz ein relativ unscharfer Begriff. Es wurde hier eine Rangfolge der Antipsychotika danach gebildet, wie stark D2-artige Dopaminrezeptoren beeinflusst werden, wobei Chlorpromazin als Bezugspunkt gewählt wurde. Die Tabellen 14.3 und 14.4 illustrieren die beiden letztgenannten möglichen Einteilungen.

▶ **Wirkmechanismen:** Die Dopaminhypothese der Schizophrenie besagt, dass ein relatives Überangebot an Dopamin für die Entstehung der Schizophrenie verantwortlich gemacht werden kann. Antipsychotika gleichen dieses Überangebot durch eine Blockade der Dopaminrezeptoren in der Synapse aus. Sie sind **Dopaminantagonisten**, v. a. der D2-artigen Dopaminrezeptoren im limbischen System. Sie beeinflussen jedoch auch andere Rezeptoren, woraus sich ihre zahlreichen Wirkungen und Nebenwirkungen erklären lassen, z. B. die Acetylcholinrezeptoren (es resultieren anticholinerge UAW; vgl. Tabelle 14.2), die Serotoninrezeptoren (sedierende Wirkung, eventuell Verbesserung der Negativsymptomatik, aber auch Appetit- und Gewichtszunahme), die Histaminrezeptoren (Sedierung) usw. Die Wirkung der Antipsychotika wird durch Alkohol verstärkt und durch Nikotin vermindert.

Unerwünschte Arzneimittelwirkungen: Die Behandlung mit Antipsychotika führt häufig zu unerwünschten Arzneimittelwirkungen, welche vorübergehender Natur seien können und oft durch begleitende Medikation und Dosisänderungen gut kontrolliert werden können. Gefürchtet sind die bei der Langzeitbehandlung mit typischen Neuroleptika auftretenden irreversiblen Spätdyskinesien. Eine Übersicht findet sich in Tabelle 14.5.

Tabelle 14.3: Typische vs. atypische Neuroleptika (nach Hiller & Cuntz, 2010, S. 285)

Substanz/ Substanzgruppe	Pharmakologischer Ansatzpunkt	Wirkung	Unerwünschte Arzneimittel- wirkungen (UAW)	Beispielhafte Wirkstoffe und Handelsnamen
Typische Neuroleptika (meist ältere Substanzen)	Blockade der D2-Rezeptoren im limbischen System, aber auch im Striatum	• Stark antipsychotisch (über-wiegend auf Wahn oder Halluzinationen)	• V. a. extra-pyramidal-motorische	Haloperidol (Haldol®, Sigaperidol®) Fluspirelen (Fluspi®, Imap®) Flupentixol (Fluanxol®) Sulpirid (Dogmatil®, Meresa®, Neogama®) Promethazin (Atosil®, Closin®, Prothazin®)
Atypische Neuroleptika (eher neuere Substanzen)	V. a. Blockade von D4-Rezep-toren, die v. a. im limbischen System vorkommen (aber nicht im Striatum)	• Wirken etwas weniger stark antipsychotisch • Beeinflussen auch die Nega-tivsymptomatik	• Signifikant weniger extrapyrami-dal-motorische UAW als typische Antipsychotika	Clozapin (Elcrit®, Leponex®) Olanzapin (Zyprexa®) Quetiapin (Seroquel®)

FÜNFTER TEIL: PHARMAKOLOGISCHE GRUNDLAGEN

Tabelle 14.4: Einteilung der Neuroleptika nach ihrer neuroleptischen Potenz (nach Hiller & Cuntz, 2010, S. 285 f.)

Substanz/ Substanzgruppe	Wirkung	Unerwünschte Arzneimittel- wirkungen (UAW)	Beispielhafte Wirkstoffe und Handelsnamen
Hochpotente Neuroleptika (meist ältere Substanzen)	• Stark antipsychotisch • Wenig sedierend	• Ausgeprägte extrapyramidal-motorische Wirkungen • Wenig vegetative	Haloperidol (Haldol®, Sigaperidol®) Fluphenazin (Dapotum®, Omca®) Fluspirilen (Fluspi®, Imap®) Benperidol (Glianimon®) Olanzapin (Zyprexa®) – atypisches Neuroleptikum Aripripazol (Abilify®) – atypisches Neuroleptikum
Mittelpotente Neuroleptika	• Mäßig antipsychotisch • Mäßig sedierend	• Mäßig viele motorische • Mäßig viele vegetative	Zuclopenthixol (Ciatyl Z®) Melperon (Eunerpan®, Melneurin®) Thioridazin (Melleril®) Quetiapin (Seroquel®) – atypisches Neuroleptikum Clozapin (Leponex®, Elcrit®) – atypisches Neuroleptikum
Niedrigpotente Neuroleptika	• Wenig antipsychotisch • Deutlich sedierend	• Wenig motorische • Eher vegetative	Chlorprothixen (Truxal®) Levomepromazin (Levioum®, Neurocil®) Pipamperon (Dipiperon®) Promethazin (Atosil®, Protazin®, Closin®) Triflupromazin (Psyquil®) Sulpirid (Dogmatil®, Meresa®, Neogama®)

Tabelle 14.5: Unerwünschte Wirkungen der Neuroleptika (nach Hiller & Cuntz, 2010, S. 286f.)

UAW	Was passiert da?	Bemerkung	Behandlungs-möglichkeiten
Extrapyramidal-motorische Wirkungen			
Früh-dyskinesien	• Überschießende Bewegungen und Krämpfe, v.a. der Gesichts-, Augen- und Zungenmuskulatur (Blickkrämpfe, Herausstrecken der Zunge, mimische Bewegungen etc.)	• Früh und reversibel • Besonders nach Behandlungsbeginn und bei Dosiserhöhungen	• Anticholinerge Medikamente, z.B. Akineton®
Parkinson-Syndrom	• Tremor • Rigor • Akinese Zudem Einschränkung der Feinmotorik, reduzierte Mimik, kleinschrittiger Gang, erhöhte Muskeltonus, Zittern (v.a. Mundmuskulatur)	• Früh und reversibel • Bei ca. 30 % der Behandelten • Häufiger bei hochpotenten typischen Neuroleptika	• Anticholinerge Medikamente, z.B. Akineton® • Dosisreduktion • Umstellung auf atypische Neuroleptika
Akathisie	• Quälende Unruhe (Bewegungsdrang, nicht sitzen bleiben können)	• Früh und reversibel • Häufiger bei hochpotenten typischen Neuroleptika	• Dosisreduktion • Eventuell Benzodiazepine
Spät-dyskinesien	• Unwillkürliche Tics und Bewegungen im Gesichts-, Rachen und Extremitätenbereich (z.B. Schmatzbewegungen, Blinzeln)	• Spät und oft irreversibel • Bei 10 bis 20 % der Behandelten • Frühestens ½ Jahr nach Behandlungsbeginn, meist nach Jahren	• Niedrigstmögliche Dosis • Strenge Indikationsstellung als Prophylaxe • Akineton wirkungslos oder verschlechternd, eventuell Clozapin
Vegetative Wirkungen	• Blutdrucksenkung (besonders bei niedrigpotenten typischen Neuroleptika) • Blasenentleerungsstörung • Störungen der Speichel- und Schweißsekretion		• Medikamente • Katheterisierung
Hormonelle Wirkungen	Anstieg der Prolaktinsekretion: • bei Frauen: Zyklusstörungen, Milchfluss • bei Männern: Gynäkomastie (Ausbildung einer weiblichen Brust), Erektionsstörungen, Libidostörungen		
Metabolische Wirkungen	• Gewichtszunahme und erhöhtes Risiko für die Entwicklung eines metabolischen Syndroms	• Bei Langzeitbehandlung bei bis zu 50 % der Patienten Entwicklung eines BMI > 30	• Diätische Maßnahmen, psychotherapeutische Unterstützung
Anticholinerge Wirkungen	• Mundtrockenheit • Akkomodationsstörungen und Veränderung des Augeninnendrucks (Glaukom) • Blasenentleerungsstörung und Obstipation • Kardiale Störungen, wie Tachykardie, EKG-Veränderungen	• Aufgrund der Blockade muskarinerger Acetylcholinrezeptoren, die u.a. an parasympathisch innervierten Organen sitzen	

Anwendung: Die Therapie mit Antipsychotika sollte in einen Gesamtbehandlungsplan mit entsprechenden psychosozialen Maßnahmen eingebettet sein. Die Behandlung mit Antipsychotika erfolgt *nicht störungsspezifisch*, sondern es werden die zu beeinflussenden Zielsymptome (und UAW) beachtet. Wegen der häufigen unerwünschten Arzneimittelwirkungen und der geringen Krankheitseinsicht vieler Patienten muss mit einer **schlechten Compliance** gerechnet werden. Dem kann durch eine gute Aufklärung und Psychoedukation auch des sozialen Umfeldes begegnet werden. Zudem stehen **Depotpräparate** zur Verfügung (intramuskuläre Verabreichung im zwei- bis vierwöchigen Abstand), welche einen gleichmäßigen Serumspiegel trotz schlechter Absprachefähigkeit ermöglichen. Nachteile der Depotspritzen sind die mangelnde Feinabstimmung und die fehlende Reaktionsmöglichkeit auf schwere Nebenwirkungen. Zudem ist die Auswahl des Antipsychotikums eingeschränkt, da nicht alle Medikamente in dieser Form zur Verfügung stehen. Generelle Behandlungsempfehlungen sind wegen der Hetreogenität der Substanzen kaum möglich. Eine Therapie mit Antipsychotika erfordert regelmäßige **Routinekontrollen**, wie z. B. Blutbild- und Leberwertkontrollen, EEG- und EKG-Kontrollen. Ein Absetzen der Medikation sollte vorsichtig ausschleichend erfolgen.

▶ **Anwendungsdauer:** Allgemeine Empfehlungen für die Dauer der Medikation lauten:
- **Initialphase:** möglichst früher Medikationsbeginn mit dem Ziel der Reduktion der Positivsymptomatik,
- **Stabilisierungsphase:** vorsichtige Reduktion,
- **Langzeittherapie** zur **Rezidivprophylaxe**: möglichst Medikation mit dem gleichen Medikament wie in der Akutphase;
    - bei Ersterkrankung: einjährige Medikation,
    - nach einem Rückfall innerhalb eines Jahres: zwei- bis fünfjährige Medikation,
    - bei häufigen Rezidiven: unbegrenzt.

▶ **Malignes neuroleptisches Syndrom:** Eine gefürchtete Komplikation bei der Therapie mit allen Antipsychotika ist das sehr seltene maligne neuroleptische Syndrom, welches sich v. a. zu Behandlungsbeginn und bevorzugt bei männlichen Patienten und solchen mit Lithiummedikation zeigen kann. Die Letalität beträgt bis zu 20 %. Es kommt zu:
- erhöhtem Muskeltonus (Rigor),
- Bewusstseinsstörungen bis zum Koma,
- hohem Fieber und
- vegetativen Störungen (Herzrasen, Schwitzen). Auch die Blutwerte können entgleisen.

Es ist eine intensivmedizinische Behandlung notwendig.

14.5 Tranquilizer

Tranquilizer sind Beruhigungsmittel, die einen angstlösenden und sedierenden Effekt haben. Sie werden auch als **Anxiolytika** oder **Sedativa** bezeichnet. Sie werden in der Praxis sehr häufig verschrieben. Einige Autoren fassen Tranquilizer und Hypnotika zusammen, denn bei manchen dieser Medikamente ist es lediglich eine Frage der Dosierung, ob sie ausschließlich einen angstlösenden, entspannenden Effekt oder auch einen schlafinduzierenden Effekt haben. Die Übergänge sind hier fließend. Die wichtigste Substanzgruppe unter den Tranquilizern sind die Benzodiazepine, weshalb auf diese ausführlicher eingegangen wird.

Indikation:
- Angststörungen,
- psychiatrische und internistische Notfallsituationen,
- psychosomatische Erkrankungen.

Es ergeben sich einige weitere Nebenindikationen, wie z. B. muskuläre Verspannungszustände, Erregungszustände, Schizophrenien, Suizidalität etc. (siehe auch Indikation der Benzodiazepine im folgenden Kapitel).

Substanzgruppen:
- **Benzodiazepine**, wobei zu Anxiolyse bevorzugt solche mit kurzer Halbwertszeit verwendet werden sollen.
- **Pregabalin** (Lyrica®) ist ein GABA-Analogon und wirkt häufig sedierend. Es hat ein geringes Abhängigkeitspotenzial.
- **Buspiron** (Bespar®) ist ein Antagonist des Serotonins und führt zu einer Anxiolyse ohne Sedierung. Bis zum Wirkungseintritt benötigt es lange, und es ist daher nicht für die Akutbehandlung geeignet. Es wird keine Toleranz- und Abhängigkeitsentwicklung beschrieben.
- **Opipramol** ist ein TZA und wird als stimmungsaufhellendes Anxiolytikum eingesetzt. Es besteht keine Abhängigkeitsgefahr.
- **Betablocker** (z. B. Trasicor®, Beloc®, Dociton®) werden eigentlich meist mit anderer Indikation eingesetzt, die Anxiolyse ist eher eine Nebenwirkung. Betablocker sind Antagonisten von Adrenalin und Noradrenalin und besetzen deren Rezeptoren im Herzen, sie wirken deshalb senkend auf Blutdruck und Puls.
- **Pflanzliche Präparate** wie Hopfen und Baldrian wirken beruhigend. Sie haben kein Abhängigkeitspotenzial können aber präparatspezifisch Nebenwirkungen wie Magen-Darm-Beschwerden, Kopfschmerzen und Juckreiz hervorrufen. Möglicherweise liegt auch ein Placeboeffekt vor.

14.5.1　Benzodiazepine

Wegen ihrer herausragenden Rolle sowohl als Hypnotika als auch als Tranquilizer werden die Benzodiazepine hier besonders besprochen. Benzodiazepine sind hochwirksame Substanzen, welche schnell und zuverlässig wirken und über eine große therapeutische Breite verfügen.

Die **Indikation** für Benzodiazepine ist nosologieübergreifend und meist symptomorientiert. Häufig erfolgt ein Einsatz als Komedikation:
- Notfallmedikation,
- Prämedikation vor einer Anästhesie,
- muskuläre Verspannungszustände (Spasmen),
- Angst-, Schlaf-, psychovegetative Störungen (eingeschränkte Indikation!),
- Erregungs- und Spannungszustände,
- Krampfanfälle, Status epilepticus,
- Akutphase der Schizophrenie,
- agitierte Depression und Manie,
- initial bei antidepressiver Medikation (Verringerung der Suizidgefahr bis zum Wirkungseintritt der Antidepressiva).

Wirkstoffe und Handelsnamen: Diazepam – Valium®; Faustan®; Lorazepam – Tavor®; Medazepam – Rudotel®; Alprazolam – Tafil®; Temazepam – Remestan®; Flunitrazepam – Rohypnol® und viele weitere.

Wirkmechanismen: Die klinischen Wirkungen der zahlreichen Benzodiazepine sind qualitativ ähnlich, sie weisen jedoch Unterschiede hinsichtlich des Metabolismus und damit hinsichtlich Wirkungseintritt und -dauer (Halbwertszeit) auf. Der Wirkung der Benzodiazepine beruht auf einer Erhöhung der Empfindlichkeit von GABA-Rezeptoren und somit auf einer Verstärkung der GABA-ergen Hemmung. Benzodiazepine wirken

- sedierend,
- anxiolytisch,
- hypnotisch,
- muskelrelaxierend und
- antikonvulsiv.

Anwendung: Es sollte möglichst nur ein Benzodiazepin verordnet werden. Die Gabe sollte auf einen möglichst kurzen Zeitraum (vier bis sechs Wochen) beschränkt bleiben. Patienten sollten über das Abhängigkeitspotenzial, die eingeschränkte Verkehrsteilnahme und Risiken in der Schwangerschaft und Stillzeit aufgeklärt werden.

Unerwünschte Arzneimittelwirkungen:
- Tagesmüdigkeit und Schläfrigkeit (eingeschränkte Fahrtüchtigkeit!).
- Konzentrations- und Gedächtnisstörungen.
- Paradoxe Phänomene wie Agitiertheit, Euphorisierung, Aggressivität (meist bei höherer Dosierung und Älteren).
- Bei langfristig wirksamen Benzodiazepinen besteht die Gefahr der Kumulation mit verstärkten UAW und Hangover-Phänomenen.
- Bei chronischer Einnahme: Dysphorie, Vergesslichkeit, Leistungsminderung, Gleichgültigkeit, muskuläre Schwäche, Appetitstörungen, Abnahme der Libido, Menstruationsstörungen.
- Toleranzentwicklung mit Wirkverlust, Abhängigkeitsrisiko und Rebound-Phänomenen.

▶ **Toleranzentwicklung:** Das Abhängigkeitsrisiko steigt bei höherer Dosierung und Einnahme über längere Zeiträume. Insbesondere Drogen- und Alkoholabhängige (es besteht eine Kreuztoleranz zu Alkohol), Patienten mit chronischen Schmerzen, mit Persönlichkeitsstörungen und chronischen Schlafstörungen sind gefährdet. Über eine Toleranzentwicklung gegenüber der anxiolytischen Wirkung wird selten berichtet, jedoch über eine bezüglich der antikonvulsiven, sedierenden und muskelrelaxierenden Komponenten. Man unterscheidet

- eine **Niedrigdosisabhängigkeit**, d.h. eine Abhängigkeit bei Langzeiteinnahme therapeutisch verordneter Dosen, von
- einer **Hochdosisabhängigkeit**, bei der es zu Dosissteigerungen gekommen ist.

In beiden Fällen sind nach dem Absetzen Absetzeffekte möglich, wobei bei der Niedrigdosisabhängigkeit über protrahiert zunehmende Entzugserscheinungen berichtet wird.

▶ **Absetzen und Entzug:** Beim Absetzen der Benzodiazepine muss mit Rebound-Symptomen (intensiveres Auftreten der ursprünglichen Krankheitssymptome), Rückfallsymptomen (Wiederauftreten der ursprünglichen Grunderkrankung) und den eigentlichen Entzugserscheinungen gerechnet werden. Die Entzugserscheinungen werden hinsichtlich ihres Schwergrades differenziert in:

- **leichte Entzugssymptome:** vermehrte Angst, Unruhe, Schlafprobleme, Übelkeit, Tremor, Schwitzen, Muskelverspannungen, Kopfschmerzen, Dysphorie, Reizbarkeit,
- **starke Entzugssymptome:** schwere Angstzustände, Krampfanfälle, Verwirrtheit, verzerrte Wahrnehmung, Muskelzittern, -schmerzen, Depersonalisations- und Derealisationsphänomene, psychoseartige Zustände, Schwindel, Suizidalität.

Die Entzugserscheinungen können über viele Wochen fluktuierend bestehen. Zentrales Prinzip ist eine **stufenweise Dosisreduktion** und die Vermeidung eines abrupten Absetzens.

Kontraindikation:
- akute Intoxikationen durch Alkohol, Schlafmittel, Analgetika oder Psychopharmaka,
- bekannte Abhängigkeitserkrankung,
- Leber- und Niereninsuffizienz,
- chronische Ateminsuffizienz, Schlafapnoe-Syndrom,
- Myasthenia gravis (autoimmun bedingte Muskelerkrankung).

14.6   Hypnotika

Hypnotika sind schlaffördernde Substanzen, sie werden deshalb auch **Antiinsomnika** genannt. Es handelt sich um eine heterogene Gruppe von Medikamenten bzw. Wirkstoffen. Hypnotika werden gelegentlich auch mit Tranquilizern zusammengefasst bzw. diesen zugeordnet. Im Idealfall sollen die Medikamente den physiologischen Schlaf nicht verändern, kein Abhängigkeitspotenzial besitzen und bei Überdosierung nicht zu einer Lähmung des Atemzentrums führen.

Indikation:
- Schlafstörungen (Einschlafverzögerung, Durchschlafstörungen, Früherwachen, nicht erholsamer Schlaf).

Substanzgruppen:
- **Benzodiazepine** sind die wichtigste Substanzgruppe unter den Hypnotika.
- **Non-Benzodiazepin-Hypnotika (Cyclopyrrolone)** wie z. B. Zopiclon (Ximovan®), Zolpidem (Stilnox®) und Zaleplon (Sonata®) unterscheiden sich strukturchemisch von den Bezodiazepinen, haben aber ähnliche Angriffspunkte (GABA-Rezeptor) und eine ähnlich sedierende Wirkung. Sie zeichnen sich durch ein geringes Abhängigkeitspotenzial, einen selteneren Hangover-Effekt (Tagesmüdigkeit) und seltenere Rebound-Phänomene als die klassischen Benzodiazepine aus.
- **Sedierende Antidepressiva** wie z. B. Amitriptylin (Saroten®), Doxepin (Aponal®), Trimipramin (Stangyl®) können insbesondere bei abhängigkeitsgefährdeten Patienten eingesetzt werden.
- **Niedrigpotente Antipsychotika** wie z. B. Quetiapin (Seroquel®) und Olanzapin (Zyprexa®) können ebenfalls eingesetzt werden. Es sind jedoch trotz niedriger Dosen entsprechende UAW zu erwarten. Sie sind zweites Mittel der Wahl bei abhängigkeitsgefährdeten Patienten.
- **Antihistaminika** haben ebenfalls einen leicht sedierenden Effekt und sind rezeptfrei erhältlich.
- **Pflanzliche Präparate** wie Hopfen- und Baldrianpräparate haben weniger einen schlafanstoßenden als einen beruhigenden Effekt.
- **Barbiturate** haben eine gute hypnotische Wirksamkeit, verfügen jedoch aufgrund ihrer hohen Toxizität nur über eine geringe therapeutische Breite. Wegen ihres hohen Abhängigkeitspotenzials und der potenziellen Möglichkeit der Selbsttötung mit diesen Medikamenten werden sie heute kaum noch verordnet, unterliegen den Betäubungsmittelvorschriften und spielen eher auf dem illegalen Markt eine Rolle.
- **Melatonin** ist das von der Zirbeldrüse freigesetzte Hormon. Es soll bei der Überwindung des Jetlags unterstützend sein und hat wohl geringe hypnotische Eigenschaften.

- **Clomethiazol** (Distraneurin®) wird selten und wenn dann nur im stationären Setting eingesetzt. Es hat sedierende, antikonvulsive und hypnotische Eigenschaften und wird auch beim Alkoholentzug verwendet. Es besitzt ein hohes Abhängigkeitspotenzial.
- **Chloralhydrat** (Chloraldurat®) wird auch nur noch selten wegen seiner Abhängigkeitsgefahr (Chloralismus) eingesetzt.

Anwendung: Schlafstörungen sollten ursächlich und nicht symptomatisch behandelt werden. Deshalb sollten Hypnotika erst nach dem Ausschöpfen anderer Therapiemöglichkeiten wie Entspannung, Regelung der Schlafhygiene etc. gegeben werden, bzw. die zugrunde liegende Grunderkrankung sollte zunächst behandelt werden. Schlafmittel sollten nicht länger als vier Wochen verordnet werden. Bei intermittierenden Schlafstörungen ist eine Einnahme in vier bis sechs Nächten pro Monat vertretbar. Es sollte mit einer niedrigen Dosis begonnen werden. Verschiedene Hypnotika sollten nicht kombiniert werden.

Unerwünschte Arzneimittelwirkungen:
- Abhängigkeits- und Missbrauchspotenzial (v. a. Benzodiazepine, aber auch Non-Benzodiazepin-Hypnotika),
- verminderte psychomotorische Leistungsfähigkeit und Reaktionsbereitschaft (eingeschränkte Verkehrstüchtigkeit),
- Müdigkeit, Schwindel, Koordinationsstörungen,
- bei langfristiger Anwendung: Antriebsstörungen, emotionale Abstumpfung, Interessenverlust.

14.7   Psychostimulanzien (Amphetamine)

Psychostimulanzien sind Aufputschmittel, die helfen, für eine gewisse Zeit Erschöpfungszustände und Müdigkeit zu überwinden. Dabei ist an legale Drogen wie Koffein zu denken oder auch an das illegale Kokain. An dieser Stelle soll jedoch ausschließlich auf die Wirkweise der Amphetamine („Speed", MDMA) eingegangen werden, denn pharmakotherapeutisch werden amphetaminähnliche Stoffe bei sehr spezifischen Indikationen eingesetzt, wozu v. a.
- ADHS und
- Narkolepsie
zählen.

Wirkmechanismen: Amphetamine haben eine **sympathomimetische** und **dopaminagonistische** Wirkung. Interessanterweise unterscheidet sich die Wirkung bei Erwachsenen und Kindern:
- **bei Erwachsenen:** allgemeine sympathische Aktivierung, psychische Veränderungen wie Euphorie, Antriebssteigerung, Leistungssteigerung, Appetitreduzierung, Wachheit, vermindertes Schlafbedürfnis,
- **bei Kindern:** Aufmerksamkeitssteigerung, Reduktion der Impulsivität und Hyperaktivität.
Dementsprechend sind die **unerwünschten Wirkungen** der Psychostimulanzien sympathischer Natur, wie Tachykardie, Hypertonie, Pupillenerweiterung, Hyperhidrosis und Hyperthermie. Außerdem kann es zu Schlafstörungen, Appetitmangel, Kopfschmerzen, Schwindel, Übelkeit und dergleichen kommen.

▶ **Tachyphylaxie:** Bei Einnahme kommt es zur vermehrten Freisetzung von Dopamin und Noradrenalin aus den synaptischen Vesikeln. Gleichzeitig verhindern die Amphetamine die

Wiederaufnahme dieser Transmitter in die Präsynapse und bewirken damit einen Überschuss der Transmitter Noradrenalin und Dopamin und damit deren antriebssteigernde Wirkung. Durch das fehlende Reuptake kommt es jedoch zu einem bleibenden Mangel in der präsynaptischen Zelle, und auf Dauer stehen weniger Noradrenalin und Dopamin zur Verfügung. Im Laufe der Zeit sinkt die Konzentration dieser Stoffe auch im synaptischen Spalt, und es kommt zur Abschwächung oder Aufhebung der eigentlichen Medikamentenwirkung.

14.7.1 Methylphenidat

Als wichtige pharmakotherapeutisch eingesetzte Substanz sollte Methylphenidat (Ritalin®, Medikinet®, Concerta®) bekannt sein, ein Medikament, welches unter das Betäubungsmittelgesetz (BtMG) fällt und zur Behandlung der **Narkolepsie** und des kindlichen **ADHS** eingesetzt wird. Obwohl die Diskussion über diesen Wirkstoff sehr kontrovers geführt wird, ließen sich bisher keine Belege finden, dass kindliche Patienten mit ADHS bei korrekter Diagnosestellung und Applikation später eine Abhängigkeit entwickeln.

Haupteffekte sind:
* Verbesserung der Konzentration,
* Verminderung des hyperkinetischen, störendenden und unangemessenen Verhaltens.
Jedoch ist die Behandlung nur wirksam, solange sie durchgeführt wird!

Unerwünschte Arzneimittelwirkungen sind:
* Durchschlafstörungen,
* Appetitminderung,
* Ängstlichkeit, Depressivität,
* Steigerung von Blutdruck und Herzfrequenz,
* Tic-Störungen,
* passagere Wachstumsverzögerungen (gering und häufig vorübergehend).

Relative Kontraindikation besteht bei erniedrigter Krampfschwelle, Tic-Störung, psychotischer Symptomatik, Herz-Kreislauf-Erkrankungen, Gefahr von Medikamentenmissbrauch und fehlender Compliance der Eltern.

Eine Therapie des ADHS gehört immer in einen Gesamtbehandlungsplan (vgl. Kap. 38.4.3, S. 345). Mittlerweile steht auch ein nicht betäubungsmittelpflichtiges Medikament, Atomoxetin (Strattera®), ein selektiver Noradrenalin-Wiederaufnahmehemmer (Atomoxetin ist also kein Amphetaminderivat), zur Behandlung zur Verfügung. Für die medikamentöse Behandlung des ADHS bei Erwachsenen ist zurzeit Medikinet®adult zur Neueinstellung zugelassen; Concerta® und Strattera® dürfen weiter verordnet werden, wenn die Behandlung vor dem 18. Lebensjahr begonnen wurde.

14.8 Weitere Substanzklassen

Antidementiva und **Nootropika**: Es sollten auch Medikamente zur **Behandlung demenzieller Syndrome** bekannt sein. Mit diesen Medikamenten möchte man demenzielle Abbauprozesse verlangsamen. Hier existieren die eigentlichen Antidementiva mit Wirkung auf die Acethylcholinesterase. Die sogenannten Acethylcholinesterasehemmer (z. B. Aricept®, Reminyl®) wirken bei leichten bis mittelschweren Demenzen und bei der Alzheimer-Demenz. Außerdem gibt es sogenannte Nootropika, welche keine wesentliche Wirkung auf die Acetylcholinesterase haben, sondern beispielsweise durchblutungsfördernd wirken (z. B. Gingko-Präparate).

Anticholinergika (z. B. Akineton®) sind Substanzen zur **Behandlung extrapyramidaler Symptome**, z. B. des Parkinson-Syndroms, und der extrapyramidal-motorischen Nebenwirkungen der Neuroleptika. Spätdyskinesien verschlechtern sich unter Anticholinergika meist. Anticholinergika haben sympathomimetische Eigenschaften und können dementsprechend v. a. vegetativ unerwünschte Wirkungen hervorrufen.

Zudem sollten Ihnen Medikamente, welche zur **Entzugs- und Substitutionsbehandlung** in Deutschland verwendet werden, bekannt sein.

Alkohol: Im Rahmen der *Entgiftung* von Alkohol ist das Standardmedikament zur Behandlung schwerer Entzüge Clomethiazol (Distraneurin®), alternativ können Benzodiazepine und Neuroleptika verwendet werden. Der *Alkoholentzug* kann unterstützt werden durch Clonidin (Catapresan®). Das *Verlangen* nach Alkohol kann mittels Acamprosat (Campral®) gedämpft werden. Das eine beim Trinken von Alkohol äußerst unangenehme Reaktion erzeugende Disulfiram (Antabus®) – unter lerntheoretischer Perspektive das Standardbeispiel für eine direkte Bestrafung (vgl. „Methoden zum Abbau von Verhalten", S. 217) – wird zur langfristigen Beibehaltung der Abstinenz eingesetzt. Die Produktion wurde für den deutschen Markt 2011 eingestellt.

Opiate: Clonidin (Catapresan®) ist zur Behandlung des *Opiatentzugs* zugelassen. Naltrexon (Nemexin®) vermindert das *Craving* nach Opiaten. Es gibt auch Belege für eine Wirksamkeit bei Alkoholabhängigen. Methadon und Buprenorphin (Subutex®) sind als *Substitutionsmittel* zugelassen.

Nikotin: Nikotinpflaster und -kaugummis stellen Nikotin in weniger schädlicher Form zur Verfügung. Die Medikamente Bupropion (Zyban®) und Vareniclin (Champix®) sind *Entwöhnungsmittel*, welche das Verlangen nach Nikotin dämpfen.

15 Psychotrope Substanzen

Ca. 5 % der Deutschen sind suchtkrank (Deutsche Hauptstelle für Suchtfragen, 2013). Störungen durch psychotrope Substanzen nehmen nicht nur im klinischen Alltag einen breiten Raum ein, sondern auch in der Prüfung.
Da das verlangte Wissen über die kategoriale Einteilung der substanzbedingten Störungen nach ICD-10, also über die Unterscheidung akuter Intoxikation, schädlichen Gebrauchs, des Abhängigkeitssyndroms usw., hinausgeht, und auch nach der Wirkweise, den Langzeitfolgen und möglichen Komplikationen bei den einzelnen Substanzen gefragt wird, soll an dieser Stelle eine Übersicht dazu gegeben werden. Dabei wird auf die Abhängigkeit von Alkohol aufgrund der Prüfungsrelevanz ausführlicher eingegangen. Die anderen Substanzklassen werden mit ihren kurzfristigen Wirkungen, langfristigen Folgen und möglichen Entzugserscheinungen in tabellarischer Form behandelt (vgl. Tabelle 15.1).

Psychische Abhängigkeit meint das unwiderstehliche Verlangen nach einer Substanz.

Körperliche Abhängigkeit zeigt sich im Auftreten von Entzugssymptomen bei unterbrochener Zufuhr der Substanz. Außerdem liegt meistens eine Toleranzentwicklung vor, d. h., bei gleicher Wirkung muss die notwendige Dosis in der Regel gesteigert werden.

Craving ist ein englischer Begriff für „Suchtdruck" und bezeichnet ebenfalls ein heftiges Verlangen.

15.1 Störungen durch Alkohol

Ca. 2,5 Millionen Menschen in Deutschland sind alkoholkrank. Alkohol wird von Männern und Frauen unterschiedlich verstoffwechselt. Für Männer gilt ein dauernder Konsum von 60 Gramm reinem Alkohols pro Tag als gesundheitsschädigend, für Frauen sind es 20 Gramm pro Tag. Ein Liter Bier enthält ca. 40 g Alkohol, ein Liter Wein ca. 80 g.

Ätiologie des Alkoholismus: Es wird von einem multifaktoriellen Geschehen ausgegangen (VT: Alkohol als positiver Verstärker; TfP: Fixierung auf oraler Ebene bzw. Ich-Funktionsdefizite; hereditäre, soziale und familiäre Faktoren; s. S. 242 und 287).

Entwicklung der Alkoholabhängigkeit nach Jellinek:
1. **Voralkoholische Phase:** Erleichterungstrinken, Spannungsabbau, „soziales Trinken" bis täglich konsumiert wird.
2. **Prodromalphase:** Gier, gedankliche Ausrichtung auf das Trinken, heimlicher Konsum, Schuldgefühle, Toleranzentwicklung.
3. **Kritische Phase:** zunehmender Kontrollverlust über das Trinken, morgendliches Trinken, soziale Probleme, beginnende körperliche Vernachlässigung, Verstecken und Bunkern von Alkohol, starke psychische Abhängigkeit.
4. **Chronische Phase:** tagelange Räusche inklusive psychotischen Erlebens, Konsum von Ersatzsubstanzen (z. B. Rasierwasser), Entzugssyndrome, beginnende Alkoholintoleranz. In dieser Phase sind Betroffene am ehesten behandlungsbereit.

Es existieren verschiedene Einteilungen der Alkoholiker.
Jellineks Typologie der Alkoholikertypen sollten Sie trotz der Kritik an dieser kennen:
- **Alpha-Typ** (Erleichterungstrinker): trinkt, um innere Spannungen und Konflikte (etwa Verzweiflung) zu beseitigen („Kummertrinker"); vor allem Gefahr psychischer Abhängigkeit; noch nicht alkoholkrank, aber gefährdet.
- **Beta-Typ** (Gelegenheitstrinker): trinkt bei sozialen Anlässen große Mengen, bleibt aber sozial und psychisch unauffällig; alkoholnaher Lebensstil; ist weder körperlich noch psychisch abhängig, aber gefährdet.
- **Gamma-Typ** (Rauschtrinker, Alkoholiker): hat längere abstinente Phasen, die sich mit Phasen starker Berauschung abwechseln; typisch ist Kontrollverlust: der Betroffene kann nicht aufhören zu trinken, auch wenn er bereits das Gefühl hat, genug zu haben; trotz der Fähigkeit zu längeren Abstinenzphasen gelten diese Menschen als alkoholkrank.
- **Delta-Typ** (Spiegeltrinker, Alkoholiker): ist bestrebt, seinen Alkoholkonsum im Tagesverlauf (auch nachts) möglichst gleichbleibend zu halten (Spiegeltrinker); lange sozial unauffällig („funktionierender Alkoholiker"), weil selten erkennbar betrunken; starke körperliche Abhängigkeit; ständiges Trinken, um Entzugssymptome zu vermeiden; körperliche Folgeschäden; nicht abstinenzfähig = alkoholkrank.

- **Epsilon-Typ** (Quartalstrinker, Alkoholiker): in unregelmäßigen Intervallen Phasen exzessiven Alkoholkonsums mit Kontrollverlust, die Tage oder Wochen dauern können; dazwischen oft monatelange Abstinenz = alkoholkrank.

Alkoholismustypen nach Cloninger:
Typ-I-Alkoholismus: keine genetische Disposition, Männer und Frauen gleich häufig betroffen, funktionaler Einsatz des Alkohols, beispielsweise um Ängste abzubauen, unterschiedlichste Verläufe je nach sozialem Status.
Typ-II-Alkoholismus: genetische Disposition, nur Männer sind betroffen, funktionaler Einsatz des Alkohols, v.a. zur Enthemmung und Euphorisierung, schon vor dem 25. Lebensjahr, oft kombiniert mit antisozialen Persönlichkeitszügen, schlechtere Prognose.

▶ **Kurzfristige Folgen des Alkohols:** Alkohol wirkt zunächst enthemmend und anregend. Bei höheren Dosen kann es zu aggressivem Verhalten und Streitlust kommen, bis zur Bewusstseinstrübung mit Somnolenz und Koma. Erinnerungslücken können aus jedem der Stadien verbleiben. Bei der **akuten Alkoholintoxikation** – alle Rauschformen sind streng genommen neurologisch gesehen bereits eine Psychose – werden verschiedene Zustände unterschieden:

- Der **akute Alkoholrausch** mit den Phänomenen Enthemmung, Lallen, Denkstörungen, Gang- und Standataxie, eventuell auch Rumpfataxie, Nystagmus. Es handelt sich um eine akute, reversible organische Störung ohne vitale Bedrohung.
- Der **komplizierte Rausch** ist ein intensiver ausgeprägter Rausch, der mit Erregungszuständen, Amnesie, Delir, Suizidalität und paranoid-halluzinatorischem Denken einhergehen kann.
- Der **pathologische Rausch** ist eine exogene Psychose von kurzer Dauer (< 1 h). Kurz nach dem Trinken einer Menge Alkohol, die bei den meisten Menschen keine Intoxikation hervorrufen würde, kommt es zu einem plötzlichen Ausbruch von aggressivem, oft gewalttätigem Verhalten, das für die Betroffenen persönlichkeitsfremd ist. Es folgt ein Dämmerzustand mit Desorientiertheit, Halluzinationen, gereizter Stimmung, Amnesie für den Zustand und Terminalschlaf. Ursache ist nicht die übermäßige Zufuhr von Alkohol, sondern eine verminderte Toleranz, z.B. aufgrund von Hirnerkrankungen oder körperlicher Erschöpfung.

Die klassische Intoxikationspsychose, die **Alkoholpsychose**, tritt eher selten auf und ist gekennzeichnet durch Angst und akustische Halluzinationen (mit beschimpfendem Charakter). Auch der berühmte Eifersuchtswahn tritt eher selten auf.

▶ Zu den **langfristigen körperlichen Folgen** des fortgesetzten Alkoholkonsums gehören:
- **Lebererkrankungen:** Fettleber, Hepatitis, Leberzirrhose und dadurch Blutungsneigung, hormonelle Störungen (Impotenz, Gynäkomastie, Menstruationsstörungen).
- **Erkrankungen der Bauchspeicheldrüse:** Pankreatitis bis zur Autolyse des Organs.
- **Schädigung des Magens:** Gastritis, Magengeschwüre sowie Herzschädigungen Stoffwechselstörungen, Hypertonie.

Nach vielen Jahren chronischen Alkoholkonsums kommt es zu typischen **neurologischen Veränderungen**. Die wichtigsten davon sind:
- **Polyneuropathien:** Schädigungen peripherer Nerven (axonale Degeneration) mit zahlreichen Ausfallerscheinungen und Schmerzen.
- **Wernicke-Enzephalopathie:** Aufgrund exzessiver Mangelernährung kommt es infolge eines Vitamin-B1-Mangels (Thiamin) zu einem schwammartigen Zerfall des Hirngewebes und akut zur Kardinalsymptomatik aus Augenmuskelparesen, Nystagmus, Ataxie und psy-

chischen Störungen (Erregung, Gedächtnisstörungen, Halluzinationen). In vielen Fällen geht die Wernicke-Enzephalopathie in eine Korsakow-Psychose über, weshalb sie auch von vielen Autoren als Wernicke-Korsakow-Syndrom zusammengefasst wird.

- **Alkoholbedingte Korsakow-Psychose:** Ebenfalls infolge des Vitamin-B1-Mangels kommt es zu falscher Orientierung (zur Person und zur Örtlichkeit), Konfabulationen (Füllen von Erinnerungslücken mit Fantasien) und Störungen der Lern- bzw. Merkfähigkeit (v. a. auf kurz zurückliegende Sachverhalte in der Gegenwart). Die Korsakow-Psychose kann sich langsam bei chronischem Alkoholismus entwickeln oder tritt gemeinsam mit der Wernicke-Enzephalopathie auf und überdauert diese.
- **Weitere** sind eine Schädigung des Nervus opticus mit einem Verfall der Sehschärfe, die frontal betonte Hirnrindenatrophie mit einer Hirnvolumenminderung (Demenzen und Eifersuchtswahn bedingend) und die Kleinhirnatrophie mit Ataxie (breitbeiniger, torkelnder Gang, unsicheres Stehen, Schaukeln).

Entzugssymptome:

- Der **einfache Entzug** ist gekennzeichnet durch Schlafstörungen, Zittern (v. a. der Hände), Schwitzen, Tachykardie, Angst, Unruhe.
- Eine v. a. bei unbeabsichtigtem Entzug auftretende Alkoholpsychose ist das Delirium tremens, welches jedoch auch unter kontinuierlicher Alkoholgabe auftreten kann. Oft schildern die Betroffenen vorausgehend ein **Prädelir** mit u. a. Symptomen des einfachen Entzugs.
- Das **Delirium tremens** ist charakterisiert durch grobes Zittern, unverständliches Reden, Störungen der Vigilanz, Desorienthiertheit, psychomotorische Unruhe (Beschäftigungsunruhe), Halluzinationen (meist visuell, Tiere, bewegte Objekte), illusionäre Verkennung, starke Suggestibilität, begleitet von starker vegetativer Symptomatik und Krampfanfällen. Das Delirium tremens ist ein lebensbedrohlicher Zustand!

15.2   Störungen durch andere psychotrope Substanzen

Die folgende Tabelle 15.1 soll einen prägnanten Überblick über Wirkungen und Langzeitfolgen der weiteren psychotropen Substanzen geben. Dabei wurden die Substanzen entsprechend ihrer Reihenfolge in der ICD-10 gruppiert.

Nach Köhler (2010) kann man psychotrope Substanzen auch entsprechend ihrer unmittelbaren psychischen und körperlichen Effekte unterscheiden, diese sind:

- Euphorisierung (Wohlbefinden, Glücksgefühl),
- Sedierung und Anxiolyse (Beruhigung, Spannungslösung, Angstabbau, Müdigkeit),
- Antriebssteigerung (gesteigerte Aktivität und erhöhtes Leistungsvermögen),
- halluzinogene und psychedelische Effekte (veränderte Wahrnehmung, reiche Fantasien, verändertes Raum-Zeit-Gefühl),
- körperliche Effekte (Wirkung auf das vegetative Nervensystem).

In der Tabellenspalte „Kurzfristige Wirkungen" wurde diese Einteilung aufgrund ihrer Prägnanz und guten Lernbarkeit aufgegriffen und hervorgehoben. Jeweils dahinter finden sich beispielhaft Symptome.

Tabelle 15.1: Psychotrope Substanzen

ICD-10	Substanztyp	Kurzfristige Wirkungen	Langfristige Folgen	Entzugserscheinungen	Bemerkungen
F11	**Opioide** (Opium, Heroin, Codein, Methadon, zentral wirksame Analgetika)	**Euphorisierung, Sedierung:** Schmerzstillung, Euphorisierung, Entrücktsein von der Welt mit Schläfrigkeit und Bradykardie bei Intoxikation: Pupillenverengung, Koma, Atemdepression	Beschaffungskriminalität, Wesensveränderungen, Verwahrlosung	Drastisch, doch vergleichsweise von kurzer Dauer; Unruhe, Schwitzen, Zittern, Leibesschmerzen (Bauchkrämpfe, Übelkeit, Erbrechen, Durchfall), Muskelschmerzen, Angstzustände, Schlaflosigkeit, Tachykardie, Blutdruckanstieg, gesteigerte Atemfrequenz, „grippeähnliche Symptome"	Höchstes Suchtpotenzial, schnelle Toleranzentwicklung und Dosissteigerung, psychische und physische Abhängigkeit
F12	**Cannabinoide** (Haschisch, Marihuana)	**Euphorisierung, Sedierung, halluzinogene Effekte:** Entspannung und Beruhigung bis zur Apathie, Euphorie, veränderte Sinneswahrnehmung, rote Augen, Mundtrockenheit, vermehrter Appetit, Denkstörungen, Konzentrations- und Aufmerksamkeitsstörungen, Veränderung des Raum-Zeit-Erlebens, beeinträchtigtes Beurteilungsvermögen	*Amotivationales Syndrom* (Lethargie, Passivität), Störungen der Merkfähigkeit (noch Wochen später), Beeinträchtigung der Leistungsfähigkeit in Bezug auf die Arbeit, eingeschränkte Verkehrstüchtigkeit, Erhöhung der Anfälligkeit für andere psychische Störungen wie Ängste, Depressionen, auch Psychosen, Horrortrips und Flashbacks möglich	Eher keine	Einstiegsdroge, starke psychische, keine physische Abhängigkeit
F13	**Sedativa und Hypnotika** (Benzodiazepine, Barbiturate)	**Sedierung:** zentral dämpfend, schlaffördernd, entängstigend, Verlangsamung der Körperfunktionen	Verlangsamung, Apathie, Stimmungsschwankungen, Gangunsicherheit, verwaschene Sprache	Heftiger körperlicher Entzug, der bis zum Tod führen kann; Unruhe, Zittern, Schlaflosigkeit, erhöhte zerebrale Krampfneigung, Kopf- und Gliederschmerzen, Muskelkrämpfe, eventuell Entzugsdelir	Hohes Suchtpotenzial, Toleranzentwicklung mit Dosissteigerung, psychische und physische Abhängigkeit
F14	**Kokain** (Kokain, Crack)	**Euphorisierung, Antriebssteigerung, Sympathikusaktivierung:** Euphorie, Steigerung der Leistungsfähigkeit, selbstbewusstseinssteigernde Wirkung, reduziertes Schlafbedürfnis und Hungergefühl,	Bei chronischem Konsum: ausgeprägte Verstimmungen, Schlafstörungen, Antriebslosigkeit, Impotenz, Reizbarkeit und Aggressivität, Schädigung der Nasenschleimhäute, Gewichtsverlust, lebensbedrohliche	Depressive Verstimmungen, Ängste, Schlafstörungen, körperliche Unruhe oder Verlangsamung, „Katerstimmung"	„Leistungsdroge", Modedroge, welche von allen Bevölkerungsschichten benutzt wird, v.a. 18 bis 30-Jährige häufig nach Konsum depressive Nachschwankung („Crash"), was eine

Code	Substanz	Wirkung	Langzeitfolgen / Risiken	Entzugserscheinungen	Abhängigkeit
		gesteigertes Kontaktbedürfnis, gesteigerte sexuelle Appetenz, körperlich sympathomimetische Wirkungen	Herz-Kreislauf-Komplikationen, Kokainpsychose: Drogenpsychose, welche v.a. mit Dermatozoenwahn einhergeht und bestehen bleiben kann		erneute Einnahme fördert (erklärt das starke Abhängigkeitspotenzial der Substanz), keine psychische, keine bis geringe körperliche Abhängigkeit
F15	**Sonstige Stimulanzien** (Amphetamin – „Speed", Ecstasy, MDMA)	**Euphorisierung, Antriebssteigerung, Sympathikusaktivierung:** Appetitzügelung, leistungssteigernde Wirkung, Antriebssteigerung, Wachheit, Stimmungsverbesserung, gesteigertes Selbstbewusstsein, gesteigerter Rededrang	Ähnliche Spätfolgen wie beim Kokain, können ebenfalls paranoid-halluzinatorische Psychosen auslösen	Ähnliche Entzugserscheinungen wie beim Kokain	Ecstasy: „Discodroge", psychische, keine physische Abhängigkeit
F16	**Halluzinogene** (LSD, Meskalin, Psilocybin, Phenylciclidin [PCP, Angel's Dust], Ketamin)	**Euphorisierung, halluzinogene Effekte, Sympathikusaktivierung:** psychotomimetisch, psychedelischer Rausch: optische Pseudohalluzinationen, Auflösung des Raum-Zeit-Gefühls, intensivierte Gefühls-, Farb- und Geräuschwahrnehmung, häufig: Horrortrips mit Angst, Verwirrung und paranoidem Denken	Möglichkeit der Auslösung von Psychosen, Beeinträchtigung des Denkens und Gedächtnisses, Flashbacks: wiederauftretende Wahrnehmungsveränderungen ohne erneuten Konsum	Eher keine	Die Wirkung ist abhängig von der Grundstimmung des Betroffenen, unterschiedliche psychische Abhängigkeit, keine physische Abhängigkeit
F17	**Tabak**	**Euphorisierung, Sedierung, Antriebssteigerung, Sympathikusaktivierung:** gesteigerte Aufmerksamkeit, Unterstützung der Gedächtnisfunktion, Zunahme der Stresstoleranz, aber auch beruhigende Wirkung (je nach Setting)	V. a. körperlicher Natur: Erkrankungen der Atemwege (Bronchitis, Karzinome der Lunge) und des Herz-Kreislauf-Systems, hohes Suchtpotenzial	Depressive Stimmung, gesteigerter Appetit, Gewichtszunahme, Angst, Unruhe	Hohes Abhängigkeitspotenzial, körperliche und starke psychische Abhängigkeit
F18	**Flüchtige Lösungsmittel** (Klebstoff, Lösungsmittel, Lacke)	**Euphorisierung:** sofort einsetzend, doch nur kurz anhaltend: Euphorie, Entspannung, eventuell Halluzinationen, Desorientiertheit reizbar-aggressives Verhalten, Übelkeit, Erbrechen	Schulische und berufliche Schwierigkeiten, Schädigungen des Nervensystems, Leber- und Nierenschäden, neurologische Störungen	Eher keine	Keine physische Abhängigkeit, jedoch psychische Abhängigkeit
F19	**Multipler Substanzgebrauch**	Bei der **Polytoxikomanie** werden die verschiedenen Substanzen oft wahllos kombiniert. Häufig findet sich ein Konsummuster der Kombination von Uppers (stimulierende Substanzen) und Downers (dämpfende Substanzen).			

Sechster Teil:
Systematischer Lernkommentar
zur ICD-10

16   Vorbemerkung

Der folgende Teil unterscheidet sich in seiner Struktur grundlegend von den anderen Teilen dieses Buches. Im Gegensatz zum Rest des Buches sind Sie für das Studium dieses Teiles auch auf ein anderes Buch angewiesen: auf die in ihrer Wichtigkeit für die Klausur schwer zu überschätzende ICD-10. Dieser Teil ist nicht als ein Exzerpt oder eine Zusammenfassung der ICD konzipiert, welche das Studium der ICD selbst ersetzt. Da die ICD selbst bereits ein Maximum an Komprimierung und Reduktion anstrebt und in ihrem Gesamtumfang potenzieller Prüfungsinhalt ist, würde eine solche „Zusammenfassung" entweder in weiten Strecken zu kurz greifen oder auf eine bloße Reproduktion der ICD hinauslaufen. Beides erschien uns wenig sinnvoll.

Gebrauchsanleitung zum Kommentar: Der folgende Teil ist als ein ergänzender Kommentar zur ICD konzipiert, welcher parallel zur ICD gelesen werden kann und das Studium derselben in mehrfacher Weise erleichtert und strukturiert:

- Der Kommentar folgt der Struktur der ICD-10, Kapitel V (F).
- Alle in der ICD-10 Kapitel V(F) enthaltenen dreistelligen Kodierungen (Kodierungsebene FXX) werden kommentiert.
- Sofern die Notwendigkeit eines Kommentars zu untergeordneten vier- oder fünfstelligen Kodierungen besteht, werden diese ebenfalls angeführt.
- Ist eine spezifische Störungskategorie nicht aufgeführt, so bedeutet dies nicht, dass sie für die Prüfung irrelevant ist, sondern nur, dass es zu dieser Kategorie keine klärenden oder ergänzenden Informationen zusätzlich zu den in der ICD 10 aufgeführten diagnostischen Leitlinien gibt.
- Der Kommentar verfolgt dabei insbesondere vier Ziele:
  1. Er verdeutlicht die innere Logik des Aufbaus der einzelnen Kapitel und der Gruppierung der verschiedenen Symptombilder zu einzelnen Störungskategorien und erleichtert damit die systematische Orientierung innerhalb der Vielfalt der Diagnosen.
  2. Er arbeitet insbesondere differenzialdiagnostische Aspekte heraus, denen in der Klausur besondere Bedeutung zukommt.
  3. Er setzt innerhalb einzelner Störungskategorien Prioritäten, die es erlauben, dass für die Klausur Wichtige vom weniger Wichtigen zu unterscheiden.
  4. Er liefert, wo dies für die Klausur notwendig ist, Ergänzungen zu den in den diagnostischen Leitlinien enthaltenen Informationen (z. B. Angaben zur Epidemiologie und zu in der Forschung diskutierten Unterscheidungen).

Lernhinweise: Das parallele Studium von ICD-10 und dem vorliegenden Kommentar stellt bereits in sich eine Strategie elaborativer Verarbeitung dar. Greifen Sie des Weiteren insbesondere auf ihre persönlichen Erfahrungen mit den Ihnen aus der eigenen klinischen Tätigkeit bekannten Störungsbildern zurück, um den abstrakten Kategorien der ICD Lebendigkeit zu verleihen. Es ist eine naheliegende Strategie, die Störungen nach ihrer Relevanz für den klinischen Alltag priorisiert zu lernen. Die Klausurfragen jedoch richten sich gerade nicht nach diesem Kriterium, d. h., es wird auch in relativ hoher Auflösungsdichte nach Störungen gefragt, welche im psychotherapeutischen Alltag eher eine untergeordnete Relevanz haben. Bisher wurde außer für die Kategorie F54 (s. dort) noch nie in einer Klausur nach einer alphanumerischen ICD-10-Kodierung einer Diagnose gefragt.

▶ **Grundlegende Informationen zur Diagnosestellung:** Die Diagnosen der ICD erfolgen operational und sind jeweils durch einen möglichst eindeutigen Kriterienkatalog und dazugehörige Verknüpfungsregeln („mindestens drei der folgenden fünf Kriterien müssen erfüllt sein") bestimmt. Dass in hoher Genauigkeit gefragt wird, bedeutet, dass theoretisch zu allen Störungen der ICD-10 die folgenden grundlegenden Informationen bekannt sein sollten:

- Kriterienkatalog mit Verknüpfungsregeln,
- Ein- und Ausschlusskriterien,
- Zeitkriterien („muss seit mindestens sechs Monaten bestehen"),
- Verlaufskriterien (remittiert, episodisch etc.).

Zur medizinischen Logik der ICD: Die ICD ist ein medizinisches Klassifikationssystem und folgt primär einer somatomedizinisch ausgerichteten Logik. Dies bedeutet, dass für eine gesicherte Aussage über das Vorliegen einer psychischen Störung zunächst immer eine organische (Hirntumor, Schilddrüsenerkrankung, Infektionen des ZNS etc.) und eine substanzinduzierte Ätiologie (Symptome während, unmittelbar, anhaltend oder verzögert nach Substanzeinnahme) der betreffenden Symptomatik ausgeschlossen werden muss. Diese Logik findet sich zum Teil auch innerhalb des Aufbaus des Kapitels V(F) der ICD wieder: Hier wird zunächst mit organischen (F0) und substanzinduzierten (F1) Störungen begonnen. Die Reliabilität der Diagnosestellung nimmt von diesen mit sehr hoher Beurteilerübereinstimmung zu stellenden Diagnosen hin zu den Persönlichkeitsstörungen (F60) tendenziell ab.

Rot, grün oder blau? Das Kapitel F (V) der ICD-10 liegt in deutscher Übersetzung in drei verschiedenen Versionen vor:

- Blaues Buch: die klinisch diagnostischen Leitlinien, welche die Basis für alle anderen Versionen darstellen.
- Grünes Buch: die Forschungskriterien, welche sich aus den klinisch-diagnostischen Leitlinien heraus entwickelt haben und restriktiver formulierte diagnostische Kriterien für die Verwendung in wissenschaftlichen Arbeiten enthalten.
- Rotes Buch: der Taschenführer, welcher „in der Kitteltasche des Arztes stets griffbereit" (Dilling & Freyberger, 2008, S. 7) auf den klinischen Alltag ausgerichtet ist. Er liefert eine sehr übersichtliche Kurzfassung und die wesentlichen operationalen Diagnosekriterien, aufbauend auf den Forschungskriterien.

Obgleich es prinzipiell keinerlei Inkompatibilitäten zwischen den drei verschiedenen Versionen gibt, wurde insbesondere in neueren Klausuren vermehrt nach Kriterien gefragt, welche so nur im Taschenführer zu finden sind – ein eindeutiges Plädoyer für rot.

German Modification: Im deutschen Versorgungssystem ist die länderspezifische ICD-Erweiterung ICD-10GM verbindlich. Durch einen angefügten Buchstabencode wird die gängige ICD-Diagnoseverschlüsselung dabei um Informationen zur Diagnosesicherheit ergänzt:

- A: Ausschluss der genannten Diagnose,
- V: Verdacht auf die genannte Diagnose,
- G: gesicherte Diagnose,
- Z: symptomloser Zustand nach Rückbildung der genannten Erkrankung.

17   Kommentar

17.1   Organische Störungen, einschließlich symptomatischer psychischer Störungen

F0

Die in diesem Abschnitt der ICD-10 klassifizierbaren Erkrankungen sind gekennzeichnet durch eine nachweisbare **Ätiologie aufgrund einer zerebralen Krankheit, einer Hirnverletzung oder sonstigen Schädigung**, die zu einer Hirnfunktionsstörung führen kann. Von primärer Funktionsstörung spricht man, wenn das Gehirn direkt betroffen ist, wohingegen bei sekundären Funktionsstörungen das Gehirn nur als eines von vielen Organsystemen in Mitleidenschaft gezogen ist. Fast alle der unter F0 aufgeführten Störungen können in jedem Lebensabschnitt mit Ausnahme des frühen Kindesalters beginnen. Die meisten von ihnen haben ihren Anfang jedoch im (späten) Erwachsenenalter.

Die Diagnosestellung in diesem Abschnitt erfordert meistens die Vergabe von zwei Kodierungen: eine für das psychopathologische Syndrom und eine für die zugrunde liegende Störung.

Störungen aus dem Kapitel F0 werden im Gegenstandskatalog des IMPP im Gegensatz zu allen anderen Kapitel der ICD nicht explizit erwähnt. Sie sollten jedoch gerade auch im Hinblick auf differenzialdiagnostische Erwägungen über Grundkenntnisse zur Kategorie der Demenzen verfügen.

Demenzen

Für die Vergabe einer Demenzdiagnose, gleich, welcher Spezifik, formuliert die ICD-10 **Minimalbedingungen**, welche bekannt sein sollten:

- Abnahme des Gedächtnisses v.a. mit gestörter Aufnahme, Speicherung und Wiedergabe neuer Information,
- Beeinträchtigung des Denkvermögens mit verminderter Fähigkeit im Urteilen und im Ideenfluss,
- beträchtliche Beeinträchtigung der täglichen Aktivitäten,
- Bewusstseinsklarheit,
- Bestehen der Symptomatik seit mindestens sechs Monaten.

F00   Die **Demenz vom Alzheimer-Typ** ist die am häufigsten vorkommende Demenzform und wurde bereits bei den neurologischen Erkrankungen besprochen (vgl. Kap. 11.5.2). Eine Demenz vom Alzheimer-Typ und eine vaskuläre Demenz können gemeinsam vorkommen.

F01   Die **vaskuläre Demenz** unterscheidet sich von der Alzheimer-Demenz durch den Beginn, die klinischen Merkmale und den Verlauf.

F02   Unter den **Demenzen bei andernorts klassifizierbaren Krankheiten** können Demenzen in Kombination mit anderen Syndromen kodiert werden, wie z.B. Demenz bei Pick-Krankheit (G31.0 + F02.0; vgl. Kap. 11.5) oder Demenz bei Chorea Huntington (G10 + F02.2, vgl. Kap. 13.14.1).

F03   Die Diagnose **nicht näher bezeichnete Demenz** wird dann vergeben, wenn die allgemeinen Kriterien für eine Demenz erfüllt werden, der genaue Demenztyp aber nicht unterschieden werden kann.

F04   Ein durch Alkohol oder andere psychotrope Substanzen bedingtes Korsakow-Syndrom ist nicht unter F04 **organisches amnestisches Syndrom, nicht durch Alkohol oder andere psychotrope Substanzen bedingt** zu klassifizieren, sondern unter der Kategorie F1x.6.

Delir

F05   An dieser Stelle können **delirante Zustandsbilder** kodiert werden, welche ebenfalls nicht durch Alkohol oder andere psychotrope Substanzen bedingt sein dürfen (diese gehören unter F1x.4). Merkmale des Delirs (synonym auch „Verwirrtheitszustand") sind:

- ein reversibles psychotisches Zustandsbild von akutem, exogenem Typ,
- Bewusstseins-, Orientierungs-, Denk- und Wahrnehmungsstörungen,
- psychomotorische Störungen (Hypo- oder Hyperaktivität),
- Störungen des Schlaf-wach-Rhythmus und
- affektive Störungen wie Reizbarkeit, Angst, Euphorie usw., vegetative Störungen (Tachykardie, Zittern, Schwitzen) und Sprachstörungen (oft verwaschene, schnelle Sprache).

Die Symptome wechseln im Tagesverlauf (auch Existenz „klarer Momente"). Ein Delir kann ein potenziell lebensbedrohlicher Zustand sein und bleibende Hirnschäden hinterlassen. In der ICD-10 können Verläufe mit oder ohne Demenz kodiert werden, und es wird ein Krankheitsverlauf von weniger als sechs Monaten verlangt.

Andere psychische Störungen aufgrund einer Schädigung oder Funktionsstörung des Gehirns oder einer körperlichen Erkrankung einschließlich Persönlichkeits- und Verhaltensstörungen

F06   Die unter „andere psychische Störungen aufgrund einer Schädigung oder Funktions-
F07   störung des Gehirns oder einer anderen körperlichen Krankheit" **(F06)** und „Persönlichkeits- und Verhaltensstörungen aufgrund einer Krankheit, Schädigung oder Funktionsstörung des Gehirns" **(F07)** zu diagnostizierenden Zustandsbilder stehen, wie ihre Benennung bereits nahelegt, mit einer Hirnfunktionsstörung ursächlich in einem Zusammenhang. Das klinische Erscheinungsbild ist jedoch ähnlich oder sogar identisch mit anderen Störungen, die in der ICD-10-Klassifikation als „nicht organisch" angesehen werden – wobei dieser etwas irreführende Begriff in der ICD-10 explizit nicht ausschließt, dass auch „nicht organische Störungen" ein zerebrales Substrat haben können. Hier können Phänomene wie organische Psychose, organische Angststörung, organische affektive Störungen, organische Persönlichkeitsstörung usw. kodiert werden. In der Regel bildet sich die psychische Störung nach Besserung der zugrunde liegenden vermuteten Ursache zurück.

17.2   Psychische und Verhaltensstörungen durch psychotrope Substanzen

F1

▶ Die herausragende Bedeutung der substanzbedingten Störungen für die Klausur wird durch deren ausführliche Besprechung im zweiten Teil dieses Buches gewürdigt. Die kurzfristige Wirkung sowie die langfristigen Folgen und Entzugserscheinungen müssen zu den einzelnen Substanzklassen ebenfalls bekannt sein. Sie finden diese ausführlich dargestellt im Kapitel 15 (s. S. 164 f.).

Entsprechend der ICD-Logik wird mit der zweiten Stelle angegeben, dass es sich um eine substanzbedingte Störung handelt. Mit der dritten Stelle wird kodiert, um welche Substanz es sich handelt:

Tabelle 17.1: Substanzinduzierte Störungen, gegliedert nach Substanzklasse

F10	**F10**	Störungen durch Alkohol	**F15**	Störungen durch andere Stimulanzien, einschließlich Koffein
	F11	Störungen durch Opioide	**F16**	Störungen durch Halluzinogene
	F12	Störungen durch Cannabinoide	**F17**	Störungen durch Tabak
bis	**F13**	Störungen durch Sedativa oder Hypnotika	**F18**	Störungen durch flüchtige Lösungsmittel
F19	**F14**	Störungen durch Kokain	**F19**	Störungen durch multiplen Substanzgebrauch und Konsum anderer psychotroper Substanzen

Mit der vierten Stelle wird das klinische Erscheinungsbild angegeben: F1x.0: akute Intoxikation, F1x.1: schädlicher Gebrauch, F1x.2: **Abhängigkeitssyndrom** (Achtung, hier wird ein Zeitkriterium angegeben), F1x.3: Entzugssyndrom, F1x.4: Entzugssyndrom mit Delir, F1x.5: psychotische Störung, F1x.6: amnestisches Syndrom, F1x.7: Restzustand.

Der **Missbrauch von nicht psychotropen Substanzen** wie Laxantien, Schmerzmitteln oder Steroiden wird unter **F55** kodiert.

17.3   Schizophrenie, schizotype und wahnhafte Störungen

F2

F20   Es gibt eine lange Tradition der psychiatrisch-klinischen Forschung zu schizophrenen Erkrankungen. Diese hat sich zum Teil in der Klassifikation der ICD-10 niedergeschlagen. Darüber hinaus existiert eine Vielzahl von begrifflichen Unterscheidungen, welche die Systematik der ICD ergänzen und deren Kenntnis für die Prüfung wichtig ist. Besondere Relevanz kommt auch der differenzialdiagnostischen Abgrenzung der einzelnen diagnostischen Kategorien des schizophrenen Formenkreises zu.

Wichtige Schlüsselmerkmale der Schizophrenie sind psychotische Symptome wie Wahn oder Halluzinationen, flacher oder inadäquater Affekt und katatone Symptome. Von Wichtigkeit für die Differenzialdiagnostik ist das Zeitkriterium: Die Symptomatik muss für mindestens einen Monat bestehen. Werden zwar die Kriterien der Schizophrenie erfüllt, jedoch nicht dieses Zeitkriterium, so wird die Diagnose einer **akuten schizophreniformen psychotischen Störung** vergeben (ICD-10: **F23.2**). Schizophrene Erkrankungen können sich äußerst unterschiedlich phänomenologisch darstellen. Dennoch lassen sich Gruppen mit ähnlichen Symptomen und Verläufen einteilen:

- **paranoid-halluzinatorische** Form: v. a. Halluzinationen und Wahn (ICD-10: **F20.0**),
- **hebephrene** Form: Beginn im Jugendalter, ausgeprägte Negativsymptomatik (ICD-10: **F20.1**),
- **katatone** Form: v. a. psychomotorische Symptome (Stupor, Katalepsie, ICD-10: **F20.2**).

Epidemiologie: Erkrankungswahrscheinlichkeit: 1 % (Lifetime-Risiko), Männer und Frauen sind gleich häufig betroffen. Männer sind zum Zeitpunkt der Ersterkrankung gewöhnlich jünger und erkranken meist schwerer.

Verlauf: Das Verlaufsbild kann mit der fünften Stelle weiter differenziert werden, z. B. F20.x**0**: kontinuierlicher Verlauf. Man unterscheidet allgemein:

- **Prodromalphase:** unspezifische Symptome wie Interessenverlust, Reizbarkeit, Rückzug, Nachlassen der Leistungsfähigkeit, v. a. bei jungen Menschen.
- **Floride Phase:** manifeste Symptome der Schizophrenie.
- **Residualphase:** Die akute Symptomatik tritt zwar zurück, doch ein allgemein beeinträchtigter Zustand verbleibt. Nach ICD-10 kann die Diagnose eines **schizophrenen Residuums (F20.5)** vergeben werden, wenn seit mindestens zwölf Monaten keine Positivsymptomatik mehr vorhanden war, jedoch ein chronisches Vorherrschen von negativen Symptomen imponiert.

Die Symptome der Schizophrenie werden eingeteilt in **Positiv- und Negativsymptomatik**. Die Positivsymptomatik (synonym Plussymptome oder produktive Symptome) beschreibt Verhaltensexzesse bzw. Überschussreaktionen oder zusätzlich verzerrte, bizarre Verhaltensweisen. Negativsymptome sind Verhaltensdefizite. Nach einer von Tim Crow (1980) gemachten Unterscheidung wird das Vorherrschen von positiven Symptomen auch als **Typ-I-Schizophrenie**, jenes von negativen als **Typ-II-Schizophrenie** bezeichnet. Patienten vom Typ I zeigen eine bessere prämorbide Anpassung, einen akuten Verlauf, ein besseres Ansprechen auf Antipsychotika und eine größere Wahrscheinlichkeit einer Remission als Typ-II-Patienten.

Tabelle 17.2: Positiv- und Negativsymptomatik der Schizophrenie

Positivsymptome	Negativsymptome ("die 6 A", Andreasen, 1987)
Wahnvorstellungen	**A**ffektverflachung
Zerfahrenes Denken und Sprechen (positive formale Denkstörungen)	**A**logie (Sprachverarmung)
Halluzinationen	**A**pathie, **A**ntriebsverlust
Bizarres Verhalten	**A**sozialität (sozialer Rückzug)
Katatone Symptome	**A**nhedonie
	Aufmerksamkeitsstörung

Aus der historischen Erforschung der Schizophrenie ergaben sich noch weitere diverse Systematiken, welche bekannt sein sollten:

- **Emil Kraeplin:** Einführung des Begriffs „dementia praecox" (1893) und damit Differenzierung zwischen den Schizophrenien und den affektiven Störungen.
- **Eugen Bleuler:** Einführung des Begriffs „Schizophrenie" (1911) als Spaltung zwischen Denken, Emotionen und Verhalten. Nach seiner Systematik werden Grund- und akzessorische Symptome unterschieden, wobei Letztere auch bei anderen Erkrankungen auftreten können (vgl. Tabelle 17.3).

Tabelle 17.3: Einteilung der Schizophreniesymptome nach Bleuler

Grundsymptome („die 4 A")	Akzessorische Symptome
Störung der **A**ffektivität	Wahn
Störungen der **A**ssoziation (Zerfahrenheit)	Halluzinationen
Autismus	Katatone Erscheinungen
Ambivalenz	Neologismen
Ich-Störungen	Mutismus
Störungen des Willens und des Handelns	Echophänomene

- **Kurt Schneider** (1931) nahm, orientiert an akuten psychotischen Symptomen, die Unterscheidung von Erstrang- und Zweitrangsymptomen vor (vgl. Tabelle 17.4). Erstrangsymptome sind Kardinalsymptome und erlauben die gesicherte Diagnose einer Schizophrenie.

Tabelle 17.4: Einteilung der Schizophreniesymptome nach Schneider

Symptome ersten Ranges	Symptome zweiten Ranges
Gedankenlautwerden	Ratlosigkeit
Gedankenausbreitung	Wahneinfälle
Gedankenentzug	Depressive oder frohe Verstimmungen
Akustische Halluzinationen (dialogische und kommentierende Stimmen)	Sinnestäuschungen, einschließlich Coenästhesien
Wahnwahrnehmung (Bedeutungswahn, Beziehungswahn)	Erlebte Gefühlsverarmung

Kinder und Jugendliche:

Die Diagnosestellung in diesem Altersbereich unterscheidet sich in ICD-10 und DSM nicht von der im Erwachsenenalter. Davon unabhängig hat sich eine Unterteilung nach dem Zeitpunkt des ersten Auftretens durchgesetzt:

- Early Onset Schizophrenia: Beginn vor dem 18. Lebensjahr,
- Very Early Onset Schizophrenia: Beginn vor dem 13. Lebensjahr.

F20.4 Im Anschluss an eine schizophrene Erkrankung kann eine **postschizophrene Depression** auftreten. Diese Diagnose darf vergeben werden, wenn innerhalb der vergangenen zwölf Monate die Kriterien für die Schizophrenie erfüllt wurden, mindestens ein schizophrenes Symptom fortbesteht und aktuell die Kriterien für eine depressive Episode erfüllt werden.

F25 Von der unter F20.4 codierten postschizophrenen Depression abzugrenzen sind die **schizoaffektiven Störungen**, bei denen deutliche Symptome einer Schizophrenie und einer affektiven Störung *gleichzeitig* während einer Krankheitsepisode bestehen müssen.

F21 Beachten Sie, dass für die Vergabe einer **schizotypen Störung** der Patient in der Anamnese niemals die Kriterien für eine Schizophrenie erfüllt haben darf.

F22 Eine weitere diagnostische Unterscheidung betrifft die **anhaltenden wahnhaften Störungen**, bei denen eben *nicht* die Kriterien für eine Schizophrenie erfüllt werden dürfen, sondern ein lang dauernder nicht bizarrer Wahn als einziges auffälliges klinisches Merkmal besteht und dieser für mindestens drei Monate anhalten muss.

F23 Bei **akuten, vorübergehenden psychotischen Störungen** hingegen sind typische schizophrene Symptome vorhanden. Diese Störungen beginnen akut, d.h. innerhalb von zwei Wochen beim Vorliegen einer akuten Belastung.

F24 Die Diagnose einer **induzierten wahnhaften Störung**, synonym auch „folie á deux" oder „psychotische Infektion", kommt sehr selten vor. Es teilen sich zwei meist sozial isoliert lebende Menschen, die in einer außergewöhnlich engen Beziehung zueinander stehen, einen Wahn oder ein Wahnsystem, wobei belegt werden kann, dass der Wahn bei dem infizierten (passiven) Partner durch den aktiven Partner induziert wurde.

17.4 Affektive Störungen

F3

Affektive Störungen treten unipolar oder bipolar auf. Bei unipolaren Störungen schlägt die Stimmung in eine Richtung aus. Bei bipolaren Störungen wechseln sich depressive und (hypo)manische Phasen ab.

Epidemiologie: Lebenszeitprävalenz für Depressionen: 20–25 %; Der Beginn liegt meist im Erwachsenenalter (30.–45. Lebensjahr). Frauen sind in etwa doppelt so häufig betroffen wie Männer.

F30 Einzelne manische Episoden dürfen nur diagnostiziert werden, wenn zuvor oder später *keine* andere affektive Episode auftritt bzw. auftrat. Es sollte zudem die Unterscheidung zwischen **Hypomanie (F30.0)**, gekennzeichnet durch eine geringere Intensität der Symptome und Beeinflussung der Lebensführung, und dem Vollbild der **Manie (F30.1)** bekannt sein.

F31 Bei den bipolaren Störungen ist es wichtig, die unter **F31.8** „sonstige bipolare affektive Störungen" gemachte Unterscheidung zwischen **Bipolar-I-Störung** und **Bipolar-II-Störung** zu kennen. Von Letzterer spricht man beim Vorliegen von einer oder mehreren depressiven Episoden in Kombination mit einer oder mehreren hypomanischen Episoden. Das Vollbild einer Manie darf *nicht* erfüllt werden.

Außerdem existiert unter F31.8 die Diagnosemöglichkeit der bipolaren Störung mit schnellem Phasenwechsel (Rapid Cycling). Normalerweise erfolgt der Wechsel zwischen depressiven und manischen Episoden bei Erwachsenen relativ langsam, oft auch unterbrochen von Phasen des Wohlbefindens. Von **Rapid Cycling** spricht man bei mehr als vier Episoden pro Jahr. Mit „Ultra Rapid Cycling" wird eine kurze Zyklenfolge mit nur wenige Tage anhaltenden Episoden. Der Begriff des „Ultradian Cycling" meint stündlich bis minütlich wechselnde Phasen.

F32 Neben den Hauptsymptomen der Depression, welche mindestens *14 Tage durchgängig* bestehen müssen, und der Einteilung der Schweregrade müssen Sie die Symptome des **somatischen Syndroms** kennen, welches beim Vorliegen von mindestens vier der genannten Symptome, wie beispielsweise Interessenverlust, Morgentief, Appetitverlust usw., mit der fünften Stelle kodiert werden kann.

Auch wenn man es häufig in Arztbriefen liest: Die Vergabe einer Anpassungsstörung und einer depressiven Episode gleichzeitig ist nach ICD-10 nicht möglich. Unter den „sonstigen depressiven Episoden" **(F32.8)** existiert die Möglichkeit der Diagnose der **larvierten Depression**, bei welcher v. a. die Präsentation somatischer Symptome im Vordergrund steht. Die folgenden Begrifflichkeiten sind fest im psychiatrischen Sprachgebrauch verankert, können jedoch nur teilweise verschlüsselt bzw. müssen zur besseren Beschreibung deskriptiv ergänzt werden:

- Das Erscheinungsbild der **agitierten Depression** ist gekennzeichnet durch ein gesteigertes physiologisches Erregungsniveau, welches sich durch Unruhe und Bewegungsdrang zeigt und aufgrund einer klagend-ängstlichen Symptomatik leicht mit der Panikstörung verwechselt werden kann (unter F32.2).
- Bei der **gehemmten Depression** ist das physiologische Erregungsniveau stark vermindert. Das zeigt sich in reduzierter Aktivität und im Extremfall im Stupor.
- Nach langjähriger körperlicher und seelischer Belastung kann sich eine **Erschöpfungsdepression** entwickeln.
- Die **Wochenbettdepression** (Beginn in den ersten sechs Wochen nach der Geburt) ist ebenfalls unter F32 (zusammen mit „in Verbindung mit dem Wochenbett", O99.3) zu kodieren.

Das Vorliegen einer **Demenz** oder **Intelligenzminderung** schließt das Vorhandensein einer depressiven Episode nicht aus.

F33 Störungen mit wiederholten depressiven Episoden werden unter den **rezidivieren-** 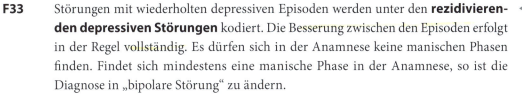 **den depressiven Störungen** kodiert. Die Besserung zwischen den Episoden erfolgt in der Regel vollständig. Es dürfen sich in der Anamnese keine manischen Phasen finden. Findet sich mindestens eine manische Phase in der Anamnese, so ist die Diagnose in „bipolare Störung" zu ändern.

F38.1 Unter den **anderen rezidivierenden Störungen** findet sich die **rezidivierende kurze depressive Störung (F38.10)**, welche verwendet wird, wenn zwar die Schweregradkriterien, nicht jedoch die Zeitkriterien erfüllt sind. Es handelt sich typischerweise um Episoden von zwei bis drei Tagen Dauer, die innerhalb eines Jahres etwa einmal pro Monat auftreten.

F34 Bei den anhaltenden affektiven Störungen sind Ihnen die **Zyklothymia** und die **Dysthymia** bekannt. Vor allem im englischen Sprachraum findet sich die Beschreibung der **Double Depression**, von welcher man beim gleichzeitigen Vorliegen einer Dysthymia und einer depressiven Episode spricht. Die Double Depression hat keine Entsprechung in der ICD-10 oder dem DSM-IV.

F38.11 In den Forschungskriterien findet sich unter anderen rezidivierenden depressiven Störungen die **saisonale affektive Störung**, für deren Vergabe drei oder mehr Episoden einer affektiven Störung, beginnend innerhalb desselben 90-Tage-Zeitraums, in drei oder mehr aufeinanderfolgenden Jahren verlangt werden.

17.5 Neurotische, Belastungs- und somatoforme Störungen

F4

Angststörungen

Bezüglich der Angststörungen ist die Unterscheidung zwischen Phobien und sonstigen Angststörungen wichtig. Bei den **phobischen Störungen** (Agoraphobie mit oder ohne Panikstörung, soziale Phobie, spezifische Phobien) besteht eine Angst vor im Allgemeinen ungefährlichen Situationen oder Objekten, welche *außerhalb* der Person liegen müssen. Bei den **anderen Angststörungen** (generalisierte Angst, Panikstörung) tritt die Angst unvorhersehbar und unabhängig von der aktuellen Situation auf.

Epidemiologie: Die Lebenszeitprävalenz beträgt ca. 15 % mit einem typischen Beginn zwischen dem 15. und 35. Lebensjahr. Frauen sind häufiger betroffen, mit Ausnahme von der sozialen Phobie, die bei beiden Geschlechtern etwa gleich verteilt ist.

F40 Phobische Störungen

F40.0 Die **Agoraphobie** als Angst vor Menschenmengen, öffentlichen Plätzen und der Furcht, alleine weit zu verreisen, wurde in der ICD-10 als eigenständiges Syndrom den phobischen Störungen zugeordnet. Das ist insofern irreführend, als die Betroffenen gerade nicht die spezifische Situation fürchten, sondern vielmehr eine antizipierte Hilflosigkeit bzw. einen Kontrollverlust in dieser Situation. Die Agoraphobie kann nach ICD-10 mit oder ohne Panikstörung auftreten. Das kann mit der vierten Stelle kodiert werden.

F40.1 Im Zusammenhang mit der sozialen Phobie sollten Sie neben der Kenntnis der klinischen Kriterien von der **Erythrophobie**, der Angst vor dem Erröten, gehört haben.

F40.2 Die **spezifischen Phobien** können hinsichtlich der Quelle der Angst und unterschiedlich akzentuierter Reaktionsmuster in verschiedene Typen eingeteilt werden (vgl. Tabelle 17.5).

Tabelle 17.5: Einteilung der spezifischen Phobien (nach Hamm, 2006, S. 6)

Typus	Beispiele	Reaktionsmuster
Umwelt-Typus	Stürme, Gewitter, Dunkelheit, Höhen (Akrophobie), Wasser	V. a. Schwindel, Vermeidungsverhalten
Tier-Typus	Spinnen (Arachnophobie), Schlangen, Ratten, Würmer etc.	V. a. sympathisch dominierte Reaktion
Situativer Typus	Klaustrophobische Symptome (Angst vor Eingeschlossensein, Fahrstühle, Tunnel, Flugangst, Autofahren)	V. a. kognitive Symptome
Blut-Spritzen-Verletzungs-Typus	Anblick von Blut, medizinischen Prozeduren, Dentalphobie	Biphasisches Muster der Furchtreaktion (s. S. 116 und S. 248)

Einen interessanten Fall stellt die **Paruresis**, die Angst vor dem Urinieren oder Defäzieren auf öffentlichen Toiletten, dar, welche ob der klaren Situationsbezogenheit als spezifische Phobie (F40.2) in der ICD-10 aufgeführt wird. Bezieht sich die Angst jedoch v. a. auf die antizipierte Bewertung der Anwesenden, weil der Betroffene die Toilette benutzt und das Gefühl hat, „nicht zu können", handelt es sich um eine soziale Phobie (F40.1).

Durch das geforderte Kriterium, dass die Quelle der Angst außerhalb der eigenen Person liegen muss, ergibt sich die Notwendigkeit, die Angst vor dem Vorliegen einer Krankheit **(Nosophobie)** oder einer vermeintlichen körperlichen Entstellung (**Dysmorphophobie**, synonym: körperdismorphe Störung) unter den **hypochondrischen Störungen (F45.2)** zu kodieren.
Häufig treten phobische Störungen in einer irgendwie gearteten Kombination mit depressiven Symptomen auf. Zwei getrennte Diagnosen sollen nur dann vergeben werden, wenn sich die eine Störung eindeutig vor der anderen entwickelt hat (vgl. auch F41 „Angst und depressive Störung gemischt"). Wurden die Kriterien für eine depressive Störung bereits vor der Phobie erfüllt, wird zunächst die depressive Episode diagnostiziert.

Im Zusammenhang mit phobischen Störungen kann sich die Angst so stark steigern, dass die Betroffenen **Panikattacken** erleben. Das Vorliegen von Panikattacken bei bekannter Phobie dient eher zur Differenzierung des Schweregrades der Phobie und wird mit Ausnahme der Agoraphobie (F40.0) nicht extra kodiert.

F41   Andere Angststörungen

F41.0   Wie bereits ausgeführt, wird die reine paroxysmale **Panikstörung**, also das wiederholte Erleben unvermittelter, plötzlicher und schwerer Angstattacken innerhalb eines Monats, nur beim Fehlen einer der unter F40 angegebenen Phobien diagnostiziert. Lassen Sie sich nicht verwirren: Werden beim Vorliegen einer phobischen Angststörung Panikattacken berichtet, so erhält der Patient nicht die Diagnose einer Panikstörung und z. B. die einer sozialen Phobie, sondern es wird nur die Phobie kodiert.

F41.1   Ein Ausschlusskriterium für die Diagnose der **generalisierten Angststörung** ist die Neurasthenie (vgl. F48.0).

F41.2   Die Diagnose **Angst und depressive Störung** gemischt dürfen Sie nur vergeben, wenn keine der beiden Störungen dermaßen ausgeprägt ist, dass eine entsprechende einzelne Diagnose gerechtfertigt wäre.

Zwangsstörungen

F42   Beachten Sie hier v. a. das Ausschlusskriterium: Sie dürfen nicht gleichzeitig eine **Zwangsstörung** und eine **zwanghafte Persönlichkeitsstörung** kodieren. Anders als z. B. beim Zusammenhang der sozialen Phobie und der ängstlich-vermeidenden Persönlichkeitsstörung liegt hier kein dimensionales Verständnis der Störung zugrunde.

Belastungs- und Anpassungsstörungen

F43   Bei den Reaktionen auf schwere Belastungen und bei den Anpassungsstörungen werden im Gegensatz zur sonstigen Logik des ICD-10 Aussagen über die Ätiologie der Symptomatik gemacht, denn die Phänomene entstehen als Resultat auf belastende Lebensereignisse. Für diese Störungen sind v. a. auch die **Zeitkriterien** wichtig (vgl. Tabelle 17.6).

Tabelle 17.6: Zeitkriterien der Belastungs- und Anpassungsstörungen

ICD-10	Störung	Beginn der Symptomatik	Verlauf
F43.0	**Akute Belastungsreaktion:** vorübergehende Reaktionen auf schwerwiegende Ereignisse, („psychischer Schock")	Innerhalb von Minuten nach dem Ereignis	Rückbildung innerhalb von zwei bis drei Tagen
F43.1	**Posttraumatische Belastungsstörung:** protrahierte Reaktion auf eine außergewöhnlich schwere Belastung	Innerhalb von sechs Monaten nach dem Ereignis	
F43.2	**Anpassungsstörungen:** Symptome, die während des Anpassungsprozesses nach einer einschneidenden Lebensveränderung auftreten	Innerhalb von einem Monat nach dem Ereignis	Symptome halten meist nicht länger als sechs Monate an (außer F43.21)

F43.1   Bezüglich der PTSD sollte zusätzlich folgende Unterscheidung bekannt sein:
- **Typ-I-Trauma:** umschriebene, singuläre traumatische Ereignisse,
- **Typ-II-Trauma:** kumulative, manchmal bereits früh in der Kindheit einsetzende und sich wiederholende Traumata.

Weiterhin wird zwischen von Menschen verursachten Ereignissen („man-made disaster") und Katastrophen unterschieden. Lang andauernde und von Menschen verursachte traumatische Ereignisse haben schwerwiegendere Folgen.

F43.2x   Bei den Anpassungsstörungen sollte Ihnen bekannt sein, dass mit der fünften Stelle das genaue Zustandsbild klassifiziert werden kann. Zudem gibt es in Abweichung zum eigentlich geforderten Zeitkriterium mit der Diagnose **Anpassungsstörung, längere depressive Reaktion (F43.21)** die Möglichkeit, einen leichten depressiven Zustand als Folge einer Belastungssituation, der bis zu zwei Jahre anhalten darf, zu diagnostizieren.

Dissoziative Störungen (Konversionsstörungen)

F44   Für das Verständnis dieser Störungen ist das ursprünglich psychoanalytische Konzept der **Konversion** wichtig, worunter man die Umsetzung eines psychischen Konfliktes in körperliche Symptome versteht (s. S. 271). Unter dem Begriff „dissoziativ" werden Störungen zusammengefasst, die ehemals „hysterisch vom dissoziativen Typ" oder „Konversionstyp" genannt wurden. Das Kennzeichen der dissoziativen Störungen ist die teilweise oder vollständige Entkoppelung von seelischen oder körperlichen Funktionen mit daraus resultierenden sehr unterschiedlichen Symptomen.

Epidemiologie: Frauen sind häufiger betroffen (Verhältnis 3:1).

Die ICD-10 fordert neben der Erfüllung der klinischen Charakteristika, wie sie für die einzelnen Störungen in **F44** beschrieben sind, einen **Ausschluss organischer Ursachen** und einen belegbaren zeitlichen Zusammenhang zwischen der Symptomatik und Belastungen, gestörten Beziehungen etc. Diese psychische Verursachung wird meist von den Betroffenen verleugnet. Denken Sie bei dissoziativen

Trancezuständen auch an eine psychotische Erkrankung oder an die Wirkung psychotroper Substanzen.

Hilfreiche differenzialdiagnostische Hinweise zur Unterscheidung zwischen dissoziativen Störungen und somatoformen Störungen sind, dass bei den dissoziativen Störungen in der Regel das willkürliche Nervensystem (Motorik, Sehkraft etc.; vgl. auch F45.3) betroffen ist, die Symptomatik in der Regel bei den Betroffenen Angst und Spannung reduziert; (Symptome im Rahmen von somatoformen Störungen hingegen erzeugen Angst) und die Phänomene bei den dissoziativen Störungen teilweise in symbolträchtiger Form mit dem zugrunde liegenden Konflikt verbunden sind.

Somatoforme Störungen

F45   Hauptcharakteristika dieser Störungen sind die wiederholte Darbietung körperlicher Symptome und die Forderung der Betroffenen nach medizinischen Untersuchungen trotz wiederholter negativer Ergebnisse solcher Untersuchungen bzw. wenn tatsächlich ein Organbefund vorliegt, rechtfertigt dieser nicht Art und Ausmaß der Symptome oder des empfundenen Leidens des Patienten. Die somatoformen Störungen sind häufig mit Depression und Angst kombiniert, welche je nach Ausmaß eine eigene Diagnose rechtfertigen.
Die Begriffe **„Somatisierungsstörung"**, **„psychosomatische Störung"**, **„soma-** **toforme Störung"**, **„funktionelle Störung"** usw. werden meist recht ungenau verwendet. Die ICD-10 gibt hier sehr klare Kriterien vor.

F45.0   Bei der **Somatisierungsstörung (F45.0)** liegen mindestens **zwei Jahre** lang anhaltende multiple, wiederholt auftretende und *häufig wechselnde körperliche Symptome* vor, welche sich auf jedes Körperteil beziehen können. Frauen sind weitaus häufiger betroffen.

F45.3   Hingegen werden bei der **somatoformen autonomen Funktionsstörung (F45.3)** die Symptome so geschildert, als beruhten sie auf der Erkrankung **eines** Organs oder Systems, welches vorwiegend *vegetativ innerviert* wird (Schwitzen, Herzklopfen, Zittern etc.). Die Patienten beschäftigen sich wie bei der Hypochondrie mit der Möglichkeit einer Erkrankung dieses Organsystems, ohne jedoch eine genaue Bezeichnung der möglichen Erkrankung vorzunehmen. Das Organsystem kann dann mit der fünften Stelle genauer kodiert werden (z. B. Urogenitalsystem, Herz-Kreislauf-System etc.).

F45.2   Bei der **hypochondrischen Störung** ist der Betroffene beharrlich davon überzeugt, an einer oder mehreren Krankheiten zu leiden, die er auch genau benennen kann. Oder aber es handelt sich um eine anhaltende Beschäftigung mit einer vermuteten Entstellung (Dysmorphobie). Bei der hypochondrischen Störung ist der Betroffene weniger mit den einzelnen Symptomen an sich beschäftigt, wie es für die Somatisierungsstörung typisch ist, sondern vielmehr mit den Folgen der Erkrankung. Ein Ausschlusskriterium für die hypochondrische Störung stellen Wahnphänomene dar (F22).

F45.4   Die **anhaltende somatoforme Schmerzstörung** ist gekennzeichnet durch einen anhaltenden schweren körperlichen Schmerz, der somatomedizinisch nicht ausreichend erklärt werden kann. Der Schmerz tritt assoziiert mit emotionalen Konflikten oder psychosozialen Problemen auf. Natürlich stellen akute Schmerzen ein Ausschlusskriterium für diese Diagnose dar. Ausgeschlossen ist auch der Spannungskopfschmerz (G44.2). Beachten Sie ebenfalls, dass Schmerzen aufgrund bekannter psychophysiologischer Mechanismen, wie z. B. Migräne, die zu einem Teil eben auch psychogen sind, unter **F54** „psychische Faktoren oder Verhaltenseinflüsse bei andernorts klassifizierten Krankheiten" kodiert werden.

Andere neurotische Störungen

F48.0 Viele der Zustandsbilder unter der Diagnose der **Neurasthenie** erfüllen heutzutage nach der ICD-10 eher die Kriterien für eine depressive Störung oder eine Angststörung. Zentral ist der Akzent, den der Patient neben der Wahrnehmung von mindestens zwei Empfindungen, wie Muskelschmerzen, Schlafstörungen, Reizbarkeit, Unfähigkeit zu entspannen usw., auf Ermüdbarkeit und Schwäche sowie die befürchtete Konsequenz geringerer Leistungsfähigkeit legt. Die gleichzeitige Vergabe von „Ausgebranntsein" **(Burnout)** (unter **Z73.0**) und Neurasthenie schließt sich aus.

F48.1 Das **Depersonalisations- und/oder Derealisationssyndrom** findet sich selten in reiner, isolierter Form. Solche Phänomene zeigen sich jedoch oft im Zusammenhang mit depressiven und phobischen Störungen sowie bei Zwangsstörungen und Schizophrenie. Dann ist diesen Diagnosen Vorrang zu geben. Das Syndrom darf nicht auf toxischen Verwirrtheitszuständen oder einer Epilepsie beruhen.

17.6 Verhaltensauffälligkeiten in Verbindung mit körperlichen Störungen und Faktoren

F5

Essstörungen

F50 Essstörungen sind Störungen des Essverhaltens, welche eine Aufnahme zu geringer oder zu großer Nahrungsmengen bedingen. Oft zeigen Patienten im Krankheitsverlauf einen Wechsel von anorektischen und bulimischen Phasen. Die Prüfungsrelevanz der Essstörungen bildet sich auch durch ihre Würdigung im zweiten Teil dieses Buches ab (vgl. Kap. 13.8.1).

Epidemiologie: Essstörungen finden sich v.a. in den Industrienationen. Bei der Anorexie sind ca. 80 % der Betroffenen Frauen, die Lebenszeitprävalenz beträgt für die Anorexie bei Frauen ca. 0,5 %. Die Anorexie beginnt typischerweise in der mittleren bis späten Adoleszenz (14–18 Jahre), oft in Verbindung mit einem belastenden Lebensereignis. Bei der Bulimie sind ca. 90 % der Betroffenen weiblich, die Lebenszeitprävalenz beträgt ca. 1–2 %. Die Bulimie beginnt meist etwas später (späte Adoleszenz oder frühes Erwachsenenalter), oftmals während oder nach einer Diät.

Neben der genauen Kenntnis der klinischen Symptomatik der Essstörungen sollten Ihnen des Weiteren die **Subtypen** der Anorexia nervosa, welche mit der vierten Stelle kodiert werden, vertraut sein.

▶ F50.0 **Anorexia nervosa:** Die ICD-10 unterscheidet die **Anorexie ohne aktive Maßnahmen zur Gewichtsabnahme (F50.00)**, synonym auch asketische, passive oder restriktive Form der Anorexie genannt, und die **Anorexie mit aktiven Maßnahmen zur Gewichtsabnahme (F50.01)**, also Erbrechen, Gebrauch von Abführmitteln usw., synonym auch aktive oder bulimische Form der Anorexie.

Häufig liest man eine andere Unterscheidung, welche dem DSM-IV entstammt, aber dennoch bekannt sein sollte: Die **Anorexie vom restriktiven Typus** entspricht der Anorexie ohne aktive Maßnahmen zur Gewichtsabnahme nach ICD-10, meint also ein Zustandsbild, bei welchem die Betroffenen keine Laxantien oder Diuretika benützen, kein selbst induziertes Erbrechen herbeiführen, sondern „nur" restriktiv die Nahrungsmenge einschränken. Die **Anorexie vom Binge-Eating/Purging-Typus** meint die Anorexie mit aktiven Maßnahmen zur Gewichtsabnahme nach ICD-10 also ein Verhalten aus Heißhungerattacken und Purging-Verhalten.

Purging-Verhalten (to purge = abführen, säubern, entschlacken) meint Verhaltensweisen zur Kompensation von Nahrungsaufnahme bzw. Fressattacken (Erbrechen, Laxantienmissbrauch, Diuretikamissbrauch etc.).

F50.2   Im Gegensatz zur Anorexie wird für die Diagnose einer **Bulimie** keine Entgleisung der Hypothalamus-Hypophysen-Gonaden-Achse gefordert. Bei der Bulimia nervosa unterscheidet die ICD-10 keine Subtypen. Das **DSM-IV** hingegen differenziert auch hier zwei Subtypen, mit denen das Vorhandensein oder Fehlen von Purging-Verhalten kodiert werden kann. Dementsprechend gibt es eine Bulimie vom Purging-Typus mit selbst induziertem Erbrechen, Laxantienmissbrauch, Diuretikamissbrauch, Verwendung von Klistieren und eine Bulimie vom Nicht-Purging-Typus: Hier zeigen die Patienten andere unangemessene einer Gewichtszunahme entgegensteuernde Maßnahmen, wie z. B. Fasten, exzessiver Sport usw.

F50.3   Hier besteht die Möglichkeit unter **atypischer Bulimia nervosa** Störungen zu kodieren, bei denen ein oder mehr Kernmerkmale der Bulimia nervosa fehlen, meistens z. B. bei Betroffenen mit Normal- oder Übergewicht.

F50.4   Die **Essattacken bei anderen psychischen Störungen** beschreiben übermäßiges Essen im Zusammenhang mit belastenden Ereignissen, welches zu Übergewicht geführt hat („reaktives Übergewicht"). Hier besteht eine Nähe zu der in den Forschungskriterien des DSM-IV vorgeschlagenen Binge Eating Disorder.

Die **Adipositas** als Ursache einer psychischen Störung gehört nicht unter die F50.4, sondern ist unter „sonstige affektive Störungen" (F38), „Angst und depressive Störung gemischt" (F41.2) oder „nicht näher bezeichnete neurotische Störung" (F48.9) vorzunehmen, und zwar in Verbindung mit einer Kodierung des Typus des Übergewichts aus dem Kapitel E66 der ICD-10.

Nicht organische Schlafstörungen
F51   In diesem Abschnitt der ICD-10 werden explizit nur Schlafstörungen behandelt, bei denen emotionale Ursachen einen wichtigen Faktor darstellen. Das bedeutet invers, dass eine organische Verursachung durch eine entsprechende Diagnostik immer ausgeschlossen werden muss.
Es werden zwei Gruppen von Schlafstörungen unterschieden:
- **Dyssomnien** als Störungen von Dauer, Qualität oder Zeitpunkt des Schlafes mit
  - den Insomnien (F51.0),
  - den Hypersomnien (F51.1),
  - den Schlaf-wach-Rhythmusstörungen (F51.2).
- **Parasomnien** hingegen sind außergewöhnliche Verhaltensmuster oder physiologische Ereignisse aus dem Schlaf heraus. Sie werden auch als Aufwach- oder

Arousal-Störungen bezeichnet. Parasomnien treten im Kindesalter häufig auf (Jungen sind viermal häufiger betroffen). Wenn sie im Erwachsenenalter fortbestehen oder dann erstmals auftreten, stehen sie oft in Verbindung mit seelischen Problemen. Man unterscheidet:
- Albträume (F51.5),
- Schlafwandeln (F51.3) und
- den Pavor nocturnus (F51.4).

Organische Schlafstörungen hingegen werden in anderen Kapiteln der ICD-10 kodiert. Da zumindest zwei davon auch Prüfungsrelevanz haben, sollen sie hier kurz erläutert werden:

▶ Das **Schlafapnoe-Syndrom** (G47.3) ist eine schlafbezogene Atmungsstörung mit Atemstillständen (Apnoe) während des Schlafes, die in der Folge zu nicht erholsamen Schlaf mit ausgeprägter Tagesmüdigkeit und eventuellen Sekundenschlafattacken führt. Diagnostisch werden Atemstillstände von mindestens zehn Sekunden, die zehnmal oder häufiger pro Stunde Schlafzeit auftreten, gefordert. Die Atempausen werden meistens durch tiefes Schnarchen beendet. Die Betroffenen zeigen meist ein deutliches Übergewicht. Neben bestimmten organischen Anomalien stellen Alkohol- sowie Nikotinkonsum Risikofaktoren für die Entwicklung dieses Syndroms dar. Ein unbehandeltes Schlafapnoe-Syndrom begünstigt Herz-Kreislauf-Erkrankungen und ist somit potenziell lebensbedrohlich.

▶ Bei der **Narkolepsie** (G47.4) handelt es sich um eine neurologische Erkrankung mit anfallsartig einsetzenden imperativen Schlafanfällen, wodurch die Patienten gezwungen werden, tief einzuschlafen. Sie sind erweckbar und erwachen spontan nach maximal 15 Minuten. Der kurze Schlaf der Narkoleptiker erfüllt alle Kriterien des natürlichen Schlafes. Zudem zeigen die Betroffenen eine Störung der Periodik des Nachtschlafes, hypnagoge Halluzinationen (oft angstgefärbter Natur), Schlaflähmungen (Aufhebung der Willkürmotorik bei vollem Bewusstsein) und einen anfallsweisen Tonusverlust der Muskulatur (Kataplexie), oft ausgelöst durch eine affektive Gemütsbewegung („Lachschlag"). Narkolepsie-Patienten dürfen ähnlich wie Epileptiker kein Auto steuern. Medikamentös kann beispielsweise mit L-Dopa oder Methylphenidat behandelt werden (zum Letzteren vgl. Kap. 14.7.1, S. 159).

F51.0   Die **nicht organische Insomnie** ist gekennzeichnet durch eine unzulängliche Schlafdauer oder Qualität des Schlafes, meist in Form von Ein- und Durchschlafstörungen, und ein starkes Beschäftigtsein mit der Störung. Die Insomnie stellt ein häufiges Symptom anderer psychischer Störungen dar und sollte dann dort und nicht als eigenständige Störung kodiert werden.

F51.1   Die **nicht organische Hypersomnie** ist gekennzeichnet durch ein erhöhtes Schlafbedürfnis oder Schlafanfälle während des Tages. Die Störung verursacht eine deutliche Erschöpfung und Beeinträchtigung beim Vollzug der Alltagsaktivitäten. Die Betroffenen dürfen nicht an einer Narkolepsie erkrankt sein und kein Schlafapnoe-Syndrom aufweisen.

F51.2   Bei der **nicht organischen Störung des Schlaf-wach-Rhythmus** ist das individuelle Schlaf-wach-Muster nicht synchron mit dem Schlaf-wach-Rhythmus der übrigen Gesellschaft. Synonym spricht man von einer psychogenen Umkehr des Schlaf-wach-Rhythmus.

F51.3   **Schlafwandeln (F51.3)** und **Pavor nocturnus (F51.4)** sind eng miteinander verwandt. Vor dem Hintergrund einer Reifungsstörung des zentralen Nervensystems
F51.4   zeigen sie als Gemeinsamkeiten ein episodisches Auftreten – meist während des

ersten Drittels des Nachtschlafes in Übergangsstadien des Non-REM-Schlafs –, eine in der Regel positive Familienanamnese und das Bestehen einer **Amnesie** für das Ereignis.

Beim **Schlafwandeln (Somnambulismus)** zeigen die Betroffenen (meistens Kinder) Episoden, in denen sie das Bett während des Schlafes ein- oder mehrmalig verlassen und mehrere Minuten bis zu einer halben Stunde umhergehen. Sie zeigen einen leeren, starren Gesichtsausdruck und reagieren kaum auf Bemühungen anderer, mit ihnen in Kontakt zu kommen. Es besteht beträchtliche Verletzungsgefahr für das Kind. Differenzialdiagnostisch ist v. a. an Epilepsien und dissoziative Störungen zu denken.

Beim **Pavor nocturnus** handelt es sich um Episoden von weniger als zehnminütigem Erwachen aus dem Schlaf. Oft beginnend mit einem Panikschrei zeigen die betroffenen Kinder heftige Körperbewegungen, Angst, starke autonome Erregung, Tachykardie, schnelle Atmung, Schwitzen usw. Die Kinder sind minutenlang desorientiert, zeigen perserverierende Bewegungen und lassen sich nicht beruhigen. Dieses Phänomen ist für die Eltern der betroffenen Kinder dramatisch und ängstigend. Differenzialdiagnostisch ist auch hier an Epilepsien zu denken. Auslösende Faktoren für den Pavor nocturnus können häufig Stress, Fieber und Medikamenteneinfluss (Neuroleptika, Antidepressiva) sein.

F51.5   Als **Albtraum** wird ein Aufwachen aus dem Nachtschlaf mit detaillierter oder sehr lebhafter Erinnerung an heftige Angstträume bezeichnet. Dabei kann das Aufwachen im Gegensatz zum Pavor nocturnus zu jeder Zeit des Schlafes erfolgen, wenngleich Albträume typischerweise in der zweiten Nachthälfte in REM-Schlaf-assoziierten Phasen auftreten. Nach dem Aufwachen sind die Betroffenen wach und orientiert. Es besteht **keine Amnesie** für das Ereignis. Das Aufwachen und das Traumerleben sorgen für erheblichen Leidensdruck. Als Auslöser kommen REM-Schlaf-hemmende Substanzen wie Benzodiazepine und Antidepressiva in Frage. Es bestehen auch Zusammenhänge zu psychischen Störungen.

Sexuelle Funktionsstörungen

F52   An der sexuellen Reaktion sind sowohl psychische als auch somatische Prozesse und Faktoren gemeinsam beteiligt. Im Allgemeinen ist es schwierig, die jeweilige Aufklärung der Störungsvarianz durch diese Faktoren abzuschätzen.

Epidemiologie: Die Häufigkeit sexueller Funktionsstörungen beträgt ca. 10 % mit einer deutlichen Altersabhängigkeit (v. a. bei Erektionsstörungen) und einer allgemeinen Zunahme von Lustlosigkeit bzw. mangelndem sexuellen Interesse.

Die verschiedenen sexuellen Funktionsstörungen können den spezifischen Phasen des sexuellen Reaktionszyklus zugeordnet werden (vgl. Tabelle 17.7).

▶ Tabelle 17.7: Sexuelle Funktionsstörungen der Frau und des Mannes in verschiedenen Phasen der sexuellen Interaktion nach Strauß (2012)

Phase	ICD-10-Kategorie
Sexuelle Annäherung (Appetenz)	Mangel oder Verlust von sexuellem Verlangen (F52.0) Sexuelle Aversion (F52.10) Gesteigertes sexuelles Verlangen (F52.7)
Sexuelle Erregung/Stimulation	Versagen genitaler Reaktionen (F52.2): Mann: Erektionsstörung Frau: Mangel oder Ausfall vaginaler Lubrikation
Immissio/Koitus	Nicht organische Dyspareunie (F52.6) Nicht organischer Vaginismus (F52.5)
Orgasmus	Orgasmusstörungen (F52.3) Ejaculatio praecox (F52.4) Mangelnde sexuelle Befriedigung (F52.11)

Die klinischen Kriterien der einzelnen Störungen sollten Sie differenziert kennen.

F53   Die Kategorie der **psychischen oder Verhaltensstörungen im Wochenbett, andernorts nicht klassifiziert** sollte, wie aus der Benennung hervorgeht, ausschließlich dann verwendet werden, wenn das Zustandsbild, welches sich innerhalb des Wochenbetts, also innerhalb von sechs Wochen nach der Entbindung, zeigt, nicht die Kriterien für andere in der ICD-10 klassifizierbare Störungen erfüllt.

▶ **F54**   **Psychologische Faktoren und Verhaltensfaktoren bei anderorts klassifizierten Krankheiten** ist die einzige Kategorie, bei der wir empfehlen, sich den alphanumerischen ICD-10-Code zu merken, da sie nicht weiter in eine vierte oder gar fünfte Stelle differenziert werden kann. Verwendet wird diese Kategorie dann, wenn psychische Faktoren wahrscheinlich eine große Rolle in der Manifestation körperlicher Krankheiten spielen. Diese psychischen Störungen, wie beispielsweise anhaltende Sorgen, chronische Konflikte, dürfen nicht die Zuordnung zu einer anderen Kategorie im Kapitel V (F) rechtfertigen. Zusätzlich sollte die körperliche Störung kodiert werden. Es ergeben sich dann z. B. solche Kombinationen: Asthma (F54 und J45) oder Colitis ulcerosa (F54 und K51). Die Diagnose Spannungskopfschmerz darf hier nicht verschlüsselt werden.

F55   Menschen betreiben nicht nur einen Substanzmissbrauch mit psychotropen Substanzen, sondern auch einen **schädlichen Gebrauch mit nicht abhängigkeitserzeugenden Substanzen**, bei denen sich keine Abhängigkeits- oder Entzugssymptome bilden. Dennoch kommt es durch einen übermäßigen Konsum, der oft initial ärztlich verordnet begann, zu schädlichen körperlichen Auswirkungen. Mit der vierten Stelle kann die Art der Substanz, z. B. Laxanzien, Steroide, Analgetika usw., kodiert werden.

17.7 Persönlichkeits- und Verhaltensstörungen

F6

Spezifische Persönlichkeitsstörungen

F60   Die ICD-10 unterscheidet acht Persönlichkeitsstörungen (PKS). Sie müssen die spezifischen Kriterien der einzelnen PKS kennen. Sie müssen jedoch auch die von der ICD-10 geforderten **allgemeinen diagnostischen Kriterien für das Stellen der Diagnose einer Persönlichkeitsstörung** kennen. Erst wenn diese als erfüllt gelten, kann überhaupt die Diagnose einer spezifischen PKS in Betracht gezogen werden. Eine Diagnose sollte nicht vor dem 17. Lebensjahr gestellt werden.

Ergänzend sei auch auf das **DSM-IV** verwiesen, welches zehn PKS unterscheidet (die schizotype PKS nach DSM-IV kommt in der ICD-10 unter F21, die narzisstische PKS unter F60.8) und diese entsprechend ähnlicher Erscheinungsformen zu drei Clustern zusammenfasst:

- **Cluster A** mit den Kernmerkmalen **„sonderbar – exzentrisch"** umfasst die paranoide, schizoide und schizotype PKS.
- **Cluster B** mit den Charakteristika **„dramatisch – launisch – emotional"** beinhaltet die antisoziale, narzisstische, histrionische und emotional instabile PKS.
- **Cluster C** mit der Gemeinsamkeit **„ängstlich – furchtsam"** vereint die vermeidend-selbstunsichere, anankastische und dependente PKS.

F60.80   Trotz der großen Faszination, welche für Psychotherapeuten aller Schulen vom Phänomen des Narzissmus ausgeht, hat die **narzisstische Persönlichkeitsstörung** bisher lediglich Einzug in die Forschungskriterien der ICD-10 gefunden und wird dort unter den **sonstigen spezifischen Persönlichkeitsstörungen** verschlüsselt.

F60.81   Des Weiteren findet man in den Forschungskriterien die **passiv-aggressive (negativistische) Persönlichkeitsstörung**.

F61   Es gibt Patienten, die zwar die allgemeinen Kriterien für eine PKS erfüllen, jedoch nicht die für eine spezifische PKS. Werden Merkmale verschiedener PKS erfüllt, es findet sich jedoch kein vorherrschendes Symptombild, kann die Diagnose einer **kombinierten Persönlichkeitsstörung (F61.0)** vergeben werden.

F62   Bei den **andauernden Persönlichkeitsänderungen** handelt es sich um Persönlichkeits- und Verhaltensstörungen, welche meist als Folge traumatischer Erfahrungen (Gefangenschaft, Folter) oder schwerer wiederholter bzw. lang andauernder psychischer Störungen entwickelt werden. Sowohl für die **andauernde Persönlichkeitsänderung nach Extrembelastung (F62.0)** als auch für die **andauernde Persönlichkeitsänderung nach psychischer Krankheit (F62.1)** wird ein Zeitkriterium des Bestehens der Symptomatik von mindestens 2 Jahren gefordert. Die Persönlichkeitsänderungen dürfen nicht auf einer Krankheit, Schädigung oder Funktionsstörung des Gehirns beruhen und dürfen auch nicht Ausdruck oder Residualsymptom einer anderen psychischen Störung sein. Bezüglich dieses Kriteriums definiert die ICD-10 jedoch bei der andauernden Persönlichkeitsänderung nach Extrembelastung (F62.0) eine Ausnahme dergestalt, dass der Symptomatik eine posttraumatische Belastungsstörung (F43.1) vorausgehen darf.

Abnorme Gewohnheiten und Störungen der Impulskontrolle

▶ **F63** Die Zusammenfassung solch phänomenologisch unterschiedlicher Symptome wie **pathologisches Spielen** (F63.0), **pathologische Brandstiftung** (F63.1), **Kleptomanie** (F63.2) und **Trichotillomanie** (F63.3) beruht darauf, dass es sich laut ICD-10 um Handlungen ohne vernünftige Motivation handelt, die meistens die Interessen der Mitmenschen oder der Betroffenen schädigen. Gemein ist diesen Störungen des Weiteren, dass die Betroffenen *vor der Handlung* eine *unangenehme Anspannung* empfinden, welche durch das impulsiv ausgelöste Verhalten abgebaut wird, sodass *nach der Handlung* eine *Entspannung* folgt. Beachten Sie bezüglich der Trichotillomanie das Ausschlusskriterium der stereotypen Bewegungsstörung mit Haarezupfen (F98.4).

Störungen der Geschlechtsidentität

▶ **F64** Bei den Störungen der Geschlechtsidentität handelt es sich um Sexual*entwicklungs*störungen. Bei den Betroffenen herrscht

- ein Leiden am eigenen biologischen Geschlecht vor, und sie zeigen
- den Wunsch, dem anderen Geschlecht anzugehören und entsprechend zu leben.

F64.2 Sind die beiden Hauptkriterien erfüllt, wird bis zur Pubertät die Diagnose **Störung der Geschlechtsidentität des Kindesalters** gestellt. Ausschlusskriterien sind die sexuelle Reifungskrise (F66.0) und die ichdystone sexuelle Orientierung (F66.1).

F64.0 Danach kann die Diagnose in **Transsexualismus** umgewandelt werden. Dazu muss die transsexuelle Identität mit dem Wunsch nach Geschlechtsumwandlung mindestens zwei Jahre lang bestanden haben und darf nicht auf eine andere psychische Störung, wie z. B. Schizophrenie, oder intersexuelle oder genetische Anomalien zurückführbar sein.

F64.1 Unter die Kategorie (F64) fällt auch der **Transvestitismus unter Beibehaltung beider Geschlechtsrollen**, bei dem die Betroffenen zeitweilig durch das Tragen gegengeschlechtlicher Kleidung (Cross-Dressing) die Erfahrung der Zugehörigkeit zum anderen biologischen Geschlecht machen, *ohne* dass ein Wunsch zur Geschlechtsumwandlung besteht. Die differenzialdiagnostische Abgrenzung zum fetischistischem Transvestitismus (F65.1) erfolgt über das Kriterium der sexuellen Erregung, welches bei F64.1 beim Umkleiden nicht erlebt wird.

Zu den Sexualentwicklungsstörungen gehören nach diesem Verständnis auch die sexuelle Reifungskrise (F66.0) und die ichdystone sexuelle Orientierung (F66.1). Sie werden in der ICD-10 jedoch in einer eigenen Kategorie behandelt.

Störungen der Sexualpräferenz

▶ **F65** Bei den Störungen der Sexualpräferenz handelt es sich im Gegensatz zu den Störungen der Geschlechtsidentität nicht um Sexualentwicklungs-, sondern um Sexual*verhaltens*störungen. Synonym wird auch von **Paraphilien** gesprochen.
Als allgemeines diagnostisches Kriterium wird gefordert, dass über mindestens sechs Monate ungewöhnliche sexuelle erregende Fantasien, drängende Bedürfnisse oder Vehaltensweisen auftreten, die sich auf ungewöhnliche nicht menschliche Objekte, auf Leiden oder Demütigung von sich selbst oder anderen Menschen oder auf Kinder bzw. andere nicht einwilligungsfähige Personen beziehen.
Die einzelnen Paraphilien **Fetischismus** (F65.0), **fetischistischer Transvestitismus** (F65.1), **Exhibitionismus** (F65.2), **Voyeurismus** (F65.3), **Pädophilie** (F65.4) und **Sadomasoschismus** (F65.5) können entsprechend kodiert werden. Unter den

sonstigen Störungen der Sexualpräferenz (F65.8) besteht die Möglichkeit, weitere interessante Spielarten der menschlichen Sexualität zu kodieren (Frotteurismus, Sodomie, Strangulationspraktiken, Bevorzugung von Geschlechtspartnern mit anatomischen Abnormitäten und dergleichen mehr).

Psychische und Verhaltensstörungen in Verbindung mit der sexuellen Entwicklung und Orientierung

F66   Die sexuelle Orientierung selbst wird in der ICD (seit dem Verzicht der WHO im Jahr 1992, Homosexualität als ein Krankheitsbild zu klassifizieren) nicht als problematisch angesehen. Mit der fünften Stelle kann für die Störungen unter F66 jedoch die sexuelle Orientierung, die für den Betroffenen problematisch ist, gekennzeichnet werden: F66.10 entspricht z. B. einer ichdystonen Sexualorientierung mit problematischer heterosexueller Orientierung.

F66.0   Bei der **sexuellen Reifungskrise** haben die Jugendlichen noch keine eindeutige sexuelle Orientierung und leiden massiv darunter. Diese Störung kann natürlich auch bei Erwachsenen, deren sexuelle Orientierung sich beispielsweise nach langer Partnerschaft ändert, vorkommen.

F66.1   Bei der **ichdystonen Sexualorientierung** haben die Jugendlichen eine eindeutige sexuelle Orientierung (häufig homosexuell) und wünschen sich, dass es anders wäre. Aus diesem Konflikt entstehen Ängste, Depressionen und dergleichen.

Andere Persönlichkeits- und Verhaltensstörungen

F68.0   Der treffende Begriff der „Rentenneurose" verdeutlicht gut die Symptomatik, welche unter **Entwicklung körperlicher Symptome aus psychischen Gründen** kodiert wird: Körperliche Symptome werden wegen des psychischen Zustandes der Betroffenen aggraviert oder halten länger an. Der Zustand ist verbunden mit histrionischem Verhalten und Unzufriedenheit mit den medizinischen Behandlungen und der mangelnden positiven Fürsorge.

F68.1   Die **artifizielle Störung** oder synonym auch das **Münchhausen-Syndrom** ist – beim Fehlen einer körperlichen oder seelischen Erkrankung – geprägt durch das Vortäuschen oder gar absichtliche Erzeugen von Symptomen, beispielsweise durch Injektionen, Schnittverletzungen u. Ä. mit dem Wunsch nach Untersuchungen oder sogar Operationen. Die Motivlage der Betroffenen ist häufig unklar. Ein Faktor scheint die durch die Krankenrolle zu erhaltende Zuwendung durch die Umwelt zu spielen. Ein Ausschlusskriterium stellt die Simulation dar (Z76.5), bei der das Hervorrufen von Symptomen belastungsbedingt oder aus äußeren Gründen geschieht (z. B. nicht zur Klausur gehen müssen).

Das **Münchhausen-by-proxy-Syndrom** (Münchhausen-Stellvertreter-Syndrom) meint, dass psychisch kranke Eltern – meist überfürsorgliche, hochkooperative, medizinisch gebildete, isoliert lebende Frauen – absichtlich Symptome bei ihrem Kind hervorrufen, um medizinische Untersuchungen, Hilfe und Aufmerksamkeit zu bekommen. Das Verhalten der Eltern stellt eine zunächst nicht offensichtliche Form der Kindesmisshandlung dar, die jedoch für die Kinder tödlich enden kann.

17.8   Intelligenzminderung

F7

Unter Intelligenzminderung wird eine sich in der Entwicklung manifestierende, stehen gebliebene oder unvollständige Entwicklung der geistigen Fähigkeiten, die zum Intelligenzniveau beitragen (Kognition, Sprache, motorische und soziale Fähigkeiten), verstanden. Intelligenzminderungen können allein oder zusammen mit anderen psychischen Störungen auftreten, deren Prävalenzrate bei intelligenzgeminderten Personen drei- bis viermal so hoch wie in der Allgemeinbevölkerung ist.

Epidemiologie: Der Anteil der Betroffenen mit einem IQ < 70 an der Gesamtbevölkerung beträgt ca. 2–3 %. In ländlichen Gebieten und in der sozialen Unterschicht findet man höhere Raten. Jungen sind häufiger betroffen.

Die **Ursachen** der Intelligenzminderungen sind vielfältig, wie z. B. genetische Störungen, toxische Schäden (Alkohol, Nikotin, illegale Drogen während der Schwangerschaft), organische Missbildungen (Hydrocephalus), Infektionskrankheiten (Toxoplasmose, Röteln), serologische Unverträglichkeiten (Rhesusfaktor), perinataler Sauerstoffmangel, Unreife oder mechanische Geburtsschäden, Hormonstörungen (z. B. angeborene Hypothyreose). Wenn die Ursache bekannt ist, hat eine zusätzliche Kodierung mit Hilfe einer anderen ICD-10-Diagnose zu erfolgen.

In der ICD-10 findet sich keine Spezifizierung detaillierter klinischer Kriterien wie bei den anderen Kategorien, da die Hauptkomponenten sozial und kulturell beeinflusst werden. Die Intelligenzminderungen werden jedoch hinsichtlich ihres Schweregrades unterteilt (vgl. Tabelle 17.8). Ihnen müssen sowohl die IQ-Bereiche als auch die damit verbundenen charakteristischen Fähigkeiten und Einschränkungen bekannt sein. Von durchschnittlicher Intelligenz spricht man bei einem IQ von 85 bis 115, von einer Lernbehinderung bei einem IQ von 70 bis 84. Von einer **Intelligenzminderung** wird erst ab einem IQ gesprochen, der kleiner als 70 ist.

▶   Tabelle 17.8: Einteilung der Intelligenzminderungen

Klassifikation nach ICD-10	Grad der Intelligenzminderung	IQ-Bereich	Charakteristik
F70	Leicht (Debilität)	50–69	Intelligenzalter 9–12 Jahre, meist eigenständiges Leben möglich, Nachgehen ungelernter oder angelernter, meist praktischer Arbeiten möglich
F71	Mittelgradig (Imbezillität)	35–49	Intelligenzalter 6–9 Jahre, verlangsamte Entwicklung des Sprachverständnis und Sprachgebrauchs, der Motorik und Selbstversorgung; begrenztes schulisches Vorankommen; einfache soziale Aktivitäten möglich; einfache praktische Tätigkeiten unter Beaufsichtigung möglich; selten ein vollkommen unabhängiges Leben im Erwachsenenalter möglich

| F72 | Schwer (schwere Oligophrenie) | 20–34 | Intelligenzalter 3–6 Jahre, erhebliche Defizite beim Erlernen der Sprache; deutlich ausgeprägte motorische Schwäche; eventuell körperliche Erkrankungen und Missbildungen; das Erlernen basaler Fertigkeiten der Selbstversorgung ist möglich; einfache Aufgaben in beschützten Werkstätten können übernommen werden |
| F73 | Schwerst (schwerste Oligophrenie) | < 20 | Intelligenzalter unter 3 Jahre, so gut wie unfähig, Aufforderungen zu verstehen oder sich danach zu richten, immobil, inkontinent, benötigen ständige Hilfe |

17.9   Entwicklungsstörungen

F8

Umschriebene Entwicklungsstörungen

F80 bis F83 Hier sollen lediglich die Gemeinsamkeiten aller unter F80 bis F83 beschriebenen Störungen besprochen werden. Die prominenten Beispiele für diese Störungen mit sowohl großer klinischer als auch prüfungsbezogener Relevanz, nämlich die Lese-Rechtschreib-Schwäche und die Dyskalkulie, werden im Kinder- und Jugendteil dieses Buches besprochen (s. S. 335 und S. 344 f.)

Der frühere Begriff für die umschriebenen Entwicklungsstörungen lautete Teilleistungsstörung. Er sollte jedoch wegen seiner fehlenden Trennschärfe nicht mehr verwendet werden. Dennoch verdeutlicht er gut, mit welchen Einschränkungen diese Kinder zu kämpfen haben: Es handelt sich um Leistungsstörungen, bei denen ein umrissener Teilbereich der kognitiven Leistungen betroffen ist, ohne dass dabei das abstrakt-logische Denken in seiner Gesamtheit betroffen wäre.
Hieraus ergeben sich die Voraussetzungen für eine Vergabe einer solchen Diagnose und zur Abgrenzung gegenüber behinderten oder deprivierten Kindern. Die sogenannte **Normalitätsannahme** fordert von den Betroffenen:

- normale Intelligenz,
- fehlende Sinnesschädigung,
- fehlende neurologische Erkrankung,
- angemessene (häusliche) Förderung.

Die Abgrenzung betroffener Kinder von solchen Kindern mit keinen oder nur leichten Auffälligkeiten hingegen erfolgt über die **Diskrepanzannahme**. Die Forderung beinhaltet einerseits eine absolut niedrige Leistung in dem gestörten Teilbereich (z. B. Rechnen) und andererseits eine möglichst große Differenz zwischen dieser Teilleistung und dem übrigen ungestörten Denkniveau.

Nach ICD-10 soll die gestörte Teilleistung mindestens zwei Standardabweichungen unter dem Mittelwert der Normgruppe liegen und die allgemeine Denkfähigkeit mindestens zwei Standardabweichungen über der gestörten Teilleistung. Insofern handelt es sich hier korrekterweise um eine doppelte Diskrepanzannahme. Es versteht sich von selbst, dass das allgemeine Denkniveau aus den von der gestörten Teilleistung ungestörten Intelligenzbereichen bestimmt werden muss.

Nach der ICD-10 zeigen alle umschriebenen Entwicklungsstörungen folgende **Merkmale**:

* einen Beginn ausnahmslos im Kleinkindalter oder in der Kindheit,
* eine Entwicklungseinschränkung oder -verzögerung von Funktionen, die eng mit der biologischen Reifung des ZNS verknüpft sind,
* einen stetigen Verlauf ohne Rezidive und Remissionen.

Die ICD-10 unterscheidet im Weiteren die umschriebenen Entwicklungsstörungen des Sprechens und der Sprache (F80), schulischer Fertigkeiten (F81), der motorischen Funktionen (F82) und die kombinierten umschriebenen Entwicklungsstörungen. Mit einer vierten Stelle werden jeweils klinische Syndrome näher beschrieben. Die im Einzelnen aufgeführten Störungen sollten unterschieden werden können.

Tief greifende Entwicklungsstörungen

Die ICD-10 betont allgemein, dass sich diese Störungen innerhalb der ersten fünf Lebensjahre manifestiert haben müssen, wobei bereits vor dem fünften Lebensjahr qualitative Beeinträchtigungen der sozialen Interaktion und Kommunikation sowie eingeschränkte, stereotype Aktivitäten und Interessen vorliegen. Es darf ausdrücklich keine Intelligenzminderung bestehen. Diese ist, wenn vorhanden, zusätzlich zu kodieren. Stattdessen existiert ein breites klinisches Spektrum zwischen geistiger Behinderung und Hochbegabung.

Von besonderer Prüfungsrelevanz ist die Unterscheidung von frühkindlichem Autismus und dem Asperger-Syndrom, weshalb diese Störungen zuerst besprochen werden sollen (s. S. 336).

F84.0 Der **frühkindliche Autismus**, synonym **Kanner-Autismus**, ist eine angeborene, irreversible Störung, welche sich vor dem dritten Lebensjahr gezeigt haben muss und durch folgende Symptomtrias gekennzeichnet ist:

* qualitative Auffälligkeit in der wechselseitigen sozialen Interaktion,
* qualitative Beeinträchtigung der Sprachentwicklung und Kommunikation,
* eingeschränkte, sich wiederholende, stereotype Verhaltensmuster, Interessen und Aktivitäten.

F84.5 Im Kontrast dazu umfasst das **Asperger-Syndrom** (synonym „schizoide Störung des Kindesalters" oder „autistische Psychopathie") lediglich Teilaspekte des frühkindlichen Autismus. Auch hier wird eine

* schwerwiegende Störung in der wechselseitigen sozialen Interaktion verlangt, und es zeigen sich
* eingeschränkte, sich wiederholende stereotype Verhaltensmuster, Interessen und Aktivitäten.

Das zentrale Unterscheidungskriterium ist, dass jedoch kein Entwicklungsrückstand der gesprochenen und rezeptiven Sprache vorliegen darf. Zudem weisen viele der Patienten mit Asperger-Syndrom keine qualitative Beeinträchtigung der Intelligenzentwicklung auf, wohingegen nur ca. 3 % der Kinder mit Kanner-Autismus einen IQ im Normbereich oder darüber aufweisen.

F84.1 Das Erscheinungsbild des **atypischen Autismus** ähnelt dem des frühkindlichen Autismus. Die Störung wird jedoch erst nach dem dritten Lebensjahr manifest, oder es finden sich keine Auffälligkeiten in allen drei Bereichen (Interaktion,

Kommunikation, Stereotypien). Atypisch bezieht sich hier also auf ein untypisches Erkrankungsalter und/oder eine untypische Symptomatik.

F84.2   Das **Rett-Syndrom** kommt fast nur bei *Mädchen* vor. Nach einer scheinbar zunächst normalen Entwicklung während der ersten sechs Monate kommt es zu einem teilweisen oder vollständigen Verlust bereits erworbener Fähigkeiten mit einer Verlangsamung des Kopfwachstums. Es zeigt sich ein zunehmend autistisches Verhalten mit Sprachverfall. Die Betroffenen verlieren ihre motorischen Fähigkeiten. Es sind keine zielgerichteten Bewegungen der Hände mehr möglich, stattdessen entwickeln sie Stereotypien in Form von Drehbewegungen, Wringen der Hände, „Händewaschen" in der Mittellinie des Körpers.

F84.3   Die **andere desintegrative Störung des Kindesalters**, synonym **Heller-Syndrom** oder Dementia infantilis, kommt fast nur bei *Jungen* vor. Nach einer normalen geistigen Entwicklung bis zum zweiten Lebensjahr folgt ein rapider und endgültiger Verlust vorher erworbener Fähigkeiten (Sprache, Spielniveau, soziale und motorische Fertigkeiten, Blasen- und Darmkontrolle), und es entwickelt sich das Vollbild einer Demenz mit zunehmend autistischem Verhalten. Charakteristisch ist, dass diese Kinder trotz des demenziellen Prozesses mimisch nicht vergröbern, sondern der Gesichtsausdruck unverändert bleibt („Prinzengesichter"). Es handelt sich um eine extrem seltene Erkrankung mit ungünstiger Prognose.

F84.4   Die überaktive Störung mit Intelligenzminderung und Bewegungsstereotypien ist eine schlecht definierte Störung unsicherer nososlogischer Validität und deshalb vermutlich wenig prüfungsrelevant.

17.10 Verhaltens- und emotionale Störungen mit Beginn in der Kindheit und Jugend

F9

Hyperkinetische Störungen

F90   Es sind verschiedene Abkürzungen im Gebrauch:
- ADHS: Aufmerksamkeitsdefizit-Hyperaktivitätsstörung,
- ADHD: Attention-deficit hyperactivity disorder,
- HKS: hyperkinetische Störung (= ADHS in der ICD-10),
- ADS: Aufmerksamkeitsdefizit-Syndrom (= ADHS ohne Hypermotorik, Cave: F98.8 in der ICD-10).

Am Beispiel der ADHS lässt sich exemplarisch ablesen, dass Störungen aus dem Kapitel F9 bis über das Kindes- und Jugendalter hinaus persistieren können und unter bestimmten Voraussetzungen auch bei Erwachsenen kodiert werden dürfen.
Die Diagnose einer **ADHS im Erwachsenenalter** darf nur vergeben werden, wenn durchgehend die Kriterien für das Vollbild erfüllt sind und auch in der Kindheit und Jugend erfüllt waren.

F90.0   Die Diagnose der **einfachen Aktivitäts- und Aufmerksamkeitsstörung** in der ICD-10 entspricht dem Vollbild einer ADHS. Die Wortwahl „einfach" erscheint hier eventuell etwas verwirrend, bezieht sich jedoch auf die Kategorie F90.1, denn dort liegt zusätzlich zum ADHS noch eine weitere Störung vor. Wie sind Kinder mit ADHS? Sie sind **HUI** und zeigen:

- **H**yperaktivität,
- **U**naufmerksamkeit und
- **I**mpulsivität.

Es wird gefordert, dass die Symptomatik situationsübergreifend auftritt, die Funktionsfähigkeit der Kinder deutlich beeinträchtigt ist und sich bereits vor dem sechsten Lebensjahr manifestiert hat. Ausschlusskriterien sind tief greifende Entwicklungsstörungen und Schizophrenien. Zudem wird gefordert, dass die Symptomatik nicht durch eine affektive Störung oder eine Angststörung erklärt werden kann.

F90.1   Die Diagnose einer **hyperkinetischen Störung des Sozialverhaltens** wird vergeben, wenn die allgemeinen Kriterien sowohl für F90.0 als auch für eine Störung des Sozialverhaltens (F91) erfüllt sind – oder kurz: **F90.1 = F90.0 + F91**.

Störungen des Sozialverhaltens

▶ **F91**   Die betroffenen Kinder haben zeitlich überdauernde Probleme, ihr Verhalten innerhalb sozial definierter Regeln angemessen zu steuern.

F91.0   Beachten Sie, dass für eine Diagnosestellung die Symptome mindestens sechs
bis   Monate bestanden haben müssen. Eine Stolperfalle ist, dass das Vorliegen isolierter
F91.3   dissozialer Handlungen für die Vergabe einer Diagnose nicht ausreicht, dann jedoch werden einzelne dissoziale Verhaltensweisen aufgezählt, die nur einmalig aufgetreten sein müssen, um eine Diagnose vergeben zu dürfen. Diese schwerwiegenderen einmaligen dissozialen Verhaltensweisen müssen Sie kennen. Ebenso sollten Sie die Unterformen, welche nach dem Ort des Auftretens, der Beziehungsfähigkeit des Kindes und dem Schweregrad mit der vierten und fünften Stelle kodiert werden können, voneinander abgrenzen können.

Kombinierte Störungen des Sozialverhaltens und der Emotionen

F92   Diese Kategorie beschreibt eine **Störung des Sozialverhaltens in Kombination mit Angst, Depression** oder **sonstigen emotionalen Störungen**, d.h., es müssen die Kriterien für eine Störung des Sozialverhaltens erfüllt werden, und es muss zusätzlich das Vollbild für eine der unter F93, F3 oder F4 beschriebenen Störungen vorliegen.
Dabei gilt:

F92.0   **Störung des Sozialverhaltens mit depressiver Störung:** F92.0 = F91+ F3.

F92.8   **Sonstige kombinierte Störungen des Sozialverhaltens:** F92.8 = F91 + F93 oder F91 + F4.

Emotionale Störungen des Kindesalters

Die Einführung der Kategorie „emotionale Störungen des Kindesalters" wurde getätigt, um psychopathologische Auffälligkeiten, die sich bei Kindern und Jugendlichen in anderer Weise zeigen als bei Erwachsenen, klassifizieren zu können und um Störungen, die zunächst als normale alterstypische Angstäußerungen im Kindes- und Jugendalter beginnen, von den Störungen des Erwachsenenalters abheben zu können. Dafür spricht, dass viele Betroffene als Erwachsene oft unauffällig sind und viele Störungen eher Verstärkungen normaler Entwicklungstrends darstellen, d.h., die **Entwicklungsbezogenheit** ist das diagnostische Schlüsselmerkmal zur Entscheidungsfindung, ob eine Störung aus F93.x oder F4 vergeben wird (s. S. 347 f.)

F93.0 Häufige Angststörungen dieser Altersgruppe sind die **Trennungsangst des Kindesal-**
bis **ters** (F93.0), die **phobische Störung des Kindesalters** (F93.1) und die **Störung mit**
F93.2 **sozialer Ängstlichkeit des Kindesalters** (F93.2). Für alle Störungen werden eine Dauer
von mindestens vier Wochen und der Ausschluss einer generalisierten Angststörung
gefordert. Ab der Pubertät findet sich auch zunehmend die Panikstörung.

Beachten Sie bei der **emotionalen Störung mit Trennungsangst im Kindesalter**,
dass ein Beginn vor dem sechsten Lebensjahr verlangt wird. Das Problem zeigt
sich häufig auch als **Schulphobie**, bei der es sich nicht im klassischen Sinne um
eine Phobie, sondern inhaltlich um eine Trennungsangst handelt (ängstliche
Schulverweigerung). Auch eine Schulphobie kann hier kodiert werden (streng genommen natürlich nur, wenn das Kind mit fünf eingeschult wurde).

F93.3 Für die Vergabe der Diagnose der **emotionalen Störung mit Geschwisterrivalität**
wird ebenfalls ein Zeitkriterium formuliert, das besagt, dass die auffällig negativen
Gefühle gegenüber dem Geschwisterkind innerhalb von sechs Monaten nach der
Geburt des jüngeren Geschwisters begonnen haben müssen.

F93.80 In den Forschungskriterien der ICD-10 wird unter F93.80 zudem die **generalisierte**
Angststörung des Kindesalters beschrieben, welche diagnostiziert wird, wenn frei
flottierende Angst und starke, unbegründete Sorgen in unterschiedlichen Bereichen
geschildert werden. Die Symptomatik muss mindestens sechs Monate andauern.

Störungen sozialer Funktionen mit Beginn in der Kindheit

F94 Hier wird eine heterogene Gruppe von Störungen mit Abweichungen in der sozialen Funktionsfähigkeit und einem Beginn in der Entwicklungszeit beschrieben. Vermutlich spielen schwerwiegende Milieuschäden oder Deprivationen in
der Ätiologie eine Rolle. Die **Differenzialdiagnose** zu den **tief greifenden**
Entwicklungsstörungen ist, dass sie nicht primär durch konstitutionelle Defizite
in allen Bereichen sozialer Funktionen charakterisiert sind.

F94.0 Unter **elektivem Mutismus** (synonym: selektiver Mutismus) wird eine deutliche,
emotional bedingte Selektivität des Sprechens verstanden. Ausschlusskriterien sind
tief greifende Entwicklungsstörungen, Schizophrenie, Trennungsangst und eine umschriebene Entwicklungsstörung des Sprechens und der Sprache (s. S. 341).

F94.1
und Die Abgrenzung der beiden **Bindungsstörungen** verdeutlicht Tabelle 17.9. Darüber
F94.2 hinausgehende Informationen finden sich auf S. 339.

Tabelle 17.9: Abgrenzung von reaktiver Bindungsstörung und Hospitalismus

	Reaktive Bindungsstörung (F94.1)	**Bindungsstörung mit Enthemmung (F94.2)** (syn. Hospitalismus)
Ätiologie	Folge schwerer elterlicher Vernach-lässigung oder von Misshandlung und Missbrauch	Folge von Heimunterbringung und mehreren wechselnden Bezugsper-sonen
Typisches Alter	Störung ist bereits vor dem fünften Lebensjahr sichtbar	Eher Schulkinder ab dem fünften/ sechsten Lebensjahr
Bindungs-verhalten	**Ambivalent** Mischung aus Annäherung, Ver-meidung, Kinder wirken schreck-haft, unglücklich, furchtsam, „frozen watchfulness", Mangel an Mitgefühl, Auto- und Fremdaggression, gene-ralisierte abnorme Reaktionen	**Diffus, unselektiv** Anklammerung und diffuses, nicht selektives Bindungsverhalten (v.a. während der ersten fünf Lebensjah-re), in früher und mittlerer Kindheit meist aufmerksamkeitssuchendes oder wahllos freundliches Verhalten

	Mittelgradig bis gering	Hoch
Persistenz	Änderung der Symptomatik bei deutlichem Wechsel im Betreuungs- muster bzw. in den Milieuverhält- nissen	Persistenz der Symptomatik trotz deutlichem Wechsel im Betreuungs- muster bzw. in den Milieuverhält- nissen
Ausschluss- kriterien	Asperger-Syndrom	Asperger-Syndrom, hyperkinetische Störungen

Eine Feinheit ist, dass bei der Bindungsstörung mit Enthemmung trotz ihrer synonymen Bezeichnung „Hospitalismus" der sogenannte leichte Hospitalismus als Ausschlusskriterium definiert wird. Letzterer ist unter den Anpassungsstörungen (F43.2) zu kodieren.

Tic-Störungen

F95 Tics sind plötzlich einschießende, weitgehend unwillkürliche, wiederholte, nicht rhythmische (Differenzialdiagnose: Autismus) Bewegungen meist umschriebener Muskelgruppen oder eine Lautproduktion, die plötzlich einsetzt und keinem erkennbaren Zweck dient. Belastungen wirken verstärkend, im Schlaf verschwinden sie.

Die in Tabelle 17.10 zusammengefasste, über die ICD-10 hinausgehende Unterteilung der Tics hinsichtlich ihrer **Qualität** und ihres **Komplexitätsgrads** müssen Sie kennen.

▶ Tabelle 17.10: Tics

Komplexi- tätsgrad	Qualität	
	Motorisch („-prax")	**Vokal („-lal")**
Einfach	• Einschießend • Nicht zweckgerichtet • Z. B. Blinzeln, Schulterzucken, Grimassieren, Kopfrucken	• Z. B. Räuspern, Pfeifen, Husten, Schnüffeln, Zischen
Komplex oder multipel	• Langsamer als einfache Tics • Scheinbar zweckgerichtet • Hüpfen, Klatschen, Greifen, Schreiten, Kratzen	• Muten teilweise wie sinnvolle verbale Äußerungen an • Z. B. Summen, Silben, Wörter, Sätze, Kurzaussagen
Sonder- formen	• Kopropraxie: Ausführen obszö- ner Bewegungen • Echopraxie: Wiederholung der Bewegungen anderer	• Koprolalie: Ausstoßen von Worten obszönen Inhalts • Echolalie: Wiederholung des Gesprochenen anderer • Palilalie: Wiederholung des eigenen Gesprochenen

F95.0 Bei der Einteilung der Unterformen der Tic-Störungen entsprechend der ICD-10
F95.1 werden vorübergehende von chronischen Verläufen (Dauer länger als zwölf Monate)
F95.2 unterschieden (vgl. Tabelle 17.11).

Tabelle 17.11: Unterscheidung der Tic-Störungen nach Dauer

ICD-10	Kriterien	Zeitkriterium
Vorübergehende Tic-Störung des Kindesalters		
F95.0	Einzelne oder multiple motorische oder sprachliche Tics (meist motorisch), welche innerhalb eines Jahres völlig verschwinden	Nicht länger als zwölf Monate
	Häufig: Blinzeln, Grimassieren, Kopfschütteln	Beginn vor dem
	Ausschluss: F95.2	18. Lebensjahr
Chronische motorische *oder* vokale Tic-Störung		
F95.1	Chronische motorische *oder* chronische vokale Tics (aber nicht beides), viele Mal am Tag	Mindestens zwölf Monate
	Ausschluss: F95.2	
		Beginn vor dem 18. Lebensjahr
Kombinierte vokale *und* multiple motorische Tics (Tourette)		
F95.2	Gegenwärtig oder in der Vergangenheit multiple motorische Tics *und* einer oder mehrere vokale Tics (nicht unbedingt gleichzeitig); d.h., zeigen Patienten beides irgendwann einmal im Verlauf, dann wird diese Diagnose vergeben	Mindestens zwölf Monate
		Beginn vor dem 18. Lebensjahr

Andere Verhaltens- und emotionale Störungen mit Beginn in der Kindheit und Jugend
Nicht organische Enuresis

F98.0   **Enuresis** meint einen unwillkürlichen Harnabgang ab einem Alter von fünf Jahren. Sie darf nicht Folge einer organischen Erkrankung wie Epilepsie, Diabetes, Veränderungen des Harntrakts sein – dann läge eine organische Harninkontinenz vor. Enuresis meint also eine funktionelle Störung, die mindestens drei Monate bestanden haben muss, wobei ein Harnabgang von mindestens zweimal pro Monat bei Kindern unter sieben Jahren und mindestens einmal pro Monat bei älteren Kindern für eine Diagnosestellung gefordert wird.

Es werden eine **primäre Enuresis**, bei der bisher niemals Kontinenz erreicht wurde, und eine **sekundäre Enuresis**, welche als Rückfall nach einem Intervall von mindestens sechs Monaten Harnkontinenz beschrieben wird, unterschieden. Kinder mit sekundärer Enuresis haben häufiger eine begleitende psychische Störung.

Mit der fünften Stelle kann nach ICD-10 kodiert werden, ob eine Enuresis diurna (tagsüber), eine Enuresis nocturna (nachts) oder eine Enuresis nocturna et diurna vorliegt.

Über die ICD-10 hinausgehend gibt es weitere Differenzierungen, die Ihnen bekannt sein müssen.

Es muss zwischen **Enuresis** und (funktioneller) **Harninkontinenz** unterschieden werden. Nach Gontard (2013) wird jede Form des Einnässens nachts als Enuresis (Enuresis nocturna) bezeichnet, wohingegen eine Harninkontinenz einen ungewollten Harnabgang tagsüber mit Blasendysfunktion meint. Der Begriff „Enuresis diurna" ist somit hinfällig.

Die **Enuresis** (nocturna) kann nun noch weiter differenziert werden. Bekommen Sie keinen Schreck bezüglich der Wortungetüme in der folgenden Tabelle. In Tabelle 17.12 werden die Fragen, ob eine primäre oder sekundäre Enuresis vorliegt und ob zusätzlich eine Harninkontinenz (tagsüber) besteht, miteinander in Beziehung gesetzt.

▶ Tabelle 17.12: Enuresis

	Nicht monosymptomatisch Blasenfunktionsstörung tagsüber vorhanden	**Monosymptomatisch** Keine Blasenfunktionsstörung tagsüber
Primär D.h. von Beginn an, längstes trockenes Intervall ≤ sechs Monate	Primäre, nicht monosymptomatische Enuresis nocturna	Primäre, monosymptomatische Enuresis nocturna
Sekundär D.h. nach bereits erreichter Kontinenz von mindestens sechs Monaten Dauer	Sekundäre, nicht monosymptomatische Enuresis nocturna	Sekundäre, monosymptomatische Enuresis nocturna

▶ Bei der **funktionellen Harninkontinenz** bei Kindern, die tagsüber oder tagsüber und nachts einnässen, werden folgende Formen unterschieden:

- **Idiopathische Dranginkontinenz:** erhöhter Harndruck, häufige Entleerung geringer Harnmengen, geringe Blasenkapazität („überaktive Blase") und Einsatz von Haltemanövern, häufiger Toilettengang, mehr als siebenmal pro Tag.
- **Harninkontinenz bei Miktionsaufschub:** klassische Form der funktionellen Harninkontinenz, seltener Toilettengang, weniger als fünfmal pro Tag, die Miktion wird so lange verzögert, bis es trotz Haltemanöver zum Einnässen kommt (typischerweise in Situationen, in denen das Kind eine Tätigkeit nicht unterbrechen will).
- **Detrusor-Sphinkter-Dyskoordination:** Pressen zu Beginn und während des Wasserlassens; statt zu einer Relaxation kommt es zu einer unkoordinierten Kontraktion des Sphinkter externus während des Harnlassens, Miktion dadurch verlängert, Harnflussrate verringert, dadurch fraktionierte Miktion und inkomplette Blasenentleerung (s. S. 111).
- **Stressinkontinenz:** Einnässen beim Husten, Niesen, Anspannen; kleine Mengen.
- **Lachinkontinenz:** Einnässen beim Lachen; große Mengen mit teilweise kompletter Entleerung.
- **Unteraktive Blase:** kann sich bei chronischer Retention mit Resturin einstellen; unterbrochener Harnfluss, Blasenentleerung nur mit Pressen möglich.

Nicht organische Enkopresis

F98.1 Bei der **Enkopresis** handelt es sich um eine heterogene Gruppe von funktionellen Störungen. Enkopresis als wiederholtes unwillkürliches, selten willkürliches Absetzen von Stuhl an nicht dafür vorgesehenen Stellen darf ab dem Alter von vier Jahren diagnostiziert werden. Für eine Diagnose muss die Symptomatik mindestens sechs Monate vorhanden sein mit mindestens einmal pro Monat Einkoten und darf keine organische Verursachung haben. Analog zur Enuresis können eine primäre und eine sekundäre Form unterschieden werden. Mit der fünften Stelle kann nach den Forschungskriterien die Enkopresis nach ICD-10 näher bestimmt werden:

- mangelhafte Entwicklung der physiologischen Darmkontrolle (oft infolge eines unzureichenden Toilettentrainings, F98.10),
- Absetzen von Stuhl an unpassenden Stellen bei adäquater physiologischer Darmkontrolle (hier scheint das Einkoten eine psychologisch begründete Störung widerzuspiegeln, die mit Ablehnung, Widerstand, oppositionell-aggressivem Verhalten u. Ä. einhergeht, F98.11),
- Einkoten mit sehr flüssigen Faeces (sekundäres Überlaufeinkoten bei Stuhlverhalt entsteht durch Konflikte zwischen Eltern und Kind beim Toilettentraining oder durch das Zurückhalten von Stuhl wegen Schmerzen, F98.12).

Liegen eine Enuresis und eine Enkopresis gleichzeitig vor, ist der Enkopresis als Diagnose Vorrang zu geben.

Pädiater und Gastroenterologen nehmen zudem die weitaus wichtigere Unterscheidung vor, ob es sich um eine **Enkopresis mit** oder **ohne Obstipation und Stuhlretention** handelt, da das wichtige Behandlungsimplikationen hat. Die ICD-10 differenziert hierzu nicht weitgehend genug.

Weitere Subgruppen der Enkopresis sind:

- **Das Toilettenverweigerungssyndrom:** Urinabgang erfolgt zwar auf Toilette, Stuhl wird jedoch in die Windel oder Hose abgegeben; eventuell Vorläufer einer Enkopresis mit Obstipation.
- **Toilettenphobie:** Die Benutzung der Toilette sowohl zum Urinieren als auch zum Stuhlgang wird verweigert.

F98.2   Die **Fütterstörung im Säuglings- und Kleinkindalter** ist eine spezifische Form der Nahrungsverweigerung bei einem extrem wählerischen Essverhalten bei ausreichend kompetenter Betreuung durch die Eltern, welche sich vor dem sechsten Lebensjahr gezeigt haben muss und zu einer mangelnden Gewichtszunahme führt. Ausschlusskriterium: andere psychische oder Verhaltensstörung.

F98.3   **Pica im Kindesalter** meint als relativ isolierte psychopathologische Auffälligkeit ◀ den anhaltenden Verzehr nicht essbarer Substanzen (Erde, Papierschnipsel). Ausschlusskriterium: andere psychische oder Verhaltensstörung.

F98.4   Die **stereotypen Bewegungsstörungen** umfassen willkürliche, wiederholte, ◀ stereotype, nicht funktionale, oft rhythmische Bewegungen, die nicht Teil einer erkennbaren organischen oder psychiatrischen Erkrankung sind, mit einer Dauer von mindestens einem Monat, welche oft mit einer Intelligenzminderung verbunden sind (dann sind beide Störungen zu kodieren).
Differenzialdiagnose: Die Bewegung bei der Tic-Störung ist als unwillkürlich und nicht rhythmisch definiert. Mögliche Bewegungen bei Zwangsstörungen werden als funktional erlebt. Beachten Sie die Unterteilung in nicht selbstschädigende und selbstschädigende Bewegungen. Ausschlusskriterien sind Tic-Störungen, Zwangsstörungen, Stereotypien als Teil einer anderen psychischen Störung (v. a. Zwang), Trichotillomanie, Nägelkauen, Nasebohren, Daumenlutschen.

F98.5   Beim **Stottern** handelt es sich um eine Störung des Sprachrhythmus mit einer ◀ häufigen Wiederholung oder Dehnung von Lauten, Silben, Wörtern oder häufigem

Zögern und Innehalten. Dadurch kommt es zur häufigen Unterbrechung des Redeflusses. Ausschlusskriterien: Poltern, Tic-Störung, Artikulationsstörung.

▶ F98.6   Beim **Poltern** handelt es sich um eine Störung der Sprechflüssigkeit mit einer hohen Sprachgeschwindigkeit mit Abbrüchen des Sprachflusses, aber keinen Wiederholungen oder Verzögerungen (Differenzialdiagnose zum Stottern) bei deutlich beeinträchtigter Sprachverständlichkeit. Ausschlusskriterien: Tic-Störung, Stottern.

▶ F98.8   **Sonstige andere Verhaltens- und emotionale Störungen mit Beginn in der Kindheit und Jugend:**
- Aufmerksamkeitsstörung ohne Hyperaktivität,
- Daumenlutschen,
- Nägelkauen,
- Nasebohren,
- exzessive Masturbation.

Bei allen beschriebenen Störungen findet man in der Regel eine Kategorie **„nicht näher bezeichnet"**, z. B. „nicht näher bezeichnete *affektive* Störung" (FX9). Diese Kategorie ist immer dann zu verwenden, wenn das klinische Bild zu den generellen Leitlinien in der jeweiligen diagnostischen Klasse passt, jedoch nicht die Kriterien einer bestimmten Störung dieser Klasse erfüllt.

Siebter Teil:
Verhaltenstherapie

18 Grundbegriffe

Historisches: Die Verhaltenstherapie beruft sich im Gegensatz zur Psychoanalyse auf keinen originären Gründungsvater. Stattdessen sind ihre Ursprünge weit verzweigt. Sie hat ihre Wurzeln in den psychologischen Lerntheorien und der experimentellen Psychologie. Zu Beginn des 20. Jahrhunderts arbeiteten z. B. John B. Watson (Einführung des Begriffs „Behaviorismus", s. S. 202 ff.), Iwan P. Pawlow (vgl. „klassisches Konditionieren", s. S. 202 ff.) und Burrhus F. Skinner (vgl. „operantes Konditionieren", s. S. 204 ff.) vor allem mit Versuchstieren und begründeten damit eine Psychologie, die sich als objektive Naturwissenschaft verstand. Zunehmend wurden die dabei gewonnenen Erkenntnisse auch auf den Menschen übertragen. Nach dem Zweiten Weltkrieg kam es zum systematischen Einsatz lerntheoretisch fundierter Verfahren zur Behandlung psychischer Störungen, insbesondere Phobien, z. B. durch Joseph Wolpe (vgl. „systematische Desensibilisierung", s. S. 221) und Orval H. Mowrer (vgl. „Zwei-Faktoren-Theorie der Angst", s. S. 207). In den 1960er- und 1970er-Jahren des 20. Jahrhunderts vollzog sich die sogenannte **kognitive Wende**. Namhafte Forscher dieser Ära beschäftigten sich zunehmend nicht nur mit beobachtbarem Verhalten, sondern auch mit der Veränderung der kognitiven und gedanklichen Schemata des Menschen, z. B. Frederic H. Kanfer (vgl. „Selbstregulation", s. S. 230 ff. und „Entwicklung des SORKC-Schemas", s. S. 210), Albert Bandura (vgl. „soziales Lernen", s. S. 207 f.), Albert Ellis (vgl. „Rational-Emotive Therapie", s. S. 226 f.), Aaron T. Beck (vgl. „kognitive Therapie", s. S. 224 ff.) und Donald Meichenbaum (vgl. „Stressimpfungstraining", s. S. 227 f.). Aktuell erleben wir die **dritte Welle** der Verhaltenstherapie unter Einbezug von Konzepten wie Achtsamkeit oder vor dem Hintergrund biografischer Erfahrungen entstandener Schemata sowie einer stärkeren Betonung der therapeutischen Beziehung, z. B. durch Marsha M. Linehan (vgl. „Dialektisch-Behaviorale Therapie", s. S. 257 f.), Steven C. Hayes (vgl. „Akzeptanz- und Commitment-Therapie", s. S. 260), Jeff Young (vgl. „Schematherapie", s. S. 258 f.).

Verhalten: Der Mensch ist ein auf Umweltreize reagierendes Wesen. Verhalten ist die Bezeichnung für die Gesamtheit aller von außen beobachtbaren Aktivitäten des lebenden Organismus, meist aufgefasst als Reaktion auf bestimmte Reize oder Reizkonstellationen der Umwelt. Seit der kognitiven Wende werden auch innere Erlebnisprozesse als Verhalten bezeichnet. Verhalten wird durch entsprechende Lernvorgänge systematisch gelernt. Verhalten kann auf vier verschiedenen Ebenen beschrieben werden (vgl. Tabelle 18.1), welche uns später beim SORKC-Schema (s. S. 210) wieder begegnen werden.

Tabelle 18.1: Die vier Ebenen des Verhaltens

Verhaltensebene	Beispiel
Affektiv-emotional	Angst
Kognitiv-verbal	„Oh Gott, gleich kippe ich um!"
Physiologisch	Herzklopfen, Schwindel
Motorisch (beobachtbar)	Die Prüfung verlassen

Verhaltenstherapie: In der Verhaltenstherapie liegt das Augenmerk nicht auf der Ätiologie einer Störung, sondern auf deren Symptomen. Die **Störungstheorie** der Verhaltenstherapie setzt demnach Störung und Symptom gleich und versteht eine Störung als eine nicht (oder falsch) gelernte Reaktion, die den aktuellen Umweltanforderungen nicht mehr genügt (zumeist

Bio-Soziales Modell

ein Verhaltensexzess oder ein -defizit). Dementsprechend postuliert die **Therapietheorie** der Verhaltenstherapie als allgemeines Therapieziel die Symptomreduktion oder -eliminierung, also die Verminderung der dysfunktionalen Fehlreaktionen und den Aufbau neuer Reaktionen sowie deren Stabilisierung. Allgemeine Behandlungsziele sind somit Reduktion der Symptomatik, verbesserte Selbstregulation des Patienten, Psychoedukation des Patienten und Hilfe zur Selbsthilfe. Dabei sind Kennzeichen der Verhaltenstherapie:

* Problemorientierung (aktuelles Problem),
* Bedingungsorientierung (Interventionen entsprechend den auslösenden und aufrechterhaltenden Bedingungen des problematischen Verhaltens),
* Handlungsorientierung (notwendige Eigenaktivität des Patienten) und
* Zielorientierung (explizite Definition von überprüfbaren Zielen).

Die Verhaltenstherapie stützt sich auf eine wissenschaftliche Vorgehensweise (Beobachtungen des Zusammenhangs zwischen Reiz und Reaktion), d. h., es wird für jede psychische Störung ein spezifisches Vorgehen entwickelt, sowie auf erprobte Interventionen, welche häufig in Manualen zusammengefasst sind.

19   Psychische Entwicklung

Aus verhaltenstherapeutischer Sicht spielen bei der Entwicklung des Kindes alle im folgenden Kapitel beschriebenen Lernformen eine Rolle. Der zu einem bestimmten Zeitpunkt feststellbare Entwicklungsstand eines Kindes resultiert aus seiner **individuellen Lerngeschichte**. Klassische Konditionierungsprozesse sind bereits beim Säugling zu beobachten (s. S. 202 ff.). Ebenfalls bei Säuglingen kann man eine Veränderung der Saugtätigkeit in Abhängigkeit vom Erfolg des Saugens beobachten. Das entspricht dem Paradigma des operanten Konditionierens (s. S. 204 ff.). Bezüglich des Modelllernens ist bekannt, dass mit zunehmendem Alter das verdeckte Lernen gegenüber der offenen Imitation zunimmt. Das Beobachtungslernen spielt in der gesamten Entwicklung eine bedeutsame Rolle (s. S. 207). Für kognitives Lernen sind eine gewisse Einsichtsfähigkeit und eine kognitive Reife nötig (s. S. 208). Die Fähigkeit zur Selbststeuerung und zur Selbstverstärkung nimmt mit zunehmendem Alter zu. Die Fähigkeit der Selbstkontrolle, z. B. der Belohnungsaufschub, entwickelt sich kontinuierlich ab dem zweiten Lebensjahr und kann erst ca. im zehnten Lebensjahr vorausgesetzt werden.

20   Modelle der Symptomentstehung

Den verhaltenstherapeutischen Modellen der Entstehung und Aufrechterhaltung psychischer Störungen liegt ein lerntheoretisches Verständnis zugrunde. Dieses kann in mehrfacher Hinsicht ausdifferenziert werden, nämlich in respondentes, operantes, soziales und kognitives Lernen.

Lernen ist die Ausbildung oder Korrektur von individuellem Gedächtnisbesitz durch informationsverarbeitende Prozesse (Klix, 1971) Dabei greift Lernen im Unterschied zum Denken verändernd in die Gedächtnisinhalte ein. Nach Lefrancois (1984/2006) können unter Lernen alle Verhaltensänderungen verstanden werden, die aufgrund individueller Erfahrungen zustande kommen. Es können verschiedene Niveaustufen der Lernformen unterschieden werden: elementares Lernen, wie Habituation (s. S. 106) oder bedingte Reaktionen (s. S. 203), und kognitives Lernen über Einsichtbildung (s. S. 208). Die verhaltenstherapeutische Krankheitslehre ist besonders eng mit der allgemeinen Psychologie des Lernens verknüpft und postuliert:

- Psychische Störungen sind auf abnormes, gelerntes Verhalten zurückzuführen.
- Abnormes Verhalten unterliegt denselben lerntheoretischen Gesetzmäßigkeiten wie funktionales Verhalten.

Dementsprechend gelten die im Folgenden vorgestellten vier Lerntheorien für jegliches Verhalten.

20.1 Klassische Konditionierung – respondentes Lernen

Bei der klassischen Konditionierung (Pawlow, 1927) werden **ursprünglich neutrale Reize zum Auslöser von Reaktionen**, die sie zuvor nicht auslösen konnten. Dies geschieht durch eine Kopplung (Assoziation) des ursprünglich neutralen Reizes/Stimulus mit einem sogenannten unkonditionierten Reiz/Stimulus, der aufgrund seiner Eigenschaften eine biologisch vorprogrammierte, automatische Reaktion auslösen kann. Nach dieser Lernform wird das problematische Verhalten durch die **vorausgehenden** Reizmerkmale ausgelöst (im SORKC-Schema meint das die S-Variable, s. S. 210), deswegen wird auch von respondentem Verhalten bzw. Lernen gesprochen.

> **Beispiel:** Im klassischen Experiment von Pawlow wurde mit seinen Versuchshunden Folgendes gezeigt:
> - **Vorbereitungsphase:** Auf einen **neutralen Stimulus (NS)**, in diesem Fall der Ton einer Glocke, zeigen Hunde eine Orientierungsreaktion (s. S. 105) mit einer Hinwendung zur Reizquelle. Als Reaktion auf Nahrungskontakt zeigen Hunde biologisch reflexhaft und vorprogrammiert Speichelfluss; dies stellt eine **unkonditionierte Reaktion (UCR)** dar. Sie ist nicht gelernt. Das Futter selber ist somit ein **unkonditionierter Stimulus (UCS)**.
> - **Trainingsphase:** Wird nun der neutrale Stimulus wiederholt mit dem unkonditionierten Stimulus dargeboten, lernt das Tier, bereits auf den ursprünglich neutralen Stimulus mit der unkonditionierten Reaktion zu antworten. Das bedeutet als Ergebnis, dass aus dem neutralen Stimulus ein **konditionierter Stimulus (CS)** und aus der unkonditionierten Reaktion eine **konditionierte Reaktion (CR)**, auch bedingte Reaktion genannt, geworden ist. Die Kopplung zwischen NS und UCS wird als Verstärkung oder Bekräftigung bezeichnet (reinforcement). Je häufiger diese Bekräftigung auftritt, desto stabiler ist die gelernte Assoziation zwischen den Stimuli. Schematisch ist dieser Ablauf in Tabelle 20.1 illustriert.

Tabelle 20.1: Schematischer Ablauf einer klassischen Konditionierung

Begriffe:	NS	Neutraler Stimulus	Glockenton
	OR	Orientierungsreaktion	Z. B. Ohren aufstellen, Erhöhung des Herzschlages
	UCS	Unkonditionierter Stimulus	Futterpulver
	UCR	Unkonditionierte Reaktion	Speichelfluss
	CS	Konditionierter Stimulus	Glockenton
	CR	Konditionierte Reaktion	Speichelfluss

Vorberei-tung:	**Neutraler Reiz (NS) → Orientierungsreaktion**
	Glocke löst aus: Orientierungsreaktion
	Unkonditionierter Reiz (UCS) → unkonditionierte Reaktion (UCR)
	Futter löst aus: Speichelfluss
Training:	**Neutraler Reiz (NS) + unkonditionierter Reiz (UCS) → unkonditionierte Reaktion (UCR)**
	Glocke + Futter → Speichelfluss
Ergebnis:	**NS wird CS**
	Konditionierter Reiz (CS) → konditionierte Reaktion (CR)
	Glocke → Speichelfluss

[handschriftliche Notiz am Rand:] NS →ᵒ CS (Glocke) UCR → CR (Speichel)

- **Löschungsphase:** Jetzt wird der CS (Glocke) ohne Kopplung mit dem UCS (Futter) darge-boten. Dann tritt die bedingte Reaktion anfangs deutlich auf, ohne jedoch die Stärke der ursprünglichen unkonditionierten Reaktion zu erreichen. Nach einigen Darbietungen des CS zeigt sich eine Abnahme der CR in ihrer Stärke, bis sie schließlich gelöscht ist. Ein uner-wünschtes Verhalten kann demnach unterbunden werden, wenn die Bekräftigung für dieses Verhalten ausgeschaltet wird, also der CS längere Zeit nicht mehr mit dem UCS gekoppelt wird. Dennoch ist die Löschung kein Vergessensprozess, sondern der Organismus lernt, dass keine Kopplung mehr zwischen CS und UCS existiert, der CS büßt somit seinen Signalcharakter ein. **Spontanerholung** meint den Effekt, dass bei nochmaliger Darbietung des CS nach einer länge-ren Pause die zuvor gelöschte Reaktion wieder auftritt, jedoch deutlich geringer.

Für eine erfolgreiche klassische Konditionierung müssen bestimmte Bedingungen erfüllt sein:

Kontiguität: Zwischen dem NS und dem UCS muss es eine räumliche und zeitliche Nähe ◀ geben (günstig: NS 300–700 Millisekunden vor UCS darbieten), denn je nachdem, wie der zeit-liche Zusammenhang zwischen dem NS und dem UCS ist, ist die klassische Konditionierung unterschiedlich effektiv.

Kontingenz meint in diesem Fall den **Informationsgehalt**, den ein neutraler Stimulus über ◀ das Auftreten eines unkonditionierten Stimulus liefert (im Idealfall ist der NS ein optimaler Prädiktor für das Auftreten des UCS). Dabei scheint die Zuverlässigkeit, mit der Prädiktionen möglich sind, entscheidend für die Stabilität des Lerneffektes zu sein und die Kontingenz somit entscheidender als die Kontiguität.

Preparedness: Nicht alle situativen Stimuli sind gleichermaßen als CS geeignet. Das Konzept ◀ der Preparedness (Seligman, 1970) beschreibt die biologische Prädisposition, auf bestimmte Reize besonders leicht eine stabile konditionierte Reaktion zu entwickeln. Es existiert eine phylogenetische Bedeutsamkeit, z. B. entwickeln Menschen eher und schneller Angst vor ei-ner Spinne als vor einer Steckdose. Deshalb tritt klassische Konditionierung in bestimmten Bereichen häufiger auf (Ekel, Angst, Ärger, extremes Wohlbefinden) und erlaubt es Menschen, schnell zu reagieren.

Reizgeneralisierung und Reizdiskrimination: Reize, die dem CS ähnlich sind, können durch Generalisierung auch zu Auslösern der CR werden, z. B. Angst vor Ratten weitet sich aus auf Kaninchen und Plüschtiere (Reizgeneralisierung). Der komplementäre Prozess ist die Reizdiskrimination: Diese bewirkt, dass eine bedingte Reaktion nur durch einen genau definierten Reiz, nicht aber durch einen ihm ähnlichen Reiz ausgelöst wird. Beim Diskriminationslernen werden zwei ähnliche Reize dargeboten. In Verbindung mit beispielsweise einem Quadrat erfolgt jedes Mal die Darbietung des UCS (z. B. Futter), jedoch nicht in Verbindung mit der Darbietung eines Rechteckes. Nach einigen Konditionierungsdurchgängen zeigt das Versuchstier nur auf das Quadrat die konditionierte Reaktion. Es hat also gelernt, zwischen Quadrat und Rechteck zu unterscheiden. Therapeutisch nutzt man Diskriminationslernen beispielsweise im sozialen Kompetenztraining (s. S. 239): Die Teilnehmer lernen, die Situationen „Recht durchsetzen" von „um einen Gefallen bitten" zu unterscheiden und unterschiedlich vorzugehen.

▶ **Gegenkonditionierung:** Diese nutzt man beispielsweise bei der systematischen Desensibilisierung. Dabei wird eine durch klassisches Konditionieren erlernte (problematische) Reiz-Reaktions-Verbindung durch eine weitere Konditionierung mit anderen, unvereinbaren Reizen wieder verlernt bzw. neu konditioniert. Das bedeutet, eine ursprüngliche CR1 wird durch eine gegenteilige CR2 ersetzt, z. B. entspannt (CR2) statt panisch (CR1) auf den Anblick einer Spinne reagieren.

Konditionierung höherer Ordnung: Hier wird ein neutraler Stimulus (NS) mit einem bereits konditionierten Stimulus (CS) gepaart. Der schematische Ablauf sieht folgendermaßen aus:

neues NS + CS
→ CR

> **Konditionierung erster Ordnung:**
> NS 1 (Metronom) + UCS 1 (Futter) → UCR 1 (Speichel)
> Nach Assoziation: CS 1 (Metronom) → CR 1 (Speichel).
> **Konditionierung zweiter Ordnung:**
> NS 2 (schwarzes Quadrat) + CS 1 (Metronom) → UCR 1 (Speichel)
> Nach Assoziation: CS 2 (schwarzes Quadrat) → CR 1 (Speichel)

Das bedeutet, dass Verhaltensweisen durch alle möglichen Reize kontrollierbar werden, sobald sie mit anderen bereits wirksamen Reizen gekoppelt werden.

▶ Von **Watson** und **Rayner** (1920) stammt ein ebenso bekanntes wie ethisch fragwürdiges Experiment **("Der kleine Albert")**, bei welchem im Menschenversuch gezeigt wurde, dass sich Reize auch an emotional-motivationale Reaktionen koppeln lassen. Durch die Darbietung des ursprünglich neutralen Reizes einer Ratte, gepaart mit dem unkonditionierten Stimulus Lärm, welcher reflexhaft bedingt eine Schreckreaktion (Angst, Herzklopfen) auslöst, wurde anhand eines kleinen Jungen namens Albert gezeigt, dass bei Menschen die Angstreaktion klassisch konditionierbar ist. In diesem Beispiel wurde das aversive Erleben auf den ursprünglich neutralen Reiz (Ratte) übertragen.

20.2 Operante Konditionierung – operantes Lernen

Bei der operanten Konditionierung wird die Auftretenswahrscheinlichkeit von Verhalten durch dessen **Konsequenzen** erhöht oder verringert. Der Organismus lernt eine Beziehung zwischen seinem Verhalten und den Konsequenzen und nicht zwischen Reizereignissen wie bei der klassischen Konditionierung. Nach diesem Verständnis wird das problematische Verhalten durch die Wirkung der **nachfolgenden** Reizmerkmale (im SORKC-Schema meint das die C-Variable, s. S. 210) aufrechterhalten.

Die operante Konditionierung geht auf Burrhus Federic Skinner (1951, 1953) zurück. Operantes Lernen wird auch als **Lernen am Erfolg** bezeichnet. Skinner beobachtete in Tierexperimenten, dass ein natürlich auftretendes Verhalten häufiger ausgeführt wird, wenn es positive Folgen hat, also eine positive Verstärkung erfährt. Bei negativen Konsequenzen wird es entsprechend weniger ausgeführt, und das gilt nicht nur für Ratten. Ein **Verstärker** ist dabei definiert als ein Reiz, der als Konsequenz eines Verhaltens auftritt und die Auftretenswahrscheinlichkeit des Verhaltens erhöht. Es können schematisch vier mögliche Konsequenzen von Verhalten unterschieden werden (vgl. Tabelle 20.2):

Tabelle 20.2: Übersicht Verstärker

	Darbietung	Entfernung
Positiver Stimulus als Konsequenz eines Verhaltens	„Positive Verstärkung" Wahrscheinlichkeit für das Verhalten steigt C^+	„Bestrafung Typ II oder indirekte Bestrafung" Wahrscheinlichkeit für das Verhalten sinkt $\cancel{C^+}$
Negativer Stimulus als Konsequenz eines Verhaltens	„Bestrafung Typ I oder direkte Bestrafung" Wahrscheinlichkeit für das Verhalten sinkt C^-	„Negative Verstärkung" Wahrscheinlichkeit für das Verhalten steigt $\cancel{C^-}$

Verstärkung (egal, ob positive oder negative) führt dazu, dass Individuen ihr Verhalten *verstärkt* zeigen. Der Begriff „negative Verstärkung" wirkt hier manchmal etwas irreführend.
- **Positive Verstärkung:** Wenn ich ein bestimmtes Verhalten zeige, folgt darauf eine angenehme Konsequenz, z. B.: Wenn ich mein Zimmer aufgeräumt habe, bekomme ich ein Lob.
- **Negative Verstärkung:** Wenn ich ein Verhalten zeige, fällt eine unangenehme Konsequenz weg, z. B. rauchen, um die unangenehmen Entzugserscheinungen zu beenden.
Psychische Störungen entstehen oft durch **negative Verstärkung** oder werden dadurch aufrechterhalten.

Bestrafung führt zu verminderter Häufigkeit des Verhaltens.
- **Bestrafung Typ I:** Es wird direkt ein Strafreiz gesetzt, z. B.: Wenn ich schon wieder auf dem Nachhauseweg gebummelt habe, muss ich abwaschen oder bekomme einen Stromstoß.
- **Bestrafung Typ II:** Eine positive Verstärkung wird entzogen, z. B.: Ich bekomme zwar keinen Stromstoß, doch stattdessen zur Bestrafung Fernsehverbot, oder mir werden meine Bonbons weggenommen.

Auch beim operanten Konditionieren müssen bestimmte Bedingungen erfüllt sein:

Kontiguität: Beim operanten Konditionierten meint eine hohe Kontiguität einen geringen räumlich-zeitlichen Abstand zwischen Verhalten und Konsequenzen.

Kontingenz beschreibt hier die Struktur, Regelmäßigkeit und Vorhersagbarkeit zwischen Verhalten und Konsequenzen und meint die K-Variable im SORKC-Modell.
- Bei hoher Kontingenz folgt auf ein bestimmtes Verhalten immer eine bestimmte Konsequenz.
- Bei niedriger Kontingenz folgt z. B. nur bei jedem x-ten Mal die Konsequenz.

Die folgende Tabelle 20.3 illustriert, in welcher Form im Experiment Verstärker verabreicht werden können, also welche Formen von Kontingenzen es gibt. Die Art des Verstärkerplans hat dabei Auswirkungen auf die Lerngeschwindigkeit und den Löschungswiderstand des Verhaltens.

▶ Tabelle 20.3: Verstärkerpläne

Kontinuierliche Verstärkung ↑Kontingenz	Intermittierende Verstärkung ↓Kontingenz		
Nach jedem erwünschten Verhalten wird verstärkt.	Das Verhalten wird nur teilweise verstärkt, z. B. erst nachdem es 4 Mal aufgetreten ist.		
Merkmale: • hohe Kontingenz • schneller Verhaltensaufbau	**Merkmale:** • Niedrige Kontingenz • Hohe Löschungsresistenz und Stabilität		
	Quotenplan		**Intervallplan**
	Nachdem das Verhalten in einer gewissen **Häufigkeit** gezeigt wurde, erfolgt die Konsequenz.		Nachdem das Verhalten gezeigt wurde, erfolgt in einem bestimmten **Zeitraum**, z. B. 3 Min., die Konsequenz .
	Fest	**Variabel**	**Fest**	**Variabel**
	Immer nach 5 Mal erfolgt die Konsequenz.	Im Durchschnitt nach 5 Mal (z. B. zuerst nach 4, dann nach 6 Mal) erfolgt die Konsequenz.	Immer nach 3 Min. erfolgt die Konsequenz.	Im Durchschnitt alle 3 Min. erfolgt die Konsequenz.

▶ In der Therapie empfiehlt sich zum **Verhaltensaufbau kontinuierliche Verstärkung**. Ist ein Verhalten etabliert, ist es sinnvoll, zu **intermittierender Verstärkung** überzugehen, da diese löschungsresistenter ist. Kurzfristige Verhaltenskonsequenzen sind verhaltenswirksamer als langfristige, deshalb geht es in der Therapie oft darum, (langfristig) erwünschtes Verhalten über Zwischenziele zu verstärken.

Verstärker: Es werden unterschiedliche Arten von Verstärkern unterschieden:
- **Primäre Verstärker** befriedigen physiologische Grundbedürfnisse, z. B. nach Wärme, Nahrung, Körperkontakt. Sie wirken ohne vorausgehende Lernprozesse, sind jedoch nur wirksam, wenn das Grundbedürfnis gerade besteht.
- **Sekundäre Verstärker** entstehen durch die häufige Kopplung eines neutralen Reizes mit einem primären Verstärker. Es handelt sich also um konditionierte Verstärker, die quasi Stellvertreter der primären Verstärker sind und deren Eigenschaften übernehmen. Sie wirken also erst durch Lernprozesse, z. B. Geld, gute Noten, Prestige.

Eine andere Unterscheidung ist die zwischen
- **sozialen Verstärkern** wie angenehmer zwischenmenschlicher Kontakt, z. B. Umarmung, verbales Lob, Kopfnicken, welche sehr ökonomisch sind, da sie kostenlos und immer verfügbar sind, und
- **materiellen Verstärkern** wie Süßigkeiten, Spielsachen etc. In der Therapie sollte von materieller zu sozialer Verstärkung übergegangen werden.

Premack-Prinzip: Auch die Möglichkeit, eine beliebte Aktivität für eine weniger beliebte Aktivität als Verstärker einzusetzen, besteht. Das Premack-Prinzip beschreibt die Nutzung eines Verhaltens (A) mit hoher Auftretenswahrscheinlichkeit für den Aufbau eines (als unangenehm empfundenen bzw. allgemein neuartigen) Verhaltens (B). Z. B.: Ein depressiver Patient liegt lange im Bett (A), und es wird vereinbart, dass er nach einem Spaziergang von 30 Minuten (B) zwei Stunden im Bett liegen darf.

Diskriminativer Hinweisreiz: Erhalten Reize dadurch, dass sie einer Reaktions-Konsequenz-Abfolge regelmäßig vorausgehen, Hinweisfunktion, so werden sie als diskriminativer Hinweisreiz bezeichnet.

Löschung findet statt, wenn eine erwartete Konsequenz auf ein Verhalten ausbleibt. Der Zusammenhang zwischen dem Verhalten und der Konsequenz wird gelöscht.

Zwei-Faktoren-Theorie der Angst (Mowrer, 1960) Die Zwei-Faktoren-Theorie der Angst – als Kombination von klassischer und operanter Konditionierung – bietet ein genuin lerntheoretisches Modell zur Entstehung und Aufrechterhaltung von Ängsten, welches sehr populär ist.
- Die Angstentstehung wird über klassisches Konditionieren erklärt, z. B. Kopplung einer Panikattacke mit dem zunächst neutralen Stimulus „Kaufhaus".
- Die Störungsaufrechterhaltung erklärt sich über operante Konditionierung: Der Betroffene meidet das Kaufhaus und kann keine gegenteilige Erfahrung – Kaufhäuser als Ort der hedonistischen Lustmaximierung – mehr machen (negative Verstärkung, Vermeidungslernen).

Erlernte Hilflosigkeit (Seligman, 1967/1975): Diese Theorie ist ein ursprünglich experimentelles Paradigma, bei dem Versuchstieren unkontrolliert und unvermeidbar elektrische Schläge verabreicht wurden, die völlig unabhängig vom Verhalten der Versuchstiere waren.
Erlernte Hilflosigkeit ist ein Zustand, der dann entsteht, wenn in einer Situation weder Flucht- noch Vermeidungsverhalten gegenüber einem aversiven Reiz möglich ist. Das Erlebnis der Unkontrollierbarkeit führte zu kognitiven, emotionalen, motivationalen und physiologischen Beeinträchtigungen bei den Versuchstieren. In der Anwendung auf den Menschen wurden nun Kausalattributionen (vgl. „Attributionstheorien", S. 31) als entscheidende Variable für die Erklärung des Phänomens angesehen. Laut Seligman fördert ein bestimmter Attributionsstil die Entstehung von **Depressionen**, nämlich **negative Erlebnisse als intern, stabil und generell verursacht** anzusehen.

20.3 Soziales Lernen – Modelllernen

Menschen lernen durch Vorbilder und **imitieren** diese (Bandura, 1976/1994). Beim Modelllernen handelt es sich um einen Prozess, bei dem sich die Wahrscheinlichkeit des Auftretens eines Verhaltens bei einer Person erhöht, wenn das entsprechende Verhalten bei einer anderen Person, dem Modell, beobachtet wurde. Die Wahrscheinlichkeit, dass es zur Nachahmung einer Person kommt, wird erhöht, wenn das Modell soziale Macht hat, Ähnlichkeiten zwischen Modell und Beobachter bestehen oder das Modell den Beobachter verstärkt. Die Wahrnehmung von Modellverhalten führt dazu, dass der Beobachter
- neues Verhalten erlernt (Modelllernen),
- eine bereits erlernte Reaktion ausgelöst oder ihr Auftreten erleichtert wird (auslösende Effekte) oder

- die Reaktion des Beobachters durch die Wahrnehmung des Modells gehemmt oder enthemmt wird (hemmende und/oder enthemmende Effekte).

Der Vorgang des Modelllernens ist gegliedert in zwei Abschnitte, die jeweils noch einmal untergliedert sind:

1. die Aneignungsphase (Akquisition) mit Aufmerksamkeitsprozessen und Behaltensprozessen und
2. die Ausführungsphase (Performanz) mit motorischen Reproduktionsprozessen und Verstärkungs- und Motivationsprozessen. Zwischen den Phasen der Aneignung und der Ausführung kann eine zeitliche Differenz liegen.

Historisch bekannt dazu ist die „Bobo Doll Study" von Bandura, mit der er zeigte, wie Kinder aggressives Verhalten nachahmen, wenn sie es vorher beobachten konnten.

20.4 Kognitives Lernen

Eine Aussage wie: „Klassische Konditionierung habe ich jetzt endlich verstanden", kann über die bisher referierten Lernformen nicht erklärt werden, denn diese explizieren Lernen lediglich auf einem sehr elementaren Niveau. Die kognitive Psychologie begreift Menschen als informationsverarbeitende Wesen und geht davon aus, dass nicht Reize, sondern **kognitive Prozesse menschliches Verhalten steuern**. Entsprechend wird auch die Entstehung und Aufrechterhaltung von psychischen Störungen im Rahmen des kognitiven Paradigmas als stark durch kognitive Prozesse beeinflusst verstanden, und entsprechende therapeutische Strategien setzen an kognitiven Prozessen an (z.B. vgl. „kognitive Verfahren", S. 223 ff.; „Selbstkontrollverfahren", S. 230 ff.). Mit kognitiven Prozessen sind dabei Wahrnehmen, Urteilen, Verstehen, Problemlösen, Schließen, Begriffserwerb usw. gemeint. Die Theorie des kognitiven Lernens postuliert, dass Verhalten durch die Aufnahme neuer Informationen oder durch die Anwendung kognitiver Prozesse auf verfügbare Gedächtnisinhalte verändert werden kann. Hier werden logische Strukturen und Bedeutungszusammenhänge begriffen, d.h., die Beziehungen zwischen den Elementen einer Problemsituation werden erkannt, ohne dass ein Ausprobieren erfolgen muss: Kognitives Lernen erfolgt durch *Einsicht* statt durch Versuch und Irrtum.

21   Diagnostik und Indikation

Die Verhaltens- und Problemanalyse ist das wichtigste Verfahren in der verhaltenstherapeutischen Diagnostik. Häufig werden die Begriffe „Verhaltensanalyse" und „Problemanalyse" synonym verwendet. Korrekterweise sollte die Verhaltensanalyse aber als Teil der Problemanalyse verstanden werden.

21.1 Problemanalyse

Die Problemanalyse hat das Ziel, die Probleme, derentwegen eine Person zum Verhaltenstherapeuten kommt, zu beschreiben, zu klassifizieren und die Variablen ausfindig zu machen, die die Entstehung und Aufrechterhaltung der Probleme erklären können **(auslösende und aufrechterhaltende Faktoren)**. Die folgende Tabelle 18.5 illustriert schematisch die Problemanalyse.

Tabelle 21.1: Schema einer Problemanalyse nach Reinecker (2013)

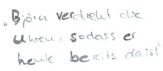

1. **Präzise Beschreibung des Problems** (Mehr-Ebenen-Ansatz)

   Erfassung des Problems und der Bedingungen des Problems auf mehreren Ebenen:
   Alpha-Ebene: Verhaltensebene, beobachtbar, unmittelbare situative Umweltbedingungen
   Beta-Ebene: kognitiv-subjektive Ebene; interne psychische Determinanten, welche als Hinweis-reize oder verstärkende Reize wirken können
   Gamma-Ebene: physiologische Ebene

2. **Erfassung und Beschreibung situationaler Bedingungen des Verhaltens**

   Funktionale Bedingungsanalyse (prädisponierende, auslösende, aufrechterhaltende Bedingun-gen),
   Entspricht der S- und C-Variable im SORKC-Schema

3. **Bisheriger Umgang mit dem Problem**

   Selbsthilfeversuche, Stärke der Beeinträchtigung durch das Problem (auch die des sozialen Systems)

4. **Erfassung des Selbstregulationssystems**

   Entspricht der O-Variable des SORKC-Schemas,
   neben überdauernden und aktuellen physiologischen Besonderheiten jedoch auch Einbezug von Erwartungen, Werten, kognitiven Verarbeitungsspezifika, Schemata,
   Gamma-Ebene und Beta-Ebene

5. **Genese und Entwicklung des Problems**

   Dauer der Störung, Schwankungen und Oszillation des Problems

6. **Erfassen des Health-Belief-Modells des Patienten**

   Annahmen des Patienten über Entstehung und Aufrechterhaltung des Problems klären

7. **Erstellen eines hypothetischen Bedingungsmodells**

   Alle in den vorigen Punkten erfassten Informationen bilden die Grundlage für ein individuelles Modell, welches versucht, die Aufrechterhaltung eines Problems vor dem Hintergrund aktuellen Störungswissens darzustellen. Es handelt sich um ein flexibles, jederzeit revidierbares Modell.

21.2   Verhaltensanalyse

Die Verhaltensanalyse ist ein Teil der Problemanalyse. Begrifflich wird die sogenannte hori-zontale von der vertikalen Verhaltensanalyse unterschieden. Beide Herangehensweisen versu-chen, das problematische Verhalten, die auslösenden Bedingungen und aufrechterhaltenden Faktoren zu beschreiben, wobei sich die horizontale Verhaltensanalyse dabei auf Mikroprozesse beschränkt (Analyse einer beispielhaften Situation) und die vertikale Verhaltensanalyse ver-sucht, auf einer Makroebene das psychische Geschehen zu beschreiben.

21.2.1   Die horizontale Verhaltensanalyse

Ziel der horizontalen Verhaltensanalyse (auch „funktionale Bedingungsanalyse" oder „Ver-haltensgleichung" genannt) ist es, die **vorausgehenden, begleitenden und nachfolgen-den Bedingungen eines Verhaltens** zu erklären. Dabei geht es nicht um eine vollständige Beschreibung des Verhaltens, sondern um die elaborierte **Darstellung eines relevanten**

Ausschnittes. Daraus ergeben sich in der Regel Hinweise für das therapeutische Vorgehen. Die horizontale Verhaltensanalyse wurde von Kanfer und Saslow in den 1960er-Jahren entwickelt. Sie lässt sich mit Hilfe des SORKC-Schemas darstellen (Kanfer et al., 2012). Eine andere Möglichkeit der Verhaltensanalyse ist die multimodale Verhaltensanalyse nach Lazarus mit Hilfe des BASIC-ID-Schemas.

▶ 21.2.1.1 Das legendäre SORKC-Schema

S – Situation: Beschreibung der Merkmale einer Situation, die dem problematischen Verhalten vorausgeht
- Situation intern: Müdigkeit, Koffeinkonsum, Aufregung
- Situation extern (beobachtbar): Menschenmenge im Kaufhaus, Streit mit dem Partner
- entspricht der Alpha-Ebene der Problemanalyse nach Reinecker (s. oben)

O – Organismus: beschreibt relativ überdauernde Merkmale der Person
- körperliche Erkrankungen, z. B. Diabetes, Adipositas
- Filter, die die Wahrnehmung innerer und äußerer Reize beeinflussen (z. B. Gedanken einer Person mit kardialer Vorschädigung bei Herzklopfen im Rahmen einer Panikattacke vs. die Gedanken einer Sportlerin bei Herzklopfen)
- Grundüberzeugungen, Normen, Werte, Einstellungen (z. B. Leistungsorientierung, Perfektionismus, Gewissenhaftigkeit etc.)
- Beta-Ebene und Gamma-Ebene der Problemanalyse

R – Reaktionen: Beschreibung der Reaktion auf den vier Verhaltensebenen
- emotional, physiologisch, kognitiv, motorisch (verbal und nonverbal)
- Alpha-, Beta- und Gamma-Ebene der Problemanalyse

K – Kontingenzverhältnisse: Beschreibung der Häufigkeit und des Musters der Verstärkung auf das gezeigte Verhalten (vgl. Kap. 20.2)

C – Konsequenzen werden unterschieden nach:
- ihrem **Zeitpunkt**: Welche Konsequenzen treten kurzfristig und welche langfristig auf? (Z. B. bei Agoraphobie: kurzfristige Konsequenz: Erleichterung beim Verlassen des Kaufhauses; langfristige Konsequenz: Generalisierung der Angst auf öffentliche Räume);
- ihrem **Entstehungsort**: Interne Konsequenzen sind innerhalb der Person, z. B. Erleichterung, Selbstabwertung; externe Konsequenzen entstammen der Umwelt oder anderen Personen, z. B. Zuwendung bei Jammern, Abwertung durch den Partner;
- ihrer **Qualität**: positive und negative Verstärkung, Bestrafung Typ I und II.

21.2.1.2 Das BASIC-ID-Schema oder die multimodale Therapieplanung nach Lazarus

Bei dem Vorgehen nach Lazarus (1976/2000) ist nicht nur ein isoliertes Zielverhalten Gegenstand der Therapie, sondern die gesamte Person bzw. mehrere Beschwerde- und Problembereiche. Ein Beispiel gibt Tabelle 21.2.

Tabelle 21.2: **Multimodale Therapieplanung (modifiziert nach Lazarus, 2000)**

Modalität	Beschreibung
(B) Verhalten (behaviour)	Welches offen beobachtbare Verhalten möchte der Patient ändern? Z.B. riskanter Alkoholkonsum (Selbstkontrollverfahren), Anschreien des Partners (Kommunikationstraining)
(A) Affekt (affect)	Welche Gefühle, Emotionen, Stimmungen erlebt der Patient häufig und stören ihn? Z.B. Zurückhalten von Ärger außer beim Partner (Selbstsicherheitstraining), depressive Beschwerden (Aktivitätenplanung zur Vermehrung positiver Verstärker)
(S) Empfindungen (sensation)	Welche negativen Empfindungen entsprechend allen Sinnesqualitäten erlebt der Patient? Z.B. Migräne (Biofeedback-Training), Rückenschmerzen (Etablierung von Sport)
(I) Vorstellungen (imagery)	Welche lebhaften Erinnerungen, wiederkehrenden Träume hat der Patient? Z.B. Mobbing-Erfahrungen in der Kindheit (Imagination von Stärke und Selbstsicherheit), Intrusionen durch einen schweren Verkehrsunfall (Traumaexposition)
(C) Kognitionen (cognition)	Welche negativen Gedanken hat der Betroffene über seine Umwelt oder sich selbst? Z.B. dysfunktionale Selbstgespräche über die eigene Minderwertigkeit (kognitive Umstrukturierung), Schuld- und Versagensgefühle (Entkräftigung musturbatorischer Forderungen)
(I) Sozialbeziehungen (interpersonal relationships)	Wie gestaltet der Patient seine sozialen Beziehungen? Z.B. chronisches Streiten mit dem Ehemann (Paarberatung), unterwürfiges Verhalten gegenüber dem cholerischen Chef (Selbstsicherheitstraining)
(D) Medikamente und biologische Faktoren (drugs)	Wie ist der Gesundheitszustand des Patienten, welche Medikamente nimmt er? Z.B. Hypnotika-Missbrauch (Entzug und Entwöhnung)

21.2.2 Die vertikale Verhaltensanalyse oder Plananalyse

Ziel der vertikalen Verhaltensanalyse oder Plananalyse (Caspar, 1996) ist die Erfassung der hinter einem Verhalten stehenden Motivstruktur eines Menschen, also die Beschreibung des menschlichen Verhaltens aufgrund von *verhaltenssteuernden Motiven und Bedürfnissen* und *Strategien zur Erreichung* dieser Bedürfnisse, die hier *Pläne* genannt werden.

Pläne sind dabei relativ zeitstabile Einstellungen, Meinungen, Haltungen, Werte, Erwartungen, Ansprüche, die eine selektive Wahrnehmung erzeugen und sich damit auf die soziale Interaktion auswirken. Verhalten wird als Funktion solcher hierarchisch angeordneter Pläne verstanden.

Vorgehen: Für die Plananalyse wird die Organismusvariable aus dem SORKC-Schema genauer analysiert und mit Inhalt gefüllt. Die Organismusvariable ist die Schnittstelle zwischen vertikaler und horizontaler Verhaltensanalyse. Die zentrale Frage ist: Welche Lebensregeln und Schemata bestehen bei diesem Menschen und stehen mit dem Problemverhalten in Zusammenhang, bzw. welche bewussten und unbewussten Zwecke stehen hinter einem bestimmten Verhalten meines Patienten? Als Ergebnis der Plananalyse ergibt sich meist ein hierarchisch gegliedertes System der nicht bewussten Handlungssteuerung des Patienten. Dabei werden verschiedene Abstraktionsebenen unterschieden: Verhalten, Unterpläne, Pläne und Oberpläne. Jeder Plan ist zugleich Ziel eines untergeordneten, spezifischeren Unterplans und Mittel für einen übergeordneten, abstrakteren Oberplan (vgl. Abbildung 21.1).

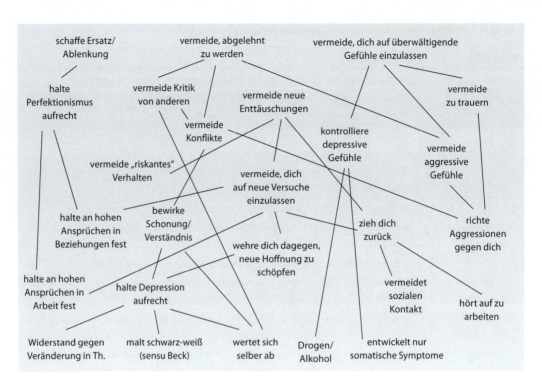

Abbildung 21.1: Schema einer Plananalyse (nach Caspar, 2007, S. 87)

Es existieren zwei Arten, Pläne zu erschließen:

Bottom-up: Analyse von der unteren Ebene auf die höhere. Durch die Frage „wozu?" wird von der Verhaltensbasis aus auf die höheren Pläne geschlossen. Das geschieht über:

- die Verhaltensbeobachtung des Therapeuten (speziell auch non verbales Verhalten),
- die Schilderungen des Patienten (auch die Art und Weise seines Berichts),
- die Wirkung des Patienten auf den Therapeuten.

Top-down: Analyse von der höheren Ebene auf die untere. Durch die Frage „womit/wodurch?" wird dieser Plan umgesetzt? Das geschieht über:

- die Exploration der Lebensgeschichte des Patienten (Muster? Wiederholungen?)
- bzw. die konkrete Befragung des Patienten nach Lebensregeln und Plänen.

▶ **Komplementäre Beziehungsgestaltung:** Ein Sinn der Plananalyse besteht darin, dass die therapeutische Beziehung angemessener gestaltet werden kann, wenn der Therapeut zentrale Beziehungsmotive bzw. Pläne des Patienten kennt. Das wird komplementäre Beziehungsgestaltung genannt und meint eine therapeutische Grundhaltung, bei der die therapeutische Beziehung aktiv zunächst so gestaltet wird, dass wesentliche Beziehungsmotive, wie z.B. Anerkennung, Solidarität, Wichtigkeit etc., des Patienten befriedigt werden. Die Idee ist, dass eine Sättigung der Beziehungsmotive eintritt und der Patient sein Interaktionsverhalten zunehmend aufgeben kann sowie dass der Therapeut darüber einen Beziehungskredit aufbaut, der es später ermöglicht, therapeutisch (auch konfrontativ) zu intervenieren.

21.3 Informationsgewinnung im diagnostischen Prozess

Der verhaltenstherapeutisch-diagnostische Prozess ist dadurch gekennzeichnet, dass verschiedenste Informationen einbezogen werden. Als mögliche Datenquellen stehen folgende zur Verfügung: direkte Exploration des Patienten, standardisierte Tests und Fragebögen,

Verhaltenstests, Tagebuchaufzeichnungen und Protokolle (Beobachtungsmöglichkeit zwischen den Therapiesitzungen), Rollenspiele, psychophysiologische Verfahren, Verhaltensbeobachtung.

Verhaltenstest: Ein Verhaltenstest ist eine Kombination aus Selbst- und Fremdbeobachtung. Zu diagnostischen Zwecken sollen sich Personen in die Situation bringen, die sie normalerweise vermeiden würden (z. B. bei Waschzwang Hände verschmutzen) und nichts unternehmen, um die Angst zu reduzieren. Sie beschreiben dann die Gedanken und die Gefühle, die sie haben, und das Verhalten, welches sie am liebsten ausführen würden. Das gibt dem Therapeuten z. B. Aufschluss über Befürchtungen, Automatismen, Verhaltenstendenzen usw.

21.4   Zielanalyse und Zielplanung

Keine Behandlung ohne konkreten Auftrag: Therapieziele werden gemeinsam und konsensuell von Therapeut und Patient erarbeitet und offen miteinander besprochen. Dabei sollen Ziele realistisch, konkret (überprüfbar) und positiv formuliert werden. Beispielsweise wäre ein ungünstiges Ziel: „Ich möchte keine Panikattacken mehr haben", wohingegen eine günstige Formulierung lauten könnte: „Ich möchte Kaufhäuser und öffentliche Verkehrsmittel betreten können und mich entspannt so lange darin aufhalten können, wie ich möchte." Ein hilfreicher Algorithmus entstammt der Selbstmanagementtherapie (s. S. 230 ff.).
Die **S-M-A-R-T**-Regel besagt: Formuliere Ziele
- **s**pezifisch (im Gegensatz zu allgemein),
- **m**essbar (Quantität/Qualität),
- **a**ttraktiv (lohnend/herausfordernd),
- **r**ealistisch (machbar unter den gegebenen Voraussetzungen),
- **t**erminiert (zeitlich fixiert).
Zudem können die Ziele an unterschiedlichen Stellen der Verhaltensgleichung verortet werden z. B. Personenziel (z. B. kognitive Umstrukturierung selbstabwertender Gedanken), Konsequenzziel (z. B. Abbau von Aufmerksamkeit durch die Mutter bei Problemverhalten des Kindes) usw.

Zielerreichungsskalierung: Eine Hilfe bei der Zielplanung ist die Zielerreichungsskalierung (Goal Attainment Scaling, GAS) bei der, individuell auf den Patienten zugeschnitten, verschiedene Stufen der Zielerreichung konkret definiert werden (s. S. 78).

21.5   Therapieplanung

Basis der Therapieplanung sind die Ergebnisse der Verhaltensanalyse sowie der Zielbestimmung. Drei Fragen werden geklärt:
1. **In welche Richtung soll die Veränderung erfolgen?**
   - Unangemessenes Verhalten → Ziel: Verhaltensabbau (z. B. körperlich aggressives Verhalten bei Konflikten)
   - Verhaltensexzess: ein eigentlich angemessenes Verhalten, aber zum falschen Zeitpunkt, zu häufig oder zu stark → Ziel: Verhaltensreduktion (z. B. Waschzwang)
   - Verhaltensdefizit: angemessenes Verhalten, welches zu selten oder zu schwach auftritt → Ziel: Verhaltensförderung (z. B. in Gruppen seine Meinung sagen)
   - Fehlendes Verhalten → Verhaltensaufbau

2. **An welcher Variable des SORKC-Modells wird (zuerst) angesetzt?**
3. **Welche Methode soll angewendet werden?**
   - Auswahl einer geeigneten Intervention
   - Erstellen eines Ablaufplanes (z. B. bei Angststörungen erst Expositionstherapie und dann kognitive Therapie)
   - Konkretisierung der Methoden (z. B. bei Angststörungen Auswahl der Expositionssituation entsprechend der Angsthierarchie des Patienten)

21.5.1 Das Sieben-Phasen-Modell des therapeutischen Prozesses

Im Rahmen der Selbstmanagementtherapie haben Kanfer et al. (2012) ein idealtypisches Modell für den Therapieprozess beschrieben, welches heuristische Hinweise zur Optimierung des diagnostisch-therapeutischen Prozesses bietet (vgl. Tabelle 21.3). Die Logik dieses Modells besagt, dass es sieben Stufen im therapeutischen Prozess gibt, welche idealerweise in der Therapie durchlaufen werden. Sind die Ziele der einen Stufe erreicht, kann zur nächsten Stufe übergegangen werden. Sind bestimmte Ziele einer Stufe nicht mehr erfüllt, kann es notwendig sein, eine oder mehrere Stufen zurückzugehen.

Tabelle 21.3: Das Sieben-Phasen-Modell therapeutischer Veränderung nach Kanfer et al., 2012

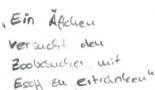

„Ein Äffchen versucht den Zoobesucher mit Essig zu ertränken"

Phase 1	**Eingangsphase: Schaffung günstiger Ausgangsbedingungen**
	Z. B. Aufbau der therapeutischen Beziehung, Erfassung der Eingangsbeschwerden, Schaffen einer Therapiemotivation („wiederkommen wollen"), klassifikatorische Diagnostik
Phase 2	**Aufbau von Änderungsmotivation und (vorläufige) Auswahl von Änderungsbereichen**
	Z. B. Reduktion von Resignation, Motivierung des Patienten, sich positive Konsequenzen einer Veränderung überlegen, Ziel- und Wertklärung
Phase 3	**Verhaltensanalyse: Problembeschreibung und Suche nach aufrechterhaltenden Bedingungen**
	Präzisierung der Problematik durch Mikroanalysen (Situationsanalysen) und Makroanalyse (kontextuelle Analyse), Erarbeitung eines funktionellen Bedingungsmodells
Phase 4	**Klären und Vereinbaren therapeutischer Ziele**
	Klärung der Therapieziele, Vereinbarung therapeutischer Ziele, Priorisierung, Aktivierung des Patienten zur Mitarbeit
Phase 5	**Planung, Auswahl und Durchführung spezieller Methoden (als Mittel zum Ziel)**
	Interventionsplanung auf Basis von Stufe 1 bis 4, grobe und feine Therapieplanung, Realisierung der Behandlung durch Anwendung therapeutischer Standardmethoden, Einschätzen und ggf. Verbesserung der Motivation des Patienten
Phase 6	**Evaluation der Fortschritte**
	Feststellen der Verhaltensänderung durch z. B. therapiebegleitende Diagnostik, je nach Bedarf Einführen neuer Therapieinhalte oder Motivierung zur Beendigung der Therapie
Phase 7	**Endphase: Erfolgsoptimierung und Abschluss der Beratung/Therapie**
	Z. B. Konsolidierung der Veränderungen, Erlernen von Selbstmanagement, Ausblenden der Kontakte, Vorbereitung von Katamnesen

Wichtig ist die Unterscheidung zwischen der Selbstmanagementtherapie als übergeordnetem Therapiekonzept und den Selbstkontrollverfahren (s. S. 231 f.) als konkreten Methoden zur Verbesserung des Selbstmanagements.

22 Behandlungstheorie und Technik

22.1 Grundsätze der Gesprächsführung

Besonders geeignete Verhaltensweisen zum erfolgreichen Aufbau und zur Förderung der therapeutischen Beziehung sind die Realisierung der Basisvariablen des Therapeutenverhaltens sensu Rogers (s. S. 297). Die verhaltenstherapeutische Gesprächsführung zeichnet sich darüber hinaus durch folgende Spezifika aus:
- Struktur: aktive Strukturierung der Sitzungen und der Therapie als Ganzem durch den Therapeuten.
- Transparenz: Erläuterung des Vorgehens, z.B. die kognitive Vorbereitung bei der Reizkonfrontation; der Einsatz der Transparenz erfolgt selektiv.
- Konkretisieren, Präzisieren, Spezifizieren: Was genau ist problematisch? Wann tritt es auf? Wann nicht?
- **Geleitetes Entdecken:** Durch geeignete Fragen wird der Patient gezielt angeleitet, neue, zielführende Informationen selber zu entdecken. → Hilfe zu Selbsthilfe
- Soziale Verstärkung und Lob: Verstärkt werden soll das Bemühen und nicht der Erfolg.
- Zusammenfassen und Rückmelden erfolgt durch den Therapeuten, aber auch durch den Patienten, z.B. Zusammenfassung der wichtigsten Erkenntnisse der Stunde, Äußerung von Unzufriedenheit oder Zweifeln. In standardisierter Form existieren Therapiestundenbögen.

Sokratischer Dialog: Sonderform der Gesprächsführung bei kognitiven Interventionen. Es werden irrationale oder unangemessene Denkmuster reflektiert und hinterfragt, indem der Therapeut sich naiv und unwissend stellt („Columbo-Technik"). Auf Therapeutenseite stehen Zurückhaltung, offene Fragen und ein Verzicht auf Bewertungen im Vordergrund. Nach Stavemann (2013, S. 135 ff.) können drei Typen der Sokratischen Gesprächsführung unterschieden werden:
- Explikative Sokratische Gesprächsführung: bei Begriffsklärungen, zur Beantwortung der „Was ist das?"-Frage (z.B. „Was ist das – ein sicheres Leben?").
- Normative Sokratische Gesprächsführung: Reflexion von Moralvorstellungen, zur Beantwortung der „Darf ich das?"-Frage (z.B. „Darf ich das – meine Eltern kritisieren, obwohl ich ihnen mein Leben verdanke?").
- Funktionale Sokratische Gesprächsführung: Überprüfung der Sinnhaftigkeit von Handlungen entsprechend den Lebenszielen des Patienten zur Beantwortung der „Soll ich das?"-Frage (z.B. „Soll ich das – meinem Partner das Haus überschreiben?").

Im Sokratischen Dialog werden verschiedenste Fragetechniken eingesetzt. Fragen zur Überprüfung kognitiver Konzepte heißen **Disputtechniken**. Beispiele sind die empirische Disputation (Überprüfung der Realitätsangemessenheit einer Kognition, z.B.: Woran machen Sie das fest?), die hedonistische Disputation (Überprüfung des Nutzens eines Denkstils, z.B.: Was bringt es Ihnen, so zu argumentieren?) und die logische Disputation (Aufdecken von Widersprüchen zwischen Kognition und Realität, z. B.: Wie kommen Sie darauf?).

▶ **Kognitive Umstrukturierung:** Das Infragestellen der als dysfunktional identifizierten Kognitionen im Rahmen der sogenannten kognitiven Umstrukturierung (s. S. 223 ff.) erfolgt auf verschiedenste Weisen, z. B. durch Distanzieren (wie würde ein Unbeteiligter das bewerten?), Entkatastrophisieren (zu Ende denken, „Was-wäre-wenn-Technik"), Realitätstesten (welche Belege existieren für und gegen die Annahme?), Zeitprojektionsfragen, Hinterfragen absoluter Prämissen und mussturbatorischer Forderungen und viele weitere.

22.2 Operante Verfahren – Techniken der Reaktionskontrolle

Ziel: Verfahren der Konsequenzkontrolle werden angewendet, wenn ein Verhalten in seiner Auftretenswahrscheinlichkeit verändert werden soll. Der Einsatz operanter Verfahren ist dort sinnvoll, wo von unmittelbar gesetzten Reizen eine längerfristige Wirkung auf das Verhalten erwartet werden kann. Das ist v. a. bei Kindern der Fall. Erwachsene sind stärker kognitiv ansprechbar. Dabei gelten einige wichtige Prinzipien:

* Die Verstärker sollen unmittelbar nach dem Verhalten folgen, damit die Verbindung zwischen Verhalten und Konsequenz gelernt wird.
* Die Person soll über den Zusammenhang zwischen dem Verhalten und der Konsequenz informiert sein (v. a. bei Abbau von Verhalten).
* Es müssen für die Person relevante Verstärker ausgewählt werden.

Indikation: praktisch bei jeder Störung, mit jeder Patientengruppe und in jedem Setting.

22.2.1 Methoden zum Aufbau von Verhalten

Zum Verhaltensaufbau stehen prinzipiell die **positive und die negative Verstärkung** zur Verfügung (vgl. Kap. 20.2). Zum Aufbau von Verhalten sollte die Verstärkung zunächst kontinuierlich erfolgen, zur Stabilisierung von Verhalten sollte zu intermittierender Verstärkung übergegangen werden, da diese löschungsresistenter ist. Die Anwendung positiver Verstärkung ist im therapeutischen Alltag so sehr normaler Bestandteil des täglichen Handelns, z. B. Kopfnicken des Therapeuten bei zunehmender Selbstoffenbarung des Patienten, direkte verbale Unterstützung etc., dass sie kaum als eigenständige Methode explizit, z. B. im Bericht an den Gutachter, erwähnt wird. Spezielle Möglichkeiten positiver Verstärkung sind Verfahren, die v. a. dann indiziert sind, wenn ein Verhalten erstmals ausgeformt, also eine Fertigkeit erworben werden soll (vgl. Tabelle 22.1).

▶ Tabelle 22.1: Methoden zum Verhaltensaufbau (nach Siegl & Reinecker, 2007)

Methode	Beschreibung	Beispiel
Shaping	Schrittweise Ausformung des Verhaltens, bei dem zunächst erste Ansätze des Zielverhaltens positiv verstärkt werden.	Verstärkung erster kleiner Schritte beim Erlernen der Entspannungsreaktion beim Biofeedback.
Chaining	Aufbau einer komplexen Verhaltensweise: Das letzte Glied der Kette wird als Erstes verstärkt und die Verhaltenskette „von hinten" ausgeformt.	Ein Kind soll lernen, sich selbstständig anzuziehen. Es wird zuerst der letzte Schritt, das Anziehen der Schuhe, ausgeformt und sich dann über die einzelnen Kleidungsstücke so weit vorgearbeitet, dass das Kind am Ende alleine die Verhaltenskette des Anziehens bewältigen kann. Die Verstärkung erfolgt immer erst nach dem Schuheanziehen.

Methode	Beschreibung	Beispiel
Fading	Schrittweises Ausblenden von verbalen, bildlichen oder verhaltensmäßigen Hilfsstimuli. Selbstständige Ansätze werden konsequent verstärkt.	Verlängerung der Sitzungsabstände im Rahmen der Generalisierung von Veränderungen in der Therapie.
Prompting	Verbale oder verhaltensmäßige Hilfestellung, die die Aufmerksamkeit der Person auf das gewünschte Verhalten lenkt.	Der Therapeut gibt Instruktionen, nimmt das Kind an die Hand: „Jetzt möchte ich, dass du … machst!" Das erhöht die Wahrscheinlichkeit für das Zielverhalten, welches dann verstärkt weden kann.
Token Economies	Einsatz von Verstärkern, die man gegen etwas eintauschen kann (Belohnungsaufschub, s. S. 218).	Hygiene in der geschlossenen Psychiatrie.

22.2.2 Methoden zum Abbau von Verhalten

Zum Verhaltensabbau stehen prinzipiell **Bestrafungen** vom **Typ I und Typ II** zur Verfügung (s. S. 205). Bestrafung sollte nur in geringem Umfang und stets in Verbindung mit der positiven Verstärkung von Alternativverhalten durchgeführt werden. Die folgende Tabelle 22.2 gibt einen Überblick über Methoden zum Abbau von Verhalten.

Tabelle 22.2: Methoden zum Verhaltensabbau (nach Siegl & Reinecker, 2007)

Methode	Beschreibung	Beispiel
Bestrafung	Anwendung eines aversiven Reizes auf unerwünschtes Verhalten (C^-); sollte nur angewendet werden, wenn ein Verzicht auf Bestrafung noch negativere Folgen hätte und andere Methoden erfolglos waren; benötigt Zustimmung des Patienten.	Z. B. Antabus-Therapie bei Alkoholikern.
Löschung	Entfernen des positiven Verstärkers, der das Problemverhalten aufrechterhält (C^{+}); Löschung braucht Zeit und ist deshalb nicht angemessen, wenn das Problemverhalten sofort unterbleiben soll.	Ausblenden der elterlichen Aufmerksamkeit bei problematischem Verhalten; Therapiepause bei Suizidversuchen in der DBT (s. S. 257).
Checking	Spezialform der Löschung, welche jedoch graduiert erfolgt.	Einschlaftraining bei Säuglingen, bei dem nach einer jeweils festgelegten Zeit wieder zum Kind gegangen und es beruhigt wird; schrittweises Erweitern der Zeitabstände.
Response Cost	Bereits erhaltene Verstärker (z. B. Geld, Tokens) werden bei unangemessenem Verhalten wieder entzogen; in Verbindung mit einem Token-System; Spezialfall der Löschung.	Schüler müssen bei Nichteinhalten der selbstständigen Arbeitszeit in Ruhe ihre Tokens zurückgeben.

Methode	Beschreibung	Beispiel
Timeout	Alle potenziellen Verstärker des Verhaltens werden unerreichbar gemacht; ist v. a. indiziert, wenn es schwierig ist, alle relevanten Verstärker zu identifizieren oder zu kontrollieren.	Der „Klassenkaspar" wird für fünf Minuten in einen neutralen Raum gebracht.
Sättigung	Sättigung tritt mit der Zeit immer dann ein, wenn eine bestimmte Reaktion sehr häufig gezeigt wurde und immer derselbe Verstärker erfolgt.	Einem geistig Behinderten, der Papier hortet, wird beliebig viel Papier zur Verfügung gestellt.
Beschränkung	Durch die physikalische Behinderung eines Verhaltens kann dieses kurzfristig reduziert werden.	Bei akutem aggressiven Verhalten wird eine Person festgehalten.
Verstärkung inkompatibler Verhaltensweisen	Ein mit dem unerwünschten Verhalten unvereinbares Verhalten wird verstärkt.	Z. B. Habit-Reversal-Training (s. S. 219).

Aversionsverfahren als Anwendung direkter Bestrafung spielen spielen trotz gesicherter Effektivität aus ethischen Gründen kaum eine praktische Rolle. Ein populäres Beispiel ist jedoch die Antabus-Therapie bei Alkoholikern (s. S. 160).

22.2.3 Methoden zur Stabilisierung von Verhalten

Therapeutische Hausaufgaben sind Verhaltensanleitungen für Handlungen außerhalb der Therapiesitzung, die das Ziel verfolgen, dass durch die Therapie initiierte Lernprozesse auch im häuslichen Bereich und im Alltag fortgesetzt werden.

Verhaltensverträge bzw. Kontingenzverträge (vgl. „Contract-Management", s. S. 232) sind eine formalere Form von Hausaufgaben. Sie versuchen, eine größere Verbindlichkeit herzustellen, regeln umfassendere Belange und strukturieren größere Abschnitte einer Therapie. In diesen Verträgen werden klassischerweise „Wenn-dann-Bedingungen" formuliert. Sie sind eine Vereinbarung, in der die relevanten Bedingungen einer Intervention (Problemverhalten, Ziele, Aufgaben des Therapeuten und des Patienten und Art und Weise der zu verabreichenden Verstärker) genau festgelegt werden. Ein Kontingenzvertrag kann zwischen Therapeut und Patient, aber auch als Methode der Selbstkontrolle vom Patient mit sich selbst abgeschlossen werden.

▶ **Token Economies** beschreiben die systematische Verabreichung von Verstärkern als Konsequenz erwünschten Verhaltens. Tokens sind dabei Objekte mit Tauschwert. Wenn man eine bestimmte Anzahl von Tokens gesammelt hat, kann man diese gegen einen Verstärker eintauschen.

▶ **Mediatorenmodell bzw. Mediatorentrainings** (Tharp & Wetzel, 1975): Die Verstärkung des Patienten erfolgt nicht direkt durch den Therapeuten, sondern durch einen Mediator, der in der natürlichen Umgebung der Person zu finden ist. Mediatoren sind z. B. Lehrer, Eltern, Erzieher, die häufiger Kontakt zum Kind haben und einen besseren Zugang zu attraktiven Verstärkern haben. Es handelt sich also um eine Erweiterung der Dyade „Patient – Therapeut" zur Triade:

Der eigentliche Therapeut fungiert als Berater für den Mediator, welcher zum unmittelbaren Therapeuten wird.

Weitere Methoden zur Verhaltensstabilisierung sind: Ausblenden der Therapie (z. B. Vergrößerung der Abstände zwischen den Sitzungen), Einbezug des sozialen Systems, Überlernen von Verhaltensweisen (d. h. neu gelernte Verhaltensweisen so häufig ausführen, bis das Verhalten automatisiert ist), Übergang von kontinuierlicher zu intermittierender Verstärkung und von Fremd- zu Selbstverstärkung.

22.2.4 Habit-Reversal-Training

Ziel des Verfahrens ist die systematische Unterbrechung eines (automatischen) Verhaltens durch eine konkurrierende Reaktion (Reaktionsumkehr).

Indikation: Tic-Störungen, Trichotillomanie, Daumenlutschen, Fingerknacken und andere nervöse Verhaltensgewohnheiten, wie z. B. Kratzen im Rahmen von dermatologischen Erkrankungen.

Durchführung:
1. Genaue Beschreibung des Verhaltens, Erkennen des Auftretens sowie früher Anzeichen (z. B. über direkte Verhaltensbeobachtung, Tagebücher, Videoaufzeichnungen), um die Verhaltenskette frühestmöglich unterbrechen zu können.
2. Aufbau von Veränderungsmotivation (Aufzeigen der negativen Konsequenzen des Problemverhaltens, Verstärkung erster Fortschritte, Einbezug von Bezugspersonen),
3. Competing-Response-Training: Sobald der Impuls auftritt, das Problemverhalten zu zeigen, soll der Patient inkompatibles Verhalten zeigen, z. B. statt Nägelkauen die Hände zu Fäusten ballen. Wichtig sind die kontingente Anwendung und die Verstärkung des neuen Verhaltens.
4. Generalisierungstraining: zuerst Einübung in Therapiesituation, dann Übertragung auf Alltag und schrittweise auf besonders schwierige Situationen.

22.3   Expositionsverfahren – Techniken der Stimuluskontrolle

Exposition (synonym: Konfrontation) ist ein Oberbegriff für verschiedene Verfahren, bei denen die Patienten lernen sollen, sich mit einer belastenden, z. B. phobischen oder traumatischen Situation zu konfrontieren, sich mit dieser aktiv auseinanderzusetzen und deren Bewältigung zu erlernen. Die Exposition kann zu **externen Stimuli** (z. B. Prüfungsraum, Spinne, Wodkaflasche) oder **internen Stimuli** (Herzklopfen, traumatische Erinnerung) erfolgen. Deshalb werden diese Verfahren auch Techniken der Stimuluskontrolle genannt. Die Reizexposition muss für einen Erfolg *ausreichend lange* stattgefunden haben. Als Kriterium hierfür gilt keine festgelegte Zeitperiode, sondern der signifikante Abfall der Emotion.

Medizinische Diagnostik: Eine eingehende medizinische Untersuchung ist unumgänglich, um organische Ursachen der Symptome (Schwindel, Herzrasen) auszuschließen und insbesondere im Fall eines massierten Vorgehens die Sicherheit zu haben, dass der Patient z. B. nicht aufgrund eines Herzfehlers in eine organische Notlage gerät. Bei *Selbstmedikation* (Alkohol, Tranquilizer) des Patienten sollte *keine Exposition* stattfinden.

Indikation: allgemein die Behandlung von Angst- und Vermeidungsreaktionen, Angststörungen (Panikstörung, Phobien, generalisierte Angststörung), PTSD bzw. allgemein die

Verarbeitung belastender Erfahrungen, darüber hinaus Suchterkrankungen, Essstörungen, Zwangsstörungen und chronische Trauerreaktionen.

Kontraindikationen: körperliche Erkrankungen, v. a. Herzinsuffizienz, psychotisches oder dissoziatives Erleben, Schwangerschaft, unzureichende Motivationslage, hoher sekundärer Krankheitsgewinn, Angst als Folge einer anderen Erkrankung.

Konfrontationsverfahren unterscheiden sich

1. hinsichtlich des Modus der Darbietung des Angstreizes (in sensu vs. in vivo),
2. hinsichtlich des Vorgehens (graduiert vs. massiert),
3. hinsichtlich der Tatsache, ob therapeutenbegleitet oder alleine geübt wird und
4. hinsichtlich des Settings (Einzel- vs. Gruppentherapie).

Konfrontation in vivo: Darbietung des Angstreizes in der Realität. In-vivo-Konfrontation ist günstiger, da ein schneller Angstabfall erfolgt und ein eventuelles Vermeidungsverhalten in der realen Sitaution einfacher verhindert werden kann.

Konfrontation in sensu: Darbietung des Angstreizes in der Vorstellung. In-sensu-Konfrontation ist indiziert, wenn das Aufsuchen der Situation in der Realität gar nicht möglich (z. B. Approbationsprüfung) oder ethisch nicht vertretbar ist (z. B. Vergewaltigung), bei bestimmten Vorekrankungen aufseiten des Patienten (z. B. Herzinsuffizienz) und zum Teil wenn in der gefürchteten Situation real Leistungen vom Patienten erbracht werden müssen (z. B. Operation am offenen Herzen). Gelegentlich muss auch in-sensu gearbeitet werden, wenn es dem Therapeuten gar nicht möglich ist, die reale Angstsituation herzustellen (z. B. Angst vor Hagel) oder der Patient zu einer in-vivo-Konfrontation nicht motiviert werden kann.

Massierte Konfrontation: intensivtherapeutische Vorgehensweise, bei welcher in der Exposition sofort mit dem am stärksten angstauslösenden Reiz begonnen wird. Die Technik des Flooding (massierte Konfrontation in vivo, s. u.) scheint den anderen Vorgehensweisen in den erzeugten Effekten leicht überlegen, da die Patienten sich von Beginn an mit ihren stärksten Ängsten konfrontieren.

Graduierte Konfrontation: langsamere Vorgehensweise, bei der sich schrittweise den am stärksten angstbesetzten Stimuli angenähert wird. Graduiert wird v. a. gearbeitet, wenn medizinische Kontraindikationen gegen ein massiertes Vorgehen sprechen (z. B. Schwangerschaft) oder wenn die gefürchtete Situation reale Gefahren in sich birgt (z. B. Auto fahren).

Kombiniert man diese Möglichkeiten miteinander, ergibt sich die in Tabelle 22.3 dargestellte Vier-Felder-Tafel, wobei alle Vorgehensweisen im Folgenden kurz erläutert werden. Eine Ausnahme hiervon bildet die Implosion, da dieses Verfahren mittlerweile eher eine historische Bedeutung hat. Insgesamt ist eine genaue Trennung der Verfahren in der Praxis oft schwierig, da häufig Mischformen angewendet werden.

 Tabelle 22.3: Übersicht Konfrontationsverfahren

Konfrontationsart	In sensu	In vivo
Graduiert	Systematische Desensibilisierung	Graduierte Exposition (synonym: Habituationstraining, graduierte Löschung)
Massiert	Implosion	Flooding bzw. massierte Exposition

22.3.1 Systematische Desensibilisierung

Die systematische Desensibilisierung (Wolpe, 1958) war lange Zeit eine der bekanntesten verhaltenstherapeutischen Methoden und regte zur Entwicklung weiterer Methoden der Angstbehandlung an. Die Patienten stellen sich dabei unter Entspannung zunehmend stärkere angstauslösende Reize vor. Durch die Koppelung dieser Reize mit einer Reaktion, die mit Angst unvereinbar ist (Entspannung), kann die Angstreaktion systematisch abgebaut werden. Die Methode ist v. a. geeignet, wenn eine reale Konfrontation (in vivo) aus pragmatischen, medizinischen oder ethischen Gründen nicht möglich ist.

Durchführung:
1. Einüben eines Entspannungsverfahrens.
2. Erstellen einer individuellen Angsthierarchie: alltagsnahe, konkret vorstellbare Situationen auf einer Skala von 0 (Ruheszene) bis 100 (schwierigste Situation), Angsthierarchie sollte ca. zehn Items beinhalten.
3. Stufenweise Darbietung der Situationen in der Vorstellung (in sensu) unter Entspannung gemäß der Hierarchie von unten nach oben. Zuerst Entspannung ca. zehn bis 40 Sekunden, dann Vorstellung der Situation zehn bis 20 Sekunden. Jedes Item wird mehrfach durchgearbeitet, bis die entsprechende Situation angstfrei erlebt werden kann. Nach drei- bis viermaliger angstfreier Darbietung geht man zur nächsten Szene über.

Wirkmechanismus: Die Grundannahme besteht in der Hemmung von Angst durch eine antagonistische Reaktion. Dieses Prinzip nannte Wolpe **reziproke Hemmung**. Durch die gleichzeitige Aktivierung von angstinkompatiblem Verhalten und Emotionen wird die Angst gehemmt (vgl. „Gegenkonditionierung", s. S. 204). Als weitere Wirkmechanismen werden diskutiert: Habituation, Löschung, soziale Verstärkung durch neue aktive Bewältigungsstrategien, veränderte Erwartungen bezüglich der angstauslösenden Situation. Heute geht man davon aus, dass für eine erfolgreiche Behandlung weder Entspannung noch Hierarchisierung vonnöten sind.

22.3.2 Graduierte Exposition

Dem Patienten werden die gefürchteten Situationen schrittweise, systematisch und üblicherweise in vivo dargeboten, wobei mit sehr schwachen Reizen begonnen wird, die zunächst kein Vermeidungsverhalten auslösen. Wie bei der systematischen Desensibilisierung wird mit einer sehr fein abgestuften Angsthierarchie gearbeitet, es wird jedoch kein angstinkompatibles Verfahren wie Entspannung verwendet. Bei der graduierten Exposition wird im Gegensatz zu den anderen Konfrontationsverfahren explizit Wert auf den Aufbau von Alternativverhalten gelegt, welches mittels operanter Methoden ausgeformt wird.

Wirkmechanismus: Löschung von Angst, kognitive Umstrukturierung.

22.3.3 Flooding

Beim Flooding (auch „Reizüberflutung" genannt) setzt sich der Patient sofort seinen am meisten gefürchteten Situationen (Top-Items) aus, d. h., es wird maximale Angst provoziert, und der Patient hält diese so lange aus, bis er die Erfahrung macht, dass die Angst nachlässt. Diese sehr belastende Prozedur kann mehrere Stunden dauern und erfordert vom Patienten ein maximales Maß an Motivation. Gleichzeitig ist die Erfahrung, diese Situation bewältigt zu haben, oft ein „Befreiungsschlag" für den Patienten und motiviert ihn für die weitere Behandlung. Für einen dauerhaften Erfolg bedarf es dennoch mehrerer Wiederholungen.

Wirkmechanismus: Habituation (langsamer, aber kontinuierlicher Rückgang körperlicher und kognitiver Erregung).

22.3.4 Konfrontation mit Reaktionsverhinderung

▶ Bei der Darstellung des Zwei-Faktoren-Modells der Angst von Mowrer (s. S. 207) wurde bereits erklärt, dass pathologische Ängste durch Vermeidungsverhalten aufrechterhalten werden. Demzufolge setzt sich der Patient bei der Konfrontation mit Reaktionsverhinderung bedrohlichen Stimuli aus (das ist die Konfrontation). Die ausgelöste Angstreaktion löst den Drang nach Vermeidung der Situation aus. Diese kognitive oder motorische Vermeidung wird verhindert (das ist die Reaktionsverhinderung). Der Patient soll erleben, dass es nicht zur befürchteten Katastrophe kommt und die Angst mit der Zeit nachlässt.

▶ **Durchführung:**
1. Diagnostische Phase: Indikationsklärung, organische Abklärung.
2. Kognitive Vorbereitung: Störungs- und Veränderungsmodell mit Hilfe des geleiteten Entdeckens vermitteln (der Patient muss am Ende verstanden haben, dass Konfrontation *die* effektive Methode ist, um Angst zu reduzieren); Einverständnis des Patienten zur Verhinderung von Vermeidungstendenzen durch den Therapeuten.
3. Intensivphase: Reizkonfrontation mit Reaktionsverhinderung, d. h. Realitätstest, also Aufsuchen der Situation, in der beispielsweise Angst auftritt, und so lange in der Situation bleiben, bis die Angst nachlässt, wobei die „alte Reaktion" (in der Regel Flucht/Vermeidung) verhindert wird. Bei der Exposition soll der Patient seine Aufmerksamkeit ganz auf die angstauslösenden Reize lenken und seine Emotionen zulassen. Er soll seine Gefühle und Gedanken verbalisieren. Der Therapeut regt das an und sorgt dafür, dass keine Ablenkung auftritt und jegliche Vermeidung (auch kognitiv) verhindert wird. Dabei sollte Reaktionsverhinderung nur minimal durch den Therapeuten kontrolliert werden, denn das Ziel ist es, dass durch die kognitive Vorbereitung die Motivation zur Reaktionsunterlassung vom Patienten selbst ausgeht.
4. Selbstkontrollphase: zunehmende Eigenverantwortung bei der Durchführung; Patient wird eigener Therapeut.

Die Reizkonfrontation sollte mehrfach erfolgen, damit Vermeidungsverhalten allmählich gelöscht wird. Wichtig sind die Ermutigung durch den Therapeuten in der phobischen Situation („Zuckerbrot und Peitsche") und eine Nachbesprechung der Übungen und der Erfahrungen des Patienten.

Wirkmechanismen: Löschung von Angst, Aufbau neuer Verhaltensmuster, Veränderung der kognitiven Schema: Neubewertung hinsichtlich der Bedrohlichkeit, positive Erwartung hinsichtlich der eigenen Bewältigungskompetenz.

Wirksamkeit: insgesamt sehr befriedigend; es profitieren 80–95 % der massiv beeinträchtigten Personen von dieser Methode (geringere Erfolgsraten bei Zwang und Sucht), langfristige Erfolge sind jedoch durch den Aufbau von Alternativverhalten gekennzeichnet.

22.3.5 Exposition-Reaktions-Management

Ziel ist wie beim Flooding die Provokation möglichst intensiver Emotionen zu externen oder internen Stimuli, wobei diese explizit für den therapeutischen Prozess genutzt werden sollen. Der Patient wird angehalten, im Hier und Jetzt sein Erleben zuzulassen (keine beruhigenden Instruktionen) und unter maximaler emotionaler Erregung sein Erleben zu erforschen. Dabei wird Wert auf einen biografischen Rückbezug und die Bewusstwerdung bisher nicht zugänglicher Erinnerungen gelegt. Als Resultat dieser emotionsfokussierten, protrahierten Exposition kommt es zu einer „erlebten" kognitiven Umstrukturierung (und nicht zu einer lediglich „besprochenen").

Wirkmechanismen: Löschung, vertiefte Selbstexploration unter hoher emotionaler Erregung, Veränderung des eigenen Umgangs mit den auftretenden Gefühlen.

22.3.6 Trainings der Angstbewältigung

Hierbei handelt es sich um eine heterogene Sammlung verschiedener Strategien, die ihre Anwendung bei allen Formen von Ängsten, die nicht situativ gebunden sind (z. B. generalisierte Angststörung, Panikstörung), finden.

Häufige Elemente der Trainings der Angstbewältigung:
* Diskriminationstraining: frühes Erkennen und Differenzieren von angstauslösenden Situationen sowie frühes Einleiten von Bewältigungsmöglichkeiten (z. B. vertiefte Atmung).
* Einüben von Strategien zur Angstbewältigung: die generelle Bereitschaft zu einer aktiven Auseinandersetzung (statt Vermeidung) beim Patienten fördern, z. B. über Selbstverbalisationen, Verbesserung der Stressbewältigungskompetenzen.
* Üben von Angstbewältigung im Alltag, inklusive absichtlichem Provozieren von Angst, um letztlich das Selbstmanagement zu verbessern.

22.4   Kognitive Verfahren

Die kognitiven Verfahren haben zum Ziel, Prozesse der Informationsverarbeitung, Filterung, Bewertung, Erwartung usw. zu verändern. Die Trennung zwischen orthodox verhaltensorientierten Verfahren und kognitiven Verfahren ist sowohl theoretisch als auch praktisch nicht möglich und sinnvoll. Vielmehr versteht die moderne kognitive Verhaltenstherapie kognitive Veränderung als einen dynamischen Interaktionsprozess zwischen kognitiven Prozessen auf der einen Seite und konkretem Verhalten auf der anderen Seite. Es geht hier also nicht „nur" um die Induktion positiven Denkens, sondern die Interventionen sollen im konkreten Erleben des Patienten verankert werden. Die Veränderung der Kognitionen wird **kognitive Umstrukturierung** genannt. Eine Veränderung der Attributionen (vgl. „Attributionstheorien", S. 31) wird **Reattribution** genannt.
Bedingung für die Anwendung der kognitiven Methoden ist ein gewisses Maß an kognitiven Fähigkeiten. Bei Menschen mit starken kognitiven Beeinträchtigungen (z. B. geistige Behinderung, fortgeschrittene Demenz) und kleineren Kindern ist eher der Einsatz von operanten Verfahren indiziert.

22.4.1 Kognitive Therapie nach Beck

Diese Therapieform geht auf die Behandlung von Depressiven durch Beck und Mitarbeiter in den 1960er-Jahren zurück (Beck et al., 2010). Kognitive Dysfunktionen werden ätiologisch als grundlegend für Depressionen angesehen, die anderen depressionstypischen Symptome (sozialer Rückzug, Inaktivität etc.) entstehen erst in der Folge. Bei Depressiven gibt es ein typisches Denkmuster, die **kognitive Triade Depressiver**. Sie ist gekennzeichnet durch:

1. eine negative Sicht seiner selbst,
2. eine negative Sicht der Umwelt (Interpretation der Umwelt als Quelle von Enttäuschung) und
3. eine negative Sicht der Zukunft.

Die kognitive Triade ist der grundlegende Faktor einer depressiven Erkrankung. Sie ist Folge dysfunktionaler, in der Kindheit gelernter Denkschemata (negative Grundüberzeugungen). Durch ein auslösendes Ereignis werden die negativen Schemata aktiviert, und durch sogenannte Denkfehler werden sie bestätigt und verfestigt (Einengung des Denkens). Von zentraler Bedeutung sind die sogenannten **automatischen Gedanken**, (als oberste Ebene der Kognitionen) und die **negativen Grundüberzeugungen** (als unterste Ebene der Kognitionen). Dazwischen geschaltet existieren noch sogenannte bedingte Kognitionen wie Regeln, Pläne, Einstellungen usw. Abbildung 22.1 illustriert den Zusammenhang zwischen automatischen Gedanken und Grundüberzeugungen.

Automatische Gedanken Situationsspezifisch, wenig bewusst	Selbstverbalisationen, die schnell, automatisiert ablaufen; können über Selbstbeobachtung bewusst gemacht werden und Zugang zu den depressiogenen Grundannahmen liefern	„Odds Ratio? Odds was? Häh, Mathe? Konnte ich noch nie. Mist! Das kapier ich nicht. Ich schaff's nicht."
	↓	
Bedingte Kognitionen Annahmen, Regeln	Abstrahieren sich aus der mehrmaligen Analyse der Bedeutung der automatischen Gedanken	„Ich muss alles wissen, sonst bin ich ein Versager."
	↓	
Grundüberzeugungen Situationsübergreifend, starr, übergeneralisiert, kaum bewusst	Durch frühe Lernerfahrungen bedingt; Wahrnehmungsfilterfunktion; Aktivierung in Stresssituationen	„Ich bin unfähig."

Abbildung 22.1: Depressives Denken

Zudem ist das Denken Depressiver durch **logische Fehler** geprägt. Diese Denkfehler (vgl. Tabelle 22.4) und im günstigsten Fall auch Grundüberzeugungen sollen in der Therapie korrigiert werden.

Tabelle 22.4: Denkfehler

Dichotomes Denken	Schwarz-Weiß-Denken, Alles-oder-Nichts-Denken.
Katastrophisieren	An das Schlimmste, was passieren könnte, denken.
Personalisierung	Bezug von negativen Ereignissen auf die eigene Person, auch wenn es keine hinreichenden Belege dafür gibt.
Willkürliches Schlussfolgern	Schlüsse ohne ausreichende Belege.
Übergeneralisierungen	Wenn es in einem Fall stimmt, dann trifft es in jedem ähnlichen Fall auch zu.
Selektive Abstraktionen	Einige Einzelinformationen werden überbewertet und abstrahiert, z.B. wenn jemand, der von allen gegrüßt wird, von einer Person nicht beachtet wird und deshalb denkt, dass ihn *keiner* mag.
Maximieren und Minimieren	Positive Ereignisse gering erachten und negative Ereignisse überbewerten.
Emotionale Beweisführung	Das Gefühl wird als Beweis für die Richtigkeit der Gedanken genommen: „Ich fühle mich dumm, also bin ich es auch."
Etikettierung	Aus einer Handlung wird ein umfassender Sachverhalt gemacht, z.B.: „Ich habe verloren – ich bin ein absoluter Verlierer!"
Gedankenlesen	Die Gedanken der anderen kennen, ohne das überprüft zu haben: „Die anderen denken, ich schaffe es nie zum Therapeuten!"
Tunnelblick (selektive Aufmerksamkeit)	Jemand erkennt nur einen bestimmten Aspekt seines gegenwärtigen Lebens: „Wenn ich die Approbationsprüfung nicht bestehe, dann ist mein Leben verpfuscht!"

Therapie: Es handelt sich um ein stark strukturiertes und direktives Vorgehen, das Informationsvermittlung (Zusammenhänge von Denken, Fühlen und Handeln erläutern), Motivationsaufbau und den Einsatz kognitiver und verhaltensorientierter Verfahren umfasst. Die wichtigste Methode der Gesprächsführung ist der Sokratische Dialog (s. S. 215).

- **Verhaltensorientierte Verfahren** dienen dazu, den Klienten zu aktivieren und seine affektiven Störungen wenigstens ansatzweise in den Griff zu bekommen. Die Änderung des Verhaltens führt zu positiven Emotionen, diese wiederum führen zu veränderten Kognitionen. Zu den verhaltensorientierten Techniken gehören:
  - graduierte Aufgabenstellung (schrittweise Wiederaufnahme von Aktivitäten), Aktivitätsplanung und -durchführung (s. S. 237),
  - *„Mastery-und-Pleasure-Technik"*: Patienten erfassen in einem Tagebuch Aktivitäten, die sie gemeistert haben (M), und solche, die ihnen Freude gemacht haben (P), zur Differenzierung des eigenen Verhaltensrepertoires.
- **Kognitive Verfahren** sollen dazu dienen, eine langfristige kognitive Umstrukturierung zu erreichen. Negative Kognitionen sollen durch funktionalere ersetzt werden, was zu aktiverem, kompetenterem Verhalten führen soll. Zu den kognitionsorientierten Verfahren gehören:
  - *Selbstbeobachtung* der eigenen Gedanken: Sammeln und Aufzeichnen automatischer Gedanken über Gedankenprotokolle, Vorgabe der „Drei-Spalten-Technik": Situation + Gefühl + automatischer Gedanke.
  - Auseinandersetzung mit den automatischen Gedanken: Erkennen von Mustern kognitiver Verzerrungen und Finden einer funktionalen Gedankenalternative durch die „Fünf-Spalten-Technik": Situation + Gefühl + automatischer Gedanke + mögliche Neubewertungen/neue Gedanken + Gefühl mit neuen Gedanken.

225

- *Realitätstesten*: Überprüfen der Kognitionen an der Realität, z. B. durch Umfragen, durch die Recherche fundierter Informationen oder durch Verhaltensexperimente.
- *Entkatastrophisieren* und *Umattribution* sowie Entwicklung von Alternativen: Das schlimmstmögliche Ergebnis wird vom Therapeuten angenommen, und die Folgen für den Patienten werden genau erfragt: „Was wäre eigentlich schlimm daran?"
- Aufbau von realistischen Erwartungen.

Indikation: ursprünglich entwickelt für Depressionen, mittlerweile auch bei Angststörungen, Persönlichkeitsstörungen, Essstörungen, Abhängigkeiten, Schizophrenie.

22.4.2 Rational-Emotive Therapie nach Ellis

Die Rational-Emotive Therapie (RET) wurde von Ellis (2008) Ende der 1950er-Jahre entwickelt und nimmt ebenfalls an, dass Kognitionen, Emotionen und Verhaltensmuster sich gegenseitig in komplexer Weise beeinflussen. Psychische Störungen sind das Resultat einer verzerrten, irrationalen Denkweise des Patienten. Irrationale Denkmuster sind biologisch prädisponiert, zusätzlich werden sie durch Erziehung und Fremdindoktrination erlernt. Dadurch entwickelt sich ein dogmatisches Gedanken- und Bewertungssystems **(belief system)**. In Belastungssituationen werden diese irrationalen Gedanken vermehrt aktiviert. Es kommt zur Ausbildung einer psychischen Störung, welche durch fortgesetzte Selbstindoktrination in Form innerer Selbstgespräche aufrechterhalten wird. Die RET beruht auf der sogenannten ▶ **ABC-Theorie**. Dabei steht:

- **A** für **Activating Event**: Auslösendes, internes oder externes Ereignis,
- **B** für **Belief**: Bewertung des Ereignisses und
- **C** für **Consequences**: emotionale Reaktionen und Verhaltensweisen, die auf A folgen.

Die zentrale Annahme ist, dass nicht das Ereignis (A) an sich die emotionalen Konsequenzen (C) auslöst, sondern die Bewertung (B) des Ereignisses (A) für die Konsequenzen (C) von entscheidender Bedeutung ist.

Tabelle 22.5: Die ABC-Schemata von Ronny und Marcel

Activating Event A	Belief B (über A)	Consequences C
Meine Freundin verlässt mich.	Ronny: „Sie ist die Beste, und ich kann ohne sie nicht leben."	Sich deprimiert fühlen, in der Folge sozialer Rückzug, Grübeln.
	Marcel: „Blöde Kuh! Aber meine Kumpels sind mir eh wichtiger."	Sich ärgern, die Kumpels treffen und jede Menge Spaß haben.

Ellis identifizierte bei seinen Patienten zwölf typische irrationale Glaubenssätze („das schmutzige Dutzend") wie z. B.: „Ich muss immer gemocht werden!", oder: „Es ist besser, Schwierigkeiten auszuweichen, als sich Ihnen zu stellen!", usw., welchen letztlich drei irrationale Ideologien („musturbatorische Forderungen") zugrunde liegen:

1. Ich *muss* erfolgreich sein!
2. Du *musst* mich gut behandeln!
3. Meine Lebensbedingungen *müssen* gut sein!

Ziel des rational-emotiven Ansatzes ist die Änderung jener Aspekte des Bewertungssystems des Betroffenen, die als irrational identifiziert werden, d. h. eine Änderung seiner „philosophischen Einstellungen" zum Leben.

Therapie: Auch hier wird eine Kombination kognitiver und verhaltensorientierter Techniken angewendet. Und auch hier ist die wichtigste Methode der Sokratische Dialog (s. S. 215).

- **Kognitiv orientierte Techniken** beinhalten:
  - die Vermittlung der Grundlagen der RET (ABC-Modell),
  - die Erfassung der irrationalen Bewertungen, also des „belief model" (ABC-Modelle zu Situationen erstellen, in denen die Person problematisches Verhalten zeigt oder Erleben schildert),
  - **rationale Disputation:** Erörterung, Erschütterung und Veränderung der irrationalen Annahmen (ABCDE-Technik; D = Disputation, E = neuer Effekt), ◀
  - Ersetzen der irrationalen Annahmen durch rationale Annahmen bzw. eine rationale Lebensphilosophie, Testen der rationalen Annahmen.

Der Therapeut geht in der Therapie aktiv und stark direktiv vor (Rolle eines „Erziehers"). Außerdem werden

- **behaviorale Techniken** wie Verhaltensexperimente, Befragung anderer Personen, Aufzeichnungen und
- **emotiv-evokative Techniken** wie Übungen zum Gefühlserleben und Gefühlsausdruck, Humor und auch Provokation, gezielte Selbstöffnung des Therapeuten, „shame attacking exercises", Sprichwörter, Lieder, Gedichte, Bibliotherapie verwendet.

Selbstbewusst schreibt Ellis (1997, S. 166) über die von ihm konzipierte RET: „Wenn die Menschen ihre Störungen hauptsächlich dadurch abbauen, dass sie ihre Toleranz für die unvermeidlichen Frustrationen des Lebens heraufsetzen und ihre unvernünftigen, grandiosen Forderungen in vernünftige, nicht zwingende Präferenzen verwandeln, dann wird das Problem, wie man ihnen rascher und besser dazu verhelfen kann, zu dem therapeutischen Kernproblem."

Symptomstress: Ellis hat zudem einen zentralen Aspekt psychischer Probleme beschrieben, den er Symptomstress (auch: Sekundärproblematik) nennt: Aus einem C (depressive Gefühlslage) kann ein neues A („es ist schrecklich, an Depression zu leiden") werden (Entwicklung eines Problems mit dem Problem). Die Sekundärproblematik erschwert oft einen direkten Zugang zur eigentlichen Symptomatik. Die zunächst Sokratische Auseinandersetzung mit der Sekundärproblematik („was ist so schlimm daran, dass Sie …") ermöglicht oft überhaupt erst eine effektive Behandlung der Primärpathologie.

Einschätzung: Die beiden vorgestellten kognitiven Therapieformen werden in der praktischen Tätigkeit nach unserer Erfahrung nicht dermaßen streng getrennt angewendet, wie es die Theorie nahelegt.

22.4.3 Kognitive Verhaltensmodifikation nach Meichenbaum

Der von Meichenbaum (2010) beschriebene **innere Monolog** stützt sich auf sprachpsychologische Modelle, nach denen die Sprache anfangs externale und dann schrittweise internale Steuerungsfunktion für Verhalten bekommt. Der innere Monolog ist demnach eine Form des internalisierten Sprechens zu sich selbst („wow, ist das spannend, ich mag weiterlesen!") Meichenbaum hat zwei wichtige Ansätze entwickelt:

22.4.3.1 Selbstinstruktionstraining

Ziel: Vermittlung zielführender Selbstinstruktionen (Handlungsanweisungen an sich selbst).

Indikation: ursprünglich für Kinder entwickelt, die durch sprachliche Instruktionen nur wenig erreichbar waren, z. B. bei Impulsivität, Hyperaktivität, Aggressivität. Anwendung jedoch auch bei Erwachsenen zur Veränderung problematischer Selbstinstruktionen, z. B. bei Prüfungs- und Versagensängsten.

Kontraindikation: schwere Intelligenzminderung, Kinder unter drei Jahren, Mutismus, Autismus.

▶ **Durchführung:**
1. Modelllernen: Der Therapeut führt unter lautem Sprechen eine Aufgabe durch.
2. Offene externale Instruktion: Der Patient versucht, die Aufgabe zu bewältigen, während der Therapeut die Anweisungen laut vorspricht.
3. Offene internale Instruktion: Der Patient spricht sich selber laut die Anweisungen vor und führt die Aufgabe durch.
4. Ausblendende offene Instruktion: Der Patient spricht die Anweisung nur noch leise (Ausblenden der Hilfestellung).
5. Verdeckte Selbstinstruktion: Der Patient gibt sich die Anweisungen nur noch internalisiert, also gedanklich.

22.4.3.2 Stressimpfungstraining

Ziel: Bewältigung allgemeiner Stress- und Belastungssituationen. Impfung meint den Erwerb von Strategien, um mit Belastungen umzugehen, wobei die Annahme ist, dass Stress und Belastungen in hohem Maße durch kognitive Aspekte vermittelt sind.

Indikation: Einsatz in den verschiedensten präventiv beratenden und therapeutischen Tätigkeitsbereichen.

Durchführung:
1. **Unterrichtsphase:** Problemanalyse und Vermittlung eines plausiblen Erklärungsmodells, Rückbezug auf das psychophysiologische Modell von Schachter und Singer (s. S. 11), Identifikation der negativen Selbstverbalisationen.
2. **Übungsphase:** Vermittlung kognitiver Strategien im Umgang mit Stress, z. B. einer positiven Selbstverbalisation wie: „Ich kann die Prüfungsangst zwar nicht abschalten, aber ich kann damit umgehen. Tief Luft holen, ich schaffe das!" Außerdem Entspannung und Rollenspiele.
3. **Anwendungsphase:** Einsatz der gelernten Bewältigungsfertigkeiten im Alltag: „Ich absolviere die Prüfung, und aufgrund der Impfung durch das Training mache ich die Erfahrung, die reale Belastung erfolgreich überstanden zu haben."

22.4.4 Verdeckte Verfahren ≙ imaginativ

Annahme: Kognitive Prozesse können in Analogie zu beobachtbaren Abläufen verstanden werden. Sie können genauso lerntheoretisch erklärt werden. Da Kognitionen nicht beobachtbar sind, werden sie als verdeckt bezeichnet. Die Idee ist, offen beobachtbares Verhalten zu verändern, indem verdeckte Gedanken oder Vorstellungen modifiziert werden. Verdeckte Reaktionen werden als „*coverants*" bezeichnet.

Indikation: wenn eine Kontrolle des Verhaltens durch den Therapeuten nicht möglich ist, prinzipiell bei der Reduktion unerwünschten Annäherungsverhaltens und zum Aufbau erwünschten Verhaltens, bei Süchten, sexuellen Störungen, Zwang, Ängsten, chronischen Schmerzen, nervösen Störungen.

Varianten: Kennzeichen aller Verfahren ist der Einsatz von Imaginationen.
- Verdeckte positive und negative Verstärkung: vorgestelltes oder tatsächliches Verhalten wird mit einer vorgestellten Verstärkung verknüpft.
- Verdeckte Löschung: Auf ein vorgestelltes problematisches Verhalten (beim Gespräch rot werden) folgen nicht die erwarteten Konsequenzen (ohne dass andere etwas Kritisches dazu sagen).
- Verdeckte Sensibilisierung: Ziel ist der *Aufbau einer Vermeidungsreaktion* gegenüber 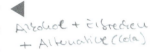 einem unerwünschten Stimulus durch Vorstellung einer (bisher) angenehmen Szene (z. B. Stehlen) mit einer aversiven Szene (z. B. Erbrechen) bei gleichzeitigem Aufbau von Alternativverhalten.
- Verdecktes Gegenkonditionieren: Ziel ist die *Hemmung einer Vermeidungsreaktion* (Vermeidung des Kaufhauses) bei gleichzeitigem Aufbau von erwünschtem Verhalten (in das Kaufhaus gehen) durch Kopplung mit einer angenehmen Vorstellung (Erinnerung an den letzten Urlaub).
- Verdecktes Modelllernen: Vorstellung, wie ein Modell (Heidi Klum lässig und lächelnd beim Bauch-Beine-Po-Training) sich so verhält, wie man sich selbst verhalten möchte (ich [auch] beim Bauch-Beine-Po-Training).
- Methode der Coverant Control: Ein verhaltensauslösender Stimulus (Griff zur Wodka-  flasche) wird mit einer negativen Kognition ("Alkohol macht impotent") gekoppelt.

Gedankenstopp: Ein Beispiel für eine verdeckte Methode ist neben dem mentalen Üben (Sportler, Musiker) das Verfahren des Gedankenstopps mit dem Ziel, Kontrolle über wiederkehrende unerwünschte, zumeist negativistische Gedanken zu erhalten. Dazu soll der Patient den Zielgedanken innerlich denken, der Therapeut unterbricht dieses Verhalten für den Patienten unerwartet durch einen lauten "Stopp"-Ruf, Klatschen o. Ä., woraufhin der Patient in der Regel erlebt, den Gedanken nicht mehr weitergedacht zu haben. Das wird mehrmals wiederholt. Als Nächstes soll der Patient lernen, sich das Stoppsignal leise selbst zu geben, verbunden mit der Hausaufgabe des täglichen Übens. An dieser Stelle wird die Intervention zu einem verdeckten Verfahren. Die Gedankenstopptechnik ist **kontraindiziert** bei **Zwang**, da Zwangsgedanken durch das Unterdrücken noch häufiger auftreten.

22.4.5 Problemlösetraining

Abgesehen davon, dass der gesamte verhaltenstherapeutische Therapieprozess im Rahmen der Selbstmanagementtherapie grundlegend als Problemlöseprozess verstanden wird, beispielhaft ausgedrückt im Sieben-Phasen-Modell des therapeutischen Prozesses (vgl. S. 214), stellen Problemlösetechniken auch eine eigene Interventionsmethode dar (D'Zurilla & Goldfried, 1971).
Probleme werden definiert als Diskrepanz zwischen einem unerwünschten Ausgangszustand und einem erwünschten Zielzustand, zwischen dem eine Barriere besteht. Problemlösen ermöglicht es, diese Barriere zu überwinden. Tabelle 22.6 verdeutlicht die Stufen des Problemlöseprozesses.

Ziel: Erarbeitung effektiver Handlungsmöglichkeiten.

Indikation: unspezifisch, bei fast allen psychischen Störungen.

Kontraindikation: wenn aktive Mitarbeit nicht möglich ist, z. B. stark verlangsamte Depression, floride Psychose, eventuell bei stark kognitiv orientierten Patienten, die Problemlösen zur Vermeidung emotionaler Erlebensinhalte nutzen.

Durchführung: Der Therapeut vermittelt Wissen zum Training (edukativ), strukturiert das Vorgehen, tritt als Modell auf (z. B. für Brainstorming) und verstärkt den Patienten in seinen Bemühungen.

▶ Tabelle 22.6: Stufen im Problemlöseprozess (nach Kossarz, 2013)

1	**Problemorientierung** **A – Attitude**	Arbeit an den generellen Einstellungen des Patienten zu Problemen; Probleme als lösbare Herausforderungen sehen lernen
2	**Problem- und Zieldefinition** **D – Define**	Aktuellen Ausgangszustand, Ziel und Barriere möglichst konkret und verhaltensnah beschreiben
3	**Erarbeitung von Alternativen** **A – Alternatives**	Über *Brainstorming* alle Ideen, auch ungewöhnliche oder absurde, sammeln, noch keine Bewertung hinsichtlich der Umsetzbarkeit
4	**Entscheidung für eine Alternative** **P – Predict**	Systematisch Vor- und Nachteile der Lösungen sammeln (Prädiktion) und Entscheidung für die Alternative mit dem geringsten Aufwand und dem größten Nutzen
5	**Implementierung und Überprüfung** **T – Try out**	Erprobung im Alltag und Evaluation, bei negativem Ergebnis Wiedereinstieg auf einer der vorigen Stufen

Problemlösetechniken sind bspw. Brainstorming und Brainwriting (Sammeln aller Lösungsmöglichkeiten ohne Selektion), Mind Mapping (Erstellung visueller Landkarten der Gedanken) und Focusing (Verdeutlichung wesentlicher Problemaspekte durch körperliches Spüren, vgl. S. 297). Die Synektik ist eine Kreativitätsmethode zum Anregen unbewusst ablaufender Denkprozesse und nutzt die Verfremdung der ursprünglichen Problemdefinition durch Bildung von Analogien.

22.5 Selbstkontrollverfahren (Selbstmanagement)

Nach Kanfer et al. (2012) ist Verhalten das Resultat eines dynamischen und komplexen Interaktionsprozess von Alpha-, Beta- und Gamma-Variablen im Verhaltensrepertoire eines Menschen (s. S. 209). Um das Konzept der Selbstkontrolle zu verstehen, sind die folgenden Begriffsklärungen nötig.

Selbstmanagement meint die Fähigkeit eines Menschen, das eigene Verhalten unter Nutzung spezieller Strategien zu steuern und zu verändern. Bei der Selbstmanagementtherapie leitet der Therapeut den Patienten allgemein zu besserer Selbststeuerung an und motiviert und befähigt ihn dazu, bestimmte **Probleme** möglichst **aktiv, selbstständig** und **effizient** zu **bewältigen**. Daher kommt es in den Therapiephasen zum Einsatz von Strategien der Selbstkontrolle. Selbstmanagement bezeichnet außerdem eine Art Metamodell des therapeutischen Prozesses, bei dem Therapie als mehrphasiger Änderungsprozess angesehen wird (vgl. „das Sieben-Phasen-Modell des therapeutischen Prozesses ", S. 214).

Selbstregulation meint diejenigen Prozesse, die bei der Steuerung menschlichen Verhaltens zum Teil rasch und automatisiert ablaufen (z. B. Autofahren). Beim Erlernen einer neuen Verhaltensweise oder dem Unterbrechen einer Verhaltenskette (Autofahrer hat sich verfahren) beginnt jedoch ein expliziter Selbstregulationsprozess (Umschaltung auf kontrollierte Informationsverarbeitung). Die Aufgabe in der Therapie ist es häufig, Automatismen bewusst zu machen und zu verändern. Kanfer unterscheidet **drei Stufen der kontrollierten Selbstregulation**:

1. **Selbstbeobachtung:** Der Patient soll seine Verhaltensweisen beobachten und protokollieren.
2. **Selbstbewertung:** Die Informationen aus der Selbstbeobachtung werden mit bestimmten Kriterien bzw. Standards verglichen.
3. **Selbstverstärkung** (Selbstbestrafung): Einsatz von Verstärkung bei erwünschtem Verhalten und Bestrafung bei unerwünschtem Verhalten durch den Patienten selber, um das erwünschte Verhalten in Zukunft häufiger und das unerwünschte seltener zu zeigen.

Abbildung 22.2: Die drei Stufen der Selbstregulation

Selbstkontrolle ist ein Spezialfall der Selbstregulation, bei dem ein automatisierter Verhaltensablauf aufgrund eines Konflikts (z. B. zwischen verschiedenen Zielen) unterbrochen wird und das Verhalten gezeigt wird, welches unter den aktuellen Verstärkerbedingungen *nicht* zu erwarten gewesen wäre. Die Beispiele hierfür sind:

- **Heldenhaftes Verhalten:** Es werden kurzfristig negative Konsequenzen in Kauf genommen, um langfristig Verstärkung zu erlangen (z. B. für die Prüfung lernen, um langfristig beruflich erfolgreich zu sein).
- **Widerstehen einer Versuchung:** Der kurzfristige Wegfall positiver Konsequenzen wird in Kauf genommen, um langfristig Verstärkung zu erlangen (z. B. nichts Süßes essen, um langfristig abzunehmen).

22.5.1 Methoden der Selbstkontrolle

Lerntheoretisch würde man erwarten, dass Menschen permanent Verhalten zeigen, dass unter kurzfristiger Kontrolle steht (Menschen sind Lustmaximierer!, vgl. „Das psychodynamische Trieb-Struktur-Modell", S. 264), dennoch ist bekannt, dass wir in der Lage sind, kurzfristig auf positive Konsequenzen zu verzichten („Schatz, heute kein Sex, muss noch lernen!") oder gar aversive Konsequenzen in Kauf zu nehmen (Schatz schmollt), um langfristig Vorteile (ich bin Psychotherapeut!) zu erhalten. Für die Steuerung des Verhaltens stehen also die Beta-Variablen zeitweilig im Vordergrund. Die Methoden der Selbstkontrolle werden selten einzeln angewendet, sie sind eher Bestandteil eines Gesamtprogramms. Sie sind speziell dann gut einsetzbar, wenn problematische Umgebungsvariablen nicht veränderbar sind (z. B. Verfügbarkeit von Lebensmitteln, Alkohol).

Indikation: in jedem Setting, mit allen Patientengruppen, bei allen Störungsbildern.

Selbstbeobachtung: Beobachtung und Aufzeichnung des eigenen Verhaltens, v. a. in natürlicher Umgebung und zur Identifikation kognitiver Prozesse. Beispiele: Stimmungsprotokoll, Strichlisten, Esstagebuch etc. Anfangs zeigen sich häufig **reaktive Effekte** in Richtung des gewünschten Zielverhaltens, welche jedoch einer therapeutischen Stabilisierung bedürfen.

Kontingenzkontrolle, Selbstbelohnung bzw. Selbstbestrafung: Ziel ist die Steuerung des eigenen Verhaltens durch den Einsatz gezielter, selbst gesetzter Kontingenzen (z. B. „Sex erst nach dem Lernen der Selbstkontrollverfahren"). Wie bei der Fremdverstärkung (s. S. 216) können in Anlehnung an die operante Terminologie verschiedene Möglichkeiten der Selbstbestrafung und -verstärkung unterschieden werden. Günstigerweise kann die Festlegung der Kontigenzen in sogenannten Kontrakten bzw. „Verträgen mit sich selbst" erfolgen. Beim Contract-Management werden das zu erreichende Verhalten wie auch die Kontingenzen (Verstärkung oder Bestrafung) konkret beschrieben und festgelegt (s. S. 218).

▶ **Stimuluskontrolle** ist die Veränderung der Auslösebedingungen eines problematischen Verhaltens, d. h., die nähere Umgebung (soziale und physikalische Umgebungsvariablen) wird von der Person selber so verändert, dass eine ungünstige automatisierte Handlungskette unterbrochen wird. Beispiele: bei Bulimie nur wenig Lebensmittel im Haus haben; bei Arbeitsstörung Schreibtischumgebung so einrichten, dass wenig ablenkende Reize vorhanden sind; bei Schlafstörungen das Bett nur zum Schlafen nutzen und z. B. dort nicht wach liegen oder am Laptop arbeiten. Stimuluskontrolle ist (physikalisch) nicht immer realisierbar, dann ist ein Übergang zu verdeckter Selbstinstruktion möglich (z. B. verbale Instruktion zum Verzicht auf Dessert bei einer Betriebsfeier).

22.6 Apparative Verfahren

22.6.1 Biofeedback

Biofeedback-Geräte erfassen physiologische Prozesse und geben dem Patienten eine kontingente Rückmeldung über diese. Über die eingesetzten Geräte wird ein meist akustisches oder optisches Feedback zur Stärke eines physiologischen Prozesses gegeben. Darüber kann der Patient lernen, diese Prozesse zu kontrollieren, zu regulieren und seine Selbstkontrolle verbessern. In Tabelle 22.7 werden häufig eingesetzte Messparameter beim Biofeedback dargestellt.

Ziel: Kontrolle über vegetativ und willkürmotorisch gesteuerte Vorgänge erwerben, die für die Entstehung oder Aufrechterhaltung einer Symptomatik relevant sind, und Normalisierung der entsprechenden Parameter, außerdem:
- Wahrnehmung für körperliche Veränderungen verbessern, z. B. der viszeralen Wahrnehmung,
- Selbstwirksamkeitserwartung steigern (Erleben, dass eine aktive Beeinflussung der Symptomatik möglich ist),
- Zusammenhänge zwischen psychischen und physischen Prozessen erleben und somit ein psychosomatisches Krankheitsmodell besser verstehen, z. B. bei somatoformen Störungen.

▶ **Indikation:** Spannungskopfschmerz, andere Schmerzsyndrome mit Beteiligung muskulärer Anspannung, z. B. Kreuzschmerzen, Migräne (Vasokonstriktionstraining), Harn- und Stuhlinkontinenz, Fehlhaltungen des Bewegungsapparates (z. B. Skoliose), Lähmungen und andere neuromuskuläre Erkrankungen (z. B. nach Schlaganfällen), Morbus Raynaud, Epilepsie. Eine herausragende Bedeutung hat das Biofeedback beim Erlernen von Entspannung.

Tabelle 22.7: Häufig eingesetzte Messparameter beim Biofeedback (modifiziert nach Rau, 2013)

Messparameter	Was wird gemessen?	Anwendung
Elektromyogramm (EMG)	Messung der elektrischen Muskelaktivität durch Oberflächenelektroden an entsprechenden Muskelgruppen	Spannungskopfschmerz, neuromuskuläre Erkrankungen wie Paresen, Spasmen etc., chronische muskuläre (Rücken-)Schmerzen Bruxismus, Inkontinenz
Elektroenzephalogramm (EEG)	Messung der elektrischen Gehirnaktivität	Epilepsie, ADHS Kommunikation über Brain Computer Interfaces bei amyotropher Lateralsklerose
Elektrokardiogramm (EKG)	Messung der Herzfrequenz	Herzrhythmusstörungen (Tachykardien)
Hautoberflächentemperatur	Indirekte Messung des Blutflusses, der bei Entspannung aufgrund der Erweiterung der Blutgefäße erhöht ist	Entspannung
Plethysmografie	Zur Messung der peripheren Durchblutung mittels Fotoplethysmograf, z.B. an der Fingerkuppe; ist exakter als die Hautoberflächentemperaturmessung	Entspannung, Migräne, psychophysiologische Zusammenhänge allgemein
Blutdruck	Messung des Blutdrucks; Fingermanschette zur kontinuierlichen Blutdruckmessung	Arterielle Hypertonie
Elektrodermale Aktivität (EDA)	Messung der Hautleitfähigkeit, die bei Aktivierung aufgrund der Schweißdrüsenaktivität höher ist; ist ein gutes Maß für Sympathikusaktivität und somit Gesamtaktiviertheit des Organismus; Oberflächenelektroden an Handballen oder Fingern	Entspannung, Migräne, psychophysiologische Zusammenhänge allgemein
Atemfunktion	Messung der Atemfrequenz oder Atemqualität; dehnungssensibler Gurt über der Brust oder Bauchhöhle	Bei Entspannung, Asthma, Hyperventilationssyndrom

Wirkweise: operante Konditionierung autonomer Funktionen.

Durchführung:

- Kognitive Vorbereitung: Informationen zur Methode und Vorgehensweise, Erfolgserwartung aufbauen.
- Anlegen der Messfühler, Erhebung der Baseline.
- Demonstration psychophysiologischer Zusammenhänge durch Induktion von Stress (z. B. mathematische Aufgaben lösen, Hyperventilation).

- Übungsphase: Der Patient erhält die Instruktion, den Messwert (also sein Körpersignal) anhand der Rückmeldungen erst einmal nur irgendwie zu beeinflussen, später soll er eine gezielte Beeinflussung erlernen. Das entspricht letztlich einem Üben der Kontrolle über den körperlichen Prozess, meist über Shaping (s. S. 216) mit ansteigender Schwierigkeit.
- Alltagstransfer und Generalisierung der Therapieerfolge (zeitweises Ausblenden der Rückmeldung, Üben im Alltag, zum Teil mit tragbaren Übungsgeräten).

22.6.2 Apparative Enuresistherapie

Ziel: Hilfe beim Erlernen der Wahrnehmung und der Diskriminierung des Harndrangreizes. Der Apparat ist ein Weckgerät („Klingelhose" oder „Klingelmatratze"), dessen Signal beim Harnlassen ausgelöst wird und den Einnässenden weckt. Das Signal hält (bei der Hose) an, bis die Person die Entleerungsposition auf der Toilette einnimmt (vgl. „Ausscheidungsstörunge", S. 337).

Wirkweise: eher über operante Konditionierung als über klassische Konditionierung.

Wirksamkeit: gilt als sehr wirksam, 75–85 % Heilungsraten.

22.7 Entspannungsverfahren

Ziel: Entspannungsverfahren sind übende Verfahren, die das Ziel haben, körperliche und mentale Anspannung abzubauen. Das Beherrschen von Entspannung kann ein eigenständiges Therapieziel sein, um langfristig das Arousal-Niveau zu senken oder auch als Bewältigungsmethode vermittelt werden, um Situationen, die mit psychophysiologischer Spannung einhergehen, besser zu beherrschen. Entspannung ist zum Teil Voraussetzung für die Anwendung anderer therapeutischer Verfahren wie z. B. der systematischen Desensibilisierung. Erfolgreiche Entspannung geht mit einer niedrigen Aktivierung (geringer sympathischer Aktivität) einher.

▶ **Psychophysiologische Veränderungen bei Entspannung:**
- periphere Gefäßerweiterung (Vasodilitation), d. h. vermehrter Blutfluss speziell in Händen und Füßen (Hautoberflächentemperatur),
- Abnahme der Herzfrequenz (EKG),
- Senkung des arteriellen Blutdrucks (Blutdruckmessung),
- Verlangsamung der Atemzyklen und Senkung des Sauerstoffverbrauchs (Atemfunktion),
- Entspannung der (Skelett-)Muskulatur (EMG),
- Geringere Schweißproduktion und hierüber Reduktion der Hautleitfähigkeit und Erhöhung des Hautwiderstands (elektrodermale Aktivität),
- Zunahme der Aktivität der Alpha-Wellen (vgl. „EEG", S. 109).

Indikation: Angststörungen, Kopfschmerzen, Nervosität, funktionelle Störungen des Magen-Darm-Trakts, Herz-Kreislauf-Erkrankungen wie Hypertonie, Muskel- und Gelenkerkrankungen, Schlafstörungen.

▶ **Kontraindikationen:** Herzfunktionsstörungen, Atemwegserkrankungen, Hypotonie (da der Blutdruck bei Entspannung sinkt), einige neurologische Störungen, akute Psychosen, Migräneanfall (da weitere Gefäßerweiterung ungünstig ist), Zwang, Demenz, schwere Depression, Hypochondrie (kann introspektive Wahrnehmung verstärken).

Mögliche Nebenwirkungen: vermehrte Selbstbeobachtung, Depersonalisations- und Derealisationssymptome durch die veränderte Körperwahrnehmung, Angst, z. B. vor Kontrollverlust

Es werden **autosuggestive** (z. B. progressive Muskelrelaxation, autogenes Training) und **fremdsuggestive Verfahren** (z. B. Hypnose, katathymes Bilderleben), welche jedoch (auch) immer über Selbstsuggestion wirken, unterschieden. Das Erlernen von Entspannung dauert relativ lange; ein Üben zwischen den Therapiesitzungen ist von immenser Bedeutung. Jede Entspannungsübung ist ein dreistufiger Prozess aus erstens Entspannungsinduktion, zweitens einem mehr oder weniger langen Verharren in der Entspannung und drittens einer aktiven Rücknahme der Entspannung (außer vorm Schlafen).

22.7.1 Progressive Muskelrelaxation

Ziel: Durch die willentliche und bewusste An- und Entspannung bestimmter Muskelgruppen soll ein vertiefter Ruhezustand des ganzen Körpers erreicht werden. Das ursprünglich von Edmund Jacobsen in den 1930er-Jahren entwickelte Progressive Muskelrelaxationstraining (PMR) wird wegen zu langer Anspannzeiten und eines zu hohen Zeitaufwandes heute kaum noch in der ursprünglichen Weise praktiziert. Es gibt eine Vielzahl von Übungsabwandlungen, die v. a. in der Anzahl der einbezogenen Muskelgruppen variieren. Diese unterschiedlichen Verfahren werden mittlerweile häufig unter dem Begriff **progressive Relaxation** zusammengefasst.

Indikation: Angststörungen (systematische Desensibilisierung) und Phobien, Depressionen, Essstörungen, arterielle Hypertonie, koronare Herzerkrankung, PTSD, Stress, Schlafstörungen, verschiedene Schmerzsyndrome (Kopf-, Rückenschmerzen), Bruxismus; gut geeignet bei motorisch aktiven, eher ungeduldigen Patienten, da es eher „körpernah" ausgerichtet ist.

Durchführung: auf wenig Reizeinwirkung von außen achten, bequeme Sessel oder Matten, einengende Kleidung lockern, bequeme Körperhaltung, Augen schließen:
1. Hinspüren, Konzentration auf eine Muskelgruppe (z. B. rechte Hand),
2. Signalwort: „Anspannung" mit dem Ziel des Anspannens der Muskelgruppe, ohne zu verkrampfen, Spannung halten für ca. zehn Sekunden.
3. Signalwort: „Loslassen".
4. Ruhephase mit Nachspüren, Patient wird angehalten, den Unterschied zwischen Phase 2 und 4 zu spüren, ca. 30 Sekunden.

Anfangs erfolgt die Durchführung therapeutengeleitet. Mit der Zeit soll die Person jedoch lernen, muskuläre Entspannung herbeizuführen, wann immer sie dies möchte.

22.7.2 Autogenes Training

Ziel: Auf konzentrativ-suggestive Weise soll eine Selbstentspannung herbeigeführt werden, angestrebt wird eine organismische Umschaltung von ergotroper zu trophotroper Reaktionslage (vgl. „autonomes Nervensystem", S. 84). Über **Autosuggestionen** soll der Patient Einfluss auf körperliche und psychische Prozesse nehmen. Der Berliner Psychiater Johannes Heinrich Schultz stellte das autogene Training (AT) erstmals in den 1930er-Jahren vor. Er entwickelte das AT aus der Hypnose, angestrebt wird ein Hypnoid.

Indikation: Psychohygiene und -prophylaxe, psychosomatische und funktionelle Störungen, Schmerz (Kühle- bzw. Wärmesuggestion), Schlafstörungen, Angstsyndrome, Geburtshilfe.

▶ **Kontraindikation:** akute Psychose.

Durchführung: Zu jeder Übung gehören ein bis zwei Formeln (z. B. „mein rechter Arm ist ganz schwer"), die anfangs der Therapeut, später der Patient sich selbst fünf- bis sechsmal inhaltlich vorsagt bzw. vorstellt (vgl. Tabelle 22.8).

Tabelle 22.8: Ablauf des autogenen Trainings

Schwereübung	Muskelentspannung	Grundübungen
Wärmeübung	Wärmegefühl in den Gliedmaßen	
Herzübung	Wahrnehmung des Herzschlages (passives Herzerlebnis)	
Atemübung	Entspannungsvertiefung durch ruhige Atmung	Organübungen
Bauch-/Sonnengeflechtsübung	Konzentration auf Solarplexus	
Stirnübung („relative Stirnkühle")	Konzentration auf kühle Stirn	

Ggf. formelhafte Vorsatzbildung je nach Problematik des Klienten, z. B. „überall und jederzeit Ruhe und Gelassenheit"

Ggf. Oberstufenübungen
(eher analytisch orientierte Wachtraumarbeit; Erlebnisse des eigenen Imaginierens werden mit dem Therapeuten vertieft und therapeutisch genutzt)

Immer: aktive Rücknahme der Entspannung:
„Arme fest, Atmung tief, Augen auf!"

22.7.3 Angewandte Entspannung

Ziel: den Zustand der Entspannung in jeder Situation und in Sekundenschnelle herstellen können. Speziell bei Angststörungen sollen bereits frühe Signale der Angst wahrgenommen werden, und in Angstsituationen soll durch das Herbeiführen der Entspannung ein besseres Symptommanagement erlernt werden. Die Methode der angewandten Entspannung nach Öst (applied relaxation, 1987) basiert auf der PMR.

▶ **Indikation:** v. a. generalisierte Angststörung (hier v. a. bei Patienten mit starker körperlicher Symptomatik).

Durchführung:
- Selbstbeobachtung (frühe Signale der Angst wahrnehmen lernen).
- Erlernen und Üben der „normalen" PMR.
- PMR ohne vorherige Anspannung: Entspannung der Muskeln in fünf bis sieben Minuten.
- *„Konditionierte Entspannung"*: Patient führt Entspannung in zwei bis drei Minuten herbei; durch Einführung eines Hinweiswortes, z. B. „Ruhe", Erlernen einer konditionierten Entspannungsreaktion.

- *„Differenzielle Entspannung"*: Anwendung der mit dem Signalwort konditionierten Entspannung in verschiedenen Aktivitätszuständen (geöffnete Augen, im Sitzen, im Stehen, im Gehen).
- Schnelle Entspannung: mit wenigen Atemzügen Entspannung in unkritischen Situationen herstellen, Üben an alltägliche Aktivitäten koppeln (Tisch decken, Zähne putzen etc.).
- Anwendung in Angst – und Stresssituationen (in sensu und in vivo).
- Erhaltungstraining.

22.7.4 Weitere Entspannungsverfahren

Imagination: Über Imaginationsübungen, z. B. über ein Ruhebild aus dem Urlaub oder eine durch den Therapeuten angeleitete Fantasiereise, kann Entspannung erzeugt oder vertieft werden, und es können positive Emotionen erzeugt werden. Besonders indiziert bei Angststörungen, onkologischen Erkrankungen, Schmerz und psychosomatischen Störungen.

Atemtechniken: Diese Übungen sollen den Atemvorgang bewusst machen. Besonders indiziert bei Schmerzzuständen, Angst, Schlafstörungen, Behandlung von Lungenerkrankungen.

Biofeedback: (s. S. 232).

22.8   Weitere Interventionsmethoden

Über die in den vorherigen Kapiteln vorgestellten Methoden hinaus existiert in der Verhaltenstherapie eine große Anzahl von weiteren Interventionstechniken, von denen im Folgenden die dezidiert prüfungsrelevanten vorgestellt werden sollen. Da bei allen psychischen Veränderungen aufgrund von irgendwie durchgeführten Interventionen davon ausgegangen werden kann, dass eine Form von Lernen stattgefunden hat, erlaubt sich die Verhaltenstherapie, kontinuierlich wirksame Methoden anderer therapeutischer Schulen zu assimilieren und zu integrieren, sodass keine abgeschlossene Liste der Interventionsmethoden existiert (vgl. „Aktuelle (verhaltens)therapeutische Entwicklungen", S. 245).

22.8.1 Psychoedukation

Es handelt sich um eine **didaktische Intervention**, bei der der Therapeut aktiv Wissen über eine psychische Erkrankung, ihre Ursachen und Behandlungsmöglichkeiten mit dem Ziel vermittelt, dass die Betroffenen ihre Erkrankung besser verstehen und angemessener damit umgehen können. Das ist auch für Angehörige möglich. Psychoedukation ist essenzieller Bestandteil jeder Verhaltenstherapie: Denn damit ein Patient im Sinne der Hilfe zur Selbsthilfe zu seinem eigenen Therapeuten gemacht werden kann, ist er auf diesen Wissenstransfer angewiesen.

Indikation: bei allen Störungen.

22.8.2 Aktivierung

Durch **Aktivitätsaufbau** lernt der Patient, häufiger als bisher eigeninitiiert Aktivitäten, v. a. solche, die verstärkenden Charakter haben, auszuführen. Dabei wird, ausgehend von den bestehenden Tagesabläufen der Patienten, schrittweise versucht, ihre Initiative zu fördern.

Indikation: unterdurchschnittliches Aktivitätsniveau, Vermeidung kleinster Tätigkeiten, grüblerisches und initiativloses Verhalten, v. a. bei Depressiven, Süchtigen und Dementen.

Durchführung: Instrumente zur Erfassung und Planung von Aktivitäten sind *Tages-* und *Wochenpläne.*

- Informationsvermittlung zur Notwendigkeit und Nützlichkeit des Aktivitätsaufbaus und Selbstbeobachtung zur Messung des aktuellen Aktivitätsniveaus, gemeinsame Auswertung der Konsequenzen der durchgeführten bzw. nicht durchgeführten Aktivitäten auf das Gesamtverhalten, speziell auf die Stimmung.
- Erhöhung des allgemeinen Aktivitätsniveaus: Auswahl bzw. Planung von Aktivitäten (wichtig: Auswahl gezielt angenehmer Aktivitäten und positive Verstärkung nach neutralen bzw. unangenehmen Aktivitäten), langsame Steigerung der Aktivitätsrate.
- Aufbau spezifischer Verhaltensweisen mit Therapierelevanz: Einüben von als schwierig empfundenen Aktivitäten, z.B. über Rollenspiele.

22.8.3 Euthyme Methoden

▶ Euthyme Behandlungsstrategien wollen die Genussfähigkeit steigern und positives Erleben aufbauen. Übergeordnetes Ziel ist es, *Selbstfürsorge* als Wert zu vermitteln sowie sich selbst die Erlaubnis zu hedonistischem Erleben und Handeln zu geben.

Indikation: Depressionen, Zwangsstörungen, neurologische Erkrankungen, Schizophrenie, Alkoholismus, psychosomatische Erkrankungen, gerontologischer Bereich, Patienten mit Typ-A-Verhalten.

Beispiele: Genusstraining, gezielte Planung euthymen Handelns, angenehme Imaginationsbilder entwerfen, wohlwollende Selbstgespräche, gezielt geplanter Wechsel von Be- und Entlastung.

▶ **Genusstraining** als beispielhafte Methode einer euthymen Behandlungsstrategie wird üblicherweise in der Gruppe durchgeführt. Über Übungen zur Sinneserfahrung Vermittlung angenehmer Erlebnisse, z.B. langsames Schmecken von Schokolade (z.B. „Kleine Schule des Genießens" nach Koppenhöfer, 2004).

Ziele: Induktion von positivem Erleben, Genuss als Methode der Krankheitsbewältigung, Aufbau von potenten Verstärkern, Aufmerksamkeitszentrierung.

22.8.4 Vermittlung von Selbstsicherheit

Die Vermittlung von Selbstsicherheit erfolgt oft im Gruppensetting in Form eines Selbstsicherheitstrainings bzw. Trainings sozialer Kompetenzen. Diese Trainings sind komplexe verhaltenstherapeutische Programme, die verschiedene heterogene Techniken umfassen (Konfrontations- und Bewältigungsverfahren, Verfahren zum Aufbau bzw. zur Verbesserung sozialer Fertigkeiten etc.). Sie können auch ganz oder teilweise im Einzelsetting mit dem Therapeuten durchgeführt werden.

▶ **Soziale Kompetenz** meint die Fähigkeit, soziale Alltagsinteraktionen im Sinne eigener Ziele und Bedürfnisse zu gestalten, ohne die Rechte und Interessen anderer unnötig zu verletzen (Recht durchsetzen; Gefühle, Bedürfnisse, Wünsche in Beziehungen einbringen;

Blickkontakt halten; Konflikte klären; Kritik äußern und annehmen; Kontakte aufnehmen und gestalten etc.).

Ziele: Abbau von sozialer Angst und Unsicherheit, Abbau von Vermeidungsverhalten, Aufbau sozialer Kompetenzen und damit Erweiterung des Verhaltensrepertoires in sozialen Interaktionen, Aufbau einer positiven Selbstwirksamkeitserwartung bezüglich sozialer Fertigkeiten.

Indikation: Exzesse an sozialen Ängsten und Vermeidungsstrategien, soziale Phobie (bei vorhandenem Kompetenzdefizit), depressive Störungen, Persönlichkeitsstörungen.

Kontraindikation: akute Wahrnehmungs- und Denkstörungen.

Wirkmechanismen: Modelllernen, kognitive Umbewertung, positive Verstärkung, angstfreie Neuerfahrung und Löschung von Angst.

Gruppentraining sozialer Kompetenzen (GSK) von Hinsch und Pfingsten (1983/2007): Die Autoren unterscheiden drei Situationstypen:
- Typ R: Recht durchsetzen,
- Typ B: Beziehungen,
- Typ S: um Sympathie werben.

Die Patienten lernen, zwischen selbstsicherem, unsicherem und aggressivem Verhalten zu unterscheiden. Die Übungen werden aus konkreten Belastungssituationen zusammengestellt. Es werden kognitive Elemente (Vermittlung von Theorie), emotional-physiologische Verfahren (PMR) und motorische Übungen (Rollenspiel, idealerweise unter Videofeedback) eingesetzt. Es erfolgen Hausaufgaben (In-vivo-Exposition zu Standardsituationen). Das GSK ist ein ökonomisches, flexibel einsetzbares Verfahren. Es ist störungsunspezifisch konzipiert und kann auch im nicht klinischen Setting eingesetzt werden.

Weitere Verfahren sind das Assertiveness-Trainingsprogramm (ATP) von de Muynck und Ullrich (1976), ein strukturiertes und standardisiertes Gruppentrainingsprogramm, das Verhaltenstraining zum Aufbau sozialer Kompetenzen (VTP) von Feldhege und Krauthahn (1973) und das semistrukturierte Personal Effectiveness Training (PET) von Liberman (1975).

22.8.5 Rollenspiele

Rollenspiele sind Methoden, bei denen in einer risikofreien (da nicht realen) Übungssituation ein zuvor besprochenes Verhalten szenisch erprobt werden kann. Ziel ist ein Ausprobieren eines ungewohnten Verhaltens, sodass dieses ausreichend erfolgreich und wirksam ist. Die Technik stammt aus dem Psychodrama. Die Begriffe „Rollenspiel" und **„Probehandlung"** werden oft synonym verwendet.

Indikation: Einsatz sowohl als Diagnostikum als auch als Therapeutikum möglich; bei deutlichen Unterschieden zwischen erwünschtem und tatsächlichem Verhalten des Patienten, bei festgefahrenen Rollenverteilungen, bei ungenügendem Zugang zum inneren Geschehen in problematischen Situationen zur Bahnung wichtiger Emotionen (Bottom-up-Aktualisierung).

Kontraindikation: akute Psychose.

Durchführung (in der Gruppe):

- Vorbereitung des Rollenspiels: Schilderung des Problems durch den Patienten, Herausarbeiten einer spielbaren Situation, diagnostisches Rollenspiel (Person spielt sich so, wie sie sich normalerweise verhält), Feedback durch Gruppe und/oder Therapeut und Festlegung der Veränderungswünsche des Patienten.
- Rollenspiel: Der Patient beschreibt, welche Verhaltensweisen er verändern möchte; Durchführung des Rollenspiels und Feedback mit Bekräftigung durch Gruppe, bei Bedarf Durchführung weiterer Rollenspiele oder Wiederholung.
- Transfer in die Realsituation: Umsetzung des neu erprobten Verhaltens in realen Situationen.

Wirkmechanismen: Modelllernen, operantes Lernen, Verhaltensaufbau durch Verstäkung, Löschung klassisch konditionierter emotionaler Reaktionen, Konfrontation.

Rollenspieltechniken:

- Rollentausch: Die Spielpartner tauschen die Rollen mit dem Ziel, sich besser in das Gegenüber hineinversetzen zu können.
- Beiseitereden: Die Rollenspielpartner geben jeweils leise an, was sie gerade empfinden, z. B. Person A fängt an, grimmig zu gucken, Person B sagt: „Ich bekomme Angst."
- Doppeln: Der Therapeut sagt für den Patienten, was dieser vermutlich gerade empfindet.

Einsatzmöglichkeiten: Der Einsatz von Rollenspielen erfolgt häufig in Gruppen aber auch in der Paar- oder Einzeltherapie. Die Durchführung in der Einzeltherapie bietet die Möglichkeit, sehr individuell vorzugehen. Der Einsatz in Gruppen hat den Vorteil, dass es ausreichend Protagonisten fürs Rollenspiel gibt, die Patienten sich gegenseitig als Modell dienen können und die Mitglieder sich gegenseitig unterstützen, verstärken und Feedback geben können. Zudem entstehen spontan real ablaufende Interaktionen in der Gruppe, die therapeutisch genutzt werden können (vgl. „Wirkfaktoren von Gruppentherapie", S. 292).

22.8.6 Kommunikationstrainings

Ziel: Durch die Einübung bestimmter Sprecher- und Zuhörerfertigkeiten Patienten in die Lage versetzen, sich offen, aufnehmend, konstruktiv und in Kongruenz mit ihren Gefühlen, Bedürfnissen und ihrem nonverbalen Verhalten auszutauschen (Hahlweg & Schröder, 1995).

Indikationen: bei fast allen psychischen Erkrankungen, insbesondere zur Rückfallprophylaxe, spezielle Indikation bei Familien mit einem psychisch Kranken, v. a. Schizophrenie (vgl. „Expressed-Emotion-Konzept", S. 244), Ehe- und Partnerschaftsstörungen, Prävention.

Durchführung: über mehrere Sitzungen Einüben von Kommunikationsverhalten des Sprechers und des Zuhörers mit Hilfe von Videobeispielen, Psychoedukation, Modellverhalten des Therapeuten, emotionalen Konfrontationsübungen. Die eigentlichen Fertigkeiten werden dann zunächst an positiven oder neutralen Themen mit steigendem Schwierigkeitsgrad geübt.

▶ **Sprecherfertigkeiten:**

- Ich-Gebrauch und Selbstöffnung (von eigenen Gedanken und Wünschen ausgehen, keine automatischen Unterstellungen),
- konkrete Situationen (anstatt „immer", und „nie"), konkretes Verhalten,

- beim Thema bleiben im Hier und Jetzt (Konfliktbereich präzise auf störendes Verhalten beziehen, kein Rückgriff auf totales „Sündenregister"),
- keine Anklagen und Vorwürfe.

Zuhörerfertigkeiten:

- aufnehmendes Zuhören (zum Weitersprechen ermuntern, Paraphrasieren, also Demonstration des Verstehens durch zusammenfassende Wiederholungen),
- offene Fragen (anstatt Wertungen, offen nachfragen zur Präzisierung, z. B.: „Warst du unsicher?", anstatt: „Das liegt an deiner Unsicherheit"),
- positive Rückmeldungen (für offene und verständliche Äußerungen loben),
- Rückmeldung des eigenen Gefühls (präzise auf die Äußerung bezogen, anstatt allgemein: „Jetzt bin ich wieder sauer").

Therapeutenverhalten: Der Therapeut nimmt inhaltlich keine Stellung zu den Paarproblemen, und er sollte das gewünschte Verhaltens gezielt kontingent positiv verstärken („ja", „so ist es gut"). Der Therapeut darf und sollte soufflieren, z. B. wenn ein Gesprächspartner stockt, unterbricht, wenn das gesamte Gespräch stockt oder nach altem Muster verläuft (Schnitt und Neubeginn). Er gibt selber eine kurze, konkrete, positive Rückmeldung am Ende des Gesprächs und macht Verbesserungsvorschläge.

22.8.7 Kognitive Probe bzw. mentales Üben

Ziel: Durchführen eines bisher schlecht beherrschten oder angstbesetzten Verhaltens in der Vorstellung, um die effektive Ausführung zu erleichtern oder zu ermöglichen.

Indikationen: Ängste, Verhaltensdefizite oder unangemessenes Verhalten, z. B. Aggressionen, Trinkverhalten.

Durchführung: genaues, detailreiches Vorstellen der Situation und des eigenen Verhaltens auf allen Ebenen und Beachtung der Folgen des Verhaltens, z. B. der Reaktionen anderer Personen. Durchsprechen des Erlebens des Patienten und Variation der Vorstellung so lange, bis der Patient zufrieden ist. Vorteile der kognitiven Probe sind ein Bewusstwerden des Handlungsverlaufs, die Ermöglichung des Durchspielens verschiedener Bewältigungsmöglichkeiten und damit eine Flexibilisierung des Patientenverhaltens, eine Entkatastrophisierung (ggf. kognitive Umstrukturierung) und ein Erkennen von möglichen Schwierigkeiten, die auftreten könnten. Es existiert keine verbindliche Beschreibung bezüglich der Durchführung, das Verfahren kann gut variiert werden.

23 Störungsspezifische Modelle und Interventionen

Die **Verhaltenstherapie ist explizit störungsspezifisch** ausgerichtet. Obgleich störungsspezifische Ätiologie- und Therapiemodelle der Verhaltenstherapie im Gegenstandskatalog des IMPP nicht explizit als eigenständige Punkte erwähnt sind, wird dennoch ein umfassendes Wissen bezüglich dieser Inhalte vorausgesetzt. Im Folgenden werden für die Prüfung zu ausgewählten Störungsbildern wichtige Modellvorstellungen – das sind nicht immer die aktuellsten – kurz skizziert. Zudem werden Standardinterventionsmethoden, welche im individuellen Fall durch weitere Verfahren ergänzt werden, mit Angabe einer Referenz auf das vorherige Kapitel, in welchem sie ausführlich beschrieben wurden, genannt. An dieser Stelle können Sie Ihr bisher erworbenes Wissen bereits einmal überprüfen: Müssen Sie noch einmal zurückblättern? Ja? Ausgezeichnet, das ist einer tiefen Verarbeitung der Lerninhalte zuträglich (vgl. „Die Strategie der tiefen Verarbeitung", S. 15). Nein? Auch ausgezeichnet, dann wissen Sie schon allerhand.

Integrale Bestandteile jeder verhaltenstherapeutischen Behandlung sind die Vermittlung eines für den Patienten plausiblen

▶ • **Störungsmodells** auf Basis von aktuellem Störungswissen unter Einbezug der persönlichen Lerngeschichte des jeweiligen Patienten sowie die

▶ • **Rückfallprophylaxe**.

Diese beiden Therapiebausteine werden deshalb bei den einzelnen Störungen nicht jedes Mal wieder explizit erwähnt.

23.1 Sucht: Abhängigkeit von Alkohol

Störungsmodell: Nach Lindenmeyer (2005) existiert bislang kein einheitliches Störungsmodell, stattdessen wird ein biopsychosoziales Modell vorgeschlagen, welches den erhöhten Anreiz und die Automatisierung des Alkoholkonsums erklären soll.

• **Psychische Ebene:**
  - Beeinträchtigte Selbstwahrnehmung (Alkoholwirkungen werden von Alkoholikern erst bei größeren Trinkmengen erlebt), unrealistische Wirkungserwartung (ins Positive verzerrte Wirkungserwartung an den Alkohol), Trinkzwang durch ein mangelhaftes Verhaltensrepertoire, suchtbezogene kognitive Grundannahmen („nur Alkohol entspannt mich").

• **Biologische Ebene:**
  - Zwei-Phasen-Wirkung von Alkohol: Aufgrund der kurzfristig positiven Wirkung von Alkohol gibt es eine Motivation zu trinken. Die langfristigen Folgen sind aversiv (z. B. Entzugserscheinungen, Resignation) und können zu erneuten Auslösern für den Konsum werden (operante Konditionierung).
  - Erhöhte Alkoholverarbeitungskapazität der Leber, mikrosomales Ethanoloxidationssystem (MEOS): zusätzliche Enzyme, die den Alkohol schneller abbauen (dadurch wird schneller wieder getrunken), aber auch zur längeren unangenehmen Nachwirkungen führen (auch dadurch wird schneller wieder getrunken).
  - ▶ Klassisch konditionierte **„cue-reactivity"**: Klassische Konditionierung der Stimulusbedingungen (Trigger) einer Trinksituation an die Alkoholwirkung, sodass die Stimulusbedingungen selbst zum Auslöser für Alkoholkonsum werden (cue-reactivity). Die

situativen Auslösereize bewirken (konditionierte) automatische Reaktionen, welche kaum einer willkürlichen Kontrolle unterliegen, auch noch lange (!) nach Alkoholabstinenz.
- Sensitivierung des Belohnungssystems: Kopplung neuronaler Aktivität an alkoholbezogene Reize, die schwer löschbar ist, selbst dann, wenn die angenehme Wirkung des Alkohols gar nicht mehr erlebt wird.
- **Soziale Ebene:**
  - Gestörte Trinkkultur (keine klaren und verbindlichen Regeln im Umgang mit Alkohol), Familienprozesse bei Alkoholabhängigkeit („Suchtfamilien", die sich durch spezifische Merkmale charakterisieren lassen), sozialer Abstieg, Mangel an Ressourcen.

Veränderungsmodell – Modell der Veränderungsbereitschaft (Prochaska & di Clemente, 1986): sechsstufiges Schema der Veränderungsbereitschaft, ursprünglich bei Suchtkranken angewandt, mittlerweile findet es als **Transtheoretisches Modell der Verhaltensveränderung** auch in anderen Bereichen Anwendung. Das Modell unterteilt den Veränderungsprozess in charakteristische Phasen (vgl. Tabelle 23.1).

Tabelle 23.1: Modell der Veränderungsbereitschaft (nach Prochaska & di Clemente, 1986)

Phase		Beschreibung
1. Precontemplation	Phase der Absichtslosigkeit	Wenig drängend Informationen zu negativen Folgen des Konsums geben
2. Contemplation	Phase der Absichtsbildung	Aufbau eines Problembewusstseins, positive Folgen der Veränderung herausarbeiten
3. Preparation	Vorbereitungsstadium	Realistische Veränderungsziele definieren, erste Schritte unternehmen
4. Action	Handlungsstadium	Ernsthafter Abstinenzvorsatz und Beginn der Veränderung, z. B. Entgiftung, Besuch einer Selbsthilfegruppe
5. Maintenance	Aufrechterhaltungsstadium	Kompetenzen zur Bewältigung von Rückfällen vermitteln
6. Termination	Aufrechterhaltung	Dauerhafter Ausstieg

Rückfallmodell – sozial-kognitives Rückfallmodell (Marlatt & Gordon, 1985): Ein Rückfall bereitet sich längere Zeit in Einzelschritten auf der kognitiven und der Verhaltensebene vor. Das Rückfallrisiko wird durch eine unausgewogene Lebenssituation und scheinbar irrelevante Entscheidungen begünstigt. Die Wahrscheinlichkeit eines tatsächlichen Rückfalls hängt dann von den persönlichen Bewältigungskompetenzen und der Abstinenzzuversicht der Betroffenen ab, welche mit der Anzahl erfolgreich bewältigter Risikosituationen steigt. Im Rückfallgeschehen unterscheiden die Autoren ein
- erneutes Trinken als Vorfall bzw. einmaligen **Ausrutscher (lapse)**, welcher vom Betroffenen noch zu stoppen ist, vom
- kompletten **Rückfall (relapse)** mit entsprechend negativen Konsequenzen.

Durch die Analyse des Rückfalls kann man diesen in der Therapie konstruktiv nutzen. Kritische Rückfallsituationen sind unangenehme Gefühlszustände, soziale Konfliktsituationen, Situationen von sozialer Verführung.

Gesprächsführung – Motivational Interviewing (MI, Miller & Rollnick, 2009): Motivierende Gesprächsführung ist eine spezielle, nicht konfrontative, direktive, klientenzentrierte

Form der Gesprächsführung, welche hilft, Veränderungsambivalenz zu überwinden und konkrete Veränderungsziele zu erarbeiten. Sie umfasst vier Behandlungsprinzipien:

1. Empathie,
2. Entwicklung von Diskrepanzen,
3. geschmeidiger Umgang mit Widerstand,
4. Stärkung der Änderungszuversicht, und

sieben Methoden (offene Fragen, aktives Zuhören, Würdigung, Förderung von „change talk", Umgang mit Widerstand, Förderung von „confidence talk", Zusammenfassungen).

▶ **Therapie:** Neben Verhaltensanalysen (eines Trinktages, Lebenslinie, Tagebücher) und gezielter Informationsvermittlung zur Erzeugung einer positiven Veränderungserwartung sind häufige Interventionen:

- **Ablehnungstraining:** realistisches Durchspielen möglicher Verführungssituationen im Rollenspiel (Rollenspiel „Stammkneipe").
- **Cue-Exposure:** absichtliche In-vivo-Konfrontation mit persönlich relevanten Auslösebedingungen mit dem Ziel, Craving auszuhalten und die Situation abstinent zu bewältigen.
- **Bewältigungstonbänder:** Ein möglichst anschauliches Szenario einer Rückfallsituation, die gerade noch bewältigt wird, wird auf Tonband gesprochen. Der Betroffene hört sich das immer wieder an mit dem Ziel, alkoholbedingte Assoziationsmuster durch gezielte Bewältigungsstrategien und Abstinenzgedanken zu überschreiben (das ist ein Beispiel für ein „verdecktes Verfahren", s. S. 228).
- **Kognitive Umstrukturierung** dysfunktionaler Einstellungen zu Alkohol, Trainings verschiedener Kompetenzen (Selbstsicherheit, Problemlösen, Stressbewältigung etc.), Entwicklung von Ersatzaktivitäten statt Trinken und Entwicklung neuer Lebensperspektiven.

23.2 Schizophrenie

Störungsmodell: Unumstritten wird von einer multifaktoriellen Ätiopathogenese ausgegangen (vgl. „biopsychosoziales Krankheitsmodell", S. 37).

▶ - **Vulnerabilitäts-Stress-Modell** (Zubin & Spring, 1977): Dieses heuristische Modell besagt, dass bei Menschen mit einer vorhandenen Krankheitsbereitschaft (Vulnerabilität) unter Belastung (Stress) kognitive Dysfunktionen auftreten können, welche in eine schizophrene Erkrankung übergehen können. Dabei wird eine Beeinträchtigung der Informationsverarbeitung als kognitive Grundstörung postuliert.
    - Vulnerabilitäten sind genetische Disposition, früh erworbene Hirnfunktionsstörungen, Effekte psychotroper Substanzen, frühe Traumatisierungen, Störungen der psychosozialen Entwicklung und viele weitere.
    - Stress meint hier sehr unterschiedliche Faktoren.
    - Vulnerabilität und Belastungen stehen in einem reziproken Verhältnis zueinander.

Die Bewältigungskompetenzen der Betroffen, z. B. die Mitarbeit zur antipsychotischen Medikation, und familiäre und psychosoziale Ressourcen können den Krankheitsverlauf positiv beeinflussen. Belastende Lebensereignisse und ein hochemotionales Familienklima und Überforderungen können zu Rückfällen führen.

▶ **Rückfallmodell – Expressed Emotions (EE):** Empirisch begründetes Modell (Leff, 1994) zum Einfluss der Familie auf die Rückfallhäufigkeit. Rückfälle treten häufiger auf, wenn Angehörige einen Interaktionsstil zeigen, der von Kritik, Feindseligkeit und/oder emotionaler Überinvolviertheit geprägt ist **(High Expressed Emotions, HEE)**. Daraus ergibt sich die

Notwendigkeit des Einbezugs von Angehörigen in die Therapie der Patienten. Das Ausmaß der EE kann mit dem halb standardisierten Camperwell Family Interview (CFI, Brown et al., 1972) erfasst werden, bei dem die Aussagen der Familienmitglieder im Hinblick auf fünf Dimensionen ausgewertet werden (Kritik, Feindseligkeit, emotionales Überengagement, Wärme, Anzahl positiver Bemerkungen).

[handschriftliche Randnotiz: I Kritik / II Feindseligkeit / III emot. überengagement / IV Wärme / V positive Bemerkungen]

Therapie: Die Therapie muss adaptiv an die jeweilige Krankheitsphase angepasst werden und sollte klar und strukturiert erfolgen (Vermeidung der Provokation von Affekten und Erregung). Nach dem mitunter schwierigen Beziehungsaufbau sind essenzielle Bestandteile:

*   **Psychoedukation** (s. S. 237) und bewältigungsorientierte Interventionen: Krankheitsverständnis, Stressmanagement, Krisenplan, Rezidivprophylaxe,
*   **kognitives Training:** Verbesserung von Gedächtnis, Konzentration, Aufmerksamkeit etc. (z. B. durch Nutzung von PC-Programmen),
*   zur Behandlung der Minussymptomatik: Tagesstrukturierung über **Aktivitätenplanung** (s. S. 237 f.), ggf. Etablierung eines Verstärkungsprogramms (s. S. 216),
*   **soziales Kompetenztraining** (s. S. 238), **Problemlösetraining** (s. S. 229),
*   **kognitive Umstrukturierung** (s. S. 223 ff.), beispielsweise zum Thema „Selbstwert" und der Erkrankung allgemein,
*   **Angehörigenarbeit:** Psychoedukation, Vermittlung von stressreduzierenden Interaktionsmustern und Stärkung der Problemlösekompetenzen, Rezidivprophylaxe,
*   ggf. Gewichtsmanagement.

Integriertes Psychologisches Therapieprogramm (IPT, Roder et al., 2008): Das IPT ist ein weit verbreitetes, überwiegend verhaltenstherapeutisch orientiertes, effizientes Gruppentherapieprogramm (fünf Module, sechs bis acht Patienten, ca. drei Monate Dauer). Über eine anfängliche Behandlung der kognitiven Defizite verlagert sich der Schwerpunkt mit zunehmender Therapie auf soziale Defizite und emotionale Inhalte.

23.3   Depression

Störungsmodelle: Es gibt verschiedene Modelle zur Ätiologie der Depression, die aber weniger in Konkurrenz zueinander stehen, sondern sich vielmehr ergänzen.
*   **Modell der erlernten Hilflosigkeit** (Seligman, 1975): s. S. 207.
*   **Kognitive Theorie** (Beck et al., 2010): s. S. 224.
*   **Verstärker-Verlust-Modell** (Lewinsohn,1974): Depression als Folge mangelnder positiv verstärkender Erfahrungen und Aktivitäten.

Diagnostik: Ein häufig genutzter Selbstbeurteilungsfragebogen ist das **Beck-Depressions-Inventar** (BDI-II, Hautzinger et al., 2009). Die Ergebnisse erlauben nicht, das Vorliegen einer Störung zu diagnostizieren, sondern geben über die Schwere der depressiven Symptomatik Auskunft:
*   bis 8 Punkte keine Depression,
*   9–13 Punkte minimale Depression,
*   14–19 Punkte leichte Depression,
*   20–28 Punkte mittelschwere Depression,
*   ab 29 Punkte schwere Depression.

Der BDI-ll gilt als veränderungssensitiv und kann daher auch gut zur Therapieevaluation eingesetzt werden.

Therapie:

- **Aktivitätsaufbau** (s. S. 237),
- **kognitive Umstrukturierung** (s. S. 223 ff.),
- **Soziales Kompetenztraining**, da soziale Defizite sowohl als Ursache als auch als Folge von Depressionen auftreten können (s. S. 238 f.),
- ggf. Genusstraining (s. S. 238),
- aktueller Ansatz zur Rückfallprophylaxe bei rezidivierenden depressiven Episoden: achtsamkeitsbasierte kognitive Therapie (vgl. „MBCT", S. 260).

23.4 Neurotische-, Belastungs- und somatoforme Störungen

23.4.1 Panikstörung

▶ **Störungsmodell:** Der **Teufelskreis der Angst** (nach Margraf & Schneider, 1990) erklärt den typischen psychophysiologischen Aufschaukelungsprozess bei Panik: Die Wahrnehmung bestimmter Körperempfindungen, z. B. Herzklopfen, wird als ein Zeichen für eine Gefahr bewertet (z. B. „jetzt kriege ich gleich einen Herzinfarkt"). Infolgedessen wird das Gefühl der Angst ausgelöst. Das Angstempfinden löst physiologische Veränderungen aus (vgl. „sympathische Aktivierung", S. 85), die wiederum zu veränderten körperlichen Empfindungen führen (z. B. Zittern, Hitzegefühl). Die Wahrnehmung dieser Veränderungen steigert die Angst (vgl. Abbildung 23.1). Typisch in solchen Paniksituationen ist auch Hyperventilation.

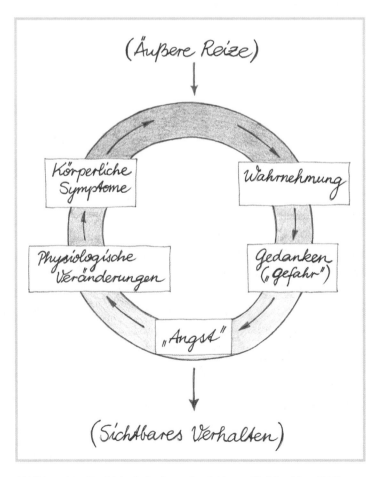

Abbildung 23.1: Teufelskreis der Angst (nach Margraf & Schneider, 1990)

Therapie:

- **Exposition zu internalen Reizen** (s. S. 219 f.) meint eine absichtliche Symptomprovokation durch Verhaltensexperimente, z. B. Provokation von Schwindel durch Drehstuhlübung oder Herzklopfen durch körperliche Belastung. Ein populäres Beispiel ist der **Hyperventilationstest**.
    - Ziel der Hyperventilationsübung ist die Gewöhnung an die körperlichen Symptome und das Verständnis, dass diese über Atmung ausgelöst werden.
    - Durchführung: Exploration der normalerweise bei einer Panikattacke auftretenden Symptome, ca. zwei Minuten tiefe Brustatmung (Hyperventilation),
    - Auswertung: Symptome während des Hyperventilierens erfassen und Diskussion der Ähnlichkeiten und Unterschiede bezüglich der Symptomatik während eines Panikanfalls.
- **Kognitive Umstrukturierung** (s. S. 223 ff.) mit dem Ziel der Korrektur der Fehlinterpretationen körperlicher Symptome (z. B. Pro-Kontra-Listen zur Bewertung „Atemnot bedeutet, dass ich ersticke"), wichtig: geleitetes Entdecken, um Widerstand zu vermeiden.

23.4.2 Agoraphobie

Störungsmodell:

- **Zwei-Faktoren-Theorie der Angst von Mowrer** (1960) (s. S. 207): Viele Agoraphobiker erinnern sich nicht an eine auslösende traumatische Situation, welche klassisch konditioniert wurde.
- Ergänzung von Goldstein und Chambless (1978) um die **Angstsensitivität**: Unterscheidung zwischen einfacher Agoraphobie (Angst vor der Situation an sich) und komplexer Agoraphobie. Bei Letzterer fürchten die Personen weniger die Situationen an sich als vielmehr, dass sie in dieser Situation Angst bekommen könnten („Angst vor der Angst" bzw. den Konsequenzen der Angst).

Therapie:

- **Exposition in vivo** (s. S. 219 f.), im Idealfall: massierte Konfrontation,
- ggf. kognitive Umstrukturierung (s. S. 223 ff.).

23.4.3 Spezifische Phobien

Störungsmodell:
- prädisponierende und auslösende Faktoren:
    - klassische Konditionierung, z. B. die traumatische Erfahrung eines Tierangriffs,
    - Modelllernen, z. B. einen Tierangriff beobachtet zu haben,
    - Kognitionen und Informationsverarbeitung, z. B. Informationen aus den Medien über die Gefährlichkeit von Tierangriffen,
- aufrechterhaltender Faktor:
    - Vermeidungsverhalten (vgl. „negative Verstärkung", S. 205).

Therapie:
- **Exposition in vivo** (s. S. 219 f.) massiert oder graduiert, je nach Motivationslage des Patienten.
- Manchmal sinnvoll oder aber gar nicht anders organisierbar, z. B. bei Angst vor Gewitter: **Exposition in sensu**, z. B. systematische Desensibilisierung (s. S. 221), verdecktes Gegenkonditionieren (s. S. 228).
- Bei Krankheitsphobien: größere Bedeutung kognitiver Interventionsstrategien.

▶ **Spezialfall** ist die **Blut-Spritzen-Phobie**, denn hier gibt es ein spezifisches physiologisches Reaktionsmuster: Bei Konfrontation mit dem Stimulus kommt es zuerst zu einem Anstieg von Herzrate und Blutdruck (das ist typisch für Angst.). Danach aber folgt ein schneller Abfall beider Parameter (biphasische vasovagale Reaktion, s. S. 116), was zur Ohnmacht führen kann. Hier ist die spezielle Methode der Applied Tension (Öst & Sterner, 1987) indiziert.

Applied Tension:
- Anspannung der großen Skelletmuskeln für 15 bis 20 Sekunden und dann Lockerung zum Ausgangsniveau (*keine* Entspannung). Wiederholung alle 30 Sekunden. Bei ersten Anzeichen eines Blutdruckabfalls (z. B. Schwindel, mulmiges Gefühl) Anwendung der Technik, bis die Symptome abklingen. Die Konfrontation mit dem angsterzeugenden Stimulus ist erst durchzuführen, wenn der Patient die Technik beherrscht.
- Die *Konfrontation* ist immer *graduiert* durchzuführen.

23.4.4 Soziale Phobie

Störungsmodell: verschiedene einander ergänzende Vorstellungen.
- **Zwei-Faktoren-Theorie der Angst von Mowrer** (1960) (s. S. 207): Viele Sozialphobiker berichten über eine traumatische Erfahrung in der Lerngeschichte (Hänseleien, Mobbing).
▶ • **Preparedness** (s. S. 203): evolutionär begründete Tendenz, eher Angst vor aggressiven, kritischen oder ablehnenden Personen zu entwickeln,
▶ • **Theorie der „Behavioral Inhibition"** (**Verhaltenshemmung**, Kagan, 1987): Befunde zu Temperamentsunterschieden legen nahe, dass es eine vermutlich erblich bedingte Tendenz gibt, auf neuartige Reize und auf Reize, die Bestrafung oder Frustration signalisieren, eher gehemmt, scheu und zurückhaltend zu reagieren (Freezing) bei gleichzeitiger hoher autonomer Erregung.
- **Soziale Lerntheorie:** Soziale Angst entsteht als Folge von Defiziten in sozialen Kompetenzen. Das ist nicht zwangsläufig der Fall, sondern die soziale Performanz der Betroffenen ist durch die Angststörung in den relevanten Situationen behindert.
▶ • **Kognitives Modell von Clark und Wells** (1995): Die Aufrechterhaltung sozialer Ängste wird erklärt durch fehlerhafte Prozesse in der Informationsverarbeitung. Die Betroffenen zeigen eine
  - verzerrte antizipatorische und
  - nachträgliche kognitive Verarbeitung von sozialen Situationen, haben ein negatives Bild von sich selbst und erwarten auch, dass andere sie so bewerten. Soziale Situationen werden demnach als Gefahr wahrgenommen und begünstigen spezifische Verhaltensweisen: In der Erwartung einer negativen Bewertung durch ihre Mitmenschen zeigen die Patienten eine
  - *erhöhte Selbstaufmerksamkeit*, welche zu einer intensiven Selbstbeobachtung führt. Durch die Lenkung der Aufmerksamkeit nach innen kommt es zur Fehlattribution von Angstsymptomen als Beweis für eine negative Bewertung durch andere (emotionale Beweisführung). Durch Feedback-Mechanismen kann sich das bis zu einer Panikattacke aufschaukeln. Zudem führen die Betroffenen
  - *Sicherheitsverhaltensweisen* aus. Das sind Strategien, die die Angst in kritischen Situationen reduzieren, um negative Bewertungen abzuwehren (starkes Make-up damit niemand sieht, dass man rot wird, oder die Hände unter dem Tisch halten, damit keiner es bemerkt, falls diese zittern). Das Sicherheitsverhalten reduziert kurzfristig die Angst, begünstigt damit aber die Aufrechterhaltung der Störung (vgl. „negative Verstärkung", S. 205). Im Anschluss an eine soziale Situation wird die eigene Leistung als Misserfolg erlebt, und dies verstärkt die ungünstigen Annahmen über sich selbst.

Therapie: Aus dem Modell von Clark und Wells ergeben sich als Therapiebausteine:
- **Einübung eines Aufmerksamkeitsfokus auf externe Reize** (Einüben einer sachlichen Beschreibung der Umgebungsreize),
- **Abbau des Sicherheitsverhaltens,**
- **kognitive Umstrukturierung** der irrationalen Selbst- und Fremdannahmen (s. S. 223 ff.), **Expositionsübungen** in Rollenspielen und Verhaltensexperimenten (ggf. mit Videofeedback) und später in der Realität (s. S. 219 ff. und S. 239).

Weitere Bausteine einer verhaltenstherapeutischen Behandlung der sozialen Phobie sind: Entspannungsverfahren, die Förderung positiver Selbsteinstellungen und -verbalisationen durch Spiegelübungen (Patient soll, konfrontiert mit seinem Spiegelbild, positive Aussagen über sich selbst generieren), Verhaltensexperimente, ggf. soziales Kompetenztraining (s. S. 225 f.). Ideal ist eine Behandlung in Gruppen.

23.4.5 Generalisierte Angststörung

Sorgen sind Kognitionen über zukünftige bedrohliche Situationen, deren mögliche Folgen und die potenziellen Bewältigungskompetenzen der eigenen Person. Sie sind eher verbal als bildhaft kodiert.

Störungsmodell: Alle derzeitigen Theorien konzentrieren sich auf das Sich-Sorgen. Ihnen ist gemein, dass die typischen Sorgenketten eine emotionale Verarbeitung verhindern, womit das pathologische Sich-Sorgen nicht nur Leitsymptom ist, sondern auch zentraler pathogenetischer Mechanismus (Zubrägel et al., 2007).
- **Prädisponierende Faktoren:** Patienten mit generalisierter Angststörung zeigen eine Neigung, mehrdeutige Situationen eher als gefährlich und eigene Kompetenzen und Ressourcen zu Problemlösungen eher als gering einzuschätzen. Gefahrenreize (Probleme), die auftauchen, werden eher als gefährlich wahrgenommen.
- **Auslöser:** Äußere Reize, z.B. Fernsehbericht, oder innere Reize, z.B. Gedanken an den Ehemann, aktivieren den Sorgenprozess.
- **Aufrechterhaltung:**
  - **Sorgen als kognitives Vermeidungsverhalten:** Durch die Wahrnehmung einer irgendwie gearteten Bedrohung kommt es zu leichter physiologischer Erregung. Durch das Sich-Sorgen werden die unangenehmen Vorstellungen und die damit verbundene physiologische Erregung und die negativen Affekte (Angst) gering gehalten bzw. unterdrückt. *Sich-Sorgen ist eine kognitive Vermeidungsreaktion* und führt im Sinne negativer Verstärkung (s. S. 205) zur Aufrechterhaltung des Sich-Sorgens.
  - **Metakognitives Modell** (Wells, 2004): Unterscheidung zweier Arten von Sorgen:
    - **Typ-1-Sorgen** (Vorsorge): Gesundheit, Finanzen, Prüfungen usw.; kein Unterschied zu Gesunden, („ich habe Bammel vor der Prüfung, ob alles gut geht", aber auch: „wenn ich mir genügend Gedanken mache, kann mich nichts überraschen, bin ich gut gewappnet").
    - **Typ-2-Sorgen** (Metasorgen): Gedanken, die das eigene Sich-Sorgen als ungesund klassifizieren („häufiges Sorgen ist gefährlich; ist ja echt nicht normal; lern lieber"); Sorgen über die Sorgen: Die Sorge über das Auftreten der möglichen Sorgen wird als bedrohlich erlebt, und eine dauernde Beschäftigung damit ist das krank machende Element.
  - **Kontrollversuche:** Es werden **dysfunktionale Versuche** unternommen, die **Sorgen zu kontrollieren** (z.B. die Gedanken zu unterdrücken, Ablenkung, Themenwechsel, Rückversicherungsverhalten), welche jedoch langfristig zur Steigerung der Sorgen füh-

ren. Die Tendenz zum Vermeidungs- und Rückversicherungsverhalten verhindert eine Habituation an die Sorgengedanken, da diese nicht zu Ende gedacht werden.

Therapie: Zentrales Ziel und allen Behandlungsansätzen gemein ist die **Konfrontation mit den Sorgen**. Einzelne Verfahren sind:

- **Bewältigung von Sorgen in sensu;** ein besonderes Verfahren dabei ist die **Sorgenexposition** (Abbau des kognitiven Meideverhaltens durch die Vorstellung des schlimmstmöglichen Ausgangs der Situation; Ziel ist hier nicht die Habituation, sondern die Vorstellung von Bewältigungsstrategien), wenn möglich auch Konfrontation in vivo mit den Sorgen (z. B. stündlich Nachrichten hören),
- kognitive Umstrukturierung (Bearbeitung der kognitiven Verzerrungen, v. a. Überschätzung von Wahrscheinlichkeiten und katastrophisierendes Denken),
- Entspannungsverfahren zur Reduktion körperlicher Symptome, speziell die **angewandte Entspannung nach Öst** (s. S. 236),
- **Angstbewältigungstraining** (s. S. 223),
- Abbau von Vermeidungs- und Rücksicherungsverhalten, z. B. Reduktion der Zahl der Anrufe, mit denen überprüft wird, ob jemand gut zu Hause angekommen ist.

23.4.6 Zwangsstörung

Störungsmodell:

- **Zwei-Faktoren-Theorie der Angst von Mowrer** (1960) (s. S. 207), lässt sich selten ein traumatisches Ereignis finden, welches die Störungsentstehung erklärt. Denn Zwangsstörungen entwickeln sich oft schleichend. Die Entstehung von Zwangsgedanken ist darüber nicht erklärbar.
- **Kognitives Modell von Salkovskis** (1985): Kognitionen sind es, die den ritualhaften Prozess eines Zwangs immer wieder in Gang setzen. Dabei sind nicht die Gedanken und deren Inhalte an sich problematisch, sondern die Bewertung dieser Gedanken durch die Betroffenen. Es wird ein vierstufiges Ablaufschema beschrieben (vgl. Abbildung 23.2).

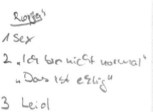

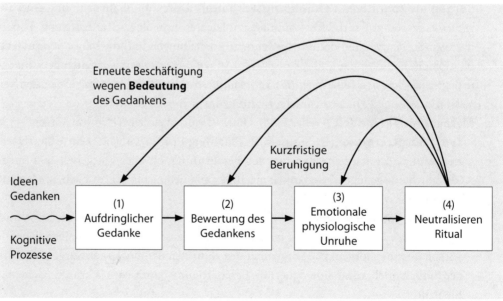

Abildung 23.2: Das kognitive Modell der Zwangsstörung nach Salkovskis (aus Senf & Broda, 2012, S. 351)

Beispiel: Am Beginn eines Zwangs stehen aufdringliche Gedanken, die als gefährlich, moralisch verwerflich oder fremdartig bewertet werden, z. B. in der schriftlichen Prüfung die Prüfer mit dem Bleistift anzugreifen. Eine Zwangsstörung wird entwickelt, wenn diesem Gedanken eine starke Bedeutung beigemessen wird, z. B.: „Was für ein fürchterlicher Gedanke! Das kann nur bedeuten, dass ich eine schlechte Psychologische Psychotherapeutin bin!" Dies führt zu Erregung, Unruhe und Angst, die man durch verschiedene Formen der Entschärfung zu reduzieren versucht. Wenn möglich wird die zwangsauslösende Situation überhaupt gemieden (nicht zur mündlichen Prüfung gehen). Wenn dies unmöglich ist, erfolgt ein Ritual zur Verhinderung eines vermeintlichen Schadens (z. B. Überprüfen, ob alle Bleistifte weggeworfen wurden). Das ist die Neutralisierung. Sie führt kurzfristig zum Sinken der Angst und Unruhe (negative Verstärkung), langfristig kann jedoch das Neutralisieren des Gedankens, das Beseitigen eines „gefährlichen" Objekts oder das Vermeiden einer gefürchteten Situation nie vollständig gelingen. Es kommt daher im Sinne einer Rückkopplung zu erneuter Erregung und Unruhe, zu erneutem Auftreten des auslösenden Gedankens und zu intensivierten kognitiven oder verhaltensbezogenen Ritualen.

Therapie:
- **Konfrontation mit Reaktionsverhinderung** (s. S. 222): Das Vorgehen bedarf insbesondere beim Zwang einer sehr guten kognitiven Vorbereitung.
  - **Zwangshandlungen:** Patient wird angehalten, sich in Anwesenheit des Therapeuten dem Stimulus auszusetzen (Exposition, z. B. Geld anfassen) und das sonst folgende zwanghafte Ritual, das vorher der Neutralisierung diente, zu unterlassen (Reaktionsverhinderung, z. B. Händewaschen) und sich auf den Inhalt seiner Emotionen (Angst, Ekel etc.) einzulassen.
  - **Zwangsgedanken:** Wichtig ist analog zum obigen Modell die Unterscheidung in aufdringliche Gedanken mit Stimuluscharakter („ich könnte meinen Prüfer umbringen") und neutralisierende Gedanken mit Reaktionscharakter (der Betroffene muss sich fünfmal vorsagen: „Ich besitze keine Bleistifte") zur Reduktion der Angst und Unruhe.
    - Eine Möglichkeit der Exposition zu den eigenen Gedanken ist eine Tonbandaufnahme der Zwangsgedanken, die sich der Patient so lange anhört und die er dabei weder gedanklich noch auf der Verhaltensebene neutralisiert, bis die Angst gesunken ist (Habituation). Die **Gedankenstopptechnik** (s. S. 229) ist **kontraindiziert**, da der Versuch, einen aufdringlichen Gedanken zu unterdrücken, ihn eher noch verstärkt (Rebound-Effekt).
- **Kognitive Umstrukturierung** (s. S. 223 ff.) zur Veränderung der Bedeutung, die den intrusiven Gedanken beigemessen wird, und zu Themen wie Überschätzung von Gefahr und persönlicher Verantwortlichkeit.
- Abbau von Rückversicherungsverhalten, Risikoübungen (absichtlich einen Bleistift den ganzen Tag bei sich tragen).
- **Medikation:** Trizyklische Antidepressiva und SSRIs können angezeigt sein. Bei rein medikamentöser Behandlung aber Rückfallquoten von 80–100 % nach Absetzen der Medikation. Daher ist die Kombination mit VT von großer Bedeutung.

23.4.7 Posttraumatische Belastungsstörung

Störungsmodell: Nach Maercker (2000) haben sich insbesondere drei Modelle für die Erklärung der posttraumatischen Belastungsstörung (PTSD) bewährt:
1. **Zwei-Faktoren-Theorie der Angst von Mowrer** (1960, s. S. 207): Das Erleben eines traumatischen Ereignisses (z. B. Überfall durch eine Bande Jugendlicher) führt zur klassisch

konditionierten Kopplung von ursprünglich neutralen Stimuli (Stadtpark, Jugendliche) an ein traumatisches Erlebnis (Überfall). In der Folge kommt es bei der Konfrontation mit den konditionierten Stimuli zu emotionalen Reaktionen wie Angst, Unruhe usw. Nachfolgend vermeidet der Betroffene die auslösende Situation bzw. flieht, wenn er ihr spontan ausgesetzt wird (vgl. „negative Verstärkung", S. 205).

2. **Netzwerkmodell:** Die traumatische Erfahrung ist nicht wie anderes autobiografisches Wissen, sondern in „Hier-und-Jetzt-Qualität" in sogenannten Angstnetzwerken *(Traumagedächtnis)* abgespeichert. Diese Furchtstrukturen können leicht durch Schlüsselreize (nur lose mit dem Trauma verbundene Fakten wie Gefühle, Gerüche, körperliche Reaktionen) aktiviert werden, was das intrusive Wiedererleben erklären kann.

3. **Kognitive Modellvorstellungen:** Traumatisierte Menschen weisen spezifische kognitive Veränderungen in der Welt-, Fremd- und Selbstsicht auf, z.B. einen Vertrauensverlust in Bezug auf die Welt und die Mitmenschen, eine pessimistische Zukunftswahrnehmung, Entfremdungsgefühle.

Zusammenfassend kann gesagt werden, dass zum kurzfristigen Schutz vor belastenden Intrusionen Betroffene in der Regel auf Strategien wie sozialen Rückzug, emotionale Taubheit und Vermeidungsverhalten zurückgreifen. Langfristig gesehen sind dies jedoch genau jene Verhaltensweisen, die die therapeutisch notwendige Konfrontation mit den traumatischen Ereignissen verhindern. Ein weiterer für die Genese der PTSD bedeutsamer Faktor ist die dysfunktionale Bewertung des Traumas.

Therapie: Behandlungsziele sind der Abbau kognitiver und behavioraler Vermeidung (nicht die Beseitigung des intrusiven Wiedererlebens) und die Veränderung dysfunktionaler Einstellungen zum Trauma. Gängige Methoden hierzu sind:

- Umfassende (prolongierte) **Exposition in sensu**: Patient berichtet sein Erleben der Traumatisierung in der Ich- und Gegenwartsform unter Einbezug aller Sinneskanäle, aufkommende Kognitionen und Emotionen sollen zugelassen werden („imaginatives Nacherleben").
- **Konfrontation in vivo** (s. S. 219 ff.): wenn möglich, Aufsuchen des Ortes der Traumatisierung oder Anschauen von Bildern gleichen Inhalts o. Ä.
- **Trigger-Analyse:** Identifikation von Auslösern des intrusiven Wiedererlebens und Trigger-Konfrontation mit Diskriminationslernen.
- Identifikation dysfunktionaler Kognitionen und **kognitive Umstrukturierung** (s. S. 223 ff.) mit Hilfe des Sokratischen Dialoges und des geleiteten Entdeckens (Bearbeiten von Schuld und Verantwortung, Ärger, Wut, Selbstachtung usw.).

23.4.8 Somatoforme Störungen

Störungsmodell: Bevorzugtes Störungsmodell ist das psychophysiologische Modell nach Rief & Hiller (1998). Hierbei handelt es sich um ein Teufelskreismodell, bei dem zusätzlich die sogenannten Krankheitsverhaltensweisen Bedeutung bekommen (vgl. Abbildung 23.3). Diese Verhaltensweisen sind:

- **somatosensory amplification** (Symptomverstärkung): verstärkte Aufmerksamkeitslenkung auf körperliche Symptome und katastrophisierende Bewertung dieser,
- **checking behavior** (Krankheitsverhalten): ständige Kontrolle von Körperfunktionen, z.B. Blutdruck messen.

Das Ausführen dieser Verhaltensweisen wirkt kurzfristig beruhigend auf die Betroffenen, lerntheoretisch wirkt es jedoch verstärkend und erhält die Symptomatik aufrecht.

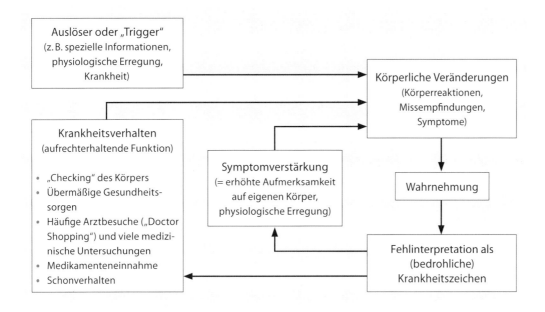

Abbildung 23.3: Psychophysiologisches Modell des somatoformen Störungen (nach Rief & Hiller, 1998)

Therapie:

- Aufbau von Behandlungsmotivation, welche zu Beginn häufig nicht gewährleistet ist, da der Patient auf eine rein medizinische Behandlung ausgerichtet ist.
- Vermittlung eines psychophysiologischen Störungsmodells unter Zuhilfenahme von Verhaltensexperimenten, Demonstration des Zusammenhangs zwischen körperlichen und psychischen Prozessen, z. B. Hyperventilationstest (s. S. 247), gezielte Aufmerksamkeitslenkung, Biofeedback-Übungen (vgl. S. 219).
- **Abbau der verstärkenden Bedingungen** des Krankseins, oft unter Einbezug der Angehörigen: Abbau von Schon- und Vermeidungsverhalten, Abbau des „checking behavior", Reduktion von Rückversicherungsverhalten, Verringerung der Frequenz der ärztlichen Konsultationen **(zeitkontingente Termine)**.
- Kognitive Umstrukturierung (s. S. 223 ff.), z. B. zur Definition von Gesundheit, Bearbeitung hypochondrischer Befürchtungen etc.
- Vermittlung eines **Entspannungsverfahrens** (s. S. 221 ff.) zur Reduktion des Arousal-Niveaus, zum Abbau muskulärer Verspannungen und zur Steigerung des Wohlbefindens etc. (günstig: PMR, Biofeedback).
- Ergänzend: soziales Kompetenztraining, Bearbeitung der Funktionalität der Störung.

23.5 Verhaltensauffälligkeiten mit körperlichen Störungen oder Faktoren

23.5.1 Essstörungen

Störungsmodell: Es existiert kein einheitliches Modell zu Essstörungen, sondern es scheint sich um ein Ineinandergreifen verschiedener Faktoren zu handeln, zu denen beispielsweise

- soziokulturelle Faktoren (soziokulturell vorgegebenes Schlankheits- und Fitnessideal in den Industrienationen, familiäre Auffälligkeiten wie Rigidität, Verstrickung),
- biologische Faktoren (genetische, neurochemische),
- chronische Belastungen (z. B. Leistungsanforderungen, Überbehütung) und

- Personenfaktoren (geringe Stressverarbeitungs- und Problemlösefähigkeiten, geringes Selbstwertgefühl, irrationaler und verzerrter Denkstil) gehören.

Auslösende Faktoren sind meist akute Belastungen und Anpassungsanforderungen, z. B. die Bewältigung von Entwicklungsaufgaben (s. S. 310).

▶ **Aufrechterhaltung von Essverhalten mit Heißhungerattacken:** Dieses Phänomen kann lerntheoretisch über folgenden Teufelskreis erklärt werden: Das gezügelte Essverhalten (bei Anorexie permanente, bei Bulimie intermittierende Mangelernährung) führt durch biologische und psychologische Veränderungen zu einer Zunahme von Hunger und Appetit. Das führt ab einem gewissen Punkt zu Heißhunger und Essattacken. Die starke Angst vor einer Gewichtszunahme führt zu Erbrechen und einer Fortführung des gezügelten Essverhaltens.

Therapie: Immer sollte eine Informationsvermittlung, speziell auch zu Folgen des gestörten
▶ Essverhaltens und zur **Set-Point-Theorie** (s. S. 121) erfolgen.
- **Anorexie** (entsprechend den Behandlungsleitlinien der Deutschen Gesellschaft für Psychiatrie, Psychotherapie und Nervenheilkunde, 2000):
  - Gewichtsmanagement zur Gewichtsnormalisierung (Gewichtssteigerungsprogramm nach dem Prinzip der operanten Konditionierung, vgl. Kap. 20.2, Essprotokoll, Exposition bezüglich Essen im Sinne fester Mahlzeiten).
  - Ernährungsrehabilitation (ausgewogene Ernährung, Normalisierung des Essverhaltens, Abbau verbotener Lebensmittel).
  - Psychotherapie in Form von Einzel-, Gruppen oder Familientherapie (Therapie der Störungshintergründe: niedriges Selbstwerterleben, Perfektionismus, extremes Bedürfnis nach Kontrolle/Autonomie, soziale Kompetenzdefizite, Impulsivität, Familien- und Paarprobleme, gestörte Sexualität mittels gängiger VT-Methoden).
  - Bei einem BMI von unter 15 sowie bei ausgeprägter medizinischer oder psychiatrischer Komorbidität typischerweise stationäre Behandlung.
- **Bulimie und Binge Eating Disorder:**
  - Ernährungsrehabilitation (ausgewogene Ernährung, Normalisierung des Essverhaltens: schrittweise Einführung sogenannter „normaler" Esstage).
  - Psychotherapie in Form von Einzel-, Gruppen oder Familientherapie (Therapie der Störungshintergründe mittels gängiger VT-Methoden).
  - Bei ausgeprägter medizinischer oder psychiatrischer Komorbidität typischerweise stationäre Behandlung.
▶ **Psychopharmakotherapie:** Ggf. kann eine medikamentöse Therapie indiziert sein. Für die Bulimia und die Binge Eating Disorder werden signifikante Effekte für die Gabe von trizyklischen Antidepressiva und **Serotonin-Wiederaufnahmehemmern** (s. S. 143 ff.) berichtet.

Der Einsatz weiterer psychotherapeutischer Verfahren hängt vom Einzelfall ab. Mögliche Interventionen sind: kognitive Umstrukturierung (s. S. 223 ff.), Wahrnehmungstraining (körperorientierte Übungen, emotionale Wahrnehmung), soziales Kompetenztraining (s. S. 238), Veränderung der Körperschemastörung, z. B. über Konfrontationsübungen vor dem Spiegel, Vermittlung von Bewältigungskompetenzen im Umgang mit Belastungen usw.

23.5.2 Schlafstörungen

Störungsmodell: kein einheitliches Störungsmodell; Wechselwirkung zwischen körperlichen Faktoren und Störungen, psychologischen Faktoren (Stress, ungünstige Schlafgewohnheiten), negativen physikalischen Umweltbedingungen (Lärm, Partner) und einem eventuellen Einfluss schlafbehindernder Substanzen usw.

Therapie:
- Schlaftagebücher, welche oft helfen, die Störung zu „entkatastrophisieren".
- Techniken der **Stimuluskontrolle** (s. S. 232) mit dem Ziel, dass das Bett wieder ein diskriminativer Hinweisreiz für Schlafen und nicht für Schlaflosigkeit, Grübeln etc. wird, z. B. unter Zuhilfenahme der Vermittlung von Regeln zur Schlafhygiene (z. B. Bootzin, 1999), ggf. Schlafrestriktion.
- **Entspannungsverfahren** (s. S. 234 ff.).
- Gedankenstopp (s. S. 229).
- **Kognitive Umstrukturierung** (s. S. 223 ff.) dysfunktionaler Einstellungen zu Schlaf- und Schlafmenge, aber auch von Befürchtungen, Ängsten usw.

23.6   Sexuelle Störungen

23.6.1   Sexuelle Funktionsstörungen

Sexueller Reaktionszyklus nach Masters und Johnson (1970):
1. Erregungsphase,
2. Plateauphase,
3. Orgasmusphase und
4. Rückbildungsphase.

Diagnostik: Die Diagnostik sexueller Funktionsstörungen orientiert sich am sexuellen Reaktionszyklus, denn in den verschiedenen Phasen der sexuellen Interaktion können jeweils unterschiedliche Funktionsstörungen auftreten, z. B. in der Erregungsphase Mangel oder Verlust von sexuellem Verlangen (F52.0) oder in der Orgasmusphase Ejaculatio praecox (F52.4) usw. (s. S. 184).

Störungsmodell: Alle Modellvorstellungen beinhalten
- **Rückkopplungskreise,** bei denen ein **Selbstverstärkungsmechanismus** als wesentlicher Faktor angesehen wird. Erwartungs- und Versagensängste werden sowohl als Auslöser als auch als aufrechterhaltende Bedingung des Chronifizierungsprozesses gesehen.

> **Beispiel:** Bei Herrn M., einem Mann im besten Alter, hat einige Male die sexuelle Reaktion versagt (das darf passieren und ist völlig normal). Herr M. gibt sich dennoch einer sexuellen Situation mit seiner äußerst attraktiven Assistentin Frau J. hin. Seine durch den Anblick der jungen Frau ausgelösten Fantasien steigern seine Lust, doch in Anbetracht des nahenden Koitus erinnert er seine letzten sexuellen Aktivitäten, und es werden Versagensängste ausgelöst. Das lässt seine Lust schlagartig sinken (Wahrnehmung geringer Erregung), und er bemüht sich, erregt zu bleiben (druckerzeugende Fokussierung auf sexuelles Funktionieren). Gleichzeitig stellt er sich die Peinlichkeit vor, wie es wäre, ausgerechnet bei dieser Assistentin sexuell zu versagen (Antizipation möglicher unangenehmer Folgen des Versagens). Herr M. sieht nur noch zwei Möglichkeiten für sich: Entweder er bricht unter dem Vorwand, dass seine Ehefrau warte, dieses nette Petting ab (Vermeidung der sexuellen Aktivität und in der Folge negative Verstärkung des Problemverhaltens), oder er gibt jetzt noch einmal richtig Gas, was leider

> dazu führt, dass seine Erektion versagt (die fortgeführte Aktivität bedingt ein reales Versagen, welches die ursprünglichen Versagensängste stärkt). Beide Möglichkeiten begünstigen eine Chronifizierung. Herr M. löst diese heikle Situation elegant und schlägt seiner Assistentin vor, mit ihm gemeinsam ein Buch über den sexuellen Reaktionszyklus zu schreiben.

- Weitere ursächliche und aufrechterhaltende Bedingungen für sexuelle Funktionsstörungen sind:
  - Informations- und Erfahrungsdefizite (z. B. über Verhütung oder sexuelle Praktiken),
  - unzureichende sexuelle Kommunikation zwischen den Partnern,
  - problemverstärkende Normen, Werte und Mythen (z. B. „ein Mann kann immer"),
  - persönliche Konflikte, Partnerkonflikte und vieles mehr.

Therapie: Ziele sind die Auflösung des Selbstverstärkungsmechanismus, der Abbau von sexuellen Ängsten, die Korrektur von Lerndefiziten und die Steigerung der erotischen und sexuellen Erlebnisfähigkeit.

▶ - **Sensualitätstraining (sensate focus**, sensorische Fokussierung nach Masters & Johnson, 1973): paartherapeutisches Behandlungsprogramm, bei dem das Paar zunächst ein Koitusverbot erhält und dann zu Hause aufeinanderfolgende Streichelübungen mit ansteigendem Schwierigkeitsgrad bis zum Koitus durchführen darf.
  - **Teasing-Methode:** Anwendung bei Erektionsstörungen. Durch gezielte Übungen (Stimulation – Erektion – Pause und deshalb nachlassende Erektion – Stimulation – Erektion – Pause mit nachlassender Erektion usw.) sollen Betroffene Vertrauen in die nicht willkürlich beeinflussbare Erektionsfähigkeit bekommen.
  - **Squeeze-Technik:** Anwendung bei Ejaculatio praecox. Kurz vor der Ejakulation wird durch eine bestimmte Drucktechnik versucht, die Ejakulation zu stoppen. Es erfolgen mehrere Durchgänge.

▶ **PLISSIT-Modell** (Annon, 1974): abgestuftes Modell zur Beratung bei sexuellen Störungen, hat aber auch bei sonstigen Beratungsanliegen einen heuristischen Wert.
- **P**ermission – Stufe I (Erlaubnis): Eine Fachperson zeigt Akzeptanz und Toleranz bezüglich der sexuellen Problematik.
- **L**imited **I**nformation – Stufe II (begrenzte Informationsgabe): Es werden Informationen zu physiologischen, anatomischen und partnerschaftlichen Aspekten gegeben. Sexuelle Mythen und Normen werden geklärt.
- **S**pecific **S**uggestions – Stufe III (gezielte Anregungen): Es werden Vorschläge zur Verhaltensänderung erarbeitet, durchgeführt und besprochen.
- **I**ntensive **T**herapy – Stufe IV (intensive Therapie): Wenn deutlich wird, dass Probleme in der Paardynamik hinter den sexuellen Problemen stehen, werden diese entsprechend der Psychodynamik des Paares behandelt.

23.6.2 Störungen der Sexualpräferenz (Paraphilien)

Störungsmodell: Lerntheoretiker versuchen, deviantes Sexualverhalten über klassische Konditionierung zu erklären (die sexuelle Erregung wird mit einem zuvor neutralen Stimulus gekoppelt), welches im weiteren Verlauf nach dem Prinzip der operanten Konditionierung aufrechterhalten wird (deviantes Sexualverhalten führt zum Orgasmus und wird somit verstärkt, die üblichen sexuellen Praktiken führen nicht mehr zur sexuellen Befriedigung und stehen somit unter Löschungsbedingungen). Die Aufrechterhaltung wird zudem über Ängste, bei üblichen sexuellen Kontakten ohne sexuell deviante Reize zu versagen, verstärkt. Das führt zur Vermeidung herkömmlicher sexueller Kontakte (negative Verstärkung) und zur Beibehaltung der Paraphilie.

Therapie: Entwicklung einer Eigenmotivation zur Behandlung, verdeckte Sensibilisierung (s. S. 229), Selbstkontrollmethoden (s. S. 231 ff.), Methoden zur Verstärkung nicht devianten Sexualverhaltens (s. S. 216 ff.), Verbesserung der Selbstsicherheit (s. S. 238 f.).

23.6.3 Störungen der Geschlechtsidentität

Bei der Behandlung von **Störungen der Geschlechtsidentität**, v. a. des Transsexualismus, spielen verhaltenstherapeutische Verfahren keine herausragende Rolle (Senf & Senf, 2012).

23.7   Persönlichkeitsstörungen

Störungsmodell: Spätestens bei der Thematik der Persönlichkeitsstörungen wird die Notwendigkeit einer integrativen Sichtweise zur Erklärung der Entstehung, aber auch des Verlaufs dieser Störungen deutlich (vgl. Dammann & Fiedler, 2012). Dennoch soll ein populäres Störungsmodell, welches explizit der Verhaltenstherapie zugeordnet werden kann, vorgestellt werden.

Kognitiv-interpersonaler Ansatz (Beck & Freeman, 1990/1999): basiert auf dem Vulnerabilitäts-Stress-Modell (s. S. 37), welches hier dafür genutzt wird zu postulieren, dass Menschen mit Persönlichkeitsstörungen eine biologische, genetische und erzieherisch bedingte Vulnerabilität für die Entstehung ebendieser Störung besitzen. Die klassisch kognitive Denkweise dieses Modells ist, dass Menschen mit Persönlichkeitsstörungen zudem spezifische kognitive Schemata aufweisen, welche starr, unumgänglich und extrem sind und zu einer verzerrten Informationsverarbeitung führen. Außerdem bedingen sie entsprechende interpersonelle Strategien, welche – und das ist die Kernaussage des Ansatzes – den Betroffenen dazu dienen, ihre eigentliche Vulnerabilität zu schützen. Dadurch kommt es zu ungünstigen Interaktionserfahrungen und einer Bestätigung der Schemata. Korrigierende Erfahrungen werden zunehmend unmöglich gemacht. Daraus ergeben sich nach Beck Eigenschaftsprofile der ausgewählten Persönlichkeitsstörungen mit den Variablen Selbstbild, Bild anderer, (kognitive) Hauptannahmen und (interpersonelle) Hauptstrategien.
- **Therapie:** Herausarbeiten der dysfunktionalen Grundannahmen und kognitive Umstrukturierung der akzentuierten Wahrnehmungs- und Interpretations- sowie Denk- und Erlebensmuster des Patienten. Zudem werden erlebensbasierte Methoden eingesetzt, um die Schemata in der Therapie verfügbar zu machen.

Ein weiteres populäres Erklärungs- und Behandlungsmodell, welches zunächst für die Behandlung von Persönlichkeitsstörungen entwickelt wurde, ist die Schematherapie (Young et al., 2003), auf welche im nachfolgenden Kapitel ausführlicher eingegangen wird.

Dialektisch-behaviorale Therapie (DBT) der Borderline-Persönlichkeitsstörung (Linehan, 1993/2007).
- **Störungsmodell:** Biologische Prädisposition sowie ungünstige Lernerfahrungen (Invalidierung) führen zu Störungen in der Emotionsregulation **(neurobehaviorales Modell)**. Die Betroffenen haben:

1. eine hohe Sensitivität für emotionale Reize,
2. sehr intensive emotionale Reaktionen,
3. einen langsamen Rückgang der emotionalen Reaktion auf das Basisniveau.

- **Therapie:** strikte Zielhierarchie: zuerst lebensbedrohliches, dann therapieschädigendes Verhalten und zuletzt Verhaltensweisen, die die Lebensqualität beeinflussen, behandeln. Expliziter Teil der Behandlungsstruktur ist eine regelmäßige, engmaschige Intervision der Therapeuten.
- **Einzeltherapie:** Die therapeutische Beziehung ist gekennzeichnet durch eine Balance der Interventionsstrategien zwischen Akzeptanz und Veränderung (Dialektik). Merkmale der Behandlung sind:
  - klare Absprachen und Regeln,
  - Therapievertrag mit *Non-Suizid-Commitment*,
  - Analyse präsuizidalen und dysfunktionalen Verhaltens über Verhaltensanalysen,
  - *Telefon- oder Mailkontakt* im Notfall,
  ▶ - **Validierung** meint nach Bohus (2002) ein Therapeutenverhalten, dass dem Patienten vermitteln soll, dass sein Verhalten zwar im subjektiven Kontext nachvollziehbar ist, dass es im objektiven Kontext jedoch auch alternative Reaktionsmöglichkeiten gäbe. Die sechs Stufen der Validierung sind:
    1. Aufmerksamkeit,
    2. genaue Reflexion,
    3. Aussprechen von nicht Verbalisiertem (mind reading),
    4. Validierung im Sinne vergangener Lebenserfahrung oder biologischer Dysfunktionen,
    5. Validierung im Sinne des gegenwärtigen Schemas,
    6. radikale Echtheit.
▶ - **Fertigkeitentraining in der Gruppe:** mit dem Ziel des Aufbaus von Alternativfertigkeiten, fünf Module:
    1. innere Achtsamkeit,
    2. Stresstoleranz,
    3. Umgang mit Gefühlen,
    4. zwischenmenschliche Fertigkeiten,
    5. Selbstwert.
- Speziell für Jugendliche wurde die **dialektisch-behaviorale Therapie für Adoleszente (DBT-A)** konzipiert: zusätzliche Einbindung der Eltern in die Therapie; im Fertigkeitentraining zusätzlich das Modul „walking the middle-path": Adoleszentäre Dilemmata stehen im Vordergrund, z. B. extremes Denken, Fühlen und Handeln.

23.8   Aktuelle (verhaltens)therapeutische Entwicklungen

Wie bereits beschrieben wurde, ist die Verhaltenstherapie ein dynamisches Verfahren, dessen ständiger Wandel auch dadurch geprägt ist, dass wirksame Verfahren, die wissenschaftlichen Standards genügen, eklektisch integriert und dann aufgrund der Universalität der Lerngesetze hinreichend theoretisch begründet werden. Im Folgenden sollen weitere wichtige Verfahren neben der bereits dargestellten dialektisch-behaviorale Therapie, die auch zur „dritten Welle" der Verhaltenstherapie gehören, beschrieben werden.

Schematherapie (Young et al., 2003): In der Kindheit und im Verlauf des Lebens werden Schemata erworben, die Muster aus Erinnerungen, Emotionen, Kognitionen und Körperempfindungen beinhalten und das Verhalten steuern.

- **Störungsmodell:**
  - **Maladaptive Schemata** sind früh erworbene hinderliche Schemata. Sie entstehen durch schädliche Kindheitserlebnisse, die auf der Verletzung menschlicher Grundbedürfnisse basieren. Bisher wurden insgesamt 18 maladaptive Schemata benannt, welche sich fünf Schemadomänen zuordnen lassen: *→ Ziele korrigierende Bezehungserfahrung*
    1. Abgetrenntheit und Ablehnung,
    2. Beeinträchtigung von Leistung und Autonomie,
    3. Beeinträchtigung im Umgang mit Begrenzungen,
    4. Fremdbezogenheit,
    5. übertriebene Wachsamkeit und Gehemmtheit.

    Beispiel: Jeff wurde als Kind oftmals alleingelassen oder zurückgewiesen. Bei ihm ist das Schema „Verlassenheit" entstanden. Die daraus entwickelte Bewältigungsreaktion ist bei Jeff, dass er sich als Erwachsener an andere Menschen anklammert, aus Angst (wieder) verlassen zu werden.

  - **Maladaptive Bewältigungsreaktionen** sind Kampf, Flucht oder Erstarren. Dieses entspricht den drei Schema-Bewältigungsstilen, mit denen der Mensch, ohne sich seiner Wahl bewusst zu sein, auf seinen inneren Konflikt reagiert:
    · Schemaüberkompensation (sich so verhalten, als ob das Schema nicht zutreffen würde),
    · Schemavermeidung (Verhindern der Schemaauslösung),
    · Schemaerduldung (entsprechend des Schemas handeln).
  - **Schemamodi:** sind Schemata, die bei einem Patienten in einem konkreten Augenblick aktiviert sind. Sie können funktional und dysfunktional sein, z. B. Modus des gesunden Erwachsenen (soll in der Therapie gestärkt werden), Kind-Modi (verletztes Kind, impulsives Kind usw.), (dysfunktionale) Eltern-Modi (strafend, emotional fordernd), Schema-Bewältigungsmodi (entsprechen etwas ausdifferenzierter den oben genannten Bewältigungsstilen).
- **Therapie:** Ziele sind die Schemaheilung durch Befriedigung der unerfüllten Kernbedürfnisse sowie die Integration der Modi mit dem Ziel der Stärkung des gesunden Erwachsenen. Die therapeutische Beziehung ist konzeptualisiert als **begrenzte elterliche Fürsorge** (limited reparenting) und **empathische Konfrontation** im Sinne einer korrigierenden Beziehungserfahrung. Typische Methoden sind Edukation über Schemata, kognitive Interventionen, erlebensbasierte Interventionen, Unterbrechung maladaptiver Verhaltensmuster (auch mit Hilfe orthodoxer Methoden aus der Verhaltenstherapie), bewusster Einsatz der therapeutischen Beziehung sowie
  - **Imaginationsübungen:** aktuelles Gefühl wird im Sinne einer Affektbrücke zur Erinnerung an eine Situation in der Kindheit genutzt, in welcher Kernbedürfnisse verletzt wurden. Veränderung und Umschreiben („Rescripting") der Situation in der Imagination.
  - **Stühlearbeit:** Die verschiedenen Modi werden auf Stühle gesetzt und hinsichtlich ihrer Kognitionen und Emotionen befragt.

Achtsamkeitsbasierte Verfahren: Das Konzept der Achtsamkeit als einer nicht wertenden, absichtsvollen Aufmerksamkeitslenkung auf den aktuellen Moment (Michalak, Heidenreich & Williams, 2012) erfreut sich einer zunehmenden Popularität, auch aufgrund der zunehmenden empirischen Absicherung dieser Methoden (z. B. zur Wirksamkeit der MBCT bei ehemals Depressiven). MBSR und MBCT sind originär achtsamkeitsbasierte Verfahren, doch auch andere Verfahren wie die DBT oder ACT vermitteln Achtsamkeit als wichtige Grundhaltung.

- **Mindfulness Based Stress Reduction – MBSR** (Kabat-Zinn, 1990/2011): ein Mitte der 1970er-Jahre entwickeltes erfahrungs- und übungsbasiertes Gruppenprogramm zur Stressbewältigung durch gezielte Lenkung der Aufmerksamkeit und durch Einübung erweiterter Achtsamkeit mittels bestimmter Übungen. Umfasst formelle (z. B. Body-Scan, Yogastellungen, Sitzmeditation) und informelle Achtsamkeitsübungen (die Aufrechterhaltung der Achtsamkeit auch bei alltäglichen Verrichtungen).
- ▶ **Mindfulness Based Cognitive Therapy – MBCT** (Segal, Williams & Teasdale, 2002/2008): gruppentherapeutisches Programm aus acht Sitzungen, welches Elemente der MBSR und klassische Interventionen der kognitiven Verhaltenstherapie bei Depressionen kombiniert. Gesicherte Wirkung bei ehemals depressiven Patienten zur Rückfallprophylaxe.

Akzeptanz- und Commitment-Therapie – ACT (Hayes et al., 1990/2004): Kombination klassisch verhaltenstherapeutischer Interventionen mit achtsamkeitsbasierten Techniken sowie mit Methoden zur Werteklärung. Anders als bei anderen kognitiven Verfahren wird explizit keine Umstrukturierung der Gedankeninhalte angestrebt, sondern vielmehr die Weise der Betrachtung dieser Gedanken zu ändern versucht. Dies geschieht mit dem Ziel, als unangenehm Erlebtes nicht mehr durch dysfunktionale Strategien wie Vermeidung oder Sicherheitsverhalten kontrollieren zu müssen, sondern zu lernen, dieses in der Haltung der Achtsamkeit zu beobachten, ohne sich damit zu identifizieren. Weiterhin kommt einer Klärung von persönlichen Werten eine herausgehobene Stellung im therapeutischen Vorgehen der ACT zu.

Cognitive Behavioral Analysis System of Psychotherapy – CBASP (McCullough, 2007): Kombination verhaltenstherapeutischer, interpersoneller und psychodynamischer Ansätze zur Behandlung chronisch Depressiver.
- **Therapie:** Betrachtung des Umgangs des Patienten mit anderen Personen:
  - Erstellung der „Liste prägender Bezugspersonen" im bisherigen Leben. Welche grundsätzlichen Annahmen haben sich verankert?
  - „Situationsanalysen": Wie beeinflussen diese Grundannahmen in der aktuellen Lebenssituation des Patienten den Umgang mit anderen Personen?
  - „Interpersonelle Diskriminationsübungen": Patient lernt, seine problematischen Interpretationen des Verhaltens anderer zu erkennen und diese zu vermeiden.
  - Grundannahmen werden sich auch in der therapeutischen Beziehung zeigen. Durch „diszipliniertes Einbringen" des Therapeuten kommt es zu einem bewussten Aufgreifen der Übertragungssituation: Der Therapeut meldet dem Patienten zurück, wie es ihm mit dessen Verhalten geht.

Achter Teil:
Psychoanalytisch begründete Verfahren
(analytische und tiefenpsychologisch fundierte Psychotherapie)

24 Grundbegriffe

Historisches: Mit Sigmund Freud (Abb. 24.2a) verfügt die Psychoanalyse über die Figur einer singulären Gründervater-Persönlichkeit, auf die sie sich berufen und an der sie sich abarbeiten kann. Ursprünglich als Neurologe ausgebildet, führten Freud insbesondere seine Auseinandersetzungen mit der Hypnose (Jean-Martin Charcot), mit der kathartischen Methode (Josef Breuer) und mit den Philosophien Schopenhauers und Nietzsches zur Entwicklung der psychoanalytischen Theorie und Methode in den 1890er-Jahren. Die Psychoanalyse hat nicht nur eine eigene Historie, sondern das Historische ist zugleich zentraler Gegenstand ihres Erkenntnisinteresses. Freud (1937/1975, S. 397) verglich die Arbeit des Psychoanalytikers mit der des Archäologen, insofern als es beiden darum gehe, Vergangenheit auszugraben. Die Psychoanalyse freilich interessiert sich weniger für die Ereignisse der Weltgeschichte als für die persönliche Historie des Patienten. Ging es der frühen Psychoanalyse dabei noch um das Aufdecken realer Fakten einer vergessenen Lebensgeschichte (historische Wahrheit), so wird der Therapieprozess mittlerweile vermehrt verstanden als eine Konstruktion von Geschichte durch das gemeinsame Erzählen bzw. Neuerzählen von Geschichten (narrative Wahrheit).

Das Unbewusste: Die fundamentale Grundannahme der Psychoanalyse besteht darin, dass das menschliche Seelenleben *im Wesentlichen unbewusst* ist: „Das Unbewusste ist das eigentlich reale Psychische, uns nach seiner inneren Natur so unbekannt wie das Reale der Außenwelt und uns durch die Daten des Bewußtseins ebenso unvollständig gegeben wie die Außenwelt durch die Angaben unserer Sinnesorgane", schreibt Freud (1900/1972, S. 580) in der *Traumdeutung.* Aus dieser Annahme leitet sich sich die Notwendigkeit eines *verstehend-interpretierenden Zuganges* zu psychischen Phänomenen ab. Freud konzipierte die psychische Realität in einer Parallelführung zur materiellen Wirklichkeit (Abb. 24.1): Ebenso wie sich die vergleichsweise solide erscheinende Welt der alltäglichen Gebrauchsgegenstände bei genauerer physikalischer Analyse als eine atomare Suppe entpuppt, deren Strukturen nur noch als Wahrscheinlichkeitsfunktionen adäquat zu beschreiben sind, so zeigt sich hinter der Welt des bewussten Psychischen und der deskriptiv erfassbaren Symptome die Welt des Unbewussten mit ihren Trieben und Konflikten. Das Unbewusste funktioniert dabei nach vollkommen anderen Gesetzmäßigkeiten als das Bewusstsein:

- Gleichgültigkeit der Realität gegenüber,
- Lust-Unlust-Prinzip (vs. Realitätsprinzip),
- keine Negation,
- keine Zeit,
- kein Zweifel,
- keine Grade von Sicherheit.

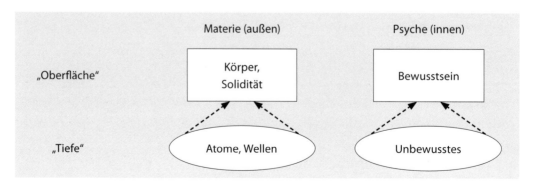

Abbildung 24.1: Tiefenpsychologie als Mikroskop

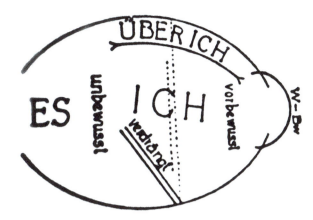

(a) Sigmund Freud (1856–1939) …

(b) … und sein Menschenbild
    (nach Freud, 1933/1969, S. 515).

Abbildung 24.2: Freud malt einen Menschen

Trieb: Freud (1915/1975b, S. 85) konzipierte den Trieb als einen „Grenzbegriff zwischen Seelischem und Somatischem, als psychischer Repräsentant der aus dem Körperinnern stammenden, in die Seele gelangenden Reize, als ein Maß der Arbeitsanforderung, die dem Seelischen infolge seines Zusammenhangs mit dem Körperlichen auferlegt ist". Freuds Triebtheorie veränderte sich im Laufe seines Schaffens relativ stark, blieb jedoch immer eine *dualistische*:

- 1905: Hunger vs. Liebe (Selbsterhaltungs- vs. Arterhaltungs-/Sexualtrieb),
- 1914: ich vs. anderer (Ichlibido vs. Objektlibido),
- 1920: Zusammenkommen vs. Zerfallen (Lebenstrieb/Eros vs. Todestrieb/Thanatos).

Eng mit dem Begriff des Triebes verbunden ist der Begriff des **Objekts**. Objekte sind das, worauf wir intentional – wollend, liebend, hassend, vermeinend, denkend, essend, fantasierend – bezogen sind. Objekte im psychodynamischen Sinne können sowohl Gegenstände als auch Personen, sowohl realer als auch imaginierter Natur sein. Charakteristische Eigenschaften von Objekten werden oft entlang mehrerer Unterscheidungsdimensionen geordnet, so ist z. B. die Rede von guten vs. bösen Objekten, ganzen Objekten vs. Partialobjekten und inneren vs. äußeren Objekten. Es wird eine Objektrepräsentanz (mein inneres Bild von meinem Vater) vom realen Objekt (der historischen Person meines Vaters) unterschieden.

Die zwei Modelle des Psychischen:

1. Im **topografischen Modell** unterschied Freud die drei psychischen Orte des
   - Unbewussten,
   - Vorbewussten und
   - Bewussten.

   Das Unbewusste besteht dabei zum einen aus Inhalten, die einmal bewusst waren und *verdrängt* wurden, weil sie im *Konflikt* mit anderen Bewusstseinsinhalten standen. Zum anderen deutet Freud auch einen phylogenetisch ererbten, angeborenen Kern des Unbewussten an.

2. Im **Strukturmodell**, welches Freud 1923 einführte, unterscheidet er drei Instanzen und schreibt ihnen bestimmte Funktionen zu:
   - **Es:** der Triebpol der Persönlichkeit, das Hauptreservoir der psychischen Energie,

Ich als Mediator von Es-Überich-Umwelt (handschriftliche Notiz)

- **Über-Ich:** der Richter und Zensor. Gewissen, Idealbildung, Selbstbeobachtung,
- **Ich:** der Abwehrpol der Persönlichkeit (vgl. Kap. 26.1, S. 268); der Prügelknabe, der zwischen den Triebwünschen des Es, den Geboten, Verboten und Idealen des Über-Ich und den Anforderungen der äußeren Realität vermitteln muss.

Das Es ist vollständig unbewusst, aber auch Ich und Über-Ich haben unbewusste Anteile (vgl. Abbildung 24.2).

Narzissmus: Freud führte den Begriff des Narzissmus 1914 in die psychoanalytische Theorie ein und verstand darunter eine libidinöse Besetzung des eigenen Ich. Die Narzissmustheorie ist ein ebenso zentraler wie kontrovers diskutierter Teil des psychoanalytischen Gedankengebäudes und Gegenstand vielfältiger Auseinandersetzungen.

Psychoanalytische Schulen bzw. Hauptströmungen: Es werden, sowohl was Störungsmodelle als auch was Behandlungstechnik anbelangt, immer wieder drei große psychoanalytische Schulrichtungen bzw. Strömungen genannt, welche sich in ihren Ansätzen teils erheblich unterscheiden, teils ergänzen (vgl. Greenberg & Mitchell, 1983).

- **Ich-Psychologie** (Heinz Hartmann u. a.): In Abgrenzung von der ursprünglichen „Es-Psychologie" Freuds werden hier die Autonomie des Ich und dessen Anpassungsmöglichkeiten betont. Besondere Aufmerksamkeit kommt den *Ich-Funktionen* zu (vgl. Kap. 23.4).
- **Selbstpsychologie** (Heinz Kohut u. a.): In Abgrenzung zu Freuds Theorie der Triebentwicklung wird eine Theorie der Entwicklung und Entfaltung des Selbst und seiner Talente und Fertigkeiten konzipiert. Das Selbst bildet den Kern der Persönlichkeit und ist lebenslang angewiesen auf empathische Objekte und die Spiegelung durch diese. Aggression und Wut werden nicht als primäre Triebmanifestationen (wie bei Freud oder Kernberg) verstanden, sondern als Reaktionen auf eine frustrierende Außenwelt.
- **Objektbeziehungstheorie** (Melanie Klein u. a.): In Abgrenzung zur klassischen Triebtheorie steht die Thematisierung der Bedeutung von Beziehungen und von den (meist belebten) Objekten, zu denen Beziehungen aufgenommen werden, im Vordergrund des Interesses:
  - **Trieb-Struktur-Modell:**
    - Intrapsychisch (Ein-Personen-Psychologie), biologistisch.
    - Das Objekt ist Objekt der Triebe und etwas im Bezug zu diesen lediglich Sekundäres – „das variabelste am Triebe" (Freud, 1915/1975b, S. 86) –, aber zu ihrer Befriedigung Geeignetes.
    - Der Mensch ist lustsuchend.
    - Im Zentrum der Erklärung von Entwicklung, psychischer Struktur und Psychopathologie steht die Frage nach Triebschicksalen.
  - **Beziehungs-Struktur-Modell:**
    - Interpersonell, relational (Zwei-Personen-Psychologie).
    - Das Objekt ist das Gegenüber und das Primäre (William Fairbairn).
    - Der Mensch ist objektsuchend.
    - Im Zentrum der Erklärung von Entwicklung, psychischer Struktur und Psychopathologie steht die Frage nach Bindungsschicksalen.

25   Psychische Entwicklung

Der individuellen Lebensgeschichte kommt nach psychoanalytischer Sicht eine zentrale Bedeutung für die Genese psychischer Störungen zu. Sowohl Konflikte als auch strukturelle Defizite (s. Kapitel 26) werden mit verschiedenen biografischen Entwicklungsphasen oder -aufgaben in Verbindung gebracht. Gemäß der unterschiedlichen psychoanalytischen Schulen (s. S. 264) erscheint Entwicklung dabei unter verschiedenen Perspektiven, die sich gegenseitig ergänzen.

Entwicklungslinien: Entwicklung vollzieht sich nach psychoanalytischem Verständnis vom Primärvorgang (Lustprinzip, Es) hin zum Sekundärvorgang (Realitätsprinzip, Ich). Dies beinhaltet zugleich eine Integration chaotischer Partialtriebe unter dem Primat genitaler Sexualität.

Triebentwicklung: Freud (1905/1972) stellte die These auf, dass Sexualität von Geburt an eine wesentliche Determinante menschlichen Erlebens und Verhaltens sei und sich im Spannungsfeld von biologisch verankertem Trieb (Lustprinzip) und kulturell bestimmter Unterdrückung bzw. Lenkung desselben (Realitätsprinzip) entfalte. Die vom ihm parallel zu körperlichen Reifungsprozessen konzipierten psychosexuellen Phasen dieses Entfaltungsprozesses benannte er nach der jeweils im Zentrum des phasenspezifischen Lusterlebens stehenden und somit erogen besetzten Körperregion (vgl. Tabelle 25.1).

Tabelle 25.1: Entwicklung nach Freud

	Alter	Phase	Erogene Zone	Phasentypische Themen
1.	Bis 18 Monate	**Orale Phase**	Mund	Nuckeln, Saugen, Essen, Gegessenwerden, Aufnehmen, Inkorporation, Fürsorge und Zuwendung durch Bezugspersonen, Befriedigung primärer Bedürfnisse
2.	2.–3. Lj.	**Anale Phase**	Analregion	Defäkation, Ausstoßen, Zurückhalten, Verweigerung gegenüber den Bezugspersonen, Verbote und Forderungen, Grenzen der Bedürfnisbefriedigung
3.	4.–5. Lj.	**Phallische Phase**	Penis, Klitoris	Erforschung des eigenen Körpers, Entdeckung der Erregbarkeit der eigenen Genitalien, Bewusstsein für das eigene Geschlecht und den Unterschied der Geschlechter, Ödipuskomplex, Kastrationsangst, Penisneid, Übergang von dualen zu triangulären Beziehungen
4.	6.–11. Lj.	**Latenz**	–	Verdrängung frühkindlicher Sexualität, Schule, Leistung, Konkurrenz mit anderen Kindern, Bedürfnisaufschub
5.	12.–19. Lj.	**Pubertät**	Flexibel	Ansturm der Sexualität, Vollendung der Entwicklungen der phallischen Phase und Vereinigung der Partialtriebe unter dem Primat der Genitalität, Sexualität tritt in den Dienst zwischenmenschlicher Partnerschaft

▶ **Identitätsentwicklung:** Erik Erikson (1966) betont, dass sich das Erleben persönlicher Identität in einer über den gesamten Lebensprozess stattfinden – also über die mit der Pubertät idealtypisch abgeschlossene Entwicklung „reifer Genitalität" hinausreichenden – Abfolge von konflikthaften psychosozialen Krisen herstellt (Tabelle 25.2).

Tabelle 25.2: Entwicklung nach Erikson (im Vergleich mit Freud)

	Alter	Konflikt/Krise	Psychosoziales Umfeld	Psychosexuelle Phase (Freud)
1.	Säuglings-alter	Vertrauen vs. Misstrauen	Mutter	Oral
2.	2.–3. Lj.	Autonomie vs. Scham und Zweifel	Eltern	Anal
3.	4.–5. Lj.	Initiative vs. Schuldgefühl	Die Familie	Phallisch
4.	6.–11. Lj.	Werksinn vs. Minderwertig-keitsgefühl	Wohnumfeld, Schule	Latenz
5.	12.–19. Lj.	Identität und Ablehnung vs. Identitätsdiffusion	Gruppen, die anderen, Vorbilder	Pubertät
6.	20.–45. Lj.	Intimität und Solidarität vs. Isolierung	Freunde, Sexualpartner, Rivalen	Reife Genitalität
7.	45.–65. Lj.	Generativität vs. Stagnation und Selbstabsorption	Gemeinsame Arbeit, Zusammenleben	
8.	Ab 65. Lj.	Integrität vs. Verzweiflung	Menschheit, das Umgreifende	

Entwicklung des Selbst und seiner Objektbeziehungen: Margaret Mahler (1978) befasste sich mit der kindlichen Individuationsentwicklung innerhalb der ersten drei Lebensjahre. Diese vollzieht sich nach Mahler in aufeinanderfolgenden Phasen (vgl. Tabelle 25.3). Entscheidend ist dabei der Ausbruch des Kindes aus der undifferenzierten, symbiotischen Mutter-Kind-Einheit in die Welt der Objekte und der zwischenmenschlichen Beziehungen. Ist das Kind während der symbiotischen Phase lediglich körperlich geboren, so vollziehe sich in der auf die Symbiose folgenden Separations-Individuations-Phase die psychische Geburt des Menschen. Mahler konzipierte ursprünglich ein vor der Symbiose liegendes autistisches Stadium. Dieses Postulat ist mit den Ergebnissen der empirischen Säuglingsforschung unvereinbar. Auch das Konzept eines symbiotischen Stadiums erscheint vor diesem Hintergrund als zumindest problematisch. Es gibt jedoch eine Reihe erfolgversprechender Versuche, das Symbiosekonzept theoretisch zu rehabilitieren. Am Ende der von Mahler gezeichneten Entwicklungslinie steht die Herausbildung der Fähigkeit zur Internalisierung und damit die Möglichkeit, auf stabile, differenzierte und integrierte innere Objekt- und Selbstrepräsentanzen zurückzugreifen (vgl. Abbildung 25.1).

Tabelle 25.3: Entwicklung nach Mahler

	Phase	Zeit
(1.	Normale **autistische Phase**: objektlos	Erste 6 Wochen)
2.	Normale **symbiotosche Phase**: präobjektal, ozeanisch-somatopsychisch-omnipotente Fusion mit der Mutter, keine Selbst-Objekt-Differenzierung	2. bis 6. Monat
3.	**Separations-Individuations-Phase**: Differenzierung von Selbst und Objekt a) Ausschlüpfen (Unterscheidung Mutter/Kind, Hinwendung zur Welt äußerer Objekte) b) Übungsphase (Frustrationstoleranz, Übergangsobjekte) c) Wiederannäherung/Reapproachement (Wiederannäherungskrise und Lösung)	6. bis 24. Monat
4.	Konsolidierung der Individualität, Anfänge der emotionalen Objekt-konstanz	24. bis 36. Monat

⇒ psychische Gesut

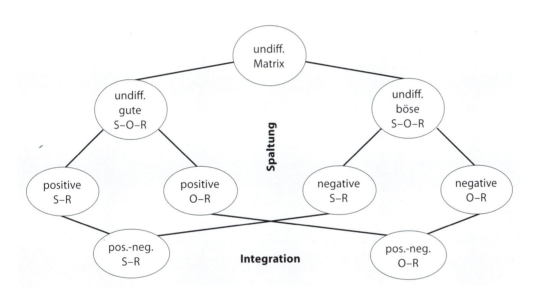

Abbildung 25.1: Entwicklung der Objektbeziehungen nach Magaret Mahler und Otto F. Kernberg; zeitliche Einordnung der vier hier dargestellten Entwicklungsstufen: erste Lebenswochen – 2. bis 6. Monat – 6. bis 36. Monat – ab 36. Monat. S–R: Selbstrepräsentanz; O–R: Objektrepräsentanz.

Entwicklung des Bindungsverhaltens: Im Kontext der von John Bowlby ausgearbeiteten Bindungstheorie wird in der gegenwärtigen Psychoanalyse die Entwicklung einer engen emotionalen Beziehung als universelles menschliches Grundbedürfnis begriffen. Die Bindungstheorie expliziert die Kontexte für den Erwerb der Emotionsregulation beim Kleinkind. Am Ende der von ihr gezeichneten Entwicklung steht der Erwerb eines grundlegenden Vertrauens in die Erreichbarkeit primärer Bezugs- und Bindungspersonen. Frühe Bindungserfahrungen und die mit ihnen einhergehenden emotionalen Qualitäten werden nach Bowlby verinnerlicht und bilden als „inneres Arbeitsmodell" die Grundlage späterer handlungsleitender Vorstellungen davon, wie Beziehung funktioniert.

Mentalisierung (Peter Fonagy): Mentalisierung bezeichnet die Fähigkeit, fremdes und eigenes Verhalten unter dem Blickwickel psychischer Zustände begreifen und interpretieren zu können (äußeres Verhalten → Überzeugungen, Absichten, Wünsche, Einstellungen). Diese Fähigkeit stellt nach Fonagy eine ausschlaggebende Determinante in der Regulation von Affekten und der Organisation des Selbst dar und wird im Kontext früher Bindungsbeziehungen erworben (Fonagy, Gergely, Jurist & Target, 2002). Kleinkinder benötigen zum Erwerb der Mentalisierungsfähigkeit die *Spiegelung* eigener emotionaler Zustände durch Bezugspersonen. Mit dem Begriff der *Markierung* wird die Spiegelung eines ähnlichen, aber etwas übertriebenen mimischen Ausdrucks bezeichnet. Die Welt des Mentalen stellt lediglich eine *Repräsentation* der äußeren Realität dar, es geht hier also um die Relation der Ähnlichkeit und nicht um die der exakten Entsprechung.

Übergangsobjekte (Donald Winnicott, 1965/2002): Übergangsobjekte ermöglichen es dem Säugling, sich vorübergehend als von seiner primären Bezugsperson getrennt wahrzunehmen, ohne dies sofort als einen Verlust zu erleben. Übergangsobjekte haben eine Brückenfunktion und fördern den entscheidenden Entwicklungsschritt der Differenzierung von Subjekt und Objekt, insofern sie einerseits der äußeren Realität angehören, sich andererseits aber auch den subjektiven Bedürfnissen des Säuglings entsprechend fügen und, wie im Falle des Kuscheltieres, nicht so nachhaltig auf ihrer vom Kind unabhängigen Eigenexistenz beharren, wie dies später Behörden, Geliebte und schmutziges Geschirr im Leben des Erwachsenen tun werden.

26 Modelle der Symptomentstehung

katharsis
⇒ Wiedererleben einer
früheren Emotion
⇒ Lösung emot. Spann.

Nach psychodynamischem Verständnis lässt sich die Entstehung von Symptomen vor dem Hintergrund von drei relativ unterschiedlichen Modellen verstehen, wobei Mischformen dieser drei Wege der Symptomentstehung im klinischen Alltag die Regel sind. Symptome können sein:

1. der missglückte Lösungsversuch eines innerpsychischen Konfliktes,
2. das Anzeichen struktureller Entwicklungsdefizite oder
3. die Folge der Einwirkungen eines traumatischen äußeren Ereignisses.

26.1 Konfliktmodell (Konfliktpathologie)

zwischenmenschl. Konflikt
↓
Internalisierung
↓
intrapsychische Konflikte

Konflikt: der innere Widerstreit gegensätzlicher Motive, Wünsche, Bedürfnisse, Werte und Vorstellungen. Konflikte sind – nach dem Menschenbild der Psychoanalyse – für den Menschen konstitutiv. Es wird davon ausgegangen, dass sich aus ursprünglich zwischenmenschlichen (interpersonellen) Konflikten durch Verinnerlichung im Laufe der Biografie innere (intrapsychische) Konflikte (z.B. Wunsch vs. Abwehr, Instanzenkonflikt, Triebkonflikt) entwickeln. Diese können dann wiederum als soziale Konflikte reexternalisiert und inszeniert werden (z.B. in Form eines Übertragungsarrangements in einer Therapie, s. Kapitel 28.1).

Allgemeines Modell einer konfliktbasierten Psychodynamik:
Auslösende Situation (Versuchungs- und Versagungssituation) → aktueller Konflikt → **Reaktualisierung** eines infantilen Konfliktes (= unbewusster, innerer Konflikt) → **Abwehr** → Kompromissbildung zwischen Wunsch und Abwehr → **Symptom** (Angstreduktion, derzeit beste Oraganisationsform eines psychischen Konfliktes).

Beispiel: Frau Kleins einzige Tochter Melitta zieht aus dem elterlichen Haus aus, um ihr Medizinstudium zu beginnen (**auslösende Situation**). Frau Klein sieht sich nun mit einer Situation konfrontiert, in welcher sie vermehrt eigenen, bislang nur unzureichend gelebten Autonomiebestrebungen und egoistischen Bedürfnissen Raum geben könnte (**Versuchung**). Zugleich erlebt sie den Auszug ihrer Tochter aber auch als den drohenden Verlust eines geliebten und Liebe spendenden Objektes (**Versagung**). Frau Klein wünscht bewusstseinsnah nur das Beste für ihre Tochter und möchte sie wirklich nicht in ihrer Autonomieentwicklung behindern. Zugleich ist sie jedoch – bewusstseinsferner – wütend und neidisch darauf, dass sich ihre Tochter die Freiheit nimmt, einfach zu gehen, und will sie zurückhalten (**aktueller Konflikt**). Dieser aktuelle Konflikt stellt die Reaktualisierung eines Konfliktes aus der Kindheit von Frau Klein dar, die sich selbst als jüngstes von vier Kindern nur schwer gegenüber ihrer von ihr als tyrannisch erlebten Mutter abgrenzen konnte. In der hochambivalenten Mutterbeziehung konstellierte sich ein depressiver Grundkonflikt aus Objektsehnsucht und Objektenttäuschung, den Frau Klein bislang nur unzureichend aufarbeiten konnte (**Reaktualisierung**). Auf den Konflikt reagiert Frau Klein sowohl mit heftigen Selbstvorwürfen („ich will nicht so sein, wie meine Mutter war") als auch mit einer forcierten Bestärkung ihrer Tochter, dass diese sich noch autonomer zeigen solle (**Abwehr:** Wendung gegen das Selbst und Reaktionsbildung). Frau Klein entwickelt plötzlich unerklärliche Schwindelanfälle, welche dazu führen, dass sich die Tochter vermehrt um die Mutter sorgt und ihren Auszug erst einmal aufschiebt, und die es Frau Klein zugleich ermöglichen, weiterhin glaubhaft zu beteuern, Melitta solle sich mehr um sich kümmern (**Symptombildung**).

Abwehr: ein unbewusst durchgeführtes, selbsttäuschendes Verhalten mit dem Ziel der Unlustvermeidung und des Schutzes des Selbstbildes. Aufgabe der Abwehr ist es, alle die Konstanz und Integrität des Individuums gefährdenden Strebungen einzuschränken oder zu unterdrücken und das diese Konstanz verkörpernde Ich sowohl vor überbordenden Triebansprüchen als auch vor den Unzumutbarkeiten der äußeren Realität zu schützen. Die Instanz des Ich spielt in der Abwehr sowohl eine passive als auch eine aktive Rolle: Die Abwehr kann als eine *unbewusste Ich-Funktion* beschrieben werden. Der Abwehrvorgang bedient sich bestimmter in der Psychoanalyse uneinheitlich systematisierter **Abwehrmechanismen** ◀ (Tabelle 26.1), nach denen in Klausuren wirklich gerne gefragt wird.

◀

Tabelle 26.1: Übersicht über die wichtigsten Abwehrmechanismen

Mechanismus	Beschreibung	Beispiel
Verdrängung	Unbeabsichtigter Ausschluss von Gedanken, Gefühlen und Impulsen aus dem Bewusstsein. Von Freud lange synonym mit dem Begriff der Abwehr verwendet.	„Die letzte Sitzung war, glaube ich, wirklich wichtig, aber ich kann mich beim besten Willen nicht mehr erinnern, worüber wir gesprochen haben."
Spaltung	Aufteilung der psychischen Repräsentanzen von Selbst und Objekt in kontradiktorische Qualitäten, die auseinandergehalten werden müssen, z.B. „nur gut" (**Idealisierung**) und „nur böse" (**Entwertung**). Spaltung ist ein frühkindlicher Abwehrmechanismus eines zur Verdrängung noch unfähigen Ich (vgl. Abbildung 25.1).	„Mein alter Therapeut war ein unfähiges Monster, sie hingegen sind ein gottgleiches Genie."

Mechanismus	Beschreibung	Beispiel
Verleugnung	Als negativ empfundene Wahrnehmungen werden verneint. Im Gegensatz zur Verdrängung geht es hier zum einen um die Bewältigung der äußeren und nicht der inneren Realität, zum anderen ist die Verleugnung eher als eine spontane Schutzreaktion zu verstehen, die Inhalte anders als die Verdrängung nicht dauerhaft unbewusst werden lässt.	„Die Wähler haben uns einen eindeutigen Auftrag erteilt."
Verschiebung	Bedrohliche libidinöse oder aggressive Impulse werden von einem ursprünglich gemeinten Objekt auf ein anderes (geeigneteres bzw. weniger gefährliches) verlagert.	„Es ist wirklich schlimm, dass allein durch diesen inkompetenten Gutachter der Antrag für meine Therapie bei Ihnen abgelehnt wurde."
Wendung gegen das Selbst	Aggressionen werden nicht gegen ein äußeres Objekt gerichtet, sondern gegen die eigene Person. Dies kann die Form **altruistischer Abtretung** annehmen. Hierher gehören auch Formen passiver Aggression.	„Es ist nicht schlimm, dass Sie meinen Termin vergessen haben. Bestimmt hätte ich sowieso wieder nichts Gescheites zu sagen gewusst, ich bin wirklich kein guter Patient."
Reaktionsbildung	Statt des ursprünglichen nicht akzeptablen Impulses, Affektes oder Gedankens einem Objekt gegenüber wird gerade das entgegengesetzte Verhalten, Fühlen oder Denken gezeigt.	„Ich habe Ihnen heute einfach mal ein Geschenk mitgebracht. Bitte schön!"
Rationalisierung	Das Verhalten gegenüber einem Objekt wird nicht auf eigene Triebregungen, sondern auf moralisch akzeptable und logisch nachvollziehbare Vernunftgründe zurückgeführt. Flucht aus der Welt der Emotionen in die Welt der Zweckrationalität.	„Seit der Trennung von meinem Partner kann ich schlecht schlafen. Vermutlich wird es an diesem äußerst unangenehmen Wetterumschwung liegen."
Intellektualisierung	Das konkrete Subjekt mit seinen spezifischen Triebansprüchen, Ängsten und Sehnsüchten einem bestimmten Objekt gegenüber wird in allgemeinen, abstrakten und in anderem Zusammenhang durchaus angemessenen Überlegungen zum Verschwinden gebracht. Flucht aus der Welt der Menschen in die Welt der Ideen.	„Die Trennung von meinem Partner belastet mich nicht wirklich. Beziehungen im Großen und Ganzen sind ja eher eine heikle Angelegenheit, und letztendlich ist doch die Liebe, wie Schiller im 1787 unter unsäglichen Umständen uraufgeführten *Don Karlos* so schön sagt, der Liebe Preis."
Isolierung bzw. Affektisolierung	Kognitive Komponenten einer Szene werden erlebt, (zu erwartende) affektive Komponenten fehlen jedoch. Gegenteil: **Affektualisierung**.	Ein Patient berichtet im Ton eines Tagesschau-Sprechers über den Verlust eines wichtigen Menschen.
Projektion	Ein unbewusster Impuls oder Affekt wird nach außen verlagert und einem anderen zugeschrieben. Projektion ist eine Form der **Externalisierung**.	„Ich bin gerade nicht aggressiv, Schatz, *du* bist aggressiv!"

Selbstentwertung

Mutter nach Abtreibungswunsch überfürsorglich

Mechanismus	Beschreibung	Beispiel
Identifizierung, Introjektion, Inkorporation	Der Projektion entgegengesetzte, entwicklungsnotwendige Vorgänge der **Internalisierung**, bei denen unbewusst Persönlichkeitseigenschaften, Verhaltensweisen und Ansichten einer anderen Person übernommen und zu Selbstanteilen gemacht werden. Die drei Mechanismen unterscheiden sich hinsichtlich ihres Reife- und Differenzierungsgrades: Inkorporation ist ein archaischer, Introjektion ein eher unreifer und Identifizierung ein eher reifer Vorgang. Eine besondere, aus Einsicht in die Unterlegenheit gegenüber einem übermächtigen Gegner resultierende Form ist der von Anna Freud (1936/1977) beschriebene Abwehrmechanismus der **Identifizierung mit dem Aggressor**.	„Später möchte ich einmal genauso sein wie Papa!"
Projektive Identifizierung	Melanie Klein (1946/1962, S. 111) führte den Begriff der projektiven Identifizierung ein und verstand darunter den „gewalttätigen Eintritt von Teilen des Selbst in das Objekt und in dessen Kontrolle": Unerträgliche Selbstanteile werden in einen anderen hineinevakuiert und dann in diesem bekämpft. Dies schließt – im Gegensatz zur Projektion, bei der es sich lediglich um eine Wahrnehmungsverzerrung handelt – subtil oder offen manipulatives Verhalten mit ein, durch welches das Gegenüber tatsächlich dazu gebracht wird, entsprechend den in ihn hineinverlagerten Projektionen zu erleben und zu handeln. In ihren pathologischen Formen setzt die projektive Identifizierung eine Spaltung voraus und ist – im Gegensatz zur intrapsychischen – eine Form **interpersoneller Abwehr**.	
Somatisierung	Konflikte werden nicht als solche wahrgenommen, sondern erscheinen in sprachloser Form als körperliche Beschwerden. Kommt diesen ein Symbolgehalt zu, spricht man auch von **Konversion**.	„Ich habe solche Rückenschmerzen."
Sublimierung	Ablenkung eines Triebes auf ein neues, nicht sexuelles Objekt. Verwandlung von sexualisierter Triebenergie in desexualisierte Kultur.	Künstlerische und intellektuelle Tätigkeiten wie Blockflöte spielen, Psychoanalyse treiben oder Schmetterlinge sammeln.

Weitere: Regression (s. S. 283), Ungeschehenmachen, posttraumatische Dissoziation, Vermeidung, Affiliation, Humor, Antizipation, Altruismus.

Reife vs. unreife Abwehr: Reife Abwehr gruppiert sich um den Mechanismus der Verdrängung, unreife um jenen der Spaltung. Unreife Abwehrmechanismen umfassen vor allem Spaltung bzw. Idealisierung/Entwertung und projektive Identifizierung und werden oft als ein Indikator für das Vorhandensein struktureller Defizite angesehen (Kapitel 27.4). Als reife (neurotische) Abwehrmechanismen werden neben der Verdrängung oft Verschiebung, Reaktionsbildung, Rationalisierung, Intellektualisierung und Isolierung genannt. Reife Abwehr zeichnet sich dabei durch eine Flexibilität der eingesetzten Mechanismen und durch ein geringes Maß an Realitätsverzerrung aus. Unreife Abwehr hingegen ist gekennzeichnet durch ihre charakteristische Rigidität und durch eine signifikante Realitätsverzerrung. Abwehr ist nicht per se pathologisch, sondern schließt in ihren adaptiven Formen auch das mit ein, was in anderer theoretischer Ausrichtung als *Coping* (s. S. 35 f.) bezeichnet werden kann: Antizipation, Humor und Sublimierung. Die Fähigkeit zur Abwehr ist eine wesentliche Voraussetzung für die Herausbildung einer Charakterstruktur.

▶ **Primärer und sekundärer Krankheitsgewinn:** Mit dem wenig freundlichen Wort „Krankheitsgewinn" bezeichnet der Psychoanalytiker jede direkte oder indirekte Befriedigung, die ein Kranker aus seiner Krankheit zieht. Der primäre Krankheitsgewinn liegt dabei in der Angstreduktion durch die zum Symptom führende Kompromissbildung und bildet eine ursprünglich funktionale Bedingung für das Entstehen einer Krankheit. Der sekundäre Krankheitsgewinn hingegen kommt erst nachträglich als ein Kollateralnutzen zu einer bereits bestehenden Erkrankung hinzu. Es geht hier also nicht mehr um die Entstehungs-, sondern um die aufrechterhaltenden Bedingungen einer Symptomatik. Diese können z. B. in narzisstischer Zufuhr (Aufmerksamkeit) und in emotionaler oder materieller Versorgung (Apfelmus, Rente) bestehen.

26.2 Defizitmodell (Strukturpathologie)

Struktur: Struktur wird in diesem Zusammenhang verstanden als „die Verfügbarkeit über psychische Funktionen, welche für die Organisation des Selbst und seiner Beziehungen zu den inneren und äußeren Objekten erforderlich sind" (Rudolf, 2004, S. 58). Es handelt sich somit bei dem mit dem Strukturbegriff Gemeinten um ein relativ zeitstabiles Gefüge von Persönlichkeitseigenschaften, welches sich vor allem in der charakteristischen Art und Weise zeigt, in welcher jeder Einzelne immer wieder mehr oder weniger erfolgreich sein intrapsychisches und interpersonelles Gleichgewicht (wieder)herstellt.

Symptombildung bei strukturellen Störungen: Im Gegensatz zu konfliktbedingten Pathologien, in welchen Leiden oft aus blockierten Ansätzen des eigenen Handelns entsteht **(Übersteuerung)**, resultiert das Leiden innerhalb struktureller Pathologien aus dem als unerträglich erlebten Verhalten der anderen Menschen. Strukturelle Pathologien zeigen sich in der Regel in Form von Regulationsstörungen **(Untersteuerung)** und spielen sich – im Gegensatz zum neurotischen Konflikt – im Außen ab. Strukturelle Störungen können entweder *entwicklungsbedingt* sein (notwendige Integrations- oder Differenzierungsschritte bezüglich wichtiger Ich-Funktionen sind im Laufe der Entwicklung nicht erfolgt) oder das Resultat einer *regressiven Entdifferenzierung* aufgrund traumatischer Ereignisse oder toxischer Einflüsse bei ansonsten nicht strukturell beeinträchtigten Personen.

Ich-Funktionen: (vgl. die Dimensionen der OPD-Strukturachse, Kapitel 27.2):
- bewusste: Wahrnehmen, Erinnern, Denken, Lernen, Planen etc.,
- unbewusste: Abwehr, Frustrationstoleranz, Affektdifferenzierung, Selbst-Objekt-Differenzierung etc.

26.3 Traumamodell (Traumapathologie)

Trauma: Gemäß der Definition des ICD-10 spricht man von einem Trauma bei einem belastenden Ereignis oder einer Situation außergewöhnlicher Bedrohung oder katastrophenartigen

Ausmaßes (kurz oder lang anhaltend), die bei fast jedem eine tiefe Verzweiflung hervorrufen würde (Dilling, Mombour & Schmidt, 2010, S. 183).

Symptombildung nach traumatischen Ereignissen: Analog zu den im Defizitmodell entwickelten Gedanken gefährden unverarbeitete Traumata die strukturelle Integration. Besondere Bedeutung kommt dabei dem erzwungenen Erleben von Ohnmacht und Überwältigung, Schuldgefühlen, Verwirrung des Wirklichkeitssinnes und dem Zusammenwirken von kindlichen Fantasien und ihrer Realisierung zu.

Kumulatives Trauma (Masud Khan, 1963): Summation unterschwelliger, für sich genommen subtraumatischer Reize zu einem Trauma.

Sequenzielles Trauma: von Hans Keilson (1979) in der Untersuchung von jüdischen Kriegswaisen in Holland eingeführte Vorstellung vom Trauma als langfristigem Prozess und nicht als singulärem Ereignis. Mindestens so wichtig wie die allgemein im Vordergrund stehende Frage nach der Tat und dem Täter (erste traumatische Sequenz) ist die politisch hochgradig brisante Frage nach der postexpositorischen Reaktion der sozialen Umwelt: Ein Trauma endet nicht mit der Befreiung aus den Fängen des Täters, sondern geht damit nur in eine neue Sequenz über.

27 Diagnostik und Indikation

Ziel psychodynamischer Diagnostik ist die Erfassung von:
- Symptomatik und deren subjektiver Bedeutung,
- auslösender Situation,
- biografischer Anamnese (Beziehungsgestaltung),
- innerer Objektwelt und unbewussten Fantasien,
- Psychodynamik (Struktur, Konflikt, Abwehr).

27.1 Projektive Testdiagnostik

Im Umgang mit minimal strukturiertem Testmaterial (Abbildung 27.1) soll sich das Unbewusste der Probanden zeigen. Projektive Verfahren lassen sich unterteilen in Formdeuteverfahren (Abbildung 27.1 a), Gestaltungsverfahren (Abbildung 27.1 b) und verbal-thematische Verfahren (Abbildung 27.1 c). Projektive Testverfahren schneiden hinsichtlich der klassischen Testgütekriterien tendenziell suboptimal ab.

27.2 Diagnostisches Erstgespräch und Interview

Erstinterview (Hermann Argelander): Es handelt sich hierbei um eine weitestgehend unstrukturierte, „ungewöhnliche Gesprächssituation" (Argelander, 1970, S. 16), in der dem Patienten größtenteils die Aktivität überlassen wird. Der Therapeut verfolgt das Ziel, die eigene Person dabei in einem umfassenden Sinne als Instrument zu nutzen, wobei ihm hierbei nach Argelander (1970, S. 12 ff.) drei Informationsquellen zur Verfügung stehen, deren dritte

– die szenische Information – den Clou des psychodynamischen Interaktionsverständnisses ausmacht (vgl. Tabelle 27.1).

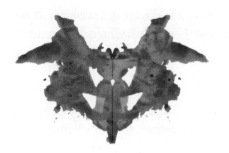

(a) Kleckse (Rorschach, 1921)

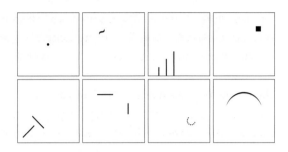

(b) Striche (Wartegg-Zeichen-Test, 1939)

(c) Böse Menschen (Rosenzweig-Picture-Frustration, 1948)

Abbildung 27.1: Testmaterial von drei projektiven Verfahren

Tabelle 27.1: Informationsqualitäten und entsprechende Verstehensoperationen

Informationsart	Was wird verstanden?	Wie wird verstanden?	Evidenzkriterium
Objektive Information	Unabhängig vom Subjekt seiende Vorgänge, das historisch Wirkliche und der Sinngehalt der Aussagen des Patienten	Logisches Verstehen: Verstehen des Gesprochenen	Nachprüfbarkeit
Subjektive Information	Vorgänge im Subjekt, subjektive Bedeutung, die der Patient dem Gesagten gibt	Psychologisches Verstehen: Verstehen des Sprechers, Nacherleben	Nachvollziehbarkeit
Szenische Information	Interaktionsmuster der Subjekte mit ihrer Mit- und Umwelt, gemeinsames Tun/Erleben statt Reden-über	Szenisches Verstehen: Verstehen der Situation, der Rollenbedeutungen im Lebensspiel des Patienten	Situative Evidenz, alle Sinnesmodalitäten

Biografische Anamnese (Annemarie Dührssen): Der Gegenwartskonflikt und seine Vorgeschichte bilden das zentrale Interesse von Dührssens (1981, 136 ff.) Anamneseschema, welches auch dem Bericht für den Psychotherapieantrag in der gesetzlichen Krankenversicherung zugrunde liegt (Symptomatik – auslösende Situation – aktuelle Lebensumstände – Herkunftsfamilie und Kindheitsgeschichte – Schul- und Berufsentwicklung – Sexualentwicklung, Liebesbeziehungen).

Strukturelles Interview (Otto Kernberg): spezielles, leitfadengestütztes Interview, welches die deskriptiv-psychiatrische und die psychoanalytische Perspektive miteinander verbindet. Ziel des Interviews ist die diagnostische Differenzierung von neurotischer, Borderline- und psychotischer Persönlichkeitsstruktur. Kernberg (1981, S. 169 f.) beschreibt dabei drei übergeordnete strukturelle Charakteristiken, die es unter Berücksichtigung der Beziehungsdynamik innerhalb der Interviewsituation zu explorieren gilt:

1. Integrierte vs. diffuse Identität und entsprechende Qualität der Objektbeziehungen (neurotisch vs. Borderline und psychotisch).
2. Verwendung reifer vs. unreifer Abwehrmechanismen (neurotisch vs. Borderline und psychotisch).
3. Ausreichend intakte vs. signifikant eingeschränkte Fähigkeit zur Realitätsprüfung (neurotisch und Borderline vs. psychotisch).

27.3 Beziehungsdiagnostik

Zentrales Beziehungskonfliktthema (CCRT bzw. ZBKT, Luborsky & Crits-Christoph, 1990): Analyse von Interaktionserlebnissen des Patienten bezüglich

Wunsch
↓
Reaktion Objekt
↓
Reaktion Subjekt

1. des häufigsten Wunsches gegenüber einer anderen Person und den daran geknüpften Erwartungen,
2. der häufigsten Reaktion der anderen und
3. der häufigsten Reaktion des Patienten auf die Reaktion der anderen.

Zyklisch maladaptives Beziehungsmuster (CMP, Strupp & Binder, 1984):

1. Reaktion, die sich der Patient von einer anderen Person wünscht,
2. negative Reaktion, die er stattdessen von anderen Personen erwartet,
3. daraus resultierendes Verhalten des Patienten anderen gegenüber,
4. entsprechendes Verhalten der anderen gegenüber dem Patienten,
5. Verhalten des Patienten gegenüber sich selbst.

Strukturelle Analyse sozialen Verhaltens (SASB, Benjamin, 1974): Fragebogenverfahren zur Beziehungsanalyse auf Basis des Postulats, dass sich alle interpersonellen Verhaltensweisen auf den Achsen „Zuneigung" (hasserfüllt bis liebevoll) und „Status" (unterwürfig bis dominant) abbilden lassen.

27.4 Operationalisierte Psychodynamische Diagnostik (OPD)

Die OPD (Arbeitskreis OPD, 2006) ist ein multiaxiales System mittels dessen nach einem zirka ein- bis zweistündigen Erstgespräch die Psychodynamik eines Patienten mit zufriedenstellender Interrater-Reliabilität erfasst werden kann. Über rein diagnostische Aspekte hinaus ermöglicht die OPD ebenfalls eine gezielte Fokusbildung (s. S. 286) und Therapieplanung.

Für die ambulante Praxis (und die Klausur) am bedeutsamsten sind die Konflikt- und die Strukturachse (Tabelle 27.2).

Tabelle 27.2: Übersicht über das OPD-System

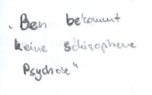

Ben bekommt keine Schizophrene Psychose "

Achse	Bezeichnung
I	Krankheitserleben und Behandlungsvoraussetzungen
II	Beziehung
III	Konflikt
IV	Struktur → Wahrnehmung (kog.) – Steuerung – Kommunikation (emot.) – Bindung
V	Psychische und psychosomatische Störungen (nach ICD-10)

Achse I (Krankheitserleben): objektivierende Bewertung der Erkrankung (GAF, Dauer, etc.), Krankheitserleben, -darstellung und -konzepte des Patienten, Veränderungsressourcen und -hemmnisse.

Achse II (Beziehung): Erfassung zyklisch maladaptiver Beziehungsmuster in vier Schritten:

1. Erlebter Angriff (Subjekt – Objekt): Der Patient (Subjekt) erlebt andere (Objekt) immer wieder so, dass diese …
2. Defensive Reaktion (Subjekt – Subjekt): In seinem Erleben reagiert der Patient dann darauf, indem er …
3. Anderen mit dieser Reaktion gemachtes Beziehungs- bzw. Übertragungsangebot (Objekt – Subjekt): Wobei dem Patienten unbewusst ist …
4. Anderen unbewusst nahegelegte Antwort bzw. Gegenübertragung auf dieses Angebot (Objekt – Objekt^(Subjekt)): Bei anderen führt dies wiederum dazu, dass diese …
1. Was der Patient wiederum erlebt als … *Voilà!*

> **Beispiel:** Der Patient erlebt andere immer wieder so, dass sie ihn kleinmachen, entwerten und beschämen. In seinem Erleben reagiert er darauf immer wieder so, dass er sich wichtig macht, in den Mittelpunkt stellt und jede Schuld von sich weist. Dabei ist dem Patienten unbewusst, dass er mit seiner Reaktion andere (auch den Untersucher) kleinmacht, entwertet, beschämt und beschuldigt, was bei anderen (auch dem Untersucher) immer wieder dazu führt, dass sie dem Patienten ihre Zuneigung entziehen. Dies wiederum erlebt der Patient als ein Kleingemacht-, Entwertet- und Beschämtwerden.

Achse III (Konflikt): Neben einer abgewehrten Konflikt- und Gefühlswahrnehmung und einem durch äußere Belastungen bestimmten Aktualkonflikt unterscheidet die OPD sieben abgrenzbare repetitiv-dysfunktionale Konfliktmuster (ausführlich in Tabelle 27.4).

- **Individuation vs. Abhängigkeit:** Allein-sein-*Müssen* vs. Zusammen-sein-*Müssen*.
- **Unterwerfung vs. Kontrolle:** oben sein vs. unten sein.
- **Versorgung vs. Autarkie:** etwas bekommen vs. nichts bedürfen. Im Gegensatz zu Individation-Abhängigkeit geht es hier um Abhängigkeiten *in* und nicht *von* der Beziehung.
- **Selbstwertkonflikt:** Minderwertigkeit vs. Großartigkeit.
- **Schuldkonflikt:** Täter sein vs. Opfer sein.
- **Ödipaler Konflikt:** anerkannt werden als Mann bzw. Frau vs. nicht anerkannt werden.
- **Identitätskonflikt:** wissen, wer man ist, vs. sich unsicher darüber sein.

Achse IV (Struktur): Die OPD unterscheidet vier Strukturniveaus (vgl. Abbildung 25.1, S. 267) und versucht, diese durch Operationalisierung bestimmter selbst- und objektbezogener Fähigkeiten zu erfassen (Tabelle 27.3):

1. **Gut integriert:** strukturierter psychischer Binnenraum, in welchem sich Konflikte abspielen können, Regulationsfähigkeit auch in Belastungssituationen verfügbar, Selbstreflexion und realitätsgerechte Wahrnehmung von anderen, ausreichend gute innere Objekte, zentrale Angst: Verlust der Zuneigung des Objekts.

2. **Mäßig integriert:** Übersteuerung und eingeschränkte Selbstwertregulierung, ausgeprägte innere Konflikte (gierige Bedürftigkeit vs. rigide Verbote), situative Einschränkung intrapsychischer und interpersoneller Regualtionsmechanismen, Objektbilder und Beziehungsentwürfe auf wenige Muster eingeschränkt, zentrale Angst: Verlust oder Zerstörung des wichtigen (stützenden oder steuernden) Objektes.

3. **Gering integriert:** Wenig entwickelter psychischer Binnenraum, interpersonelle statt intrapsychische Konflikte, dauerhafte Einschränkung regulierender Funktionen, Identitätsdiffusion, Intoleranz gegenüber negativen Affekten, Spaltung, verfolgende und strafende innere Objekte, zentrale Angst: Zerstörung des Selbst durch das böse Objekt oder durch den Verlust des guten Objekts.

4. **Desintegriert:** keine kohärente Selbststruktur, in Belastungssituationen Fragmentierung und psychotisches Erleben, zentrale Angst: Verschmelzung von Selbst- und Objektrepräsentanzen mit Folge des Selbstverlustes.

Tabelle 27.3: Dimensionen der OPD-Strukturachse

Strukturelle Fähigkeit	Selbst	Objekt
Wahrnehmung (kognitiv)	Selbstwahrnehmung (Selbstreflexion, Affektdifferenzierung, Identität)	Objektwahrnehmung (Selbst-Objekt-Differenzierung, ganzheitliche Objektwahrnehmung, realistische Objektwahrnehmung)
Steuerung	Selbstregulierung (Impulssteuerung, Affekttoleranz, Selbstwertregulierung)	Regulierung des Objektbezugs (Beziehungen schützen, Interessenausgleich, Antizipation)
Kommunikation (emotional)	Kommunikation nach innen (Affekte erleben, Fantasien nutzen, Körperselbst)	Kommunikation nach außen (Kontaktaufnahme, Affektmitteilung, Empathie)
Bindung	Innere Objekte (Internalisierung, Introjekte nutzen, variable Bindungen)	Äußere Objekte (Bindungsfähigkeit, Hilfe annehmen, Bindung lösen)

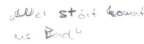

27.5 Formen psychoanalytisch begründeter Therapieverfahren

Nach den Psychotherapierichtlinien gelten sowohl analytische als auch tiefenpsychologisch fundierte Psychotherapie inklusive der Sonderformen Kurztherapie, Fokaltherapie, dynamische Psychotherapie und niederfrequente Psychotherapie als **psychoanalytisch begründete Verfahren**, insofern sie ätiologisch begründet sind, eine unbewusste Psychodynamik in den Mittelpunkt des Behandlungsgeschehens rücken und Bezug nehmen auf die psychoanalytische Persönlichkeits- und Krankheitslehre.

Tabelle 27.4: Übersicht über die OPD-Konfliktachse (in Anlehnung an Arbeitskreis OPD, 2006, S. 415–431)

Konflikt	Modus	Typus	Leitaffekt	Übertragung/Gegenübertragung
Individuation vs. Abhängigkeit	Passiv	Enge Beziehungen und intensive Nähe um jeden Preis, Selbstwahrnehmung von Hilflosigkeit	Existenzielle Angst vor Verlust, Trennung, Einsamkeit	Übertragungsangebot: Ohne dich bin ich nichts; in der Gegenübertragung Sorge, Verantwortung, aber auch Befürchtung, vom Patienten vereinnahmt zu werden
	Aktiv	Betonte emotionale und existenzielle Unabhängigkeit, ausgeprägte Distanz, Selbstwahrnehmung von Stärke	Existenzielle Angst vor Nähe, Vereinnahmung, Verschmelzung	Interaktionell: Fehlen eines manifesten Beziehungsanliegens; in der Gegenübertragung kaum Verantwortungsgefühl für den Patienten, wenig Bedürfnis nach Fürsorge, Tendenz, den Patienten lieber an jemand anderen zu verweisen, mitunter Besorgnis aufgrund abgewehrter Abhängigkeitswünsche
Unterwerfung vs. Kontrolle	Passiv	Sich dem anderen unterordnen, passiv-aggressive Unterwerfung	Ohnmächtige Wut, Furcht, Unterwerfungslust, Scham	Interaktionell: untergründig spürbare Verärgerung bei gefügigem Verhalten, konkordante Gegenübertragung: ohnmächtige Wut, komplementäre Gegenübertragung: Verführung, den Patienten zu bestimmen
	Aktiv	Den anderen dominieren, aggressives Dominanzverhalten	Trotzige Aggressivität, Machtlust, Wut, Ärger, Angst vor Machtverlust	Interaktionell: Machtkampf, gerne um Regeln; in der Gegenübertragung Impuls, dem Patienten ärgerlich zu widersprechen, und Angst, bestimmt zu werden
Versorgung vs. Autarkie	Passiv	Beziehungen werden von Wünschen nach Versorgung und Geborgenheit geprägt, anklammernd, fordernd ('depending and demanding')	Trauer, Depression, Verlustangst, Neid („die anderen kriegen immer mehr")	Interaktionell: Anklammerung, Erpressung, Ausbeutung; Übertragungsangebot: Übernimm Verantwortung, erspare mir Anstrengung; in der Gegenübertragung Sorge, Ohnmacht bis hin zum Lästigwerden des Patienten aus der Angst, ausgebeutet und erpresst zu werden
	Aktiv	Altruistische Grundhaltung: selbstgenügsam, anspruchslos, bescheiden, es allen recht machen wollen	Sorge um den anderen, untergründig Depression, Neid („ich leiste so viel und bekomme nichts")	Interaktionell der Versuch, dem Therapeuten alles recht zu machen und ihm bloß nicht zur Last zu fallen; Übertragungsangebot: Gib mir alles, was ich bislang entbehren musste; in der Gegenübertragung zunächst Sympathie und Mitleid, Tendenz, dem Patienten besonders viel zu geben, obgleich er anspruchslos erscheint, dann Insuffizienzgefühle und zunehmend Ärger

Selbstwertkonflikt	Passiv	Selbstbild, im Vergleich zu anderen weniger wertvoll zu sein	Deutliche Scham	Übertragung: Idealisierung; Gegenübertragung: Bestätigenmüssen bei gleichzeitigem Herabsetzenwollen
	Aktiv	Forciert inszenierte Selbstsicherheit anderen gegenüber, pseudoselbstsicher	Narzisstische Wut	Übertragungsangebot: Bewundere mich (dann bewundere ich auch dich); in der Interaktion wird der Therapeut in Frage gestellt oder abgewertet; in der Gegenübertragung unter Umständen in der Tat Bewunderung für Leistungen oder Fähigkeiten des Patienten, aber auch Kränkungsgefühle, Rechtfertigungsimpulse, Ärger, Müdigkeit
Selbst vs. Fremdbeschuldigung	Passiv	Der Schuldige: Selbstvorwürfe und Schuldübernahme	Trauer, Depression, Schuld	In der Gegenübertragung Mitleid, Übervorsichtigkeit, Tendenz, den Patienten zu entschuldigen, von Verantwortung zu entbinden
	Aktiv	Anklagen und egoistisches Verhalten	Ärger auf andere	In der Interaktion Beschuldigung der anderen, in der Gegenübertragung Tendenz zu vorschneller Konfrontation und moralischer Verurteilung
Ödipaler Konflikt	Passiv	Graue Maus: harmlos, unattraktiv, geschlechtslos	Verdrängung von Erotik und Sexualität in konfliktspezifischen Situationen	Desinteresse, Langeweile
	Aktiv	Platzhirsch, Diva: phallisch-hysterisch, im Mittelpunkt stehen	Stark wechselnde, dramatische Emotionen, Sexualisierung, Rivalität	In der Gegenübertragung Wechsel von fasziniertem Angezogensein und ärgerlicher Enttäuschung, Peinlichkeit, Sorge um Grenzüberschreitungen, Tendenz, mit dem Patienten/der Patientin als Mann/Frau zu rivalisieren
Identitätskonflikt	Passiv	Bagatellisierung eines chronischen Identitätsmangels	Vermeidung, Unsicherheit	
	Aktiv	Aktives Überspielen von Identitätsdissonanz, kompensatorischer Rückgriff auf geliehene Identitäten	Angst vor Gefährdung des Identitätssystems	
Abgewehrte Konflikt- und Gefühlswahrnehmung		Übersehen von Konflikten in zwischenmenschlichen Beziehungen	Übersteigerte Abwehr statt Affekt	In der Gegenübertragung Ungläubigkeit, Langeweile oder die vom Patienten ausgesparten Affekte

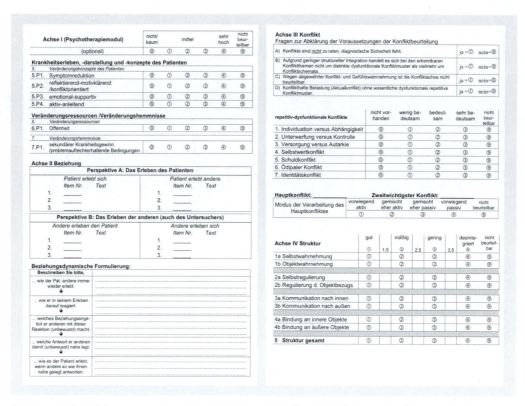

Abbildung 27.2: OPD Auswertungsbogen (aus: Arbeitskreis OPD (Hrsg.) (2009). Operationalisierte Pschodynamische Diagnostik OPD-2 (2. überarb. Aufl., S. 471-473). Bern: Verlag Hans Huber. Mit freundlicher Genehmigung des Verlags Hans Huber.)

Formen analytischer Psychotherapie:

- **Psychoanalytische Einzeltherapie** erfolgt mit *Hilfe der Übertragungs-, Gegenübertragungs- und Widerstandsanalyse und unter Nutzung regressiver Prozesse.*
  - Klassisches Setting: Couch und Sessel, hochfrequent (drei bis vier Sitzungen wöchentlich), langfristig (Stundenumfang 200 bis 300 Stunden), regressionsfördernd (gelegentlich wird auch die tendenzlose, „große" Psychoanalyse mit bis zu fünf wöchentlichen Sitzungen und deutlich über 300 Stunden von der kassenfinanzierten analytischen Psychotherapie abgegrenzt).
  - Modifiziertes Setting: Sessel und Sessel, zweimal wöchentlich (s. S. 287).
- Psychoanalytische Gruppentherapie.

Formen tiefenpsychologisch fundierter Psychotherapie:

- **Tiefenpsychologisch fundierte Einzeltherapie** erfolgt *unter Beachtung von Übertragung, Gegenübertragung und Widerstand bei gleichzeitiger Konzentration des therapeutischen Prozesses durch Begrenzung des Behandlungszieles und konfliktzentriertes Vorgehen sowie durch Begrenzung regressiver Prozesse.*
  - **Kurz- oder Fokaltherapie:** zentraler Aktualkonflikt als Behandlungsfokus, Behandlungsablauf stark am Fokus orientiert, aktives Therapeutenverhalten, 25 Sitzungen.
  - **Langzeittherapie:** 50 bis 100 Sitzungen, ein- bis zweimal wöchentlich.
  - **Niederfrequente Therapie in einer längerfristigen, Halt gewährenden therapeutischen Beziehung:** supportive, stabilisierende Maßnahmen stehen im Vordergrund (maximal 100 Sitzungen in einem Zeitraum von bis zu fünf Jahren).
  - Weitere spezielle psychodynamische Therapieverfahren im Einzelsetting sind z.B.:
    - **Supportiv–expressive Psychotherapie (SET, Lester Luborsky):** Veränderung konflikthafter Beziehungsmuster (vgl. „ZBKT", Kap. 27.3) durch Kombination supportiver

und expressiver Interventionen. Als expressive Techniken versteht Luborsky (1984, S. 10 f.) dabei das Standardarsenal psychoanalytischer Interventionen (vgl. „Konfrontation, Klarifikation, Deutung", S. 284 f.), welche allesamt das Ziel verfolgen, dass der Patient seine Gedanken und Gefühle ausdrückt und versteht. Diesen Techniken stellt Luborsky supportive Aspekte zur Seite, worunter er alles versteht, was dazu beiträgt, dass der Patient die Therapie und die therapeutische Beziehung als hilfreich erleben kann. Luborsky identifiziert diese supportiven Aspekte mit den in allen Therapieformen vorhandenen unspezifischen Wirkfaktoren (s. S. 29).

- · **Übertragungsfokussierte Psychotherapie (TFP, Otto Kernberg):** Clarkin, Yeomans und Kernberg (2008) entwickelten speziell für Patienten mit schweren (Borderline-) Persönlichkeitstsörungen eine stark strukturierte, manualisierte Langzeittherapie, deren Schwerpunkt dennoch auf konfrontativ-deutenden Interventionen liegt.
- Tiefenpsychologisch fundierte Gruppen-, Paar- und Familientherapie (Genaueres dazu im neunten Teil dieses Buches ab S. 290).

Tiefenpsychologisch orientierte Verfahren: Verfahren, die (im Gegensatz zu den tiefenpsychologisch *fundierten*) nicht direkt aus der Psychoanalyse hervorgegangen sind, wie z. B. die **Katathym imaginative Psychotherapie (KIP):**

- Ablauf: Nach einer Entspannungsphase gibt der Therapeut in der ca. 30 Minuten dauernden imaginativen Phase ein Motiv (Wiese, Löwe, Sumpfloch) vor, welches der Patient entsprechend seinen eigenen (bewussten, vorbewussten und unbewussten) Fantasien ausgestaltet. Der Patient beschreibt dem Therapeuten seine Imaginationen. Gemeinsam wird deren nonverbaler Symbolgehalt entschlüsselt und versprachlicht.
- Voraussetzung: stabile Ich-Funktionen.

27.6   Indikation

Generell gilt: Eine Therapie kann in ihrem Stundenumfang umso kürzer angelegt werden, je klarer abgrenzbar die aktuelle Symptomatik und der ihr zugrunde liegende Konflikt sind. Je stärker strukturelle Defizite im Vordergrund des Behandlungsanliegens stehen, desto mehr muss das therapeutische Setting strukturiert werden.

Indikation für analytische Psychotherapie:

- Voraussetzungen des Patienten: Ich-Stärke, Frustrationstoleranz, Lebensumstände, die ein langfristiges hochfrequentes Arbeiten ermöglichen, Introspektions- und Reflexionsvermögen, Fähigkeit zur **therapeutischen Ich-Spaltung** (Richard Sterba, 1934):
  - Fähigkeit, das Ich in einen beobachtenden und einen erlebenden Teil zu zerteilen,
  - Fähigkeit des Patienten, eine effektive („unneurotische") Arbeitsbeziehung (**Arbeitsbündnis,** Ralph Greenson, 1965) zum Analytiker aufrechtzuerhalten, obgleich er in den Klauen einer heftigen Übertragungsneurose steckt.
- Kontraindikationen: akute Psychosen (allerdings stationäre Ansätze), Gefahr maligner Regression, akute Substanzabhängigkeit.
- Prognostisch günstige Faktoren: Motivation, Intelligenz und verbale Kompetenz, emotionale Reaktionsfähigkeit auf Probedeutungen, stabile Lebenssituation und finanzielle Sicherheit, keine Chronifizierung der Störung, trotzdem Leidensdruck.

Indikation für tiefenpsychologisch fundierte Psychotherapie:

- Sollte primär positiv und nicht wie lange üblich durch Ausschluss („nicht analysefähig") erfolgen.

- Vorliegen eines klar umrissenen unbewussten Konflikts und einer auslösenden Situation, die zur Symptombildung führt.
- Patienten, die die Bereitschaft erkennen lassen, sich dem symptomtragenden Konflikthintergrund zuzuwenden.
- Bildung eines Behandlungsfokus (z. B. nach OPD) möglich.
- Spezielle Indikation bei Persönlichkeitsstörungen, wenn die Gefahr maligner Regression besteht.

Indikation für Kurzzeittherapie

- Es liegt keine chronische Symptomatik, sondern ein akutes Beschwerdebild vor, sodass ein klar abgrenzbarer Fokus formulierbar ist.
- Ein Arbeitsbündnis lässt sich unproblematisch herstellen.
- Die Persönlichkeitsstruktur des Patienten ist relativ intakt, was mit einer weiterhin stabilen Abwehr und tendenziell eher reifen Objektbeziehungen einhergeht.

28 Behandlungstheorie und Technik

28.1 Übertragung, Widerstand und verwandte Begriffe

▶ **Übertragung:** die Inszenierung komplexer innerer Verhältnisse im Hier und Jetzt der therapeutischen Beziehung. Innerhalb einer solchen Gesamtsituation werden dem Therapeuten vom Patienten bestimmte Rollenangebote angetragen. Der Beitrag des Patienten zur Übertragung liegt in der psychodynamisch ausschlaggebenden unbewussten Tendenz zur Wiederholung der Vergangenheit in der Gegenwart (Bedürfnis nach Familiarität) und dem damit einhergehenden unbewussten Bestreben, die therapeutische Beziehung als eine Neuauflage infantiler Objektbeziehungen zu gestalten. Der Beitrag des Therapeuten zum Zweipersonenstück der Übertragung liegt in den persönlichen Charakteristika, die er selbst in die therapeutische Szene mit einbringt. Das klassische analytische Arrangement – Couch, Schweigen, grauer Anzug – verfolgt das Ziel, Übertragungsphänomene durch Minimalstrukturierung des Settings zu fördern. Übertragung ist ein ubiquitäres Phänomen und tritt auch außerhalb des Behandlungsraumes auf. Man unterscheidet die für die Therapie notwendige „unanstößige" (Freud, 1912/1975, S. 165), mild positive Übertragung von der positiven (den Therapeuten idealisierenden oder sexualisierenden) und der negativen (den Therapeuten entwertenden) Übertragung. Im Gegensatz zur bewusstseinsfähigen, mild positiven Übertragung sind die beiden anderen Übertragungsmodalitäten dem Patienten unbewusst.

▶ **Übertragung und Gegenübertragung:** Mit dem Begriff der Gegenübertragung werden die der Übertragung auf Patientenseite korrespondierenden Prozesse auf Therapeutenseite beschrieben. Diese beinhalten Fantasien, Stimmungen, Impulse, Verhaltensweisen etc. Heutzutage wird Gegenübertragung meist in einem ganzheitlichen Sinne verstanden als die Gesamtheit der Einstellungen – bewusste, unbewusste, neurotische, unneurotische, reaktive und genuine – des Therapeuten gegenüber dem Patienten. Historisch gesehen wandelte sich die Einschätzung der Gegenübertragung grundlegend: Sie entwickelte sich von einer die Behandlung gefährdenden Störung, welche es durch „Niederhaltung" (Freud, 1915/1975a, S. 224) zu minimieren galt, hin zum zentralen „Forschungsinstrument im Hinblick auf das Unbewusste des Patienten" (Heimann, 1950/1996, S. 180). Heinrich Racker (1959/1978) unterschied zwei Formen der Gegenübertragung und betonte, dass Therapeut und Patient in ihnen über projektive und identifikatorische Prozesse miteinander kommunikativ verbunden sind:

- **konkordante Gegenübertragung:** Identifizierung des Therapeuten mit den unbewussten Ich-Zuständen des Patienten,
- **komplementäre Gegenübertragung:** Identifizierung des Therapeuten mit den Objekten des Patienten.

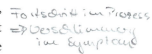

Widerstand: kriegerische Bezeichnung für alle unbewussten, vorbewussten und bewussten Kräfte, die sich gegen den Zugang des Patienten zu seinem Unbewussten und damit gegen den Fortschritt der Behandlung stellen. Prinzipiell kann *jedes* Verhalten im Sinne eines Widerstandes genutzt werden. Neben der Übertragungsanalyse ist die Analyse von Widerständen ein Eckpfeiler der psychoanalytischen Behandlungsmethodik. Eine besondere Form des Widerstandes stellt die **negative therapeutische Reaktion** dar: Immer dann, wenn Fortschritte im therapeutischen Prozess eine Besserung wahrscheinlich machen, stellt sich eine Verschlimmerung der Symptomatik ein. Freud sah die negative therapeutische Reaktion als Ausdruck unbewusster Schuldgefühle. Weitere Widerstandsformen sind:

- **Verdrängungswiderstand:** Widerstand gegen das Bewusstwerden des Unbewussten, vgl. das Konzept der Abwehrmechanismen (s. S. 269 ff.),
- **Übertragungswiderstand:** Widerstand gegen das Bewusstwerden der Übertragung und ihre Auflösung im Gegensatz zum
- **Widerstand gegen das Zustandekommen der Übertragung,**
- **Gegenübertragungswiderstand:** Natürlich kann auch der Therapeut den Fortgang der Behandlung ausbremsen oder verhindern, z.B. wenn es durch Übertragungsangebote des Patienten bei ihm zur Aktivierung eigener konflikthafter Beziehungsmuster kommt. Auch hier gilt: Prinzipiell kann *jedes* Therapeutenverhalten im Sinne eines Gegenübertragungswiderstandes verwendet werden.

Wiederholungszwang: unbewusste Tendenz, leidvolle Erfahrungen immer wieder aktiv herzustellen und somit Vertrautes zu wiederholen, ohne sich dabei jedoch des biografischen Vorbildes zu erinnern. Freud sah den Wiederholungszwang letztlich nicht in einer bestimmten konflikthaften Dynamik, sondern im konservierenden Charakter der Triebe, in der Klebrigkeit der Libido, begründet. Der Wiederholungszwang leistet sowohl einen Beitrag am Zustandekommen bestimmter Übertragungsangebote als auch an der Herausbildung von Widerständen gegen die Etablierung neuer, unvertrauter Beziehungsmuster, selbst wenn diese langfristig heilsamer sein mögen.

Agieren: das Produzieren von Handlungen anstelle von Erinnerungen. Diese Handlungen wiederholen signifikante Kindheitserfahrungen, ohne dass dies dem Handelnden bewusst ist. Der Begriff des Agierens gewinnt seine Bedeutung im Umfeld der Begriffe der Übertragung und des Widerstandes.

Regression: Vorgang, in welchem ein einmal erreichtes Entwicklungsniveau verlassen und zu einem lebensgeschichtlich früheren bzw. strukturell niedrigeren Niveau des Denkens, Fühlens und Handelns zurückgekehrt wird. Regression geht einher mit der Reaktivierung kindlicher Erlebenswelten. Ein Patient regrediert, wenn er die Übertragungssituation gemäß eigenen unbewussten und biografisch bestimmten (kindliche) Beziehungsfantasien gestaltet. Insofern die Psychoanalyse die Achse von Übertragung und Gegenübertragung ins Zentrum der Behandlung rückt, ist sie regressionsfördernd. Von der dem Fortschritt der Behandlung dienenden (gutartigen) Regression kann eine **maligne Regression** unterschieden werden, die nicht auf die therapeutische Situation begrenzt bleibt. Ernst Kris (1934) prägte den Begriff der **Regression im Dienste des Ich**, um einen kreativen, eine Progression vorbereitenden Vorgang zu beschreiben, in welchem das Ich nicht im regressiven Sog fortgerissen wird, sondern sich zeitweilig auf archaische Erlebenswelten einlassen, dann aber aus eigener Kraft wieder aus ihnen auftauchen und auf reifere Formen des Erlebens zurückkehren kann.

28.2 Behandlungstechnik

▶ **Abstinenz:** Die Abstinenzregel fordert von Therapeut und Patient, sich nicht gegenseitig zur Befriedigung ihrer Beziehungswünsche zu gebrauchen. Sie fordert, zu sprechen, aber nicht zu handeln (vgl. „Agieren", S. 283).

Neutralität: Der Therapeut soll einen gleichmäßigen Abstand zu Es, Ich und Über-Ich des Patienten wahren.

▶ **Psychoanalytische Grundregel der freien Assoziation:** am Behandlungsbeginn formulierte Aufforderung des Analytikers an den Analysanden, möglichst frei und ungehindert seinen Fantasien, Einfällen und Gedanken zu folgen und diese zu äußern, auch dann, wenn sie ihm peinlich, unzusammenhängend oder unbedeutend erscheinen mögen.

Gleichschwebende Aufmerksamkeit: Der Forderung an den Patienten, sich an der analytischen Grundregel der freien Assoziation zu orientieren, steht auf Seiten des Therapeuten die technische Empfehlung gegenüber, dem Patienten in einer Weise zuzuhören, in der er kein Element von dessen Erzählungen von vornherein bevorzugt behandelt und sich weitestgehend seiner eigenen unbewussten Aktivität ungelenkt überlässt: „*No* memory, desire, understandig." (Bion, 1970/1977, S. 129)

▶ **Techniken:** Die klassische psychoanalytische Behandlungstechnik unterscheidet vier Interventionen, wobei der Schwerpunkt orthodoxer Psychoanalyse eindeutig auf der Intervention des Deutens liegt: Alle anderen Interventionen verfolgen hier das Ziel, eine Deutung einzuleiten oder wirksam zu machen.

1. **Konfrontation:** Der Therapeut macht den Patienten auf das Vorhandensein eines näher zu untersuchenden Phänomens aufmerksam (ein Schweigen, ein wiederholtes Zuspätkommen, ein Versprecher, eine eigentümliche Formulierung etc.). Das in der Folge zu Klärende, zu Deutende und Durchzuarbeitende wird in diesem ersten Schritt zunächst dem bewussten Ich des Patienten zur Verfügung gestellt.

2. **Klarifikation bzw. Klärung:** Das mit der Konfrontation in den Aufmerksamkeitsfokus gerückte Phänomen wird näher untersucht und gewinnt an Kontur und Kontext. (Was geht dem Patienten beim Schweigen durch den Kopf? Wie fühlt er sich dabei? Was hat den Zuspätkommenden aufgehalten? Etc.)

3. **Deutung:** Deuten meint, ein unbewusstes Phänomen bewusst zu machen. Es geht darum, durch Verbalisierung einer Hypothese über einen unbewussten Sinnzusammenhang dem Patienten Zugang zu der latenten Bedeutung der von ihm manifest gezeigten Verhaltensweisen oder geäußerten Worte zu verschaffen und somit emotionale Einsicht zu erreichen. In der Deutung teilt der Therapeut dem Patienten mit, welche unbewussten Motive und Intentionen er in den Verhaltensweisen des Patienten sieht („Sie schweigen, weil Sie möchten, dass ich mich um Sie bemühe"). Die Deutung geht über das Beobachtbare hinaus (vgl. Abbildung 24.1) und greift dazu auf den Verstehensmodus des szenischen Verstehens

(s. S. 274) und die Analyse der eigenen Gegenübertragung (s. S. 282) zurück. Deutungen lassen sich in drei Typen unterteilen (vgl. Tabelle 28.1):

- **Inhaltsdeutungen:** Ein Phänomen wird aus dem Kontext heraus, in dem es vom Patienten berichtet wird, gedeutet. Dies kann entweder eingegrenzt auf die aktuelle Situation (Inhaltsdeutung im Hier und Jetzt) oder mit Bezug auf die Biografie des Patienten (genetische Inhaltsdeutung) geschehen. Innerhalb begrenzt in der Übertragung arbeitender tiefenpsychologischer Therapieformen ist die Inhaltsdeutung der vorherrschende Deutungstypus. [→ genetische Deutung]

- **Übertragungsdeutungen:** Ein Phänomen wird aus dem Kontext der aktuellen Übertragungs-Gegenübertragungs-Beziehung gedeutet, d. h., es wird – unabhängig davon, ob der Patient manifest etwas über die Beziehung zum Therapeuten sagt („ich fühlte mich von Ihnen in der letzten Stunde bevormundet") oder über etwas scheinbar mit dieser Beziehung in keinem logischen Zusammenhang Stehendes („gestern habe ich mich von meinem Chef wirklich bevormundet gefühlt") – *jegliches* Material des Patienten daraufhin befragt, was er damit, dass er diesen Inhalt gerade jetzt berichtet, über die Beziehung zum Therapeuten sagen will. Auch hier lassen sich Übertrahungsdeutungen im Hier und Jetzt von genetischen Übertragungsdeutungen unterscheiden.

- **Widerstands- oder Abwehrdeutungen:** Deutung des Bewältigungs- und Abwehrverhaltens innerhalb der Therapie. Abwehrdeutungen thematisieren den Aspekt, *dass* der Patient sich in einer bestimmten Weise verhält, um etwas zu vermeiden, ohne das Vermiedene – wie in der Inhaltsdeutung – bereits näher zu benennen. Innerhalb der psychoanalytischen Therapie liegt der Schwerpunkt der Arbeit auf Übertragungs- und Widerstandsdeutungen.

4. **Durcharbeiten:** Einzelne Deutungen bewirken keine dauerhafte Veränderung. Durcharbeiten bezeichnet die ausdauernde und geduldige Arbeit gegen den Wiederholungszwang, selbst nach einem Einsichtsgewinn durch eine wirksame Deutung.

Tabelle 28.1: Verschiedene Deutungstypen als Reaktion auf die Mitteilung einer Patientin: „Gestern habe ich mich heftig mit meinem Mann gestritten, weil er nicht genug Aufgaben in unserem gemeinsamen Haushalt übernimmt."

	Deutungstyp	Beispiel
Inhaltsdeutung	Im Hier und Jetzt	„Ihre eigene Angst, Ihrem Mann nicht zu genügen, hat Sie so wütend werden lassen."
	Genetisch	„Sie haben sich von Ihrem Mann genauso alleingelassen gefühlt wie von Ihrem Vater, als dieser Ihre Familie verließ, um seiner Karriere als Rockstar nachzugehen."
Übertragungsdeutungen	Im Hier und Jetzt	„Auch ich habe Sie doch in der letzten Stunde im Stich gelassen, als ich geschwiegen habe und Sie die ganze Arbeit allein machen mussten. Ich könnte mir vorstellen, dass Sie auch auf mich wütend sind."
	Genetisch	„Sie sind auf mich wütend, weil ich Sie letzte Stunde im Stich gelassen habe, aber Sie können diese Wut mir gegenüber nicht direkt äußern, weil Sie befürchten, dass ich Sie dann genauso verlassen werde, wie Ihr Vater es tat, als er den Kontakt endgültig abbrach, nachdem Sie ihm Vorwürfe gemacht haben, dass er Sie für sein Leben als Rockstar aufgegeben hat."
Widerstandsdeutung		„Sie berichten heute über den Streit mit Ihrem Mann, um an ein wichtiges Thema aus der letzten Sitzung nicht anknüpfen zu müssen."

▶ **Containing (Wilfred Bion):** Konzept der Behälterfunktion des Therapeuten, hervorgegangen aus der kleinianischen Sichtweise, dass eine Person einen Teil einer anderen Person enthalten kann (s. Tabelle 26.1: projektive Identifizierung). Ursprünglich als Konzept für den emotionalen Kontakt zwischen Mutter und Säugling, zwischen Brust und Mund, entworfen, entwickelte sich die Idee der Containerfunktion zu einer Beschreibung des psychoanalytischen Kontakts (Bion, 1962/1977, S. 90 ff.): Es ist die Aufgabe des Therapeuten, das für den Patienten Unverdauliche, Nicht-Symbolisierungsfähige und aus der Sprache Ausgeschlossene – z. B. unerträgliche Affekte – über ihm mit der Übertragung angebotene projektive Identifizierungen in sich aufzunehmen, zu verdauen und dem Patienten in Form einer Deutung zur Wiederaufnahme (introjektive Identifizierung) anzubieten.

Handschriftliche Randnotiz:
Unaussprechliches (P)
↓
projektive identifiziert (P)
↓
Verdauung (T)
↓
Deutung (T)

▶ **Holding Function/Holding Environment (Donald Winnicott):** Herstellung einer haltenden, von vornherein nicht traumatisierenden, aber auch nicht beengenden und einschränkenden Umgebung, in welcher neue Erfahrungen möglich werden. Haltung der Mutter (good-enough mother) ihrem Kind gegenüber, welche der Therapeut ebenfalls einnehmen soll, wenn er wirksam sein will. Winnicott (1965/2002) betont damit die mütterliche, haltend-stützende Funktion des Therapeuten (im Gegensatz zur „väterlichen", dagegenhaltend-konfrontierenden).

Korrigierende emotionale Erfahrung (Franz Alexander): therapeutisches Substitut für vergangene Deprivation (vgl. Defizitmodell, Kap. 23.4), durch welches entwicklungsbedingte Defizite im Hier und Jetzt im Sinne einer Nachreifung repariert werden sollen. Franz Alexander (1950) konzipierte die korrigierende emotionale Erfahrung als eine Kritik an der psychoanalytischen Idealtechnik und stellte mit ihr supportive Interventionen ins Zentrum der therapeutischen Arbeit.

28.3 Besonderheiten tiefenpsychologischer Behandlungstechnik

▶ **Regressionsbegrenzung** durch Behandlung im Sitzen, niedrigere Frequenz, aktivere und direktivere Haltung des Therapeuten, Fokus auf Inhaltsdeutungen außerhalb der Binnenübertragung.

▶ **Fokusbildung:** Beschränkung auf einen bedeutsamen Konfliktbereich und dessen beziehungsdynamischen Hintergrund, der zum ausschließlichen Thema der Behandlung gemacht wird. Damit ist – im Gegensatz zur Konzeption der klassischen Psychoanalyse, die im Idealfall gleichschwebend und tendenzlos verlaufen sollte – eine Zielbegrenzung psychodynamischer Therapien angesprochen. Als Fokus können z. B. diejenigen Merkmale des OPD-Befundes dienen, die als ursächliche und aufrechterhaltende Faktoren der Störung erscheinen und damit in der Psychodynamik eine herausgehobene Rolle spielen. Das OPD-Manual empfiehlt die Festlegung von maximal fünf Foki, die sich aus den Bereichen Beziehung (obligatorisch), Konflikt und Struktur zusammensetzen können (Arbeitskreis OPD, 2006, S. 331 ff.). In der tiefenpsychologisch fundierten Therapie werden alle Emotionen, Wünsche und maladaptiven Verhaltensmuster, die zum Fokus gehören, möglichst lebendig und affektiv spürbar gehalten, alle anderen Phänomene an der Entfaltung gehindert und entaktualisiert.

Strukturgebende, haltende Interventionen: bei strukturell beieinträchtigten Patienten oder in akuten Krisensituationen: supportive Imaginationen, Entspannungstechniken, Strukturierung, Entpathologisierung etc.

Prinzip Antwort: Von Heigl-Evers und Heigl (1988) als Alternative zum „Prinzip Deutung" formulierte Interventionsstrategie in der Behandlung strukturell gestörter Patienten. Mit dem „Prinzip Antwort" wird dem Therapeuten eine selektiv authentische Mitteilung der eigenen Gegenübertragungsgefühle nahegelegt.

Die **Psychoanalyse im modifizierten Setting** bedient sich als ein Verfahren zur Behandlung struktureller Störungen derselben regressionsbegrenzenden, strukturgebenden und entwicklungsfördernden Interventionen wie die tiefenpsychologisch fundierte Psychotherapie.

29 Störungsspezifische Modelle und Interventionen

Psychodynamische Therapieansätze sind traditionell störungsübergreifend ausgerichtet. Die Behandlungsplanung erfolgt dabei nicht anhand der nosologischen Kategorien, welche z. B. von der ICD-10 zur Verfügung gestellt werden, sondern aufgrund einer Einschätzung von Konflikt, Abwehr und Struktur. Insofern tendieren auch die Klausurfragen zum Bereich psychoanalytisch begründeter Therapieverfahren ganz deutlich – und im Gegensatz zu den Fragen des Bereichs Verhaltenstherapie – in eine **störungsübergreifende Richtung**.

Für die überwiegende Mehrzahl der deskriptiv-phänomenologischen Diagnosen der ICD gilt, dass sich diese nach psychodynamischem Verständnis auf verschiedenen Strukturniveaus abspielen können und somit unterschiedlicher therapeutischer Handlungsstrategien bedürfen. Im Folgenden werden – mit eher illustrativem Anspruch – einige ausgewählte störungsspezifische Grundideen und Aspekte dargestellt.

29.1 Sucht

Süchte können als eine **illusorische Befriedigung von Beziehungsbedürfnissen** fungieren und die Sehnsucht nach einem immer konstant verfügbaren und in der eigenen Kontrolle befindlichen Objekt in einer Weise stillen, in der dies belebte Objekte klassischerweise nicht zu tun in der Lage und willens sind. Darüber hinaus können Suchtmittel als **Stabilisator bei struktureller Ich-Schwäche** genutzt werden und temporär Regulationsstörungen im Selbstwerterleben und im Affekthaushalt ausgleichen (Minderwertigkeitserleben wegkoksen, Aggression wegrauchen etc.). **Exemplarische Abwehrmechanismen:** Regression in ein immer verfügbares Glücksgefühl, Verleugnung der äußeren Realität.

Aspekte der Therapie: Psychodynamische Suchtherapie verfolgt zwei wesentliche Ziele: erstens die Herstellung und Sicherung der Abstinenz mit strukturierenden Methoden und zweitens die daran anschließende psychodynamische Bearbeitung der Grundstörung, als deren symptomatischer Ausdruck Sucht nach psychodynamischem Verständnis immer zu begreifen ist.

29.2   Schizophrenie

Selbst und/oder Objekt: Psychotisches Erleben lässt sich als eine Form struktureller Entdifferenzierung beschreiben, bei der insbesondere die Fähigkeit zur Selbst-Objekt-Differenzierung verloren geht, sodass es zu extremen Formen von Verschmelzung (vom Objekt verfolgt, gelenkt, beeinflusst werden) oder Objektlosigkeit (Autismus) kommt. Es wurden verschiedene theoretische Modelle vorgeschlagen, die Psychose als Konfliktlösung, als Störung der Symbolisierungsfunktion oder als extreme Modalität der Beziehungsregulation verstehen.

Aspekte der Therapie: Vorrangig geht es darum, dass es eine Kommunikation zwischen Patient und Therapeut geben kann – deren mögliche Inhalte auch Wahn und Halluzinationen einschließen – mit dem Ziel einer verbesserten Selbstwahrnehmung des Patienten in Beziehungen.

29.3   Depression

Oralität – Ambivalenz – Narzissmus: Freud (1917/1975) beschrieb die narzisstische Identifizierung mit einem ursprünglich geliebten, aber verlorenen Objekt und die anschließende Wendung der auf dieses Objekt gerichteten Verlustaggression gegen das eigene Selbst als einen zentralen Mechanismus depressiver Erkrankungen. In der Depression ist das Über-Ich damit auf das Ich in einer Weise wütend, wie es das Ich auf das Objekt hätte sein sollen. Der **depressive Grundkonflikt** aus Sehnsucht nach einem geliebten Objekt auf der einen und der Erfahrung der Enttäuschung durch dieses Objekt auf der anderen Seite kann dabei in verschiedener Weise verarbeitet werden (Rudolf, 1993, S. 149 ff.): altruistisch-überfürsorglich („wenn ich mich schrecklich doll um andere kümmere, wird man sich bestimmt auch irgendwann um mich kümmern"), narzisstisch („wenn ich allen zeige, wie toll ich bin, wird man mich nicht verlassen"), schizoid („ich brauche euch nicht, ich komme gut allein zurecht"), oral-regressiv („ich habe Hunger"), philobatisch („ich gehe lieber Bergsteigen und werde mit der Natur eins als mit Menschen"). **Exemplarische Abwehrmechanismen:** Introjektion, Wendung gegen das Selbst.

Aspekte der Therapie: Gehemmte Aggressivität kann sich im Übertragungsgeschehen z. B. in Form aufopferungsbereiter Bedürfnislosigkeit auf Seiten des Patienten zeigen, wobei zugleich untergründig Wiedergutmachungsansprüche spürbar werden können, die sich in der Gegenübertragung in einem latenten Gefühl, kontrolliert zu werden, äußern. In der Therapie würde es dann fokussiert um die Bearbeitung der Ängste vor Aggressivität und der Fantasien, andere durch die eigene Aggression zerstören zu können, gehen.

29.4   Angst

Verdrängung – Verschiebung – Vermeidung: Vor dem Hintergrund des Konfliktmodells entstehen phobische Störungen, wenn die Angst vor einem intrapsychischen Konflikt – oft sexuelle oder aggressive Triebregungen und entgegenstehende Verbote – nach außen verschoben wird. Das nun nicht mehr im eigenen Inneren, sondern im Außen lokalisierte Symbol für die Quelle der Angst hat den ungemeinen Vorteil, dass es vermieden werden kann. Generalisierte Angststörungen hingegen werden eher vor dem Hintergrund des Defizitmodells verstanden: Hier steht weniger die Vermeidungskomponente im Vordergrund als vielmehr das Angewiesensein auf ein Schutz und Geborgenheit spendendes, steuerndes Objekt, an welches Ich-Funktionen abgegeben werden können. **Exemplarische Abwehrmechanismen:** Externalisierung, Verschiebung.

Aspekte der Therapie: Konfliktorientiert geht es in der Therapie um die Erforschung und Integration der konfliktrelevanten Fantasien. In gewissem Umfang ist hierzu eine Konfrontation mit den angstbesetzten Objekten oder Situationen ebenso unerlässlich wie im verhaltenstherapeutischen Setting. Beim Vorliegen struktureller Defizite geht es dagegen zunächst primär um eine Förderung jener Ich-Funktionen, die zur Angstbewältigung erforderlich sind.

29.5   Zwang

Über-Ich – Über-Ich – Über-Ich: Nach psychoanalytischer Vorstellung verfügt der Zwangsneurotiker über ein besonders strenges und rigides Über-Ich, welches sich den zugleich im Es vorhandenen ausgeprägten archaischen, anal-erotischen Tendenzen unangenehm unbarmherzig entgegenstellt. Die Züge des immer wieder karikierten zwanghaften Charakters – Ordentlichkeit, Reinlichkeit, Gewissenhaftigkeit, Sparsamkeit – lassen sich dann als Reaktionsbildungen gegen die Triebansprüche des Es verstehen. **Exemplarische Abwehrmechanismen:** Reaktionsbildung, Affektisolierung, Rationalisierung, Ungeschehenmachen.

Aspekte der Therapie: In der Therapie geht es entsprechend um eine Reduktion und Flexibilisierung rigider Über-Ich-Anteile mit dem Ziel einer Integration inkongruenter, bislang abgewehrter Selbstanteile.

29.6   Persönlichkeitsstörungen

Insbesondere die narzisstische und die Borderline-Persönlichkeitsstörung faszinieren psychodynamische Therapeuten und -theoretiker offenbar nachhaltig. Unterschieden werden muss dabei die symptomatische **Borderline-Persönlichkeitsstörung** im Sinne der ICD-10 von der Borderline-Persönlichkeitsorganisation als einer Einschätzung des Strukturniveaus, welche z. B. auch bei deskriptiv-depressiver Symptomatik anzutreffen sein kann. Die in der ICD-10 nicht als eigenständige nosologische Kategorie enthaltene **narzisstische Persönlichkeitsstörung** kann psychodynamisch als ein Spaltungsphänomen verstanden werden, bei welchem ein kompensatorisch überhöhtes Größenselbst und ein minderwertiges Selbst auseinandergehalten werden müssen (Volkan & Ast, 1994).

Aspekte der Behandlung: Persönlichkeitsstörungen auf niedrigem Strukturniveau (Borderline-Persönlichkeitsstörung, maligne narzisstische Persönlichkeitstörung, antisoziale Persönlichkeitsstörung, schizotype Persönlichkeitsstörung) erfordern es, die Behandlung so zu modifizieren, dass diese den Erfordernissen einer Strukturpathologie Rechnung trägt. In der Behandlung narzisstischer Persönlichkeitsstörungen nach dem oben genannten Modell würde es z. B. unter Nutzung der spezifisch narzisstischen Übertragungsangebote (Spiegelübertragung, idealisierende Übertragung, Selbstobjektübertragung) wesentlich um die Integration positiver und negativer Selbstanteile gehen.

Neunter Teil:
Weitere Verfahren

30 Gruppentherapie

30.1 Formen

Gruppenzusammensetzung:
* offene vs. halboffene vs. geschlossene Gruppe,
* diagnose- oder themenspezifische vs. -unspezische Gruppe,
* homogene (Alter, Geschlecht etc.) vs. inhomogene Gruppe,
* Kurzzeit- vs. Langzeitgruppentherapie.

Spezifische Therapieformen:
* **Psychoanalytisch orientierte Gruppenverfahren**
  - **Gruppenanalyse und analytische Gruppenpsychotherapie:** Minimalstrukturierung zur Regressionsförderung, Bearbeitung von Übertragungsprozessen, Primat von Gruppen- gegenüber Einzeldeutungen.
  - **Tiefenpsychologisch fundierte Gruppenpsychotherapie:** Regressionsbegrenzung, Bearbeitung spezifischer Konfliktmuster.
  - **Psychoanalytisch-interaktionelle Gruppenpsychotherapie (Heigl-Evers):** Gruppenkonzept für Patienten mit vorwiegend strukturellen Störungen. Hohe Strukturierung durch Therapeuten, Prinzip Antwort.
  - **Intendierte dynamische Gruppentherapie (Kurt Höck):** bedeutendste Psychotherapieform der DDR, die psychoanalytische und sozialpsychologische Sichtweisen miteinander verbindet; Konzeption eines phasenspezifischen Verlaufs (Revolte, Kippprozess) und relativ aktive Strukturierung durch den Therapeuten.
* **Verhaltenstherapeutisch orientierte Gruppenverfahren**
  - **Manualisierte, störungsspezifische Ansätze** beinhalten an Störungswissen orientierte Psychoedukation, Erstellen einer individuellen Problemanalyse, Zieldefinition, Vermittlung von Störungsmodellen, Verhaltensbeobachtung, Verhaltensmodifikation, kognitive Umstrukturierung, Hausaufgaben und Rückfallprophylaxe (z. B. Gruppentraining sozialer Kompetenzen, GSK, s. S. 339, oder Therapieprogramm für Kinder mit hyperkinetischem und oppositionellem Problemverhalten, THOP, s. S. 345).
  - **Methodenspezifische Gruppen:** z. B. Vermittlung von progressiver Muskelentspannung, Genusstraining (s. S. 235).
  - **Zieloffene Gruppen:** z. B. in Kliniken, Prinzip der „Einzeltherapie in der Gruppe"; je nach individuellem Problem kommen verschiedene verhaltenstherapeutische Strategien zur Anwendung.
* **Weiterhin:** klientenzentrierte Gruppentherapie, Encounter-Gruppen, psychodramatische Gruppentherapie, gestalttherapeutische Gruppentherapie, systemisch-lösungsorientierte Gruppentherapie etc.

Wirkfaktoren in Gruppen (Irvin Yalom): Yalom (1996, S. 21 ff.) fand in empirischen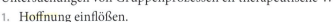
Untersuchungen von Gruppenprozessen elf therapeutische Wirkfaktoren:
1. Hoffnung einflößen.
2. Universalität des Leidens.
3. Mitteilung von Information.
4. Altruismus.
5. Korrigierende Rekapitulation der primären Familiengruppe.
6. Entwicklung von Techniken des mitmenschlichen Umgangs.

7. Nachahmendes Verhalten.
8. Interpersonelles Lernen.
9. Gruppenkohäsion.
10. Katharsis.
11. Existenzielle Faktoren.

Die **Vorteile von Gruppen- gegenüber Einzeltherapie** liegen im Verpflichtungscharakter von Gruppen (z. B. einen Vorsatz der Gruppe bekannt geben), darin, dass die Gruppe beraten und bei der Lösung von Problemen helfen kann, in der Modellwirkung der anderen Teilnehmer und natürlich auch in der im Vergleich zu Einzelbehandlungen größeren Wirtschaftlichkeit bei vergleichbarer Wirksamkeit.

30.2 Psychoanalytisch orientierte Gruppen

Bei der **Indikationsstellung für psychoanalytisch begründete Gruppenverfahren** ist zu berücksichtigen, dass Patienten aufgrund des Settings – der Therapeut muss im Gegensatz zum Einzelsetting scheinbar mit den anderen Gruppenteilnehmern „geteilt" werden, es macht also zunächst den Eindruck, als bekäme der Einzelne weniger – über eine ausreichend große Frustrationstoleranz verfügen müssen. Das Indikationsspektrum ist nicht auf bestimmte Störungsbereiche eingeschränkt.

Hinsichtlich der **Behandlungstechnik in psychoanalytisch begründeten Gruppenverfahren** gilt die **Grundregel der freien Interaktion**: Entsprechend der einzeltherapeutischen Grundregel der freien Assoziation wird den Teilnehmern nahegelegt, sich so unverblümt wie möglich zu äußern, darüber hinaus jedoch nicht zu handeln (vgl. Agieren). Entsprechend soll auch der Gruppentherapeut idealerweise der Regel der gleichschwebenden Aufmerksamkeit folgen.

Gruppenmatrix (Siegfried Foulkes): Aus der Idee, dass die Gemeinschaft dem Individuum konstitutionsgenetisch vorausgeht, von Foulkes (1964/1992, S. 30 ff.) geprägter Begriff zur Bezeichnung des Strukturprinzips vernetzter – bewusster und unbewusster – Kommunikation in Gruppen. Einzeläußerungen oder dyadische Interaktionen werden somit immer als ein Ausdruck einer Gesamtgruppenstruktur verstanden. Der manifesten multipersonalen Kommunikationsmatrix entspricht auf der latenten Ebene eine gruppenspezifische Übertragungsmatrix.

Psychodynamische Gruppenpositionen: Raoul Schindler (1957) benannte vier in allen Gruppenkonstallationen wirksame Rollen:
1. **Alpha-Position**: der Anführer, Repräsentant des Gruppenanliegens.
2. **Beta-Position:** der Fachmann und Experte („Ja, aber …").
3. **Gamma-Position:** der Arbeiter, Anhänger des Anführers (diese können sowohl identifikatorisch mit dem Anhänger aktiv zusammenarbeiten, ihn kontrollierend antreiben, ohne selber mitzuarbeiten, oder passiv-komplementär von ihm nutznießen).
4. **Omega-Position:** das schwarze Schaf (nicht fähig oder nichts willens, den Zielen des Anführers zu folgen), Repräsentant des Gegners der Gruppe, vertritt auf Gruppenebene das von der Gruppe Abgewehrte.

30.3   Verhaltenstherapeutische Gruppen

Hinsichtlich der **Behandlungstechnik in verhaltenstherapeutischen Gruppen** ist der Gruppentherapeut vergleichsweise aktiv. Es wird gezielt die Verbesserung der Bewältigungs-fähigkeiten der Patienten angestrebt.

Instrumentelle Gruppenbedingungen (Dziewas, 1980) bezeichnen jene Bedingungen, die für einen erfolgreichen Therapieprozess der einzelnen Gruppenteilnehmer erfüllt sein müs-sen und die als wesentliche Hilfsmittel zur Lösung individueller Verhaltensprobleme in der Gruppe gelten. Der Gruppenleiter sorgt gezielt für die Verwirklichung dieser Faktoren:

- Kohäsion: Ausmaß, in welchem Therapeut, andere Gruppenmitglieder und Gruppenprozess einen Verstärkungswert für die einzelnen Gruppenmitglieder haben.
- Offenheit: Ausmaß, in welchem die einzelnen Gruppenteilnehmer bereit sind, Infor-mationen über sich, ihre Einstellung und Gefühle in der Gruppe preiszugeben.
- Vertrauen: Ausmaß, in welchem die einzelnen Gruppenteilnehmer davon überzeugt sind, dass andere Teilnehmer das in der Gruppe Preisgegebene nicht gegen sie verwenden oder unerlaubt weitergeben.
- Kooperative Arbeitshaltung: Ausmaß, in welchem jeder Teilnehmer sein Ziel dann errei-chen kann, wenn die anderen Teilnehmer ihre Ziele erreichen.

31   Paar- und Familientherapie

31.1   Psychoanalytisch orientierte Konzepte und Methoden

Bezogene Individuation (Helm Stierlin, 1975): Gleichgewicht zwischen Autonomie- und Individuationstendenzen auf der einen und Abhängigkeits- und Eingebundenseinstendenzen auf der anderen Seite. Probleme treten in Familien dann auf, wenn Kinder zu stark an die Familie gebunden oder aber zu früh aus der Familie ausgestoßen und zu forcierter Autonomie gedrängt werden.

Delegation: Weitergabe von ungelösten Entwicklungsaufgaben oder -konflikten von der Eltern- an die Kindergeneration innerhalb eines Familiensystems in Form unbewusster und unausgesprochener Aufträge. Dabei wirken die delgierten Aufträge umso verbindlicher, je we-niger bewusst sie von den Eltern an die Kinder weitergegeben werden.

Parentifizierung: Rollenumkehr zwischen Eltern- und Kindergeneration innerhalb eines Familiensystems. Kindern können sich dabei mit der an sie delegierten Eltern- oder Partner-funktion weitestgehend identifizieren, sodass die Parentifizierung dem gesamten Familien-system als Normalität erscheint.

Kollusion (Jürg Willi, 1975): unbewusste Komplizienschaft von Partnern in einem Bezie-hungsspiel mit dem Ziel der Angstabwehr und der infantilen Wuscherfüllung. Gemeint ist damit eine besondere Beziehungsform zwischen zwei oder mehr Menschen, bei der sich deren unbewusste und oft neurotische Beziehungsbedürfnisse komplementär ergänzen. Kollusionen in Paarbeziehungen sind oftmals derart strukturiert, dass ein Partner die progressive (aktive im OPD-Sinne), der andere die regressive (passive im OPD-Sinne) Seite einer für beide relevanten Konfliktdynamik einnimmt: Bei der oralen Kollusion (Autarkie-Versorgungs-Konflikt im OPD-Sinne) z. B. pflegt, füttert und umsorgt der eine Partner, der andere lässt sich pflegen, füttern und umsorgen. Analog kann auch von einer narzisstischen Kollusion (Chefarzt und Krankenschwester) oder einer anal-sadistischen Kollusion (Lehrerin und Hausmeister) gesprochen werden. In der Paartherapie nach Willi wird, ausgehend vom Kollusionsmodell, das Bewusstwerden des unbewussten und auf die Partner aufgeteilten gemeinsamen Konfliktes angestrebt.

Therapeutische Ansätze mit psychoanalytischem Hintergrund: Mehrgenerationen-Familientherapie (Stierlin, 1978), Beziehungsanalyse (Bauriedl, 1980), psychoanalytisch orientierte Familien- und Sozialtherapie (Richter, 1972). Horst-Eberhard Richter (1972) unterschied die symptomneurotische und die charakterneurotische Familie. In der **symptomneurotischen Famile** wird ein Familienmitglied zum Indexpatienten und droht, aus der Familiengemeinschaft ausgeschlossen zu werden. Die **charakterneurotische Familie** hingegen teilt als ganze eine dysfunktionale und eingeschränkte Weltsicht. In diesem Sinne beschrieb Richter die paranoide Festungsfamilie, die hysterische Theaterfamilie und die angstneurotische Sanatoriumsfamilie.

31.2 Verhaltenstherapeutisch orientierte Konzepte und Methoden

Als **Zwangsprozess** wird nach Patterson und Reid (1970) eine destruktive und zirkuläre Interaktionsform bezeichnet, welche auf der dysfunktionalen Annahme beruht, dass man seine Bedürfnisse dann vom Partner erfüllt bekommen würde, wenn man dessen Bedürfnisse nur konsequent genug nicht erfüllt.

> **Beispiel:** Frau Watson möchte, dass Herr Watson sich häufiger am gemeinsamen Abwasch beteiligt. Herr Watson geht auf den Wunsch seiner Frau nicht ein. Frau Watson ist frustriert und hört auf, ihre Bedürfnisse direkt zu kommunizieren. Sie geht nun vielmehr dazu über, eine Verhaltensänderung bei ihrem Mann durch direkte Bestrafung (C⁻: Meckern, Brüllen, Nörgeln) oder indirekte Bestrafung (€±: sie hört selber auf abzuwaschen und verweigert sich sexuell) erreichen zu wollen. Frau Watson verhält sich erst wieder positiv, wenn Herr Watson frustriert einlenkt. Frau Watson macht dabei die Erfahrung, dass ihre Strategie zu positiven Konsequenzen führt, und wird sie deshalb in Zukunft vermehrt einsetzen. Über Modelllernen lernt jedoch auch Herr Watson, vermehrt aversive Strategien innerhalb der Beziehung zu nutzen, da sie kurzfristig effektiv zu sein scheinen. In der Folge müssen immer häufiger und stärkere aversive Maßnahmen eingesetzt werden, da eine Gewöhnung auftritt. Dies führt zu wachsender Unzufriedenheit und einem letztendlich eskalierenden Teufelskreis.

Balance-Modell (John Gottman, 1994): Stabile unterscheiden sich von instabilen Paaren dadurch, dass das Verhältnis von positiven zu negativen Interaktionen bei Ersteren mindestens 5:1 beträgt **(positive vs. negative Reziprozität)**. Darüber hinaus zeichnen sich stabile Paare durch eine „triadische Balance" von Kommunikation, Wahrnehmung und physiologischer Aktivierung aus.

Therapeutische Ansätze mit verhaltenstherapeutischem Hintergrund verfolgen das Ziel der Unterbrechung des Zwangsprozesses und des vermehrten Aufbaus positiver Reziprozität. Dazu wird zurückgegriffen auf die Methoden der Psychoedukation, des Trainings

zur Verbesserung der Kommunikations- und Problemlösefähigkeiten, des Wahrnehmungs-
trainings („Verwöhntage") oder der kognitiven Umstrukturierung unangemessener Kausalattributionen („sie macht das mit Absicht, um mir zu schaden") und überzogener Erwartungen
(„er muss immer für mich da sein").

31.3 Systemische Konzepte und Methoden

Zirkuläres Fragen: Frageweise, die das Eingebundensein einer Verhaltensweise in einen so- ◀
zialen Kreislauf verdeutlichen soll. Ein Mensch, der ein bestimmtes – z. B. symptomwertiges
– Verhalten zeigt, wird nicht direkt danach gefragt, was er dabei empfindet oder damit be-
zweckt, sondern andere Mitglieder des Systems werden aufgefordert, sich Gedanken über die
möglichen Bedeutungen dieses Verhaltens zu machen.

> **Beispiel:** Der systemische Therapeut fragt nicht: „Sigmund, warum schweigst du?", sondern
> stellt den kommunikativen Aspekt des Verhaltens innerhalb eines (Familien-)Systems in den
> Vordergrund: „Sigmund, was glaubst du, was es für deine Frau Martha bedeutet, dass du
> schweigst?" In ihrer kunstvollsten Form nimmt die zirkuläre Frage eine trianguläre Struktur an:
> „Anna, was denkst du, was es bei deiner Mutter auslöst, wenn dein Vater Sigmund schweigt?"

Genogramm: grafische Darstellung der Familienstruktur eines Indexpatienten, in der auch
Konflikte, Allianzen etc. veranschaulicht werden können (vgl. Abbildung 31.1).

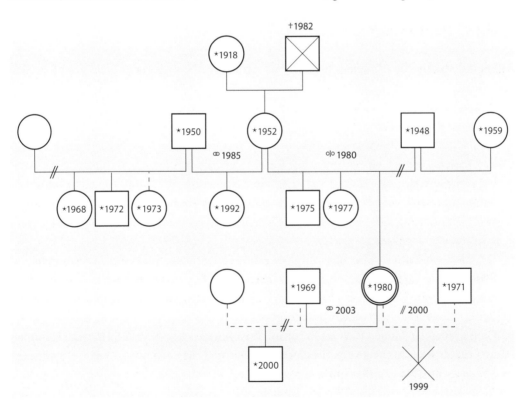

Abbildung 31.1: Vier Generationen umfassendes Genogramm

Reflecting Team: Methode des therapeutischen Reflexionsgespräches. In Anwesenheit der ◀
Patienten reflektierten mehrere Therapeuten über die von ihnen vorher beobachtete therapeutische Sitzung. Anschließend sprechen die Patienten mit dem/den eigentlichen Therapeuten
über die Beobachtungen des Reflecting Teams.

▶ **Paradoxe Interventionen** sind kreative Interventionsstrategien, welche sich mit unterschiedlichen Akzentuierungen z. B. in der systemischen, der provokativen, der Logo-, der Hypnotherapie und im Rahmen des NLP finden. Symptome, gerade in Paarbeziehungen und Familienstrukturen, haben oft eine paradox-unlogische, ja vernunftwidrige Eigendynamik. Dieser kann man nicht nur mit gut gemeinter psychoedukativer Überzeugungsarbeit begegnen, sondern man kann auch versuchen, paradoxe Strukturen im Sinne einer therapeutischen Entwicklung nutzbar zu machen. Allen paradoxen Strategien ist gemeinsam, dass sie gegen die Erwartungen des Patienten verstoßen. Ein Teil ihrer therapeutischen Wirkung liegt in ihrem Überraschungspotenzial, welches den Patienten dazu nötigt, neue Sichtweisen auf sein Problem einzunehmen. Paradoxe Methoden sind z. B.:

- **Reframing (Umdeutung):** Änderung des begrifflichen und gefühlsmäßigen Rahmens, in dem ein (symptomatisches) Phänomen erlebt wird, mit dem Ziel einer veränderten Gesamtbewertung. („Die Letzten werden die Ersten sein!", „Scherben bringen Glück!")
- **Relabeling (Umetikettierung):** Vertauschung des einem Problem aufgeklebten sprachlichen Etiketts – in der Regel vom negativ zum positiv Konnotierten –, ohne dass dabei notwendigerweise der Kontext geändert wird. („Führung suchen, um sich selbst zu finden", anstatt „unterwürfig und gefügig sein")
- **Symptomverschreibung:** Der Patient erhält den Auftrag, das Symptom beizubehalten, zu übertreiben und willentlich herbeizuführen. („Tun Sie bitte diese Woche nichts gegen Ihr Problem, damit wir ein realistisches Bild davon gewinnen können, wie schlimm es wirklich ist.")
- Weitere geläufige paradoxe Methoden sind: Advocatus diaboli, Eingeständnis der endgültigen Hoffnungslosigkeit, Vorhersage oder Verschreibung eines Rückfalls, Standortfestlegung (Weeks & L'Abate, 1985).

Allparteilichkeit: die Fähigkeit, für alle Familienmitglieder gleichermaßen Partei ergreifen zu können.

Therapeutische Ansätze:

- Strukturelle Familientherapie (Minuchin): Salvador Minuchin (1977) betonte, dass Familie eine strukturelle Einheit mit vielfältigen Subsystemen (z. B. Eltern-Subsystem) ist, deren Grenzen und Hierarchien besondere Bedeutung zukommt. In der strukturellen Familientherapie geht es darum, verwischte Grenzen – z. B. zwischen den Generationen (vgl. Parentifizierung) – wiederherzustellen, Subsysteme zu stabilisieren und Rollen und Hierarchien klar zu strukturieren.
- Die erlebnisorientierte Therapie (Virginia Satir, 1990) arbeitet mit Familienskulpturen und fokussiert auf Kommunikationsmuster zwischen den Familienmitgliedern.
- Die strategische Therapie (Jay Haley, 1977) fasst Familiensysteme als einen kybernetischen Regelkreis auf und interveniert bevorzugt paradox.
- Dem Mailänder Modell (Selvini Palazzoli, Boscolo, Cecchin & Prata, 1977) entstammen ursprünglich die Strategie des zirkulären Fragens und die Formulierung von Hypothesen über verschiedene Familienspiele.

32 Gesprächspsychotherapie

Die Gesprächspsychotherapie ist durch den Wissenschaftlichen Beirat als wissenschaftlich begründetes psychotherapeutisches Verfahren anerkannt.

Aktualisierungstendenz: eine dem Organismus innewohnende Tendenz zur Entfaltung all seiner Möglichkeiten. Die Aktualisierungstendenz bildet als ein allen Menschen innewohnendes Motiv das fundamentale Axiom, welches Carl Rogers seiner Konzeptualisierung der klientenzentrierten Gesprächstherapie zugrunde legte.

Inkongruenz bezeichnet in der Theorie Carl Rogers' Widersprüche zwischen dem wahrgenommenen Selbst und der tatsächlichen organismischen Erfahrung, die zu einem Zustand innerer Spannung und Konfusion führen.

Bedingungen des therapeutischen Prozesses nach Carl Rogers (1959/1987, S. 40):
1. Zwei Personen befinden sich im **Kontakt**.
2. Die erste Person (Klient) befindet sich in einem Zustand der **Inkongruenz**: Sie ist verletzlich und voller Angst.
3. Die zweite Person (Therapeut) ist **kongruent** in der Beziehung zur ersten Person.
4. Der Therapeut empfindet **bedingungslose positive Beachtung** gegenüber dem Klienten.
5. Der Therapeut erfährt **empathisch den inneren Bezugsrahmen** des Klienten.
6. Der Klient nimmt zumindest in geringem Ausmaß die Bedingungen 4 und 5 wahr.

Die Punkte 3 bis 5 – Kongruenz, bedingungslose positive Wertschätzung, Empathie – werden dabei auch oft als die **drei Basisvariablen des Therapeutenverhaltens** bezeichnet.

Die von Carl Rogers' Schüler Eugene Gendlin (1978/1998) entwickelte therapeutische Methode des **Focusing** stellt eine erlebnisorientierte Weiterentwicklung des klientenzentrierten Ansatzes dar. Die Autonomie des Klienten (Focuser) wird betont. Die Beobachtung von Körperempfindungen – „felt sense": das, was über die Sprache hinausgeht – spielt im Focusing eine zentrale Rolle.

33 Besondere Problemfelder

33.1 Krisenintervention

Eine Krise äußert sich als eine plötzliche, als bedrohlich erlebte Verengung der Wahrnehmung und als ein weitgehender Verlust sonst verfügbarer Handlungs- und Problemlösungsfähigkeiten. Man unterscheidet mit Bezug auf eine krisenhafte Zuspitzung Schock-, Reaktions-, Bearbeitungs- und Neuorientierungsphase. Typische **Symptome in Krisensituationen** sind Suizidalität, psychomotorische Erregung, Stupor, quantitative und qualitative Bewusstseinsstörungen, Verwirrtheit, Wahn, Halluzinationen.

Mit **Krisenintervention** bezeichnet man eine unverzügliche und zeitlich begrenzte Einflussnahme in einer bedrohlichen Notfallsituation mit dem Ziel, eine kritische Entwicklung aufzuhalten und zu bewältigen. Primäre Zielsetzungen der Krisenintervention sind eine emotionale Entlastung und Vermeidung einer anhaltenden Selbst- und Fremdgefährdung sowie eine Wiederherstellung der Handlungskompetenz. Zentrale Maßnahmen sind Stabilisierung, Beruhigung, Ermutigung zum Zulassen von Gefühlen, Aktivierung von Ressourcen und Psychoedukation. Spezifische Interventionsstrategien sind können sein: kognitive Verhaltenstherapie, EMDR, Psychodynamisch Imaginative Traumatherapie (PITT), hypnotherapeutische Techniken und unter Umständen sedierende Pharmakotherapie.

Suizidalität: Psychische Erkrankungen sind ein Hauptrisikofaktor für Suizid. Die Lebenszeitprävalenz für Suizidgedanken beträgt 8 %, für Suizidversuche 2 %. 10 % der Schizophreniepatienten und 15 % der depressiven oder alkoholabhängigen Patienten begehen Suizid. Die Suizidrate bei Männern liegt bei 28, bei Frauen bei 13 pro 100.000 Einwohner. Es gibt eine höhere Prävalenz von Parasuiziden bei Frauen und jüngeren Altersgruppen und von vollzogenen Suiziden bei Männern und höheren Altersgruppen. Männer begehen häufiger erweiterte Suizide.

▶ **Präsuizidales Syndrom:** Erwin Ringel (1953) beschrieb drei symptomatische Phänomene, die in der Regel einem Suizid vorausgehen:

- **Einengung:** Verringerung der inneren und äußeren Wahlmöglichkeiten so weit, dass Suizid als einziger Ausweg erscheint.
- **Suizidfantasien:** Flucht in eine Innenwelt, in welcher Gedanken an den Tod eine beherrschende Rolle spielen.
- **Aggressionsumkehr:** verstärkte und zugleich gehemmte Aggression, welche sich letztendlich gegen den Betroffenen selbst richtet.

Neben den von Ringel zusammengefassten Phänomenen gibt es eine Reihe weiterer Faktoren, welche als besondere **Risikofaktoren für Suizidalität** gelten. Hierzu zählen:

- Suizidversuche in der Anamnese,
- Suizide in der Familienanamnese,
- eine durch ängstliche Unruhe und Getriebensein charakterisierte Depression,
- schwere Schuldgefühle,
- Vorliegen einer tatsächlich oder vermeintlich unheilbaren Krankheit,
- Alter über 45 Jahre,
- männliches Geschlecht,
- Verlust der sozialen Stellung und des sozialen Ansehens,
- Trennung,
- Tod des Partners,
- Sucht,
- Psychose.

Abschätzung des Suizidrisikos: „Suizidrisiko" ist keine objektiv messbare Größe, die der Untersucher – z. B. durch das Stellen einiger Testfragen an den Patienten – zweifelsfrei bestimmen kann. Das Suizidrisiko kann sich je nach innerer Verfassung und Rahmenbedingungen täglich oder sogar stündlich verändern.

Stadien der suizidalen Entwicklung: Erwägungsstadium, Stadium der Ambivalenz, Entschlussstadium.

Interventionen bei vorliegender Suizidalität:
- Beziehungsangebot und direktes Ansprechen der Suizidalität.

- Engmaschige Begleitung und Tagesstrukturierung.
- Verträge und Selbstverpflichtungen (Contract-Management).
- Kognitive Interventionen (Entkatastrophisieren).
- Ansprechen von Bindungen (Familie, Religion etc.).
- Verhaltensalternativen erörtern, alternative Problemlösungen entwickeln, Zukunfts-orientierung schaffen.
- Einweisung in eine psychiatrische Klinik: Benachrichtigung der Polizei (Amtshilfe) sowie des diensthabenden Arztes der zuständigen Akutinstitution (Psychiatrie) bzw. des ärztlichen Notdienstes. Es sollte versucht werden, den Patienten zum Verbleib am Behandlungsort zu bewegen. Falls dies nicht möglich ist, dürfen gegenüber der Polizei Angaben zum möglichen Aufenthaltsort und Zustand des Patienten gemacht werden (keine Schweigepflicht).
- Pharmakologische Behandlung: Antidepressiva in Kombination mit Benzodiazepinen und sedierenden Neuroleptika.

33.2   Psychotherapie mit Menschen im höheren Alter

Aktuelle, für die therapeutische Praxis grundlegende **psychologische Modelle des Alterns** betonen, dass Entwicklung ein über die gesamte Lebensspanne stattfindender Prozess ist und den mit dem Alter zunehmenden Fähigkeitseinschränkungen auf der einen Seite wachsende Anpassungs- und Kompensationsleistungen auf der anderen Seite gegenüberstehen.

Die **Disengagement-Theorie** postuliert, dass ältere Menschen sich zwangsläufig aus sozialen und beruflichen Aktivitäten zurückziehen würden und dies als angenehm erleben. In Abgrenzung dazu betont die **Aktivitäts-Theorie**, dass soziale Beziehungen auch im Alter eine zentrale Rolle spielen und das Gefühl, gebraucht zu werden, eine wesentliche Determinante von Lebenszufriedenheit im Alter darstellt.

Das **Modell der selektiven Optimierung mit Kompensation** (SOK, Baltes & Baltes, 1990) versucht, unter der Lebensspannenperspektive drei prototypische Strategien erfolgreichen Alterns zu beschreiben, mit denen der biologisch bedingte Verlust von Fähigkeiten und Kapazitäten aufgefangen werden kann:
1. Selektion: Spezialisierung im Sinne einer Eingrenzung von Verhaltensmöglichkeiten und Zielvorstellungen.
2. Optimierung: Vergrößerung des Repertoires an zieldienlichen Handlungsstrategien und Aufsuchen von der Entwicklung förderlichen Kontexten.
3. Kompensation: Anwendung von Kniffen, Kunstgriffen und Tricks; Erschließung und Nutzung neuer Handlungsmittel, um Einschränkungen wettzumachen.

Alterstypische Akzentuierung spezifischer Symptome:
- Es gibt keine Unterschiede in der Ätiologie und Psychopathologie psychischer Störungen im Vergleich zu Jüngeren.
- Fehleinschätzungen der Morbidität älterer Menschen sind durch einen Mangel an altersspezifischen Definitionen von psychischen Störungsbildern in ICD-10 und DSM-lV bedingt.
- Substanzmissbrauch (Alkohol, Medikamente) ist relativ weit verbreitet.
- Schlafstörungen nehmen drastisch mit dem Alter zu: Tiefschlafphasen nehmen ab, die Einschlafdauer verlängert sich, Schlafunterbrechungen und frühzeitiges Erwachen werden häufiger, das Schlafbedürfnis auch während des Tages steigt.

- Die Suizidrate verdoppelt sich im Alter (ca. 40 pro 100.000 Einwohner).
- Depressionen werden im Alter oft von scheinbar biologisch bedingten Veränderungen verdeckt und verlaufen in der Regel nicht phasisch, sondern eher chronisch.

Möglichkeiten der Psychotherapie: Menschen sind bis ins hohe Alter zu Veränderung in der Lage. Es sind jedoch spezifische Modifikationen des therapeutischen Settings für die erfolgreiche Arbeit mit Älteren nötig, wie z. B. klare Fokussierung und Strukturierung, Verkürzung der Sitzungsdauer und der Einsatz von Gedächtnishilfen.

Zehnter Teil:
Kinder- und
Jugendlichenpsychotherapie

Kenntnisse der Psychologie und Psychopathologie des Kinder- und Jugendalters sind nicht nur für zukünftige Kinder- und Jugendlichenpsychotherapeuten von Bedeutung. Wie bereits angemerkt, wird Psychologischen Psychotherapeuten berufsrechtlich ebenfalls die Kompetenz zugesprochen, Kinder und Jugendliche zu behandeln (s. S. 67). Selbst wenn Sie das nie in den Horizont ihrer zukünftigen beruflichen Möglichkeiten einbeziehen, ist ein Wissen um die Störungen dieses Altersbereiches auch deshalb von immenser Bedeutung, weil es hilft, die Ätiopathogenese vieler Störungen im Erwachsenenalter und beispielsweise die Bedeutung solcher Aussagen wie: „Als Jugendliche war ich mal beim Psychologen, da war irgend etwas mit Angst vor Prüfungen", fundiert zu verstehen, zu gewichten und in einen Entwicklungsbezug zum aktuellen Vorstellungsanlass zu setzen. Psychotherapeutisches Handeln sollte auf einer guten Kenntnis der kindlichen Entwicklung und ihrer möglichen Störungen basieren, denn Psychotherapie beschäftigt sich im Erwachsenenalter vor allem mit dysfunktionalen Erlebens- und Verhaltensmustern, welche letztlich als Resultat einer fehlgeleiteten oder nicht erfolgten Entwicklung verstanden werden können.

34 Entwicklungspsychologie

Bezüglich der Entwicklungsdynamik sind die ersten Lebensjahre von den stärksten Veränderungen in den verschiedenen Entwicklungsbereichen geprägt (vgl. Tabelle 34.3, S. 308). Ab dem Jugendalter sind die wichtigsten Entwicklungsprozesse weitgehend abgeschlossen, stattdessen bedeutet Entwicklung hier bis ins hohe Alter anhaltend v. a. eine Auseinandersetzung mit sich aus dem jeweiligen Lebensalter ergebenden Entwicklungsaufgaben (s. S. 310).

- **Exogenistische Entwicklungstheorien:** Auf die Frage, ob Menschen ihre Entwicklung aktiv gestalten oder diese durch innere und äußere Faktoren bestimmt wird, behaupten diese Theorien, dass die Entwicklung des Menschen ausschließlich durch externe Reize bestimmt wird (behavioristisches Menschenbild).
- **Endogenistische Entwicklungstheorien** postulieren, Entwicklung basiere auf Reifung nach einem fest angelegten Bauplan.
- **Interaktionistische Entwicklungstheorien** gehen davon aus, dass der Mensch gleichzeitig Produkt und Gestalter seiner Umwelt ist.

In einer Reihe von Entwicklungsbereichen ist es im Sinne eines traditionellen Entwicklungsbegriffs sinnvoll, Entwicklung als Abfolge von Stufen oder Phasen zu verstehen, also als eine Reihe von Veränderungsschritten, welche in der Abfolge irreversibel (unidirektional) und auf einen Endzustand hin ausgerichtet sind. Der moderne Entwicklungsbegriff – die „Entwicklungspsychologie der Lebensspanne" – ist wesentlich breiter gefasst, und als Entwicklung wird jegliche Art von Veränderung verstanden.

Ausführlich werden an dieser Stelle die kognitive Entwicklung nach Piaget, ein Stufenmodell und die Entwicklung des Bindungsverhaltens erörtert. Die anderen Entwicklungsbereiche werden tabellarisch dargestellt (vgl. Tabelle 34.3, S. 308).

34.1 Kognitive Entwicklung

Die Entwicklungstheorie des Schweizer Psychologen Jean Piaget, vorgelegt in den 1920er-Jahren, zählt noch immer zu den wichtigsten Theorien der Entwicklungspsychologie. Piaget gewann seine Erkenntnisse durch Beobachtungen seiner eigenen Kinder, welche ihn dazu verleiteten, **vier Phasen der kognitiven Entwicklung** zu formulieren (vgl. Tabelle 34.1). Diese werden von allen Menschen durchlaufen, jedoch in unterschiedlichem Tempo. In jeder Phase wird auf die vorherige Phase aufgebaut. Folgende Begriffe sollten bekannt sein:

Schema: Der Begriff bezeichnet ein abstraktes, hypothetisches Konstrukt, welches ein organisiertes Verhaltens- oder Wissensmuster umfasst und als individuell logische Verknüpfung von Begriffen entsteht. Es werden kognitive Schemata und Handlungsschemata unterschieden, die miteinander verzweigt sein können.

> **Beispiel:** Jean hat von seiner Mama einen Plüschhasen geschenkt bekommen. Er nimmt ihn in die Hände und bemerkt: „Ein Plüschhase ist weich, hat Fell, kann angefasst werden usw." (kognitive Schemata). Außerdem realisiert er, was er mit diesem Objekt alles machen kann, wie zum Beispiel greifen, reiben, kuscheln etc. (Handlungsschemata).

Assimilation (Einverleibung) meint die Eingliederung neuer Erfahrungen in ein bereits bestehendes Schema.

> **Beispiel:** Jean kennt (und liebt) seinen Plüschhasen. Sein Papa schenkt ihm eine Plüschkatze. Jean assimiliert und behandelt die Plüschkatze genauso wie den Plüschhasen (z. B. greifen, reiben, kuscheln).

Akkomodation (Anpassung) bezeichnet die Erweiterung eines Schemas, an einen dem Individuum begegnenden Reiz, an eine Situation etc., da dieser oder diese mit den vorhandenen Wissensmustern nicht bewältigt werden kann.

> **Beispiel:** Jean trifft jetzt erstmals auf eine echte Katze und bemerkt: Auch dieses Objekt ist weich, hat Fell, *jedoch* springt es weg, wenn es angefasst wird. An dieser Stelle reicht es nicht mehr zu assimilieren, sondern der kleine Jean muss sein Schema „Fell" erweitern, beispielsweise um „starres Fell" vs. „bewegliches Fell" oder „belebtes Fell" vs. „unbelebtes Fell". Jean akkomodiert an dieser Stelle. Akkomodation beginnt dann, wenn Assimilation versagt, also kognitive Widersprüche und Konflikte auftauchen.

Äquilibrium: Gerät das Individuum in einen kognitiven Konflikt, so resultiert daraus ein Ungleichgewicht. Entwicklung läuft jedoch auf Gleichgewichte (Äquilibrium, synonym auch: **Adaption**) zwischen der eigenen kognitiven Struktur und den Umweltanforderungen zu. Dazu werden die beiden komplementären Prozesse „Assimilation" und „Akkomodation" verwendet.

Kreisreaktion meint das Zusammenspiel von Assimilation und Akkomodation.
- Primäre Kreisreaktion: Als lustvoll erlebte Handlungen werden wiederholt, auf den eigenen Körper beschränkt (ca. bis zum 4. Lebensmonat).
- Sekundäre Kreisreaktion: Handlungen werden als Mittel zum Zweck eingesetzt, um Effekte in der Umwelt zu provozieren (ca. bis zum 8. Lebensmonat).
- Tertiäre Kreisreaktion: Variation eines als positiv erlebten Schemas, Experimentieren an der Umwelt (12. bis 18. Lebensmonat).

Die Phasen der kognitiven Entwicklung sowie die typischen Merkmale dieser Phasen, dargestellt in Tabelle 34.1, sollten Ihnen für die Prüfung bekannt sein.

Tabelle 34.1: Phasen der kognitiven Entwicklung nach Piaget

Stadium	Lebensalter	Typische Entwicklungsmerkmale
Sensomotorisches Stadium	0.–2. Lebensjahr	• Übung angeborener Reflexe • Kreisreaktionen (primär, sekundär, tertiär) • Koordinierung erworbener Schemata • Objektpermanenz • Sensomotorisches Spiel
Präoperationales Stadium	2.–7. Lebensjahr	• Animistische Deutungen (Vermenschlichung) • Finalistisches (zweckmäßige Erklärung von Naturerscheinungen) und artifizielles Denken (alles wurde von Menschenhand geschaffen) • Egozentrismus (subjektive Sichtweise hat objektiven Status) • Zentrierung (nur auf ein Merkmal achten können) • Rollenspiel
Konkret operationales Stadium	7.–11. Lebensjahr	• Schemata müssen nicht mehr motorisch vollzogen werden • Größere Beweglichkeit des Denkens • Reversibilität, Dezentrierung (nicht nur auf das vordergründigste Merkmal achten), Invarianz (Unveränderlichkeit der Eigenschaften eines Objektes), Seriation (Objekte in eine Reihenfolge bringen können), Klassifikation (Klassenbildung), Transitivität (A>B, B>C, A>C) • Regelspiel
Stadium der formalen Operationen	Ab 12. Lebensjahr	• Hypothetisch-deduktives Denken, logisches Denken • Probleme vollständig hypothetisch lösen können • Verbale Therapie

Nach Piaget treiben vier Faktoren die Entwicklung an: körperliche Reifung, Erfahrungen mit der Umwelt, soziale Erfahrungen und Äquilibration. Die kognitive Entwicklung verläuft umso erfolgreicher, je mehr ein Kind die Möglichkeit bekommt, sich aktiv und problemlösend mit seiner Umwelt auseinanderzusetzen. Das erfordert vom Erwachsenen ein aktives Erziehungskonzept, das aus der Sicht des Kindes geleitet ist (Bereitstellung entsprechender Materialien). Somit beinhaltet Piagets Theorie wichtige Implikationen für die (verbale) Psychotherapie Kinder und Jugendlicher.

34.2 Bindungsentwicklung

„Wer in seiner Kindheit in Zeiten der Not eine verständnisvolle Reaktion erlebt hat, wird in der aktuellen Krise auf ähnliches hoffen, während diejenigen, die während der Kindheit Zurückweisung und Mißachtung erlebt haben, auch genau dies erwarten werden, wenn sie im Erwachsenenleben verzweifelt sind." (Bowlby, 2009, S. 406)

Bindungstheorie: Historische Vorläufer der vom britischen Kinderpsychiater **John Bowlby** (1969/1975) ausformulierten Bindungstheorie sind die Arbeiten von René Spitz in den 1950er-Jahren zum Hospitalismus bei Kindern (Konzept der anaklitischen Depression), aber auch die eigenen Arbeiten Bowlbys über Kriegswaisen.

Bowlby postulierte, dass Menschenkinder, vorausgesetzt, sie haben ein Minimum an Interaktionsmöglichkeiten, biologisch determiniert eine *lang andauernde emotionale Bindung* zu einer Bezugsperson ausbilden, welche bei Gefahr aufgesucht wird. Bindung hat funktionell für das unreife Kind eine Schutzfunktion. Die beiden Verhaltenssysteme Bindungs- und Explorationsverhalten sind komplementär. Aus Perspektive des Kindes spricht man von „Attachment", aus Perspektive der Mutter von „Bonding". Jedoch zeigt nicht nur das Kind ein genetisch programmiertes Signalverhalten, sondern auch die Mutter.

Bindungsverhaltenssystem: Darunter versteht man wechselseitige Beziehungen, bei denen sowohl Mutter als auch Kind die Verhaltensmuster des anderen an Signalreizen wie Aussehen oder Verhalten erkennen (interaktive Synchronisierung). Daraus entwickelt das Kind ein inneres **Arbeitsmodell**, das eine mentale Repräsentation der Welt, des Selbst, der anderen sowie der Beziehung zwischen diesen enthält.

Mentale Bindungsrepräsentationen bleiben im Lebenslauf weitgehend stabil und werden auf spätere Beziehungen übertragen. Daraus erklärt sich die immense Bedeutung der Bindung für die Entwicklung eines Individuums.

Entwicklungsverlauf der Bindung:
- Geburt bis 3 Monate: „Phase der eingeschränkten Diskrimination der Bindungsperson" → Säugling unterscheidet nicht zwischen Mutter und anderen Personen bezüglich Ausdruck bindungsrelevanten Verhaltens.
- 3. Monat bis 6. Monat: „Phase der diskriminierenden sozialen Responsivität" → das Baby differenziert zwischen vertrauten und fremden Personen, Entstehen der Bindung.
- 7. Monat bis 9. Monat: „Phase der mentalen Repräsentanz der Bindungsperson" → aus einer allgemeinen Bindung an Erwachsene entsteht die Bindung zu(r) primären Bezugsperson(en), aktives und zielorientiertes Suchen der Bindungsperson, „Fremdeln" (Trennungsangst).
- 9. Monat bis 33. Monat: „Phase der zielkorrigierte Partnerschaft" → Rückgang der Trennungsangst, Einfühlung in die Bindungsperson wird möglich.

Fremde-Situation-Test: Individuelle Bindungsunterschiede betreffen die Dimension der **Bindungssicherheit**. Dieses von Bowlby formulierte Konzept wurde von Ainsworth (1970, 1978) empirisch durch den Fremde-Situation-Test (FST) ausgearbeitet. Der FST ist ein standardisiertes, entwicklungspsychologisches Experiment für Kinder im Alter zwischen zwölf und 18 Monaten, mit dessen Hilfe sich qualitative Unterschiede im Bindungsverhalten nachweisen lassen. Dazu wird das Bindungsverhalten des Kindes durch eine zweimalige kurze Trennung von der Mutter in fremder Umgebung unter Anwesenheit einer fremden Person aktiviert und nach der Wiedervereinigung mit der Mutter untersucht. Von besonderem diagnostischen Wert ist das Verhalten des Kindes in den Trennungs- und Wiedervereinigungsmomenten. Dabei zeigen Kinder vier Strategien der Nähe-Distanz- und Emotionsregulation: Nähe suchen, Kontakt halten, Widerstand gegen Körperkontakt und Vermeidungsverhalten. Aus ihren Beobachtungen kam Ainsworth zu der bekannten **Einteilung der drei Bindungsstile**. In den 1980er-Jahren wurde der vierte Bindungsstil, das desorganisierte Bindungsverhalten, hinzugefügt (vgl. Tabelle 34.2)

Feinfühligkeit: Es zeigte sich, dass das Bindungsverhalten der Kinder eng verzahnt ist mit einem bestimmten Verhalten der Mütter, nämlich deren Feinfühligkeit (genaue Wahrnehmung und adäquate Interpretation von Bindungssignalen, prompte und freundliche Reaktion), welche als wesentliche Einflussvariable auf die Qualität der Bindung angesehen wird.

Im Weiteren konzentrierte sich die Forschung weniger auf die Untersuchung des Bindungsverhaltens in konkreten Situationen als auf die mentalen Repräsentationen der frühen Bindungserfahrungen. Mit Hilfe des **Erwachsenenbindungsinterviews** (Adult Attachment Interview, AAI) kann retrospektiv bei Erwachsenen untersucht werden, inwieweit die Bindungserfahrungen der eigenen Kindheit zugänglich gemacht werden können (Kriterium für sichere Bindung: Kohärenz früherer Erlebnisse). Es konnte gezeigt werden, dass *Bindungsmuster* außergewöhnlich *stabil* sind (Bindungsmuster im Kleinkind- und Erwachsenenalter stimmen nach Seifge-Krenke, 2010, bis zu 75 % überein) und *transgenerational* weitergegeben werden. Tabelle 34.2 illustriert den Zusammenhang zwischen kindlichem Bindungsverhalten, mütterlichem Verhalten und dem späteren Bindungsstil im Erwachsenenalter.

34.3 Noch mehr Entwicklung

Neben den genannten Entwicklungsdomänen, Kognition und Bindung, gibt es eine Vielzahl weiterer Entwicklungsbereiche, von denen die Wichtigsten überblicksartig in Tabelle 34.3 dargestellt sind. Beim Blick auf die Tabelle fällt auf, dass sich eine Vielzahl von Entwicklungsschritten v. a. in den ersten Lebensjahren vollzieht. Dennoch soll an dieser Stelle daran erinnert werden, dass Entwicklung ein Prozess ist, welcher sich über die gesamte Lebensspanne bis hinein ins hohe Alter vollzieht (s. S. 299).

[Handschriftliche Notizen:]

Moralentwicklung:

Piaget → moralischer Realismus, heteronome Moral, autonome Moral
(Strafe = Verbot)   (externe schlecht = Verbot)

Kohlberg → präkonventionell, konventionell, postkonventionell,
(<9J.)   (⌀ Hinterfragen)   (Abwägung Ich - Außen)

Tabelle 34.2: Bindungsstil, Bindungsverhalten, korrespondierendes mütterliches Verhalten und dazugehöriger Bindungsstil im Erwachsenenalter (zitiert und modifiziert nach Seifge-Krenke, 2010, S. 7)

Bindungsstil	Sicher (B)	Unsicher-vermeidend (A)	Unsicher-ambivalent (C)	Desorientiert/desorganisiert (D)
Bindungsverhalten des Kindes	• Kummer wird deutlich ausgedrückt, • lässt sich nicht von Fremden trösten, • freut sich deutlich, wenn die Mutter wiederkommt, • Belastung ist durch Rückkehr der Mutter verschwunden **Merke:** Das Kind geht erfolgreich mit dem Stress durch die Trennung um.	• Zeigt keinen Kummer, exploriert den Raum, • beachtet die Mutter bei Rückkehr nicht, • scheint „gefühllos", Fokus auf Spielsachen, • starke physiologische Belastung nachweisbar **Merke:** Das Kind reagiert ablehnend auf die Wiedervereinigung mit der Mama.	• Lautstarker, wütender Protest bei Trennung, • ambivalente Reaktion auf Rückkehr der Mutter (oft ärgerliches Verhalten), • starke, sichtbare Stressreaktion, • Fokus auf die Mutter **Merke:** Andauernder Stress des Kindes bei der Wiedervereinigung trotz Nähe zur Mama	• Widersprüchliches, unklares Verhaltensmuster, • fraktionierte Kommunikation, • unterbrochene Bewegungen, • abnorme Körperhaltungen **Merke:** abweichende, auffällige, desintegrierte Bindungsstrategien
Mütterliches Verhalten	• Feinfühlige Wahrnehmung und Beantwortung von Signalen, d.h.: - Signale wahrnehmen, - richtig interpretieren, - prompt und angemessen reagieren	• Zurückweisung des Bindungsverhaltens des Kindes, • Abneigung gegen körperlichen Kontakt, • Rückzug, sobald das Kind traurig wird, • „adaptives" Verhalten des Kindes, da es das Kind vor weiterer Enttäuschung schützt	• Unsensible Reaktion auf Signale des Kindes, • unvorhersehbare Ermutigung/Unterdrückung von Autonomie des Kindes, • widersprüchliches, nicht kontingentes Verhalten, • Der Fokus auf die Mutter bleibt erhalten, das Kind kommt nicht „zur Ruhe".	• Gefahrenquelle geht direkt von den Eltern aus. • 80 % der misshandelten Kinder gehören dieser Kategorie an, oder aber auch Hinweis auf ein unverarbeitetes Trauma der Eltern (transgenerationale Weitergabe)
Bindungsstil im Erwachsenenalter	**Sicher-autonom** • Anschauliche, kohärente Schilderungen ihrer Beziehungserfahrungen, • negative und positive Aspekte der Beziehung können beleuchtet werden	**Unsicher-vermeidend** • Hohe Distanz zu Bindungsthemen, • schwere Zugänglichkeit, • Idealisierung, • Widersprüchlichkeiten zu Berichtetem	**Unsicher-ambivalent**, auch: **unsicher-verstrickt** • Unklare, inkohärente Schilderung der Beziehungen, • starke Emotionen	**U-Status** • Gedankliche Inkohärenz und Irrationalität, • lange Pausen, Abbrüche, • detaillierte Schilderungen traumatischer Erinnerungen, • Nähe zu klinischen Phänomenen deutet auf noch nicht abgeschlossene Verarbeitung eines Traumas

Tabelle 34.3: Meilensteine der kindlichen Entwicklung (in Anlehnung an Steinhausen, 2000)

Bezeichnung	Alter	Motorik	Sprache	Sozialverhalten	Was sonst noch?
		Merke: Die motorische Entwicklung ist weitgehend reifungsabhängig und kann nur eingeschränkt durch Training verbessert werden.	**Merke:** Die normale Sprachentwicklung kann durch einen Singsang mit leicht erhöhter, leiser Stimme sowie Wiederholung einzelner Silben gefördert werden („Ammensprache").		
Säugling Thema: Bindung	**0–3 Monate**	Moro-Reaktion, Fußgreifreaktion, Schreitreaktion, Mittelstreckung des Kopfes in Rückenlage, Beginn der Kopfdrehung	Unterschiedlich intensives Schreien, **Plaudern** (R-Laute, ga-ga) zunehmend melodiöser, diffuse Vokalisationen	Spontanes und zeitlich etwas später antwortendes **Lächeln**	**Spiel:** Funktions- und Tätigkeitsspiel **Sehen:** Scharfsehen bei ca. 20 cm (= ca. der Abstand Mutter – Kind beim Stillen), Bevorzugung komplexer Muster (Gesichter) **Geruch und Geschmack:** Mutter wird schon kurz nach der Geburt am Geruch erkannt, Saugbewegungen auf süße und salzige Reize **Körper:** größte körperliche Veränderungen
	4–6 Monate	Kopfkontrolle im Sitzen, Heben von Armen und Beinen in Bauchlage, Drehen von Rücken in Bauchlage und umgekehrt, Greifen	**Lallperiode I:** gurren, quietschen, juchzen	Hinwendung zu sprechenden oder singenden Personen, Beginn der sozialen Nachahmung	
	7–12 Monate	Freies **Sitzen**, Krabbeln, Robben, **Stehen**, erste **Gehversuche** (mit Unterstützung)	Lallperiode II: Äußerung ganzer Silben, Lautnachahmung; beginnendes Sprachverständnis; zufälliges Entstehen der **ersten Wörter**	Ca. 8. Monat: **Fremdeln**, sinngemäßes Antworten der Gebärden Erwachsener, **Zuneigung** kann ausgedrückt werden (Umarmen)	
Zweites Lebensjahr Thema: Autonomie	**12–18 Monate**	**Freies** Stehen und **Gehen,** Treppe am Geländer laufen, rückwärtsgehen	Babysprache mit eigenen Worten, früher **Worterwerb** mit spezifischen Benennungen	**Imitation** alltäglicher Handlungen, **Befolgen einfacher Anweisungen, Äußerung von Bedürfnissen** (Hunger, WC)	
	18–24 Monate	Weitere Präzisierung der Bewegungen	**Benennungsexplosion** mit Zweiwortsätzen, Beginn des Fragealters		

Phase / Themen	Alter	Motorik	Sprache	Sozial- / Moral- / Persönlichkeitsentwicklung
Kleinkind Themen: Ausformung der Grobmotorik, Sprachdifferenzierung, Gewissensentwicklung, Geschlechtsidentität	**2 Jahre**	Laufen, hüpfen, auf einem Bein stehen	**Schnelles Wortlernen,** immer weitere Ausdifferenzierung der **Grammatik**	**Spiel:** Fantasiespiel, Neugierverhalten, Rollenspiel **Persönlichkeit:** Geschlechtsrollenerwerb und geschlechtstypisches Verhalten **Emotion:** heftige und instabile Gefühle **Imaginäre Freunde:** sind kein pathologisches Phänomen, sondern haben eine stützende Funktion, z. B. bei Gefühlen von Einsamkeit, Verlust usw.
	3 Jahre	Auf Zehenspitzen gehen	Personalpronomen („ich"), ständig und viel Sprechen	**Identifikation** mit Eltern (v.a. gleichgeschlechtlicher Teil) und Geschwistern, **Trotzreaktionen,** Entwicklung von **prosozialem** und gruppenbezogenem **Verhalten,** Kindergartenfähigkeit
	4 Jahre	Turnen, klettern, **immer präzisere Körperbeherrschung**		**Stadium der heteronomen Moral (Piaget,** 1932/1983; ca. ab 4 Lj.): Alles, was Autoritäten für schlecht halten, ist verboten. Alles, was bestraft wird, ist verboten.
	5 Jahre		Kontrolle eigener Äußerungen, Anpassung an Normen	
Mittlere Kindheit Themen: Eltern, Schule, Peers, Medien	**6 Jahre**			Erweiterung des sozialen Umfeldes, Lehrer als wichtige Bezugsperson, Orientierung an und Austausch mit Gleichaltrigen, geschlechtstypische Interessen und Aktivitäten **Persönlichkeit:** Gewissensbildung, interne Verhaltenssteuerung
	8 Jahre			**Stadium der autonomen Moral (Piaget,** 1932/1983; ca. ab 8 Lj.): Selbstentscheidung, Vereinbarung von Regeln unter Maßstäben der Gerechtigkeit **Moral nach Kohlberg** (1978/1996): **präkonventionelles Stadium** (ca. bis zum 9. Lj.): Orientierung an Strafe und Gehorsam und instrumentelle Orientierung („wie du mir, so ich dir")
Pubertät Themen: Identität, Sexualität, Autorität	**Ca. ab 11./12. Lj.**	**Körper:** 12.–14. Lj.: puberaler Wachstumsschub, bei Mädchen etwas früher **Einteilung der Pubertätsphasen nach Tanner** (1969): Definition von jeweils fünf Entwicklungsstufen, gemessen an externen primären und sekundären Geschlechtsmerkmalen (Brust, männliche Genitalien, Schambehaarung)		**Moral nach Kohlberg** (1978/1996): **konventionelles Stadium** (Jugendliche und Erwachsene) zunächst Familie und Primärgruppe als wichtiger Rahmen moralischen Handelns, zunehmende Orientierung an Institutionen wie Staat (law and order); **postkonventionelles Stadium** (Erwachsenenalter oder nie): Überwindung des Egozentrismus, moralisches Urteilen zum Wohle aller, Gerechtigkeit, ethisches Handeln **Persönlichkeit:** Wahrnehmung sexueller Bedürfnisse **Emotion:** innere Aufruhr, Labilisierung **Soziale Entwicklung:** Entwicklung enger Freundschaftsbeziehungen, Peer-Group, Abnahme der Interaktionen zwischen Eltern und Jugendlichem

34.4 Entwicklungsaufgaben

Entwicklungsaufgaben sind nach Havighurst Aufgaben, die sich in einem bestimmten Lebensalter stellen und deren Bewältigung zu Glück und Erfolg führe. Versagen hingegen mache unglücklich, führe zur Ablehnung in der Gesellschaft und erschwere die Bewältigung weiterer Aufgaben (vgl. Tabelle 34.4). Quelle der Entwicklungsaufgaben seien

- biologische Veränderungen,
- gesellschaftliche Erwartungen und
- individuelle Zielsetzungen bzw. Werte.

Aus einer gelungenen Auseinandersetzung mit Entwicklungsaufgaben entstehen Kompetenzen. In *Übergangsphasen* (in die Schule müssen, eine Praxis aufbauen, die „richtige" Frau heiraten usw.) sei die *Vulnerabilität* für die Entwicklung psychischer Störungen *erhöht*.

▶ Tabelle 34.4: Entwicklungsaufgaben nach Havighurst (zitiert nach Oerter, 1996, S. 124)

Entwicklungsperiode	Entwicklungsaufgaben
Frühe Kindheit (0–2 Jahre)	Anhänglichkeit (social attachment), Objektpermanenz, sensomotorische Intelligenz und schlichte Kausalität, motorische Funktionen
Kindheit (2–4 Jahre)	Selbstkontrolle (v. a. motorisch), Sprachentwicklung, Fantasie und Spiel, Verfeinerung motorischer Funktionen
Schulübergang und frühes Schulalter (5–7 Jahre)	Geschlechtsrollenidentifikation, einfache moralische Unterscheidungen treffen, konkrete Operationen, Spiel in Gruppen
Mittleres Schulalter (6–12 Jahre)	Soziale Kooperation, Selbstbewusstsein (fleißig, tüchtig), Erwerb der Kulturtechniken (Lesen, Schreiben etc.), Spielen und Arbeiten im Team
Adoleszenz (13–17 Jahre)	Körperliche Reifung, formale Operationen, Gemeinschaft mit Gleichaltrigen, heterosexuelle Beziehungen
Jugend (18–22 Jahre)	Autonomie von den Eltern, Identität in der Geschlechtsrolle, internalisiertes moralisches Bewusstsein, Berufswahl
Frühes Erwachsenenalter (23–30 Jahre)	Heirat, Geburt von Kindern, Arbeit/Beruf, Lebensstil finden
Mittleres Erwachsenenalter (31–50 J.)	Heim und Haushalt führen, Kinder aufziehen, berufliche Karriere
Spätes Erwachsenenalter	Energien auf neue Rollen lenken, Akzeptieren des eigenen Lebens, eine Haltung zum Sterben entwickeln

35 Entwicklungspsychopathologie

Die Entwicklungspsychopathologie versucht, Merkmale und Faktoren zu beschreiben, die als mögliche Einflussgrößen für die Entwicklung und den Verlauf psychischer Störungen im Kindes- und Jugendalter eine Rolle spielen.

- Als destabilisierende Faktoren sind Vulnerabilität und Risikofaktoren zu nennen.
- Als stabilisierende Faktoren ist an Resilienz (s. S. 38) und Schutzfaktoren zu denken.

Entsprechend einem biopsychosozialen Modellverständnis können die entsprechenden Einflussgrößen pragmatisch hinsichtlich dieser Faktoren sortiert werden.

35.1 Risikofaktoren

Einzelne Risikofaktoren führen nicht zwangsläufig zur Ausbildung einer psychischen Störung, sondern erst bei einer Kumulation der Risikofaktoren kann unter Würdigung der individuellen Vulnerabilität die Schwelle zur Auslösung psychischer Störungen erheblich gesenkt sein.

- **Biologische Risikofaktoren:**
  - **Somatische Faktoren** sind beispielsweise prä- und perinatale Komplikationen, ein geringes Geburtsgewicht, Entzündungen, Missbildungen, hirnorganische Funktionsstörungen. Nur wenige Erkrankungen sind ausschließlich genetisch prädisponiert, wie z. B. Trisomie 21 oder Phenylketonurie. Aus chronischen Erkrankungen des Kindesalters können sekundär Psychopathologien entstehen.
  - **Genetische Anteile** werden diskutiert für Schizophrenie, manisch-depressive Störungen, frühkindlichen Autismus, einen Teil der Kinder mit ADHS, Tic-Störungen, Enuresis, Lese-Rechtschreib-Schwäche, Stottern, Essstörungen, Alkoholismus. Erbliche Faktoren sind auch relevant bei der Entwicklung bestimmter Persönlichkeitsfaktoren wie Intelligenz, Stressverarbeitungskompetenzen und Temperament.
  - **Temperament** bezeichnet den Verhaltensstil eines Menschen, also die Form des Verhaltens. Temperamentsunterschiede sind schon im Säuglingsalter beobachtbar (z. B. Intensität und Frequenz des Schreiens) und wie alle Persönlichkeitseigenschaften zeitlich mindestens hinreichend stabil. Das Temperament bewirkt bei Säuglingen und Kindern Unterschiede in den Dimensionen
    - Affektregulation,
    - Aktivität,
    - Stimmungslage,
    - Rhythmus der biologischen Funktionen,
    - Intensität von Reaktionen und
    - Soziabilität.

    Dementsprechend werden Kinder mit einfachem (positive Stimmungslage, regelmäßige biologische Funktionen, schnelle Anpassung an neue Situationen, mäßig intensive Reaktionen) und schwierigem Temperament (negative Stimmungslage, unregelmäßige biologische Funktionen, langsam Anpassung an neue Situationen, intensive Reaktionen) unterschieden. Ein die Eltern überforderndes Temperament des Kindes stellt einen Risikofaktor dar.
  - **Geschlechtszugehörigkeit** ist ebenfalls ein Risikofaktor, Jungen sind allgemein anfälliger für die Entwicklung körperlicher und psychiatrischer Störungen.

- **Psychosoziale Risikofaktoren:** Unter individueller Perspektive ist an die (auch) biologisch bedingte Vulnerabilität zu denken, darüber hinaus z. B. an Persönlichkeitsfaktoren, in der Welt gemachte Erfahrungen und die Bewältigungsfertigkeiten des Kindes.
  - **Familiäre Faktoren** sind beispielsweise ungünstige Bindungserfahrungen, elterliche Überprotektivität und die Qualität der Partnerbeziehung der Eltern. Von einer *Broken-home-Situation* spricht man bei familiären Störungen, insbesondere auf der Paarebene, mit chronischen Streitereien und Disharmonie.
  - **Trennungserfahrungen:** Der Verlust der Eltern durch Tod oder Trennung hat oft das Aufwachsen bei einem alleinerziehenden Elternteil zur Folge, was beispielsweise einen geringen sozioökonomischen Status begünstigen kann.
  - **Geschwisterposition** und eventuelle Geschwisterrivalitäten sind einflussnehmend.
  - **Psychische Störungen der Eltern** sind von besonderer Relevanz, da das Verhalten des psychisch erkrankten Elternteils für Kinder oft nicht nachvollziehbar ist. Es können Unsicherheit, Schuldgefühle, Parentifizierung und dergleichen resultieren.
  - **Mehrgenerationenperspektive:** Es ist bekannt, dass sich die Erfahrungen früherer Generationen auf die aktuelle Familiensituation auswirken.
  - **Erziehungsverhalten:** Die Art der Erziehung stellt ebenfalls einen signifikanten Einflussfaktor dar, ebenso wie die Bereitstellung entwicklungsförderlicher Anregungen. Eltern auffälliger Kinder zeigen häufig einen inkonsistenten Erziehungsstil mit wenig positiver Verstärkung. Die Art der Erziehung hat positive Auswirkungen auf die Entwicklung des Kindes bei Echtheit im Erziehungsverhalten, der Realisierung einer verständnisvollen, zugewandten Grundhaltung und einer Förderung der Eigeninitiative (das ist wie in der Therapie). Es existieren unterschiedliche Einteilungsmöglichkeiten der **Erziehungsstile**. Eine populäre Unterscheidung stammt von Baumrind (1971); ihre vier Erziehungsstile sind in einem Koordinatensystem mit den Achsen „Liberalität vs. Kontrolle" und „Ablehnung vs. Zuwendung" darstellbar (vgl. Abbildung 35.1).

Wärme, Zuneigung

Permissiv (Laisser-faire) Akzeptierende, responsive Eltern, die wenig Erwartungen an das Kind zeigen oder die Einhaltung altersentsprechender Regeln erwarten; kein Interesse der Eltern, das Verhalten des Kindes zu bewerten und das Kind entsprechend zu lenken;	**Autoritativ** Akzeptierendes, kindzentriertes, aber forderndes Verhalten der Eltern; klare Vermittlung der Verhaltenserwartungen und Überwachung entsprechender Verhaltensweisen; Förderung von Selbstständigkeit; elterliche Kontrolle bei offener, warmer Kommunikation, die auch die Position des Kindes berücksichtigt
Vernachlässigend Wenig sensible, ablehnende Eltern; fordern und kontrollieren ihre Kinder nicht; elternzentriert	**Autoritär** Wenig sensible Eltern, die die strenge Einhaltung von Regeln und Gehorsam fordern; Neigung zu Strafen bei Nichteinhaltung der Regeln; geringes Interesse an Absichten des Kindes; Klima: kalt und feindselig

Liberalität — Lenkung/Kontrolle

Ablehnung

 Abbildung 35.1: Erziehungsstile nach Baumrind (1971)

- **Soziokulturelle Risikofaktoren:**
  - **Zugehörigkeit zur unteren sozialen Schicht** bewirkt eine schlechtere Schulbildung, einen allgemein schlechteren Gesundheitszustand und eine unterdurchschnittliche Wahrnehmung präventiver Beratungs- und therapeutischer Angebote.
  - **Kinderreichtum**,
  - **städtisches Lebensumfeld** oder
  - **Migration** sind weitere beispielhafte Faktoren.

Rutter (1982) benannte mit dem **Family Adversity Index** (FAI, synonym: **Rutter Index**) als ◀
wichtige Risikofaktoren, die signifikant auf eine kindliche psychische Störungen hinweisen:
- starke Partnerschaftskonflikte,
- niedriger sozialer Status,
- psychische Störung der Mutter,
- sehr viele Familienmitglieder,
- aggressive Auffälligkeit beim Vater (Kriminalität),
- Fremdplatzierung von Kindern (außerhäusliche Unterbringung).

Es wurde gefunden, dass beim Vorliegen eines einzelnen Faktors keine negativen Auswirkungen zu erwarten sind. Es kommt jedoch zu **kumulativen Effekten beim Vorliegen mehrerer Faktoren**:
- Beim Vorliegen von zwei Faktoren kommt es zu einer Risikoerhöhung um das Vierfache,
- beim Vorliegen von vier Faktoren kommt es zu einer Risikoerhöhung um das Zehnfache.

Belastende Lebensereignisse: Unabhängig von den genannten Einflüssen stellen belastende
Lebensereignisse **situative Risikofaktoren** dar. Es werden ◀
- normative Lebensereignisse (z. B. Schuleintritt, Pubertät; vgl. „Entwicklungsaufgaben", S. 310) und
- nicht normative Lebensereignisse (unabhängig vom Lebensalter, z. B. Geburt eines Geschwisters, Tod nahestehender Personen, Umzüge) unterschieden.
- **Traumatische Erfahrungen** wie Missbrauch und Misshandlung (s. S. 339 ff.) können ebenfalls unter den belastenden Lebensereignissen eingeordnet werden und stellen einen zentralen Risikofaktor für die Entstehung der meisten psychischen Störungen dar. Traumafolgestörungen nehmen insofern eine Sonderstellung ein, da sie eine kausale Erklärung ermöglichen.

Bei belastenden Lebensereignissen sollte nicht nur an Ereignisse katastrophalen Ausmaßes gedacht werden, wie der Tod eines Elternteils, sondern auch aus alltäglichen Ereignissen („Maria sagt, sie ist nicht mehr meine Freundin") im Zusammenspiel mit weiteren Belastungsfaktoren und persönlichen Bewältigungskompetenzen können sich Störungen herausbilden.

35.2 Schutzfaktoren

Protektive Faktoren üben einen gesundheitsfördernden Einfluss aus. Sie können als Kehrseite der Risikofaktoren verstanden werden. Eine Würdigung der protektiven Faktoren entspricht einer ressourcenorientierten Sicht- und Arbeitsweise.

Schutzfaktoren auf Seiten des Individuums sind beispielsweise der Status als erstgeborenes Kind, kognitive und soziale Kompetenzen, Selbstvertrauen und damit verbunden ein positives Selbstwertgefühl, eine sichere Bindung zu einer relevanten Bezugsperson (nicht notwendigerweise die Eltern), ein ausgeprägtes Kohärenzgefühl (s. S. 38), eine ausgeprägte

Selbstwirksamkeitserwartung (s. S. 31) und günstige Persönlichkeitsdispositionen, wie z. B. der Temperamentsstil.

Schutzfaktoren auf Seiten der Umwelt sind sozialer und struktureller Natur, wie beispielsweise ein warmes, harmonisches Familienklima, das Fehlen von Vernachlässigung und die in der erweiterten Umwelt wahrgenommene soziale Unterstützung

36   Diagnostik und Indikation

36.1   Epidemiologie

Es finden sich beträchtliche Schwankungen hinsichtlich der Prävalenz kinderpsychiatrischer Störungen in internationalen Studien (Steinhausen, 2002), was mit methodischen Problemen und unterschiedlichen Forschungsansätzen zusammenhängt. Sie machen nichts falsch, wenn Sie sich merken, dass der Anteil psychisch erkrankter Kinder und Jugendlicher in etwa gleich groß ist wie der Anteil in der Gruppe der Erwachsenen: **Punktprävalenz ca. 20 %**. Daten aus dem deutschen Kinder- und Jugendgesundheitssurvey deuten auf eine mittlere Sechs-Monats-Prävalenz für psychische Störungen bei Kindern und Jugendlichen von 18 %. Ca. 10 % der Kinder leiden an einer Angststörung, Störungen des Sozialverhalten wurden mit ca. 7 %, depressive Störungen mit ca. 5 % und ADHS mit ca. 2 % gefunden (Ihle & Esser, 2002).

Geschlecht: Jungen gelten allgemein eher als anfällig und zeigen bis ca. zum zehnten Lebensjahr eine höhere Empfänglichkeit für psychische Störungen (Verhältnis Jungen : Mädchen = ca. 2:1). Jungen gelten als anfälliger für geistige Behinderung und frühe Hirnschäden, frühkindlichen Autismus, Ausscheidungsstörungen, Entwicklungsverzögerungen, ADHS, Störungen des Sozialverhaltens und dissoziales Verhalten. Die emotionalen Störungen sind bis zur Pubertät ca. gleich verteilt. Ca. ab der Pubertät treten bei Mädchen häufiger psychische Störungen auf. Mädchen gelten als anfälliger für Essstörungen.

Alter: Es finden sich zwei charakteristische Altersgipfel. Der erste liegt ca. im Altersbereich zwischen dem sechsten und neunten Lebensjahr, der zweite kann auf die Pubertät, also zwischen dem 13. und 16. Lebensjahr, datiert werden.

Die **Störungsbelastung steigt mit** zunehmenden **Alter an**. Die Ursachen dafür sind vielfältig. Großwerden ist anstrengend und riskant, dabei scheint die Pubertät am gefährlichsten zu sein, denn es stellen sich so viele Entwicklungsaufgaben (s. S. 310), an denen man eben auch scheitern kann: „Kinder, Tiere, Pflanzen, da liegt die Welt noch im ganzen." (Christian Morgenstern, 1977, S. 161) Es ist auch zu bedenken, dass manche psychischen Störungen die Herausbildung anderer begünstigen (z. B. ein sexueller Missbrauch mit einer zunächst „einfachen" Traumafolgestörung kann im weiteren Verlauf eine Polytoxikomanie *und* einen depressiven Beschwerdekomplex *und* eine Borderline-Störung begünstigen).

Persistenz: Ca. 50% der Störungen bei Kindern und Jugendlichen persistieren über zwei bis fünf Jahre und stellen somit keine passageren Phänomene, sondern ernst zu nehmende Erkrankungen dar. Allgemein ist der **Spontanverlauf wichtiger Störungsbilder** abhängig von Diagnose und Ersterkrankungsalter:

- Externalisierende und dissoziale Störungen mit Beginn im Grundschulalter haben eine besonders ungünstige Prognose.
- Günstiger sehen die Verläufe für emotionale Störungen aus (Fuchs et al., 2013).
- Phobien und Ausscheidungsstörungen im Kindesalter bilden sich meist gut zurück.
- Der Spontanverlauf für Substanzmissbrauch im Jugendalter ist ebenfalls oft günstig.
- Die Kombination aus männlichem Geschlecht, einer Störung des Sozialverhaltens, ADHS und einer Broken-home-Situation scheint im späteren Alter eine antisoziale Persönlichkeitsstörung zu begünstigen.

Komorbidität ist im Kindes- und Jugendalter eher die Regel als die Ausnahme. Bis zu 50 % der Kinder zeigen mehrere Störungen gleichzeitig (Fuchs et al., 2013). Besonders häufige Kombinationen sind:
- eine hyperkinetische Störung und eine komorbide dissoziale Störung,
- eine depressive Störung und eine komorbide Angststörung oder dissoziale Störung,
- ein Substanzmissbrauch und eine komorbide dissoziale Störung.

36.2 Informationsgewinnung im psychodiagnostischen Prozess

36.2.1 Körperliche Untersuchung

Körperliche Befunderhebung: Eine kinder-und jugendpsychiatrische Untersuchung ist ohne eine vorhergehende gründliche körperliche Befunderhebung unvollständig (Steinhausen, 2000). Die sich aus den rechtlichen Rahmenbedingungen ergebende Verpflichtung zum somatischen Konsil (s. S. 56 f.) ist in diesem Altersbereich noch weniger als ein „lästiges Übel" zu verstehen denn als eine Notwendigkeit, welche durch die enge Verzahnung von biologischer Reifung und psychischer Entwicklung begründet ist. Aus der orientierenden körperlichen Untersuchung kann sich die Notwendigkeit weiterer detaillierter, z. B. neurologischer Untersuchungen ergeben. Die Untersuchung sollte die Fragen beantworten,
- ob das Kind an einer akuten oder chronischen Erkrankung leidet, welche seine psychischen Symptome erklären kann, ob Entwicklungsverzögerungen vorliegen, ob die psychische Erkrankung bereits somatische Probleme nach sich gezogen hat, ob relevante körperliche Vorerkrankungen vorliegen, welche für die Behandlung (z. B. mit Medikamenten) von Relevanz sind.
- Eine orientierende pädiatrische Untersuchung beinhaltet folgende Bereiche: Pflegezustand des Kindes (auch Untersuchung der Zähne als möglicher Hinweis auf Vernachlässigung und des Zahnschmelzes als möglicher Hinweis auf selbst induziertes Erbrechen), Untersuchung der Organe, ggf. Pubertätsstadium nach Tanner (vgl. Tabelle 34.3 „Meilensteine der kindlichen Entwicklung, S. 308 f.), Beurteilung der motorischen Entwicklung (Beobachtung des An- und Ausziehens), Kontrolle von Körpergröße und -gewicht, Kopfumfang, Blutdruck und Puls, Untersuchung der Haut (Selbstverletzungen, körperlicher Missbrauch), Screening auf Dysmorphiezeichen (als Hinweis auf genetische Erkrankungen, z. B. an Gesicht, Kopfform, Händen, Füßen).

Auch als Psychotherapeut stellt das Vorsorge-Untersuchungsheft (gelbes „U-Heft") eine wichtige Informationsquelle dar, da in diesem standardisierte medizinische Vorsorgeuntersuchungen dokumentiert wurden: U1 bis U9 bis zum fünften Lebensjahr, Schuleingangsuntersuchung und J1 (U10) im zwölften bis 15. Lebensjahr.

36.2.2 Psychologische Untersuchung

▶ Die **Erhebung des psychopathologischen Befundes** stellt im Kinder- und Jugendbereich aufgrund der meist großen Komplexität des Geschehens eine Herausforderung dar und konfrontiert den Kliniker mit der Aufgabe, äußerst unterschiedliche Arten von Daten in seiner klinischen Urteilsfindung zu gewichten, welche schließlich die Diagnose(n) begründen.

- Die Anamnese sollte die Erhebung des aktuellen Vorstellungsanlasses, die biografische Anamnese und die Familienanamnese beinhalten.
- Die Exploration hingegen meint die gezielte Gesprächsführung, um nach psychopathologischen Auffälligkeiten zu fahnden.

Der psychopathologische Befund wird analog zum Erwachsenenalter formuliert (s. S. 44). Von herausragender Bedeutung im diagnostischen Prozess ist ein professioneller Gesprächskontakt mit dem Patienten, aber auch seinen Bezugspersonen.

▶ **Gesprächsführung mit Kindern, Jugendlichen und Eltern:** Ein ressourcenorientiertes Arbeiten ist von immenser Bedeutung, gerade je problematischer das Familiensystem erscheint, und ermöglicht den Aufbau von Veränderungsmotivation. Das Geschick der Gesprächsführung mit den unterschiedlichen Beteiligten bestimmt ganz wesentlich den Aufbau einer tragfähigen therapeutischen Beziehung und somit den Therapieerfolg. Dabei gilt es, je nach Zielgruppe einiges zu beachten:

- **Gespräche mit jüngeren Kindern:** Kinder wissen oft nicht, in welcher Art von Praxis sie sich befinden, und sind ängstlich. Hilfreiche Strategien bei der Exploration von Kindern sind ein kinderfreundliches Untersuchungszimmer mit hohem Aufforderungscharakter (Schaffung von Kontaktmöglichkeiten), echte Neugier am kleinen Patienten, bei schüchternen Kindern zunächst allgemeine Einstiegsfragen (Interessen, Hobbys). Ca. bis zum zehnten Lebensjahr ist es sinnvoll, zunächst ein gemeinsames Gespräch mit den Eltern vor dem Kind zu führen, damit der Therapeut als Vertrauensperson anerkannt ist.
- **Gespräche mit Jugendlichen:** Ältere Kinder und Jugendliche sind meist skeptisch, hier gilt es v. a., über ein transparentes Vorgehen die „guten Motive" des Therapeuten klar zu verdeutlichen. Therapeuten müssen sich manchmal ganz schön ins Zeug legen, um interessanter als die Clique an der Tischtennisplatte zu sein. Vorbehalte sollten direkt angesprochen werden, ebenso wie jugendrelevante Themen wie Sexualität, Substanzkonsum und Suizidalität.
- **Gespräche mit Eltern** können anspruchsvoll sein, denn diese sind in Sorge, oft selbst irgendwie mehr oder weniger stark belastet (mindestens durch die Probleme ihres Kindes), haben Schuldgefühle, fühlen sich stigmatisiert, sind enttäuscht von ihrem Kind usw. Bringen Sie den Eltern Akzeptanz entgegen, verweisen Sie auf eine positive Entwicklungsorientierung, verdeutlichen Sie, dass unterschiedliche Perspektiven zum Gesamtbild des Kindes beitragen, und arbeiten Sie transparent (klare, verständliche Information, überschaubare Planungszeiträume usw.). Eltern und Jugendliche sollten über die **ärztliche Schweigepflicht** gleich zu Beginn des Gespräches informiert werden (s. S. 64 und 68).

36.2.3 Multiaxiale Diagnostik

Gängige Klassifikationssysteme erfordern eine multiaxiale Diagnostik (s. S. 325 ff.) und dementsprechend eine **multiple Verhaltens- und Psychodiagnostik.** Nach Lehmkuhl und Döpfner (2013) sollten folgende Perspektiven in die diagnostische Urteilsfindung einbezogen werden:

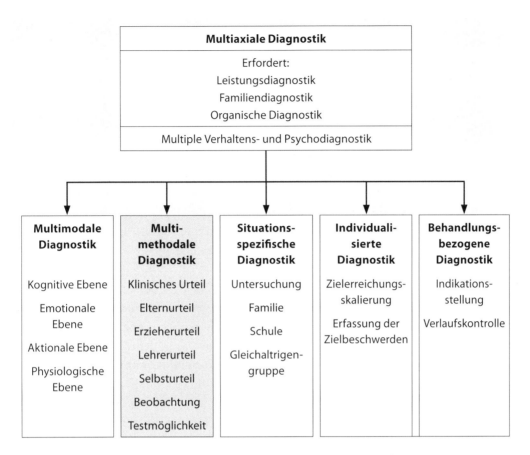

Abbildung 36.1: Multiple Verhaltens- und Psychodiagnostik (nach Lehmkuhl & Döpfner, 2013, S. 397)

Multimethodale Diagnostik: Ziel ist die Erfassung der Symptomatologie, des Ausmaßes der damit verbundenen Belastung, der vorhandenen Risikofaktoren, der Schutzfaktoren und gegebenen Ressourcen (s. S. 311 ff.) sowie des Erklärungsmodells des Familiensystems für die Störung. Als mögliche Informationsquellen im diagnostischen Prozess dienen:

- Der freie Bericht der Kinder und Jugendlichen: Beachten Sie v. a. bei jüngeren Kindern mögliche Probleme durch die eingeschränkte Verbalisierungsfähigkeit der Kinder, deren Ablenkbarkeit und deren mögliches Desinteresse an der Thematik.
- Die klinische Exploration der Kinder und Jugendlichen durch teilstrukturierte, strukturierte oder standardisierte Interviews (z. B. CASCAP-D – Psychopathologisches Befund-System für Kinder und Jugendliche).
- Selbsteinschätzungen der Kinder und Jugendlichen: z. B. Angst-Fragebogen für Schüler, YSR – Youth Self Report.
- Elternurteile durch freie Berichte, Interviews und Tests (z. B. CBCL – Child-Behavior-Checklist).
- Erzieher- und Lehrerurteile durch Interviews und Tests (z. B. TRF – Teacher's Report Form), freie Berichte und Schulzeugnisse.
- Verhaltensbeobachtungen, welche unstrukturiert und strukturiert (z. B. BBK – Beobachtungsbogen für Kinder im Vorschulalter, ADOS – Diagnostische Beobachtungsskala für autistische Störungen) erfolgen können, ganz verschiedene Zielverhaltensweisen erfassen können (z. B. symptomatisches Verhalten, Spielverhalten, Art der Eltern-Kind-Interaktion usw.) und zu unterschiedlichen Situationen möglich sind (im Wartezimmer, während des Gesprächs mit den Eltern, während des Gesprächs mit dem Kind usw.).

▶ **Cross-Informant-Korrelation:** Die Übereinstimmung bezüglich der Wahrnehmung einer bestimmten Symptomatik zwischen den verschiedenen Datenquellen kann gegeben, aber auch, und das ist ein häufiger Fall, gering sein (vgl. „konvergente Validität", S. 41). Meist wird mit der Cross-Informant-Korrelation (Informantenübereinstimmung) die Übereinstimmung zwischen dem Selbsturteil des Kindes und dem Urteil der Eltern bezeichnet.

36.2.4 Testverfahren

Der **diagnostische Prozess** ist grob in zwei Phasen einteilbar:

- In der **ersten Phase** werden im Sinne eines **Screenings** mehrdimensionale Breitbandverfahren eingesetzt und verschiedene Datenquellen in die Hypothesenbildung einbezogen.
- In der anschließenden **zweiten Phase** erfolgt auf der Grundlage der Ergebnisse der ersten Phase der Einsatz **störungsspezifischer Instrumente** und Tests.

▶ Analog zum Erwachsenenalter existieren unzählige psychologische Testverfahren auch für diesen Altersbereich. Abweichend von der bewusst knapp gehaltenen Darstellung der diagnostischen Tests für den Erwachsenenbereich (s. S. 42), werden mögliche Verfahren für Kinder und Jugendliche in der folgenden Tabelle ausführlich genannt. Das ist dem Umstand geschuldet, dass der **IMPP-Gegenstandskatalog für Kinder- und Jugendlichenpsychotherapeuten** explizit konkrete Verfahren benennt, welche für diese Prüflinge bekannt sein sollten.

▶ **Interviewverfahren:** Ca. zwischen dem sechsten und achten Lebensjahr sind die kognitiven Fähigkeiten von Kindern so weit entwickelt, dass mit diesen Interviews durchgeführt werden können. Beispielhafte Instrumente sind:

- **Kinder-DIPS:** strukturiertes Interview zur Diagnostik psychischer Störungen im Alter von sechs bis 18 Jahren, strenge Orientierung an ICD-10 und DSM-IV-Forschungskriterien; Kinderinterview und Elterninterview; Achsen: 1. klinische Syndrome und Störungen, 2. Persönlichkeitsstörungen, geistige Behinderung, 3. körperliche Störungen, 4. psychosoziale und Umweltprobleme, 5. Qualität der psychischen, sozialen und beruflichen Funktion.
- **MEI – Mannheimer Elterninterview:** strukturiertes und standardisiertes Interview im Alter von sechs bis 16 Jahren, Kinder- und Elternversion, ermöglicht ICD-10-Diagnose, drei Teile: Demografie und Sozialstatistik von Eltern und Kind, kinder- und jugendpsychiatrische Symptomatik, soziofamiliäre Bedingungen und wichtige Lebensereignisse. Kernstück ist die Befragung zur kinder- und jugendpsychiatrischen Symptomatik.
- **CASCAP-D** (psychopathologisches Befundsystem, Clinical Assesment Scale for Child and Adolescent Psychopatholgy): 98 psychopathologische Merkmale, welche in 13 Bereiche zusammengefasst sind; durch ein halb strukturiertes Interview mit dem Kind und der Begleitperson wird die Ausprägung der Merkmale auf einer vierstufigen Skala beurteilt; Symptomatik der letzten sechs Monate wird getrennt von der aktuellen Symptomatik erfasst.
- **OPD-KJ:** Anpassung der OPD an Kinder und Jugendliche (s. S. 326); Integration entwicklungspsychologischer und familiendynamischer Aspekte, fünf Achsen: I Behandlungsvoraussetzungen, II Beziehung, III Konflikt, IV Strukturniveau und V deskriptive Diagnose entsprechend der ICD-10.

Fragebogenverfahren: Die folgende Tabelle 36.1 liefert einen Überblick über gängige Fragebogenverfahren und Skalen für Patienten im Kindes- und Jugendalter.

Tabelle 36.1: Testverfahren für Kinder und Jugendliche

Verfahren		Alters-bereich (Jahre)	Anmerkungen
Mehrdimensionale, störungsübergreifende Verfahren			
CBCL	Child Behaviour Checklist	2–18	CBCL 2–3: für 2- bis 3-Jährige, Erfassung von sozialem Rückzug, körperlichen Beschwerden, destruktivem Verhalten, aggressivem Verhalten, Schlafproblemen; CBCL 4–18: für 4- bis 18-Jährige, Erfassung von externalisierendem und internalisierendem Verhalten, acht Störungsbereiche; Informant sind die Eltern
YSR	Youth-Self-Report	11–18	Zwei Kompetenzskalen, acht Problemskalen, Informant ist der Jugendliche
TRF	Teacher´s Report Form	6–18	Erfassung von externalisierendem und internalisierendem Verhalten, acht Problemskalen, Informant ist der Lehrer
MEF	Mannheimer Elternfragebogen	6–16	Entwickelt aus dem Mannheimer Eltern-Interview, 68 Fragen zu 53 Einzelsymptomen, wovon 22 diagnosekonstituierend sind, Parallelform für Jugendliche vorhanden (12–16 Jahre)
VBV	Verhaltensbeurteilungsbogen für Vorschulkinder	3–6	Sozial-emotionale Kompetenzen, oppositionelle, hyperaktive und emotionale Störungen, getrennte Versionen für Erzieher und Eltern
Eindimensionale, störungsspezifische Verfahren			
Ängste			
AFS	Angstfragebogen für Schüler	9–17	Prüfungsangst, allgemeine Angst, Schulunlust
KAT-II	Kinder-Angst-Test II	9–15	State- und Trait-Angst
PHOKI	Phobiefragebogen für Kinder	8–18	Subskalen: Angst vor Gefahren und Tod, Trennungsängste, soziale Ängste, Angst vor Bedrohlichem und Unheimlichem, Tierphobien, Angst vor medizinischen Eingriffen, Schul- und Leistungsängste
Depression			
DIKJ	Depressionsinventar für Kinder und Jugendliche	8–16	Erfassung aller wesentlichen Symptome gemäß einer Major Depression nach DSM-IV
DTK	Depressionstest für Kinder	9–14	Dysphorische Stimmung und Selbstwertprobleme, Tendenzen zu agitiertem Verhalten und psychosomatische Aspekte
Aggression			
EAS	Erfassungsbogen für aggressives Verhalten in konkreten Situationen	9–12	Versionen für Jungen und Mädchen

FAF	Fragebogen zur Erfassung von Aggressivitätsfaktoren	Ab 15	Spontane Aggressivität, reaktive Aggressivität, Erregbarkeit, Selbstaggression, Aggressionshemmungen

Aufmerksamkeit und Hyperaktivität

Conners 3	Conners Skalen zu Aufmerksamkeit und Verhalten – 3	6–18	Aufmerksamkeitsstörungen, Eltern-, Lehrer- und Selbstbeurteilungsfragebogen, Lang- und Kurzversion, auch zur Verlaufskontrolle
HKS	Fragebogen zum Hyperkinetischen Syndrom	5–10	Differenzialdiagnostisches Verfahren im Hinblick auf Therapieentscheidungen, begleitender Therapieleitfaden

Zwang

HZI	Hamburger Zwangsinventar	Ab 16	Differenzierte Untersuchung von Zwangsgedanken und Zwangshandlungen, sechs Subskalen, Existenz einer Kurzform: HZI-K
Leyton-FB	Leyton-Fragebogen, Kurzfassung	13–18	Screening von Zwangsgedanken und Zwangshandlungen
CY-BOCS	Children's Yale-Brown Obsessive Compulsive Scale	11–18	Halb strukturiertes Interview für Kinder und Jugendliche zur Erfassung der Art der Zwangssymptome, zusätzliche Skala für die Einschätzung der Schwere der Symptomatik

Essverhalten

EAT	Eating Attitudes Test	Ab 11	Ursprünglich für Erwachsene entwickelt, Screening-Verfahren zur Erfassung der Kardinalsymptome der Bulimie und Anorexie, Langform und Kurzform
FEV	Fragebogen zum Essverhalten	Ab 12	Drei Subskalen: kognitive Kontrolle des Essverhaltens, Störbarkeit des Essverhaltens, erlebte Hungergefühle

Checklisten

DISYPS-II	Diagnostiksystem für psychische Störungen nach ICD-10 und DSM-IV für Kinder und Jugendliche – II	Erfassung psychischer Störungen entsprechend den gängigen Klassifikationssystemen, Kombination aus klinischer Beurteilung (Diagnosechecklisten, DCL) sowie Fremdbeurteilung (durch Eltern und Lehrer, FBB) und Selbstbeurteilung (SBB), acht Symptombereiche: • Aufmerksamkeitsdefizit-/Hyperaktivitätsstörungen (DISYPS-II-ADHS), • Störungen des Sozialverhaltens (DISYPS-II-SSV), • Angststörungen (DISYPS-II-ANG), • depressive Störungen (DISYPS-II-DES), • Zwangsstörungen (DISYPS-II-ZWA), • tief greifende Entwicklungsstörungen (DISYPS-II-TES), • Tic-Störungen (DISYPS-II-TIC), • Störungen sozialer Funktionen (DISYPS-II-SSF)

Leistungs- und Intelligenztests

HAWIVA-III	Hannover-Wechsler-Intelligenztest für das Vorschulalter	2,6–6,11	Verbal-IQ, Handlungs-IQ, Gesamt-IQ, Verarbeitungsgeschwindigkeit, allgemeine Sprache

WPPSI-III	Wechsler Preschool and Primary Scale of Intelligence	3,0–7,2	Verbal- und Handlungsteil, Verarbeitungsgeschwindigkeit und allgemeine Sprachskala, Gesamt-IQ
K-ABC	Kaufmann Assessment Battery for Children	2,6–12,5	Veraltete Normen
CPM	Coloured Progressive Matrices	3,9–11,8	Sprachfreie Erfassung der Intelligenz unabhängig von ethnischer Zugehörigkeit und Sprache, einer der wenigen Tests, der bei Personen mit z. B. Taubheit oder Sprachstörungen angewendet werden kann
AID-2	Adaptives Intelligenz Diagnostikum	6,0–15,11	Adaptive Testvorgabe
CFT 1-R	Grundintelligenztest Skala 1 – Revision	5,3–9,5 bzw. 6,6–11,11	Basiert auf der Zwei-Faktoren-Theorie der Intelligenz (Cattell), kristalline und fluide Intelligenz (s. S. 34) werden gemessen, auch für Sonderschüler ab erster Klasse geeignet
CFT 20-R	Grundintelligenztest Skala 2 – Revision	8,5–19	Wie CFT-1-R
HAWIK-IV	Hamburg-Wechsler-Intelligenztest für Kinder	6,0–16,11	Deutsche Adaptation der „Wechsler Intelligence Scale" für Kinder (WISC), 2007 entfiel die bisher bekannte Aufteilung in Verbal- und Handlungsintelligenz
WISC-IV	Wechsler Intelligence Scale for Children – Fourth Edition	6,0–16,11	Seit 2011 wieder Vertreibung unter dem Originalnamen WISC in Deutschland (vormals HAWIK), Kennwerte: Sprachverständnis, wahrnehmungsgebundenes logisches Denken, Arbeitsgedächtnis, Verarbeitungsgeschwindigkeit und Gesamt-IQ
IST 2000	Intelligenz-Struktur-Test 70	Ab 15	Parallelform vorhanden
Allgemeine Entwicklungstests			
GES	Griffiths-Entwicklungsskalen	1–2,0	Erfassung von fünf Bereichen: Motorik, Persönlichkeit und Sozialverhalten, Hören und Sprache, Auge und Hand, Kognition; Entwicklungsquotient für jeden Bereich und Gesamtleistung
Bayley Scales	Bayley Scales of Infant Development II	1–3,5	Kognitive Skala und motorische Skala, kein deutsches Manual, keine deutschen Normen
MFED	Münchner Funktionelle Entwicklungsdiagnostik	1–3	Motorik, Perzeption, Sprache, Sozialverhalten
WET	Wiener Entwicklungstest	4–7	Motorik, Sprache, visuelle Wahrnehmung, Kognition, sozial-emotionale Fähigkeiten, insbesondere zur Förderdiagnostik
BUEVA	Basisdiagnostik für umschriebene Entwicklungsstörungen im Vorschulalter	4–5	Ziel: Früherkennung von umschriebenen Entwicklungsstörungen bereits vor dem Schuleintritt, Inhalte: allgemeine Intelligenz, Artikulation, expressive und rezeptive Sprache, Visumotorik, ab fünftem Lebensjahr zusätzlich Aufmerksamkeitsleistung

Spezielle Entwicklungstests

Sprache

PET	Psycholinguistischer Entwicklungstest	4–11	Wichtige Hinweise auf umschriebene Entwicklungsstörungen
HSET	Heidelberger Sprachentwicklungstest	4–10	Umfassende Untersuchung der sprachlichen Fähigkeiten, 13 Untertests zur differenzierten Erfassung sprachlicher Fähigkeiten gesunder und lernbehinderter Kinder

Lesen

BISC	Bielefelder Screening zur Früherkennung von Lese-Rechtschreib-Schwierigkeiten	Vorschulkinder	Identifizierung von Vorschulkindern mit einem Risiko zur Ausbildung von Lese-Rechtschreib-Schwierigkeiten, Normen 10 und 4 Monate vor Schuleintritt
Zürcher Lesetest		2.–6. Klasse	Erfassung von Legasthenie
DLF 1 – 2	Diagnostischer Lesetest zur Frühdiagnose	1.–2. Klasse	Zur Früherfassung von Lesestörungen

Rechtschreibung

DRT	Diagnostischer Rechtschreibtest	1.–5. Klasse	Früherfassung von Lese- und Rechtschreibstörungen, Varianten für die Klassenstufen 1 bis 5 (DRT 1 bis DRT 5)

Motorik

MOT 4-6	Motoriktest für 4- bis 6-Jährige	4–6,11	Sieben Basisfaktoren der Motorik, z. B. Gleichgewichtsvermögen, Koordinationsfähigkeit, Bewegungsgeschwindigkeit
LOS KF 18	Lincoln-Oseretzky-Skala Kurzform	5–13,11	Kraft, Geschwindigkeit, Gleichgewichterhaltung, Auge-Hand- bzw. Auge-Fuß-Koordination und Doppelkoordination
KTK	Körperkoordinationstest für Kinder	5–14	Erhebung des Entwicklungsstandes der Gesamtkörperbeherrschung

Visuelle Wahrnehmung

FEW-2	Frostigs Entwicklungstest der visuellen Wahrnehmung – 2	4–7,11	Trennung von motorikfreien und motorikabhängigen Testteilen, acht Subtests, welche Aspekte der visuellen Wahrnehmung wie Lage im Raum, Formkonstanz oder räumliche Beziehungen messen

Aufmerksamkeit

KHV	Konzentrations-Handlungsverfahren für Vorschulkinder	3,0–6,11	Sortierverfahren, Erfassung der Parameter Fehler (Sorgfaltsleistung) und Zeit (Arbeitstempo)
d2	Test d2 – Aufmerksamkeits-Belastungs-Test	9–60,0	Durchstreichtest, Messung von Tempo und Sorgfalt des Arbeitsverhaltens bei der Unterscheidung ähnlicher visueller Reize

| TPK | Testreihe zur Prüfung der Konzentrationsfähigkeit | 2.–6. Klasse | Erfassung von Leistungsmenge, Leistungsgüte und Stabilität bei wechselnden konzentrativen Anforderungen im zeitlichen Umfang einer Schulstunde |

Neuropsychologische Funktionsdiagnostik

| TÜKI | Tübinger Luria-Christensen Neuropsychologische Untersuchungsreihe für Kinder | 5–16 | Diagnostik neuropsychologischer Störungen, Untersuchung von 15 Funktionsbereichen zerebraler Basisfunktionen |

Sonstiges

| MZT | Mann-Zeichen-Test | 6–14 | Instruktion: „Male einen Menschen, so gut du kannst", als ergänzende Untersuchung zur Feststellung der Schulreife, Untersuchung bestimmter Aspekte der Wahrnehmungsentwicklung |

Persönlichkeitsfragebögen

HANES-KJ	Hamburger Neurotizismus- und Extraversionsskala für Kinder und Jugendliche	9–17	Extraversion, Neurotizismus
PFK 9-14	Persönlichkeitsfragebogen für Kinder zwischen 9 und 14 Jahren	9–14	Erfassung von drei Äußerungsbereichen der Persönlichkeit: Verhaltensstile, Motive und Selbstbildaspekte, u.a. zur Früherkennung von Verhaltensauffälligkeiten
HAPEF-K	Hamburger Persönlichkeitsfragebogen für Kinder	9–13	Sechs Faktoren: emotional bedingte Leistungsstörungen, initiale Angst/somatische Beschwerden, Aggression, Neurotizismus, Reaktion auf Misserfolg und Extraversion
FPI-R	Freiburger Persönlichkeitsinventar	Ab 16	Skalen: Lebenszufriedenheit, soziale Orientierung, Leistungsorientierung, Gehemmtheit, Erregbarkeit, Aggressivität, Beanspruchung, körperliche Beschwerden, Gesundheitssorgen, Offenheit, Extraversion und Neurotizismus

Projektive Verfahren

TAT	Thematischer Apperzeptionstest	Nicht vor 7 Jahren sinnvoll	Bildtafeln, Proband soll möglichst dramatische Geschichte dazu erzählen, Ziel: Einblicke in die Fantasiewelt des Probanden bekommen
R-PF	Rosenzweig Picture Frustration Test	7–14	Einziges normiertes projektives Verfahren, 24 skizzenhafte Zeichnungen zur Erfassung der Belastbarkeit in sozialen Konfliktsituationen
Scenotest		Ab 3	Testmaterial hat hohen Aufforderungscharakter und evoziert Szenengestaltung, worüber unbewusste Zusammenhänge aufgedeckt werden sollen

Familie-in-Tieren-Test		4–12	Familiensituation wird anhand von Kinderzeichnungen dargestellt
FBT	Familien-Beziehungs-Test	7–12	Ähnlich wie beim TAT geschlechtsspezifische Bildtafeln, der Proband soll wiedergeben, was die Figuren machen oder sagen
CAT	Kinder-Aperzeptions-Test	3–10	Geht auf den TAT zurück, Bildtafeln, auf denen Tiere dargestellt sind, Kind soll Geschichte erzählen
WZT	Wartegg-Zeichentest		Archetypische Symbole werden durch Zeichnen vervollständigt
Familienbezogene Diagnostik			
FAST	Familiensystemtest	Ab 7	Kohäsion und Hierarchie, macht Bindungen und hierarchische Strukturen in der Familie deutlich
FIT	Familien-Identifikations-Test	Ab 7	Erfassung der familiären Identifikationsmuster von Kindern und Erwachsenen
SFB	Subjektives Familienbild	Ab 12	Emotionale Verbundenheit, individuelle Autonomie

Kategoriale vs. dimensionale Diagnostik: Im Rahmen der praktischen klinischen Tätigkeit wird verlangt, kategorial entsprechend den klinisch-diagnostischen Leitlinien der ICD-10 zu diagnostizieren (vgl. Kap. 17, ab S. 169 ff.). Dass diese „Alles-oder-nichts-Logik" den psychischen Gegebenheiten von Kindern und Jugendlichen nicht ausreichend Rechnung trägt, bemängeln Vertreter dimensionaler Diagnostikverfahren.

- Die **CBCL** und der dazugehörige YSR und TRF sind dimensionale Verfahren, welche es ermöglichen, das Verhalten der Kinder und Jugendlichen auf einem Kontinuum darzustellen. Dabei bildet die CBCL zwei Hauptcluster psychischer Beschwerden:
  - Unter **internalisierendem Verhalten** werden Depression, Angst, Furcht, Sorge und psychosomatische Beschwerden und
  - unter **externalisierendem Verhalten** Aggression, Impulsivität, Devianz, störendes Verhalten und Noncompliance verstanden.
- Das **CASCAP-D** stellt ebenfalls einen dimensionalen Klassifikationsansatz dar, jedoch auf der Basis einer klinischen Beurteilung.

Wahrnehmungs- und Beurteilungsfehler: Die ab Seite 41 f. beschriebenen möglichen Fehler bei der diagnostischen Entscheidungsfindung können natürlich ebenso in diesem Altersbereich auftreten. Allgemein gilt

- die Reliabilität der Diagnosen bei Kindern und Jugendlichen als gering,
- die Rate der Spontanremissionen als hoch (v. a. bei frühen Phobien, Tic-Störungen, Ausscheidungsstörungen, Substanzmissbrauch) und somit
- die Stabilität der Symptome auch eher als gering (transitorische Auffälligkeiten).

Am Ende des diagnostischen Prozesses sind Sie gezwungen, (mindestens) eine Diagnose zu vergeben. Sämtliche in Kapitel 17 gegebenen Hinweise im Umgang mit der ICD-10 beispielsweise zur Beachtung den Ein-und Ausschlusskriterien und dergleichen gelten hier genauso. Im Kinder-und Jugendalter stehen Ihnen verschiedene Klassifikationssysteme zur Verfügung.

36.3   Klassifikationssysteme

**Das Multiaxiale Klassifikationsschema für psychische Störungen im Kindes- und ◀
Jugendalter – MAS:** Das von der WHO für den kinder- und jugendpsychiatrischen Bereich
an die ICD-10 angepasste Multiaxiale Klassifikationsschema (Remschmidt et al., 2012) enthält sechs Achsen, welche Ihnen vertraut sein sollten. Die multiaxiale Kodierung gemäß
MAS ermöglicht eine grundlegende und umfassende klinische Beurteilung des Kindes oder
Jugendlichen und bildet entsprechend eines biopsychosozialen Krankheitsmodells den gesamten Lebenshintergrund des Kindes ab.

*   **Achse 1: klinisch-psychiatrisches Syndrom:** Hier werden bis auf zwei Ausnahmen **alle
    F-Nummern** (nicht nur die für diesen Altersbereich naheliegenden Störungen aus F8 und
    F9, sondern beispielsweise auch F3, F5 usw.) verschlüsselt. Die Ausnahmen sind:
    -   F 7 → Aussagen zum Intelligenzniveau gehören auf Achse 3, und
    -   F80 bis F83 → umschriebene Entwicklungsstörungen gehören auf Achse 2
*   **Achse 2: umschriebene Entwicklungsstörungen:**
    -   F80: umschriebene Entwicklungsstörungen des Sprechens und der Sprache,
    -   F81: umschriebene Entwicklungsstörungen schulischer Fertigkeiten,
    -   F82: umschriebene Entwicklungsstörungen motorischer Funktionen,
    -   F83: kombinierte umschriebene Entwicklungsstörungen.
*   **Achse 3: Intelligenzniveau:**
    -   Neun Abstufungen von „sehr hoher Intelligenz" bis „schwerste intellektuelle Behin-
        derung".
*   **Achse 4: körperliche Symptomatik.**
*   **Achse 5: assoziierte aktuelle abnorme psychosoziale Umstände:** Diese Achse ermög-
    licht eine Kennzeichnung schädlicher äußerer Einflüsse, denen das Kind in den **letzten
    sechs Monaten** ausgesetzt war:
    1. Abnorme intrafamiliäre Beziehungen.
    2. Psychische Störung, abweichendes Verhalten oder Behinderung in der Familie.
    3. Inadäquate oder verzerrte intrafamiliäre Kommunikation.
    4. Abnorme Erziehungsbedingungen.
    5. Abnorme unmittelbare Umgebung.
    6. Akute belastende Lebensereignisse.
    7. Gesellschaftliche Belastungsfaktoren.
    8. Chronische zwischenmenschliche Belastungen im Zusammenhang mit der Schule oder
        Arbeit.
    9. Belastende Lebensereignisse/Situationen infolge von Verhaltensstörungen/Behin-
        derungen des Kindes.
*   **Achse 6: Globalbeurteilung der psychosozialen Anpassung:** Diese Gesamtein-
    schätzung soll **unabhängig von der Psychopathologie** die psychische, schulische bzw.
    berufliche und soziale Leistungsfähigkeit des Kindes oder Jugendlichen zum Zeitpunkt der
    Untersuchung beschreiben. Die Achse dient als Maß für die Krankheitsbeeinträchtigung,
    gemessen an den Alltagsfunktionen des Kindes. Es werden acht Schweregrade unterschie-
    den (von 0 = herausragende/gute soziale Funktionen bis zu 8 = tiefe und durchgängige
    soziale Beeinträchtigung). Im Wesentlichen beurteilt diese Achse die Bewältigung altersty-
    pischer Entwicklungsaufgaben, also Anpassungsleistungen hinsichtlich folgender Bereiche:
    -   inner- und außerfamiliäre soziale Beziehungen zu Gleichaltrigen und Erwachsenen,
    -   soziale Autonomie (Selbstständigkeit und lebenspraktische Fertigkeiten),
    -   schulische und berufliche Anpassung und
    -   Interessen und Freizeitaktivitäten.

▶ **Operationalisierte Psychodynamische Diagnostik – OPD-KJ:** Als Möglichkeit, den diagnostischen Prozess in der tiefenpsychologischen bzw. psychodynamischen Therapie zu strukturieren, existiert die OPD-KJ, welche vom Arbeitskreis OPD (2013) explizit als Ergänzung zum MAS beworben wird und die ICD bzw. das DSM mit ihren Achsensystemen selbst als Achse aufnimmt. Die OPD-KJ ist eine Modifizierung der OPD für Erwachsene (vgl. Kap. 27.4, S. 275 f.) für den Kinder- und Jugendbereich. Es handelt sich um ein modular aufgebautes, psychodynamisch orientiertes Diagnostikinstrument, welches eine Beschreibung des Patienten auf vier psychodynamischen Achsen und einer deskriptiven Achse ermöglicht.

- **Achse I: Krankheitserleben und Behandlungsvoraussetzungen:** Beschwerdesymptomatik und Therapieerwartungen, Motivationen, Ressourcen.
- **Achse II: Beziehung:** Übertragung und Gegenübertragung, Beziehungsepisoden.
- **Achse III: Konflikt:** Verinnerlichte Konflikte können den aktuellen, äußerlich determinierten konflikthaften Situationen gegenübergestellt werden.
- **Achse IV: Struktur:** Qualität des psychischen Funktionierens, z. B. Möglichkeit zur inneren und äußeren Abgrenzung, die Fähigkeit zur Selbstwahrnehmung und Selbstkontrolle, Abwehrfunktionen.
- **Achse V: psychische und psychosomatische Störungen** entsprechend der deskriptiv-phänomenologischen Diagnostik (nach ICD-10 und DSM-IV).

Es sind insbesondere drei Aspekte der OPD-KJ im Vergleich zur OPD hervorzuheben:

1. Die Entwicklungsdimension durchzieht das gesamte System der OPD–KJ. Struktur, Konflikt und Beziehungsdimension werden abhängig vom Entwicklungsstadium des Kindes oder Jugendlichen operationalisiert:
   - Altersstufe 0: Geburt bis 1,5 Jahre (keine Objektivierung von Konflikt, Struktur und Krankheitserleben möglich, jedoch Einschätzung der Beziehungsdimension),
   - Altersstufe 1: 1,5 bis 5 Jahre (Vorschulzeit, präoperationale Stufe),
   - Altersstufe 2: 6 bis 12 Jahre (Schulzeit, konkret operationale Stufe),
   - Altersstufe 3: ab dem 13 Lebensjahr (Beginn der körperlichen Reife, formal-operationale Stufe).
2. Die Handlungsdimension erlangt im OPD-KJ neben der für die Erwachsenen–OPD ausschlaggebenden Dimension der Sprache besondere Bedeutung.
3. Die Beziehungsachse des OPD-KJ versucht, neben der dyadischen, im Erwachsenen–OPD ausschlaggebenden Dimension auch tri- und polyadische Beziehungskonstellationen zu erfassen.

OPD-KJ-2: 2013 erschienene Nachfolgeversion der OPD-KJ. Diese vollzieht den im Erwachsenenbereich bereits 2006 erfolgten Wechsel von der OPD zur OPD-2 im Kinder- und Jugendbereich nach. Wesentliche Änderungen im Vergleich zur OPD-KJ sind die Möglichkeit zur Darstellung von Veränderungsprozessen (im Gegensatz zur reinen Statusdiagnostik), die Fokusbestimmung und die damit einhergehende Erleichterung der Therapieplanung unter expliziter Würdigung der Ressourcen des Patienten.

ZERO TO THREE (1999) – Diagnostische Klassifikation: 0–3: Die Kategorien des DSM-IV oder der ICD-10 sind für die Diagnostik von Säuglingen und Kleinstkindern nicht geeignet. Diese Lücke versucht die „Diagnostische Klassifikation: 0–3" des amerikanischen National Center for Infants, Toddlers and Families mit einem ebenfalls multiaxialen Klassifikationsschlüssel auszugleichen: Die Achsen der „Diagnostischen Klassifikation 0–3" lauten:

- **Achse 1:** primäre Diagnose (Störungen des Affekts, Regulationsstörungen u. a.).

- **Achse 2:** Klassifikation der Beziehung (Qualität der Beziehung zwischen Eltern und Kind).
- **Achse 3:** medizinisch bedingte und Entwicklungsstörungen.
- **Achse 4:** psychosoziale Stressoren.
- **Achse 5:** funktionales und emotionales Entwicklungsniveau.

DSM-IV und DSM-5: Natürlich kann für die Verschlüsselung von Diagnosen im kinder- und jugendpsychiatrischen Bereich ebenso auf das DSM-IV zurückgegriffen werden, dessen fünf Achsen Ihnen bereits bekannt sind (s. S. 43f.). Die zahlreichen kritischen Stimmen zum DSM-5 monieren für den kinder- und jugendpsychiatrischen Bereich v. a. die Aufnahme der neuen, wenig erforschten Diagnose „Disruptive Mood Dysregulation Disorder" (DMDD), mit der schwere Wutausbrüche erfasst werden sollen, und die Absenkung der diagnostischen Kriterien für ADHS. Das würde dazu führen, dass noch mehr Kinder als psychisch krank diagnostiziert würden.

36.4 Indikation

Zunehmend hat sich unabhängig von der therapeutischen Ausrichtung in der Kinder- und Jugendpsychotherapie ein störungsspezifischer Ansatz durchgesetzt. („Welche Behandlung ist bei welcher Störung am besten wirksam?") Entsprechende Ergebnisse der Psychotherapieforschung lassen sich in Leitlinien nachlesen, z. B. in den Leitlinien der Deutschen Gesellschaft für Kinder- und Jugendpsychiatrie, Psychosomatik und Psychotherapie (DGKJP). Trotz aller bekannten Vorurteile gegen solche Handlungsempfehlungen stellen Leitlinien einen nützlichen und wissenschaftlich erprobten Ansatz nach aktuellem Wissensstand – dazu sind Sie rechtlich verpflichtet (vgl. die Ausführungen zu „Behandlungsfehlern", S. 66) – dar, der insbesondere für Berufsanfänger hilfreiche Fragen beantwortet: Was gehört zur Basisdiagnostik? Welche Therapieempfehlungen gibt es? Was sind obsolete Maßnahmen bei Störung XY? Usw.

Gleich, welcher Therapieschule Sie sich verpflichtet fühlen, es gilt, allgemeine Besonderheiten in der Therapie mit Kindern und Jugendlichen zu beachten:

Entwicklungsbezug: Schwierigkeiten im Umgang mit bestimmten Entwicklungsaufgaben (s. S. 310) führen häufig zur Auslösung von psychischen Symptomen. Die psychische Störung wiederum kann den Betroffenen bei der Bewältigung weiterer Entwicklungsaufgaben behindern, z. B. beim Erwerb eines Schulabschlusses. Das kann lebenslange Folgen für die Betroffenen haben. Oberstes Ziel ist demnach immer die Förderung einer normalen Entwicklung. Unter der Entwicklungsperspektive gilt es auch zu beachten, dass Verhaltensweisen, die zu einem bestimmten Zeitpunkt als normal gelten, in späterem Alter als krank angesehen werden können (z. B. altersspezifische Ängste, Enuresis). Es gilt aber auch zu beachten, dass keine vorschnelle Pathologisierung eigentlich normaler Entwicklungsverläufe erfolgen sollte.

Familieneinfluss und Setting-Ansatz: Das Inanspruchnahmeverhalten der Eltern ist stärker bei jüngeren Kindern, bei Jungen, bei externalisierenden Störungen, bei schwerer Störung, in städtischem Umfeld und bei hohem Bildungsgrad der Eltern. Es ist entscheidend, in die Therapie des Kindes oder Jugendlichen dessen unmittelbares Bezugssystem miteinzubeziehen, da sein Verhalten noch stark von der Umwelt determiniert wird. Das gilt umso mehr, je jünger die Kinder sind. Viele wirkungsvolle Interventionen müssen vor Ort stattfinden bzw. von den Eltern, Lehrern usw. getragen, unterstützt und umgesetzt werden. Bezugspersonen müssen meist kotherapeutisch einbezogen werden, und die Therapie muss sinnvollerweise in den natürlichen ökologischen Settings durchgeführt werden (vgl. „Mediatorenmodell", S. 218). Es ergibt sich aus der Zusammenarbeit mit den Eltern jedoch folgende Problematik:

Dreiecksbeziehung: Kinder haben oft keine Krankheitseinsicht und wünschen keine Behandlung. Das bedeutet, dass der Therapeut den Behandlungsauftrag in der Regel zunächst von den Eltern erhält. Bis zum Alter von 15 Jahren erfolgt in der Regel ein **Einbezug der Eltern im Verhältnis von 1:4 bei den Sitzungen in die Therapie ihrer Kinder**. Hier gilt es, aufzupassen, sich nicht von den Eltern instrumentalisieren zu lassen und das Kind entsprechend seinem Entwicklungsstand in die Therapieentscheidungen einzubeziehen. Dafür ist es hilfreich, an konkreten Alltagsproblemen des Kindes zu arbeiten. Jugendliche erleben die Therapie oft als Angriff auf ihre (normale) Entwicklungstendenz der Ablösung und Autonomie, weshalb eine tragfähige Beziehung hier schwer zu erreichen ist und viel therapeutisches Geschick erfordert.

Interdisziplinarität: Bereits bei der Darstellung der verschiedenen diagnostischen Zugänge wurde deutlich, dass psychotherapeutisches Arbeiten mit Kindern und Jugendlichen die Bereitschaft und Fähigkeit zur Zusammenarbeit mit ganz unterschiedlichen Institutionen wie Lehrern, Pädiatern, Eltern, Ergotherapeuten, Logopäden usw. erfordert. Beachten Sie hier Probleme durch mögliche Rivalitäten der Berufsgruppen.

Eingeschränkte Einsichtsfähigkeit: Je jünger die Patienten sind, desto stärker sollte die Therapie auf der Handlungsebene erfolgen, d. h. eine Orientierung der Therapie an konkreten Verhaltenszielen erfolgen. Die Fähigkeit zur Selbstreflexion und -regulation entwickelt sich erst allmählich. Die therapeutischen Angebote müssen demnach an das Entwicklungsalter angepasst sein (vgl. „kognitive Entwicklung", S. 302).

37 Behandlungstheorie und Technik

37.1 Besonderheiten psychoanalytisch begründeter Therapie bei Kindern und Jugendlichen

Die psychoanalytische Theorie postulierte ursprünglich eine direkte Verbindung zwischen spezifischen konflikthaften Erlebensweisen des Kindes und daraus resultierenden neurotischen Störungen des Erwachsenenalters. Insofern kommt dem Kindesalter innerhalb psychoanalytisch begründeter Verfahren eine herausgehobene Bedeutung zu. Die psychoanalytische und tiefenpsychologisch fundierte Behandlung Erwachsener fußt jedoch auf bestimmten inneren und äußeren Voraussetzungen auf Seiten des Patienten, von denen eine ganze Reihe – Verbalisierungsfähigkeit, Selbstreflexionsfähigkeit, Frustrationstoleranz, Fähigkeit zur therapeutischen Ich-Spaltung, Einsichtsfähigkeit, Eigenmotivation – bei der Behandlung von Kindern und Jugendlichen oft nicht oder nur in eingeschränkter Weise gegeben ist. Somit ist in einigen wichtigen Punkten eine spezifische Anpassung der in ihrer Grundidee vergleichbaren Behandlungstechnik notwendig.

Psychotherapierichtlinien: Anders als in der Therapie Erwachsener unterscheiden die Psychotherapierichtlinien in der Therapie von Kindern und Jugendlichen nicht zwischen analytischer und tiefenpsychologisch fundierter Psychotherapie. Entsprechend sind die

Stundenkontingente für beide Verfahren mit maximal 150 Stunden für Kinder bzw. maximal 180 Stunden für Jugendliche gleich.

Therapeutisches Spiel: Im kindertherapeutischen Kontext stellt das freie Spiel das Äquivalent zur freien Assoziation und zur Traumerzählung in der Therapie mit Erwachsenen dar. Das Spiel bildet somit den wichtigsten Weg zum Verständnis des kindlichen Unbewussten. Dabei erfüllt es sowohl diagnostische als auch therapeutische Funktionen: Neben den Inhalten der vom Kind präferierten Spiele lässt sich an der Art und Weise zu spielen die Fähigkeit,

* zwischen Fantasie und Realität zu differenzieren,
* die Fähigkeit zum Als-ob und
* generell das Verhältnis zu Regeln und Vorgaben ablesen.

Möchte man den plakativen Versuch wagen, die Unterscheidung zwischen Konflikt- und Strukturpathologie auf das kindliche Spiel anzuwenden, so könnte man argumentieren, dass sich neurotische Erkrankungen eher im Umgang mit den Spielregeln manifestieren, wohingegen sich strukturelle Defizite in einer eingeschränkten Fähigkeit, überhaupt spielen zu können, zeigen (Streeck-Fischer, 2006, S. 281). Ein Ziel der Therapie wäre dann die Entwicklung der Spielfähigkeit.

Handhabung von Übertragung und Gegenübertragung:
* **Kinder:** Im Kindesalter entstammen die für Übertragungs-Gegenübertragungs-Konstellationen relevanten Objektbeziehungen weniger einer fantasierten oder erinnerten Innenwelt als vielmehr der gegenwärtigen äußeren Lebenssituation, welche vor allem durch eine real bestehende Abhängigkeit von den Eltern gekennzeichnet ist. Die übertragungsrelevanten Beziehungsmodelle von Kindern zentrieren sich somit im Gegensatz zu denen Erwachsener eher auf Objekte der (infantilen) Gegenwart als auf solche aus der (infantilen) Vergangenheit. Es war in der Kinderpsychoanalyse Gegenstand heftig geführter theoretischer und behandlungstechnischer Debatten, inwieweit die Beziehung des Kindes zum Therapeuten primär als Realbeziehung zu einem neuen Objekt (Anna Freud) oder Übertragungsbeziehung (Melanie Klein) aufzufassen sei. Je nach Verortung in diesem Spannungsfeld wird sich der Therapeut eher in einer pädagogisch-entwicklungsfördernden oder in einer analytisch-deutenden Funktion angesprochen sehen. Die erhebliche Versuchung, sich als Therapeut einseitig mit den Eltern oder mit dem Kind zu identifizieren (Allparteilichkeit vs. Loyalitätsverrat) oder gar der bessere Elternteil sein zu wollen (Rivalität mit den Eltern um das Kind), ist in der Gegenübertragungsanalyse immer im Blick zu behalten. Dies bedeutet auch, dass sich die Gegenübertragung des Therapeuten nicht nur auf das Kind, sondern auch auf die Eltern bezieht.
* **Jugendliche** befinden sich in ihrer äußeren Lebensrealität in der Regel in einem Ablösungsprozess von ihren primären Bezugsobjekten und sind daher in der Übertragung wenig bestrebt, die Beziehung zu diesen zu reaktualisieren (Widerstand gegen das Zustandekommen der Übertragung). Jugendliche idealisieren oder entwerten ihren Therapeuten oftmals mit entsprechend sexualisierten oder aggressiv getönten Gegenübertragungsreaktionen auf Therapeutenseite.

Deutungen: In der Therapie mit Kindern und Jugendlichen ist darauf zu achten, dass die Deutungen in einer dem kognitiven und emotionalen Entwicklungsstand des Kindes angemessenen Weise formuliert werden. In der Spieltherapie werden zur Erleichterung des Deutungsvorganges oft Deutungshilfen verwendet, die dem Kind eine Externalisierung des Gedeuteten ermöglichen. Externalisierte Deutungen, die sich nicht auf das Kind selbst, sondern auf eine Puppe („ich könnte mir vorstellen, dass die kleine Maus den Dino nicht nur toll findet, sondern dass er ihr auch ein klein wenig Angst macht") oder auf ein anderes (reales oder fiktives) Kind beziehen, sind vom Kind leichter aufzunehmen und zu verarbeiten. Insbesondere in der Therapie mit Kindern verfolgt die Deutungstechnik nicht nur aufdeckende, sondern auch entwicklungsfördernde Ziele.

Abwehr und Widerstand: Da Kinder in der Regel keine eigene Therapiemotivation mitbringen – Therapie ist immerhin zunächst ein Lustverzicht –, ist der Widerstand bei ihnen oft beträchtlich. Jugendliche erleben eine Psychotherapie oft als einen Autonomieverlust und zeigen entsprechende Defensivmaßnahmen.

Abstinenz: Der Therapeut ist in der Kinder-und Jugendlichentherapie in der Regel aktiver als in Erwachsenentherapien.

Agieren: Für Kinder und Jugendliche ist Agieren auf weite Strecken alterstypisch. Das Ziel im Umgang mit einer agierenden Ausgestaltung der zu bearbeitenden Konflikte ist jedoch analog zur Erwachsenentherapie das Finden einer gemeinsamen verbalen Sprache für die wortlosen Handlungen.

Eltern: Da Kinder oft im Spannungsfeld von Konflikten stehen, welche der Paarbeziehung ihrer Eltern entstammen, kommt dem Einbezug der Eltern eine besondere Bedeutung zu. Dies bedeutet für den Therapeuten die Notwendigkeit der Etablierung eines doppelten Arbeitsbündnisses.

37.2 Besonderheiten der Verhaltenstherapie bei Kindern und Jugendlichen

▶ Grundsätzlich sind nahezu **alle Interventionsmethoden der Verhaltenstherapie auch in diesem Altersbereich anwendbar**, jedoch müssen sie entsprechend dem Alter des Kindes modifiziert werden. Zum Teil liegen kindgerechte Versionen in Manualen vor. Auslösende und aufrechterhaltende Bedingungen problematischer Verhaltensweisen sind möglichst nah am Alltag des Kindes orientiert abzuklären. Dementsprechend muss sich eine effektive verhaltenstherapeutische Behandlung auch an die Umwelt, sprich ebenso an die Bezugspersonen richten.

▶ **Operante Methoden** sind v. a. bei jüngeren Kindern Mittel der Wahl. Über die im Kapitel „Operante Verfahren" (s. S. 216 ff.) beschriebenen Verfahren kann Verhalten gleichermaßen aufgebaut wie gelöscht werden. Unerwünschtes Verhalten soll ignoriert und nur im Extremfall, z. B. durch Verstärkerrückgabe, bestraft werden (response cost). Erwünschtes Verhalten soll positiv verstärkt werden. Bestrafungen sollten nur in geringem Umfang und stets in Verbindung mit der positiven Verstärkung von Alternativverhalten durchgeführt werden. Der Verstärkerausschluss, der Timeout, sollte nicht länger als fünf bis zehn Minuten angewendet werden.

Kognitive Verfahren setzen eine kognitive Reife von mindestens fünf Jahren voraus. Sie sind umso wirksamer, je kognitiv differenzierter das Kind ist. Ihre volle Wirksamkeit kann ca. ab einem Alter von sieben bis acht Jahren angenommen werden. Ca. ab demselben Alter kann das Vorhandensein von Basisfunktionen für den Einsatz von Selbstinstruktionen angenommen werden.

Konfrontationsverfahren: Die systematische Desensibilisierung (s. S. 221) wird zur Behandlung von phobischen Störungen des Kindesalters, der Trennungsangst und der Störungen mit sozialer Ängstlichkeit häufig angewendet. Bezüglich der Konfrontation in vivo gilt, dass bei Kindern bis ca. zum zwölften Lebensjahr grundsätzlich graduiert gearbeitet werden sollte. Bei Jugendlichen kann auch eine massierte Behandlung erfolgen.

Selbstsicherheitstraining: Es existieren manualisierte Programme für den Aufbau von Selbstsicherheit, z. B. das „Training mit sozial unsicheren Kindern" von Petermann und Petermann (1996) mit folgenden Komponenten: Durchsetzung eigener Rechte, Einbringen eigener Gefühle, Bedürfnisse und Wünsche in Beziehungen zu nahestehenden Personen, Knüpfen und Aufrechterhalten von Kontakten zu anderen, auch fremden Menschen.

Selbstinstruktionstraining: Das Selbstinstruktionstraining nach Meichenbaum (s. S. 227 f.) eignet sich gut zur Bewältigung angsterregender Situationen, zur Wut- und Ärgerkontrolle und zum Kommunikations- und Problemlösetraining durch das Erlernen von Selbstverbalisationen.

Habit-Reversal-Training: Die Reaktionsumkehr hat sich bewährt bei stark automatisierten, nicht bewusst ablaufenden Verhaltensweisen, z. B. Tics, Daumenlutschen, Nägelbeißen, Nasebohren, Trichotillomanie.

Elterntraining: Elterntrainings dienen der Psychoedukation der Eltern und der Erarbeitung von Strategien zur Verbesserung der Kommunikation und des Problemlöseverhaltens sowie der Umsetzung klarer Regeln.

Entspannungsverfahren: Prominente Verfahren wie das autogene Training oder die progressive Relaxation (s. S. 235 f.) können bereits im Kindesalter angewendet werden. Auch hier gilt, dass entsprechend dem Entwicklungsstand der Kinder eventuell sprachliche Modifikationen sinnvoll sind und eine Entspannungsinduktion durch unterstützende Imaginationen erleichtert werden kann, z. B. bei der Leibübung des autogenen Trainings („das Sonnengeflecht ist strömend warm") das Angebot der Formel: „Im Bauch ist eine warme Heizung."

Eltern als Kotherapeuten: Entsprechend dem Mediatorenmodell (s. S. 219) werden Eltern und andere Bezugspersonen als die eigentlichen Therapeuten ihrer Kinder angesehen. Eltern als Kotherapeuten werden sowohl bei Verhaltens- als auch bei Entwicklungsstörungen eingesetzt. Der Einbezug von Eltern ist umso notwendiger, je jünger die Kinder sind, und bietet den Vorteil, dass das Kontingenzmanagement, also die Gabe von Verstärkern, in der unmittelbaren Alltagswelt des Kindes erfolgen kann.

Die folgende Tabelle 37.1 gibt nochmals einen prägnanten Überblick, bei welchen Störungsbildern, welche Interventionsmethoden indiziert sein können.

Tabelle 37.1: Verhaltenstherapeutische Techniken für Kinder und Jugendliche (Esser, 2002, S. 482)

Störungsbild	Verhaltenstherapeutische Technik
Substanzmissbrauch	Konfrontationsverfahren, Selbstsicherheitstraining, kognitive Umstrukturierung
Anorexie und Bulimie	Operante Verfahren, In-vivo-Desensibilisierung, Selbstsicherheitstraining, kognitive Umstrukturierung
Kindliche Essstörungen	Konfrontationsverfahren, kognitive Umstrukturierung (bei sehr jungen Kindern siehe frühe Regulationsstörungen)
Schlafstörungen	Stimuluskontrolle, Entspannungsverfahren (bei sehr jungen Kindern siehe frühe Regulationsstörungen)
Stottern	technische Verfahren, Selbstkontrolle, Entspannungsverfahren, Selbstsicherheitstraining
Stereotypien	Reaktionsumkehr
Zwangserkrankungen	Nicht graduierte bzw. graduierte Konfrontation mit Reaktionsverhinderung, operante Verfahren zum Abbau der symptomerhaltenden Bedingungen
Depressive Störungen	Kognitive Umstrukturierung, operante Methoden (Vermehrung positiver Verstärkung, Verstärkung von Coping-Ansätzen), Selbstsicherheitstraining, Selbstinstruktionstraining
Suizidales Verhalten	Kognitive Umstrukturierung, operante Methoden (Verstärkung von alternativen Coping-Ansätzen), Selbstsicherheitstraining
Mutismus	Systematische Desensibilisierung, Kontingenzmanagement
Tic-Störungen	Reaktionsumkehr
Enuresis	Operante Verfahren, (apparative Verhaltenstherapie, positive Verstärkung)
Enkopresis	Operante Verfahren, (Topftraining)
Störungen des Säuglingsalters	Elterntraining, Diskriminationslernen, operantes Konditionieren
Störungen des Kleinkindalters	Elterntraining, Kontingenzmanagement, Shaping, milde Form des Timeouts
Störungen der Intelligenzentwicklung	Operante Verfahren, positive Verstärkung, indirekte Bestrafung, Stimuluskontrolle, Shaping, Fading, Chaining
Umschriebene Entwicklungsstörungen	Operante Verfahren, positive Verstärkung, Shaping, Verstärkerrückgabe, Selbstinstruktionstraining
Autismus	Intensiver Einsatz operanter Verfahren, positive Verstärkung, Shaping, indirekte Bestrafung
Hyperkinetische Störungen	Selbstinstruktionstraining, Elterntraining, operante Verfahren, kognitive Umstrukturierung
Störungen des Sozialverhaltens und Jugenddelinquenz	Kognitive Umstrukturierung, Stressimpfungs- und Selbstinstruktionstraining, operante Verfahren
Ängste, Phobien und Kontaktstörungen	Systematische Desensibilisierung, graduierte Konfrontation, Selbstsicherheitstraining, Training sozialer Kompetenzen

38   Störungsspezifische Modelle und Interventionen

Im Folgenden werden die für diesen Teil des Buches relevanten Störungen begesprochen. Anders als im systematischen Lernkommentar zur ICD (vgl. Kap. 17, S. 169 ff.) wird hier jedoch zum besseren Verständnis einer Entwicklungslogik gefolgt: Zunächst werden Störungen erläutert, die bei Säuglingen auftreten, dann typische Störungen des Kindesalters und des Jugendalters. Dabei werden sowohl die in der ICD-10 enthaltenen Informationen als auch die allgemeinen Ergänzungen und Hinweise aus dem Lernkommentar zur ICD-10 bereits vorausgesetzt.

Zunächst werden typische Störungen des jeweiligen Altersabschnittes zur groben Orientierung ausschließlich genannt. Diejenigen Störungen, zu denen es über die diagnostischen Informationen des ICD-Kommentars und die behandlungstechnischen Empfehlungen der verfahrensspezifischen Teile des Erwachsenenbereichs hinausgehende Informationen gibt, welche klausurrelevant sind, werden anschließend ausführlicher dargestellt. Diese relevanten Ergänzungen zu den entsprechenden Störungen, welche Ihnen in diesem Kapitel zur Verfügung gestellt werden, umfassen dabei so heterogene Kategorien wie diagnostische Verfahren, ätiologische Modelle oder spezielle therapeutische Interventionen, wobei je nach derzeitigem Erkenntnisstand und Klausurrelevanz für einzelne Störungsbilder eher die eine oder eher die andere Ergänzungskategorie in den Vordergrund gebracht wird.

38.1   Störungen des Säuglingsalters

Typische Störungen des Säuglingsalters sind:
- frühkindliche Regulationsstörungen,
- Intelligenzminderungen (s. S. 351) und
- Entwicklungsstörungen unterschiedlicher Art (s. S. 335, 344 f.).

38.1.1   Frühkindliche Regulationsstörungen

Bei den frühkindlichen Regulationsstörungen hat der Säugling in meist mehreren Bereichen Probleme, sein Verhalten angemessen zu steuern. Das Auftreten steht mit alterstypischen adaptiven Entwicklungsaufgaben im Zusammenhang. Es handelt sich in der Regel um eine
Symptomtrias aus
1. Verhaltensauffälligkeiten des Kindes,
2. plus einem Überforderungssyndrom bei den Eltern,
3. plus einem dysfunktionalen Interaktionsmuster zwischen Eltern und Kind, welches meist aufrechterhaltend wirkt.

Epidemiologie: zwischen 15 und 30 % aller reif geborenen Säuglinge.

Um sich zu merken, welche Bereiche gestört sein können, ist es hilfreich, sich zu fragen, was Säuglinge normalerweise machen? Sie schlafen, werden genährt und weinen. Dementsprechend können diese drei Verhaltensbereiche Störungen aufweisen. Es handelt sich bei diesen Störungen um Extremausprägungen alterstypischer und passagerer Auffälligkeiten. Meist zeigen sich phänomenologisch Mischbilder der Regulationsstörungen.

Exzessives Schreien: zeigt sich zumeist in den ersten zwei Lebenswochen, ist an sich harmlos und verschwindet meist um den dritten Lebensmonat. In den Wachphasen zeigen die Babys eine chronische motorische Unruhe, Irritierbarkeit, Quengeln und Schreien, d. h., die Kinder können sich nicht selbst beruhigen und abschalten. Es findet ein ständiger „Kampf gegen das Einschlafen" statt, mit einer Kulminierung in den Abend- und Nachtstunden. Durch stundenlanges Schreien kommt es zu einem Überlastungssyndrom bei den Eltern (Erschöpfung, Wut, Depression) und ineffektiven Interaktionen (stundenlanges Herumtragen, ausgefallene Beruhigungsversuche). Diese Kinder sind eine **Hochrisikogruppe** für körperliche Misshandlung (Cocktailshaker-Syndrom) und Vernachlässigung.

- **Diagnostik – „Dreier-Regel":** Für eine Diagnosestellung wird verlangt, dass die Schreiphasen über mindestens drei Stunden täglich an mindestens drei Tagen der Woche über mindestens drei Wochen anhalten müssen.
- **Therapie:** intensive Beratung der Eltern („Ruhe, Rhythmus, Regelmäßigkeit"), Gestaltung eines festen Tagesablaufs, Signale des Babys verstehen lernen, Vermeidung von Überreizung und Übermüdung, Timeout für Eltern, Psychoedukation über Gefahren des Schüttelns.

Frühkindliche Ein- und Durchschlafstörungen können diagnostiziert werden, wenn das Baby jenseits des sechsten Monats – davor überwiegen zentralnervöse Reifungsprozesse in der Genese – nicht ohne elterliche Hilfe einschlafen kann oder bei nächtlichem Erwachen ohne entsprechende Hilfe nicht wieder in den Schlaf findet. Auf Seiten der Eltern finden sich oft bizarre Rituale, um das Kind zum Schlafen zu bringen (Babyschale auf die Waschmaschine stellen, Auto fahren usw.). Schlafstörungen persistieren länger bei Säuglingen, die lange gestillt werden und im Familienbett schlafen.

- **Diagnostik:** Einschlafstörung: wenn das Kind trotz Einschlafhilfen länger als 30 Minuten zum Einschlafen braucht; Durchschlafstörung: wenn das Kind mehr als dreimal pro Nacht an mehr als vier Tagen/Woche aufwacht, ohne selbstständig wieder einzuschlafen, oder wenn die Aufwachphasen länger als 20 Minuten dauern.
- **Therapie:** graduierte Löschung (‚Checking'; vgl. Tabelle 22.2 „Methoden zum Verhaltensabbau" ab S. 217): Nach gemeinsamen Einschlafritual wird das Kind wach ins Bett gelegt, Angebot selbst steuerbarer Einschlafhilfen („Schmusetuch"); Verabschiedung, Raum verlassen, Kind Gelegenheit geben, sich selbst zu beruhigen, bei anhaltendem Schreien nach gewissem Zeitabstand kurze Zuwendung (nicht aus dem Bett nehmen, nicht füttern), so lange, bis Kind eingeschlafen ist.

Fütter- und Gedeihstörungen sind im Säuglingsalter äußerst vielgestaltig und schließen ein breites Spektrum von transienten einfachen Problemen (Essunlust, unwillkürliches Erbrechen und Würgen, hochselektives Essverhalten) bis zu vollständiger Nahrungsverweigerung ein. Bei schweren Verlaufsformen können lebensbedrohliche Gedeihstörungen auftreten.

- **Diagnostik:** Fütterprotokoll, getrennt nach Nahrung und Flüssigkeit; ICD-10-Kodierung als F98.2 (Fütterstörung nicht organischen Ursprungs im frühen Kindesalter) oder F50.9 (sonstige Fütterstörung).
- **Therapie:** Essensregeln (feste Mahlzeiten, Nahrungskarenz zwischen den Mahlzeiten), Ignorieren von provokativer Abwehr, positive Verstärkung der aktiven Teilnahme an der Nahrungsaufnahme.

38.2   Störungen des Kindesalters

Typische Störungen des Kindesalters sind:

- umschriebene Entwicklungsstörungen (v. a. der Sprache und Motorik),
- tief greifende Entwicklungsstörungen,
- Ausscheidungsstörungen,
- Verhaltensstörungen (Ängste, Aggressivität; vgl. S. 343 ff.),
- Bindungsstörungen,
- Kindesmisshandlung und -vernachlässigung und
- sexueller Kindesmissbrauch.

38.2.1   Umschriebene Entwicklungsstörungen des Sprechens und der Sprache sowie der motorischen Funktionen

Epidemiologie: Allgemein zählen die umschriebenen Entwicklungsstörungen – inklusive der der schulischen Fertigkeiten (vgl. Kap. 38.4.1 und 38.4.2) – mit einer von Prävalenzrate von 13 % zu den häufigsten Störungen im Kinder- und Jugendbereich (Esser, 1994). Jungen sind häufiger betroffen.

Sprachstörungen: Unter Sprachstörungen wird eine **Störung des Aufbaus** bzw. der  Struktur **der Sprache** verstanden.

- Bei der **expressiven Sprachstörung** (ICD-10: F80.1), welche stark mit Legasthenie assoziiert ist, ist die **Sprachproduktion** beeinträchtigt, wobei die betroffenen Kinder die soziale Kommunikation suchen (Gestik, Mimik). Als Begleitprobleme zeigen sich schwierige Beziehungen zu Peers, emotionale Beeinträchtigungen, sprunghaftes Verhalten, Überaktivität und Konzentrationsprobleme.
- Hingegen ist bei der **rezeptiven Sprachstörung** (ICD-10: F80.2) das **Sprachverständnis** gestört und dadurch nachfolgend auch die Expression und Artikulation. Die betroffenen Kinder, welche oft intelligenzgemindert wirken, zeigen die höchste Rate an begleitenden sozialen, emotionalen und Verhaltensstörungen, aber einen normalen sozialen Austausch (Differenzialdiagnose zu autistischen Störungen).

Sprechstörungen: Im Vergleich dazu werden unter Sprechstörungen **Störungen des** **Ablaufs des Sprechens** selbst verstanden. Dazu zählen

- die **Artikulationsstörung** (synonym: Dyslalie, ICD-10: F80.0), welche wie die expressive und rezeptive Sprachstörung zu den Entwicklungsstörungen des Sprechens und der Sprache gehört, sowie
- **Poltern** (ICD-10 F98.6) und
- **Stottern** (ICD-10 F98.5).

Differenzialdiagnose: Es ist bei den Sprech- und Sprachstörungen an die erworbene Aphasie mit Epilepsie (Landau-Kleffner-Syndrom, ICD-10: F80.3) und natürlich an tief greifende Entwicklungsstörungen, Intelligenzminderungen und Mutismus zu denken.

Therapie der Sprech- und Sprachstörungen erfolgt v. a. durch logopädische Maßnahmen, Elternberatung, die Behandlung von Begleiterkrankungen und den Einsatz operanter Verfahren wie positive Verstärkung, Shaping, Verstärkerrückgabe.

Umschriebene Entwicklungsstörung der motorischen Funktionen (ICD-10: F82): Die betroffenen Kinder zeigen eine schwerwiegende Entwicklungsbeeinträchtigung der fein- und grobmotorischen Koordination mit staksigen, plumpen Bewegungen, fehlender Geschmeidigkeit, mangelhaftem Gleichgewicht. Häufig erfolgte bereits das Laufenlernen verspätet. Die unbeholfen wirkenden Kinder meiden körperliche Tätigkeiten, sind oft Opfer von Hänseleien und entwickeln dadurch häufiger soziale, emotionale und Verhaltensschwierigkeiten

* **Therapie:** Kombination aus krankengymnastisch übenden Verfahren und psychotherapeutischen Ansätzen.

38.2.2 Tief greifende Entwicklungsstörungen

Diagnostik: Die Diagnose einer autistischen Störung wird aufgrund einer ausführlichen Verhaltensbeobachtung des Kindes in unterschiedlichen Situationen und einer detaillierten Fremdanamnese erstellt. Zwei prominente diagnostische Verfahren sind:

* Das **Diagnostische Interview für Autismus – Revidiert** (Autistic Diagnostic Interview, ADI-R), welches ab einem Entwicklungsalter von zwei Jahren eingesetzt werden kann, ist an der Klassifikation nach ICD-10 und DSM-IV orientiert und dient zur Erfassung und Differenzialdiagnostik von Störungen des autistischen Spektrums. Das ADI-R ermöglicht sowohl eine Statusdiagnostik als auch eine Interventionsplanung. Inhalte des standardisierten Instruments sind u. a. Fragen zur frühkindlichen Entwicklung, zum Spracherwerb, zu verbalen und nonverbalen kommunikativen Fähigkeiten, Spiel- und sozialem Interaktionsverhalten, stereotypen Interessen und Aktivitäten sowie komorbiden Symptomen (Aggression, Selbstverletzung, Epilepsie).
* Die **Diagnostische Beobachtungsskala für autistische Störungen** (Autistic Diagnostic Observation Schedule, ADOS) ist eine strukturierte Rating-Skala zur Erfassung von Kommunikation, sozialer Interaktion und Spielverhalten bei Kindern und Erwachsenen. Je nach Alter und Sprachniveau des jeweiligen Patienten werden unterschiedliche Untersuchungsmodule gewählt, um die für die Diagnose relevanten Problembereiche nach ICD-10 und DSM-IV zu untersuchen.
* Zusätzlich sollten zur Basisdiagnostik ein Intelligenztest sowie eine gründliche körperliche Untersuchung (EEG, neurologischer Status, Hör- und Sehtest) durchgeführt werden. Zudem ist immer eine psychologische Diagnostik der häufigen Begleiterkrankungen indiziert.

DSM-5: Die Klassifikation autistischer Störungen wird sich im DSM-5 ändern. Aufgrund fehlender Validität und Reliabilität der einzelnen Diagnosen werden die autistischen Störungen (mit Ausnahme des Rett-Syndroms) unter dem Begriff „Autismus-Spektrum-Störungen" zusammengefasst und nach Schweregraden differenziert (Bölte & Poustka, 2013).

Komorbidität: geistige Behinderung, Epilepsie, ADHS, Auto- und Fremdaggression, Tic-Störungen, Ausscheidungsstörungen, Ess- und Schlafstörungen.

▶ **Therapie:** Es ist keine Heilung möglich. Die Therapie besteht aus einem **multimodalen Ansatz** mit Elternberatung, verhaltenstherapeutischen und heilpädagogischen Methoden, Ergotherapie, Logopädie und Physiotherapie. Psychotherapie dient dem Aufbau lebenspraktischer Fertigkeiten (z. B. Sprache, Blickkontakt, Kommunikation) und dem Abbau unerwünschten Verhaltens (z. B. Wutausbrüche, Stereotypien). Es existieren hochfrequente verhaltenstherapeutische Programme, z. B.:

- Applied Behavior Analysis – **ABA-Therapie nach Loovas**: wissenschaftlich belegter, verhaltenstherapeutischer Ansatz; bei hoher Therapiefrequenz (20–40 Stunden pro Woche) werden den Kindern in kleinen Schritten mittels Belohnung erwünschten Verhaltens bestimmte Fähigkeiten und Fertigkeiten beigebracht.
- Das **TEACCH-Programm** ist ebenfalls ein hochfrequenter (ca. 25 Stunden pro Woche) pädagogisch-therapeutischer Ansatz mit den beiden Therapiemaximen „Strukturierung" (räumlich und zeitlich strukturierter Unterricht) und „Visualisierung" (Ausnutzung der meist sehr guten visuellen Verarbeitungskompetenzen von Autisten).
- **Pharmakotherapie:** Eine ursächliche Behandlung ist nicht möglich. Ggf. kann eine Behandlung zusätzlicher Symptome wie ADHS mit Stimulanzien (s. S. 159), Aggression mit atypischen Neuroleptika (s. S. 149 ff.) etc. erfolgen.

38.2.3 Ausscheidungsstörungen

Epidemiologie:

- Die **Enuresis nocturna** tritt zwei- bis dreimal häufiger auf als ein Einnässen tagsüber. Jungen sind ca. zweimal mehr betroffen. Die Prävalenz für die Enuresis nocturna beträgt 20 % bei den Vierjährigen und ca. 10 % bei den Siebenjährigen. Die spontane Remissionsrate ist hoch: Es kann eine jährliche Abnahme der Enuretikerpopulation um 13 % angenommen werden (Steinhausen, 2000).
- Vom **Einnässen tagsüber** sind mehr Mädchen als Jungen betroffen. Ca. 5 % der Siebenjährigen nässen tagsüber ein.
- Ca. 2 % aller Schulkinder haben eine **Enkopresis**. Jungen sind viermal so häufig betroffen. Bis zum dritten Lebensjahr sind 97 % aller Kinder stuhlkontinent.

Ätiologie:

- Bei der **Enuresis nocturna** handelt es sich um eine überwiegend genetisch bedingte Reifungsstörung mit einer Veränderung der zirkadianen Rhythmik der Sekretion des antidiuretischen Hormons (ADH, synonym Vasopressin, vgl. Tabelle 13.4 „Bildungsorte der Hormone", S. 131 ff.), welches neben dem Blutdruck auch den Wasserhaushalt reguliert. Die betroffenen Kinder sind schwerer erweckbar. Psychologische Faktoren scheinen eher eine modulierende Bedeutung zu haben. Am ehesten kann bei einer sekundären Enuresis nocturna von einer reaktiven Störung ausgegangen werden. Jedoch zeigen viele Kinder komorbid eine psychische Störung, v. a. ADHS, aber auch Selbstwertprobleme und Angststörungen.
- Bezüglich der **funktionellen Harninkontinenz** existieren folgende Hypothesen:
  - Für die idiopathische Dranginkontinenz wird eine genetisch bedingte Instabilität der Blase angenommen;
  - die Harninkontinenz mit Miktionsaufschub stellt einen erlernten Verweigerungsmechanismus dar;
  - ebenso ist die Detrusor-Sphinkter-Dyskoordination eine erworbene Störung (ergibt sich oft aus den anderen Störungen).
- Bei der **Enkopresis** zeigen ca. 30 bis 40 % der Kinder zusätzlich eine psychische Symptomatik heterogener Gestalt, d. h., *die* Psychopathologie des Enkopretikers existiert nicht.

Therapie: Nicht pharmakologische Methoden sind effektiver als medikamentöse Therapie. Liegt eine Enkopresis vor, wird diese zuerst therapiert. Liegt eine nicht monosymptomatische Enuresis vor, wird zuerst die Blasenfunktionsstörung therapiert. **Es wird primär symptom-**

orientiert therapiert, außer es liegen begleitende psychische Störungen vor, die kinder- und jugendpsychotherapeutisch behandelt werden müssen. Tabelle 38.1 verdeutlicht die verschiedenen Therapiemethoden:

 Tabelle 38.1: Methoden zur Therapie der Ausscheidungsstörungen

Methode	Einschätzung
Enuresis nocturna Als ineffektiv gelten nächtliches Wecken und Flüssigkeitsrestriktion am Abend.	
Unspezifisch, aber häufig eingesetzt: die mit Kalenderführung verbundene **operante Verstärkung** trockener Nächte („Sonne-Wolken-Kalender").	Dieses Verfahren setzt voraus, das Kind könne sein Einnässen kontrollieren, was es gerade nicht kann. Dennoch verbunden mit Motivationsaufbau, Verstärkung und Elternberatung in 20 % der Fälle ausreichend (Gontard, 2013).
Apparative Verhaltenstherapie (AVT, s. S. 234) ist spezifisches Mittel der ersten Wahl. Bei der Klingelmatte oder -hose erfolgt ein Klingelsignal, sobald die Kontaktzone feucht ist. Das Kind wacht auf und geht aufs WC. Anwendung maximal 16 Wochen. Als Erfolg gelten mindestens 14 trockene Nächte.	Erfolgreichste Methode, basiert auf Vermeidungslernen (keine klassische Konditionierung).
Dry bed training (Azrin et al., 1974): Intensivnachtbehandlung, Kopplung von apparativer Konditionierung mit wiederholten Flüssigkeitsbelastungen und stündlichem Wecken sowie kontingenter Verstärkung.	Sehr aufwendig, ursprünglich für Behinderte entwickelt, viele aversive Elemente, Einsatz v. a. bei therapieresistenten Jugendlichen, setzt eine hohe Behandlungsmotivation voraus, nicht erfolgreicher als apparative Konditionierung allein.
Pharmakotherapie: Anwendung bei Therapieresistenz gegenüber anderen Methoden, als Kombinationsbehandlung, zur Motivationssteigerung, bei spezifischen Indikationen (Klassenfahrten, Zuspitzung der familiären Lage), als Langzeittherapie bei therapieresistenten Jugendlichen. Es stehen zwei Mittel zur Verfügung:	Nach Absetzen kommt es in den meisten Fällen zu einem Wiederauftreten der Einnässsymptomatik; weniger effektiv als AVT.
Desmopressin (DDAVP): synthetisches Analogion des antidiuretischen Hormons (ADH), dadurch Reduktion der nächtlichen Urinproduktion.	UAW: Hyponatriämie, Wasserintoxikationen, keine Todesfälle; ca. 70 % Reduktion der nassen Nächte.
Antidepressiva (v. a. Imipramin): Ausnutzung des antidiuretischen Effektes (vgl. UAW der trizyklischen Antidepressiva, S. 143).	Unerwünschte kardiale Nebenwirkungen (Todesfälle), deshalb zunehmend zurückhaltendere Indikation.
Funktionelle Harninkontinenz	
Blasentraining (Retention-Control-Training, RCT) Ziel: Blasenkapazität erhöhen, bewusstes Zurückhalten des Urins, Sensibilität für Füllungsstand entwickeln, Muskelkontrolle erlernen.	Verbesserung der funktionellen Blasenkapazität tatsächlich nicht nachweisbar, Effizienz eher gering, möglicherweise Sensibilisierungseffekt.
Pharmakotherapie: V. a. bei der ididopathischen Dranginkontinenz kann eine anticholinerge Medikation mit Oxybutinin oder Propiverin hilfreich sein.	

Typische Therapieelemente bei den verschiedenen Formen der funktionellen Harninkontinenz sind:

- bei der **idiopathischen Dranginkontinenz**: operante Verfahren (Kalender, Verstärker), kognitiv-verhaltenstherapeutische Interventionen, Blasentraining und spezifische Geräte, ggf. Pharmakotherapie (Anticholinergikum); Ziel: Kontrolle der Drangsymptome ohne Haltemanöver,
- bei der **Harninkontinenz bei Miktionsaufschub**: operante Verfahren (Kalender), Alarmgeräte; Ziel: regelmäßige Toilettengänge,
- bei der **Detrusor-Sphinkter-Dyskoordination**: Biofeedback, häufig stationäres Setting; Ziel: möglichst weitgehende Entspannung während der Miktion.

38.2.4 Kindesmisshandlung und -vernachlässigung

Unter diesem Begriff werden folgende Phänomene zusammengefasst:
- körperliche Misshandlung (Striemen, Abdrücke von Gegenständen, Biss- und Griffmarken, Hämatome, Frakturen, Schüttelsyndrom bei Säuglingen etc.),
- Vernachlässigung (körperlich und/oder emotional),
- sexueller Missbrauch (vgl. Kap. 38.2.5),
- Münchhausen-by-Proxy-Syndrom.

Epidemiologie: Betroffen sind v. a. Kinder zwischen null und sechs Jahren. Eine Risikogruppe stellen intelligenzgeminderte, entwicklungsverzögerte, körperlich kranke Kinder und (ehemalige) Frühchen dar. Die Täter stammen meistens aus dem Familienumfeld.

Diagnostik: Typische diagnostische Hinweise bei Säuglingen sind unglaubwürdige Angaben der Eltern zur Verletzung, eine Diskrepanz zwischen anamnestischen Angaben und objektiven Befunden (z. B. Verletzungsalter), häufige Arztwechsel, verdächtige Hämatome und Frakturen ohne Erklärung. Die Befunde sollten genauestens dokumentiert werden (wortwörtliches Mitschreiben, Fotos der Verletzungen). Es sollte eine stationäre Diagnostik angestrebt werden. Kindesmisshandlung wird auf **Achse V des MAS** unter „abnormen aktuellen psychosozialen Umständen" kodiert.

Folgen: Es existiert **kein spezifisches Syndrom der Kindesmisshandlung**, sondern die Kinder zeigen neben den körperlichen Verletzungen ganz unterschiedliche psychische und entwicklungsbezogene Folgen. Häufig kommen Probleme im Sozialverhalten (Aggressivität, gestörtes Interaktionsverhalten mit Gleichaltrigen), Sprachentwicklungsstörungen und kognitive Probleme vor. Betroffene Kinder weisen ein erhöhtes Risiko für depressive Störungen, Angststörungen, Störungen des Sozialverhaltens, hyperaktive Störungen, Drogenabusus und suizidales Verhalten auf. Im Erwachsenenalter finden sich erhöhte Risiken für Borderline-Persönlichkeitsstörungen, Somatisierungsstörungen, dissoziative Störungen, Essstörungen, selbstverletzendes Verhalten und Drogenabusus (Pfeiffer & Lehmkuhl, 2013)

Bindungsstörungen und Kindesmisshandlung: Misshandelte Kinder zeigen häufig einen desorganisierten Bindungsstil (vgl. Tabelle 34.2, S. 307), welcher als starker Risikofaktor für spätere psychische Störungen gilt. Davon abzugrenzen sind die eigentlichen Bindungsstörungen (vgl. Kap. 17.10, S. 191 ff.), welche als Reaktion auf Deprivationserfahrungen, häufige Wechsel der Betreuungspersonen, Trennung oder Verlust von wichtigen Bezugspersonen oder Misshandlung auftreten. Insbesondere die reaktive Bindungsstörung wird meist mit

Misshandlung oder sexuellem Missbrauch in einen Zusammenhang gebracht. Jedoch nicht alle Kinder mit dieser Diagnose weisen eine Misshandlung auf.

Therapie:

* Bei kooperativen Eltern erfolgen im Rahmen einer Helferkonferenz die Einschätzung der Kindeswohlgefährdung (s. S. 68) und die Festlegung der weiteren Angebote, wie Hilfen zur Bewältigung des Alltags, alters- und störungsspezifische Behandlung des Kindes, Schulung der Eltern, Psychotherapie der Bezugspersonen, Paartherapie, Schuldnerberatung usw.
* Im Falle nicht kooperativer Eltern muss das Jugendamt eingeschaltet und eine Inobhutnahme des Kindes nach KJHG erwirkt werden.

Bei drohender Wiederholungsgefahr – diese besteht bei allen Formen der Kindesmisshandlung – kann die ärztliche Schweigepflicht auf der Grundlage einer Rechtsgüterabwägung entsprechend dem rechtfertigenden Notstand gebrochen werden (s. S. 64 f.).

38.2.5 Sexueller Kindesmissbrauch

Beim sexuellen Missbrauch handelt es sich um eine schwerwiegende Ausnutzung eines Abhängigkeitsverhältnisses. Für die Diagnose ist es irrelevant, ob das Kind in die Handlung eingewilligt hat oder nicht. Zudem kann differenziert werden, ob der Missbrauch intra- oder extrafamiliär stattfand und ob es sich um ein Typ-I-Trauma (einmaliges Trauma) oder Typ-II-Trauma (fortgesetzte Traumatisierung) handelte. Es werden folgende Varianten unterschieden:

* Zurschaustellung von sexuellen Akten (Pornografie, Exhibitionismus),
* Berührung der Geschlechtsteile und/oder Aufforderung dazu,
* sexueller Verkehr ohne Bedrohung (meist über längere Zeit) und
* Vergewaltigung.

In Deutschland ist jede Form des sexuellen Missbrauchs von Kindern strafbar (§ 176 StGB). Es handelt sich um ein Offizialdelikt, das bedeutet, die Staatsanwaltschaft muss nach Kenntnisnahme ein Strafverfahren einleiten.

Inzest: sexueller Missbrauch durch ein Familienmitglied.
Pädophilie: sexuelles Interesse an Kindern.
Päderastie: homosexuelle Pädophilie.

Epidemiologie: Es finden sich beträchtliche Schwankungen zwischen 2 und 45 % für Mädchen und 1 und 16 % für Jungen. Es ist von einer erheblichen Dunkelziffer auszugehen. Mädchen sind im Verhältnis 3:1 deutlich häufiger betroffen. 90 % der Taten finden innerhalb der Familie oder des Bekanntenkreises statt, bei sexuellem Missbrauch durch Fremde sind eher Jungs betroffen.

▶ **Folgen:** Es existiert **kein spezifisches Verhaltenssyndrom des sexuellen Missbrauchs**, d. h., der Missbrauch stellt keine eigene Erkrankung im herkömmlichen Sinne dar. Dementsprechend erfolgt eine **Kodierung auf Achse V des MAS**. Psychiatrische Erkrankungen ergeben sich als Folgen des Missbrauchs. Dabei sind die psychischen Folgen eher alters- als tatspezifisch.

* Bei Kindern finden sich z. B. häufig ein sexualisiertes Verhalten, Ängste (z. B. in traumarelevanten Situationen), Beziehungs- und Kontaktstörungen bis zu reaktiven Bindungsstörungen.

- Im Erwachsenenalter zeigen die Betroffenen häufig chronische Depression und Angst, PTSD, Substanzmissbrauch, selbstverletzendes Verhalten, Suizidabsichten, Essstörungen, Persönlichkeitsstörungen (v. a. vom Boderline-Typ), dissoziative Störungen. Die Symptome können sich erst Jahre später entwickeln.

Therapie: In der Akutphase ist das Ziel die Trennung des Kindes vom Täter durch stationäre Therapie oder ggf. Inobhutnahme durch das Jugendamt. Im Verlauf sollte genau beobachtet werden, ob sich eine psychische Störung entwickelt. Das heißt, eine Psychotherapie ist bei Vorliegen eines sexuellen Missbrauchs nicht per se indiziert. Entwickelt sich aus dem sexuellen Missbrauch eine psychische Störung, wird diese behandelt.

38.2.5 Elektiver Mutismus

Bei dieser emotional bedingten Selektivität des Sprechens kommunizieren die Kinder trotz normalen Sprech- und Sprachvermögens nur in definierten Situationen, welche voraussagbar sind. Die Erkrankung entwickelt sich zumeist schleichend, bei akutem Auftreten sollte an ein Trauma gedacht werden.
- **Epidemiologie:** Mutismus tritt meist im Alter zwischen vier und acht Jahren auf. Mädchen sind deutlich häufiger betroffen. Begleitend findet man häufig ein ängstlich-schüchternes Temperament bis zur Sozialangst, andere Angststörungen, Rückzug und Widerstand.
- **Therapie:** Nach Ausschluss von organischen und psychiatrischen Differenzialdiagnosen (rezeptive oder expressive Sprachstörungen, tief greifende Entwicklungsstörungen, PTSD) wird der Mutismus v. a. verhaltenstherapeutisch (operante Verstärkung) und familientherapeutisch behandelt.

38.3   Störungen des Jugendalters

Typische Störungen des Jugendalters sind:
- Substanzmissbrauch,
- selbstverletzendes Verhalten,
- Suizidalität,
- Persönlichkeitsstörungen,
- Essstörungen und
- Schizophrenien.

38.3.1 Substanzmissbrauch

Alkoholmissbrauch: Auch für diesen Altersbereich gelten alle in den anderen Teilen dieses Buches gemachten Angaben zur „Volksdroge Alkohol" (s. S. 161 ff. und 170 f.). Ca. 5 % der Jugendlichen betreiben einen Alkoholmissbrauch. Kinder alkoholkranker Eltern haben ein stark erhöhtes Risiko, ebenfalls alkoholkrank zu werden (Modelllernen, genetische Disposition). Beachten Sie, dass die typischen Blutwerte (ALAT, ASAT, Gamma-GT usw., vgl. „Leberenzyme", S. 126) bei Jugendlichen trotz massivem Konsums oft unauffällig sind. Am ehesten kann das CDT herangezogen werden. Der Übergang vom Rausch zur Intoxikation erfolgt bei Kindern und Jugendlichen deutlich schneller als bei Erwachsenen.

Cannabismissbrauch: Cannabis ist die weltweit am meisten verbreitete illegale Droge. Merken Sie sich, dass Cannabis **Psychosen** auslösen kann (auch bereits bei einmaligem Konsum). Bei chronischem Konsum kommt es zum **amotivationalen Syndrom** mit Passivität, Lethargie, Interesse- und Teilnahmslosigkeit.

Weitere von Kindern und Jugendlichen konsumierte Substanzen sind Nikotin, Schnüffelstoffe, Amphetamine, Ecstasy (MDMA). Auch die nicht stoffgebundenen Süchte (Video- und Computerspielsucht) spielen zunehmend eine Rolle. Eine Therapie sollte immer unter Einbezug der Familie erfolgen. Sorgeberechtigte Eltern können bei anhaltendem Substanzmissbrauch über das Familiengericht eine Unterbringung ihres Kindes in einer geschlossenen kinder- und jugendpsychiatrischen Station veranlassen (§ 1631b BGB; s. S. 72).

38.3.2 Selbstverletzendes Verhalten

Selbstverletzendes Verhalten (SVV) meint die absichtliche Schädigung des eigenen Körpers und stellt an sich **keine eigene Erkrankung** dar, sondern ist ein Phänomen vieler anderer psychischer Störungen mit einer Bandbreite von Nägelkauen (Onychophagie, ICD-10: F98.8) und Trichotillomanie (ICD-10: F63.3) bis zur offenen Selbstschädigung durch Schnitte, Verbrennungen, sich schlagen usw. SVV zielt in der Regel nicht auf eine Beendigung des eigenen Lebens ab, sondern dient der Affektregulation. Dennoch kann eine ausgeprägte Suizidalität bei diesen Patienten bestehen. SVV kann auch als inadäquate Möglichkeit der Kontaktaufnahme durch die Betroffenen verstanden werden (Aufmerksamkeit erhalten). SVV zeigt sich **komorbid** im Jugendalter häufig **mit den folgenden Störungsbildern**:
* Borderline-Persönlichkeitsstörung,
* Essstörungen,
* Drogenmissbrauch,
* dissoziativer Bewusstseinsstörung und
* Störungen des Sozialverhaltens.

Bedenken Sie, dass SVV jedoch auch bei Phänomenen wie Intelligenzminderung bzw. geistiger Behinderung, Autismus und Schizophrenie eine Rolle spielt. Im Gegensatz zur offenen Selbstschädigung wird die **Selbstschädigung bei der artifiziellen Störung verheimlicht**, damit der Patient eine Patientenrolle einnehmen kann. Im Kindesalter spielen hier v. a. Fieber, Hauterkrankungen und Schmerzzustände eine Rolle.

38.3.3 Suizidalität

Suizide spielen im Kindesalter eine äußerst seltene Rolle, stellen nach Verkehrsunfällen jedoch die zweithäufigste Todesursache im Jugendalter dar. Auch suizidale Handlungen stellen **keine eigene Erkrankungskategorie** gemäß ICD-10 oder DSM-IV dar. Ca. 80 % aller vollzogenen Suizide im Jugendalter werden vorher angekündigt. In den ersten Monaten nach einer suizidalen Handlung ist die Wiederholungsgefahr am höchsten. Zwar kann das Vorliegen einer psychischen Störung wie Depression, PTSD, Borderline-Persönlichkeitsstörung, Schizophrenie, Anorexia nervosa usw. zur Suizidalität führen, doch oftmals werden Suizidversuche unabhängig vom Vorliegen einer psychischen Störung durch aktuelle Umwelteinflüsse, häufig im Zusammenhang mit interpersonalen Konflikten, ausgelöst.
* **Therapie:** Es wird analog zum Erwachsenenalter zwischen Krisenintervention und der eigentlichen Therapie mit Non-Suizid-Pakt, Notfallkarten, Stimuluskontrolle (Erschweren des Zugangs zu Suizidmitteln), Alltagsstrukturierung, kognitiver Umstrukturierung und Training der Emotionsregulation unterschieden.

38.3.4 Schizophrenien

Epidemiologie: Die „Very Early Onset Schizophrenia" tritt äußerst selten auf (s. S. 171 ff.). ◀
Jedoch bis zu 10 % aller Schizophrenien beginnen im Jugendalter, wobei männliche Jugendliche häufiger betroffen sind. Je früher im Lebensverlauf die Schizophrenie beginnt, desto ungünstiger ist die Langzeitprognose.

Klinik: Die Betroffenen zeigen häufig prämorbid bereits Auffälligkeiten wie Aufmerksamkeits- und Konzentrationsstörungen, einen schulischen Leistungsabfall, zwanghaft repetitive motorische Auffälligkeiten, introverse emotionale Veränderungen (Verunsicherung, Ratlosigkeit, Niedergeschlagenheit, Ängstlichkeit, sozialer Rückzug; eher bei Mädchen), expansive soziale Verhaltensauffälligkeiten, Alkohol- und Drogenabusus (eher bei Jungen).

Therapie: Es erfolgt eine Kombinationsbehandlung aus
- **bewältigungsorientierter Therapie** (patientenzentrierte Psychoedukation, Erarbeitung [individueller] Frühsymptome, problemlösungsorientierte Therapie [Stressmanagement], kognitive Therapie [Modifikation dysfunktionaler Schemata], soziales Kompetenztraining usw., vgl. S. 244) und
- **behavioraler Familientherapie** (Psychoedukation, HEE-Diagnostik, familiäres Kommunikationstraining, familiäres Problemlösetraining, Angehörigengruppen).

Das Integrierte psychologische Therapieprogramm bei schizophren Erkrankten (**IPT**, s. S. 245) kann bereits bei Jugendlichen eingesetzt werden.

Bezüglich der anderen unter den anfangs für Störungen des Jugendalters als typisch bezeichneten Erkrankungen finden sich keine relevanten Ergänzungen für diesen Altersbereich im Vergleich zur Behandlung Erwachsener. In den Prüfungen werden die entsprechenden Fallvignetten so formuliert, dass es in einer Klausur für Kinder- und Jugendlichentherapeuten z. B. um eine 17-jährige Anorektikerin geht und in der Klausur für Psychologische Psychotherapeuten um eine 35-jährige Anorektikerin. Bezüglich der Persönlichkeitsstörungen sei im Jugendbereich v. a. noch auf eine sich abzeichnende Borderline-Persönlichkeitsstörung verwiesen.

38.4 Störungen des Kindes- und Jugendalters

Typische Störungen des Kindes- und Jugendalters sind:
- umschriebene Entwicklungsstörungen (v. a. der schulischen Fertigkeiten),
- ADHS,
- Störungen des Sozialverhaltens,
- Angststörungen,
- depressive Störungen,
- Tic-Störungen,
- Zwangsstörungen,
- posttraumatische Belastungsstörungen,
- Intelligenzminderungen,
- somatoforme Störungen,
- dissoziative Störungen,
- Sexualstörungen,
- Adipositas und
- Schlafstörungen.

38.4.1 Lese- und Rechtschreibstörung

Die Lese- und Rechtschreibstörung (LRS; veraltet: Legasthenie; ICD-10: F81.0) kommt mit einer Häufigkeit von ca. 5 % in etwa genauso häufig wie ADHS im Kindes und Jugendalter vor.

Ätiologie: Es werden v. a. genetische Faktoren und eine Störung der akustischen Informationsverarbeitung diskutiert.

Klinik: Im klinischen Bild imponieren zunächst die Probleme beim Lesen: Schwierigkeiten, das Alphabet aufzusagen und Buchstaben korrekt zu benennen, Fehler beim Vorlesen, eine niedrige Lesegeschwindigkeit, ein ungenaues Phrasieren, ein Verlieren der Wortzeile, die Vertauschung von Wörtern in Sätzen, eine Unfähigkeit, Gelesenes wiederzugeben und Zusammenhänge zu verstehen. Je älter die Kinder werden, umso größer werden die Rechtschreibschwierigkeiten im Vergleich zum Lesen.

▶ **Diagnostik:** Hinweis ist oft eine deutliche Diskrepanz zwischen den Leistungen (Schulnoten) im Fach Deutsch und anderen Fächern. Inhalte der Diagnostik sind eine pädiatrisch-neurologische Untersuchung, eine ausführliche Anamnese (Sprech- und Sprachstörungen, Schulangst, positive Familienanamnese), eine Fremdanamnese mit dem Lehrer, eine umfassende Intelligenztestung und der Einsatz spezifischer Lese- und Rechtschreibtests (beachte: doppeltes Diskrepanzkriterium, s. S. 189). Geeignete Testverfahren sind z. B.:

- das AID (Allgemeines lntelligenzdiagnostikum), die K-ABC (Kaufmann Assessment Battery for Children), der HAWIK-IV (Hamburg-Wechsler-Intelligenztest für Kinder);
- die BUEVA (Basisdiagnostik umschriebener Entwicklungsstörungen für das Vorschulalter);
- **spezielle Lesetests** sind z. B. KNUSPEL-L (Knuspels Leseaufgaben), SLS 1–4 (Salzburger Lese-Screening für die Klassenstufen 1 bis 4), WLLP (Würzburger Leise-Lese-Probe);
- **spezielle Rechtschreibtests** sind z. B. die DERET-Reihe (Deutscher Rechtschreibtest 1–2+, 3–4+), die HSP (Hamburger Schreibprobe), die WRT-Reihe (Weingartener Grundwortschatz-Rechtschreibtests 1+, 2+, 3+, 4+).

Für die Vergabe der Diagnose müssen die in der ICD-10 geforderten allgemeinen Kriterien für die Vergabe einer umschriebenen Entwicklungsstörung erfüllt sein (s. S. 189 f.). Nach ICD-10 können Sie eine LRS und eine isolierte Rechtschreibstörung diagnostizieren. Es gibt keine Diagnosekategorie für eine isolierte Lesestörung.

Komorbidität besteht v. a. mit ADHS, Sprech- und Sprachstörungen, Störungen des Sozialverhaltens und Dyskalkulie. Häufig finden sich zudem Angststörungen (Schulangst), somatische Störungen und mit zunehmendem Alter depressive Störungen.

Therapie: Einsatz spezieller Lerntherapien, welche in der Regel nicht im Leistungskatalog der gesetzlichen Krankenversicherungen enthalten sind, doch gelegentlich vom Jugendamt übernommen werden. Psychotherapeuten sollten Betroffene zum Erhalt des Nachteilsausgleichs in der Schule unterstützen. Psychotherapie fokussiert v. a. auf die komorbiden psychischen Probleme und die sich in der Folge der LRS einstellenden Probleme wie Selbstunsicherheit, negative Lernmotivation usw.

▶ **Folgen:** Es handelt sich um eine **äußerst stabile Erkrankung**. In der Regel wird ein (verlangsamtes) Lesen erlernt. Rechtschreibprobleme persistieren bis ins Erwachsenenalter. Die **Arbeitslosenquote** ist im Erwachsenenalter um das Sechsfache erhöht. Zudem finden sich Suchtproblematiken und Delinquenz.

38.4.2 Rechenstörung

Patienten mit Rechenstörung (Dyskalkulie, ICD-10: F81.2) können signifikant schlechter rechnen als Gleichaltrige. Betroffen sind die Grundrechenarten (Unvermögen, die bestimmten Rechenoperationen zugrunde liegenden Konzepte zu verstehen, Probleme beim Übergang zu zweistelligen Zahlen, Schwierigkeiten beim Einmaleins, Mengenerfassung usw.), nicht die höheren mathematischen Fertigkeiten wie Vektor- oder Integralrechnung.

Ätiologie: Es wird eine Schwäche in der visuellen Wahrnehmung diskutiert.

Diagnostik: Die Untersuchung sollte wie bei der LRS eine Anamnese und Fremdanamnese, eine pädiatrisch-neurologische Untersuchung, eine Intelligenztestung und spezifische Testverfahren für die Dyskalkulie enthalten.
- **Spezielle Rechentests** sind ZAREKI-R (Testverfahren zur Dyskalkulie), HRT 1–4 (Heidelberger Rechentest), RZD 2–6 (Rechenfertigkeiten und Zahlenverarbeitungs-Diagnostikum für die 2. bis 6. Klasse) und die DEMAT-Reihe (Deutscher Mathematik Test).

Zusätzlich sollte auch auf LRS getestet werden, um eine kombinierte Störung schulischer Fertigkeiten ausschließen zu können.

Komorbidität: ADHS, Störungen des Sozialverhaltens.

Therapie: Es empfehlen sich eine mathematische Lerntherapie (ebenfalls nicht Leistung der gesetzlichen Krankenversicherung) und eine verhaltenstherapeutisch-heilpädagogische Therapie der Begleitstörungen.

38.4.3 Aufmerksamkeitsdefizit-Hyperaktivitätsstörung

Epidemiologie: Jungen sind etwa viermal so häufig betroffen. Die Prävalenz wird im Kindesalter auf bis zu 5 % geschätzt.

Ätiologie: Biologische Faktoren spielen für die Pathogenese eine herausragende Rolle. Insbesondere genetische Faktoren und eine Unterfunktion des Dopamins sind bedeutsam. Kinder, deren Mütter in der Schwangerschaft geraucht haben, und solche mit geringem Geburtsgewicht zeigen eine erhöhte Rate an hyperkinetischem (und ganz allgemein externalisierendem) Problemverhalten.

Klinik: Neben den typischen Symptomen (s. S. 191) zeigen die Kinder die Diagnose stützende Begleitsymptome wie Distanzlosigkeit in sozialen Beziehungen, Unbekümmertheit in gefährlichen Situationen (Gefahrenblindheit), eine impulsive Missachtung sozialer Regeln. ADHS ist gekennzeichnet durch einen frühen Beginn, meist in den ersten fünf Lebensjahren.

Diagnostik: Um eine Überdiagnostik zu vermeiden, sollte die Diagnose
- nicht vor dem sechsten Lebensjahr vergeben werden und
- die Symptomatik situationsunabhängig und zeitstabil auftreten.

Es empfiehlt sich neben der Basisdiagnostik (psychopathologischer Befund, pädiatrisch-neurologische Untersuchung) die Erhebung einer störungsspezifischen Entwicklungsgeschichte. Psychologische Tests (z. B. Conners-3, FBB-HKS/FBB-ADHS) können die Diagnose validieren und nützlich für eine Einschätzung des Schweregrades sein. Sie sind zur alleinigen Diagnosestellung ungeeignet.

▶ **Komorbidität:** Ca. zwei Drittel der betroffenen Kinder zeigen zusätzlich komorbide Störungen. Nach Lehmkuhl und Döpfner (2013) zeigen

- ca. 50 % der Kinder ebenfalls eine oppositionelle Störung des Sozialverhaltens,
- 30 bis 50% eine Störung des Sozialverhaltens (ohne oppositionelles Verhalten),
- bis zu 40 % eine affektive, v. a. depressive Störung,
- bis zu 30 % Angststörungen,
- bis zu 25 % umschriebene Entwicklungsstörungen und Lernstörungen,
- bis zu 20 % Legasthenie,
- ca. 50 % Einschlafstörungen und
- ca. 20 bis 50% Somatisierungsstörungen.

▶ **Therapie:** Eine sinnvolle Therapie der ADHS erfolgt **immer multimodal**. Schwerpunktmäßig wird Verhaltenstherapie, ggf. ergänzt um medikamentöse Therapie und psychosoziale Interventionen, angewendet.

- **Verhaltenstherapeutische Interventionen:** Die betroffenen Kinder benötigen einen klar strukturierten Alltag sowie eine konsequente Verstärkung erwünschten und eine Bestrafung unerwünschten Verhaltens. Daraus wird ersichtlich welche herausragende Bedeutung den Eltern, welche als Kotherapeuten fungieren, zukommt.
  - Patientenzentrierte Ansätze basieren v. a. auf verhaltenstherapeutischen Standardmethoden wie Selbstinstruktionstraining und Selbstmanagementverfahren (s. S. 227 f. und 230 f.) außerdem wird Spieltraining angewendet. Beispiele sind das Marburger Konzentrationstraining (MKT) in den Versionen für Vorschul- und Schulkinder von Krowatscheck und Krowatscheck (2004) oder das Training mit aufmerksamkeitsgestörten Kindern von Lauth und Schlottke (2003).
  - Ein eltern- und familienzentriertes Verfahren mit dem Ziel der Verringerung problematischer Verhaltensweisen durch Veränderung der familiären Interaktion ist z. B. das Therapieprogramm für Kinder mit hyperkinetischem und oppositionellem Trotzverhalten (THOP, Döpfner et al., 2007).
  - Kindergarten- und schulzentrierte Verfahren basieren v. a. auf dem Einsatz operanter Methoden. Das THOP enthält z. B. auch einen Interventionsteil für Kindergarten und Schule.
- **Psychopharmakotherapie:** Psychopharmaka greifen in das gestörte Zusammenspiel der körpereigenen Botenstoffe, v. a. des Dopaminhaushaltes, ausgleichend ein. Für diesen Altersbereich zugelassene Wirkstoffe sind **Methylphenidat** und **Atomoxetin**. Über Methylphenidat wurde bereits ausführlich in Kapitel 14.7.1 (s. S. 159) berichtet. Es stehen sofort wirksame (Wirkdauer ca. vier bis fünf Stunden) und Retardpräparate (Wirkdauer ca. acht bis zwölf Stunden) zur Verfügung. Bei Non-Response auf Methylphenidat, bei Substanzmissbrauchsrisiko in der Familie sowie komorbider Tic-Störung sollte Atomoxetin gegeben werden.
- **Neurofeedback:** Beim Neurofeedback lernen die Kinder, ihre Hirnaktivität EEG-gekoppelt wahrzunehmen. Ziel der Behandlung ist eine Normalisierung der Theta-Beta-Rate (vgl. Tabelle 12.1 „Typische Wellen im EEG", S. 107).

Verlauf: Die Störung persistiert bei bis zu 50 % der Fälle bis ins Erwachsenenalter. Daraus ergibt sich, dass auch im Erwachsenenalter die Prävalenz für eine ADHS bei 2–3 % liegt. Es handelt sich somit um eine **chronische Erkrankung**. Es können drei Verlaufstypen unterschieden werden:

1. Remission bis zur Adoleszenz,
2. Fortbestehen des klinischen Vollbildes oder einer residualen ADHS mit Abnahme der Hyperaktivität im Entwicklungsverlauf bei Persistenz der Aufmerksamkeitsstörung,

3. Fortbestehen der ADHS mit häufigen komorbiden psychiatrischen Störungen, wie z. B. Depression, Persönlichkeitsstörungen und Abhängigkeitserkrankungen.

38.4.4 Störungen des Sozialverhaltens

Epidemiologie: Die Prävalenz dieser Störungen beträgt ca. 2–10 % mit zunehmender Tendenz. Jungen sind ca. fünfmal so häufig betroffen. Es finden sich häufige Kombinationen mit ADHS, Depressionen, Angststörungen und substanzbedingten Störungen. In der diagnostischen Phase sollte es über die Exploration gelingen, die verschiedenen Subtypen zu differenzieren (Frage nach der situativen Stabilität der Symptome, den Beziehungen zu Erwachsenen und Peers, Komorbiditäten) sowie den Schweregrad zu bestimmen (vgl. ICD-10-Kommentar, S. 192).

Therapie: Therapeutisch sind die Störungen des Sozialverhaltens schwer zu beeinflussen. Es hat sich eine Kombination

- aus **elternbezogenen** (z. B. Aufbau angemessenen Erziehungsverhaltens und Befähigung der Eltern dazu, regelverletzendes Verhalten zu unterbinden und prosoziales Verhalten zu fördern) und
- **patientenzentrierten Interventionen** (Training von Problemlöseverhalten, z. B. Modifikation des Verhaltens in Konfliktsituationen) bewährt.

Beispielhaft sei das Training mit aggressiven Kindern (Petermann & Petermann, 2001) genannt. Insbesondere bei akut auftretender Aggressivität können Antipsychotika indiziert sein. Methylphenidat reduziert bei einem gleichzeitigen Vorliegen einer ADHS oft auch die Störung des Sozialverhaltens.

Verlauf: Es zeigt sich eine eher **ungünstige Langzeitprognose**. Bei einem

- Störungsbeginn vor dem zehnten Lebensjahr zeigt sich meist ein ungünstiger chronischer Verlauf bis zur Entwicklung einer antisozialen Persönlichkeitsstörung (**„Early Starter"**). Diesen frühen Störungsbeginn zeigen eher Jungen, welche meist eine höhere körperliche Aggressivität und oft auch gestörte Beziehungen zu Peers aufweisen und welche später häufiger von Arbeitslosigkeit und Substanzmissbrauch betroffen sind.
- Davon unterschieden werden **„Late Starters"** (Beginn nach dem zehnten Lebensjahr).

38.4.5 Angststörungen mit Beginn im Kindesalter

Epidemiologie: Angsterkrankungen im Kindes- und Jugendalter sind sehr häufig. Etwa 10 % aller Kinder und Jugendlichen weisen Angststörungen auf, wobei diese untereinander nochmals eine hohe Komorbidität zeigen. Bis zum Jugendalter finden sich keine Geschlechtsunterschiede, danach sind mehr Mädchen betroffen.

Diagnostik: Wie bereits in Kapitel 17.10 (S. 191 ff.) beschrieben wurde, spielt für die Vergabe einer Diagnose aus der Kategorie F93 v. a. die **Entwicklungsbezogenheit** eine wichtige Rolle. Das bedeutet, die unter F93 genannten Angststörungen stellen Übersteigerungen entwicklungsphasentypischer Ängste dar, welche zu deutlichem Leiden führen und durch einen Beginn in der Kindheit gekennzeichnet sind. Pathologische Ängste folgen vielfach dem gleichen Altersmuster wie altersangemessene Angstmanifestationen. Tabelle 38.2 verdeutlicht, welche Angstinhalte in welchem Lebensalter als normal angesehen werden können, und ist hilfreich, um beispielsweise einschätzen zu können, ob die Angst eines Zehnjährigen vor Dunkelheit noch altersadäquat ist oder eben nicht. Die in der ICD-10 unter F40 genannten phobischen Störungen und die unter F41 genannten sonstigen Angststörungen können in jeder Altersstufe beginnen.

Tabelle 38.2: Hauptquelle der Angst (nach Schneider, 2004)

Alter	Hauptquelle der Angst
Säugling	Sensorische Erfahrungen wie z. B. laute Geräusche
6–12 Monate	Angst vor Fremden, Trennung
Kleinkindalter	Dunkelheit, imaginäre Lebewesen (Monster, Hexen), Einbrecher
Vorschulalter	Tiere, Naturkatastrophen, Verletzungen
Grundschulzeit	Die eigene Leistungsfähigkeit (Schule, Sport), Krankheit,
Adoleszenz	Soziale Vergleichsprozesse (Ablehnung durch Gleichaltrige)

▶ **Therapie:** Therapeutisch werden die Angststörungen v. a. mit Expositionstherapie (in sensu oder in vivo) und kognitiven Interventionen behandelt. Familienbezogene Verfahren (Elterntrainings) spielen ebenfalls eine wichtige Rolle.

Verlauf: Die Krankheitsverläufe zeigen, dass die meisten Angststörungen mit Beginn in der Kindheit nicht bis ins Erwachsenenalter persistieren. Jedoch haben die meisten Angststörungen im Erwachsenenalter ihren Ursprung in der Kindheit. Insbesondere für Kinder mit einer Trennungsangst ist die Wahrscheinlichkeit einer psychischen Störung im Erwachsenenalter erhöht.

38.4.6 Depressive Störungen

Epidemiologie: Ca. 2 % der Kinder leiden an Depression, im Jugendalter sind ca. 6 % der Adoleszenten betroffen (Mädchen doppelt so häufig). Die Diagnosestellung einer depressiven Störung erfordert eine hohe Expertise, da sich depressive Symptome je nach Alter und Entwicklungsphase äußerst unterschiedlich und vielgestaltig darstellen.

▶ **Klinik:**
- **Säugling:** Bei länger anhaltender mangelnder Zuwendung und Deprivation zeigen Babys erst vermehrtes Weinen, dann Rückzug und Apathie (Konzept der anaklitischen Depression).
- **Kleinkindalter:** Gehemmtheit, Trennungsängstlichkeit, vermehrtes Weinen, Reizbarkeit, Spielunlust und mangelnde Fantasie, Ess- und Schlafstörungen, selbststimulierendes Verhalten, häufig Entwicklungsverzögerungen.
- **Vorschulalter:** zusätzlich leichte Irritierbarkeit, Passivität und Teilnahmslosigkeit, traurige Mimik, Introversion, aber auch Aggression.
- **Grundschulkinder:** zunehmend verbale Berichte über Traurigkeit, auch niedriger Selbstwert, Schulleistungsstörungen, suizidale Gedanken möglich, Unfähigkeit, Freizeit zu strukturieren.
- **Jugendalter:** Es treten die typischen Symptome der Depression in den Vordergrund, u. a. sozialer Rückzug, eine negative Sicht der Umwelt, Zukunft und eigenen Person, übersteigerte Gefühle der Sinnlosigkeit, des Versagens und der Schuld, typische vegetative Symptome, Anstieg der Suizidgedanken und -versuche.

Für die Vergabe einer Diagnose stehen in der ICD-10 keine spezifischen diagnostischen Leitlinien für diesen Altersbereich zur Verfügung, d.h., Sie müssen die Kriterien gemäß F3, F43.2 oder F92.0 anlegen.

Komorbidität: Angststörungen, Verhaltensstörungen, ADHS, bei Jugendlichen Substanzmissbrauch.

Therapie: Psychoedukation, kognitiv-behaviorale Therapie, v.a. bei Jugendlichen interpersonelle Psychotherapie (IPT), Familientherapie, ggf. Psychopharmakotherapie (v.a. SSRIs, s. S. 143 ff.)

38.4.7 Tic-Störungen

Epidemiologie: 4–12 % der Kinder im Grundschulalter entwickeln zumindest einmal vorübergehend einen Tic. 3–4 % weisen chronische Symptome einer Tic-Störung auf. Das Tourette-Syndrom zeigt sich bei unter 1 % der Kinder (Döpfner, 2013) Tics treten familiär gehäuft auf. Jungen sind häufiger betroffen (Verhältnis 3:1).

Diagnostik: Fremdanamnestische Angaben sind von großer Bedeutung, da der Tic in der Untersuchung oft unterdrückt wird. Die Baseline sollte über mehrere Tage erfasst werden, z. B. mit Hilfe der **Yale-Tourette-Symptom-Skala**. In der Medikamentenanamnese ist besonders auf Methylphenidat zu achten, da dieses Tics auslösen und verschlimmern (paradoxerweise aber auch mildern) kann.

Komorbidität: Nach Döpfner (2013) weisen in klinischen Stichproben bis zu 90 % aller vom Tourette-Syndrom Betroffenen noch andere Störungen auf:
- Bis zu 75 % zeigen eine ADHS,
- bis zu 60 % eine Zwangsstörung,
- bis zu 25 % eine affektive, v.a. depressive Störung,
- bis zu 20 % Angststörungen,
- bis zu 60 % selbstverletzendes Verhalten und
- bis zu 40 % Schlafstörungen.

Therapie: Neben ausführlicher Aufklärung spielen Entspannungstechniken und Selbstmanagementtherapie eine Rolle. Für die Prüfung verlinken Sie die Tic-Störungen jedoch v.a. mit dem **Habit-Reversal-Training** (vgl. „Reaktionsumkehr", s. S. 219). Pharmakotherapeutisch sind D2-Rezeptor-Antagonisten (z.B. Sulpirid) wirksam.

Verlauf: Bei bis zu 50 % der Betroffenen verläuft die Störung passager, sodass die Tic-Störungen als Störungskontinuum betrachtet werden, von den passageren Tics des Kindesalters über die chronische motorische oder vokale Tic-Störung bis zu den Varianten eines Tourette-Syndroms.

38.4.8 Weitere Störungen

Zwangsstörungen: Bitte merken Sie sich, dass ca. 50 % aller Zwangsstörungen bereits im Kindesalter beginnen. Diese Erkrankungen haben also bei einem Beginn im Kindesalter eine relativ schlechte Langzeitprognose mit Neigung zur Chronifizierung. Jungen sind häufiger betroffen. Kinder erleben den Zwang deutlich ich-syntoner als Erwachsene und sehen oft die

▶ Sinnlosigkeit ihrer Handlungen nicht ein. Bei den Zwangshandlungen findet man am häufigsten **Waschzwänge**, gefolgt von Kontrollzwängen und Ordnungs- sowie Zählzwängen. Komorbiditäten zeigen sich v. a. mit Tic-Störungen, Angststörungen und Depressionen. Therapeutisch stellt **Exposition mit Reaktionsverhinderung** (s. S. 222) die Methode der Wahl dar.

Posttraumatische Belastungsstörungen: Etwa ein Viertel aller Kinder erlebt bis zum 16. Lebensjahr ein Trauma. Davon entwickeln je nach Studiendesign 3–100 % eine PTSD. Ob eine PTSD entwickelt wird, hängt von prä-, peri- und posttraumatischen Faktoren ab. Die wichtigsten davon sind:
- prätraumatische psychische Morbidität (vgl. „Resilienzkonzept", S. 38),
- wahrgenommene Lebensgefahr,
- Schwere des Stressors,
- die wahrgenommene Unterstützung durch die Eltern,
- eine mögliche PTSD der Eltern und
- die Koinzidenz mit weiteren belastenden Lebensereignissen.

Obwohl Jungen häufiger Traumata ausgesetzt sind, neigen Mädchen zu schwereren Verläufen. Neben der bekannten Symptomtrias Wiedererleben, Vermeidung und vegetative Übererregung zeigen Kinder häufig Agitiertheit, Aggressivität, neu auftretende Ängste, Selbstverletzungen und den Verlust von bereits erlernten Fähigkeiten. Analog zum Erwachsenenalter ist bei der Behandlung dafür zu Sorge zu tragen, dass das Kind vor weiterer Traumatisierung geschützt wird. Dann erfolgen Stabilisierung, Traumabearbeitung und Traumaintegration mittels bekannter Standardmethoden.

▶ **Schlafstörungen:** Im Kindesalter ist v. a. an **Parasomnien** zu denken, welche im Kapitel 17.6 (S. 180 ff.) ausführlicher erörtert wurden. Bezüglich der Therapie steht an erster Stelle die Aufklärung und Beratung der Eltern. **Hypersomnien** zeigen sich v. a. im Jugendalter, bedingt durch spätere Zubettgehzeiten bei unveränderten Aufstehzeiten, woraus ein Schlafdefizit resultiert, welches am Wochenende nachgeholt wird.

▶ **Adipositas:** Bei Kindern und Jugendlichen werden zur Bestimmung des Übergewichts die BMI-Altersperzentile verwendet. Von kindlichem Übergewicht spricht man ab der 90. Altersperzentile und von kindlicher Adipositas ab der 97. Altersperzentile. Ätiologisch handelt es sich um ein Zusammenspiel von genetischen und umweltbezogenen Faktoren. Neben den somatischen Folgen wie dem metabolischem Syndrom (s. S. 115) und Gelenkerkrankungen haben die betroffenen Kinder und Jugendlichen v. a. mit Depressionen und Angststörungen zu kämpfen. Diäten gelten als alleinige Therapieversuche als uneffektiv. Ziel ist eine langfristige Umstellung der Ernährungs- und Bewegungsgewohnheiten (optimierte Mischkost). Adipositas ist eine chronische Erkrankung.

Sexualstörungen: Eine Behandlung der Paraphilien ist über verhaltenstherapeutische Methoden möglich. Der Therapieauftrag beim Transsexualismus sollte nicht, wie es gelegentlich von den Eltern gewünscht wird, in der Beseitigung der Geschlechtsidentitätsstörung bestehen. Vielmehr ist im Falle eines Wunsches nach Geschlechtsumwandlung (frühestens ab Vollendung des 18. Lebensjahrs) auch durch das Transsexuellengesetz eine mindestens einjährige psychotherapeutische Begleitung und Verlaufsbeobachtung vorgeschrieben. Viele betroffene Kinder zeigen begleitende Verhaltensauffälligkeiten wie Außenseitertum, Verspottetwerden, Ausscheidungsstörungen, Trennungsängste. Bei Jugendlichen entwickeln sich häufig Depressionen und Suizidalität.

Probleme chronisch kranker Kinder: Chronisch kranke Kinder zeigen eine um das Zwei- bis Vierfache erhöhte Rate psychischer Störungen. Unter chronischen Krankheiten werden Erkrankungen verstanden, die im Normalfall nicht heilbar sind und das Kind schwerwiegend in seinem Alltagsvollzug behindern, wie z. B. chronische Niereninsuffizienz, Asthma bronchiale, Mukoviszidose, Diabetes mellitus, Herzfehler usw. Therapeutisch kommt der Psychoedukation des Kindes und der Eltern ein wichtige Rolle zu und kann ergänzt werden um Familientherapie und individuelle Psychotherapie.

Intelligenzminderungen: Häufige Begleitstörungen der Intelligenzminderungen sind Autismus, ADHS, stereotype Bewegungsstörungen, Essstörungen, Ausscheidungsstörungen. Die Therapie besteht v. a. in der Entwicklungsförderung durch heilpädagogisch-verhaltentherapeutische Übungsbehandlung und in der Behandlung komorbider psychischer Störungen. Dabei erfolgt die Therapie eher körper- und handlungsorientiert und eher direktiv, aktiv leitend und strukturiert. Es kommen v. a. Techniken zum Verhaltensaufbau zum Tragen (s. S. 216 f.).

Abbildung 38.1: Kinderzeichnung (Junge, 9,6 Jahre, 142 cm)

Literaturverzeichnis

Ainsworth, M. & Bell, S. M. (1970). Attachment, exploration and separation: Illustrated by behavior of one-year-olds in a strange situation. *Child Development, 41,* 49–67.

Ainsworth, M., Blehar, M., Waters, E. & Wall, S. (1978). *Patterns of attachment. A psychological study of the strange situation.* Hillsdal: Erlbaum, 1978.

Alexander, F. (1950). Analysis of the therapeutic factors in psychoanalytic treatment. *Psychoanalytic Quarterly, 19,* 482–500.

Alexander, F. (1951). *Psychosomatische Medizin. Grundlagen und Anwendungsgebiete.* Berlin: DeGruyter.

Anderson, J. R. (1996). *Kognitive Psychologie* (2. Auflage). Heidelberg: Spektrum.

Andreasen, N.C. (1987). The Diagnosis of Schizophrenia. *Schizophrenia Bulletin,* 13, 9–22.

Annon, J. (1976). *Behavioral treatment of sexual problems: brief therapy.* Hagerstown: Harper & Row.

Arbeitsgemeinschaft für Methodik und Dokumentation in der Psychotherapie (Hrsg.) (2007). *Das AMDP-Manual. Manual zur Dokumentation psychiatrischer Befunde.* Göttingen: Hogrefe.

Arbeitskreis OPD (Hrsg.). (2006). *Operationalisierte Psychodynamische Diagnostik OPD–2. Das Manual für Diagnostik und Therapieplanung.* Bern: Huber.

Arbeitskreis OPD Kinder- und Jugendpsychiatrie Psychiatrische Klinik (Hrsg.). (2013). *OPD-KJ-2 – Operationalisierte Psychodynamische Diagnostik im Kindes- und Jugendalter.* Bern: Huber.

Argelander, H. (1970). *Das Erstinterview in der Psychotherapie.* Darmstadt: Wissenschaftliche Buchgesellschaft.

Asendorpf, J. B. (1996). *Psychologie der Persönlichkeit. Grundlagen.* Berlin: Springer.

Atkinson, J. W. (1957). Motivational determinantsof risk-taking behavior. *Psychological Review, 64,* 359–372.

Baltes, P. B. & Baltes, M. M. (1990). Psychological perspectives on successful aging: The model of selective optimization with compensation. In P. B. Baltes & M. M. Baltes (Hrsg.), *Successful aging: perspectives from the behavioral sciences* (S. 1–34). New York: Cambridge University Press.

Bandura, A. (1977). Self-efficacy: Toward a unifying theory of behavioral change. *Psychological Review, 84,* 191–215.

Bandura, A. (1994). *Lernen am Modell. Ansätze zu einer sozial-kognitiven Lerntheorie.* Stuttgart: Klett-Cotta.

Baumrind, D. (1971). Current patterns of parental authority. *Developmental Psychology Monographs, 4,* 1–103.

Bauriedl, T. (1980). *Beziehungsanalyse.* Frankfurt am Main: Suhrkamp.

Beauchamp, B. L. & Childress J. F. (2008). *Principles of Biomedical Ethics* (6. Aufl.). New York: Oxford University Press.

Beck, A. T., Freeman, A. et al. (1999). *Kognitive Therapie der Persönlichkeitsstörungen* (4. Aufl.). Weinheim: Psychologie Verlags Union.

Beck, A. T., Rush, A. J., Shaw, B. F. & Emery, G. (2010). *Kognitive Therapie der Depression* (2. Aufl.). Weinheim: Beltz.

Benjamin, L. S. (1974). Structural analysis of social behavior. *Psychological Review,* 81, 393–425.

Benkert, O. & Hippius, H. (2007). *Kompendium der Psychiatrischen Pharmakotherapie* (6. vollst. überarb. Auflage). Heidelberg: Springer.

Berufsverband Deutscher Psychologinnen und Psychologen. *Das Psychotherapeutengesetz.* Verfügbar unter: www.bdp-verband.de/bdp/politik/psychthg/PTG-Gesetz.rtf. [10.11.2013].

Bion, W. R. (1962/1977). Learning from experience. In *Seven Servants. Four Works by Wilfred R. Bion.* New York: Jason Aronson.

Bion, W. R. (1970/1977). Attention and interpretation. In *Seven Servants. Four Works by Wilfred R. Bion.* New York: Jason Aronson.

Birbaumer, N. & Schmidt, R. F. (1996). *Biologische Psychologie* (3. überarb. Aufl.). Berlin: Springer.

Bohus, M. (2002). Borderline-Störung. In D. Schulte, K. Hahlweg, J. Margraf, W. Rief & D. Vaitl (Hrsg.), *Fortschritte der Psychotherapie* (Band 14, 2. überarb. Aufl.). Göttingen: Hogrefe.

Bölte, S. & Poustka, F. (2013). Autismus und tiefgreifende Entwicklungsstörungen. In G. Lehmkuhl, F. Poustka, M. Holtmann & H. Steiner (Hrsg.), *Lehrbuch der Kinder- und Jugendpsychiatrie* (Band 2, S. 539–573). Göttingen: Hogrefe.

Bootzin, R. R. (1999). Schlafstörungen. In J. Margraf (Hrsg.), *Lehrbuch der Verhaltenstherapie* (Band 2, 2. vollst. überarb. Aufl., S. 149–164). Berlin: Springer.

Bortz, J. & Döring, N. (2006). *Forschungsmethoden und Evaluation für Human- und Sozialwissenschaftler.* Heidelberg: Springer.

Bowlby, J. (1975). *Bindung. Eine Analyse der Mutter-Kind-Beziehung.* München: Kindler.

Bowlby, J. (2009). Postskript (1991). In K. E. Grossmann, & K. Grossmann K. (Hrsg.), *Bindung und menschliche Entwicklung: John Bowlby, Mary Ainsworth und die Grundlagen der Bindungstheorie* (2. Aufl., S. 402–407). Stuttgart: Klett-Cotta.

Brähler, E., Schumacher, J. & & Herzberg, P. Y. (2012). Testdiagnostik in der Psychotherapie. In W. Senf & M. Broda (Hrsg.), *Praxis der Psychotherapie. Ein integratives Lehrbuch* (5. Aufl., S. 304–319). Stuttgart: Thieme.

Brown, G. W., Birley, J. L. T. & Wing, J. K. (1972). Influence of family life on the course of schizophrenic disorders: A replication. *British Journal of Psychiatry, 121,* 241–258.

Bundespsychotherapeutenkammer. *Musterberufsordnung für Psychologische Psychotherapeuten und Kinder-und Jugendlichenpsychotherapeuten.* Verfügbar unter: http://www.bptk.de/recht/satzungen-ordnungen.html [10.11.2013].

Caplan, G. (1964). *Principles og preventive psychiatry.* New York: Basic Books.

Caspar, F. (1996). *Beziehungen und Probleme verstehen. Eine Einführung in die psychotherapeutische Plananalyse* (2. überarb. Aufl.). Bern: Huber.

Clark, D. M. & Wells, A. (1995). A cognitive model of social phobia. In R. G. Heimberg, M. R. Leibowitz, D. A. Hope & F. R. Schneider (Hrsg.), *Social Phobia: Daognosis, Assessment and Treatment.* (S. 69–93). New York: The Guilford Press.

Clarkin, J. F., Yeomans, F. E. & Kernberg, O. F. (2008). *Psychotherapie der Borderline-Persönlichkeit: Manual zur psychodynamischen Therapie. Mit einem Anhang zur Praxis der TFP im deutschsprachigen Raum* (2., aktualisierte Aufl.). Stuttgart: Schattauer.

Cloninger, C. R., Bohman, M. & Sigvardsson, S. (1981). Inheritance of Alcohol Abuse Cross-Fostering Analysis of Adopted Men. *Arch Gen Psychiatry, 38 (8),* 861–868.

Crow, T. (1980). The molecular pathology of schizophrenia. More than one disease process. *British Medical Journal, 280,* 66–68.

Dammann, G. & Fiedler, P. (2012). Psychotherapie von Persönlichkeitsstörungen – Perspektiven integrativer Psychotherapie. In W. Senf & M. Broda (Hrsg.), *Praxis der Psychotherapie. Ein integratives Lehrbuch* (5. vollst. überarb. Aufl., S. 445–465). Stuttgart: Thieme.

Deutsche Gesellschaft für Psychiatrie, Psychotherapie und Nervenheilkunde (Hrsg.) (2000). *Praxisleitlinien in Psychiatrie und Psychotherapie. Behandlungsleitlinie Eßstörungen* (Band 4). Darmstadt: Schwarzkopf.

Deutsche Hauptstelle für Suchtfragen e. V. (Hrsg.) (2013). *Jahrbuch Sucht 2013*. Lengerich: Pabst Science.

Dilling, H. & Freyberger, H. J. (Hrsg.) (2008). *Taschenführer zur ICD-10-Klassifikation psychischer Störungen* (4. überarb. Aufl.). Bern: Huber.

Dilling, H., Mombour, W. & Schmidt, M. H. (Hrsg.). (2010). *Internationale Klassifikation psychischer Störungen. ICD–10 Kapitel V(F). Klinisch diagnostische Leitlinien* (7., überarbeitete Aufl.). Bern: Huber.

Döpfner, M. (2013). Tic-Störungen. In G. Lehmkuhl, F. Poustka, M. Holtmann & H. Steiner (Hrsg.), *Lehrbuch der Kinder- und Jugendpsychiatrie* (Band 2, S. 687–704). Göttingen: Hogrefe.

Döpfner, M., Schürmann, S. & Frölich, J. (2007). *Therapieprogramm für Kinder mit hyperkinetischem und oppositionellem Problemverhalten – THOP* (4., vollst. überarb. Aufl.). Weinheim: Beltz.

Dührssen, A. (1981). *Die biographische Anamnese unter tiefenpsychologischem Aspekt*. Göttingen: Vandenhoeck & Ruprecht.

Dziewas, H. (1980). Instrumentelle Gruppenbedingungen als Voraussetzung des individuellen Lernprozesses. In K. Grawe (Hrsg.), *Verhaltenstherapie in Gruppen* (S. 27–55). München: Urban & Schwarzenberg.

D'Zurilla, T. J. & Goldfried, M. R. (1971). Problem solving and behavior modification. *Journal of Abnormal Psychology, Vol 78 (1)*, 107–126.

Ellis, A. (1997). *Grundlagen und Methoden der Rational-Emotiven Verhaltenstherapie*. München: Pfeiffer.

Engel, G. L. & Schmale, A. H. (1967). Psychoanalytic theory of somatic disorder: conversion, specificity, and the disease onset situation. *Journal of the American psychoanalytic association, 15*, 344–365.

Erikson, E. H. (1966). *Identität und Lebenszyklus*. Frankfurt am Main: Suhrkamp.

Ermann, M. (2007). *Psychosomatische Medizin und Psychotherapie. Ein Lehrbuch auf psychoanalytischer Grundlage* (5. Aufl.). Stuttgart: Kohlhammer.

Esser, G. (2002). Verhaltenstherapie. In G. Esser. (Hrsg.), *Lehrbuch der Klinischen Psychologie und Psychotherapie des Kindes- und Jugendalters* (S. 464–487). Stuttgart: Thieme.

Esser, G., Fritz, A. & Schmidt, M. H. (1991). Die Beurteilung der sittlichen Reife Heranwachsender im Sinne des § 105 JGG: Versuch einer Operationalisierung. *Monatsschrift für Kriminologie und Strafrechtsreform, 74*, 356–368.

Folsom, J. C. & Taulbee, L. R. (1966). Reality orientation for geriatric patients. *Hospital and Community Psychiatry, 17*, 133–135.

Fonagy, P., Gergely, G., Jurist, E. & Target, M. (2002). *Affektregulierung, Mentalisierung und die Entwicklung des Selbst*. Stuttgart: Klett-Cotta.

Foulkes, S. (1964/1992). *Gruppenanalytische Psychotherapie*. München: Pfeiffer.

Freud, A. (1936/1977). *Das Ich und die Abwehrmechanismen*. München: Kindler.

Freud, S. (1900/1972). Die Traumdeutung. In *Studienausgabe, hg. v. A. Mitscherlich, A. Richards & J. Strachey, Bd. II* (S. 21–588). Frankfurt am Main: Fischer.

Freud, S. (1905/1972). Drei Abhandlungen zur Sexualtheorie. In *Studienausgabe, hg. v. A. Mitscherlich, A. Richards & J. Strachey, Bd. V* (S. 43–145). Frankfurt am Main: Fischer.

Freud, S. (1912/1975). Zur Dynamik der Übertragung. In *Studienausgabe, hg. v. A. Mitscherlich, A. Richards & J. Strachey, Ergänzungsband* (S. 151–168). Frankfurt am Main: Fischer.

Freud, S. (1915/1975a). Bemerkungen über die Übertragungsliebe. Weitere Ratschläge zur Technik der Psychoanalyse III. In *Studienausgabe, hg. v. A. Mitscherlich, A. Richards & J. Strachey, Ergänzungsband* (S. 219–230). Frankfurt am Main: Fischer.

Freud, S. (1915/1975b). Triebe und Triebschicksale. In *Studienausgabe, hg. v. A. Mitscherlich, A. Richards & J. Strachey, Bd. III* (S. 81–102). Frankfurt am Main: Fischer.

Freud, S. (1917/1975). Trauer und Melancholie. In *Studienausgabe, hg. v. A. Mitscherlich, A. Richards & J. Strachey, Bd. III* (S. 197–212). Stuttgart: Fischer.

Freud, S. (1937/1975). Konstruktionen in der Analyse. In *Studienausgabe, hg. v. A. Mitscherlich, A. Richards & J. Strachey, Ergänzungsband* (S. 395–406). Frankfurt am Main: Fischer.

Fuchs, M., Hayward, C, & Steiner, H. (2013). Epidemiologie. In G. Lehmkuhl, F. Poustka, M. Holtmann & H. Steiner (Hrsg.), *Lehrbuch der Kinder- und Jugendpsychiatrie* (Band 1, S. 196–215). Göttingen: Hogrefe.

Gendlin, E. T. (1978/1998). *Focusing.* Reinbek: Rowohlt.

Goldstein A. J. & Chambless, D. L. (1978). A reanalysis of agoraphobia. *Behavior Therapy, 9,* 47–59.

Gontard, A. v. (2013). Enuresis. In G. Lehmkuhl, F. Poustka, M. Holtmann & H. Steiner (Hrsg.), *Lehrbuch der Kinder- und Jugendpsychiatrie* (Band 2, S. 646–669). Göttingen: Hogrefe.

Gottman, J. M. (1994). *What predicts divorce? The relationsship between marital processes and marital outcomes.* Hillsdale: Erlbaum.

Grawe, K. (2000). *Psychologische Therapie* (2. korr. Aufl.). Göttingen: Hogrefe.

Greenberg, J. R. & Mitchell, S. A. (1983). *Object relations in psychoanalytic theory.* Cambridge: Harvard University Press.

Greensom, R. R. (1965). The working alliance and the transference neurosis. *Psychoanalytic Quarterly, 34,* 155–181.

Grützner, W., Langenmayr, A. & Peykan, V. (1997). Therapeutische Interventionen bei Scheidungsfamilien. *Journal für Psychologie, 5,* 21–31.

Haley, J. (1977). *Direktive Familientherapie. Strategien für die Lösung von Problemen.* München: Pfeiffer.

Hahlweg, K. & Schröder, B. (1995). Kommunikationstraining. In M. Linden & M. Hautzinger (Hrsg.), *Verhaltenstherapiemanual* (4. überarb. und erw. Aufl., S. 233–239). Berlin: Springer.

Hamm, A. (2006). Spezifische Phobien. In D. Schulte, K. Hahlweg, J. Margraf, W. Rief & D. Vaitl (Hrsg.), *Fortschritte der Psychotherapie* (Band 27). Göttingen: Hogrefe.

Hautzinger, M., Keller, F. & Kühner, C. (2009). *BDI-II. Beck-Depressions-Inventar. Revision* (2. Aufl.). Pearson Assessment: Frankfurt.

Hayes, S. C., Strosahl, K. D. & Wilson, K. G. (2004). *Akzeptanz und Commitment Therapie. Ein erlebnisorientierter Ansatz zur Verhaltensänderung.* München: CIP-Medien.

Heigl-Evers, A. & Heigl, F. (1988). Zum Prinzip „Antwort" in der psychoanalytischen Therapie. In R. Klußmann, W. Mertens & F. Schwarz (Hrsg.), *Aktuelle Themen der Psychoanalyse* (S. 85–97). Berlin: Springer.

Heimann, P. (1950/1996). Über die Gegenübertragung. *Forum der Psychoanalyse,* 12, 179–184.

Hiller, G. & Cuntz, U. (2010). Medizinische und pharmakologische Grundlagen für Psychotherapeuten. In W. Hiller, E. Leibing, F. Leichsenring & S. K. D. Sulz (Hrsg.), *Lehrbuch der Psychotherapie* (Band 1, 2. Aufl., S. 251–292). München: CIP-Medien.

Hinsch, R. & Pfingsten, U. (2007). *Gruppentraining sozialer Kompetenzen GSK: Grundlagen, Durchführung, Anwendungsbeispiele* (5. vollst. überarb. Aufl.). Weinheim: Beltz PVU.

Ihle, W. & Esser, G. (2002). Epidemiologie psychischer Störungen im Kindes- und Jugendalter: Prävalenz, Verlauf, Komorbidität und Geschlechterunterschiede. *Psychologische Rundschau, 53 (4),* 159–169.

Institut für medizinische und pharmazeutische Prüfungsfragen (2004a). *Gegenstandskatalog für die schriftlichen Prüfungen nach dem Psychotherapeutengesetz. Ausbildungsgang für Psychologische Psychotherapeuten.* Mainz: IMPP.

Institut für medizinische und pharmazeutische Prüfungsfragen (2004b). *Gegenstandskatalog für die schriftlichen Prüfungen nach dem Psychotherapeutengesetz. Ausbildungsgang für Kinder- und Jugendlichenpsychotherapeuten.* Mainz: IMPP.

Jacobi, F., Wittchen, H.-U., Hölti, C., Höfler, M., Pfister, H., Müller, N. & Lieb, R. (2004). Prevalences, co-mordidity and cotrrelates of mental disorders in the general population: results from the german health interview and examination survey (GHS). *Psychological Medicine, 34,* 1–15.

Jellinek, E. M. (1960). *The disease concept of alcoholism.* Oxford: Hillhouse.

Kabat-Zinn, J. (2011). *Gesund durch Meditation – Das große Buch der Selbstheilung* (2. Aufl.). München: Droemer-Knaur.

Kagan, J., Reznick, J. & Snidman, N. (1987). The physiology and psychology of bevioral inhibition in children. *Child development, 58,* 1459–1473.

Kanfer, F. H., Reinecker, H. & Schmelzer, D. (2012). *Selbstmanagement-Therapie* (5. korr. Aufl.). Berlin: Springer.

Keilson, H. (1979). *Sequentielle Traumatisierung bei Kindern. Deskriptiv-klinische und quantifizierend-statististische follow-up Untersuchung zum Schicksal der jüdischen Kriegswaisen in den Niederlanden.* Stuttgart: Enke.

Kernberg, O. F. (1981). Structural interviewing. *Psychiatric Clinics of North America,* 4, 169–195.

Khan, M. M. R. (1963). The concept of the cumulative trauma. *The psychoanalytic study of the child,* 18, 286–306.

Klein, M. (1946/1962). Bemerkungen über einige schizoide Mechanismen. In *Das Seelenleben des Kleinkindes und andere Beiträge zur Psychoanalyse* (S. 101–126). Stuttgart: Klett-Cotta.

Klix, F. (1971). *Information und Verhalten – Kybernetische Aspekte der organismischen Informationsverarbeitung – Einführung in naturwissenschaftliche Grundlagen der Allgemeinen Psychologie.* Berlin: Deutscher Verlag der Wissenschaften.

Kobasa, S. C. (1979). Stressful life events, personality, and health. Inquiry into hardiness. *Journal of Personality and Social Psychology 37,* 1–11.

Kohlberg, L. (1996). *Die Psychologie der Moralentwicklung.* Frankfurt am Main: Suhrkamp.

Köhler, T. (2010). *Medizin für Psychologen und Psychotherapeuten.* Stuttgart: Schattauer.

Koppenhöfer, E. (2004). *Kleine Schule des Genießens. Ein verhaltenstherapeutisch orientiertes Behandlungsprogramm zum Aufbau positiven Erlebens und Verhaltens.* Lengerich: Pabst.

Kossarz, P. (2013). Problemlösungstechniken. In W. Senf, M. Broda & B. Wilms (Hrsg.), *Techniken der Psychotherapie* (S. 110–112). Stuttgart: Thieme.

Kris, E. (1934). Zur Psychologie der Karikatur. *Imago, 20,* 450–466.

Krowatschek, D., Albrecht, S. & Krowatschek, G. (2004). *Marburger Konzentrationstraining (MKT) für Kindergarten- und Vorschulkinder.* Dortmund: Borgmann.

Krowatschek, D., Albrecht, S. & Krowatschek, G. (2004). *Marburger Konzentrationstraining (MKT) für Schulkinder.* Dortmund: Borgmann.

Lauth, G. W., Linderkamp, F., Schneider, S. & Brack U. B. (Hrsg.) (2008). *Verhaltenstherapie mit Kindern und Jugendlichen: Praxishandbuch.* Weinheim: Beltz.

Lauth, G. W. & Schlottke, P. F. (2009). *Training mit aufmerksamkeitsgestörten Kindern* (6. vollst. überarb. Aufl.). Weinheim: Beltz.

Lazarus, A. A. (1995). Multimodale Therapieplanung (BASIC ID). In M. Linden & M. Hautzinger (Hrsg.), *Verhaltenstherapiemanual* (4. überarb. und erw. Aufl., S. 53–57). Berlin: Springer.

Lazarus, A. A. & Folkman, S. (1984). *Stress, appraisal, and coping.* New York: Springer.

Leff, J. (1994). Working with the familiy schizophrenic patients. *British Journal of Psychiatry, 23,* 71–76.

Lehmkuhl, G. & Döpfner, M. (2013). Aufmerksamkeitsdefizit/Hyperaktivitätsstörungen. In G. Lehmkuhl, F. Poustka, M. Holtmann & H. Steiner (Hrsg.), *Lehrbuch der Kinder- und Jugendpsychiatrie* (Band 2, S. 574–599). Göttingen: Hogrefe.

Lehmkuhl, G. & Döpfner, M. (2013). Multimodale Diagnostik. In G. Lehmkuhl, F. Poustka, M. Holtmann & H. Steiner (Hrsg.), *Lehrbuch der Kinder- und Jugendpsychiatrie* (Band 1, S. 396–410). Göttingen: Hogrefe.

Lefrancois, G. R. (2006). *Psychologie des Lernens* (4. überarb. und erw. Aufl.). Berlin: Springer.

Lewinsohn, P. M. (1974). A behavioral approach to depression. In R. J. Friedman & M. M. Katz (Hrsg.), *The psychology of depression* (S. 157–178). New York: Wiley.

Lindenmeyer, J. (2005). Alkoholabhängigkeit. In D. Schulte, K. Hahlweg, J. Margraf, W. Rief & D. Vaitl (Hrsg.), *Fortschritte der Psychotherapie* (Band 6). Göttingen: Hogrefe.

Linehan M. M. (2007). *Dialektisch Behaviorale Therapie der Borderline-Persönlichkeitsstörung.* München: CIP-Medien.

Luborsky, L. (1984). *Principles of psychoanalytic psychotherapy: A manual for supportive-expressive treatment.* New York: Basic Books.

Luborsky, L. & Crits-Christoph, P. (1990). *Understanding transference: The core conflictual relationship theme method.* Washington: APA.

Maercker, A. (2000). Posttraumatische Belastungsstörungen. In M. Linden & M. Hautzinger (Hrsg.), *Verhaltenstherapiemanual* (4. überarb. und erw. Aufl., S. 403–411). Berlin: Springer.

Mahler, M. (1978). *Die psychische Geburt des Menschen. Symbiose und Individuation.* Frankfurt am Main: Fischer.

Margraf, J. & Schneider, S. (1990). *Panik. Angstanfälle und ihre Behandlung* (2. Aufl.). Berlin: Springer.

Marlatt, G. A. & Gordon, J. R. (1985). *Relapse prevention: maintenance strategies in the treatment of addictive behaviors.* Guilford, New York.

Masters, W. H. & Johnson, V. E. (1970). *Die sexuelle Reaktion.* Reinbek: Rowohlt.

Masters, W. H. & Johnson, V. E. (1973). *Impotenz und Anorgasmie.* Hamburg: Goverts, Krüger & Stahlberg.

Mc Cullough, J. P. Jr. (2007). *Behandlung von Depressionen mit dem Cognitive Behavioral Analysis System of Psychotherapy CBASP.* München: CIP-Medien.

Meichenbaum, D. W. (2010). *Kognitive Verhaltensmodifikation* (2. Aufl.). Weinheim: Beltz PVU.

Mertens, W. & Waldvogel, B. (Hrsg.) (2002). *Handbuch psychoanalytischer Grundbegriffe* (2. Aufl.). Stuttgart: Kohlhammer.

Metzig, W. & Schuster, M. (2010). *Lernen zu lernen. Lernstrategien wirkungsvoll einsetzen* (8., aktualisierte Auflage). Berlin: Springer.

Michalak, J., Heidenreich, T. & Williams, J. M. G. (2012). Achtsamkeit. In D. Schulte, K. Hahlweg, J. Margraf, W. Rief & D. Vaitl (Hrsg.), *Fortschritte der Psychotherapie* (Band 48). Göttingen: Hogrefe.

Miller, W. R. & Rollnick, S. (2009). *Motivierende Gesprächsführung* (3. Aufl.). Freiburg im Breisgau: Lambertus.

Minuchin, S. (1977). *Familien und Familientherapie.* Freiburg im Breisgau: Lambertus.

Morgenstern, C. (1977). *Sämtliche Dichtungen: Epigramme und Sprüche aus den Jahren 1890–1914: Bd. 14.* Basel: Zbinden-Verlag.

Mowrer, O. H. (1960). *Learning Theory and Behavior.* New York: Wiley.

Oerter, R. (1996). Kultur, Ökologie und Entwicklung. In R. Oerter & L. Montada (Hrsg.), *Entwicklungspsychologie* (3. vollst. überarb. Aufl., S. 84–127). Weinheim: Beltz.

Orlinsky, D. E. & Howard, K. I. (1988). Ein allgemeines Psychotherapiemodell. *Integrative Therapie, 4,* 281–308.

Öst, L.-G. (1987). Applied relaxation: description of a coping technique and review of controlles studies. *Behavior Research and Therapy, 25,* 397–410.

Öst, L.-G. & Sterner, U. (1987). Applied Tension: a specific behavioral method for treatment of blood phobia. *Behavior and Research Therapy, 25*, 25–29.

Patterson, G. R. & Reid, J. B. (1970). Reciprocity and coercion: Two facets of social systems. In C. Neuringer & J. L. Michael (Hrsg.), *Behavior modification in clinical psychology* (S. 133–177). New York: Appleton.

Pawlow, I. P. (1927). *Conditioned reflexes.* London: Oxford University Press.

Perrez, M. (1992). Prävention, Gesundheits- und Entfaltungsförderung. Systematik und allgemeine Aspekte. In M. Perrez & U. Baumann (Hrsg.), *Klinische Psychologie* (Band 2, S. 80–98). Stuttgart: Huber.

Petermann, F. & Petermann, U. (2005). *Training mit aggressiven Kindern* (11. vollst. überarb. Aufl.). Weinheim: Beltz.

Petermann, F. & Petermann, U. (2005). *Training mit sozial unsicheren Kindern* (10. überarb. Aufl.). Weinheim: Beltz.

Pfeiffer, E. & Lehmkuhl, U. (2013). Misshandlung und Vernachlässigung. In G. Lehmkuhl, F. Poustka, M. Holtmann & H. Steiner (Hrsg.), *Lehrbuch der Kinder- und Jugendpsychiatrie.* (Band 2, S. 1208–1222). Göttingen: Hogrefe.

Piaget, J. (1983). *Das moralische Urteil beim Kinde* (2. veränd. Aufl.). Stuttgart: Klett-Cotta.

Prochaska J. O. & Di Clemente, C. C. (1986). Toward a comprehensive model of change. In W. E. Miller & N. Heather (Hrsg.), *Treating addictive behaviors. Process of change* (S. 3–27). New York: Wiley.

Racker, H. (1959/1978). *Übertragung und Gegenübertragung. Studien zur psychoanalytischen Technik.* München: Reinhardt.

Rau, H. (2013). Biofeedback. In W. Senf, M. Broda & B. Wilms (Hrsg.), *Techniken der Psychotherapie* (S. 260–263). Stuttgart: Thieme.

Reinecker, H. (2013). Verhaltensanalyse. In W. Senf, M. Broda & B. Wilms (Hrsg.), *Techniken der Psychotherapie* (S. 113–116). Stuttgart: Thieme.

Remschmidt, H., Schmidt, M. H. & Poustka, F. (2012). *Multiaxiales Klassifikationsschema für psychiatrische Störungen: Im Kindes- und Jugendalter nach ICD-10 der WHO.* Bern: Huber.

Richter, H.-E. (1972). *Patient Familie.* Reinbek: Rowohlt.

Rief, W. (2004). Somatoforme Störungen. In M. Linden & M. Hautzinger (Hrsg.), *Verhaltenstherapiemanual* (4. überarb. und erw. Aufl., S. 435–441). Berlin: Springer.

Rief, W. & Hiller, W. (1998). Somatisierungsstörung und Hypochondrie. In D. Schulte, K. Hahlweg, J. Margraf, W. Rief & D. Vaitl (Hrsg.), *Fortschritte der Psychotherapie* (Band 1). Göttingen: Hogrefe.

Ringel, E. (1953). *Der Selbstmord. Abschluss einer krankhaften psychischen Entwicklung. Eine Untersuchung an 745 geretteten Selbstmördern.* Wien: Maudrich.

Roder, V., Brenner H. D. & Kienzle, N. (2008). *Integriertes Psychologisches Therapieprogramm bei schizophren Erkrankten (IPT).* Weinheim: Beltz-PVU.

Rogers, C. R. (1959/1987). *Eine Theorie der Psychotherapie, der Persönlichkeit und der zwischenmenschlichen Beziehungen.* Köln: GwG.

Rotter, J. B. (1954). Social learning and clinical psychology. Englewood Cliffs: Prentice-Hall.

Rudolf, G. (1993). *Psychotherapeutische Medizin und Psychosomatik. Ein einführendes Lehrbuch auf psychodynamischer Grundlage.* Stuttgart: Thieme.

Rudolf, G. (2004). *Strukturbezogene Psychotherapie. Leitfaden zur psychodynamischen Therapie struktureller Störungen.* Stuttgart: Schattauer.

Rutter, M. (1982). Prevention of childrens psychosocial disorders: myth and substance. *Pediatrics, 70*, 883–894.

Salkovskis, P. M. (1985). Obsessional-compulsive problems: A cognitive-behavioral analysis. *Behavior Research and Therapy, 23*, 571–583.

Satir, V. (1990). *Kommunikation, Selbstwert, Kongruenz*. Paderborn: Junfermann.

Schachter, S. & Singer, J. E. (1962). Cognitive, social and physiological determinants of emotional state. *Psychological Review, 69*, 379–399.

Schindler, R. (1957). Grundprinzipien der Psychodynamik in der Gruppe. *Psyche*, 11, 308–314.

Schlippe, A. v. & Schweitzer, J. (2003). *Lehrbuch der systemischen Therapie und Beratung* (9. Aufl.). Göttingen: Vandenhoeck & Ruprecht.

Schneider, S. (2004) (Hrsg.). *Angststörungen bei Kindern und Jugendlichen. Grundlagen und Behandlung*. Berlin: Springer.

Segal, Z. V., Williams, J. M. G. & Teasdale, J. D. (2008). *Die Achtsamkeitsbasierte Kognitive Therapie für Depression – ein neuer Ansatz zur Rückfallprävention*. Tübingen: DGVT.

Seifge-Krenke, I. (2010). Entwicklungspsychologische Grundlagen. In W. Hiller, E. Leibing, F. Leichsenring & S. K. D. Sulz (Hrsg.), *Lehrbuch der Psychotherapie* (Band 1, 2. Aufl., S. 3–16). München: CIP-Medien.

Seligman, M. E. P. (1970). On the generality of the laws of learning. *Psychological Review, 77*, 406–418.

Seligman, M. E. P. (1975). *Helplessness: On depression, development, and death*. San Francisco: Freeman

Selvini Palazzoli, M., Boscolo, L., Cecchin, G. & Prata, G. (1977). *Paradoxon und Gegenparadoxon. Ein neues Therapiemodell für die Familie mit schizophrener Störung*. Stuttgart: Klett-Cotta.

Senf, W. & Broda, M. (2012). Praxis der Psychotherapie. *Ein integratives Lehrbuch* (5. Aufl.). Stuttgart: Thieme.

Senf, W. & Senf, G. (2012). Transsexualität. In W. Senf & M. Broda (Hrsg.), *Praxis der Psychotherapie. Ein integratives Lehrbuch* (5. vollst. überarb. Aufl., S. 658–665). Stuttgart: Thieme.

Siegel, R. J. (2013). Absolventenzahlen der Psychotherapieausbildung. Entwicklung und mögliche Implikationen für den Berufsstand. *Psychotherapeutenjournal, 12*, 256–261.

Siegl, J. & Reinecker, H. (2007). Verhaltenstherapeutische Interventionen. In W. Hiller, E. Leibing, F. Leichsenring & S. K. D. Sulz (Hrsg.), *Lehrbuch der Psychotherapie* (Band 3, 4. Aufl., S. 123–156). München: CIP-Medien.

Skinner, B. F. (1951). How to teach animals. *Scientific American, 185*, 26–29.

Skinner, B. F. (1953). *Science and Human Behavior*. New York: The Free Press.

Spada, H. (Hrsg.). (2005). *Lehrbuch Allgemeine Psychologie* (3. Aufl.). Bern: Huber.

Stavemann, H. H. (2013). Psychotherapeutische sokratische Gesprächsführung. In W. Senf, M. Broda & B. Wilms (Hrsg.), *Techniken der Psychotherapie* (S. 134–140). Stuttgart: Thieme.

Steinhausen, H.-C. (2000). *Psychische Störungen bei Kindern und Jugendlichen* (4. Aufl.). München: Urban & Fischer.

Stellpflug, M. H. (2013). *Psychotherapeutenrecht. Berufs- und vertragsarztrechtliche Fragen*. Heidelberg: Psychotherapeuten Verlag.

Sterba, R. (1934). Das Schicksal des Ichs im therapeutischen Verfahren. *Internationale Zeitschrift für Psychoanalyse, 20*, 66–73.

Stierlin, H. (1975). *Von der Psychoanalyse zur Familientherapie*. Stuttgart: Klett-Cotta.

Stierlin, H. (1978). *Delegation und Familie*. Frankfurt am Main: Suhrkamp.

Strauß, B. (2012). Sexuelle Störungen. In W. Senf & M. Broda (Hrsg.), *Praxis der Psychotherapie. Ein integratives Lehrbuch* (5. vollst. überarb. Aufl. S. 432–444). Stuttgart: Thieme.

Streeck-Fischer, A. (2006). Einführung in die analytische und tiefenpsychologisch fundierte Psychotherapie bei Kindern und Jugendlichen. In W. Hiller, E. Leibing, F. Leichsenring & S. K. D. Sulz (Hrsg.), *Lehrbuch der Psychotherapie* (Band 2, 3. Aufl., S. 275–283). München: CIP-Medien.

Stroebe, W., Hewstone, M. & Stephenson, G. M. (Hrsg.) (1996). *Sozialpsychologie. Eine Einführung*. Berlin: Springer.

Strupp, H. H. & Binder, J. F. (1984). *Psychotherapy in a new key. a guide to time-limited dynamic psychotherapy*. New York: Basic Books.

Tharp, R. G. & Wetzel, R. J. (1975). *Verhaltensänderung im gegebenen Sozialfeld*. München: Urban & Schwarzenberg.

Thurmaier, F., Engl, J. & Hahlweg, K. (1995). *Ehevorbereitung – Ein Partnerschaftliches Lernprogramm (EPL)*. München: Institut für Forschung und Ausbildung in Kommunikationstherapie.

Tschuschke, V. (Hrsg.) (2010). *Gruppenpsychotherapie. Von der Indikation bis zu Leitungstechniken*. Stuttgart: Thieme.

Volkan, V. D. & Ast, G. (1994). *Spektrum des Narzißmus. Eine klinische Studie des gesunden Narzißmus, des narzißtisch-masochistischen Charakters, der narzißtischen Persönlichkeitsorganisation, des malignen Narzißmus und des erfolgreichen Narzißmus*. Göttingen: Vandenhoeck & Ruprecht.

Watson, J. B. & Rayner, R. (1920). Conditioned emotional reactions. *Journal of Experimental Psychology, 3 (1)*, 1–14.

Watzlawick, P., Beavin, J. H. & Jackson, D. E. (1969/2003). *Menschliche Kommunikation. Formen, Störungen, Paradoxien*. Bern: Huber.

Weeks, G. R. & L'Abate, L. (1985). *Paradoxe Psychotherapie. Theorie und Praxis in der Einzel-, Paar- und Familientherapie*. Stuttgart: Enke.

Wells, A. (2004). A cognitive model of GAD. Metacognitions and pathological worry. In R. G. Heimberg, C. L. Turk & D. S. Menin (Hrsg.), *Generalized Anxiety Disorder. Advances in Research and Practice* (S. 164–186). New York: Guilford.

Willi, J. (1975). *Die Zweierbeziehung*. Reinbek: Rowohlt.

Winnicott, D. W. (1965/2002). *Reifungsprozesse und fördernde Umwelt. Studien zur Theorie der emotionalen Entwicklung*. Gießen: Psychosozial.

Wolpe, J. (1958). *Psychotherapy by reciprocal inhibition*. Stanford: Stanford University Press.

Yalom, I. D. (1996). *Theorie und Praxis der Gruppenpsychotherapie. Ein Lehrbuch*. Stuttgart: Klett-Cotta.

Yerkes, R. M. & Dodson, J. D. (1908). The relation of strength of stimulus to rapidity of habit-formation. *Journal of Comparative Neurology and Psychology, 18*, 459–482.

Young, J. E., Klosko, J. S. & Weishaar M. E. (2008). *Schematherapie. Ein praxisorientiertes Handbuch*. Paderborn: Junfermann Verlag.

ZERO TO THREE: National Center for Infants, Toddlers, and Families (Hrsg.) (1999). *Diagnostische Klassifikation: 0–3. Seelische Gesundheit und entwicklungsbedingte Störungen bei Säuglingen und Kleinkindern*. Wien: Springer.

Zubin, J. & Spring, B. (1997). Vulnerability – a new view of schizophrenia. *Journal of Abnormal Psychology, 86*, 103–126.

Zubrägel, D., Bär, T. & Linden, M. (2007). Angst- und Zwangsstörungen. Generalisierte Angststörung. In W. Hiller, E. Leibing, F. Leichsenring & S. K. D. Sulz (Hrsg.), *Lehrbuch der Psychotherapie* (Band 3, 4. Aufl., S. 261–283). München: CIP-Medien.

Konkordanz

Im Folgenden finden Sie eine Gegenüberstellung der Kapitel des Gegenstandskataloges für den Ausbildungsgang für Psychologische Psychotherapeuten (PP), der Kapitel des Gegenstandskataloges für den Ausbildungsgang für Kinder- und Jugendlichenpsychotherapeuten (KJP) und der entsprechenden Kapitel in der Struktur dieses Buches (Kapitel).

PP	KJP	Kapitel
1.1.1	1.1.1	7.1, 7.2, 35.2
1.1.2	1.1.2	5.3, 5.5
1.1.3	1.1.4	18.0, 20
1.1.4	1.1.5	6.1, 6.3
1.1.5	1.1.6	6.2, 6.3
1.1.6	1.1.7	6.4
1.1.7	1.1.8	6.5
1.1.8	/	29.2, 34
1.2.1	1.2.1	12.0, 12.3, 12.4
1.2.2	1.2.2	7.2, 13.4.1
2.1.1	2.1.1	5.4.1, 5.4.2
2.1.2	/	5.4.3
2.2.1	2.3.1	18
2.2.2	2.3.2	20.1, 20.2, 20.3
2.2.3	2.3.3	20.4, 22.5
2.3.1	2.4.1	24, 26
2.3.2	2.4.2	26.1
2.3.3	2.4.3	26.2
2.3.4	2.4.4	26.3
2.4.1	2.5.1	7.2
2.4.2	2.5.2	7.1
3.1.1	3.1.1	7.5, 16
3.1.2	3.1.2	7.3
3.2.1	/	7.3,
3.2.2	3.2.2	17
3.2.3	3.2.3	7.3

PP	KJP	Kapitel
3.2.4	3.2.4	7.4
3.2.5	3.2.5	22.1, 23.2
3.2.6	3.2.7	7.6
3.3.1	/	7.3, 7.4
3.3.2	/	7.4, 27.1
3.4.1	4.1.1	15, 17
3.4.2	/	16, 17
4.1.1	2.2.1	34, 35.1
4.1.2	2.2.4	35, 38.2.4, 38.2.5
4.1.3	2.2.2	25
4.1.4	2.2.3	19
4.2.1	3.4.1	17
4.2.2	2.1.2	36.1
4.3.1	3.3.2	36.2.3
4.3.2	3.4.2	16, 36.1
4.3.3	3.3.1	36.2.4
4.3.3	3.3.3	36.2.4
4.3.3	3.3.4	36.2.4
4.3.3	3.3.5	36.2.4
4.3.3	3.3.6	36.2.4
4.4.1	9.1.1	36.2.2, 36.4
4.4.2	9.1.2	37.1, 37.2
5.1.1	5.1.1	31.1
5.1.2	5.1.2	35.1
5.1.3	5.1.3	23.2
5.1.4	5.1.4	6.4, 35.1
5.2.1	5.2.1	31.2
5.2.2	5.2.2	27.3, ,31.1
5.3.1	5.3.1	31.2
5.3.2	5.3.2	31.1
5.3.3	5.3.3	31.3
5.4.1	5.4.1	30
5.4.2	5.4.2	22.8.1, 30.3

PP	KJP	Kapitel
5.4.3	5.4.3	30.2
6.1.1	6.1.1	8.1
6.1.2	6.1.2	8.1
6.1.3	6.1.3	8.1
6.2.1	6.2.1	8.2
6.2.2	6.2.2	8.2
7.1.1	7.1.1	13
7.1.2	7.1.2	13
7.2.1	7.2.1	13.14
7.2.2	7.2.2	11.4, 13.14.2
7.2.3	7.2.3	13.14.1
7.3.1	7.3.1	11.2, 11.3
7.3.2	7.3.2	11.1
7.3.3	7.3.3	11.1
7.3.4	7.3.4	11.1.1
7.3.5	7.3.5	11.3
7.3.6	7.3.6	11.3.2
7.3.7	7.3.7	12.2
7.3.8	7.3.8	12.2
7.3.9	7.3.9	11.2.2
7.3.10	7.3.10	11.5
7.4.1	7.4.1	13.1
7.4.2	7.4.2	13.3
7.4.2	7.4.3	13.2, 13.4
7.4.4	7.4.4	13.5
7.4.5	7.4.5	13.6
7.4.6	7.4.6	13.7
7.4.7	7.4.7	13.8-13.11
7.4.8	7.4.8	13.13
7.4.9	7.4.9	13.12
8.1.1	8.1.1	14.1
8.1.2	8.1.3	14.1.1
8.1.3	8.1.4	14.1.1

PP	KJP	Kapitel
8.1.4	8.1.5	14.1
8.2.1	8.2.1	14.4
8.2.2	8.2.2	14.2
8.2.3	8.2.3	14.3
8.2.4	8.2.4	14.5, 14.6
8.2.5	8.2.5	14.7
8.2.6	8.2.6	14.1
9.1.1	9.2.1	21.2, 21.4, 21.5
9.1.2	9.2.2	22.1, 22.8.1
9.1.3	9.2.5	22.7, 22.8
9.1.4	9.2.6	22.3
9.1.5	9.2.7	22.8.2, 22.8.3
9.1.6	9.2.8	22.8.4-22.8.6
9.1.7	9.2.9	22.4
9.1.8	9.2.3	20.2, 22.2
9.1.9	9.2.4	22.6
9.1.10	9.2.10	30.1, 30.3
9.1.11	9.2.11	5.5.2
9.2.1	9.3.1	24
9.2.2	9.3.2	27.1-27.4
9.2.3	9.3.3	27.5, 30.2, 31.1
9.2.4	9.3.4	22.6
9.2.5	9.3.5	28.1
9.2.6	9.3.6	28.1, 28.2
9.2.7	9.3.7	28.2
9.2.8	9.3.8	5.5.2
9.2.9	9.3.9	30.2
9.3.1	9.4.1	27.5
9.3.2	9.4.2	27.5
9.3.3	9.4.3	27.6, 28.1
9.3.4	9.4.4	27.3, 27.4
9.3.5	9.4.5	28.2, 28.3
9.3.6	9.4.6	9.3.1

PP	KJP	Kapitel
9.4.1	9.5.1	32
9.4.2	9.5.2	12.1
9.5.1	9.1.6	33.1
9.5.2	/	33.2
10.1.1	10.1.1	9.2.2.2, 9.2.2.3, 10.1
10.1.2	10.1.2	10.1
10.2.1	10.2.1	10.2
10.2.2	10.2.2	5.5
10.3.1	10.3.1	5.5
10.3.2	10.3.2	5.5
10.3.3	10.3.3	5.5, 10.2.1
10.4.1	10.4.1	10.3
10.4.2	10.4.2	10.3
11.1.1	11.1.1	9.1
11.1.2	11.1.2	9.2.1.1
11.1.3	11.1.3	9.2.3
11.1.4	11.1.4	9.2.2 , 9.2.3
11.1.5	11.1.5	9.2.1.4
11.1.6	11.1.6	9.2.1.4
11.2.1	11.2.1	9.3
11.2.2	11.2.2	9.3.1
/	1.1.3	34.0, 34.4, 35.1
/	3.2.1	7.3, 36.2.2
/	3.2.6	36.2.2, 36.2.3
/	8.1.2	14.1.1
/	9.1.3	37.1
/	9.1.4	38.1
/	9.1.5	22.2.3, 36.4

Stichwortverzeichnis

A

ABC-Theorie (Ellis) 226
Abhängigkeitssyndrom 160, 171
Absencen 95
Abstinenz
  Psychoanalyse 284, 330
  Sucht 160, 284, 330
Abstinenzpflicht 59
Abwehr
  -mechanismen 269 ff.
  reife vs. unreife 271, 275
Acetylcholin 86, 143, 145, 150, 153
Achtsamkeit 200, 258 ff.
ACT 259 f.
ACTH 131, 133
Adaptation 106, 321
Adherence 28
ADHS 158 f., 191, 345 ff.
  im Erwachsenenalter 191
Adipositas 115, 121, 181, 210, 343, 350
Adrenalin 84, 132, 134, 146, 155
ADS 42, 191
Afferenzen 84 ff., 89
Agieren 283 f., 292, 330
Agnosie 93, 100
AIDS 48 f., 93, 117
Akathisie 100, 153
Akinese 47, 92, 100, 153
Akkomodation 303
Aktionspotenzial 83
Aktivitätenplanung 211, 245
Aktualisierungstendenz 297
Albert, kleiner 204
Albträume 182 f.
Aldosteron 131
Alkohol 161 f., 171, 242 ff.
  Entzugssymptome 161, 163
  Korsakow-Psychose 163
  Leberenzyme 126
  Rausch 162, 341
Alkoholikertypen, nach Jellinek 161

Alkoholismus 27, 126, 161 ff., 238, 311
  Typ-I und Typ-II 162
Allegiance 28
Allergie 117, 132
Alterstheorien 299
Amenorrhoe 121 f., 134
Amnesie 95, 162, 183
amotivationales Syndrom 164
Amphetamine 92, 143, 158, 165, 342
Amygdala 88
Änderungsmotivation 32, 214
Angewandte Entspannung 236
Angst
  generalisierte 176
  Teufelskreis der 246
Angstbewältigungstraining 223, 250
Angststörung 176 f., 246 ff.
  des Kindesalters 193
  generalisierte 193, 219, 223, 236, 249
  Siehe auch Panikstörung
  Siehe auch Phobie
Angststörungen, Entwicklungs-
  bezogenheit 192, 347
Anpassungsstörung 175, 177 f., 194
anticholinerger Effekt 145, 150, 153
Anticholinergika 160
Antidepressiva 143 ff.
  MAO-Hemmer 143, 146
  SSRIs 99, 144, 147, 251, 349
  trizyklische 105, 143, 251
Antipsychotika 100, 149 ff., 154, 157, 172, 347
Anxiolytika 154
Aphasie
  amnestische 100
  Broca- 100
  globale 100
  Wernicke- 100
apparative Verfahren 40, 232

Applied Tension 248
Approbation 56 f., 60, 66 f.
Apraxie 93, 100
artifizielle Störung 187
Asperger-Syndrom 190, 194
Assimilation 303
Assoziationsbildung 102
Asthma bronchiale 37, 118, 351
Atomoxetin 146, 159, 346
Attributionstheorien 31
Aufklärungspflicht 60, 62
Aufmerksamkeit 106
Aura, Migräne 98
Auskunftspflicht 64
Ausscheidungsstörungen 337 ff.
Ausschlussverfahren 18 f.
Autismus, frühkindlicher (Kanner) 190
autogenes Training 235
Automatische Gedanken 224
Axon 82

B

Balance-Modell (Gottman) 294
Barbiturate 157, 164
Basalganglien 86 ff.
BASIC-ID (Lazarus) 210
Basisdokumentation 76
Basisvariablen (Rogers) 297
Bedingungsanalyse, funktionale 209
begrenzte elterliche Fürsorge (limited reparenting) 259
Behandlungsfehler 66 f., 327
Behandlungsvertrag 61 f., 64, 68
  mit Jugendlichen 68
Behavioral Inhibition 248
Behinderung 50
  *Siehe auch Intelligenz-
  minderung*
Beihilfe 56, 66
Belastungsreaktion, akute 178
Benzodiazepine 155 ff.

Berufsordnung 59 f., 62, 64, 66

Bestrafung

Typ I 205, 210

Typ II 205

Betablocker 140, 155

Betreuungsgesetz 71

Beurteilungsfehler 41 f.

Siehe auch Fehler, Wahrneh-

mungs- und Beurteilungsfehler

Bewegungsstörung, stereotype

186, 197, 351

Bewusstseinsstörungen

qualitative 45

quantitative 45

Beziehungs-Struktur-Modell 264

Bezogene Individuation 293

Big Five 33

Bindungsstil 305, 307

Bindungsstörung

mit Enthemmung 193 f.

reaktive 193, 339

Bindungstheorie 267, 304

Binge Eating 122, 181, 254

Biofeedback 99, 109, 211, 216,

232 f., 237, 253, 339

Biografische Anamnese

(Dührssen) 275

biopsychosoziales Modell 242

bipolare affektive Störung 138,

147, 150, 174 f.

Blutdruck 114

Blut-Spritzen-Phobie 176, 248

BMI 121, 153, 254, 350

Bradykardie 116, 122, 164

Bulimia nervosa 122, 181

C

Cannabinoide 164, 171

Carbamazepin 149

CBASP 260

Cerebellum 86, 89

Chaining 216, 332

Checking 217, 253, 334

checking behavior 252 f.

Chromosom 137 f.

chronisch kranke Kinder,

Probleme 351

Colitis ulcerosa 37, 125, 184

Compliance 35, 154, 159

Containing (Bion) 286

Coping 35 f., 38, 272, 332

Cross-Informant-Korrelation 318

CT (Computertomografie) 109

Cue-Exposure 244

Cushing-Syndrom 133

D

DBT 217, 258 f.

Debilität 188

Siehe auch Intelligenz-

minderung

Delegation 293

Deliktsfähigkeit 69 f.

Delir 100

Delirium tremens 163

Demenz

Alzheimer-Typ 169

vaskuläre 169

Denkfehler (Beck) 224 f.

Denkstörungen

formale 46

inhaltliche 46

Depersonalisation 46

Depression 174 f., 245, 348

depressiver Grundkonflikt 269

Episode 36, 138, 173 ff., 177, 246

erlernte Hilflosigkeit 207

postschizophrene 173 f.

Psychodynamik 288

rezidivierende 175, 246

somatisches Syndrom 175

Verstärker-Verlust-Modell 245

Deprivation 193, 286, 339, 348

Derealisation 46

Detrusor-Sphinkter-Dyskoor-

dination 196, 337, 339

Deutung 284 f.

Diabetes mellitus

Typ I 128

Typ II 115, 121, 128

Diagnostik, Methoden 40 ff.

Diastole 114

Diathese-Stress-Modell 37

Disengagement 299

Diskriminationslernen 204,

252, 332

dissoziative Störungen 178,

183, 339, 341, 343

Dokumentation 44, 62 f., 67, 76

Basis- 76

Pflicht 60, 62, 76

Umfang 76

Verlaufs- 76

Dopamin 84, 88 ff. 143, 146,

150, 158 f.

Dosis-Wirkungs-Beziehung 142

Double Bind 33

Double Depression 175

Dreier-Regel 334

DSM-5 44, 327

DSM-IV 43 f.

Durcharbeiten 285

Dysarthrie 100

Dyskalkulie 189, 344 f.

Dyskinesie 100

Dyssomnien 181

Dysthymia 175

E

Early Starter 347

EEG (Elektroenzephalografie)

106 ff.

Effectiveness 27, 239

Effektstärke 27 f.

Efferenzen 84 f., 90

Efficacy 27

Efficiency 27

Einheitlicher Bewertungs-

maßstab (EBM) 61

Einsichtnahmerecht 60, 63 f.

Einsichts- und Urteilsfähigkeit

von Kindern und Jugend-

lichen 67 f.

EKG (Elektrokardiogramm) 114

EMG (Elektromyogramm) 40,

108, 233 f.

emotionale Störungen mit

Beginn in der Kindheit und

Jugend 191, 195, 198

Endorphine 84

Enkephaline 84

Enkopresis 196 f., 332, 337

Entspannungsverfahren 99, 221,

234, 237, 249 f., 253, 255, 331 f.

Entwicklung
  der Objektbeziehungen 267
  kognitive (Piaget) 302, 304,
  328
  motorische 308
  ontogenetischen Phasen 36
  Phasen nach Erikson 266
  Phasen nach Freud 265
  Phasen nach Mahler 266 f.
  soziale 309
  sprachliche 308 f.
Entwicklungsaufgaben 310
Entwicklungsstörungen
  tief greifende 190, 192, 320,
  335 f., 341
  umschriebene 189, 321 f., 325,
  332, 335, 343, 346
Entzugserscheinungen 163 ff.
Enuresis 195, 337 ff.
Epilepsie
  fokale Anfälle 95 f.
  primär generalisierte Anfälle
  95
  spikes and waves 96, 107
Episode 36
Erlernte Hilflosigkeit 207
Erstinterview (Argelander) 273
Erziehungsrecht, elterliches
  65, 68
Erziehungsstile 312
Es 263
Essstörungen 120 ff., 180 f., 253 f.
  anorektische 121, 138, 180, 342
  Binge Eating 122, 181, 254
  bulimische 144, 180 f., 232,
  254, 320, 332
Euthyme Methoden 238
Evaluation 76 ff., 214, 230
Evidenzbasierte Medizin 28
evozierte Potenziale 104, 106 f.
Experiment (RCT) 23
Exposition 219 ff.
Expressed Emotions 244
Extinktion 106

F

Fading 217, 332
Familientherapie 294 ff.

Fehler
  Alpha-Fehler 22
  Beta-Fehler 22 f.
  Wahrnehmungs- und
  Beurteilungsfehler 41, 324
Feldstudie 23
Flooding 54, 62, 220 f., 223
fMRT 109
Focusing 297
Fokaltherapie 277, 280
Fokus 286
follikel-stimulierendes Hormon
  (FSH) 131, 134
Frau 134 f.
freie Assoziation 284
freie Interaktion 292
Fremde-Situation-Test 305
Fremdverstärkung 232
Frühdyskinesien 153
frühkindliche Regulations-
  störungen 333
Fütterstörung 197, 334

G

GABA 84, 92, 143, 155 ff.
Gastritis 124, 162
Gebührenordnung 57, 60, 66
Geburt 136
Gedächtnis 30
Gedanken, automatische 224
Gedankenstopp 229, 255
Gegenübertragung 278 f., 282 f.
Gehirn 86 ff.
  Blut-Hirn-Schranke 90, 141
  -lappen 87 f.
geleitetes Entdecken 215, 247
Gemeinsamer Bundes-
  ausschuss (G-BA) 55
Generic Model of Psychotherapy
  (Orlinsky & Howard) 29
genetische Erkrankungen 137,
  315
Genogramm 295
Genusstraining 238, 246, 291
Geschäftsfähigkeit, Stadien
  der 67
Geschlechtsidentität,
  Störungen der 186, 257

Gestagene 133
Gilles-de-la-Tourette-Syndrom
  Siehe Tourette-Syndrom
Giving-up-given-up 38
Gleichschwebende Aufmerk-
  samkeit 284
Glukagon 128, 132
Glutamat 84, 126
Goal Attainment Scaling 78, 213
GOP 60, 66, 76
Gruppenbedingungen,
  instrumentelle 293
Gruppenmatrix 292
Gruppenpositionen, psycho-
  dynamische 292
Gruppentherapie 291 ff.
Gutachterverfahren 58, 60, 80
Gütekriterien 13, 40 f.

H

Habit-Reversal-Training 218 f.,
  331, 349
Habituation 106
Halbwertszeit 141, 155 f.
Halluzinationen 46
Halluzinogene 165, 171
Halo-Effekt 41
Hardiness 34
Harninkontinenz, funktionelle
  195 f., 337 ff.
Hautleitfähigkeit 108, 233 f.
Heller-Syndrom 191
Hepatitis 126 f., 162
Hilflosigkeit, erlernte 31, 207,
  245
Hippocampus 88
Holding-Function 286
Hormone 129 ff.
Hospitalismus 193 f., 304
hyperkinetische Störung 191,
  315, 332
Hyperthyreose 37, 116, 133
Hypertonie 115
Hyperventilation 118
Hyperventilationssyndrom
  118, 233
Hyperventilationstest
  247, 253

Hypnotika 154 ff., 164, 171, 211
hypochondrische Störung 179
Hypomanie 147, 174
Hypophyse 88 f., 130 f., 181
Hypothalamus 89, 130
Hypothesen, statistische 21 f.
Hypothyreose 133 f., 148 f., 188

I

ICD-10, Kennzeichen 43
ICF 50, 102
Ich 264
  -Funktion 264, 269, 272, 281,
  289
  -Psychologie 264
  -Spaltung, therapeutische
  281, 328
ichdystone Sexualorientierung
  187
ICIDH 49 f.
Illusionen 46
Impulskontrolle, Störungen
  der 186
Indikation
  adaptive 39
  differenzielle 39
Individuation, bezogene 293
informed consent 62, 76
Inhaltsvalidität 41
Inklusion 52
Inkongruenz 297
Insulin 128, 132
Integration 52
Intelligenz 34
  -minderung 137 f., 175, 188,
  190 f., 197, 342
Intent-to-treat-Analyse 28
Inzidenz 25

J

Jugendgerichtsgesetz 70
Jugendschutzgesetz 69

K

Kassenärztliche Vereinigung
  (KV) 55

Katathym imaginative
  Psychotherapie 281
Katatonie 101
Katecholamine 84, 132
Kinder- und Jugendhilfegesetz
  (KJHG) 74
Kindesmissbrauch, sexueller
  335, 340
Kindesmisshandlung 187, 335,
  339 f.
Kindeswohl, Gefährdung des
  68 f., 74
Klarifikation 284
Klassifikation 38
Klinefelter-Syndrom 137
Klingel
  -hose 234, 338
  -matte 234, 338
kognitive Probe 241
kognitive Triade (Beck) 224
kognitive Umstrukturierung
  223
Kohärenzsinn 38
Kokain 92, 158, 164 f., 171
Kollusion (Willi) 293 f.
Koma 45
Kommunikation 32 f.
komplementäre Beziehungs-
  gestaltung 79, 212
Konditionierung
  Gegen- 204, 221
  klassische 202
  operante 204
Konfabulationen 45, 163
Konflikt 268 f.
Konfliktpathologie 268
Konfrontation 219, 221 f.
Konfrontation mit Reaktions-
  verhinderung 222, 251, 332
Kongruenz 240, 297
Konsiliarbericht 58
Konsiliarpsychotherapie 75
Kontiguität 203, 205
Kontingenz 203, 205 f.
Kontingenzmanagement 331 f.
Kontrollüberzeugung 31
Kopfschmerz 97 ff.
  Cluster- 98
  medikamenteninduzierter 98

Migräne 98, 179, 211, 232 f.
  Spannungs- 98, 179, 184,
  232 f.
korrigierende emotionale
  Erfahrung 286
Kortisol 132, 134
Kortison 132
Kostenerstattungsverfahren 75
Krankheitseinsicht 35, 75, 154,
  328
Krankheitsgewinn
  primärer 272
  sekundärer 37, 220, 272
Krankheitsphasen 36, 147, 245
Krankheitstheorien, subjektive
  35
Kretinismus 134
Krise 74, 266, 297, 304
Kriseninterventiion 49, 297,
  342

L

Laborstudie 23
Lachinkontinenz 196
Lachschlag 182
Längsschnittstudie 24
Leberenzyme 126, 341
Leberzirrhose 127, 162
Leistungsmotivation 32
Leitlinien 39, 167 f., 198, 324,
  327, 349
Lernen
  kognitives 201 f., 208
  operantes 204 f., 240
  PQ4R 16
  respondentes 202
  soziales (Modelllernen) 207
  Verarbeitungstiefe 15
Lese- und Rechtschreibstörung
  322, 344
Liaisonpsychotherapie 75
Life-Event 37
Limbisches System 86, 88
Lithium 147 ff.
Löschung 202, 207, 217
Lösungsmittel 165, 171
Lutropin (LH) 131

M

Magnetenzephalografie (MEG) 108

Malariaprophylaxe 140, 147

malignes neuroleptisches Syndrom 154

Manie 147 ff., 174

Mann 135

MAO-Hemmer 143, 146

Marker 25, 126

MAS 325 f., 339 f.

MBCT 246, 259 f.

Mediatorenmodell 218, 328

Medizinethik, vier Prinzipien 54

Mehrgenerationen-Familien-therapie 294

Melatonin 133, 157

Menstruationszyklus 134

mentales Üben 241

Mentalisierung 267

Metaanalyse 28

metabolisches Syndrom 115

Metabolismus 156

Metasorgen 249

Methylphenidat 159, 182, 346 f., 349

Migräne 98, 179, 211, 232 f.

Monoamine 84, 90, 146

Morbus Addison 133

Morbus Crohn 125

Morbus Parkinson 89 f., 93

Motivation 31 f.

Motivational Interviewing 243

MRT (Magnetresonanz-tomografie) 109

Mukoviszidose 137, 351

Multiple Sklerose 93

Münchhausen-by-proxy 187

Mutismus, elektiver 193, 341

Myelinscheide 82

N

Nacherleben, imaginatives 252

Narkolepsie 158 f., 182

Narzissmus 185, 264, 288

Nebenniere
Mark 132
Rinde 89, 131, 133

negative Grundüberzeugung 224

negative therapeutische Reaktion 283

Neglect 101

Neologismen 45, 100, 173

Nephron 119

Nervensystem
autonomes 84 f., 235
enterisches 85
peripheres 84 ff., 90
vegetatives 18, 85, 105, 112, 129, 163
zentrales 84 f., 93, 148, 182

Neurasthenie 177, 180

Neurodermitis 37, 119

Neuroleptika
atypische 147, 149, 151, 153
typische 151
unerwünschte Arzneimittel-wirkungen 150

neuroleptische Potenz 150

neuroleptisches Syndrom, malignes 154

Neuron 82 f., 85 f., 91, 105

Neuropsychologie 102

Neurotransmitter 83 f., 86, 140, 142 ff.
Dopamin 84, 88 ff., 143, 146, 150, 158 f.
GABA 84, 92, 143, 155 ff.
Serotonin 84, 121 f., 144 ff., 254

Neutralisieren (Zwangsstörung) 250 f.

Neutralität 284

Noradrenalin 84, 86, 132, 134, 144 ff., 155, 158 f.

Normalverteilung 21

Nozizeptoren 103 ff., 118

O

Objekt 263

Objektbeziehungstheorie 264

Objektivität 28, 40 f.

Odds Ratio 26, 224

Offenbarungsbefugnis 65

Offenbarungspflicht 65, 68

OPD 275 ff.

OPD-KJ 326

Opioide 84, 92, 105, 164, 171

organisches Psychosyndrom 101

Orgasmus 184, 256

Orientierungsreaktion 105 f., 202 f.

Östrogene 132 f.

Outcome-Forschung 27

Oxytozin 131, 136

P

Paartherapie 294 ff.

Panikstörung 175 ff., 193, 219, 223, 246

Pankreas 128, 130, 132, 134, 137

Paradoxe Interventionen 296

Paraphilien 186, 256, 350

Parasomnien 181 f., 350

Parasympathikus 85 f.

Parentifizierung 293, 296, 312

Parkinson-Syndrom 88, 92, 153

Paruresis 176

Patientenrechtegesetz 63

Pavor nocturnus 182 f.

Persönlichkeitsstörungen 185, 257 ff., 289
ängstlich – furchtsam 185
dramatisch – launisch – emotional 185
sonderbar – exzentrisch 185

PET 109, 239, 322

Pflegeversicherung 74

Pharmakodynamik 140 f.

Pharmakokinetik 140 f.

Phase 36

Phasenprophylaktika 147

Phenylketonurie 137, 311

Phobie
Agora- 176 f., 210, 247
Blut-Spritzen- 176
soziale 176 f., 239, 248 f.
spezifische 176 f., 247

Pica 197

Pick-Krankheit 169

Plananalyse 211 f.

PLISSIT-Modell 256

PMR 235 f., 239, 253

Poltern 198, 335

Polytoxikomanie 165, 314

posttraumatische Belastungsstörung 178, 251

präsuizidales Syndrom (Ringel)
298

Prävalenz 25

Prävention 48 f., 240

  primäre 48

  sekundäre 48

  tertiäre 48

Premack-Prinzip 207

Preparedness 203, 248

Prinzip Antwort 287, 291

Private Krankenversicherungen
56

Problemanalyse 208 ff., 228,
291

Problemlösetraining 229, 245,
331, 343

Prodromalphase 36, 161, 172

Progesteron 133 f.

Prognose 29, 39, 95, 162, 191,
315

projektive Verfahren 273, 323

Prolaktin 131

Prompting 217

Prosopagnosie 101

psychischer Befund 44 ff.

PsychKG 72

Psychoedukation 237

Psychoneuroimmunologie 117

Psychosomatosen, klassische 37

Psychotherapeutengesetz 54,
56

Psychotherapeutenkammern
59

Psychotherapierichtlinien 58,
328

Psychotherapievereinbarungen
58 f.

psychotrope Effekte 140

psychotrope Substanzen 160,
163 f., 170

Purging 181

Puzzle 12

Q

Qualität

  Ergebnis- 77, 79

  Prozess- 77, 79

  Struktur- 79

Qualitätssicherung 77, 79 f.

Qualitätszirkel 79

Querschnittstudie 24

R

Randomisierung 23, 28

Rapid Cycling 147 ff., 174

Raten 19, 188

Rating-Skala

  numerische 78, 98

  visuelle Analogskala 78

Rational-Emotive Therapie
(Ellis) 226

Reaktionsverhinderung,
Reizkonfrontation mit 222

Realitätsorientierungstraining
(ROT) 94

Reattribution 223

Rebound-Effekt 251

Reflecting Team 295

Reflexe 91, 304

Reframing 296

Regression 283 f.

  Begrenzung der 280, 286,
291

  im Dienste des Ich 284

  maligne 283

Regulationsstörungen,
frühkindliche 333

Rehabilitation 49 ff.

  System in Deutschland 50

Reliabilität 40 f.

REM-Schlaf 107 f., 183

Rentenversicherung 51 f., 73

Resilienz 38, 311

Response Cost 217, 330

Rett-Syndrom 191, 336

Rezidiv 37

reziproke Hemmung 29, 221

Reziprozität, negative 294

Richtlinienverfahren 57 f., 60 f.

Rigor 92, 101, 149, 153 f.

Risiko

  attributables 26 f.

  relatives 26

Risikofaktoren 25, 37, 48, 115,
182, 298, 311 ff., 317

  Begriff 26

Ritalin 159

  Siehe auch Methylphenidat

Rollenspiel 239

Rückenmark 82, 84, 86, 89 ff.,
102 f.

Rückfallmodell,
sozial-kognitives 243

Rutter Index 313

S

Salutogenese 34, 38

Schädelhirntrauma 97, 102

schädlicher Gebrauch 171

Schematherapie 200, 257 f.

Schilddrüse 89, 130, 132 f., 148

schizoaffektive Störungen 36,
147, 150, 174

Schizophrenie 171 ff., 244, 288,
343

  Erstrangsymptome 173

  Positiv- und Negativ-
symptomatik 172

  Residuum 172

  Typ-I und Typ-II 172

  Verlauf 172

schizotype Störung 174

Schlafapnoe-Syndrom 121,
157, 182

Schlafstadien 107 f.

Schlafstörungen 181 f., 254,
334, 350

  Dyssomnie 181

  Parasomnie 181 f., 350

Schlafwandeln 108, 182 f.

Schlaganfall 96, 102, 115

Schmerz 104 f., 179

Schreck 105, 196

Schub 36

Schuldunfähigkeit 70 f.

Schutzfaktoren 25, 37, 311,
313 f., 317

  Begriff 25

Schweigepflicht 60, 64 ff., 68, 72, 299, 316, 340
  Besonderheiten in der Kinder- und Jugendlichen-psychotherapie 68
Screening 38, 43, 93, 137, 315, 320, 322
Sedativa 154
Selbstaufmerksamkeit 248
Selbstbestimmungsrecht von Kindern und Jugendlichen 68
Selbstfürsorge 238
Selbstinstruktionstraining (Meichenbaum) 227
Selbstkontrolle 69, 201, 218, 230 ff., 310, 326, 332
Selbstmanagement 66, 214, 223, 230
Selbstpsychologie 264
Selbstregulation 200 f., 231
Selbstsicherheit, Vermittlung von 238
Selbstverbalisation 17, 223 f., 228, 331
Selbstverstärkung 201, 219, 231
Selbstwirksamkeitserwartung 17, 31, 232, 239, 314
Selektion 38, 54, 230, 299
Sensibilität
  epikritische 91, 103
  protopathische 91, 103
Sensitivität 22, 258
Sensualitätstraining 256
Serotonin 84, 121 f., 144 ff., 254
Set-Point-Theorie 121
Sexualpräferenz, Störungen der 27, 186 f., 256
sexuelle Funktionsstörungen 145 f., 183 f., 255 f.
sexuelle Reifungskrise 186
Sexueller Reaktionszyklus (Masters & Johnson) 255
SGB V 55, 57, 60, 65, 73, 75, 80
Shaping 216, 234, 332, 335
Sicherheitsverhalten 248 f., 260
Signifikanz, klinische 78
Skalentransformationen 21
SNRI 144, 146
Social Drift 38

Sokratischer Dialog 29, 215
somatoforme Störungen 43, 120, 144, 176, 179, 252, 343
somatosensory amplification 252
Somatostatin 128, 132
Somnolenz 45, 149, 162
Sopor 45
Sorgen 184, 193, 249 f.
Sorgfaltspflicht 59
SORKC-Schema 210
soziale Kompetenz 238, 313
Sozialgesetzbücher (I bis XII) 50, 72 f.
Sozialisationsphasen 36
Spätdyskinesie 150, 160
Spezifität 22, 48
Spiel, therapeutisches 329
Sprachstörungen 170, 321, 335, 341, 344
Sprechstörungen 100, 335
Squeeze-Technik 256
SSNRI 144, 146
SSRI 99, 143 ff. 251, 349
stereotype Bewegungsstörung 186
Stichprobe 21 f., 24
Stimulanzien 165, 171, 337
Stimuluskontrolle 219, 232, 255, 332, 342
Störung
  der Geschlechtsidentität 186, 257
  der Impulskontrolle 186
  der Sexualpräferenz 27, 186 f., 256
  des Sozialverhaltens 192, 347
  körperdismorphe 177
Stottern 197 f., 311, 332, 335
Stress 35, 134
  Symptom- 227
  Transaktionales Modell 35
Stressimpfungstraining (Meichenbaum) 228
Struktur 272
Strukturmodell 263
Strukturpathologie 272, 289, 329
Substantia nigra 89, 92

Suizid 27, 48, 145, 258, 298, 342
Suizidalität 147, 297 f., 342
supportiv–expressive Therapie 280
Symphatikus 85
Symptomverschreibung 296
Synapse 82 f., 91, 102, 140, 150
Synkope, vasovagale 116
systematische Desensibilisierung 221
Systole 113

T

T3 (Trijodthyronin) 131 f.
T4 (Tetrajodthyronin, Tyroxin) 131 f.
Tabak 165, 171
Tachykardie 115
Tachyphylaxie 142, 158
Teasing 256
Teilhabe 50 ff., 74
Teilleistungsstörung 189
Teratogene 136
  Siehe auch Entwicklungs-störungen, umschriebene
Testverfahren
  für den Erwachsenenbereich 42 f.
  für Kinder und Jugendliche 318 ff., 324
Thalamus 86, 88 f., 104, 106
therapeutische Breite 142, 148, 155, 157
Therapiemotivation 32, 214, 330
Tic
  motorisch 194 f.
  -Störung 194 f., 349
  vokal 194 f.
Timeout 218, 330, 332, 334
Todestrieb 263
Token Economies 217 f.
Toleranz 34, 142, 155, 162, 227, 256
Toleranzentwicklung 142, 156, 161, 164
topografisches Modell 263
Tourette-Syndrom 349
Tranquilizer 154 f., 219

Transaktionales Stressmodell
*Siehe Stress. Transaktionales
Modell*
Transduktion 83
Transference Fosused Psycho-
therapy (Kernberg)
*Siehe Übertragungsfokussierte
Psychotherapie (Kernberg)*
transitorische ischämische
Attacke (TIA) 96
Transsexualismus 186, 257, 350
Transtheoretisches Modell der
Verhaltensveränderung 243
Transvestitismus 186
Trauma 178, 273
kumulatives 273
sequenzielles 273
Typ-I- 178
Typ-II- 178
Traumagedächtnis 252
Treatment Integrity 28
Tremor 92 f. 101, 133, 148 f.,
153, 156
Trichotillomanie 186, 219, 342
Trieb 231, 263 ff.
Trieb-Struktur-Modell 231, 264
Trigger-Analyse 252
Trisomie 21 137, 311

Übergangsobjekt 268
Über-Ich 15, 264, 284, 288 f.
Übernahmeverschulden 67
Übertragung 278 f., 282, 329
Übertragungsfokussierte Psy-
chotherapie (Kernberg) 281
Ultra Rapid Cycling 174
Umstrukturierung, kognitive
223
Unbewusstes 262
Unfallversicherung, gesetzliche
51, 73
Unterbringung 72, 313, 342

V

Validität
diskriminante 41

externe 23
interne 23
konkurrente 41
Konstrukt- 41
konvergente 41, 318
Kriteriums- 41
prognostische 41
Vasopressin 131, 337
Veränderungsfragebögen 78
Veränderungsmessung 78
Veränderungsmotivation 219,
316
verdeckte Sensibilisierung 229,
257
Verdeckte Verfahren 228
Verhaltensabbau, Methoden
zum 217, 334
Verhaltensanalyse 208 ff.,
213 f.
horizontale 209 ff.
vertikale 209, 211
Verhaltensaufbau, Methoden
zum 216
Verhaltensprävention 49
Verhaltenstest 213
Verhaltensverträge 218
Verhältnisprävention 49
Vermeidungsverhalten 207
Verstärker 161, 205 ff., 211,
216 ff., 245, 339
-pläne 206
Verstärkung
intermittierende 206
kontinuierliche 206
negative 205
positive 205
Versuchungs- und Versagungssituation 268
Verwirrtheit 100 f., 140, 149,
156, 297
Vigilanz 106, 163
Vulnerabilitäts-Stress-Modell
37, 244, 257

wahnhafte Störung
anhaltende 174
induzierte 174

Wahrnehmungsfehler
*Siehe Fehler, Wahrnehmungs-
und Beurteilungsfehler*
Wernicke-Enzephalopathie
162 f.
Widerstand 283, 330
Wiederholungszwang 283, 285
Wirkfaktoren
in Gruppen (Yalom) 291
nach Grawe 29
spezifische 29
unspezifische 29, 281
Wirksamkeit
Pharmakologie 141
Psychotherapieforschung 27
Wirkung 141
Wissenschaftlicher Beirat
Psychotherapie 57

Z

Zentrales Beziehungskonflikt-
thema 275
ZERO TO THREE 326, 360
Zeugnisverweigerungsrecht
65
Ziel, Analyse und Planung 213
Ziele 213
Zielerreichungsskalierung 78
Zirkuläres Fragen 295
Zwangsprozess 294
Zwangsstörung 177, 250 f., 349
kognitives Modell (Salkovskis)
250
Zwei-Faktoren-Theorie
der Angst (Mowrer) 200, 207,
247 f., 250 f.
der Emotionen (Schachter &
Singer) 31
z-Werte 21
zyklisch maladaptives
Beziehungsmuster 275 f.
Zyklothymia 175
zystische Fibrose 137